Operations Management

개정3판

생산 및 운영관리

문일경 · 김병수 · 김훈태 · 서용원 · 이철웅 · 정병도 지음

생능

생산 및 운영관리

초판발행 2016년 10월 21일
제3판1쇄 2024년 11월 8일

지은이 문일경, 김병수, 김훈태, 서용원, 이철웅, 정병도
펴낸이 김승기, 김민정
펴낸곳 (주)생능 / **주소** 경기도 파주시 광인사길 143
출판사 등록일 2014년 1월 8일 / **신고번호** 제406-2014-000003호
대표전화 (031)955-0761 / **팩스** (031)955-0768
홈페이지 www.booksr.co.kr

책임편집 이종무 / **편집** 신성민, 최동진 / **디자인** 유준범, 노유안
마케팅 최복락, 김민수, 심수경, 차종필, 백수정, 송성환, 최태웅, 명하나
인쇄 · 제본 (주)상지사

ISBN 979-11-86689-57-8 93320
정가 34,000원

개정3판머리말

최근 기업의 생산 및 운영관리는 기업 조직의 각 부서가 아닌 구성원 전체가 참여해야 하고, 이를 뛰어넘어 자재공급자로부터 최종 소비자에 이르는 가치사슬 전체의 공급체계 운영 관리의 역할로 관리의 범위를 확장해 가고 있다. 따라서 기업의 최고운영책임자뿐 아니라 조직의 구성원 모두 생산, 운영관리의 기법을 이해하고 공급망 전체 시스템 관점에서 산업 현장의 생산 · 운영을 관리 · 감독할 수 있는 능력이 요구되고 있다.

이러한 요구에 맞추어 대한산업공학회 물류 및 공급망 관리 워킹그룹의 생산 및 공급망 관리 분야의 여섯 명의 교수 집필진들은 단순한 지식 전달에 그치지 않고 이러한 능력을 배양하는 데 일조할 수 있는 교재를 집필하여 2016년 10월에 초판, 2022년 1월에 개정판을 출간하였다. 이 교재는 생산관리 영역에서 국내 유수 대학의 경영학 및 산업공학 관련 학과들이 주교재로 채택하여 사용되어 왔으며, 2024년도 11월에 개정3판의 출간을 앞두고 있다.

이 책의 구성은 생산관리를 처음 접하는 다수의 학생들의 지식 습득 및 능력 배양의 기반으로서의 역할을 수행할 수 있는 주요 내용들을 충실히 담고 있다.

1. 생산, 운영관리를 이해하는 데 필수적이며 기초적인 이론을 제시하고자 하였다. 특히 한 학기 강의 내용으로 적합하게 구성하여 계획적이고, 완벽하게 생산관리의 기본 개념에 대해 숙지할 수 있도록 하였다.
2. 기초적인 이론과 더불어 이해를 돕기 위해 많은 사례를 제시하였다. 기업의 생산, 운영관리 성공 사례로부터 이론이 실제 사례와 어떤 연관성이 있는지 제시하였다. 또한 성공 사례 이외에도 실패 사례로부터 이론이 실제에 어떻게 잘못 적용되었는지 알 수 있도록 사례를 추가하였다. 특히, 대표적인 생산, 운영관리 시스템이라고 할 수 있는 토요타 생산 시스템을 하나의 장으로 구성함으로써 전사적 운영 혁신을 온전히 학습할 수 있도록 하였다.
3. 생산, 운영관리를 처음 접하는 학생들을 배려하여, 실제 사례를 엑셀로 실습할 수 있도록 예제를 구성하였다. 단순히 수식을 외우는 것이 아닌, 엑셀 실습을 통해 풀이 과정을 따라가면서 이론에 대해 더 자세히 알 수 있도록 배려하였다.

Part 1에서는 생산 및 운영관리의 기본적인 개념과 기업의 필수적인 생산 전략에 대하여 다루었다. Part 2에서는 제품이 속한 시장을 고려하여 제품 설계, 프로세스의 분석과 변동성 고려, 입지 선택 그리고 용량 계획에 대하여 다루었다. Part 3에서는 수요 예측, 총괄생산계획, 일정계획, 프로젝트 관리 등의 변화에 대응하는 운영계획에 대하여 다루었다. Part 4에서는 자재소요계획(MRP) 및 재고 관리에 대해 다루었다. 마지막으로 Part 5에서는 품질경영, 생산관리의 성공적인 적용으로 평가받고 있는 토요타 생산 시스템 그리고 기업의 공급망관리에 대해 다루면서 전사적인 운영 혁신의 이론과 실제를 이해할 수 있도록 하였다.

개정3판에서는 4차 산업혁명과 COVID19 이후 엔데믹 시대 산업 환경의 변화에 따른 생산 및 운영관리 각 영역에서의 최신 사례연구들을 각 장에 새롭게 소개하였다. 4차 산업혁명으로 인한 생산 및 운영관리 영역의 몇 가지 사례에서는, 5장의 프로세스 변동성에서는 4차 산업혁명의 여러 가지 기술들을 활용한 최신 공항 보안 검색 서비스 및 스마트 항만 서비스를 소개하고 프로세스 변동성을 낮추어 생산성 향상을 이루는 사례를 보여주고 있으며, 10장 일정계획에서 40년 노후공장의 IoT 장비 및 인공지능을 활용한 스마트팩토리 공정일정계획 시스템을 소개하고 있다.

COVID19 이후 산업 환경의 생산 및 운영관리 영역의 몇 가지 사례에서는, 3장 제품 설계 및 개발에서 개인화 제품의 설계와 생산을 지원하는 3D프린팅 사례를 소개하고 있으며, 6장 입지선택에서는 폭발적인 비대면 배송의 증가로 인해 아마존(Amazon)의 교외 분산 배송 hub 입지 전환 계획을 사례를 소개하고 있다. 12장 자재소요계획법에서는 자동차에 들어가는 부품 및 차량용 반도체 공급업체들의 생산 차질로 인한 공급망 파괴 현상을 소개하고 있으며, 15장 토요타 생산 시스템에서는 공급 차질로 인한 자동차 제조업체의 유연 생산 시스템의 가속화를 소개하고 있다. 또한, 원활한 학습 내용의 이해를 위해 각 장의 시작에서 제시하는 사례를 학습의 내용과 관련 있으며 시의성 있는 사례로 교체하였다.

그 이외에 개정판에서 다루었던 예제 및 연습문제들을 발전 · 추가하였으며, 각 장의 부족한 내용들을 보완하였다.

초판이 나온 이후 8년간 꾸준히 생산관리 영역에서 국내 유수 대학의 경영학 및 산업공학 관련 학과들이 주교재로 채택하여 사용하게 되어 저자 일동은 생산관리의 학문적 발전과 후학 양성에 일조를 할 수 있어 자부심을 가질 수 있었다. 마지막으로 이 책의 개정3판 출간을 위해서 힘써 주신 생능출판사 김승기 사장님 외 임직원 분들께 감사드린다.

2024년 11월

저자 일동

이 책의 본문에 제시된 Excel 실습 예제 관련 파일은 생능출판사 홈페이지(www.booksr.co.kr)에서 내려받을 수 있습니다.

강·의·진·도·표

강의 차수	강의 Chapter	강의 내용	비고
1주차	1-3장	• 생산 및 운영관리의 기본 개념 - 기업에서의 생산관리의 역할 - 제품과 서비스의 비교 - 의사결정 과정 및 고려사항 - 생산 및 운영관리의 역사 • 생산 전략 - 기업 전략 및 생산 전략의 의미 - 경쟁 우선순위 의미 및 사례 - 생산성의 의미 및 요소 - 생산성의 계산 • 제품 설계 및 개발 - 제품 설계의 중요성 - 제품 설계 과정 - 제품 설계 기법	운영 시스템 분석 및 설계
2주차	4장	• 프로세스 분석 - 프로세스 분석의 목적과 접근 방법 - 프로세스 문서화 - 작업시간의 결정 - 기업의 프로세스 유형	
3주차	5장	• 프로세스 변동성 - 프로세스 변동성의 원인 및 측정 방법 - 평균대기시간과 서비스 수준의 이해 및 계산 - 대기행렬의 산출 및 손실 계산 - 사례를 통한 프로세스 변동성 활용 방안	
4주차	6장	• 입지선택 - 제조업 및 서비스업 입지선택 요인 - 단일 시설 입지선택 정량적 분석 방법 - 복수 시설 입지선택 정량적 분석 방법	
5주차	7장	• 용량계획 - 용량의 구분과 단위 - 규모의 경제와 비경제 - 병목과 가동률의 분석 - 용량 증설 전략	

<table>
<tr><td>6주차</td><td>8장</td><td>• 수요예측
- 수요예측 개념 이해
- 수요예측 정성적 · 정량적 기법 및 장 · 단점
- 수요예측오차 및 정확도 평가 척도
- 수요예측기법 선정 및 모니터링</td><td rowspan="2">운영계획</td></tr>
<tr><td>7주차</td><td>9장</td><td>• 총괄생산계획
- 수요 추종 전략
- 평준화 전략
- 대안 평가법
- 선형 계획법</td></tr>
<tr><td>8주차</td><td colspan="3">중간고사</td></tr>
<tr><td>9주차</td><td>10장</td><td>• 일정계획
- 일정계획 용어 및 평가 척도
- 부하할당기법 및 작업순서
- 단일기계 일정계획 기법
- 흐름 생산시스템 일정계획 기법</td><td rowspan="2">운영계획</td></tr>
<tr><td>10주차</td><td>11장</td><td>• 프로젝트 관리
- 프로젝트의 범위 설정 및 작업 분류체계 작성
- 프로젝트의 시간과 비용의 추정
- AOA 및 AON 기법을 통한 프로젝트 네트워크 구축 및 프로젝트 계획 수립
- CPM을 적용한 최단 시간 내 프로젝트 완료를 위한 주경로 계산</td></tr>
<tr><td>11주차</td><td>12장</td><td>• 자재소요계획법
- 기준생산계획
- 자재명세서
- 재고 기록
- MRP 전개</td><td rowspan="2">재고관리</td></tr>
<tr><td>12주차</td><td>13장</td><td>• 재고 관리
- 재고의 종류 및 역할
- 경제적 주문량모형
- 신문가판원 모형
- 연속조사 재주문점 모형</td></tr>
<tr><td>13주차</td><td>14장</td><td>• 품질경영
- 품질경영의 정의 및 변천사
- 전사적 품질경영
- 품질 측정 도구에 대한 이해
- 통계적 품질관리를 통한 관리도 작성</td><td>전사적 운영 혁신</td></tr>
</table>

14주차	15장	• 토요타 생산 시스템 - 토요타 생산 시스템 목표 - 준비작업시간 단축 - 칸반 시스템의 원리와 운영 방식 - 토요타 생산시스템 기타 개념	전사적 운영 혁신
15주차	16장	• 공급망관리 - 공급망과 공급망관리의 개념 - 채찍효과의 원인과 대책 - 부분최적과 전체최적 - 공급망의 위험과 불확실성 - 지연차별화와 리스크 풀링 - 조정, 협력과 정보의 공유	
16주차	기말고사		

차·례

PART II 운영 시스템 분석 및 설계: 시장을 고려한 자원 계획

CHAPTER 3 제품 설계 및 개발

CHAPTER 5 프로세스 변동성

CHAPTER 6 입지선택

PART IV 재고관리: 수요를 맞추는 공급

PART V 전사적 운영 혁신: 혁신을 위한 경영 기법

CHAPTER 14 품질경영

생산 및 운영관리

PART I

생산 및 운영관리란?

1

CHAPTER

생산 및 운영관리의 개념

학습 목표

- 생산 및 운영관리의 의미를 이해하고, 기업 활동에서 생산 및 운영관리가 왜 중요한지 이해할 수 있다.
- 제품과 서비스의 차이를 이해하고, 생산 및 운영관리가 어떻게 활용되는지 이해할 수 있다.
- 생산 및 운영관리에서 수행하는 주요 의사결정을 파악할 수 있다.
- 생산 및 운영관리의 역사적인 발전 과정을 이해할 수 있다.

사례

수학적 최적화를 활용한 의사결정

최근 구글맵의 길찾기와 같은 자동차 내비게이션에는 인공지능(AI) 외에도 '수학적 최적화(Mathematical Optimization: MO)'라는 새로운 컴퓨터 분석 기술이 적용되고 있다. 수학적 최적화는 컴퓨터가 고차원 수학 방정식을 이용해 최적의 답을 찾아내는 기술이다. 수학적 분석으로 서울과 부산 사이 고속도로 · 국도 중 최적 코스를 찾아내면, AI가 과거 서울~부산을 오간 차의 자료를 분석해 예상 소요 시간을 알려주는 식이다.

MO는 고성능 컴퓨터에 기반해 복잡한 연산을 한다는 점에서 AI와 비슷하다. 하지만 과거의 빅데이터를 분석해 최선의 답을 도출하는 AI와 달리 MO는 수학 공식으로 현재 주어진 한정된 조건에서 가장 이상적인 해결책을 찾아준다. AI가 경험을 바탕으로 가장 나은 방안을 제시한다면, MO는 수학 이론을 동원해 최적 답을 알려주는 것이다. MO는 AI처럼 빅데이터를 분석하는 과정이 필요 없기 때문에 시간 · 비용이 상대적으로 적게 든다.

최근에는 생산 · 교통 · 운송 현장 등에서 최적 해법을 제시하는 수학적 최적화(MO)가 새로운 경영 기법으로 각광받고 있다. IT(정보 기술) 업계 관계자는 "적은 비용과 시간으로 최고 해결 방안을 제시하는 MO는 모든 사업에 AI를 적용하려는 'AI 만능주의' 시대에 새로운 기술 대안으로 떠오르고 있다"고 말했다.

◇ AI가 못 하는 최적의 해법 제시

AI와 MO는 모두 고성능 컴퓨터의 연산을 기반으로 한다. 하지만 문제 접근 방식이 근본적으로 다르다. AI는 여러 사례를 모아서 한 결론을 내는 '귀납 추론'이라면, MO는 대전제(수학 공식) 하나에 따라 각 사안을 논리적으로 검증하고 답을 이끌어내는 '연역 추론'에 가깝다. AI는 과거의 무수한 빅데이터를 토대로 미래를 예상하는 '확률'의 기술이다. 그동안 나온 사례 중 가장 나은 것을 제

제품의 서비스화(product servitization)

서비스의 제품화(service productization)

Don't get stuck in the past. Be open to change(과거에 집착하지 말고, 열린 마음으로 변화를 대하라).

– 잭 웰치(Jack Welch)

시하는 것이다. 특정 공장의 전년도 자료를 토대로 최대 생산량을 예측하지만, 이는 정답이 아닐 가능성도 있다. 과거 데이터에만 의존하기 때문이다. 반면 MO는 빅데이터 없이도 수학 공식 몇 가지를 이용해 최적 방법을 알려주기 때문에 주어진 조건에서 문제 해결 능력은 더 뛰어나다는 평을 받는다.

MO는 제조 · 운송 · 에너지 등 일정한 공정에 따라 움직이는 분야에서 효과를 발휘한다. 예를 들어 한 글로벌 디스플레이 업체는 최근 OLED(유기 발광 다이오드) 생산 라인에 'MO' 기술을 적용해 생산 효율을 높였다. OLED 패널은 유리판 위의 소자 수백만 개에 유기물을 올리는 '증착' 공정이 핵심이다. 유기물 크기가 머리카락 굵기보다 작기 때문에 상당수가 유리판 위에 증착되지 못하는 경우가 있다. 이 업체는 MO의 계산에 따라 유기물 증착이 가장 잘되는 유리판 위치를 미세하게 조정하는 기술을 개발했다. 그 결과 수율(투입 원자재 대비 완제품 비율)을 종전보다 2%가량 높이는 데 성공했다. 비용도 수십억 원을 절감했다.

(이하 생략)

출처: https://biz.chosun.com/site/data/html_dir/2020/02/13/2020021300443.html?utm_source=naver&utm_medium=original&utm_campaign=biz

사례 Target은 공급망, 재고관리에 대한 투자를 강화하고 있다

Target 사례의 개요

Target의 최고 경영자(CEO)인 Brian Cornell은 지난 주 4분기 실적 발표에서 Target이 향후 10년 내에 운영될 파이프라인에 최소 10개의 추가 공급망 시설을 보유하고 있다고 밝혔다.

이러한 성장은 Target이 최근 몇 년 동안 진행한 공급망 투자에 기반한다. Cornell은 "10년도 채 되지 않는 기간 동안 우리는 분류 센터, 유통 센터, 식품 유통 센터를 만들고, 지속적인 보충, 기술 및 물류 혁신을 구축하였으며, 지속적으로 발전해 왔습니다."라고 말했다.

Target의 공급망 투자는 재고관리를 위한 노력과 마찬가지로 기업의 효율성과 수익성을 높이는 데 도움이 되었다. Target의 최고 재무관리자(CFO) 겸 최고 운영관리자(COO)인 Michael Fiddelke는 "제품이 과도하게 쌓인 과밀한 창고를 관리할 필요 없이 매장 팀은 제품을 판매 현장으로 더 쉽게 전달할 수 있었고 고객 대면 작업에 더 집중할 수 있었습니다."라고 말했다.

Target 사례의 시사점

Target에게 효율적인 운영관리를 하는 것과 소비자에게 매력도를 높이는 것은 동전의 양면과 같은 일이다. 경영진은 소비자층의 중요도을 높이기 위한 방안으로 공급망에 대한 투자를 계획했다.

코넬은 "매장, 공급망, 기술에 막대한 투자를 하지 않았다면, 코로나19 기간과 현재의 엄청난 성장 동력인 Drive up & Order Pickup 서비스(온라인으로 주문하고 매장에서 수령하는 서비스)는 존재하지 않았을 것이다."라고 말했다. "또한, 매장, 공급망, 기술, 그리고 UPS, FedEx, Shipt와 같은 운송업체가 없었다면 자택배송 서비스도 없었을 것입니다. 이러한 서비스는 고객 확보, 만족도 및 충성도 면에서 단계적 변화를 가져오고 있습니다."

Target은 공급망 인프라 구축과 동시에, 재고 계획의 정확성을 높이기 위해 투자하고 있다. Fiddelke는 "우리는 회사 전체의 팀과 협력하여 재고 위치 결정, 수요 예측을 향상하고 AI와 기계학습을 활용하여 속도, 일관성 및 효율성을 향상시키고 있습니다."라고 말했다.

부진한 수요에 직면하여 재고를 줄이려는 Target의 노력은 힘든 시장에서 수익성 있게 판매하는 데 매우 중요했다. 4분기에 회사의 영업이익은 전년 동기 대비 61% 증가한 19억 달러에 조금 못 미치는 수준이었으며, 해당 기간 재고는 전년 동기 대비 11.9% 감소했다.

Fiddelke는 Target이 다양한 효율성 노력을 통해 2023년에 1년 동안 5억 달러 이상을 절약했다고 말했다. 회사는 재고 관리에 많은 개선이 이루어졌다고 평가했다.

최고 성장 책임자(CGO)인 Christina Hennington은 통화에서 "지난 해 더 적은 수준의 적절한 재고를 유지할 수 있었던 것은 우리 팀의 헌신 덕분이었으며, 우리가 새해를 맞이할 때 좋은 위치에 있게 되었습니다."라고 말했다. "이로 인해 수익이 더 좋아지고 재고가 개선되었으며, 아마도 가장 중요한 것은 유연성이 향상되어 변화하는 추세에 신속하게 대응할 수 있게 되었습니다."

보다 구체적으로, Hennington은 의류와 같은 카테고리를 주목했습니다. Target은 미온적인 수요에 대한 대응으로 계획된 재고 구매를 연기하고 자유 재량 구입 예산을 무료로 유지하여 인기 상품을 추적할 수 있게 했습니다. 결과적으로 재고 수준이 낮아졌음에도 불구하고 4년 만에 최적의 재고 수준을 달성했다고 Hennington은 설명했습니다.

출처: https://www.supplychaindive.com/news/Target-supply-chain-inventory-management-Brian-Cornell-Q4/709914/

1.1 서론

제품 수명 주기(product life cycle)

국경의 구분 없이 치열해지는 글로벌 경쟁 환경 속에서 기업들은 생존하기 위하여 비용을 절감하고 보다 효과적으로 고객에게 다가서기 위하여 지속적인 노력을 쏟고 있다. 특히, 과거와는 다르게 **제품 수명 주기(product life cycle)**는 더욱 짧아지고 있고 고객들의 요구는 보다 다양해지고 있어서 기업의 생존 환경은 더욱 더 험난해지고 있다. 이번 장에서는 생산 및 운영관리[1]의 의미를 살펴보고, 기업의 생존에 있어서 생산 및 운영관리가 왜 중요한지 이해하고자 한다. 또한 생산 및 운영관리에서 고려되는 의사결정의 종류와 주요 고려 사항을 설명하고, 역사적인 관점에서 생산 및 운영관리가 어떻게 발전되어 왔는지 설명한다.

1) 생산관리(Production Management)는 주로 제조업에 초점을 맞춰져 관심을 받아왔으나, 최근 서비스업의 발전과 그 중요성으로 인해 제조업과 서비스업을 모두 포괄하는 생산 및 운영관리(Production and Operations Management) 또는 운영관리(Operations Management)로 용어가 변천되었다.

1.2 기업 운영과 생산관리

기업은 고객이 요구하는 가치를 전달하기 위하여 제품을 생산하여 판매하고, 다양한 서비스를 제공한다. 이를 위해, 기업 내에는 다양한 기능들이 존재하며 서로 유기적으로 연계되어 있다. 일반적으로 기업의 내부 기능은 [그림 1-1]과 같이 재무, 마케팅, 생산 및 운영의 3가지로 구분될 수 있다. 제조업이든 또는 서비스업이든 모든 형태의 조직에는 이와 같은 세 가지 기능이 존재한다.

재무 기능은 기업의 재원을 계획, 조달, 배분, 관리하며, 효과적인 투자를 통하여 사업을 성장시키는 활동들을 포함한다. 마케팅 기능은 고객이 필요로 하거나 원하는 사항을 파악하고, 제품과 서비스를 고객에게 효과적으로 전달하기 위한 일련의 방법(가격, 프로모션 등)들을 제공한다. 마지막으로 생산 및 운영 기능은 기업이 고객에게 전달하려는 제품을 생산하고 서비스를 제공하는 역할을 담당한다. 이외의 기타 기능으로는 구매, 인사, 연구개발 등이 있으며, 이들 기능은 앞서 설명한 3대 기능과 긴밀하게 연계되어 운영되어야 한다. 예를 들어, 구매기능은 제품의 생산에 필요한 원자재 또는 부품을 합리적인 가격에 구매하여 적시에 제공하며, 이는 재무와 생산 기능에 직접적인 영향을 미치게 된다. 인사기능은 조직이 추구하는 목표를 달성하고, 고객이 필요로 하는 가치를 제공하는 데 적합한 인적자원의 확보, 개발, 유지를 위한 다양한 활동을 하게 된다.

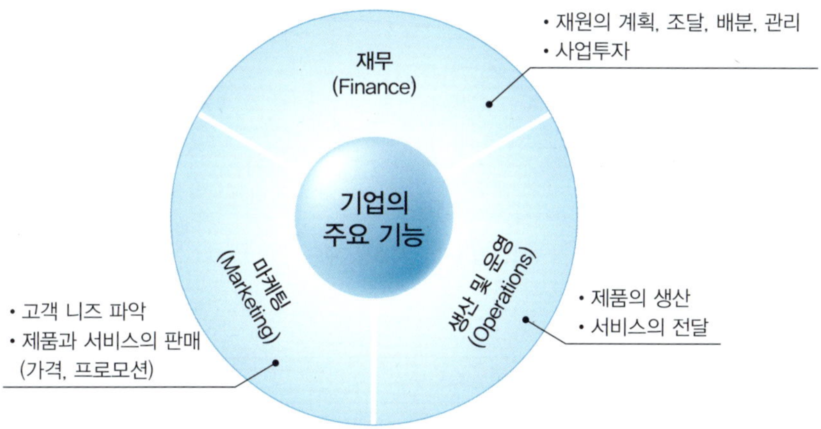

[그림 1-1] 기업의 3대 기능

앞서 설명한 것과 같이, 생산 및 운영은 제품과 서비스를 제공하기 위한 기능을 의미한다. 자동차, 컴퓨터, 휴대폰과 같이 소비자가 물리적으로 이용할 수 있는 제품을 만들고, 교육, 의료, 금융과 같이 소비자가 직접적으로 만져볼 수는 없지만 생활에 필요한 서비스를 제공하기 위해서 기업은 무엇이 투입되고, 이를 어떻게 처리하여 산출물로 만들어내야 하는지 의사결정을 하게 된다. 또한 이렇게 만들어진 산출물은 고객이 필요로 하는 가치를 전달할 수 있어야 한다. 즉, 생산 및 운영이란 투입물을 산출물로 바꾸면서 가치를 더하는 과정을 의미한다.

프로세스(process)
시스템(system)

생산 및 운영에 필요한 투입물에는 다양한 요소들이 존재한다. 시설을 위치시키기 위한 용지와 건물, 생산과 서비스를 담당하고 이를 관리하기 위한 인적 자원과 물적 자원(기계, 컴퓨터, 운송 도구 등), 원자재 및 에너지, 기업이 운영할 수 있는 자본 등은 투입물의 예이다. 투입물은 가공, 포장, 운송, 저장 등의 다양한 형태의 처리과정을 통해 산출물로 전환된다. 진료, 상담, 강의와 같은 서비스 형태의 처리과정 역시 투입물에 가치를 더하여 산출물을 만드는 활동으로 설명될 수 있다. 이와 같이 하나의 또는 하나 이상의 투입물을 고객에게 전달하는 산출물로 전환하는 활동은 **프로세스(process)**로 정의된다. 그리고 관련된 개별적인 프로세스들이 모여 이루어진 하나의 총체적인 체계를 **시스템(system)**이라 정의될 수 있다. [그림 1-2]는 투입물을 산출물로 변환하기 위한 시스템과 이를 구성하는 프로세스를 보여주며, 〈표 1-1〉은 몇 가지 시스템의 예이다.

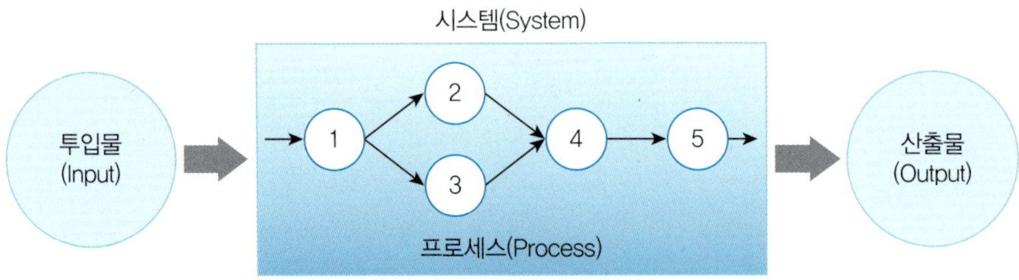

[그림 1-2] 시스템 개요

〈표 1-1〉 시스템의 예

시스템	투입물	산출물
공장	원자재, 노동력, 에너지 등	물품
발전소	1차 에너지원, 노동력, 발전시설 등	전기
병원	의료도구, 의약품 등	의료서비스

이 책에서 다루고 있는 생산 및 운영관리 분야는 앞서 설명한 기업의 주요 기능 중에서 생산 및 운영 기능을 효율적으로 그리고 효과적으로 관리하여 기업의 경쟁력을 높이는 데 목적을 두고 있다. 다시 말해, 생산 및 운영관리는 고객이 원하는 제품이나 서비스를 제공하기 위한 시스템 또는 이를 구성하고 있는 프로세스를 설계하고 관리하기 위해 체계적인 의사결정을 수행하기 위한 방법론이라 말할 수 있다.

1.3 제품과 서비스

현대의 산업 변화와 기업들이 제공하는 상품의 구성을 살펴보면, 제품과 서비스의 영역이 점차 불분명해지고 있음을 알 수 있다. 또한 제품과 서비스가 통합된 상품과 비즈니스 모형을 통해 기업들은 시장에서의 경쟁력을 높이고 있다. 예를 들어, 자동차를 판매하는 영업소에서는 자동차라는 제품과 더불어 자동차 구매/운영에 특화되어 있는 신용카드, 대출 서비스 등을 함께 제공하고 있다. 통신회사의 영업소에서는 휴대폰이라는 제품과 해당 휴대폰으로 이용 가능한 4G, 5G와 같은 이동통신 서비스를 판매한다. 이에 더불어 휴대폰의 파손이나 분실을 대비하기 위한 보험, 스마트폰으로 이용할 수 있는 음악이나 동영상 서비스 상품 등도 같이 판매한다. 이와 같이, 제품에 최적화된 서비스는 제품의 서비스화로, 서비스에 최적화된 제품은 서비스의 제품화로 정의되며 다양한 산업에 적용되고 있다.

비록 제조업과 서비스업의 영역이 통합되어가고 있지만, 제조와 서비스의 특징과 기본적인 차이점을 이해하는 것은 생산 및 운영관리와 관련된 의사결정을 하는데 있어 매우 중요하다. 일반적으로 제조업은 손으로 만지고 이용할 수 있는 유형적인 산출물을 만들어 낸다. 공장과 같이 제품을 생산하기 위한 장소에서 투입물이 산출물로 가공되며, 이는 창고, 도매업자, 소매업자 등의 물류 과정을 거쳐 최종 소비자에게 전달된다. 이후, 소비자는 해당 제품을 사용하여 가치를 전달받게 된다. 그러나 서비스업은 무형의 이질적인 가치를 제공하며, 소비자가 서비스를 제공하는 프로세스 속에 포함되어 있다는 특징을 갖고 있다. 또한 서비스는 유형적인 물건과는 달리 생산과 소비가 분리되지 않아 제고로 쌓아둘 수 없다는 근본적인 차이를 보여준다. 〈표 1-2〉는 제조업과 서비스업의 주요한 차이점을 보여준다.

〈표 1-2〉 제조업과 서비스업의 차이

구분	제품	서비스
산업 특징	자본 집약적	노동 집약적
고객 관여도	낮음	높음
고객 접점 시점	산출물 생성 후	산출물 생성 과정 중
고객 반응 시간	느림	높음
산출물	유형적	무형적
투입물의 균일성	균일함	다양함
산출물의 균일성	균일함	다양함
산출물의 재고화	가능	불가능
재고 수준	높음	낮음
평가	쉬움	어려움

서비스업과 제조업의 차이는 무엇을 대상으로 하는지에 따라 구분될 수 있다. 하지만 이들을 어떻게 계획하고 관리해야 하는지에 관한 의사결정에는 많은 유사점을 찾을 수 있다. 공장과 병원의 예를 들어 비교해보자. 제품을 생산하기 위해서 우선 얼마나 큰 규모의 공장을 어느 지역에 건설할지 계획하며, 이때 입지 비용, 물류비용, 공장 근무 인력의 공급 가능 정도 등을 고려할 것이다. 병원 역시 얼마나 큰 규모의 병원을 어느 지역에 위치시킬지 계획하며, 이때 입지 비용, 환자의 규모, 주변 병원과의 경쟁 관계 등을 고려할 것이다. 운영의 관점에서 공장에서는 제품의 생산 계획, 재고 수준, 제품의 가격 등을 의사결정할 것이며, 종합병원에서는 수술실, 의사, 간호사, 행정직원들의 일정 계획, 환자의 예약 수준, 의료용품의 재고 수준, 진료실 및 시설 배치 등을 의사결정할 것이다. 다음 장에서는 생산 및 운영관리에서 다루는 의사결정의 단계와 종류에 대해서 보다 구체적으로 논의하고자 한다.

1.4 생산관리와 의사결정

기업 내에서 생산 및 운영관리를 담당하는 부서 또는 직원들의 가장 중요한 역할은 의사결정을 하는 것이다. 이는 기업 내의 활동 전반에 걸쳐 요구된다. 생산 및 운영관리에서 다루는 범위는 제품과 서비스의 설계, 적합한 프로세스 선정, 수요예측, 입지선정, 총괄 계획, 자재 소요 계획, 재고관리, 일정 관리, 공급망관리를 포함하며, 각 활동에 필요한 합리적이고 과학적인 계획을 수립하기 위한 방법론을 제시한다. 특히, 개별 활동의 효율성보다는 기업 전체의 효율성을 증진시키기 위한 시스템적인 관점에서 의사결정을 하게 된다. 즉, 전체의 입장에서 부분적인 활동들을 인식하고, 이들 사이의 상호관계를 이해하며 근본적인 문제를 해결하는 접근방식을 따르게 된다.

1.4.1 의사결정 단계

기업 경영에 있어 시스템적인 사고를 통한 의사결정은 단순한 효율성의 문제를 넘어 재무적인 영향, 그리고 크게는 기업의 생존에도 영향을 미친다. 의사결정의 단계는 크게 시스템 설계(전략적 의사결정)와 시스템 운영(전술적 또는 운영적 의사결정)으로 구분이 가능하다. 설계와 관련된 의사결정은 중장기적인 기간을 고려하며, 한 번 의사결정이 이뤄지면 이를 변경하는 데 많은 비용이 소모되는 의사결정 사항들로, 기업이 향후 나아가야할 방향을 결정하는 전략적인 결정을 의미한다. 예를 들어, 일단 공장의 입지를 선정하고 시설물을 배치한 후에는, 시설물들을 다른 지역으로 이동하기에는 많은 비용이 수반될 것이다. 시스템의 설계와 관련된 의사결정으로는 다음과 같은 항목들이 있다.

- 제품 또는 서비스 설계
- 프로세스 설계
- 전략적 수준의 생산/서비스 능력 결정
- 설비 입지 선정
- 공급망설계

시스템의 운영과 관련된 의사결정은 설계와 관련된 의사결정에 비해 상대적으로 단기적인 기간을 고려하며, 전술적 또는 운영적 수준의 의사결정을 의미한다. 설계된 시스템을 효율적으로 운영하기 위해서는 어떻게 해야 하는 가를 결정하는 단계로 시스템의 운영과 관련된 의사결정으로는 다음과 같은 항목들이 있다.

- 단기 수요 예측
- 생산 계획 및 스케줄링
- 수율 관리
- 재고 관리
- 프로젝트 일정 관리

이와 같이, 생산 및 운영관리에서 다루는 의사결정의 범위는 매우 넓으며, 이들 하나하나는 기업의 성과에 큰 영향을 미친다. 의사결정의 항목을 보다 자세하게 설명하기 위하여, 커피 전문점의 주요 의사결정 사항을 살펴보자. 우선, 커피 전문점을 만들기 위해 의사결정자는 전략적인 수준의 항목들을 고민해야 한다. 서비스를 제공하고자하는 커피전문점의 차별화되는 경쟁우위가 저렴한 가격인지, 고품질의 커피인지, 편안한 분위기인지 결정해야 한다. 또한 커피점의 위치를 어느 곳에 둘 것이며, 매장의 크기와 커피의 주문 및 서비스 방식은 어떻게 해야 할 것인지를 결정해야 한다. 이는 모두 시스템을 설계하기 위한 의사결정에 해당한다. 일단 커피 전문점이 오픈되어 운영이 되면, 커피 원두, 종이컵, 빨대 등의 자재를 주문하고 관리해야 한다. 판매 수량을 예측하고, 남은 자재 수량을 확인하여 얼마만큼 구매할 것인지를 결정하고, 종업원의 근무 일정을 관리해야 한다. 이는 모두 운영적 수준의 의사결정에 해당한다. 〈표 1-3〉은 커피전문점을 운영하기 위해 의사결정자가 다뤄야 하는 의사결정 사항들을 나타낸다.

〈표 1-3〉 커피전문점의 의사결정

의사결정 사항	의사결정의 예	관련 주제
다른 커피 전문점과 비교되는 경쟁 우위는 무엇인가?	고품질 커피	기업 전략
어느 지역, 어느 위치에 매장을 오픈할 것인가?	미술관 근처	입지 선정
얼마나 큰 규모의 매장을 만들 것인가?	테이블 20개	전략적 용량 계획
메뉴 구성은 어떻게 할 것인가?	커피와 빵	제품 설계

고객이 주문하고, 커피를 마시고, 다 쓴 컵을 회수하는 과정은 어떻게 할 것인가?	셀프 서비스	프로세스 설계
매장 내에서 고객이 이동하는 동선을 어떻게 할 것인가?	주문대, 테이블 위치	레이아웃(layout) 설계
하루, 시간대별 판매량은 얼마로 예상하는가?	주중/주말 수요량	수요 예측
종업원은 얼마나 고용할 것인가?	주중/주말 아르바이트인력	총괄 생산 계획
커피 원두의 주문 주기와 재고량은?	매주 월요일 자재 주문	재고관리
커피 원두 판매자와 어떤 정보를 공유하고 협력적 관계를 유지할 것인가?	재고 정보 공유	공급망관리
커피전문점을 오픈하기 위한 건물 공사는 어떻게 관리할 것인가?	주요 일정 관리	프로젝트관리

1.4.2 의사결정 고려사항

대부분의 의사결정은 다양한 대안들이 존재하며, 각각의 대안은 품질, 비용, 순익 등의 기업의 경쟁력을 뒷받침해주는 요소들에 직간접적으로 영향을 미치게 된다. 따라서 의사결정을 진행할 때에는 [그림 1-3]과 같은 다양한 요소들이 고려되어야 한다.

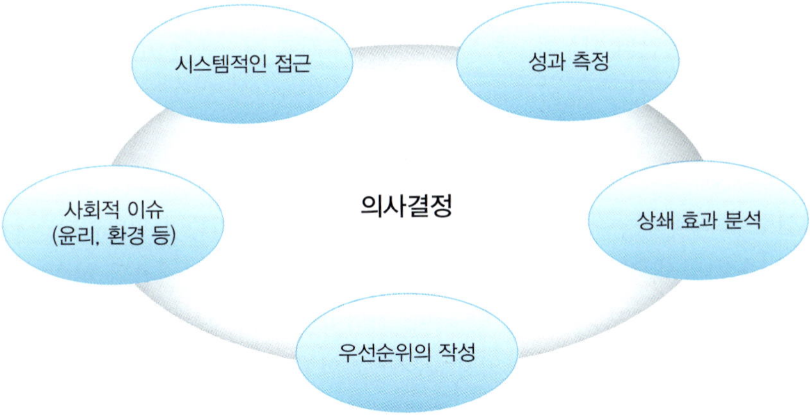

[그림 1-3] 의사결정의 고려 요소

① 시스템적인 접근

기업은 생산, 영업, 재무, 인사 등 여러 기능을 하는 부서들로 구성되어 있고, 각 부서는 각자의 역할과 책임을 갖고 있다. 만일 개별 부서들의 역할이 기업의 전략과 일치되어 있지 않고, 각자가 원하는 방향으로 가려고 한다면 서로 간의 의사결정은 충돌할 수 있으며, 이는 전체 시스템의 성능을 저하시킬 것이다. 시스템적인 접근이란 하나의 시스템을 구성하는 개별적인 요소, 즉 하위 시스템들이 상호 간에 어떠한 작용을 하고, 어떠한 영향을 미치는지를 종합적으로 고려해서 전체 시스템을 최적화할 수 있는 방향으로 의사결정을 내리는 것을 의미한다. 즉, 나무를 보기보다는 숲을 보면서 의사결정을 하는 것을 의미한다. 의사결정자는 개별 부서의 독립적인 최적해의 합이 전체 시스템의 최적해보다 좋을 수 없다는 점을 인식하고 시스템적인 접근을 시도해야 한다.

시스템적인 접근은 시스템의 설계 단계뿐만 아니라, 운영 단계에서도 필수적인 요소이다. 제품 생산 라인의 투입 공정을 예로 들어보자. 원자재를 관리하는 재고관리 담당자와 투입 공정을 담당하는 생산관리 담당자는 불필요하게 많이 쌓여있는 원자재를 소모시키기 위하여 원자재 투입에 대한 의사결정을 한다. 재고 관리 담당자 입장에서는 관리해야할 원자재의 재고 수준이 감소하기 때문에 도움이 되며, 투입 공정 담당자는 공정의 설비 이용률이 높아질 것이라 판단하고 좋은 의사결정이라고 생각할 수 있다. 하지만 만일 이 제품들이 시장에서 더 이상 팔리지 않는 제품들이라면 궁극적으로 회사에 손해를 끼치는 의사결정이 되는 것이다. 이와 같이 하위 시스템만의 최적화, 즉 부분 최적화는 전체 시스템의 최적화를 이끌어내지 못하게 된다.

② 성과 측정

의사결정을 위해서는 각 대안의 성과를 측정할 수 있는 기준이 필요하다. 그리고 성과의 측정 역시 시스템적인 관점에서 작성되어야 한다. 단기간의 하위 시스템의 성과 향상이 목표가 되어서는 안 되며, 기업이 장기간 지속적으로 성장할 수 있고 개별 조직의 이해관계가 상충되지 않는 성과의 측정이 요구된다. 기업에서는 기업의 전략에 맞춰 각기 다른 성과 측정 도구가 사용되며 매출, 순이익, 비용, 품질, 고객 만족 등이 대표적인 예이다.

③ 우선순위의 결정

기업 내에서 생산 및 운영관리의 대상은 매우 많다. 하지만 관리자가 이 모든 대상을 동등한 가치로 관리하기에는 너무나 많은 비용이 요구된다. 또한 모든 요소들이 동등한 중요성을 갖고 있지도 않다. 어떠한 요소들은 기업의 운영 또는 수익에 큰 영향을 미치지만, 또 다른 요소들은 큰 영향을 미치지 않을 수 있다. 따라서 어떠한 요소들이 주요 관리의 대상이 되는지를 파악하는 것이 매우 중요하며, 이를 위해 의사결정을 위한 우선순위를 작성할 필요가 있다.

ABC 분석(ABC analysis)
파레토 법칙(pareto principle)

TV를 생산하는 기업의 원자재 창고에서 관리되는 자재를 생각해보자. TV를 생산하기 위해서는 기판, 유리 패널, 기판에 조립된 다양한 부품, 전선, 나사 등 다양한 원자재가 필요하다. 이 중에서 기판, 유리 패널 등은 값도 비싸며 제품의 특성에 맞춰서 부품이 조달된다. 하지만 나사, 전선 등은 표준화되어 어느 제품에나 사용 가능할 뿐 아니라 가격도 저렴하다. 이와 같이 재고 관리에 있어 모든 부품들이 동등한 가치를 갖는 것이 아님을 알 수 있다. 우선순위를 결정하기 위한 대표적인 접근 방식으로 **ABC 분석(ABC analysis)** 기반의 재고 관리가 있다. 이는 **파레토 법칙(pareto principle)**에 따라 제품의 가치와 중요도를 바탕으로 원자재를 A, B, C의 세 가지 유형으로 나누고, 각 유형별로 서로 다른 재고 관리 방식을 실시하여 관리의 효율성을 높이게 된다.

④ 상충관계의 분석

주문 인도기간(lead time)

의사결정자들은 의사결정 과정에서 여러 가지 형태의 **상충관계(trade-off)**를 접하게 된다. 상충관계란 하나의 목표를 높이기 위해서는 다른 목표를 희생해야 한다는 개념으로, 두 가지 이상의 목표가 동시에 만족될 수 없을 때 생기는 현상이다. 만일 고객에 대한 제품의 접근도를 높이기 위하여 많은 재고를 보유한다면, 고객 만족도는 높아지겠지만 재고 관리를 위한 비용은 증가할 것이다. 운송비용의 감소를 위하여 대형 트럭을 이용한다면, 제품 한 개당 물류비는 감소하겠지만 고객의 주문에 대한 **주문 인도기간(lead time)**은 증가할 것이다. 따라서 의사결정자는 생산과 서비스 제공의 각 단계에서 수행되는 의사결정이 기업 운영에 어떠한 장점과 단점을 야기하는지 심도 깊게 고민하고, 전체 시스템의 관점에서 어디에 더 높은 우선순위를 둘 것인지 파악해야 한다.

⑤ 사회적 이슈

과거의 기업들은 이윤 추구만을 주된 목표로 의사결정을 하고 사업을 수행하였다.

하지만 현대 사회에 들어서서 윤리 경영, 상생 경영, 지속가능 경영과 같은 새로운 경영 패러다임이 기업 경쟁력 강화에 중요한 요인이 되고 있다. 특히 최근에는 이산화탄소 배출 저감, 에너지 절약과 같은 환경(Environment) 문제, 지역사회와의 관계, 근로자 안전 등의 기업의 사회(Social) 문제, 기업 지배구조, 반부패 등의 지배구조(Governance)를 적극적으로 관리하는 ESG 경영이 국제적으로 중요한 이슈가 되고 있다. 기업, 사회, 인류가 모두 지속가능하게 성장할 수 있어야 한다는 경영 이념은 기업의 성장 동력이 될 수 있다. 즉, 단기적으로 손실을 보더라도 기업 브랜드의 강화와 충성도가 높은 고객층의 확보를 통해 장기적으로 기업의 발전에 도움이 되기 때문이다. 따라서 의사결정에 있어서 이윤의 극대화와 더불어 사회적인 이슈를 해결할 수 있는 요소들을 고려해야 한다.

1.4.3 의사결정 모형

모형(model)

수리적 최적화 (Mathematical Optimization)

경험에 근거한 법칙(rule of thumb)

휴리스틱(heuristic)

모형(model)이란 복잡한 현실의 문제를 체계적인 형태로 단순화, 가시화한 표현을 의미한다. 생산 및 운영관리의 의사결정을 위해서 다양한 형태의 모형이 이용된다. 변수들 간의 관계를 언어로 표현하는 문장 모형, 변수들 간의 관계를 도형이나 그래프 등으로 나타내는 도식적인 모형, 수학적인 기호와 수식으로 표현하는 수리적 모형 등이 대표적이다. 이 중, 수리적인 모형은 문제의 최적해를 도출하기 위한 **수리적 최적화**(Mathematical Optimization)와 **경험에 근거한 법칙**(rule of thumb)을 바탕으로 빠르고 쉽게 우수한 해를 도출하는 **휴리스틱**(heuristic) 방법으로 구분된다. 이 책에서는 주로 수리적인 모형을 이용한 의사결정을 설명하고자 한다.

모형을 이용한 의사결정은 종종 문제 해결을 위한 가정을 필요로 하지만 다음과 같은 장점을 얻을 수 있다.

- 복잡한 현상을 체계적으로 정리할 수 있다.
- 불필요한 요소들을 의사결정에서 제외할 수 있다.
- 변수와 평가지표 간의 관계를 이해할 수 있다.
- 변수들 간의 상충관계를 이해할 수 있다.
- 같은 현상에 대해 표준화된 방식으로 접근할 수 있다.
- “What-if” 질문에 대해 답을 구할 수 있다.

1.5. 생산 및 운영관리의 발전 과정

역사적으로 생산 시스템은 가내 수공업 형태에서 대량 생산 시스템, 적시생산 시스템, 다품종 소량 생산 시스템 등으로 발전해 왔으며, 각 시스템에 걸맞은 생산 및 운영관리의 방법들이 고안되고 활용되었다. 이 장에서는 역사적으로 생산 시스템의 변화에 큰 영향을 주었던 1차 산업 혁명, 과학적 관리법의 도입, 2차 세계 대전, 컴퓨터 기술의 발전, 일본의 경제 성장의 5가지 사건을 중심으로 생산 및 운영관리의 발전 과정을 설명하고자 한다. 생산관리의 주요한 역사적 발전 과정은 〈표 1-4〉에 제시되어 있다.

〈표 1-4〉 생산 및 운영관리의 역사적 흐름

구분	주요 운영관리 방법	대표 인물
1차 산업 혁명 이전	가내 수공업	-
1차 산업 혁명	체계적인 관리의 중요성과 규모의 경제를 통한 비용 절감 대두 분업, 호환가능한 부품의 개념 제시	아담 스미스(Adam Smith) 엘리 휘트니(Eli Whitney)
과학적 관리	과학적 관리, 시간 연구, 동작연구, 간트 차트, 경제적 발주량	프레드릭 테일러 (Frederick Taylor) 프랭크 길브레스(Frank Gilbreth) 헨리 간트(Henry Gantt) 포드 해리스(Ford Harris)
과학적 관리	분업과 호환 가능한 부품의 개념을 이용한 대량 생산	헨리 포드(Henry Ford)
	인간관계론, 작업자의 피로도 연구, 동기이론	릴리안 길브레스(Lillian Gilbreth) 엘튼 메이요(Elton Mayo) 에이브러험 매슬로 (Abraham Maslow)
2차 세계 대전	경영과학, 운영과학, 정량적 기법 심플렉스, 선형 계획법	조지 단찌히 (George Danzig)
컴퓨터기술의 발전	자재소요계획(MRP), 제조자원계획(MRP II), 전사적 자원관리(ERP)	-

일본 경제의 성장	적시생산(JIT), 토요타 생산방식(TPS), 린 생산 시스템, 전사적 품질경영(TQM)	-
최근 동향	6시그마, 공급망관리(SCM), 서비스 공학, 비즈니스 애널리틱스와 인공지능 등	-

1.5.1 1차 산업 혁명의 영향

분업(division of labor)
호환 가능한 부품(interchangeable part)

생산 및 운영관리를 위한 과학적인 접근법이 도입된 것은 1700년대 후반부터 시작된 1차 산업 혁명 이후이다. 산업화 이전의 사회에서는 주로 가내수공업 형태의 생산으로 제품이 만들어졌다. 이러한 생산 체재에서는 숙련된 노동자가 간단한 도구를 이용하여 제품을 생산하기 때문에, 생산의 속도가 매우 느렸고 높은 비용이 발생하였다. 하지만 영국을 중심으로 시작되어 19세기에 미국과 유럽의 각지로 퍼진 1차 산업 혁명은 생산 시스템에 많은 변화를 불러 일으켰다. 특히, 방직기의 발명을 시발점으로 인력을 기계의 힘으로 대체하기 시작하였고, 1764년 제임스 와트(James Watt)의 증기기관의 발명은 산업사회로의 변화를 이끌었다. 산업 혁명 이후, 공장이라는 형태의 생산 시스템이 도입되었고, 기계를 만들고 가동하기 위한 철과 석탄의 공급이 활발해지면서 운송 수단 역시 발전하게 되었다. 이와 같은 변화와 발전을 통해 체계적인 관리의 중요성과 규모의 경제를 통한 비용 절감과 효율적인 운영의 필요성이 대두되었다. 경제학자인 아담 스미스(Adam Smith)는 국부론(The Wealth of Nations, 1776)을 통해 **분업(division of labor)**의 개념을 제시하였고, 엘리 휘트니(Eli Whitney)는 **호환 가능한 부품(interchangeable part)**의 개념을 소개하였다. 이러한 개념들은 20세기 대량 생산 체제의 기본 개념이 되었다.

1.5.2 과학적 관리법의 영향

과학적 관리법(scientific management)

테일러 시스템(Taylor system)이라고 불리는 **과학적 관리법(scientific management)**은 산업공학의 아버지로 불리는 프레드릭 테일러(Frederick W. Taylor)에 의해 제시되었다. 1911년에 출판된 '과학적 관리의 원리(The Principles of Scientific Management; [그림 1-4] 참조)'에서 그는 다음의 네 가지 원리를 통해 비효율을 제거하고 조직적인 관리를 추진해야 한다고 이야기하였다(Taylor, 1911).

1) 주먹구구식으로 진행되어온 옛 관리방식을 버리고, 사람들의 작업의 각 요소를 위한 과학적 관리방식을 만든다.

2) 과학적인 방법을 통해 작업자를 선발하고, 교육하며 훈련하고 발전시킨다.
3) 만들어진 과학적 원리에 따라 작업이 진행될 수 있도록, 경영자들은 진심으로 작업자들과 협력해야 한다.
4) 경영자와 작업자는 균등한 업무의 배분과 책임을 가져야 한다.

[그림 1-4] 프레드릭 테일러와 그의 저서 '과학적 관리의 원리'(출처: wikipedia)

당시 여러 선구자들은 과학적 관리기법을 활용하기 위한 움직임에 동참하여, 많은 관리 기법들을 고안하고 적용하였다. 작업자들이 수행하는 각 작업들을 수행하는데 어느 정도의 시간이 소요되는가를 측정하는 프레드릭 테일러의 **시간연구(time study)**와 더불어 주목을 받은 방법은 **동작연구(motion study)**이다. 작업을 18가지의 기본 요소로 분리하고, 불필요하거나 반복적인 작업들을 제거하기 위해 프랭크 길브레스(Frank B. Gilbreth)에 의해 고안되었다. 헨리 간트(Henry Gantt)는 프로젝트의 일정 관리 등에서 광범위하게 사용되고 있는 **간트 차트(Gantt chart)**를 개발하였다. [그림 1-5]는 제품의 요구 분석을 시작으로, 설계, 개발, 테스트, 판매에 이르는 일련의 프로세스의 일정을 계획하고 관리하기 위한 간트 차트를 보여주고 있다.

시간연구(time study)
동작연구(motion study)
간트 차트(Gantt chart)

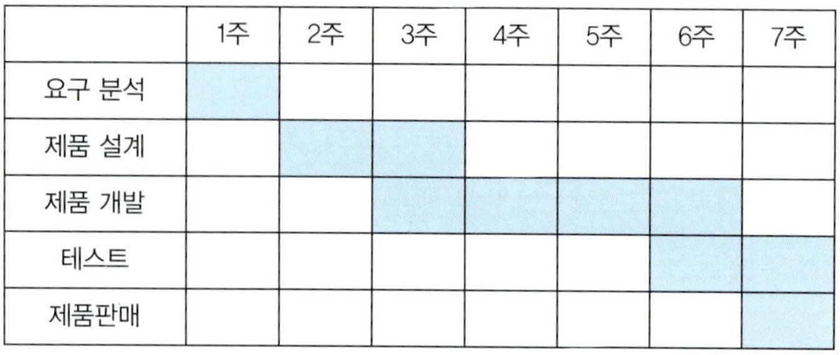

[그림 1-5] 간트 차트 사례

대량 생산(mass production)

과학적 관리 기법을 산업 현장에 활용하여 큰 성공을 거둔 사업가는 헨리 포드(Henry Ford)이다. 그는 표준화된 제품을 대량으로 생산하는 **대량 생산(mass production)** 시스템을 포드 자동차 모델 T의 생산에 도입하였다. 포드 생산 시스템은 앞서 설명한 분업과 호환 가능한 부품의 개념을 통해 자동차의 대중화를 실현하였고, 20세기 미국의 자동차 산업의 발전에 큰 기여를 하였다.

동기 이론(motivation theory)

그러나 경영자와 작업자 간의 균형과 조화를 통한 과학적인 관리 방식의 제안에도 불구하고, 현실의 노동자는 경영자들이 내리는 의사결정의 공정성에 의문을 갖게 되었으며, 1930년대부터 1960년대 사이에 인간관계를 고려하는 새로운 관리법들이 논의되었다. 인간 관계론은 조직의 성공을 위해서 단순히 시스템의 효율성만을 강조해서는 안 되며, 작업자들 역시 시스템의 일부로 구성되기 때문에 작업의 설계에 인간과 관련된 요소를 연구하고 이를 잘 관리해야 한다는 점을 강조하고 있다. 인간 관계론을 주장한 대표적인 선구자는 릴리안 길브레스(Lillian Gilbreth)이다. 동작연구의 아버지인 프랭크 길브레스의 배우자였던 그녀는 과학적 관리에 있어 심리학의 중요성을 인지하고 작업자들의 피로에 관한 연구를 수행하였다. 사회 인류학자인 엘튼 메이요(Elton Mayo)는 일에 대한 동기의 중요성을 강조하였으며, 에이브러험 매슬로(Abraham Maslow)는 **동기 이론(motivation theory)**을 만들었다.

1.5.3 2차 세계 대전의 영향

정량적인 기법(quantitative technique)

1939년부터 1945년까지 유럽, 아시아, 태평양 등지에서 발발하였던 2차 세계대전 역시 생산 및 운영관리의 발전에 큰 영향을 미쳤다. 특히, 군사 물자의 과학적인 운영에 관한 문제들을 해결하기 위한 **정량적인 기법(quantitative technique)**들이 크게 발전하였다.

정량적인 의사결정모형의 시발점은 포드 해리스(Ford W. Harris)가 1913년에 개발한 경제적 주문량(Economic Order Quantity: EOQ) 모형이다(Harris, 1913). 경제적 주문량 모형은 재고 관리의 비용을 최소화하기 위한 수학적 모형으로 광범위한 산업 분야에서 많이 활용되고 있다. 1930년대 이후 통계적인 샘플링 이론이 발전되었으며, 2차 대전을 계기로 다양한 수리적 모형이 개발되었으며 **운영 과학(operations research)** 또는 **경영 과학(management science)**의 명칭으로 발전되어 왔다. 특히, 1947년에 조지 단찌히(George B. Danzig)에 의해 고안된 심플렉스법(Simplex method)은 **선형계획법(linear programming)**의 응용을 빠르게 확산시켰다.

운영 과학(operations research)
경영 과학(management science)
선형계획법(linear programming)

1.5.4 컴퓨터 기술 발전의 영향

20세기 중후반에 생산 및 운영관리의 발전에 큰 영향을 미친 요소 중 하나는 컴퓨터 기술의 발전이다. 컴퓨터의 처리 능력이 향상되면서 수요예측, 생산 계획 및 스케줄링 등과 같이 수리적 모형을 기반으로 하는 다양한 기법들이 기업체에 빠르게 적용되기 시작하였다. 특히, **자재 소요 계획(Material Requirements Planning: MRP)**은 기업의 생산 활동에 필요로 하는 자재를 관리하고 주문을 계획하는 데 중요한 역할을 하였으며, 이는 **제조 자원 계획(Manufacturing Resource Planning: MRP II)**, **전사적 자원 관리(Enterprise Resource Planning: ERP)** 등으로 확대 발전되면서 기업의 기능들이 통합적으로 관리되는 데 핵심적인 요소가 되었다.

자재 소요 계획(Material Requirements Planning: MRP)
제조 자원 계획(Manufacturing Resource Planning: MRP II)
전사적 자원 관리(Enterprise Resource Planning: ERP)

또한 1990년대 인터넷의 발달은 전자상거래를 가능하게 하여 Dell 컴퓨터와 같은 혁신적인 기업 운영 모형을 만들 수 있게 하였고, 기업 간의 거래를 보다 빠르고 효율적으로 수행할 수 있는 기반을 만들어 주었다. 이와 같이, 현대의 많은 기업들은 이러한 정보 기술을 기반으로 하는 시스템을 기업 운영의 뼈대가 되는 핵심 기반으로 활용하고 있다.

1.5.5 일본 경제 성장의 영향

컴퓨터 기술의 발전과 더불어 일본 제조업의 성장 역시 생산 및 운영관리를 발전시킨 또 하나의 중요한 요소로 주목 받았다. 2차 세계 대전에서 패망한 일본은 40년 만에 매우 빠르게 회복하였고 경제가 강력하게 성장하였는데, 그 중심에는 도요타

비즈니스 애널리틱스와 인공지능

빅데이터(big data)

비즈니스 애널리틱스는 데이터의 분석을 통해 기업의 문제들을 효과적으로 해결하기 위한 접근법이다. 사실 데이터를 이용한 분석은 새로운 영역이 아니며, 과거부터 꾸준하게 수행되어 온 영역이다. 하지만 인터넷, 사회 관계망(social network), 사물인터넷(Internet of Things: IoT)의 발달 등으로 인해 우리는 **빅데이터(big data)**라 불리는 엄청난 데이터 속에서 의사결정을 할 수 있게 되었다. 또한, 컴퓨터 성능의 향상과 알고리즘의 진보를 통한 인공지능(Artificial Intelligence: AI)의 발전은 기존과는 다른 새로운 의사결정 접근 방법을 제시해주고 있다. 기업들은 내부의 상황을 실시간 데이터로 확인하여 신속하게 의사결정을 내릴 수 있고, 고객의 소비패턴과 반응 역시 빠른 시간에 수집하여 AI를 통하여 미래의 수요를 예측할 수도 있다. 의사결정자들은 빅데이터, 통계, 수학적 최적화, AI 등을 활용하여 운영관리의 인사이트를 바탕으로 최종적인 의사결정을 수행하고 기업의 이익을 극대화할 수 있도록 노력해야 한다.

1.6 이 책의 구성

이 책은 과학적인 의사결정 방법론을 이용하여 생산 및 운영관리 문제를 해결하는데 관심이 있는 독자를 주된 대상으로 한다. 생산 및 운영관리에 대한 독자들의 이해를 높이기 위하여, 이 책은 기업이 제품이나 서비스를 제공하는 시스템을 효과적으로 그리고 효율적으로 설계하고 운영하기 위한 다양한 주제를 다루고 있다. 전략적인 수준의 주제로부터 전술적인 수준의 주제까지 모두를 포함하고 있다. 각 장에서는 생산 및 운영관리의 세부 요소들에 대한 개념, 과학적 기법과 모형들을 설명하고, 사례연구(case study)를 통해 실제 산업 현장의 모습을 다루었다.

이 책은 총 5부로 구성되어 있다. 1부(1장~2장)에서는 생산 및 운영관리가 무엇인지 소개한다. 2장에서는 기업의 경쟁력 향상을 위해 전략이 수립되는 과정을 설명하고, 성과 척도인 생산성에 대해 설명한다.

2부(3장~7장)는 운영시스템의 설계 및 분석의 관점에서 다양한 주제를 제시한다. 3장에서는 기업이 새로운 제품을 설계하고 개발하는 과정과 이 때 사용되는 동시공학, 제조 고려 설계, 품질 기능 전개 등의 다양한 설계 기법에 대해서 배운다. 조직의 프로세스를 설계하고 분석하기 위한 기법들은 4장에서 다뤄진다. 프로세스를 관리하고 개선하기 위한 6단계의 체계적인 접근법을 설명하고, 프로세스 분석을 위한 문서 도구와 프로세스를 재설계하는 방법을 다룬다. 또한 프로세스를 재설계하는 방법의 하나로 제조 프로세스의 라인 밸런싱을 설명한다. 5장에서는 프로세스 변동성과 대기시간과의 관계를 설명한다. 이를 위해 프로세스에서 대기시간이 야기되는 원인을 규명하며, 대기시간 예측을 위한 모형에 대해 제시하며, 이러한 대기시간 및 변동성을 줄이기 위한 대안과 그 효과에 대해 다룬다. 6장에서는 입지 선택의 개념을 이해하고, 입지 선택 시 고려해야 요인들 및 입지 선정 단계에 대해 설명한다. 시설의 입지 선택 기법들과 입지가 결정된 시설 내의 설비 배치 방법에 관해서 개략적으로 설명한다. 7장에서는 기업의 생산 및 운영시스템의 규모를 결정하는 용량의 개념을 살펴보고, 용량의 측정과 분석 방법 및 규모의 경제와의 관계를 설명한다. 또한 흐름률, 병목 및 가동률의 개념과 분석 방법을 알아보고, 용량 증설을 위한 전략의 유형에 대해 살펴본다.

3부(8장~11장)는 운영 계획 및 통제를 통하여 어떻게 변화에 대응할 수 있는 계획을 수립할 수 있는지 학습한다. 첫 번째 단계로, 8장에서는 수요예측의 개념을 이해하고 예측시스템의 기본적인 구성요소 및 기본절차에 대해 설명한다. 다양한 정성 · 정량적 예측기법과 각 기법의 장 · 단점을 이해하고, 예측오차 및 예측의 정확도를 평가하여 예측기법의 선정 및 모니터링을 수행할 수 있도록 한다. 9장에서는 기업의 생산 계획 수립과정을 다룬다. 기업의 판매 및 생산 계획의 개념과 수립 절차에 대하여 설명하고 총괄 생산 계획의 개념과 전략을 소개한다. 총괄 생산 계획의 수립 기법으로 여러 전략에 따른 총괄 생산 계획을 수립하여 평가하는 대안적 방법과 제한적 상황에서 최적해를 구할 수 있는 선형계획법을 설명한다. 10장에서는 생산시스템의 일정계획 문제의 기본 개념 및 필요성을 설명한다. 기본 용어를 설명하고 다양한 일정계획 환경 하의 문제 해결 방법들을 제시한다. 11장에서는 프로젝트 관리의 개념, 필요성, 그리고 주요기법들에 대해 설명한다. 네트워크를 사용하여 최단시간과 비용으로 프로젝트 완료 계획을 수립하는 방법을 설명하며, 확률적 개념을 소개하여 특정 일자에 프로젝트를 완료할 수 있는 확률을 구한다.

4부(12장~13장)에서는 수요와 공급을 잘 맞출 수 있는 재고 관리 방법에 관하여 설명한다. 12장에서는 완제품의 생산 계획에 따른 원자재와 부품에 대한 수급 계획인 자재 소요 계획법(MRP)을 다룬다. 완제품에 대한 원자재와 부품의 종속 수요 개념을 소개하고 MRP의 수립 원리를 설명한다. 마지막으로 기업의 생산 계획 체계를 구성하고 있는 MRP 시스템의 구조를 다룬다. 다음으로, 13장에서는 기업의 생산 활동에서 큰 비용을 차지하는 재고관련 비용 및 그 관리 기법을 다룬다. 우선 재고의 보유 의미와 재고관련 비용의 종류를 알아보고, 고객의 수요가 확정적으로 알려진 경우의 다양한 경제적 주문 모형을 통하여 이들이 재고관리 정책에 미치는 영향들을 학습한다. 이후, 확률적 재고 모형에 대해서 다룬다. 단일 기간 확률적 재고 모형인 신문 가판원 모형, 분포자유 신문 가판원 모형과 더불어 연속조사 재주문점 모형에 대해서 다룬다.

이 책의 마지막인 5부(14장~16장)에서는 전사적 운영 혁신을 이룰 수 있는 경영기법에 대하여 학습한다. 14장 품질경영에서는 품질 및 품질경영의 기본개념과 품질관리를 위한 도구들, 그리고 품질경영을 위한 방법론으로 6시그마 기법을 알기 쉬운 예제와 사례를 통해 설명한다. 15장에서는 토요타 생산 시스템에 대해 다룬다. 먼저 토요타 생산 시스템의 기본 구조에 대해 살펴본다. 그 다음 토요타 생산 시스템의 근간이 되는 칸반 시스템에 대해서 공부한다. 준비작업시간 단축을 통한 SMED 시스템을 어떻게 구현할 수 있는지 살펴본다. 또한 다기능공 및 작업장 배치를 통해 어떻게 유연한 작업장을 구현하였는지에 대해서도 다룬다. 마지막으로 16장에서는 기업과 기업의 거래관계로 구성된 공급망의 통합적 계획과 운영을 위한 공급망관리의 개념을 설명한다. 공급망에서의 특징적인 현상인 채찍효과를 포함하여 공급망관리에서 발생하는 주요 이슈를 살펴보고, 공급망관리에 있어서의 의사결정 조정을 통해 전체최적화를 이루기 위한 주요 접근방법을 살펴본다. 이 책의 구성은 〈표 1-5〉로 요약되어 있다.

〈표 1-5〉 이 책의 구성

부	장	주요 주제
1. 생산 및 운영관리란?	1. 생산 및 운영관리 개념	생산 및 운영관리의 개념 생산 및 운영관리의 역사
	2. 생산 전략	전략 수립 프로세스와 생산 전략 생산성의 계산 및 해석
2. 운영 시스템 분석 및 설계 (시장을 고려한 자원 계획)	3. 제품 설계 및 개발	제품 개발 및 설계의 의미 설계의 과정 다양한 제품 설계 기법

2. 운영 시스템 분석 및 설계 (시장을 고려한 자원 계획)	4. 프로세스 분석	프로세스 관리의 체계적 접근 프로세스 분석의 문서 도구 프로세스 재설계
	5. 프로세스 변동성	프로세스 변동성과 대기시간 대기모형 프로세스 변동성을 줄이는 방안
	6. 입지선택	입지선택의 개념 이해 입지선택 고려요인 및 단계 입지선택 기법 소개 설비 배치 방법 소개
	7. 용량계획	용량의 개념과 측정방법 규모의 경제와 용량 증설 전략 흐름율과 병목의 분석 가동률과 여유용량의 개념
3. 운영 계획 및 통제(변화에 대응한 계획 수립)	8. 수요예측	수요예측의 이해 예측시스템의 구성요소 및 기본절차의 이해 정성 · 정략적 예측 기법 이해 예측 정확도 평가 척도 및 모니터링
	9. 총괄생산계획	기업의 생산 계획 수립 과정 총괄 생산 계획의 전략 총괄 생산 계획의 수립 기법
	10. 일정계획	일정계획의 개념 및 필요성 일정계획 기본 용어 정의 다양한 일정계획 환경 하의 문제 해결
	11. 프로젝트 관리	프로젝트 관리의 중요성 프로젝트 시간 및 비용 추정 AOA, AON 기법을 통한 프로젝트 계획 수립 PERT, CPM을 통한 프로젝트 일정 관리
4. 재고 관리 (수요를 맞추는 공급)	12. 자재소요계획법	종속 수요의 개념 MRP의 수립 MRP 시스템 구조
	13. 재고 관리	재고의 보유 이유 및 재고비용의 종류 경제적 주문모형(EOQ) 경제적 주문모형의 확장(주문시간, 가격할인, 이월주문 등) 신문 판매원 모형, 분포자유 신문 판매원 모형을 통한 최적 주문량 산출 연속조사 재주문점 최적화 모형

5. 전사적 운영 혁신(혁신을 위한 경영 기법)	14. 품질경영	품질과 품질경영의 개념 품질관리를 위한 도구들 6시그마 기법
	15. 토요타 생산 시스템	토요타 생산 시스템 기본 구조 칸반 시스템 준비작업시간 단축을 통한 SMED 시스템 다기능공 및 작업장 배치를 통한 유연 작업장 구현
	16. 공급망관리	공급망관리의 개념과 주요 문제 공급망의 불확실성과 전체 최적화 공급망의 조정, 협력 및 정보의 공유 방안

1.7 요약

기업의 주요 기능은 재무, 마케팅, 생산 및 운영으로 구분된다. 이 책은 이 중 생산 및 운영관리를 위한 과학적이고 체계적인 관리 방법들을 설명하고 있다. 1장에서는 기업의 활동에서 생산 및 운영관리의 중요성에 대하여 공부하였다. 즉, 제조업과 서비스업 모두 고객에게 가치를 전달하기 위하여 투입물을 산출물로 전환하는 과정을 거치며, 이러한 기능을 얼마나 효과적으로 그리고 효율적으로 설계하고 운영할 수 있는지가 기업의 생존에 필수적인 요소임을 이해하였다. 비록 제조업과 서비스업은 특성에 차이는 있지만 고려되어야 하는 의사결정 사항은 매우 유사함을 설명하였다. 마지막으로, 1차 산업 혁명을 시작으로 부각된 과학적 관리 방법의 역사적 흐름을 이해함으로써, 시대의 흐름에 따른 주요 생산 및 운영관리 이슈의 변천을 살펴보고 최근 주목받고 있는 이슈들에 대하여 공부하였다.

● 참고문헌

- Taylor F.W., *The principles of scientific management*, Harper& Brothers, USA (1911).
- Harris F.W., How Many Parts to Make at Once, *The Magazine of Management*, Vol. 10, pp. 135–136(1913).

연·습·문·제

1. 기업 운영의 핵심적인 3대 기능을 설명하고, 각 기능들이 상호 간에 어떻게 연관되는지 예를 들어 설명하라.

2. 제품과 서비스의 주요한 차이점을 설명하라.

3. 전략적 의사결정과 전술적 의사결정의 차이를 설명하라. 또한 각각의 의사결정 사항을 2가지씩 제시하라.

4. 상충관계의 의미를 설명하고, 기업의 의사결정에서 발생되는 상충관계의 예를 제시하라.

5. 의사결정을 위한 모형에는 어떠한 것들이 있고, 왜 모형을 사용해야 하는지 설명하라.

6. 프레드릭 테일러가 제시한 과학적 관리의 4가지 원리가 무엇인지 설명하라.

7. 다음에 제시된 생산 및 운영관리의 중요한 관리 기법들을 시대적 순서대로 나열하라.

   (1) 공급망관리
   (2) 자재소요계획
   (3) 전사적 자원관리
   (4) 제조자원계획

8. 최근 기업의 의사결정을 위하여 인공지능을 활용하려는 노력을 많이 하고 있다. 인공지능을 활용한 기업의 의사결정 예를 제시하라.

2 CHAPTER

생산 전략

학습 목표

- 미션, 비전, 목적, 목표, 전략과 전술의 의미를 이해하고 이들 간의 상관관계를 설명할 수 있다.
- 기업 전략, 사업 전략, 기능별 전략을 구분하여 설명할 수 있다.
- 기업의 핵심역량에 기반을 둔 생산 전략의 경쟁 우선순위를 이해하고, 구체적인 사례를 설명할 수 있다.
- 생산성의 의미를 이해하고, 종합 생산성, 단일요소 생산성, 다요소 생산성을 계산할 수 있다.

Strategy is not the consequence of planning but the opposite, its starting point(전략은 계획의 결과가 아니라 그 출발점이다).

– 헨리 민츠버그(Henry Mintzberg)

사례

코카콜라 CEO: 혁신이 '경쟁우위(Competitive advantage)'의 역할을 한다

코카콜라의 대표이사인 James Quincey는 "제품, 포장 및 프로세스 전반에 걸친 코카콜라의 혁신은 "경쟁 우위"를 제공하며, 수익 성장을 촉진하고 있다."고 설명한다. 투자자들과 회사의 2023년 연간 실적에 관해 대화하면서, 그는 혁신이 총 이익 증가의 약 30%를 기여했다고 말했다. 총 이익은 9% 증가한 272억 3천만 달러를 기록했다. Quincey는 "우리는 더 과감하고 성공적인 혁신을 만들기 위해 디지털 도구, 원재료 처리 기술, AI를 적용하고 있습니다."라고 말하면서 2023년에는 혁신 성공률이 2019년 수준에 비해 3배 증가했다고 주장했다.

영국에서는 2023년에 코카콜라가 잭 다니엘스와 협력한 후 알코올 음료 분야에 첫 번째 사업을 시작했다. 또한 Coca-Cola Creations Flavor 플랫폼을 사용하여 "AI를 통해 공동 제작"된 Coca-Cola 3000 Zero Sugar를 출시했다. "맛의 우월성"은 성공적인 혁신의 궁극적인 원동력이라고 Quincey는 말했다. 그는 이에 대한 "지속적인 사례"로 Coca-Cola Zero Sugar를 인용했다. 이 제품은 2023년에 5%의 판매량 성장을 보였다. "우리는 다년간의 성공을 통해 얻은 교훈을 적용하고 다른 곳에서도 맛의 우월성을 추구하고 있습니다."라고 그는 말했다.

코카콜라는 마케팅 비용을 전개하는 방식에서도 더욱 혁신적으로 활동한다. 코카콜라는 마케팅의 변화를 경험하고 있으며, 미디어 지출이 TV 중심에서 디지털 채널로 전환되는 것을 확인했다. 이전에는 TV 광고를 만드는 데 몇 달이 걸렸다고 Quincey는 말했다. Quincey는 이제 회사가 문맥상 관련성이 있는 1,000개의 콘텐츠를 제작하고 이러한 결과를 실시간으로 측정하고 있다고 주장했다.

Quincey는 Kantar의 코카콜라 브랜드 가치평가를 인용하면서 "우리는 소비자와 다르게 소통하고 있으며 결과가 나타나고 있습니다."라고 말했다. 이를 통해 코카콜라의 브랜드 가치는 전년 대비 80억 달러 증가했다. 회사의 최고 재무 책임자(CFO)인 John Murphy는 마케팅 지출의 영향이 회사의 실적에 분명하게 나타났다고 말했다.

(이하 생략)

출처: MarketingWeek
www.marketingweek.com/coca-cola-innovation-competitive-advantage/

2.1 서론

전략(strategy)
경쟁우위(competitive advantage)
핵심 역량(core competency)
생산성(productivity)

기업이 치열한 시장 경쟁 하에서 생존하기 위해서는 자신만의 핵심적인 경쟁력을 바탕으로 사업을 추진해 나가야 할 방향을 갖고 있어야 한다. 그리고 개별적인 기능을 담당하는 부서와 그 구성원들은 기업이 설정한 방향으로 동일하게 움직이기 위해 지속적인 노력을 해야 한다. 이를 위해, 장기적인 관점에서 수립된 계획을 **전략(strategy)**이라 한다. 전략을 수립하기 위해서는 경쟁 기업에 비해 절대적으로 우위에 있는 **경쟁우위(competitive advantage)**를 바탕으로 가치를 창출할 수 있는 **핵심 역량(core competency)**을 확보해야 한다. 그리고 핵심역량을 기반으로 시장과 고객의 변화를 반영할 수 있는 전략이 수립되어야 한다. 이렇듯, 기업의 전략이란 다양한 요소들에 의해 영향을 받게 되며, 전략 수립을 위해서는 다차원적인 요인들을 고려해야 한다. 이 장에서는 기업 전략의 구조를 설명하고, 다양한 생산 및 운영 전략을 살펴보고자 한다. 또한 생산 관리 담당자들이 자원의 효율적인 활용 정도를 측정하기 위해 주로 사용하는 **생산성(productivity)**의 개념을 설명하여, 생산성이 기업의 경쟁력에 어떠한 영향을 주는지 이해하고자 한다.

2.2 전략적 경영

전략이란 기업의 목표를 달성하기 위한 장기적인 계획을 의미한다. 만일, 기업이 장기적인 계획 없이 단기적인 수익과 현실의 문제만을 해결하기 위해 의사결정을 수행한다면 필연적으로 시장에서 실패할 것이다. 기업이 성공적으로 사업을 수행하기 위해서는 고객이 원하는 것을 이해하고, 고객이 원하는 것을 제공하기 위한 장기적인 계획을 세워야 한다. 장기적인 계획의 수립 과정에는 자신의 강점과 약점, 시장에서의 기회와 위협 요소들이 고려되어야 한다. 그리고 이러한 장기적인 계획을 바탕으로 각 기능별로 일관성 있는 실행 계획이 수립되어야 할 것이다. 이는 단지 기업에만 해당되는 것은 아니다. 전략이라는 것은 개개인의 인생, 여러 명이 같이 참여하는 운동 경기, 그리고 유기적으로 움직이는 모든 시스템 등 일상생활의 모든 것들의 성공과 실패에 영향을 미친다. 이 절에서는 전략 수립의 기본이 되는 미션과 비전(mission & vision)과 목적과 목표(goal & objective)에 대해 먼저 살펴보고 전략의 층위를 설명하고자 한다. [그림 2-1]은 전략 수립을 위한 프로세스와 개별 단계의 간략한 설명을 나타내고 있다.

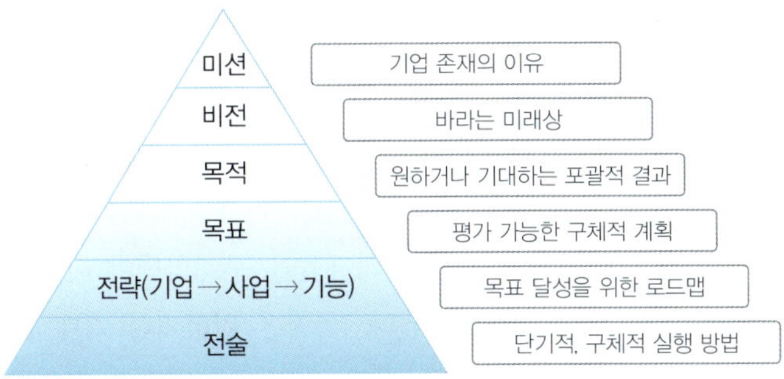

[그림 2-1] 전략 수립 프로세스

2.2.1 미션과 비전

미션(mission)
비전(vision)

미션(mission)이란 기업이 추구하고자 하는 신념으로 단기간에 바뀌지 않는 기업 고유의 사명을 나타낸다. 즉, 미션이란 기업이 왜 존재하는지에 대한 이유를 설명해준다. **비전(vision)**이란 미션을 달성하기 위하여 기업이 바라는 미래의 모습을 구체화한 것을 의미한다. 비전은 명확하고 종합적인 미래상을 나타내며, 미션에 비해서는 가변적일 수 있으나, 종종 기업의 미션과 비전은 명확하게 구분되어서 정의되지 않는 경우도 있다. 이와 같은 기업의 장기적인 모습은 미션 선언문(mission statement) 또는 비전 선언문(vision statement)로 구체화되어 표현된다. 다음은 주요 기업들의 미션 또는 비전 선언문의 예이다.

- GM: 세계에서 가장 가치를 인정받는 자동차회사가 된다.
- 스타벅스: 인간의 정신에 영감을 불어넣고 더욱 풍요롭게 한다. 이를 위해 한 분의 고객, 한 잔의 음료, 우리의 이웃에 정성을 다한다.
- 아마존: 지구상에서 가장 고객 중심적인 회사가 된다.
- 현대자동차: 자동차에서 삶의 동반자로 인간 중심적이고 환경친화적인 혁신 기술과 포괄적 서비스를 기반으로 최상의 이동성을 구현하여 삶을 더욱 편리하고 즐겁게 영위할 수 있는 새로운 공간을 제공한다.
- LG전자 비전: Innovation for a better life
  미션: Smart Life Solution Company

2.2.2 목표와 목적

목적(goal)
목표(objective)

2.2.1절의 예와 같이 미션과 비전은 포괄적인 내용으로 짧은 문장으로 표현된다. 미션 선언문과 비전 선언문의 내용은 추구하고자 하는 모습이며, 때로는 달성이 어려울 수도 있다. 하지만 모든 목적지는 한 걸음, 한 걸음씩 다가가야 하듯이, 기업은 미션 또는 비전을 달성하기 위해서는 과제들을 구체화해야 한다. 이들 과제는 **목적(goal)**과 **목표(objective)**로 구체화된다. 목적은 원하거나 기대하는 결과로 목표보다는 포괄적 성과로 정의되며, 의사결정의 중요한 방침이 된다. 반면, 목표는 목적을 달성하기 위한 보다 구체화된 계획을 표현하며, 정량적 또는 정성적으로 평가 가능한 내용을 담고 있다. 때때로 목표를 달성하고자 하는 목표 시점을 정하기도 한다. 이렇듯, 기업은 목적과 목표를 통해 도달하고자 하는 지점을 구체적으로 설정하게 된다. 이때, 가장 중요한 점은 화려한 말과 뛰어난 아이디어보다는 일관

성이다. 또한 시간이 지나거나 목적과 목표가 달성되면, 기업은 환경과 경쟁상황의 변화를 바탕으로 이를 수정해야 한다. 다음은 기업들의 목적과 목표의 사례이다.

- 코카콜라의 목적

  이윤을 증가시키면서 매출을 2배 이상으로 증가시킨다.

  일하기 좋은 회사가 된다.

  하루에 30억 명 이상에게 서비스를 제공한다.

  고객(혹은 소비자)에게 가치를 주는 모든 영역과 비알콜음료 시장에서 1위가 된다.

  가장 믿음직스럽고 선호도가 높은 음료 파트너가 된다.

  지속가능한 물 사용에 글로벌 리더십을 갖는다.

  패키징, 에너지, 환경보호에서 산업 내 리더십을 갖는다.

  최고의 효과를 위해 사람, 시간, 돈을 관리한다.

- 월마트의 지속가능 목적

  2040년까지 전 세계에서 수행되는 작업에서 탄소를 배출하지 않는다.

- 한국수자원공사 중장기 목표(2023~2027년)

  기후위기 대응 솔루션, 물 · 에너지 · 도시 그리고 ESG 넥서스 완성: 2030년 NDC 2% & 매출 10조 원 달성

2.2.3 전략

목적과 목표가 기업이 도달하고자 하는 구체화된 목적지라면, **전략(strategy)**은 목적지를 가기 위해 집중해야 하는 방향 또는 로드맵이라 볼 수 있으며, **전술(tactic)**은 전략을 달성하기 위한 단기적이고 구체적인 실행 방법이라 말할 수 있다. 일반적으로 전략은 [그림 2-2]와 같이 기업 전략, 사업 전략, 기능별 전략의 계층적 단계로 구성이 된다.

전략(strategy)
전술(tactic)

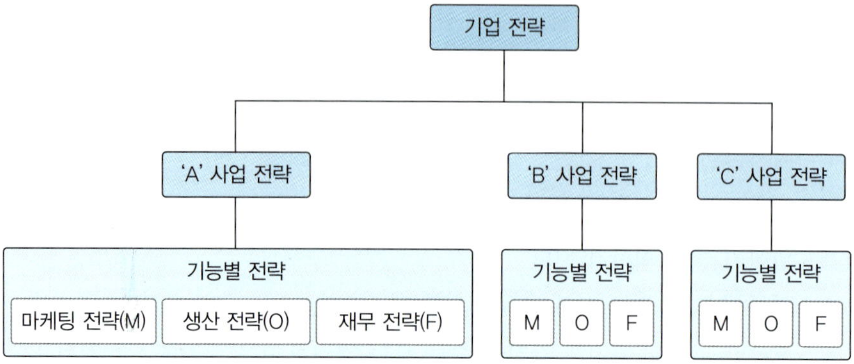

[그림 2-2] 전략의 구조

1) 기업 전략

기업 전략은 기업 전체의 조직을 대상으로 하며 어떠한 사업 분야에 참여하여 경쟁할 것인지, 어떠한 사업 분야에서 철수할 것인지를 정의한다. 일본의 토요타 자동차는 고급 자동차 시장에서 경쟁하기 위한 렉서스와 일반 자동차 시장에서 경쟁하기 위한 토요타라는 두 가지 사업 분야를 운영하고 있다. 만일 기업 내 다수의 사업이 존재할 경우, 기업 전략은 사업 포트폴리오를 구성하고 사업 간 자원을 배분하며 사업 간 시너지 효과가 발생할 수 있도록 조정하는 역할을 한다.

기업 전략은 크게 성장 전략, 안정 전략, 방어 전략으로 구분된다. 성장 전략은 기업이 앞으로 더 나아가기 위한 전략으로 매출의 증대, 수익의 증대, 기타 성과 측정지표의 향상을 목적으로 한다. 다음은 성장 전략의 유형을 설명하고 있다.

- 집중 전략: 기업이 가장 잘하고 있는 핵심 사업에 집중하여 성장의 목표를 달성할 수 있는 방법을 도출한다. 해당 분야에서는 매우 우수한 기업이 될 수 있으나 산업과 환경의 변화에 취약할 수 있다.
- 수직적 통합 전략: 원자재, 부품 생산에서부터 유통까지의 기업 활동 중에서 어떠한 영역을 기업의 범위로 통합할 것인지를 결정한다. 기능 간 협력을 강화하고 운영비용을 줄일 수 있는 장점이 있으나 초기 투자비용과 다양한 기능 간의 통합 등의 어려움도 존재한다.
- 수평적 통합 전략: 동일한 산업분야의 경쟁자의 기능을 통합하여 기업 규모를 확대할 것인지를 결정한다. 시장점유율을 높여 시장의 선도자의 역할을 수행할 수 있으며, 규모의 경제를 달성할 수 있다. 하지만 독과점과 같은 문제로

인해 법률적인 조건을 만족해야만 한다.

– 사업다각화 전략: 현재의 사업범위에서 벗어나 새로운 사업 영역으로의 확장을 결정한다. 위험의 분산, 이종 사업 영역 간의 시너지효과, 여유 자금 활용 등의 다양한 이유로 사업다각화가 추진된다.

안정 전략은 기업이 현재 있는 위치를 유지하기 위한 전략으로 현재 기업의 수준과 규모를 유지하는 전략이다. 미래가 매우 불확실해서 어떠한 방향으로 변화할지 예측하기 어려운 경우 적용된다. 산업이 성숙기에 도달하여 변화가 매우 적고 성장의 기회도 크지 않은 경우에 활용되기도 한다. 마지막으로, 방어 전략은 기업이 하락하고 있는 방향을 조정하기 위한 전략으로 사업의 실적이 매우 부족하거나 미래 성장이 불명확한 사업을 매각하거나 축소하는 전략이다.

2) 사업 전략

사업 전략은 개별적인 사업단위를 대상으로 하며 기업 전략을 지원하기 위한 방법을 정의한다. 배분된 자원을 바탕으로 해당 사업 범위 내에서 어떻게 경쟁우위를 차지할 수 있는지를 결정하게 된다. 만일 기업이 하나의 사업 영역만 다루고 있다면, 기업 전략과 사업 전략을 별도로 구분하지 않을 수도 있다.

사업의 경쟁우위를 확보하기 위한 대표적인 전략으로는 원가우위, 차별화, 집중화 등이 있다(Porter, 1980). 우선, 원가우위 전략은 원가절감을 통해 경쟁자보다 보다 낮은 가격으로 경쟁우위를 확보하는 전략이다. 이는 가격에 민감한 고객들에게 제품의 가치에 비해 가격이 저렴하다는 점을 인식하게 하여 시장점유율을 높이고, 수익을 창출할 수 있게 해준다. Everyday Low Price를 핵심적인 전략으로 삼고 있는 월마트가 대표적인 예이다. 다음으로, 차별화는 다른 기업들이 쉽게 모방할 수 없는 유일한 자원이나 능력을 바탕으로 시장에서 경쟁우위를 갖는 전략이다. 이 전략은 대상 고객이 가격에 민감하지 않으며, 제공받지 못하고 있는 특별한 소비자 니즈가 있는 경우 적합한 전략이다. 차별화된 혁신적인 디자인, 고품질, 기술력 등이 경쟁 기업에 비해서 우월해야 가능하며, 대표적인 예로는 애플과 벤츠 등이 있다. 마지막으로, 집중화는 전체 시장을 대상으로 하지 않고, 특정 소비자 집단, 특정 품목, 특정 지역 등을 집중 공략하여 비용우위나 차별화된 장점을 취하는 경쟁우위 전략이다. 일반적으로 시장 사이즈가 작기 때문에 대기업보다는 중소기업들에 더 적합하다. 대표적으로, 사우스웨스트 항공은 단거리 노선과 2개의 지점 간의 수송에 집중하는 전략으로 성공을 거두었다.

3) 기능별 전략

각 사업부에는 생산 및 운영, 재무, 마케팅, 인사, R&D 등의 기능이 존재한다. 개별적인 기능 단위 또는 부서는 기업 전략을 바탕으로 기능별 전략을 수립하며, 기능 단위의 전략적 이슈들은 기업의 비즈니스 프로세스와 가치사슬과 연관된다. 또한 일관되고 잘 조화가 되는 기능별 전략은 기업 전략과 사업 전략이 효과적으로 실행될 수 있게 해준다. 2.3절에서는 기능별 전략 중에서 생산 전략에 대하여 구체적으로 살펴본다.

2.3 생산 전략

1970년대 이전은 표준화된 대량 생산이 산업의 주요한 추세였다. 만들어진 제품은 시장에서 쉽게 팔려나갔기 때문에 생산 전략보다는 재무 전략과 마케팅 전략이 주요 관심의 대상이었다. Skinner(1969)는 기업의 관리자들이 생산 전략을 중요하게 생각하지 않고 있기 때문에 비효율적인 생산 시스템이 회사에 부담이 될 것임을 지적한 바 있다. 그는 공장과 설비, 생산계획, 종업원, 제품 설계, 조직 관리가 생산 전략에 포함되어야 한다고 주장하였다. 1970~80년대에 들어서, 일본 기업들이 높은 품질의 제품을 보다 저렴한 가격으로 시장에 제공하면서 시장의 경쟁이 가열되기 시작했으며, 그의 주장처럼 기업 경쟁력의 요소로 생산 전략의 중요성이 부각되기 시작하였다.

생산 전략은 기업의 기능별 전략 중 하나로, 생산 및 운영 기능의 중장기적 경쟁력을 높이고 기업의 목표를 달성하기 위한 로드맵의 역할을 수행한다. 생산 전략은 경쟁자보다 높은 경쟁우위를 차지하기 위한 계획으로, 제품이나 서비스, 이를 제공하기 위한 프로세스, 생산 계획 및 스케줄링, 품질, 리드타임 등과 같이 기업을 실질적으로 운영하기 위한 요소들을 대상으로 한다. 특히, 고객에게 제품과 서비스를 효과적으로 제공하기 위하여 제한된 자원을 어떻게 할당하고 이용할 것인지에 관한 이슈들과 관련이 깊다. 생산 전략이 효과적으로 적용되기 위해서는 사업 전략과 긴밀하게 연계되어야 한다. 또한 마케팅 전략, 재무 전략과 같은 다른 기능 전략과 충돌이 없어야 하며, 사업 전략 달성을 위해 상호 간에 보조를 같이해야 한다.

기업의 경쟁력을 높이기 위한 생산 전략을 수립하는 데 있어 일반적으로 고려해야 하는 중요한 4가지 요소는 비용, 품질, 시간, 유연성이다. 이러한 능력을 경쟁 우선순위(competitive priorities)라고도 한다(〈표 2-1〉 참조). 기업이 한정된 자원으로 경쟁 우선순위 요소들을 다 추구할 수는 없기 때문에, 자신의 핵심역량이 무엇인지를 파악하고 어떠한 요소에 집중하여 시장에서 경쟁할 것인지 결정해야 한다. 이러한 과정을 전략적 우선순위의 결정 또는 전략 포지셔닝이라고 한다.

경쟁 우선순위(competitive priorities)

〈표 2-1〉 경쟁 우선순위

비용	낮은 원가
품질	고성능 설계, 균일한 품질
시간	제품개발속도, 신속한 납기, 정시 납기
유연성	제품 유연성, 수량 유연성

2.3.1 비용 기반의 전략

비용을 기반으로 경쟁을 한다는 것은 고객에게 경쟁사보다 낮은 가격에 제품을 제공하는 것을 의미한다. 이를 위해서 생산 관리부서는 공정에서 발생하는 낭비를 제거하고 생산성을 높이는 방식으로 낮은 원가의 생산을 이끌어 경쟁력을 확보해야 한다. 비용 절감 기반의 전략은 표준화된 제품을 대량으로 공급하는 시장 환경에서 공정을 안정화하고, 자동화를 통해 효율성을 높이고 불량률을 줄이는 방식 등으로 많은 기업에서 추구되어 왔다.

하지만 최근 들어 제품과 소비자의 니즈가 다양해짐에 따라, 값싼 제품을 제공하는 것만으로는 모든 시장에서 성공하기 어렵게 되었다. 비용 기반의 전략을 사용하기 위해서는 저렴한 제품을 요구하는 시장 층을 파악한 후, 그들을 대상으로 저가의 제품을 제공하기 위해 노력해야 한다. 일반적으로 가격을 기반으로 경쟁하는 경우는, 일상용품과 같이 서로 다른 기업이 생산하는 제품의 가치에 큰 차이가 없는 시장에 해당된다. 이러한 시장 층은 경쟁이 치열하며, 가장 저렴한 제품으로 시장에서 가격을 주도하는 기업만이 성공하곤 한다.

2.3.2 품질 기반의 전략

과거의 품질은 생산 현장에서 종업원들에 의해 관리되는 요소에 불과하였다. 하지만 시간이 흐름에 따라 품질의 개념은 고객 만족의 관점으로 확대되었고, 고려되는 품질의 요소들도 다양해졌다. 고객은 언제나 좋은 품질의 제품과 서비스를 요구한다. 즉, 품질을 기반으로 경쟁하기 위해서는 소비자가 원하는 것이 무엇이며, 제공되는 제품이나 서비스가 소비자의 기대를 얼마나 충족시킬 수 있는지를 이해해야 한다.

디자인 품질(design quality)
프로세스 품질(process quality)

종종 품질이라는 개념은 개개인에 따라 주관적으로 정의되고 평가되기도 하지만 품질 기반의 전략을 추구하는 회사들은 일반적으로 두 가지 품질의 개념을 고려한다. 첫 번째는 **디자인 품질(design quality)**로 제품이 소비자의 요구나 기대를 충족하는지를 의미한다. 두 번째는 **프로세스 품질(process quality)**로 제품이 불량 없이 생산될 수 있도록 프로세스가 설계되었는지를 의미한다. 즉, 고객이 원하는 것을 디자인하고, 결함 없이 생산함으로써 품질 기반의 경쟁력이 마련된다. 이때, 기업은 높은 수준의 고성능 설계와 균일한 품질의 두 가지 관점으로 경쟁 우선순위를 고려해야 한다. 고성능 설계는 제품을 생산하거나 서비스를 제공하기 위한 기능이나 특성의 높은 수준을 의미한다. 우수한 기능, 높은 고객 서비스, 제품의 내구성 등이 이에 해당한다. 또한 균일한 품질은 제품이나 서비스를 지속적으로 동일한 수준으로 제공할 수 있는 능력을 의미한다. 맥도널드는 전 세계 어느 지역에서나 소비자들에게 항상 동일한 품질의 서비스를 전달할 수 있도록 제품과 프로세스를 표준화한 대표적인 사례이다.

2.3.3 시간 기반의 전략

시간 또는 속도를 기반으로 경쟁한다는 것은 고객이 원하는 제품을 얼마나 빨리 개발하고, 고객에게 제품을 전달하는 주문 리드타임을 줄이고, 고객이 원하는 시점에 배송을 해줄 수 있는가를 의미한다. 최근 들어 제품의 수명주기가 짧아지고, 고객의 니즈가 빠르게 변화함에 따라 시간 기반의 전략은 기업 경쟁력의 중요한 근원이 되고 있다. 특히, 인터넷의 발달로 인한 새로운 비즈니스 모델의 도입과 공급 사슬 관리의 확산은 고객이 원하는 시기에 원하는 제품을 원하는 장소에 제공할 수 있는 역량의 중요성을 더욱더 강조하고 있다. 델은 사업 초기 고객의 주문을 바탕으로 컴퓨터를 조립해서 배달해주는 주문 조립(build to order) 방식을 채택하고 주문,

생산 및 배송 프로세스를 단축하여 시간 기반의 전략으로 큰 성공을 거둔 대표적인 사례이다. 최근 온라인 시장이 성장함에 따라 소비자에게 빠르게 배송할 수 있는 역량이 더욱 강조되고 있다. 쿠팡의 로켓배송, 마켓컬리의 새벽배송과 같은 서비스가 시간 기반 전략의 대표적인 예이다. 마켓컬리의 경우, 밤 11시까지 주문이 접수되면, 다음 날 아침 7시에 제품을 배송해주는 방식으로 온라인 음식료 시장의 대표적인 기업으로 성장하였다. 시간 기반의 전략의 성공적인 수행을 위해서는 모듈화와 동시공학과 같이 제품의 설계 단계부터, 프로세스 설계, 생산 및 수배송의 실행에 이르기까지 가치사슬 전반에 걸친 노력이 필요하다.

2.3.4 유연성 기반의 전략

대량 생산의 시대에서 다품종 소량 생산의 시대로 넘어오면서, 고객이 원하는 다양한 제품들을 만들어낼 수 있는 유연한 생산 능력이 많은 관심을 받게 되었다. 일반적으로 제조의 관점에서 다양한 제품의 생산은 빈번한 셋업의 발생과 공정 불안정성의 증가로 이어지는 비용 증가의 요소에 해당한다. 따라서 변화하는 고객의 니즈에 맞게 다양한 제품들을 빠르고 안정적으로 생산할 수 있는 능력은 기업 경쟁력의 중요한 요소가 되었다.

유연성 기반의 전략에서 고려되는 경쟁 우선순위에는 제품 유연성과 수량 유연성 등이 있다. 제품 유연성이란 고객이 원하는 다양한 제품을 시장에 출시하거나 고객의 요구에 따른 맞춤형 제품을 제공할 수 있는 능력을 의미한다. 소비자의 니즈는 시시각각 변화하며, 고객층에 따라서 서로 다른 니즈를 갖고 있는 경우도 많다. 따라서 고객의 다양한 요구사항을 충족시킬 수 있는 제품이나 서비스를 제공할 수 있는 능력은 기업의 중요한 경쟁요소가 된다. 수량 유연성이란 수요의 변화를 빠르게 따라갈 수 있는 능력을 의미한다. 증가하는 고객 수요에 유연하게 대처할 수 있는 능력이 떨어지면 시장에서의 기회를 놓치거나 부족한 제품이나 서비스로 인한 고객 불만족을 야기할 것이다. 또한 감소하는 고객 수요에 유연하게 대처할 수 있는 능력이 부족하다면 불필요한 물건이 과다하게 생산되어 기업의 수익에 나쁜 영향을 미칠 것이다. 이렇듯 수요의 변화에 대처할 수 있는 생산 및 운영 전략은 기업 경쟁력에 매우 중요한 요소가 된다. 유연성 기반의 전략을 추진하기 위해서는 유연 생산 시스템의 구축, 다양한 제품을 생산할 수 있는 범용 설비의 확대, 작업자들의 다기능화 등이 필요하다.

2.3.5 경쟁 우선순위의 선택

전략 수립의 의사결정자는 시장상황, 경쟁 환경, 소비자 니즈, 기업의 역량 등을 바탕으로 생산 전략을 수립해야 한다. 잘 수립된 생산 전략은 기업의 경쟁력 향상에 핵심적인 요인이 될 것이며, 그렇지 못한 경우는 경쟁사에 시장을 빼앗기는 결과를 만들어 낼 것이다. 비록 앞서 설명한 비용, 품질, 시간, 유연성 등의 경쟁 우선순위는 모두 중요해 보이지만, 이 모든 요소들을 동시에 기업의 핵심역량으로 삼을 수는 없다. 한정된 자원을 바탕으로 경쟁력을 높여야 하므로, 경쟁 우선순위 중에서 집중해야 할 요인들을 선택해야 한다.

경쟁 우선순위 선택에 있어 의사결정자는 다음의 두 가지 사항을 기억해야 한다. 첫째, 경쟁 우선순위 사이에는 상충관계가 존재한다. 하나의 우선순위를 높이기 위해서는 다른 우선순위를 포기해야 한다. 즉, 하나를 얻기 위해서는 다른 하나를 희생해야 한다. 예를 들어, 유연한 생산 체계를 추구하는 기업은 동일한 제품을 대량으로 생산하는 기업에 비해 비용이나 시간의 측면에서는 경쟁력이 떨어질 수 있다. 고객 맞춤형 제품을 만들기 위해서는 소비자 니즈의 반영, 설비의 셋업과 같은 부가적인 비용과 시간이 소요되기 때문이다. 이와 비슷하게, 품질을 전략의 기반으로 하는 기업 역시 비용을 기반 전략으로 추구하기 어렵다. 높은 수준의 품질을 소비자에게 제공하기 위해서는 추가적인 비용이 동반되기 때문이다.

둘째, 선택된 경쟁 우선순위에 집중하다는 것이 다른 요소들을 경시한다는 것을 의미하지는 않는다. 다른 요소들 역시 기업의 경쟁에 중요한 요소들이기 때문에 최소한의 수준은 유지해야 한다. 아무리 품질이 좋은 제품이어도 가격이 너무 비싸다면 시장에서 외면 받을 것이다. 또한 값싼 제품이라도 시장에 요구에 뒤떨어지는 제품이거나 고객이 제품을 전달 받을 시간이 너무 길어진다면 소비자들은 대체되는 다른 제품을 찾을 것이다.

2.4 생산성

1.2절에서, 다양한 프로세스를 통해 투입물이 산출물로 변환되는 것을 시스템이라 정의하였다. 생산 및 운영관리의 가장 중요한 목적은 변화하는 고객의 요구에

대응하여 제품을 생산하거나 서비스를 제공하는 시스템을 효과적으로 그리고 효율적으로 운영하는 것이다. 이를 위해서 대상이 되는 시스템을 과학적으로 분석하고, 개선하고, 모니터링할 수 있어야 한다. 이때, 시스템을 표현할 수 있는 측정지표(measure)의 활용은 매우 중요하다. 기업의 관점에서 측정지표란 기업의 비전과 전략을 바탕으로 설정된 경쟁력 향상의 핵심적인 요인들이 성공적으로 이행되고 있고 향상되고 있는지를 확인할 수 있는 잣대를 의미한다. 언제 어디서나 사용가능한 절대적인 측정지표는 존재하지 않지만, 일반적으로 산업 또는 기업의 경쟁력을 표현하는 가장 대표적인 수단은 생산성이다. 이 절에서는 생산성의 개념을 이해하고, 생산성 관리의 방법을 살펴본다.

2.4.1 생산성의 개념

생산성(productivity)

포괄적인 의미에서 생산성이란 투입물이 산출물로 얼마나 잘 변환되는가를 의미한다. 즉, **생산성(productivity)**이란 주어진 기준 시간 동안 제품이나 서비스를 제공하기 위하여 자원들이 얼마나 효율적으로 사용되었는가를 계량적으로 측정하여 시스템을 평가하는 지표라 할 수 있다. 생산성은 수리적으로 투입물에 대한 산출물의 비율로 표현된다. (식 2-1)에서 알 수 있듯이, 생산성이란 하나의 투입물이 얼마나 많은 산출물을 만들어 냈는가를 계산하는 것이다. 경쟁자에 비해서 더 적은 투입물로 동일한 산출물을 생산하거나, 동일한 투입물로 더 많은 산출물을 생산한다면 높은 생산성을 갖는다고 말할 수 있다.

$$\text{생산성} = \frac{\text{산출물}}{\text{투입물}} \qquad \text{(식 2-1)}$$

모든 시스템은 투입물과 산출물이 존재하며, 이를 바탕으로 시스템의 생산성은 측정 가능하다. 따라서 경쟁력의 측정지표로 생산성을 활용하기 위해서는 어떠한 시스템을 대상으로 생산성을 측정할 것이며, 이를 위해 사용할 투입물과 산출물이 무엇인지를 정확히 파악해야 한다. 예를 들어, 생산성의 측정에 근로자 한 명당 생산량이 사용될 수도 있고, 설비 한 대당 생산량이 활용될 수도 있다.

종합 생산성(total productivity)

단일요소 생산성(single-factor productivity)

다요소 생산성(multi-factor productivity)

생산성은 고려되는 투입물과 산출물의 유형에 따라서 크게, **종합 생산성(total productivity)**, **단일요소 생산성(single-factor productivity)**, **다요소 생산성(multi-factor productivity)**으로 구분할 수 있다. 종합 생산성은 생산성의 측정에

부분 생산성(partial productivity)

모든 투입요소와 모든 산출요소를 고려하는 것을 의미한다. 종합 생산성은 전사적인 관점에서 고객만족과 경영목표를 달성하기 위한 총괄적인 관리를 위한 지표로 사용된다. 이와는 반대로, 인력, 설비, 자본, 에너지와 같이 특정 투입요소가 얼마나 잘 이용되고 있는지를 파악할 경우에는 단일요소 생산성을 활용한다. 단일요소 생산성은 투입물 중에서 한 가지 요소만을 대상으로 생산성을 계산하는 것으로, **부분 생산성(partial productivity)**이라 불리기도 한다. 단일요소 생산성의 예로는 노동생산성, 설비생산성, 자본생산성, 에너지생산성 등이 있다. 마지막으로 투입물의 요소 중에서 서로 관련이 있는 두 가지 이상의 투입물을 고려하는 것을 다요소 생산성이라 부른다. (식 2-2~2-4)는 생산성의 측정을 위한 수식을 나타낸다.

$$\text{종합 생산성} = \frac{\text{전체산출물}}{\text{전체투입물}} \qquad \text{(식 2-2)}$$

$$\text{단일요소 생산성} = \frac{\text{대상산출물}}{\text{단일투입물(노동, 설비, 자본, 에너지 등)}} \qquad \text{(식 2-3)}$$

$$\text{다요소 생산성} = \frac{\text{대상산출물}}{\text{복수 개의 투입물(노동, 설비, 자본, 에너지 등의 조합)}} \qquad \text{(식 2-4)}$$

예제 2-1 **종합 생산성 및 다요소 생산성의 계산**

ABC전자가 1분기 동안 생산한 제품의 총 가치는 100억 원이다. 이 제품들을 생산하기 위해 투입된 인건비가 30억, 원자재비가 30억, 설비비 외 기타 비용의 총합이 20억이라고 하자. 1) ABC 전자의 종합 생산성은 얼마인가? 2) 인건비와 원자재비를 기준으로 하는 다요소 생산성은 얼마인가?

풀이

$$\text{종합생산성} = \frac{100\text{억 원}}{(30+30+20)\text{억 원}} = 1.25$$

$$\text{다요소생산성} = \frac{100\text{억 원}}{(30+30)\text{억 원}} = 1.67$$

(식 2-2)와 (식 2-4)를 이용하여 계산하면, 종합생산성은 1.25이며, 다요소 생산성은 1.67임을 알 수 있다.

예제 2-2 단일요소 생산성 계산

XYZ 자동차 수리점에는 3명의 작업자가 근무하고 있다. 작업자들의 일평균 근무시간은 8시간이며, 하루에 60대의 차량을 수리한다. XYZ 자동차 수리점의 노동생산성은 얼마인가?

풀이

$$\text{노동생산성} = \frac{60\text{대}}{3\text{명} \times 8\text{시간}} = 2.5\text{대/시간}$$

총 3명의 작업자가 하루에 8시간 근무하기 때문에 XYZ 자동차 수리점의 총 노동시간은 24시간이다. 24시간 동안, 총 60대의 차량을 수리한다면 노동생산성은 (식 2-3)을 이용해 시간당 2.5대가 된다.

사례

2023년 노동생산성, 전년 대비 전(全)산업 3.2% 증가

2023년 전(全)산업의 노동생산성은 부가가치와 고용 증가율이 둔화된 한편, 근로시간 감소로 인해 노동투입이 감소해 노동생산성은 전년 대비 3.2% 증가한 것으로 나타났다. 또 제조업의 노동생산성은 고용 증가세가 지속된 반면, 대외 여건 악화로 생산과 수출이 부진해 부가가치 및 노동생산성 증가율이 둔화하면서 2022년 대비 0.6% 증가에 그쳤다.

서비스업은 고물가 · 고금리에 따른 가계소비 둔화로 부가가치와 고용 증가율 둔화, 근로시간이 감소하면서 노동생산성이 3.5% 증가한 것으로 조사됐다. 한국생산성본부(KPC, 회장 안완기)는 26일 발표한 2023년 노동생산성 동향을 통해 이같이 밝혔다.

이에 따르면 전산업 노동생산성지수(부가가치 기준)는 전년 대비 3.2% 증가한 108.2로 나타났다. 노동투입이 감소(△1.5%)한 반면, 부가가치가 증가(1.7%)하면서 노동생산성은 2022년에 비해 증가했다. 2022년에 비해 민간소비와 정부소비, 수출 증가율이 둔화됐으나 건설투자와 설비투자가 반등하면서 부가가치는 1.7% 증가했다. 근로자 수가 증가했으나 근로시간이 이보다 더 크게 감소하면서 2022년에 비해 노동투입은 1.5% 감소했다.

제조업 노동생산성지수는 전년 대비 0.6% 증가한 108.9로 나타났다. 부가가치(1.0%)와 노동투입(0.4%)이 모두 증가했으며, 노동투입에 비해 부가가치의 증가율이 더 크게 나타나 노동생산성은 증가했다. 부가가치는 글로벌 고금리 기조, 중국의 경기 둔화 등 대외 여건 악화로 제조업 생산 · 수출이 부진해 증가율이 2022년에 비해 둔화됐다. 단, 제조업 부가가치와 노동생산성은 '22년 4분기 이후 감소세(전년 동기 대비)가 지속됐으나 2023년 3분기 이후 반등해 경기 회복 흐름을 보였다. 노동투입은 근로시간이 감소한 반면, 근로자 수가 이보다 더 크게 증가하면서 2022년에 비해 증가했다.

주요 업종별로 보면 컴퓨터 · 전자 · 광학기기의 노동생산성은 전년 대비 3.4% 증가했다. 노동투입이 2022년 수준을 유지(0.0%)한 반면, 부가가치는 증가(3.4%)하면서 생산성이 증가했다. 자동차 · 트레일러의 노동생산성은 전년 대비 10.5% 증가했다. 부가가치와 노동투입이 모두 증가했으며, 노동투입(2.1%)에 비해 부가가치(12.8%) 증가율이 더 크게 나타나 생산성이 증가했다. 친환경차 등 고부가차량 수요 확대에 따른 생산 및 수출 증가로 업황 호조가 지속되면서 부가가치가 늘었다. 기계 · 장비의 노동생산성은 전년 대비 4.9% 감소했다. 노동투입이 증가(0.8%)한 반면, 부가가치는 감소(△4.1%)하면서 생산성이 감소했다. 근로시간이 감소했으나 근로자 수 증가로 인해 노동투입이 증가했고, 해외 인프라 및 설비 투자 확대로 수출이 늘었으나 내수 감소 등의 영향으로 부가가치가 감소했다.

서비스업 노동생산성지수는 전년 대비 3.5% 증가한 110.5로 나타났다. 노동투입이 감소(△1.5%)한 반면, 부가가치는 증가(2.0%)하면서 노동생산성은 '22년에 비해 증가했다. 부가가치는 고물가 · 고금리 지속, 실질소득 감소에 따른 가계소비 둔화 등으로 인해 증가율이 둔화됐다. 노동투입은 근로자 수가 증가한 반면, 근로시간이 이보다 더 크게 감소하면서 2022년에 비해 감소했다. 주요 업종별로 보면, 전문 · 과학 · 기술의 노동생산성은 전년 대비 0.4% 증가했다. 부가가치와 노동투입이 모두 증가하였으며, 노동투입(1.9%)에 비해 부가가치(2.4%) 증가율이 더 크게 나타나 생산성이 증가했다.

도 · 소매업의 노동생산성은 전년 대비 0.3% 증가했다. 부가가치와 노동투입이 모두 감소하였으며, 노동투입(△3.3%)에 비해 부가가치(△3.0%) 감소율이 더 작게 나타나 생산성이 증가했다. 국내 가계소비지출이 비내구재(음식료품, 화장품 등), 준내구재(의복, 신발, 운동용품 등)를 중심으로 위축되면서 도 · 소매업의 부가가치가 감소했다.

보건 · 사회복지업의 노동생산성은 전년 대비 5.3% 증가했다. 노동투입이 '22년 수준을 유지(0.0%)한 반면, 부가가치는 증가(5.3%)하면서 생산성이 증가했다. 특히 근로자 수가 증가했으나 근로시간 감소로 인해 노동투입은 전년 수준을 유지했으며, 보건 · 돌봄 · 사회복지 수요 증가의 영향으로 부가가치 및 고용 증가세가 지속되었다.

출처: 에너지데일리
https://www.energydaily.co.kr/news/articleView.html?idxno=145106

2.4.2 서비스 산업의 생산성

서비스는 본질적으로 무형이며, 프로세스 속에 고객이 포함되어 있는 특징이 있다. 따라서 제조업과는 달리 서비스 산업의 생산성을 측정하고 관리하는 데 많은 어려움이 존재한다. 예를 들어, 병원의 경우 환자를 치료하는 것을 목적으로 하지만 시간당 많은 환자를 치료하는 것이 반드시 병원의 경쟁력을 향상시킨다고 볼 수는 없다. 오히려 시간은 조금 더 걸리더라도 잘 치료 받고 완쾌되는 환자의 수가 많은 병원이 생산성이 더 좋다고 볼 수도 있다. 따라서 전통적으로 제조업에서 사용되는 생산성의 지표가 그대로 서비스업에 적용되고 해석되어서는 안 될 것이다. 〈표 2-2〉는 다양한 서비스 산업에서 생산성을 표현할 수 있는 방법을 설명하고 있다.

〈표 2-2〉 서비스업 생산성 지표의 예

서비스	생산성의 예
은행	$\text{직원당 영업수익} = \frac{\text{영업수익}}{\text{직원수}}$
병원	$\text{병상회전율} = \frac{\text{퇴원실 인원수}}{\text{병상수}}$
학교	$\text{교수 인당 논문수} = \frac{\text{출판논문 수}}{\text{교수 수}}$
호텔	$\text{노동시간당 판매객실수} = \frac{\text{판매 객실수}}{\text{노동 투입량}}$
통신사	$\text{이용자당 매출} = \frac{\text{매출액}}{\text{통신서비스가입자수}}$

2.4.3 생산성의 의미

1) 생산성 해석

지금까지 기업의 경쟁력을 나타내는 중요한 지표로 생산성을 어떻게 계산하는지 설명하였다. 많은 기업들은 자신의 생산성을 높이기 위하여 생산성의 지표를 계산하고 이와 관련된 요소들을 관리한다. 하지만 계산된 결과를 올바르게 해석하지 않는다면 잘못된 의사결정과 잘못된 운영관리 방법을 택하게 될 것이다.

생산성을 해석하는 데 기억해야 할 가장 중요한 사항은 생산성이 상대적인 지표라는 점이다. 생산성 지표 자체보다는 비교 대상과의 상대적인 차이를 바탕으로 생산성의 수준을 해석해야 보다 의미 있는 해석을 할 수 있다. 예를 들어, 어느 기업의 금년도 노동 생산성이 110만 원/시간이라고 가정하자. 이 수치만으로는 그 기업의 경쟁력이 좋은지 또는 좋아지고 있는지 파악할 수 없다. 생산성의 의미를 해석하기 위한 첫 번째 비교 대상은 과거 시점의 생산성이다. 시간의 변화에 따라 생산성이 어떻게 변화하는지를 살펴보면 기업의 생산성이 개선되고 있는지 또는 악화되고 있는지를 알 수 있을 것이다. 만일 작년 노동 생산성이 100만 원/시간이라면, 이 기업의 생산성이 10% 증가하였으며 기업의 경쟁력이 높아지고 있다는 것을 알 수 있을 것이다. 두 번째 비교 대상은 동일한 사업모델을 수행하고 있는 경쟁기업의 생산성이다. 예를 들어, 경쟁 기업의 금년도 노동 생산성이 120만 원/시간이라면 해당 기업의 경쟁력은 경쟁사에 비해 떨어진다는 것을 파악할 수 있을 것이다. 결론적으로, 해당기업은 지난해보다는 좋은 생산력을 보여주고 있지만, 시장에서의 경쟁력은 아직 떨어진다고 이야기할 수 있다.

생산성의 의미를 해설할 때 주의해야할 또 다른 점은 비교하고자 하는 생산성을 계산하는 데 사용되는 투입물과 산출물의 기준이 같은지를 파악하는 것이다. 예제 2-1에서 살펴본 바와 같이, 어떠한 항목이 투입물의 항목에 포함되는가에 따라 생산성의 수치는 크게 변화한다. 만일 자사의 다요소 생산성과 경쟁사의 종합생산성을 비교한다면, 이는 아무 의미 없는 비교일 것이다. 따라서 생산성 비교에 앞서, 생산성에 어떠한 요소들이 고려되어 계산되었는지를 명확히 이해하고 이를 바탕으로 생산성의 상대적 차이를 해석해야 할 것이다.

2) 효과성과 효율성

효과성(effectiveness)
효율성(efficiency)

많은 사람들이 생산성의 의미를 **효과성(effectiveness)**이나 **효율성(efficiency)**과 혼동하여 사용한다. 하지만 이들 간에는 의미상 차이가 존재한다. 효과성이란 목표를 달성하기 위해서 올바른 일을 하고 있는지(Doing the right thing)를 의미하며, 효율성이란 주어진 일을 올바르게 하고 있는지(Doing the thing right)를 의미한다. 예를 들어, 드라이버를 이용해 나사를 조이는 작업을 생각해보자. 만일 작업자가 손목의 힘을 조절해 빠르게 나사를 조일 수 있는 방법을 고안했다면 이 작업자는 다른 사람들에 비해서 효율적이라 말할 수 있다. 하지만 만일 전동 드라이버를 이용했다면 더 효과적으로 작업을 할 수 있었을 것이다. 또 다른 예로, 어떤 제품의 일 평균 수요가 100개로 안정적이라고 생각해보자. 만일 이 제품을 만드는 공장이 새로운 설비를 도입하여, 하루 평균 생산량을 100개에서 200개로 증가시켰다고 한다면, 이 공장은 새로운 설비를 도입함으로써 더 효율적으로 운영된다고 말할 수 있지만 수요에 비해 불필요하게 많은 제품을 만들기 때문에 새로운 설비의 도입이 효과적이라고 이야기할 수는 없을 것이다.

생산성의 향상에는 효과성과 효율성이 동시에 수반되어야 한다. 즉, 투입 대비 산출의 비율을 높이기 위한 올바른 방법을 선택하고, 그 방법을 올바르게 수행해야 하는 것이다. 주어진 자원을 올바르게 사용하는 효율성의 개념에 비해서, 어떠한 자원을 선택해야 하는지를 결정하고 올바르게 사용하는 생산성의 개념은 보다 포괄적이고 넓다고 할 수 있다.

3) 생산성에 관한 오해

생산성은 기업의 경쟁력 향상, 나아가서는 산업의 발전과 국가 경제의 성장에 큰 영향을 준다. 하지만 많은 사람들이 생산성의 향상은 노동자에 의해서만 이뤄지며, 더 이상의 생산성 향상은 힘들다고 생각하고 있다. 대표적인 경영 컨설팅 회사인 맥킨지의 Malhotra and Manyika(2011)는 생산성과 관련된 몇 가지 오해들을 다음과 같이 정리하고 있다. 이러한 오해들은 생산성 향상을 위한 노력에 장애물이 될 수 있다.

첫째, 생산성은 더 이상 중요하지 않다. → 과거에는 생산성 향상과 노동력 확대를 통해 경제가 성장해 왔다. 노동력의 수가 정체된 현재는 생산성의 향상이 매우 중요하다.

둘째, 생산성은 근로자들의 일자리를 빼앗아 간다. → 경제 전반적인 측면에서 생산성과 일자리는 함께 증가하였다. 이들은 서로 상충되지 않는다.

셋째, 생산성은 효율만을 강조하며, 기업의 이익을 극대화하기 위해 만들어졌다. → 생산성의 향상은 효율성 증대로 인한 투입의 감소와 더불어 혁신에 의한 산출물의 증대로 이뤄진다. 생산성 증대로 인한 이익은 고용 창출로 이어진다.

넷째, 생산성은 정체된 산업과 기업에만 필요하다. → 최고의 실적을 이룬 기업들도 새로운 혁신을 통해 생산성을 높이기 위한 노력을 지속하고 있다.

다섯째, 생산성은 한계에 도달하였다. → 경제 발전과 기술혁신의 정체가 생산성 향상의 고갈을 의미하지는 않는다.

2.4.4 생산성에 영향을 미치는 요소들

앞서 이야기한 바와 같이 생산성에 영향을 미치는 요소로 노동의 효율성만을 강조해서는 안 된다. [그림 2-4]와 같이 생산성은 기술, 조직, 관리, 재무, 정부 등의 다양한 요소들에 의해 영향을 받는다. 생산성에 영향을 주는 주요 요소들은 다음과 같다.

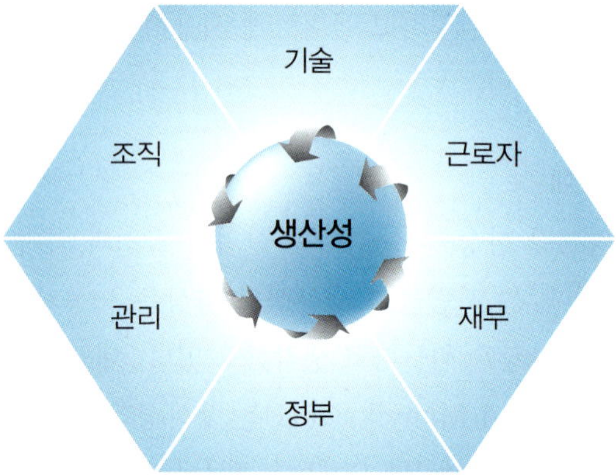

[그림 2-4] 생산성에 영향을 미치는 요인들

① 기술

지금까지 기술의 발전은 생산성에 매우 큰 영향을 주었다. 전화, 이메일 등의 기술은 기업 간 또는 기업 내의 의사소통을 원활하게 만들었으며, 복사기, 프린터 등의 기술은 쉽게 문서를 작성하고 배포하게 해주었다. 또한 인터넷은 정보의 확산을 촉진하였으며, 전자 문서 교환, 전자 상거래 등의 기술은 기업 업무가 빠르게 처리 될 수 있게 도움을 주었다. 최근에는 빅데이터와 인공지능을 활용하여 보다 정확하게 수요를 예측하고, 빠르게 품질 검사를 수행할 수 있게 되었다. 3D 프린팅 기술을 활용은 제품의 설계와 생산에 보다 높은 수준의 유연성을 제공하고 있다.

생산성 역설(productivity paradox)

하지만 기술의 발전과 새로운 기술에 대한 투자가 항상 생산성을 높여주는 것은 아니다. 특히, 정보 기술에 대한 투자가 증가했음에도 불구하고 생산성이 정체되거나 하락하는 현상을 **생산성 역설(productivity paradox)**이라 부른다. 기술의 도입에 앞서 주의 깊은 전략 계획을 수립해야 하며, 기술의 변화에 맞게 조직을 변화시키는 작업도 병행되어야만 생산성 역설의 함정에 빠지지 않을 것이다.

② 조직

기업의 조직을 어떻게 설계할 것인가에 따라 생산성에 큰 차이가 발생할 수 있다. 기본적으로 사업부서와 구성원 개개인의 역할과 권한을 명확하게 설계하는 것이 필요하다. 부서간의 역할이 충돌한다면, 각 부서는 이를 타협하는 데 많은 시간을 소비하거나 서로 상충되는 각자의 목표만을 위해 노력할 것이다. 이는 기업 전체의 관점에서는 좋지 않은 성과를 도출하게 된다. 필요한 역할이 제대로 정의되지 않는 상황 역시 기업의 생산성에 나쁜 영향을 미친다. 상대방이 그 역할을 수행할 것이라 생각하고 아무도 일을 처리하지 않을 것이며, 잘못 처리된 일에 대해서 아무도 책임지지 않을 것이다.

③ 근로자

근로자의 적절한 배치와 관리 역시 중요한 요소이다. 사람마다 잘하는 일과 못하는 일이 있으며, 일에 대한 동기 또한 다르다. 일의 성과가 좋게 나올 수 있도록 적합한 사람을 배치하고, 조직 구성원 개개인의 동기 부여가 제대로 될 수 있는 다양한 방안을 만들어야 한다. 이를 위해, 일의 성과에 대한 다양한 보상 체계를 마련하고, 지속적인 교육과 훈련을 통해 전문화된 인력으로 성장시켜야 한다. 또한 안전하고 작업하기 수월한 근무 환경을 제공해야 한다. 작업자들에게 자신들의 작업과 관련하여 스스로 의사결정할 수 있는 책임과 권한을 부여하여 빠르게 일을 처리하고, 그들의 의견을 바탕으로 필요한 정책을 수립하는 것도 생산성 향상에 도움이 된다.

④ 관리

과학적이고 시스템적인 관리 방식은 생산성 향상에 도움이 된다. 의사결정자들은 현재의 이슈만을 해결하는 주먹구구식인 관리 방식을 따르기보다는 미래 지향적이며 합리적인 관리 방식을 추구해야 한다. 기능별로 기업의 목표에 적합한 관리 방법들이 수립되고 추진되어야 한다. 예를 들어, 생산 및 운영관리와 관련된 의사결정은 한정된 자원을 보다 효율적으로 사용할 수 있도록 작성되어야 하며, 이를 통해 기업의 목적을 극대화할 수 있어야 한다.

⑤ 재무

종종 생산성 향상을 위한 혁신 활동들은 비용을 동반하기도 한다. 예를 들어, 전사적 자원 관리 시스템, 공급사슬 관리 시스템과 같은 경영 혁신 체계를 구축하기 위해서는 이를 뒷받침해주는 정보시스템의 구축이 필요하다. 근로자들이 6시그마와 같은 품질 혁신 활동을 추진하기 위해서는 이를 위한 교육 훈련비용이 요구된다. 또한 생산성의 향상은 재무적인 효과로 연결되어야 한다. 어떠한 부분에서 비용이 낭비되고 있는지, 어떤 부분에서 자원이 잘 활용되고 있는지를 파악하는 것이 생산성 향상의 시작점이 될 수 있다. 이와 같이, 기업의 활동이 재무성과에 어떤 영향을 미치는지 파악하고, 생산성 향상을 위해 재무 계획을 어떻게 수립할 것인지는 매우 중요한 요소이다.

⑥ 정부

산업 진흥 정책이나 규제는 정부가 시장에 개입하는 대표적인 방식으로, 기업의 생산성에 직간접적인 영향을 미친다. 자국의 산업 경쟁력을 높이기 위해 수입 품목에 대한 높은 관세를 부과하기도 하며, 환경 문제를 해결하기 위해 탄소 배출 제한이나 에너지 사용 절감 정책을 추진하기도 한다. 또한 근로자들의 권익을 보호하기 위한 노동관련 법들 역시 기업의 의사결정에 많은 영향을 미친다. 이와 같이 정부의 다양한 정책들은 기업의 생산성에 미칠 수 있기 때문에, 이를 잘 파악하고 적절한 대응 방안을 마련하는 것이 필요하다.

2.5 요약

이번 장에서는 기업의 경쟁력 향상을 위해 필수적인 생산 전략에 대하여 공부하였다. 생산 전략은 기업의 목적과 목표를 달성할 수 있는 로드맵으로, 다른 운영 전략들과 함께 서로 조화를 이루고 시너지 효과를 낼 수 있어야만 한다. 또한 기업의 목적과 목표는 기업의 미션과 비전을 바탕으로 작성되어야 한다. 생산 전략을 수립하기 위해서는 기업의 경쟁우위를 만들어 낼 수 있는 핵심 역량이 무엇인지를 파악해야 한다. 비용, 품질, 시간, 유연성이 대표적인 경쟁 우선순위이다. 마지막으로, 경쟁력 향상의 핵심 요인이 성공적으로 이행되고 있는지를 측정할 수 있는 지표로서 생산성의 의미와 생산성에 영향을 미치는 주요 요소들에 대해 살펴보았다. 생산성이란 노동의 효율성만을 강조해서 향상시킬 수 있는 것이 아니라, 기업의 비전을 달성하기 위해 조직과 조직의 구성원이 함께 성장해 나갈 때 이뤄낼 수 있는 지표라는 점을 기억해야 할 것이다.

● 참고문헌

- Malhotra, V. and Manyika, J., Five misconceptions about productivity. http://www.mckinsey.com/insights/economic_studies/five_misconceptions_about_productivity(2011).
- Porter, M.E., *Competitive strategy: Techniques for analyzing industries and companies*, The Free Press, New York(1980)
- Skinner, W., Manufacturing–missing link in corporate strategy, *Harvard Business Review*, May–June, pp. 136–145(1969)

연·습·문·제

1. 기업의 전략 수립 프로세스를 설명하라.

2. 학습자 자신의 인생에 있어 미션, 목표, 전략이 무엇인지 구체적으로 작성하라.

   예) 영화감독이 되고 싶은 철수의 인생 미션은 '사람을 감동 시킬 수 있는 영화 제작자'이다. 철수는 이를 위해 '영화 제작 방법 이해하기'라는 목적을 만들었으며, 이를 달성하기 위해 '영화 제작 회사에서 인턴 경험하기'라는 전략을 수립하였다.

3. 다음의 경쟁 우선순위를 바탕으로 성공한 기업의 사례를 설명하라.

   (1) 비용 기반의 전략
   (2) 품질 기반의 전략
   (3) 시간 기반의 전략
   (4) 유연성 기반의 전략

4. 효과성과 효율성의 차이를 설명하라.

5. 햄버거를 판매하는 XYZ 햄버거의 주요 비용은 인건비, 재료비, 간접비에서 발생한다. 햄버거 한 개를 만드는 데 총 5,000원(인건비 2,000원, 재료비 2,000원, 간접비 1,000원)이 필요하다. 햄버거 하나의 가치가 8,000원일 때, 인건비와 재료비를 기준으로 하는 XYZ 햄버거의 다요소 생산성을 계산하라.

6. ABC 병원에는 2인 병실 5개와 6인 병실 5개가 있다. 지난 4주간 병상에 머물다가 퇴원한 환자의 수는 각각 20명, 15명, 25명, 30명이다. ABC 병원은 병원의 생산성을 파악하기 위하여 병상 회전율을 살펴보려고 한다. ABC 병원의 병상 회전율은 얼마인가? ABC 병원이 병상 회전율만을 이용해 생산성을 파악하는 것이 올바른 방법이라고 생각하는가?

7. ABC 컴퓨터와 XYZ 컴퓨터는 컴퓨터를 조립해서 판매하는 시장의 주요한 경쟁 상대이다. ABC 컴퓨터의 직원들은 하루에 8시간을 근무하며, 총 220대의 컴퓨터를 조립한다. 반면, XYZ 컴퓨터의 직원들은 하루에 10시간을 근무하며, 총 270대의 컴퓨터를 조립한다. 두 회사의 직원 숫자가 같다면, 어느 회사의 생산성이 더 높다고 말할 수 있는가?

8. ABC 자동차 수리점에서는 2명의 직원이 근무하고 있으며, 하루에 8시간 근무한다. 지난달에는 하루에 25대의 차량을 수리하였으나, 새로운 장비의 도입으로 이번 달에는 하루에 30대의 차량을 수리하고 있다. 새로운 장비가 도입되기 전(지난 달)의 노동 생산성과 장비가 도입된 이후(이번 달)의 노동 생산성을 계산하라. 생산성이 얼마나 증가하였는지 계산하라.

참고) 생산성 증가율은 이전 기간에 비해 현 시점의 생산성이 얼마나 좋아졌는가를 상대적으로 표현한다. 이는 수식으로 다음과 같이 표현될 수 있다.

$$\text{생산성 증가율} = \frac{\text{현재의 생산성} - \text{비교 시점의 생산성}}{\text{비교 시점의 생산성}}$$

생산 및 운영관리

PART II 운영 시스템 분석 및 설계: 시장을 고려한 자원 계획

3

CHAPTER

제품 설계 및 개발

학습 목표

- 제품 설계 및 개발의 의미와 중요성을 이해할 수 있다.
- 아이디어 생성, 제품의 선정, 예비 설계, 최종 설계로 이뤄지는 제품 설계의 과정을 이해할 수 있다.
- 제조 및 조립, 비용, 품질 및 신뢰성, 고객의 소리와 같이 기업의 운영에 직접적으로 연관되는 요소를 제품 설계 및 개발의 과정에 통합할 수 있는 다양한 설계 기법을 파악할 수 있다.

사례

델 테크놀로지스, 모듈식 친환경 PC 설계 공법 3세대 '컨셉 루나' 공개

글로벌 기업들이 지속 가능성 달성에 목표를 두고 제품과 서비스에 재활용이 가능하거나 재생 가능한 소재를 사용하고 있다. 한국 델 테크놀로지스(Dell Technologies, 대표 김경진)가 이전 대비 한층 구체화된 친환경 PC 설계 공법 3세대 '컨셉 루나(Concept Luna)'를 공개했다.

델 테크놀로지스는 생산하는 제품의 절반 이상을 재활용이 가능하거나 재생 가능한 소재로 생산하겠다는 '2030을 향한 목표(2030 Moonshot Goals)'를 수립하고 2021년 말, PC 부품에 대한 즉각적인 교체 및 재사용을 지원하는 친환경 PC 설계 공법 1세대 '컨셉 루나(Concept Luna)'를 발표했다. 이듬해 접착제와 케이블을 전면 배제하고 나사 갯수를 최소화한 모듈러 설계 방식과 부품 상태를 진단해 재사용할 수 있는 부품을 분류하는 지능형 원격측정(telemetry) 기술을 적용해 2세대 '컨셉 루나'를 제안했다.

이번에 발표된 3세대 '컨셉 루나'는 순환경제 실현을 위해 보다 구체적인 친환경 PC 설계를 ▲모듈식 설계 ▲탄소 배출량 감축 ▲지능형 원격 측정 ▲수리 · 리퍼비시 · 재활용의 4개 부문으로 세분화했다.

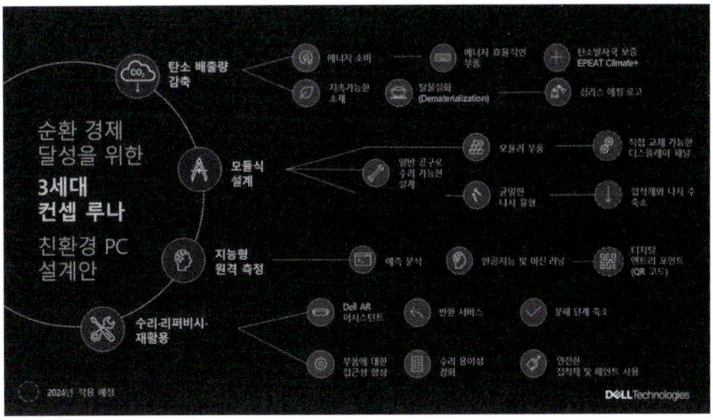

Design is not just what it looks like and feels like. Design is how it works
(디자인이란 어떻게 보이고 느껴지는가를 의미하지 않는다. 디자인이란 어떻게 작동하는가의 문제이다).

– 스티브 잡스(Steve Jobs)

모듈식 설계는 접착제와 케이블을 전면 배제하고 나사를 줄였다. 모듈러(조립식) 부품을 사용하면 제품 분해와 수리에 드는 시간과 노력을 줄일 수 있고, 제품과 부품의 수명을 연장시킬 수 있다. 델은 디바이스에 사용되는 나사의 수를 점차 줄이고 올해 출시하는 일부 PC에는 사용자가 직접 교체할 수 있는 디스플레이 패널을 탑재할 예정이다.

델은 에너지 효율성이 높은 부품과 지속 가능한 소재로 제품을 설계해 새로운 원자재가 채굴되는 것을 줄이고 탄소 배출량 절감을 위해 올해 출시될 예정인 노트북 신제품 배터리에 재활용한 코발트를 적용할 계획이다. 아울러 내구성 및 성능 표준을 충족하는 소재 공급망도 구축하고 있다고 밝혔다.

'지능형 원격 측정 기술(telemetry)'은 수명주기가 다른 시스템에 장착된 부품들을 측정해 재사용할 수 있는 부품을 분류하고 폐기물을 줄인다. 델은 예측 분석, AI, 머신러닝과 같은 최신 디지털 도구 및 디지털 엔트리 포인트를 기반으로 각 부품의 상태를 개별적으로 진단, 궁극적으로 부품의 수명을 늘리는 방향을 제안했다. 또한 제조사에 관계없이 사용연한이 다한 IT 기기를 회수해 재활용하거나 재사용을 돕는 '자산 회수 및 재활용 서비스(Asset Recovery & Recycling Services)'도 진행할 계획이다.

한국 델 테크놀로지스 김경진 총괄사장은 "미래 세대의 제품은 수리 용이성, 성능 및 보안, 내구성, 신뢰성, 수명 요구사항의 균형을 맞추는 것이 매우 중요하다. 이를 위해 델은 '컨셉 루나'의 아이디어를 다양한 제품 전반의 설계 공법에 적용할 방침이다."라며 "'컨셉 루나'는 미래 지향적인 비전으로 시작되었으나, 이제는 실제적인 ESG 목표를 실현하고 순환경제를 가속화하는 촉매제로서 기업과 사람, 나아가 지구에 긍정적인 영향을 미치는 데 기여하고 있다."라고 말했다.

출처: 지티티코리아
https://www.gttkorea.com/news/articleView.html?idxno=8103

3.1 서론

새로운 제품이나 서비스의 설계는 기업이 생존하기 위하여 끊임없이 반복되는 활동 중의 하나이다. 특히, 설계는 소비자의 요구와 기업이 능력이 만나게 되는 첫 번째 단계로 기업에서 매우 중요한 프로세스에 해당된다. 옛 속담에 '첫 단추를 잘 끼워야 한다.'라는 말이 있듯이, 설계가 잘못 이뤄진다면 그 이후에 이뤄지는 생산, 구매, 판매의 모든 과정에서 다양한 어려움을 겪게 될 것이다. 또한 설계의 과정에서 기업은 단순히 아름답거나 창의적인 부분만을 강조해서는 안 된다. 설계 이후에 거쳐야 하는 다양한 프로세스가 설계의 과정에서 고려되어야 하며, 이러한 시스템적이고 통합적인 고려가 이뤄져야만 기업은 더 많은 수익을 창출하면서 고객을 만족시킬 수 있게 된다. 이번 장에서는 제품 설계 및 개발이 갖는 의미와 중요성을 살펴보고, 제품 설계의 과정에 대해 이해하고자 한다. 또한 기업의 전략적인 측면에서 적용할 수 있는 다양한 제품 설계 기법에 대해 논의한다. 보다 다양하고 복잡해지는 고객의 요구 사항을 보다 유연하고 빠르게 대응할 수 있는 방법, 비용 절감을 고려하며 제품의 설계를 할 수 있는 방법, 생산 및 운영 프로세스를 고려하여 제품을 설계하는 방법 등 다양한 설계 기법에 대하여 이해하고자 한다.

3.2 제품 설계 및 개발

기업은 고객이 요구하는 가치를 전달하기 위하여 제품을 생산하여 판매하고, 다양한 서비스를 제공한다. 제품과 서비스는 기업이 수익을 창출하고 시장에서 생존하기 위한 필수적인 수단이며, 기업과 소비자가 만나는 접점이기도 하다. 시장에서 환영받는 제품은 기업의 매출 증대와 성장의 기반이 될 수 있으나, 시장에서 외면하는 제품은 악성재고의 증가, 브랜드 인지도의 하락과 같이 기업에 큰 피해를 줄 수도 있다. 따라서 기업은 전략적인 관점에서 제품 설계 및 개발을 바라보아야 한다.

제품 설계 및 개발은 이미 시장에서 받아들여지고 있는 제품의 개선과 아직 시장에 출시되지 않은 새로운 제품의 개발을 모두 포함한다. 제품의 개발 혹은 개선을 통한 신제품의 출시는 경제, 사회, 정치, 문화와 같은 다양한 외적인 환경에 영향을 받는다. 예를 들어, 경제가 좋지 않을 경우 소비자들은 저렴한 제품을 선호하기 때문에 기업은 불필요한 요소들을 제거한 저가의 제품을 많이 선보인다. 지금의 우리나라와 같은 저출산 사회에서는 소수의 자녀에게 많은 비용을 집중적으로 소비하기 때문에 고가의 아동 용품이 많이 출시된다. 더불어 고령화 사회로 들어서면서 노인들의 생활을 지원하기 위한 새로운 제품들이 설계되고 개발되고 있다.

기업이 추구하는 목표, 신기술의 개발과 같은 환경적인 변화 또한 제품 설계 및 개발을 촉진시키는 중요한 요인이다. 세계 최대의 인터넷 검색 서비스 회사인 구글은 독자적인 검색 알고리즘과 직관적이고 단순한 화면을 바탕으로 인터넷 검색 서비스 시장을 장악하고 있다. 이후 구글은 안드로이드 운영체제를 바탕으로 모바일 기기의 핵심적인 운영 플랫폼 기업이 되었으며, 현재는 앞선 기술력을 바탕으로 구글 글라스와 같은 웨어러블 기기, 무인 자동차, 바이오헬스와 같은 새롭고 혁신적인 제품과 서비스를 지속적으로 개발하고 있다.

3.2.1 제품 수명주기(product life cycle)

시장에서 영원히 받아들여지는 제품은 존재하지 않는다. 시장에서 환영 받는 제품 역시 일정한 시점이 지나면 구형의 제품이 되며 점차 소비자의 손에서 멀어지게 된다. 이와 같이 모든 제품과 서비스는 살아있는 동식물과 같이 일련의 수명주기를 갖기 때문에, 시시각각 변화하는 소비자의 욕구를 충족시키기 위해서는 꾸준히 새로운 제품을 만들어내야 한다.

제품의 개발에 있어서 제품 수명주기의 이해는 매우 중요하다. 새로운 제품이 처음 시장에 출시되면 사람들이 이를 인지하지 못하거나 제품에 대한 신뢰가 부족하기 때문에 수요량이 적고 매출 성장이 느리다. 또한 시장에는 불확실한 요소들이 많이 존재하며, 어떻게 시장을 개척하는지가 중요하다. 이때가 제품 수명주기의 첫 번째 단계인 도입기이다. 도입기를 성공적으로 거친 제품들은 시간이 지나감에 따라 제품의 신뢰성이 높아지고, 제품의 수요도 크게 증가하는 성숙기를 지나게 된다. 시장이 급격히 커지고 매출도 크게 증가하지만, 경쟁자들이 시장에 진입하기 때문에 제품의 가격이 떨어지기도 한다. 제품 수명주기 다음의 단계는 성숙기이다. 이 단계는 대부분의 잠재고객들이 제품을 구입하기 때문에 수요가 정점을 찍고 시장은 포화상태에 이른다. 시장에서의 경쟁이 매우 치열하기 때문에 기업은 비용을 절감하고, 대체 제품에 대한 전략을 수립해야 한다. 이후 점차 수요가 줄어드는 쇠퇴기에 들어서게 되며 경쟁기업들의 시장철수가 시작된다. [그림 3-1]은 도입기, 성장기, 성숙기, 쇠퇴기의 4단계로 구성되는 일반적인 제품들의 수명주기와 수요와의 관계를 나타낸다.

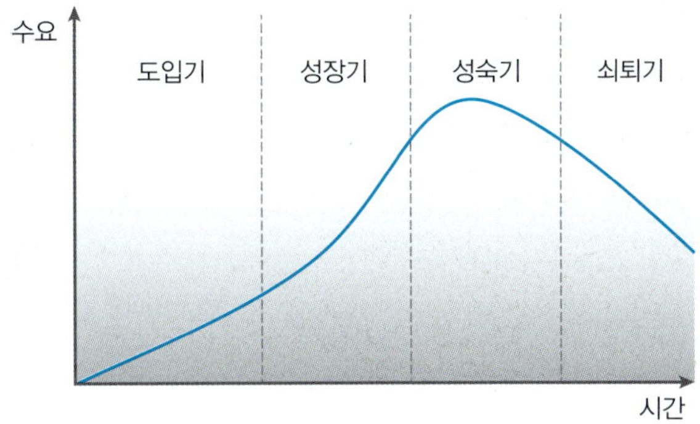

[그림 3-1] 제품 수명주기

설탕, 밀가루, 종이와 같은 제품은 매우 긴 수명주기를 갖는 반면, 휴대폰, 컴퓨터, 의류와 같은 제품은 짧은 수명 주기를 갖는다. 따라서 어느 시점에 새로운 제품을 도입하여 기존 제품을 대체할 것인지, 기존 제품의 설계를 얼마나 변경할 것인지, 기업이 보유하고 있는 역량을 어느 곳이 집중할 것인지 등의 이슈들은 제품 수명수기에 의해 영향을 받게 된다.

3.2.2 제품 설계의 중요성

종종 제품의 설계는 생산 및 운영관리 담당자들과는 상관이 없는 영역으로 간주되곤 한다. 하지만 제품 설계의 영역은 예술을 전공한 사람들이 아름답게 물건을 디자인하거나, 공학적 지식을 바탕으로 복잡한 회로도를 만드는 것만이 전부가 아니다. 제품 설계는 제공하고자 하는 제품의 형상화를 넘어서 제품을 만들어내고 서비스하는 프로세스와 밀접한 영향을 갖고 있다. 그리고 올바르게 선택된 제품과 이에 적합한 프로세스의 설계는 제품의 품질과 비용에도 큰 영향을 준다. 따라서 제품을 설계하는 과정에 있어서 단순히 창의적이고 미적인 요소와 기능적인 요소만을 추구해서는 안 된다.

앞에서 설명한 바와 같이 제품 설계는 고객이 원하거나 필요로 하는 요소들을 이해하고, 이를 제품이나 서비스로 구체화하는 과정이다. [그림 3-2]는 생산 관리 및 운영의 담당자들이 왜 제품 설계에 관심을 갖게 해야 하는지를 잘 설명해주고 있다. 포드 자동차의 자료에 의하면 총 제품의 비용 중에서 설계가 차지하는 비율은 5%에 불과하지만, 비용의 70%는 설계에 의하여 영향을 받는다(Boothroyd(1988), Crowson(2010)). 또한 자재비, 인건비, 간접비는 각각 제품 비용의 50%, 15%, 30%에 이르지만, 그 영향은 각각 20%, 5%, 5%에 불과하다. 이처럼 제품의 설계과정은 다른 요소들에 비해서 소요되는 비용 대비 영향력이 매우 크다는 것을 알 수 있다. 따라서 제품 생산의 초기 단계인 설계 과정부터 구매, 생산과 같은 다양한 기능과 제품의 가치 사슬 전체에 대한 고민이 수반된다면 기업 전체의 목표를 효과적으로 달성할 수 있다.

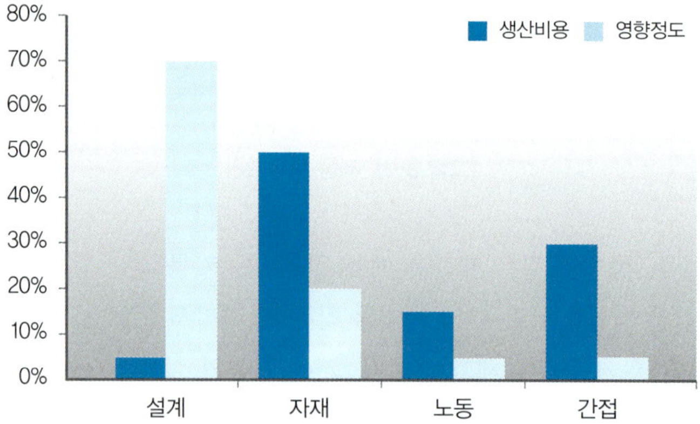

[그림 3-2] 제품 비용과 영향도

출처: Ford Motor Co. 재구성

시장을 지나치게 앞서거나, 너무 오래된 기술을 이용한 제품의 설계는 소비자에게 외면을 받기도 한다. 애플을 성공시킨 스티브 잡스 역시 너무 앞선 기술로 실패를 경험한 바 있다. 애플을 떠난 스티브 잡스가 설립한 NeXT Computer System은 1998년 업계 최고의 성능을 보이는 NeXTCube라는 컴퓨터를 시장에 선보였다. 전문가들은 당대 최고의 컴퓨터라는 극찬을 하였으나, 일반 소비자들이 이용하기에는 너무 비싼 가격과 부족한 주변 기기 지원 등의 이유로 시장에서는 외면을 받게 되었다.

제품 출시기간(time to market)

시장이 수용할 수 있는 시점에 소비자가 원하는 제품을 설계, 개발하고 시장에 출시하는 것은 기업의 성공과 실패와도 직결된다고 볼 수 있다. 이때 중요한 점은 경쟁 기업보다 빠르게 실행할 수 있어야 한다는 것이다. 시장에서 원하는 제품을 출시하는 데 걸리는 **제품 출시기간(time to market)**이 너무 길어진다면 좋은 기회를 놓치고 말 것이다. 스페인의 대표적인 패스트 패션 브랜드인 자라(Zara)는 고객의 니즈를 빠르게 제품으로 반영하여 시장에 출시하는 기업으로 유명하다. 그들은 불과 2주 만에 시장에 패션을 만들어낸다. 일반적인 의류 업체가 제품 출시를 위해 6개월 가량의 시간을 필요로 한다는 것을 봤을 때, 비교할 수 없이 짧은 기간이다.

3.3 설계의 과정

3.3.1 제품 설계 프로세스

일반적으로 제품 설계 프로세스는 아이디어 생성, 제품의 선정, 예비 설계, 최종 설계로 구성된다. 이 네 가지 제품 설계의 단계는 기업의 전략적 방향성과 일치되어야 하며, 생산, 구매, 마케팅 등의 기업 내의 다른 기능들과 상호 연결되어야 한다. 특히, 기업이 추구하는 제품 설계의 방법과 이를 이뤄내기 위한 과정은 최종 제품의 성공과 실패에 큰 영향을 주기 때문에 효과적으로 관리되어야 한다.

① 아이디어 생성

제품 설계의 첫 번째 단계는 신제품을 위한 다양한 아이디어를 만들어내는 것이다. 새로운 제품 개발을 위한 아이디어는 소비자나 해당 시장에서의 경쟁자로부터 얻어질 수도 있고, 기업 내부 역량 또는 연구개발의 전략적인 방향성에 의해 얻어질 수도 있다.

제품 설계를 위한 아이디어의 생성의 중요한 출발점은 소비자이다. 소비자는 기업에 제공하는 제품이나 서비스를 최종적으로 사용할 고객이 되기 때문에, 그들이 원하거나 필요로 하는 것이 무엇인지 이해하는 것은 매우 중요하다. 소비자의 생활 환경, 그들이 제품을 이용하면서 느끼는 점들, 현재 사용하는 제품에서 만족하지 못하는 점 등을 찾는다면 새로운 제품 설계를 위한 아이디어를 얻을 수 있다.

제품 설계를 위한 아이디어를 이끌어 내는 또 다른 출발점은 경쟁회사와 그들이 제공하는 제품이다. 대표적인 방법으로는 **벤치마킹(benchmarking)**이 있다. 벤치마킹이란 시장에서 좋은 성과를 만들어내고 있는 우수한 기업의 제품 또는 프로세스를 살펴보고, 이를 자신의 것과 비교하여 배울 점을 찾아내는 것이다. **리버스 엔지니어링(reverse engineering)** 역시 기업에서 많이 이용하는 방법이다. 경쟁사의 제품을 분해하거나 분석하는 과정을 통해 새로운 아이디어를 도출하는 것이다.

벤치마킹(benchmarking)
리버스 엔지니어링(reverse engineering)

마지막으로 기업의 전략적 방향성이나 연구개발 능력을 바탕으로 새로운 아이디어를 도출하는 방법도 있다. 애플의 창업자인 스티브 잡스는 '소비자에게 무엇이 필요한지 묻지 말라.'고 이야기하였다. 소비자들 스스로 무엇이 필요한지 모르는 경우가 많기 때문에 시장을 혁신할 수 있는 제품은 소비자 조사보다는 기업의 창의 성과 연구 개발의 전략적 방향성에 따라야 한다.

② 제품 선정

타당성 조사(feasibility study)

제품 설계를 위한 다양한 아이디어가 제시되었다면, 이중에서 가장 성공할 가능성이 높은 제품을 선택해야 한다. 제품 선정을 위해서 시장 분석, 경제성 분석, 기술 분석 등을 수행하게 된다. 이를 **타당성 조사(feasibility study)**라고도 한다. 기업의 3대 기능 중 하나인 마케팅에서는 시장 분석을 담당한다. 기업에서 만들고자 하는 제품이나 서비스를 소비자들이 어떻게 생각하는지, 제품에 대한 시장의 수요는 얼마나 많은지, 가격에 대한 반응은 어떤지 등을 조사하게 된다. 재무에서는 제품 개발과 생산을 위하여 필요로 하는 예상 비용은 얼마인지, 자금은 어떻게 조달할 수 있는지, 해당 제품을 판매함으로써 얻을 수 있는 매출과 이윤은 얼마나 되는지를 살펴보는 경제성 분석을 수행한다. 마지막으로, 생산 및 운영에서는 기업이 해당 제품을 생산할 수 있는 기술적인 능력이 있는지, 작업자들이 충분한 스킬을 갖고 있는지, 다른 제품의 생산에 영향을 미치는 부분은 없는지를 점검한다.

③ 예비 설계

프로토타입(prototype)

타당성 조사를 통하여 기업이 제공할 제품이 선정되었다면, 예비 설계와 검증의 과정을 진행한다. 예비 설계란 개념적 아이디어가 기술적 사양으로 구체화되는 과정을 의미한다. 제품의 양산에 앞서 시험적으로 검증하기 위한 **프로토타입(prototype)**을 제작하기도 한다. 프로토타입의 제작을 통해 제품 생산 및 판매, 소비자들의 사용성 등에 문제가 없는지 검증한다. 검증의 과정에서 발생되는 문제들은 관련 부서의 참여와 의사결정을 통해 수정되며, 최종 생산을 준비하게 된다.

④ 최종 설계

최종적으로 고객에게 제공할 제품이 결정되었다면, 최종 제품의 사양을 확정하고 필요로 하는 장비와 부품을 선정하는 등의 최종 설계과정을 거친다. 최종 설계 과정을 통하여 수행되어야 할 작업들이 선정되며, 작업자들에게는 수행해야할 업무들이 분배되고 교육이 이루어진다. 또한 제품 생산을 위하여 구매되어야 할 원자재와 이를 공급할 공급자를 선정하게 된다.

3.3.2 동시공학

전통적인 설계 프로세스에서는 아이디어 생성, 제품 선정, 예비 및 최종 설계, 생산, 판매에 이르는 일련의 과정을 하나씩 순차적으로 진행해왔다. 제품을 설계하는 과정에는 생산, 구매 등의 다른 기능과는 관계없이 설계를 담당하는 사람들만이 참여하여 작업이 진행된다. 일단 설계가 완성되면 제품 사양서가 생산 부서로 전달되며, 생산 부서에서는 제품의 생산을 진행한다. 생산이나 자재의 조달 과정에서 문제가 발생할 경우 설계 담당자에게 이슈를 제기하여 제품 설계를 수정한다. 만일 문제없이 제품 생산이 진행된다면 영업에서는 판매를 담당하게 된다. 이러한 전통적인 방식에서는 하나하나의 프로세스는 상호 간에 단절되어 있는 경우가 많았으며, 이는 부서 사이의 의사소통 문제, 제품 출시기간의 증가, 비용의 증가와 같은 이슈들을 야기하였다.

동시공학(concurrent engineering)

순차적인 제품 설계 및 생산의 과정에서 발생하는 문제를 해결하기 위하여 **동시공학(concurrent engineering)**의 방법이 적용될 수 있다. 동시공학이란 [그림 3-3]과 같이 제품의 설계의 초기 단계부터 연구개발, 제조, 마케팅, 구매 등의 관련 담당자들이 함께 모여서 설계에 필요한 업무를 진행하는 것을 의미한다. 여러 부서의 사람들이 부서 간의 장벽을 허물고 제품 설계과정에서 서로 협력하기 때문에, 제품 생산 이후의 과정에서 발생 가능한 이슈들을 미리 점검할 수 있으며 조기에 문제를 해결할 수 있다. 예를 들어, 생산 부서에서는 현재의 제품 생산 능력으로 해당 제품을 만들어내는 데 문제가 없는지 점검하고, 구매부서에서는 생산에 필요한 자재나 부품을 조달하는 데 어려움이 없는지를 사전에 확인할 수 있다. 이와 같이 제품 설계의 단계부터 발생가능한 주요 이슈들을 점검함으로써 전통적인 방식에 비해 제품 출시기간을 크게 단축시킬 수 있다.

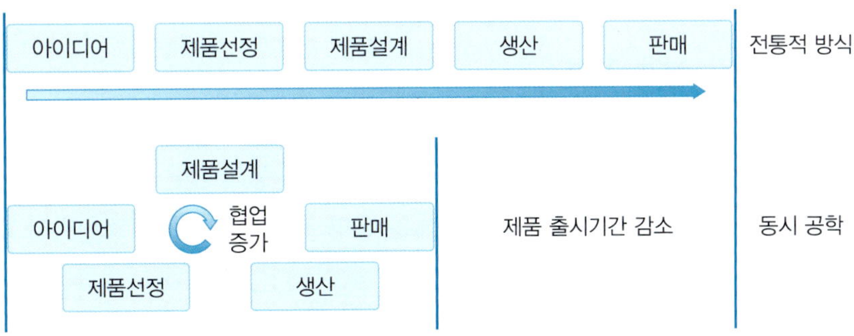

[그림 3-3] 제품 설계 프로세스

3.3.3 컴퓨터지원 설계

컴퓨터지원 설계
(Computer-Aided Design: CAD)

컴퓨터 기술의 발전은 제품 설계 및 개발의 과정을 크게 변화시켜왔으며, 이제 컴퓨터는 설계 과정에서 꼭 필요한 도구로 활용되고 있다. **컴퓨터지원 설계(Computer-Aided Design: CAD)**는 컴퓨터 그래픽을 이용하여 제품을 설계하는 것을 의미한다. 과거에 종이와 펜을 이용하여 설계 도면을 그렸던 것에 비하여, CAD를 이용할 경우 디자인을 보다 쉽게 수정하거나 관리할 수 있게 된다. 디자이너들은 CAD의 3차원 그래픽을 이용하여 윗면, 아랫면, 측면 등의 다양한 각도에서 제품의 모습을 회전시키면서 살펴볼 수 있으며, 파일 하나로 다양한 부서의 사람들과 쉽게 설계 정보를 공유하고 협력할 수도 있다. 글로벌 기업들은 서로 다른 국가에서 일하는 사람들도 쉽게 설계 정보를 공유함으로써 보다 효율적으로 제품 설계 과정을 운영할 수 있다. 이렇듯 컴퓨터를 이용한 설계는 제품 설계의 과정에서의 생산성을 크게 높이는 데 일조하였다.

컴퓨터지원 제조(Computer-Aided Manufacturing: CAM)
컴퓨터 통합 생산
(Computer-Integrated Manufacturing: CIM)

CAD에서 설계된 제품은 컴퓨터를 이용하는 다른 시스템에서도 활용이 가능하다. **컴퓨터지원 제조(Computer-Aided Manufacturing: CAM)**는 제품 설계의 단계와 제품 생산의 단계를 통합시켜 준다. CAM 시스템은 CAD에서 전송받은 설계 데이터를 제조에 필요한 자료로 자동으로 변환하며, CAD에 표현된 대로 제품을 만들 수 있도록 컴퓨터에 의해 통제되는 장비들을 제어한다. 보다 확장된 개념으로 **컴퓨터 통합 생산(Computer-Integrated Manufacturing: CIM)** 시스템은 제품의 설계, 공정의 설계, 그리고 생산의 과정을 모두 통합해 준다. 이와 같이 컴퓨터를 이용하는 시스템의 활용은 제품 설계 및 개발의 과정을 보다 효율적으로 만들어 주며, 보다 빠르고 유연하게 대응할 수 있도록 도와준다.

3.4 제품 설계 기법

기업에서 제품을 설계하는 과정에는 제조, 구매, 물류 등의 많은 이해관계자가 직간접적으로 영향을 미치며, 제품의 설계에는 운영 프로세스, 비용, 소비자의 니즈 등의 다양한 요소들이 고려되어야 한다. 이 절에서는 다양한 설계 기법들을 살펴보고, 이들 요소들이 어떻게 제품의 설계 과정에 반영되는지 이해하고자 한다.

3.4.1 제조고려 설계

많은 기업들은 제품설계를 위한 가이드라인을 갖고 있다. 1970년대 이후, **조립고려 설계**(Design For Assembly: DFA)가 많은 주목을 받으면서 제품의 설계에 적용되었다. 조립고려 설계란 제품을 설계할 때 조립이 쉽게 이뤄지고, 부품의 수를 줄이고, 비용을 최소화할 수 있도록 설계를 최적화하자는 개념이다. DFA의 개념이 많은 제조업에서 성공적으로 적용되면서, 이는 제품의 설계 단계에서부터 제조의 상황을 반영하고자하는 **제조고려 설계**(Design For Manufacture: DFM)로 확장되었다. 같은 제품을 만들더라도 이를 위한 제조 방식은 매우 다양하다. 매우 복잡한 과정으로 제품을 생산할 수 도 있고, 단순한 방식으로 제품을 만들어 낼 수도 있다. DFM은 어떻게 하면 제조과정이 더 단순해지고, 비용을 더 절감하여 수익을 만들어 낼 수 있는지를 고려하는 가이드라인을 제공해준다. 이 가이드라인은 제품과 제조의 방식의 차이에 따라서 다양한 형태로 제시되고 있다. 일반적인 가이드라인으로 부품 개수의 최소화, 모듈화와 표준화의 방식 이용, 다양한 기능을 할 수 있는 부품의 설계, 쉬운 조립 등의 내용을 포함한다. [그림 3-4]는 제조고려 설계의 방식으로 기존의 제품 설계를 획기적으로 개선한 사례이다(Boothroyd, 1987). 좌측에 위치한 기존의 설계에서는 총 24개의 부품을 조립하여 제품이 생산될 수 있도록 설계되었다. 하지만 이 제품이 우측에 위치한 도면의 방식으로 설계가 된다면 2개 또는 4개의 부품을 쉽게 조립하여 제품을 생산할 수 있다. 이와 같은 방식으로 제조에 필요한 부품의 수를 줄이고, 제조 공정까지 단순화하여 제품 생산에 소요되는 총비용을 절감할 수 있게 된다.

조립고려 설계(Design For Assembly: DFA)

제조고려 설계(Design For Manufacture: DFM)

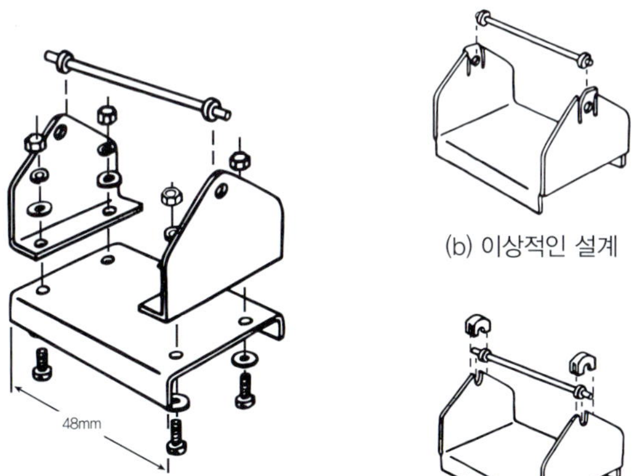

(a) 기존의 설계

(b) 이상적인 설계

(c) 수정된 설계

[그림 3-4] 제조고려 설계의 적용 사례(출처: Boothroyd, 1987)

최근 고체나 액체 형태의 원자재를 층층으로 쌓아 올리는 방식으로 물건을 생산하는 3D 프린팅 방식의 생산이 자동차, 의료용품, 건축 등의 다양한 분야에 적용되고 있다. 3D 프린팅은 적층제조(Additive Manufacturing: AM)라고도 불리며, CAD로 설계된 도면만 있으면 누구나 제품을 생산할 수 있다. 특히, 기존의 전통적인 생산 방식으로는 만들 수 없는 보다 복잡한 구조의 제품을 생산할 수 있어 설계의 유연성이 크게 증가할 수 있다는 장점을 갖고 있다. 적층제조 방식으로 생산하는 경우, 이에 특화된 설계 방식을 활용할 수 있으며 이를 적층제조고려 설계(Design For Additive Manufacturing: DFAM)라고 한다. DFAM은 적층제조 기술의 장점을 극대화 할 수 있는 설계를 지원하며, 대표적으로 위상최적화(topology optimization)를 이용하여 제품의 설계 시 수학적으로 최적의 형상을 만들어 낸다. 위상 최적화를 이용하면 일반적인 제품과 동일한 물성을 유지하면서 재료를 공간적으로 최적으로 분포시켜 재료 사용을 최소화하고 제품의 경량화를 이룰 수 있게 된다. 특히, 자동차나 항공기 부품을 만드는 기업들은 경량화를 통해 원자재 비용 절감과 소비자의 연료소비 감소를 동시에 이룰 수 있어 이 분야에서 많은 연구 개발을 진행하고 있다.

재활용고려 설계(Design For Recycling: DFR)
분해고려 설계(Design For Disassembly: DFD)
수명주기 고려 설계(Design For Life Cycle: DFLC)

이 외에도 설계 단계부터 이후의 프로세스를 고려하는 설계 방법으로 **재활용고려 설계**(Design For Recycling: DFR), **분해고려 설계**(Design For Disassembly: DFD), **수명주기 고려 설계**(Design For Life Cycle: DFLC) 등이 있다.

3.4.2 가치공학

가치공학(value engineering)

가치공학(value engineering)은 새로운 제품이나 서비스의 기능을 점검하여 가치를 향상시키기 위한 시스템적인 접근법으로, 1947년 2차 세계대전 중에 General Electric에서 최초로 사용하였다. 가치공학에서 가치란 비용 대비 기능의 관계로 정의 된다. 비용이란 돈의 개념으로 표시되는 제품의 효용성 또는 비용 그 자체를 의미하며, 기능이란 제품 또는 프로세스의 목적이나 이용을 의미한다.

$$\text{가치}(V) = \frac{\text{기능}(F)}{\text{비용}(C)}$$

가치를 높이기 위해서는 동일한 기능을 수행하면서 비용을 절감하거나, 동일한 비용을 지불하면서 기능의 수준을 높이면 된다. 이를 위해서, 가치공학에서는 보다 저렴한 가격의 대체품으로 동일한 기능을 할 수 없는지, 소비자에게 꼭 필요한 기능인지, 두 개 이상의 부품으로 수행되는 기능이 하나의 부품 또는 저렴한 부품으로 수행될 수 없는지, 표준화된 부품이 활용될 수 없는지 등을 점검하여 제품설계의 단계부터 불필요한 기능을 줄이고 비용효과적인 제품을 제공할 수 있도록 노력한다.

3.4.3 표준화와 모듈화

1차 산업 혁명으로 과학적인 접근 방법의 중요성이 강조되면서 등장한 중요한 개념들 중에 하나는 **호환 가능한 부품**(interchangeable part)이었다. 부품의 호환성을 통하여 대량 생산 체제는 더 쉽게 이뤄질 수 있었고, 현대 사회에서도 표준화와 모듈화 등의 개념으로 발전하여 중요한 역할을 하고 있다. **표준화**(standardization)란 제품의 종류와 규격을 표준에 따라 통일하는 것으로, 특정용도 또는 기능을 하는 부분의 다양성을 줄여 운영의 효율성을 높이는 활동을 의미한다. 제품의 표준화는 제조자로 하여금 동일한 방식으로 동일한 규격의 제품을 만들어 대량 생산 및 효율적인 운영이 가능하도록 해주며, 서비스의 표준화는 언제 어디서나 동일한 수준의 서비스를 받을 수 있도록 한다. 소비자 입장에서도 표준화된 제품은 사용을 위한 학습의 시간이 단축되어 보다 쉽게 이용할 수 있으며, 언제 어디에서나 불편함 없이 서비스를 받을 수 있다.

호환 가능한 부품
(interchangeable part)
표준화(standardization)

휴대폰 충전기의 사례는 표준화가 공급자와 소비자의 범위를 넘어 우리 사회에 얼마나 많은 영향을 줬는지 잘 설명해 준다. 1990년대 후반부터 2000년대 초반에 이르면서 휴대전화 가입자의 수는 폭발적으로 증가하였고, 관련 산업도 크게 발전하였다. 당시 휴대폰을 생산하는 기업들은 각자 자신들이 원하는 방식으로 충전기를 개발하여 공급하였으며, 심지어는 같은 회사의 제품이라도 제품 모델에 따라 충전기의 형태가 달랐다. 결과적으로 소비자들은 휴대폰을 구입할 때마다 새로운 유형의 충전기를 구입해야 했으며, 이전에 사용하던 충전기는 단말기 교체와 함께 폐기처분 해야만 했다. 이는 국가적으로 연간 5,000억 원 이상의 낭비를 초래한 것으로 추정되었으며, 환경 피해와 같은 부가적인 결과도 낳았다. 2002년 한국정보통신기술협회는 24핀 충전기를 표준으로 채택하였고, 필요시 변환 젠더를 사용하게 함으로써 제품의 호환성, 유용성을 높일 수 있게 되었다. 현재 휴대폰 충전기와 더불어 각종 연결 잭은 국제전기통신연합의 결정에 따라 표준화된 제품으로 설계와 생산이 이루어지고 있다.

모듈화 설계(modular design)

모듈화 설계(modular design)란 표준화된 부품의 집합 개념으로 제품을 설계하고, 필요시에 해당 부품에 대한 조립, 교환을 통해 쉽게 변형 및 수리가 가능하도록 만드는 방법을 의미한다. 이와 같이 표준화된 부품이나 구성요소들을 모듈이라 한다. 모듈화 설계 방법은 한정된 수의 모듈을 이용하여 생산을 효율성을 높이면서도, 모듈 간의 조합을 통하여 소비자에게 제공할 수 있는 제품 종류의 다양성을 높일 수 있다. 또한 새로운 제품에 대한 개발 기간 단축으로 시장의 변화에 따르게 대응할 수 있으며, 보다 낮은 수준의 재고만으로도 효율적으로 운영할 수 있는 장점이 있다. 자동차 산업은 모듈화 설계를 이용하는 대표적인 사례이며, [그림 3-5]는 르노-닛산이 지난 2012년에 발표한 CMF(Common Module Family) 플랫폼 구조이다.

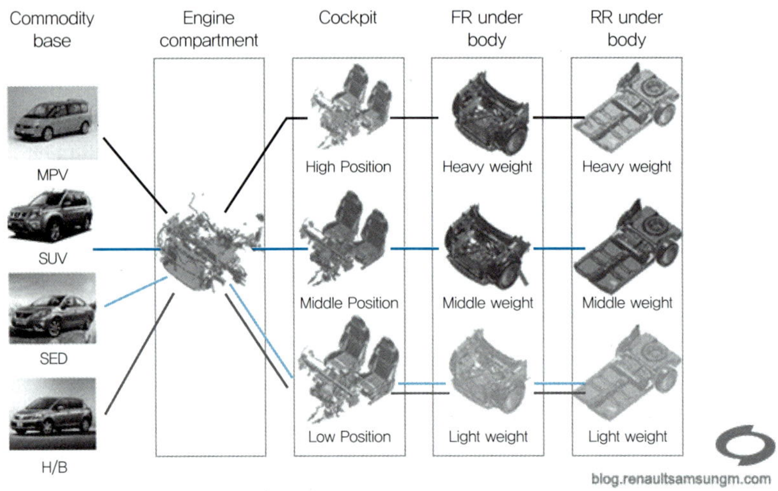

[그림 3-5] 르노-닛산의 모듈화 설계

출처: renaultsamsungm.com

3.4.4 차별화 지연

차별화 지연(delayed differentiation)

차별화 지연(delayed differentiation)은 앞서 설명된 모듈화 설계와 더불어 다양해지는 소비자들의 요구에 빠르게 대응하기 위하여 선택하는 설계 및 운영의 방식으로 잘 알려져 있다. 차별화 지연 전략에서는 가능한 소비자의 욕구가 알려질 때까지 생산을 지연한다. 수없이 많은 제품을 모두 미리 만들어 재고로 운영하기보다는 중간 제품까지만 준비하고 있다가, 소비자의 수요가 확인되면 최종 제품을 만들어 제공하는 방식으로 운영된다.

차별화 지연 전략을 추진한 대표적인 회사는 베네통(Benetton)이다. 일반적으로 옷을 만드는 방식은 [그림 3-6]과 같이 원자재인 흰 실을 준비하고, 필요한 색으로 염색한 후, 원하는 옷을 만들게 된다. 하지만 의류업계의 짧은 제품 수명주기와 비싼 재고 비용을 고려했을 때, 모든 종류의 옷을 충분히 생산하여 재고를 비축하는 방식은 비용 효율적이지 못하였다. 차별화 지연은 이를 극복할 수 있는 대안으로 성공적으로 적용 되었다.

[그림 3-6] 옷 생산 프로세스

준비된 흰 실을 염색하는 대신, [그림 3-7]과 같이 흰 옷을 먼저 만든 후, 소비자의 반응에 따라 필요한 색으로 염색하여 시장에 공급함으로써 변화에 빠르게 대응하고 불필요한 재고를 줄이는 데 성공할 수 있었다. 기존의 방식에서는 실을 염색하는 두 번째 단계에서 제품의 종류가 결정되지만, 차별화 지연 방식에서는 옷을 염색하는 세 번째 단계에서 제품의 종류가 결정되기 때문에 지연 전략으로 불리기도 한다.

[그림 3-7] 차별화 지연 전략을 도입한 옷 생산 프로세스

페인트 회사들 역시 차별화 지연으로 재고감소와 수익증가라는 효과를 톡톡히 보았다. 전통적인 운영 프로세스에서는 다양한 색의 페인트를 미리 다 생산하고 준비하였으나, 차별화 지연 전략에서는 빨강, 파랑, 노랑 등의 주요 색깔의 페인트만 준비하고 있다가 소비자의 요구가 알려지면 그 때 원하는 색을 만들어 공급해 준다. 이와 같은 방식으로 재고의 수준을 큰 폭으로 감소시킬 수 있으며, 이는 결국

소비자에게 제공하는 제품의 가격을 낮춰 기업의 경쟁력을 높이는 데 도움이 될 수 있었다.

3.4.5 신뢰성

신뢰성(reliability)

신뢰성(reliability)이란 일반적인 사용 환경에서 부품, 제품 또는 하나의 시스템이 의도한 대로 잘 작동하는지를 평가하기 위해 활용되는 지표이다. 이때, 일반적인 사용 환경이란 제품이나 서비스가 제공되고 사용되는 현실적인 상황을 의미하며, 아주 높은 온도 또는 아주 낮은 온도와 같이 극한의 상황에서도 잘 작동되는가를 의미하지는 않는다. 또한 하나의 제품이 의도한 대로 작동하는 것이란 원하는 시점에 원하는 방식으로 작동하는가를 의미한다. 즉, 고장이 나서 작동을 못하는 경우뿐만 아니라 고장이 나지 않더라도 원하는 방식대로 작동되지 않았다면 이 역시 의도대로 작동하지 못했다고 해석되어야 한다. 예를 들어, 알람시계의 소리가 너무 작게 울렸다면 의도한 대로 작동하지 못한 것이다.

신뢰성은 확률의 개념으로 표현된다. 어떠한 제품의 신뢰성이 95%라고 하면, 이 제품은 일반적인 사용 환경에서 의도한 방식으로 작동하지 못할 확률이 5%가 되는 것이다. 평균적으로 20번 중에 1번은 의도한 방식으로 작동하지 못한다고 볼 수 있다. 다음의 두 가지 예제는 부품이 직렬로 구성된 제품과 병렬로 구성된 제품의 신뢰성을 계산하는 방법을 설명하고 있다.

예제 3-1 직렬로 구성된 제품의 신뢰성

두 개의 독립적인 부품이 순차적인 배열로 구성된 제품이 있다. 첫 번째 부품의 신뢰성은 0.9이며 두 번째 부품의 신뢰성은 0.8이라고 한다면, 전체 제품의 신뢰성은 얼마인가?

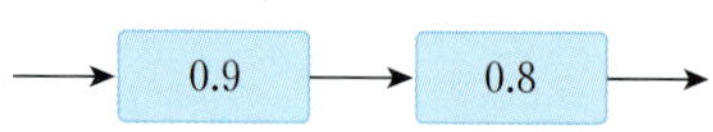

풀이 직렬로 구성된 부품은 독립적이기 때문에 상호 간에 연관관계는 존재하지 않는다. 이 때, 첫 번째와 두 번째 부품 모두가 정상적으로 작동해야만 전체 제품이 의도한 방식으로 작동할 수 있다. 따라서 두 부품 모두 정상적으로 작동할 확률은 $0.9 \times 0.8 = 0.72$이다. 직렬로 구성된 부품의 개수가 증가하더라도, 각 부품의 신뢰성을 곱하여 전체 제품의 신뢰성을 계산할 수 있다.

예제 3-2 **병렬로 구성된 제품의 신뢰성**

예제 1의 제품에서 두 번째 부품이 고장 날 경우를 대비하여 예비 부품이 추가된 제품이 설계되었다고 가정하자. 예제 1과 같이, 첫 번째 부품의 신뢰성은 0.9이며 두 번째 부품과 예비 부품의 신뢰성은 0.8이라고 한다면, 전체 제품의 신뢰성은 얼마인가?

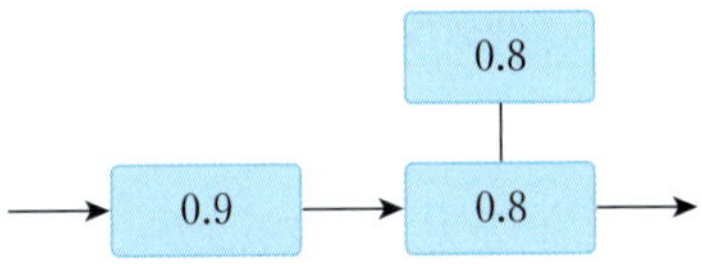

풀이 두 번째 부품은 예비 부품이 연결되어 있다. 따라서 주된 기능을 하는 부품이 고장 날 경우, 예비 부품이 대신 그 기능을 할 수 있게 된다. 즉, 두 번째 부분은 주 부품이 제대로 작동하거나(0.8의 확률) 또는 주 부품이 고장 나고 예비 부품이 제대로 작동한다면($(1-0.8)\times0.8$의 확률) 전체 제품의 기능에 영향을 주지 않게 된다. 즉 두 번째 부분이 의도한 대로 작동할 확률은 $0.8 + (1-0.8)\times0.8 = 0.96$이 된다. 따라서 전체 제품이 의도한 대로 작동할 확률은 $0.9\times0.96 = 0.864$가 된다. 예제 1과 비교하였을 때, 예비 부품의 추가로 인하여 제품의 신뢰성이 0.72에서 0.864로 증가하였음을 확인할 수 있다.

3.4.6 강건설계

다구찌 기법(Taguchi method)

강건설계(robust design)

일본의 저명한 품질전문가인 다구찌(G. Taguchi)는 제품 설계와 공정 설계 단계부터 품질에 관한 요소들이 반영되어야 한다고 이야기한다. **다구찌 기법(Taguchi method)** 또는 **강건설계(robust design)**로 불리는 방법은 제품 성능에 영향을 주는 외부적 요소들은 제어하기 어렵기 때문에 이들을 제거하려고 노력하기보다는, 외부 요소의 변화에 덜 민감한 제품을 만들자는 데 기본적인 사상을 두고 있다. 예를 들어, 가마에서 타일을 굽는 공정 작업을 수행하는 경우 가마 내의 온도가 늘 균일하게 유지되기 어렵다. 따라서 가마 내의 온도를 균일하게 만들기 위한 노력을 하기보다는, 가마에서 생산되는 제품의 특성이 균일해질 수 있도록 설계변수를 찾는 노력을 하는 것이다. 제품의 성능에 영향을 주는 요소들은 제어 가능한 인자들과 제어 불가능한 인자로 구분되어진다. 이 중에서 제어 가능한 인자들의 값을 잘 설정하여 제어 불가능한 인자들의 영향을 최소화하고자 하는 것이 강건설계의 목표이다.

품질손실함수(quality loss function)

강건설계에서 바라보는 품질의 개념은 기존의 전통적인 품질의 개념과는 다르다. 전통적인 품질은 고객을 만족시키는 규격 내에 제품이 포함되는지를 기준으로 품질을 확인한다. 하지만 다구찌 기법에서는 제품이 출하된 이후 성능치 변동으로 인하여 사회에 얼마나 많은 손실을 끼쳤는가를 살펴본다. 이는 품질을 손실의 개념으로 정량화한 **품질손실함수(quality loss function)**로 잘 설명된다. [그림 3-8]은 전통적인 품질의 개념과 강건설계에서의 품질의 개념을 설명해주고 있다. 전통적인 개념으로는 생산된 제품이 사전에 정해놓은 규격의 상한값과 하한값 사이에 포함되면 양품, 그 범위를 벗어나면 불량품으로 판단한다. 즉 0 또는 1의 값을 갖는 이진변수의 개념이 되며, 정해진 규격 내에 있으면 그 위치가 어디이던 관계가 없다. 하지만 다구찌 손실함수에서는 최적의 목표값에서 멀어지면 손실의 값은 점차 증가한다고 판단한다. 따라서 강건설계를 통하여 목표값과의 편차를 최소화하여 품질 손실을 최소화하는 것이 중요하다.

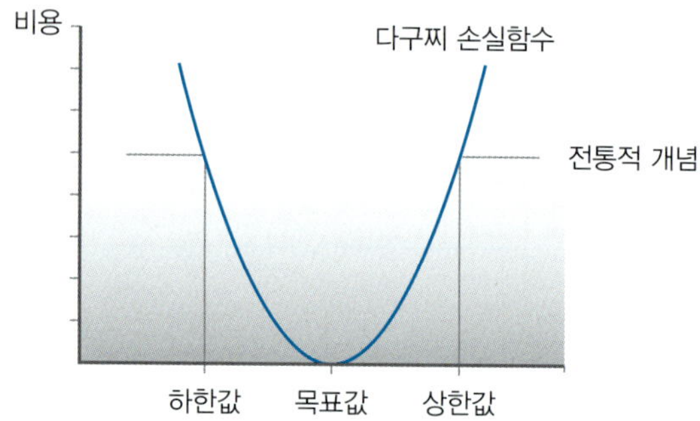

[그림 3-8] 전통적인 품질 개념과 다구치 손실함수의 비교

실험계획법(design of experiments)

강건설계에서는 제어 가능한 인자들, 즉 파라미터(parameter)의 값을 선정하기 위하여 통계적 방식의 파라미터 설계를 실시한다. 이때, **실험계획법(design of experiments)**을 이용하는데, 제어 가능한 요소들의 모든 조합을 고려하지 않고 중요한 일부의 조합만을 실험하여 빠르고 값싼 비용으로 파라미터의 값을 선택하게 된다. 이 방법은 최적의 해를 찾아주지 못할 수도 있다는 비판을 받기도 하지만 높은 효용성으로 많은 기업들에 의해 활용되고 있다.

3.4.7 품질기능전개

품질기능전개(Quality Function Deployment: QFD)

품질기능전개(Quality Function Deployment: QFD)는 고객의 소리를 공학적인 특성치로 변환하고 제품개발이나 공정계획 등의 기업 업무에 반영하기 위한 시스템적인 접근 방법으로 고객 만족의 극대화를 추구한다. 이를 위하여 품질기능전개에서는 품질의 집(house of quality)라 불리는 도구를 이용하여 부서 간의 커뮤니케이션을 증진시킨다. 1970년대 일본에서 사용되기 시작한 품질의 집은 [그림 3-9]와 같이 총 6개의 영역으로 구분되어진다.

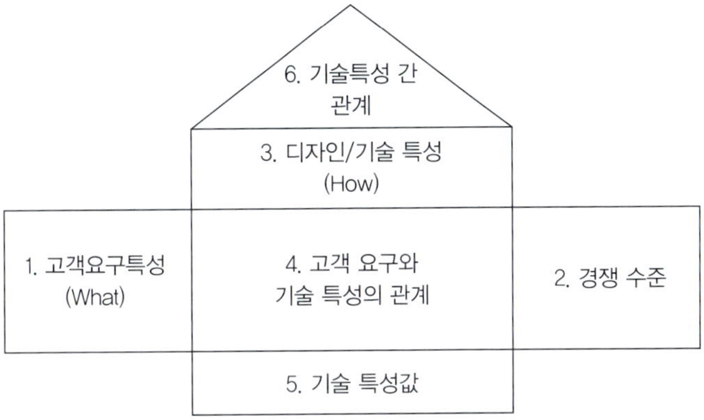

[그림 3-9] 품질의 집

품질의 집 좌측에 위치한 첫 번째 항목은 "의자 시트 표면이 부드러워야 한다.", "높이 조절이 가능해야 한다."와 같은 고객 요구 특성을 나열한다. 이는 고객이 무엇을 원하는지, 무엇을 설계에 반영할지를 정리하는 영역으로 What 요소에 해당된다. 품질의 집 우측에 위치한 경쟁수준은 자사의 제품이 경쟁사와 비교하였을 때, 해당 고객요구특성과 관련된 경쟁 수준이 어느 정도인지를 표현한다. 이를 통해 고객이 요구하는 What의 특성이 얼마나 잘 반영되는지를 비교한다. 경쟁력의 수준은 1점에서 5점 사이의 점수로 표현할 수 있다.

세 번째 요소는 고객요구 특성과 관련된 디자인 및 기술 특성을 나열하는 것으로 우리가 어떻게 대응할 수 있는지를 표현하는 How 요소에 해당된다. "시트의 푹신한 정도", "시트의 방수성"과 같이 설계자가 결정하고 이를 통해 기업이 소비자의 요구에 대응할 수 있는 특성들을 정리한다. What의 요소와 How의 요소가 정리되면, 이들 간의 특성관계를 4번 위치에 정리한다. 강한 상관관계부터 약한 상관관계

고 생각하나 부정적 질문에는 '(e) 마음에 안 든다.'라고 응답했다면 해당 요소는 당연적 품질로 간주될 수 있다.

긍정적 질문 만약, IPTV에서 제공하는 동영상의 수가 많다면 어떤 느낌이 들겠습니까?

(a) 마음에 든다. (b) 당연하다. (c) 아무 느낌이 없다.
(d) 하는 수 없다. (e) 마음에 안 든다.

부정적 질문 만약, IPTV에서 제공하는 동영상의 수가 적다면 어떤 느낌이 들겠습니까?

(a) 마음에 든다. (b) 당연하다. (c) 아무 느낌이 없다.
(d) 하는 수 없다. (e) 마음에 안 든다.

〈표 3-1〉 품질 특성의 분류

		부정적 질문				
		(a)	(b)	(c)	(d)	(e)
긍정적 질문	(a)	-	매력적 품질	매력적 품질	매력적 품질	일원적 품질
	(b)	역품질	일원적 품질	일원적 품질	일원적 품질	당역적 품질
	(c)	역품질	일원적 품질	일원적 품질	일원적 품질	당역적 품질
	(d)	역품질	일원적 품질	일원적 품질	일원적 품질	당역적 품질
	(e)	역품질	역품질	역품질	역품질	-

3.4.9 서비스 블루프린트

서비스 블루프린트(service blueprint)

마지막으로 설명하고자 하는 설계 방법은 서비스 블루프린트(service blueprint)이다. 이 방법은 서비스 청사진이라고도 불리며, 소비자의 관점에서 서비스를 구성하는 프로세스와 관련 요소들을 설계하는 데 주로 사용된다. 서비스가 제품과 구분되는 중요한 특징 중 하나는 소비자가 프로세스 내부에 포함되어 있다는 점이다. 서비스 블루프린트는 소비자가 서비스 프로세스를 통해 어떠한 활동을 하며, 서비스를 제공하는 기업은 이에 맞춰 무엇을 준비해야 하는지를 흐름도의 형식으로 가시화 한다.

서비스 블루프린트는 고객 행동, 현장직원 행동, 지원직원 행동, 지원 프로세스 등으로 구성된다. [그림 3-12]는 호텔에서 제공하는 서비스를 가시화한 예이다.

가장 윗부분에는 '고객 행동'이 순차적으로 작성된다. 고객은 호텔에 도착하고, 갖고 온 짐을 호텔 직원에게 맡긴다. 이후, 체크인을 하고 방으로 이동하는 프로세스를 따른다. 이러한 고객의 행동에 맞춰, 호텔의 직원은 고객과 직접 상호작용하면서 서비스를 제공하기도 하고, 고객이 보이지 않는 곳에서 서비스를 제공하기도 한다. 이때 고객과 직접 만나서 하는 활동을 '현장직원 행동'이라 하며, 후방에서 지원하는 활동을 '지원직원 행동'이라고 한다. 호텔의 예에서, 고객이 호텔에 도착하면 고객을 맞이하는 직원은 환영 인사를 하고, 짐을 받아서 이를 고객의 방으로 이동해 준다. 또한 고객이 체크인할 때에는 접수창구에 있는 직원이 고객의 체크인을 도와준다. 환영, 짐 수령, 접수 등은 고객의 접점에서 이뤄지는 현장직원 행동이며, 짐의 이동은 고객과 직접 상호작용할 필요가 없는 지원직원 행동에 포함된다. 마지막으로, 가장 아랫부분에 위치한 '지원 프로세스'는 소비자에게 제공되는 서비스를 지원하는 보조적인 프로세스 또는 관련 시스템 등을 표현한다.

이와 같은 서비스 설계 활동은 여러 가지 측면에서 도움을 준다. 우선, 고객의 입장에서 전체 서비스 프로세스가 어떻게 구성되는지를 점검할 수 있다. 서비스 블루프린트를 통하여 본인의 업무만을 살피는 것이 아니라, 소비자가 경험하는 전체 서비스의 관점에서 업무를 파악할 수 있다. 둘째, 서비스 기업의 직원들이 어떠한 활동을 해야 하는지를 소비자 접점의 관점과 후방 지원의 관점에서 살펴볼 수 있다. 앞의 프로세스가 뒤의 프로세스와 어떻게 연결되는지를 파악함으로써 서비스의 부족한 부분을 확인할 수 있으며, 실수가 가능한 지점을 파악할 수 있다. 셋째, 각 단계별로 필요로 하는 지원 시스템을 파악할 수 있다. 필요한 시설물, 정보 시스템의 역할 등을 정의하고 서비스의 효율화를 꾀할 수 있다.

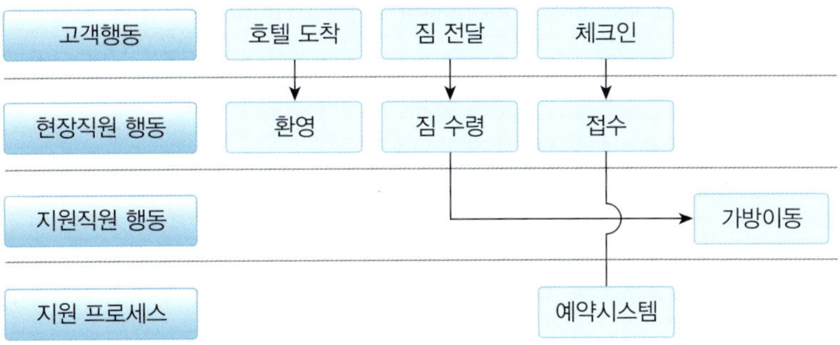

[그림 3-12] 서비스 블루 프린트 사례

3.5 요약

이번 장에서는 제품 설계 및 개발의 의미와 중요성, 그리고 제품 설계를 위해 적용 가능한 다양한 기법들에 대하여 살펴보았다. 일반적으로 제품 설계는 아이디어의 생성, 제품선정, 예비설계, 최종설계의 과정을 거친다. 우리가 기억해야 하는 점은 제품의 설계가 단순히 도면에 그림을 그리는 행위가 아니라 소비자가 원하는 제품이나 서비스를 만들어 내기 위한 시작점이 된다는 것이다. '첫 단추를 잘 끼워야 한다.'는 속담에서 알 수 있듯이, 제품의 설계가 올바르게 이뤄지지 않으면 그 이후에 발생하는 부정적인 영향은 엄청나게 크게 다가올 것이다. 따라서 제품의 설계의 과정은 비용을 줄이면서 소비자가 원하는 것을 어떻게 반영할 수 있을지, 품질의 수준을 어떻게 향상시킬 수 있는지, 생산 및 조립을 포함한 설계 이후의 프로세스를 효과적으로 운영할 수 있을지 등의 다양한 이슈들이 함께 고민되어야만 성공적인 제품이 탄생할 수 있을 것이다.

참고문헌

- Boothroyd, G., Estimate costs at an early stage, *American Machinist*, 132, August, pp. 54–57(1988)
- Crowson, R., *Product Design and Factory Development*, CRC Press, USA(2010)
- Boothroyd, G., Design for assembly—the key to design for manufacture. *The International Journal of Advanced Manufacturing Technology*, Vol. 2, No.3, pp. 3–11(1987)
- Kano, N., Seraku, N. and Takahashi F., Attractive quality and must-be quality. *Journal of Japanese Society for Quality Control*, Vol. 14, No. 2, pp. 39–48 (1984)

연·습·문·제

1. 제품 수명주기가 무엇인지 설명하라.

2. 전통적으로 기업이 활용한 순차적인 설계 프로세스와 동시공학 기법을 이용한 설계 프로세스의 차이를 설명하라.

3. 제품 설계의 첫 번째 단계인 아이디어 생성을 위해 활용할 수 있는 다양한 접근 방식을 설명하라.

4. 차별화 지연 전략이 기업의 성과에 어떠한 영향을 줄 수 있는지, 사례를 이용하여 설명하라.

5. ABC 회사는 3개의 부품이 직렬로 구성된 제품을 생산하기 위하여 제품설계를 진행하고 있다. 이 제품은 3개의 부품이 모두 작동해야지만 원하는 기능을 수행할 수 있다.
   (1) 만일 각 부품의 신뢰성이 각각 0.9, 0.95, 0.85라면 ABC 회사가 생산하는 제품의 신뢰성은 얼마인가?
   (2) 이 회사는 제품의 신뢰성을 높이기 위해서, 한 부품의 성능에 문제가 생길 경우 백업으로 작동할 예비부품을 추가로 설계에 반영하고자 한다. 제품의 사이즈의 제약으로 하나의 예비부품만을 추가할 수 있다면, 어떠한 부품에 예비부품을 추가해야 하는가? 예비부품의 신뢰성은 주된 부품의 신뢰성과 동일하게 0.9, 0.95, 0.85라고 가정하자. 예비부품이 추가될 수 있는 각 시나리오를 대상으로 제품의 신뢰성을 계산하고 최종 의사결정을 하라.

6. ABC 회사는 3개의 부품이 병렬로 구성된 제품을 설계하고 있다. 이 제품은 2개의 부품 중에서 하나만 작동하면 원하는 기능을 수행할 수 있다. 만일 각 부품의 신뢰성이 각각 0.9, 0.8이라면 ABC 회사가 생산하는 제품의 신뢰성은 얼마인가?

7. 전통적인 품질의 개념과 다구찌 방법에서 제시하는 품질의 개념을 비교하라.

8. 품질의 집을 구성하기 위해 작성해야 하는 6가지 영역을 설명하라.

9. 카노모델은 소비자의 만족도는 선형으로 증가하지 않는다는 것을 가정하고 있다. 카노모델에서 구분하는 품질 특성을 설명하라.

10. 은행 창구에 직접 방문하여 직원을 통하여 현금을 인출하는 서비스를 위한 서비스 블루프린트를 작성하라.

Memo

CHAPTER 4

프로세스 분석

학습 목표

- 프로세스를 설명하고 프로세스 분석의 접근 방법을 설명할 수 있다.
- 프로세스 문서화의 중요성을 이해하고 프로세스 모델링 방법을 적용할 수 있다.
- 기업 생산 전반에 적용되는 프로세스의 유형을 구분하고 적절한 프로세스를 선택할 수 있다.
- 프로세스 개선을 위해 적절한 프로세스 분석의 절차를 수행할 수 있다.

사례

테슬라(Tesla)의 디지털 전환(Digital Transformation)

테슬라는 2008년 첫 전기차인 로드스터(Roadster)를 출시하고, 세단형 Model S, Model X, Model 3, SUV형 Model Y를 연이어 선보이며, 전기차 시장에서 큰 반향을 일으키며 크게 성장하였다. 이러한 성장 과정에서 테슬라는 여러 도전에 직면하게 되었다.

첫째로, 전 세계적으로 증가하는 수요를 맞추기 위해 제조 능력을 대폭 확장해야 했다. 둘째로, 생산 공장을 확장하기 위해서는 새로운 직원들이 필요했으며, 특히 글로벌 생산 공장이 추가되면서 각 지역에서 적합한 인재를 찾는 것이 어려웠다. 마지막으로, 대부분의 서비스 센터와 판매 네트워크가 미국의 주요 주에 집중되어 있어, 미국 전체와 글로벌 시장에서의 고객 접근성이 떨어졌다.

Continuous improvement is better than delayed perfection(계속적인 개선이 지연되는 완벽함보다 낫다).

– 마크 트웨인(Mark Twain)

◇ 디지털 전환

테슬라는 이러한 문제들을 해결하기 위해 테슬라는 디지털 전환을 적극적으로 추진했다. 디지털 전환은 테슬라의 비즈니스 프로세스를 개선하고, 생산 효율성을 극대화하는 데 중요한 역할을 했다. 예를 들어, 테슬라는 모든 차량을 인터넷에 연결하여 실시간으로 모니터링하고, 필요할 때마다 소프트웨어 업데이트를 통해 차량 성능을 개선할 수 있는 시스템을 구축했다. 이를 통해 테슬라는 차량의 상태를 지속적으로 관리하고, 고객에게 더 나은 서비스를 제공할 수 있게 되었다.

또한, 테슬라는 빅데이터 분석과 자연어 처리(NLP)를 활용하여 고객 요구를 파악하고, 제품 및 서비스 개선에 필요한 정보를 수집하고 있다. 이를 통해 테슬라는 고객의 피드백을 실시간으로 반영하여 제품을 개선하고, 새로운 기능을 신속하게 도입할 수 있는 능력을 갖추게 되었다.

디지털 전환의 또 다른 중요한 목표는 직원들의 성과와 협업을 향상시키는 것이다. 테슬라는 디지털 협업 도구를 통해 직원들이 다양한 프로젝트를 효율적으로 수행할 수 있도록 지원하고 있다. 이러한 도구들은 직원들이 서로 다른 지역에서 원격으로 협력할 수 있도록 하며, 생산성과 창의성을 극대화하는 데 기여하고 있다. 특히, 테슬라는 글로벌 생산 공장을 통합하여 생산 현황을 실시간으로 파악하고, 이에 따라 생산 계획을 조정함으로써 공급망 관리를 더욱 효율적으로 할 수 있게 되었다.

마지막으로, 디지털 전환은 테슬라의 리더십에도 큰 영향을 미쳤다. 디지털 리더는 새로운 기술을 적시에 도입하고, 조직 내 협업 문화를 촉진하며, 혁신을 주도할 수 있는 능력을 갖추고 있어야 한다. 또한, 디지털 전환 과정에서 발생할 수 있는 다양한 리스크를 효과적으로 관리하고, 조직이 지속적으로 성장할 수 있도록 지원하는 역할을 수행해야 한다.

◇ 기가팩토리(Giga Factory)

기가팩토리는 전기자동차용 배터리의 대량생산을 위해 테슬라가 건설한 리튬이온 배터리 공장을 의미한다. 테슬라는 2024년 현재 5개의 기가팩토리를 운영하고 있고 6번째 공장을 추진하고 있다. 기가팩토리의 자동차 제조 공정은 전기차 보급을 목표로 ① 생산시간 단축, ② 생산량 증대, ③ 품질관리, ④ 저렴한 가격에 초점을 맞추고 있다.

기가팩토리에 적용된 제조 혁신 요소는 배터리 생산 및 개발, 기가프레스, 수직계열화, 자동화 등이 있으며, 테슬라는 이동 라인(스마트 무브), 차체 제작, 도장, 가공, 검수 등 다양한 공정에서 자동화 비율을 획기적으로 높여 인건비를 줄이고, 24시간 생산이 가능한 공정 혁신을 달성했다. 최근 준공한 기가팩토리는 전기 자동차 완제품 제조공장으로 진화하고 있다.

기가프레스(Giga Press)는 자동차 차체의 대규모 단일 성형 기술로, 제조 시간을 단축하고 비용을 절감하며, 부품의 강도를 증가시키는 혁신적인 기술이다. 테슬라는 기가프레스 기술을 활용해 기존에 70여 개의 부품을 조립하던 리어 언더바디를 단일 부품으로 생산하고 있다. 기가프레스 도입으로 정밀 가공을 통해 제품의 경량화와 강도가 향상되었고, 제조 장비의 수가 줄어들어 대량생산이 용이해졌으며, 부품 결함이 감소하고 품질이 향상되었다. 이에 따라 제조 시간이 단축되고 제작비용이 감소하는 등 전반적인 효율성이 크게 향상되었다.

기가네바다(Giga Nevada) 공장에서는 배터리 생산라인을 여러 층으로 설계하여 동일한 면적에 더 많은 장비를 배치할 수 있게 되어 생산성이 향상되었다. 기가상하이(Giga Shanghai) 공장은 테슬라 최초로 완성차 공정을 한 공장에서 해결하는 수직계열화 공정을 도입하여, 면적당 투자 비용을 기존 프리몬트 공장의 65% 수준으로 낮출 수 있었다. 기가 베를린(Giga Berlin) 공장에서는 배터리셀의 자체 생산과 신규 배터리 공정, 기가프레스를 통한 프론트 및 리어 언더바디 생산, 복합 다층 도장라인 등의 도입으로 전체 생산 과정의 효율화를 추진하고 있다.

결론적으로, 테슬라는 전기차 산업에서의 혁신을 선도하며, 디지털 전환을 통해 제조, 인력, 서비스 측면에서의 다양한 도전 과제들을 성공적으로 극복해 나가고 있다. 테슬라의 디지털 전환 여정은 단순한 기술 도입을 넘어, 자동차 산업의 패러다임을 바꾸는 혁신적 도전으로 자리매김하고 있다.

출처: Tesla's Digital Transformation Journey, Maha Mohsin, Medium, 2024년 2월 2일, https://mahamohsin310.medium.com/teslas-digital-transformation-journey-f0becd3e3613

테슬라 기가팩토리의 확산과 제조 혁신의 시사점, 서대현, 산업입지 ISSUE & TREND, No. 47, 2022년 6월 14일

4.1 서론

제품이나 서비스를 생산하는 모든 과정은 기업의 목표를 달성하도록 설계되고 운영되어야 한다. 목표를 달성하지 못하고 있다면 문제의 원인을 찾고 필요에 따라 생산 과정을 개선해야 할 것이다. 만약 기업의 목표를 변경하거나 상향하려고 한다면 새로운 목표를 달성할 수 있도록 생산 과정을 재설계해야 한다. 기업이 확보한 경쟁력을 유지하기 위해서는 일단 생산 과정을 개선하여 적용한 후에도 지속적으로 개선 활동을 하는 것이 바람직하다.

기업 경영에서 **프로세스(process)**는 투입(input)을 산출(output)로 변환하는 활동으로 정의될 수 있고, 프로세스에서 하나 또는 그 이상의 활동이 공통의 목적을 위해 유기적으로 연결된다. 즉 기업 경영에서 프로세스는 기업의 제품이나 서비스를 생산하는 과정을 의미하는 용어이고 정해진 절차에 따라 단위 작업이 연결되어 진행된다는 것을 나타낸다. 우리나라의 제조 현장에서 프로세스를 공정(工程)이라는 용어로 사용하기도 한다.

프로세스(process)

프로세스가 잘 설계되고 운영되면 개개인의 능력 차이에 영향을 적게 받

지만, 그렇지 못하면 능력 있는 사람들로 업무를 수행하더라도 좋은 성과를 낼 수 없게 된다. 기업의 경쟁력을 강화하기 위한 혁신적인 방법에는 린 생산(lean manufacturing), TQM(Total Quality Management), 리엔지니어링(Re-engineering), 6시그마(sigma) 운동, ERP(Enterprise Resource Planning) 등이 있는데, 이러한 시스템적 접근 방법은 공통적으로 프로세스를 효과적으로 설계하고 관리하기 위한 방법을 모색하고 있다.

프로세스 분석(process analysis)

프로세스 분석(process analysis)의 체계적인 접근을 통해서 프로세스를 재설계하고 업무에 적용하게 된다. 이를 달성하기 위하여 현재 프로세스를 문서화하고 목표 달성의 성과 기준에 따라 프로세스를 평가한 후에 프로세스를 재설계하는 절차를 밟게 된다.

4장은 프로세스 분석에 대해서 설명하고 4장의 구성은 다음과 같다. 4.2절에서는 프로세스 분석의 목적과 접근 방법을 설명하고 4.3절에서는 프로세스 문서화에 대해 다룬다. 4.4절에서 프로세스의 단위 작업을 측정하고 작업 시간을 결정하는 방법을 설명하고, 4.5절에서는 기업 생산 전반의 프로세스 유형을 설명한다. 마지막으로 4.6절에서는 조립 라인의 프로세스 사례를 이용하여 프로세스 분석 과정을 다룬다.

4.2 프로세스 분석의 목적과 접근방법

프로세스 분석을 하는 목적은 생산 과정이 기업의 목표를 달성하고 있는지를 파악하고 성과를 평가하기 위한 것이다. 프로세스 분석은 기존의 생산 과정에서 문제점의 원인을 파악하거나 새로이 적용하려는 생산 과정의 성과를 예측하는 데 이용될 수 있다.

제조 기업에 대한 프로세스 분석은 방법연구(method study) 또는 작업연구(work study)와 같은 작업 분석으로부터 시작되었고, 작업 분석을 통해 생산 현장의 작업에서 생산적 요소와 낭비적 요소를 분석하여 합리적인 작업 방법을 설계하였다. 방법연구와 같은 작업 분석의 대상에는 공정, 작업, 작업자 동작 등이 포함된다.

프로세스 분석의 체계적인 접근을 통해서 프로세스를 재설계하여 업무에 적용하게 된다. 이를 달성하기 위하여 현재 프로세스를 문서화하고 목표 달성의 성과 기준에 따라 프로세스를 평가한 후에 프로세스를 재설계하는 절차를 밟게 된다. 이러한 과정은 일반적으로 다음의 단계를 거쳐서 이루어진다.

제1단계: 문제점과 개선 가능성의 인식

제1단계는 문제점이나 개선 가능성을 인식하는 단계이다. 기업의 프로세스는 다양한 투입을 목표하는 산출로 변환하는 과정이다. 이러한 변환 과정에서 문제점이 없는지 확인하거나 업무와 생산 활동에서 개선할 여지가 있는지를 파악해야 한다. 특히 기업에서 전략적으로 설정한 비용, 품질, 시간, 유연성과 같은 경쟁우선순위와 기업이 실제로 확보하고 있는 경쟁능력 사이의 불일치가 발생하는 경우 문제가 발생할 수 있다. 이러한 문제가 발생하는 경우에 원인이 되는 프로세스를 개선해야 한다. 개별적인 프로세스에 대해서는 성과지표가 목표에 미달하는 프로세스를 찾아서 개선의 기회를 포착할 수 있다.

제2단계: 프로세스 분석 대상의 범위 설정

제2단계는 분석할 프로세스의 범위를 설정하는 것이다. 분석 대상 프로세스는 특정한 개인이 담당하고 있는 소규모 프로세스가 될 수도 있고 조직 전반에 걸쳐 여러 담당자와 관련된 다단계 프로세스가 될 수도 있다. 문제점과 원인을 정확히 진단해야 할 때에는 가능성을 내포하고 있는 기업의 여러 프로세스를 포괄적으로 분석하고 조사해야 한다. 그러나 재설계한 프로세스를 적용할 때에는 프로세스와 관련된 조직의 담당자와 업무가 변경될 수 있기 때문에 반드시 최고경영자의 승인을 받아 분석이 진행되어야 한다. 일반적으로 여러 부서에 걸쳐 진행되는 프로세스를 종합적으로 분석할 때에는 각 부서에서 선발한 직원들로 태스크포스(task force)를 구성하고 경우에 따라 외부의 프로세스 분석 전문가를 참여시키기도 한다.

제3단계: 프로세스 문서화

제3단계는 프로세스를 문서화하는 것이다. 분석 대상 프로세스가 운영되고 있는 방식에 대해서 업무 활동과 순서를 자세하게 표현하는 것이다. 프로세스의 업무 단계를 명확하게 나타내기 위하여 적절한 도표를 사용한다. 이러한 도표에는 표, 그래프, 다이어그램, 차트 등의 다양한 형태가 있으며 프로세스의 업무 단계를 가장 잘 나타낼 수 있는 도표를 사용하게 된다. 이 때 프로세스에 대한 투입과 산출, 프로세스에 대한 공급자, 프로세스 결과물의 이용자를 함께 정의하여 문서화한다.

제4단계: 프로세스 성과 평가

제4단계는 프로세스의 성과지표를 결정하고 프로세스의 성과를 평가하는 것이다. 프로세스의 성과지표는 경쟁우선순위를 기준으로 정하는 것이 바람직하고 구체적으로 계량화되어야 한다. 프로세스의 성과지표는 대개 기업의 운영 책임자에 의해서 결정되는데, 구매부서 프로세스의 대표적인 성과지표에는 공급자의 정시배송, 구매품의 불량률, 구매 비용, 구매품의 재고 수준 등이 있고, 생산부서 프로세스의 대표적인 성과지표에는 정시생산, 생산 소요시간, 제품이나 서비스의 불량률, 제품이나 서비스에 대한 고객만족도, 공정재고와 완제품의 재고수준 등이 있으며, 판매부서 프로세스의 대표적인 성과지표에는 주문 접수율, 판매 실적, 배송 시간, 판매에 대한 고객 만족도 등이 있다. 프로세스의 성과지표가 결정되면 다양한 측정기법을 활용하여 프로세스에서 발생하는 각종 정보를 측정하고 측정결과를 토대로 프로세스의 성과를 평가한다.

제5단계: 프로세스 재설계

제5단계는 프로세스를 재설계하는 단계로서, 목표 성과와 실제 성과 사이의 차이(gap)를 파악하고 차이의 원인을 분석하여 개선 방안을 마련하는 단계이다. 상당히 많은 문제의 원인은 불필요한 관행과 비논리적인 업무 방식이다. 여러 조직에 걸친 프로세스에서는 조직 이기주의가 주요한 원인이기도 하다. 개선 방안을 결정할 때는 분석적이고 새로운 다수의 개선 아이디어를 발굴하여 나열하고 각 아이디어별로 개선비용과 개선 효과를 분석한 후에 타당성 있는 아이디어를 선택하여 프로세스를 재설계하여 문서로 작성한다. 이때에는 개선 전과 후를 비교하여 제시하는 것이 바람직하다.

제6단계: 재설계 프로세스의 적용

제6단계는 채택된 재설계 프로세스를 적용하는 단계이다. 재설계 프로세스가 성공적으로 적용되기 위해서는 담당 직원의 적극적인 참여가 가장 중요하다. 가장 효과적인 방법은 담당 직원을 프로세스 개선 태스크포스에 참여시키는 것으로 알려져 있고, 특히 재설계된 프로세스가 담당 직원에게도 혜택이 된다면 프로세스의 적용이 더욱 원활해질 수 있다. 또한 조직 구조의 변경, 조직의 업무 및 권한 변경 등이 발생하는 경우에는 최고경영자의 집행 의지가 매우 중요하다. 한편 재설계 프로세스를 적용할 때 새로운 기술, 교육 훈련 등과 같은 투자가 발생하게 되고 재설계 프로세스 적용에 시간이 소요되기 때문에 적용 기간에 대한 일정 관리가 필요하다.

4.3 프로세스 문서화

프로세스 문서화는 분석 대상 프로세스가 운영되고 있는 방식에 대해 업무 활동과 순서를 명시적으로 문서화하는 것을 의미한다. 프로세스를 관찰하여 분석한 결과를 글로 표현하면 많은 분량을 차지하고 글로 표현된 결과물은 읽는 사람에 따라 오해가 발생할 여지가 많다. 이러한 문제점을 해소하기 위해 프로세스를 문서화하는 도구가 다양하게 개발되었다.

흐름도(flowchart)

프로세스 문서화의 가장 기본적인 도구는 **흐름도(flowchart)**이다. 흐름도는 엄격한 규칙이 정해져 있지는 않지만 주로 업무 활동을 사각형(□) 또는 원(◌)으로 표시하고 흐름을 화살표(→)로 표시한다. 여기에서는 흐름도를 기본으로 하면서 프로세스 문서화에 사용되는 공정도(Process Chart), 서비스 블루프린트(Service Blueprint), 비즈니스 프로세스 다이어그램(Business Process Diagram)을 설명한다.

4.3.1 공정도

공정도(Process Chart)

제조 현장에서 수행되는 프로세스와 작업을 문서화하기 위한 도구로 여러 종류의 **공정도(Process Chart)**가 개발되었다. 분석 목적에 따라 다양한 공정도가 사용될 수 있는데 대표적으로 사용되는 공정도에는 유통공정도(Flow Process Chart), 유통선도(Flow Diagram), 작업공정도(Operation Process Chart), 조립공정도(Assembly Process Chart) 등이 있다.

공정도의 기호

공정도는 Frank Gilbreth가 최초로 고안하여 사용한 것으로 알려져 있는데 이 때 고안된 40개의 기호를 미국의 ASME(American Society of Mechanical Engineers)에서 축소하여 5가지의 기호로 표준을 설정하였으며 현재 광범위하게 사용되고 있다. ASME에서 표준으로 정한 공정도의 기호는 〈표 4-1〉과 같다.

〈표 4-1〉 공정도의 기호

구분	기호	의미
작업(Operation)	○	작업 대상을 변화시키거나 창조하고 부가하는 생산적인 활동
검사(Inspection)	□	작업 대상물을 확인하거나 품질 또는 수량을 조사하는 활동
운반(Transport)	⇨	작업 대상을 한 장소에서 다른 장소로 옮기는 활동
지체(Delay)	D	작업 대상이 다음 작업을 기다리는 상황
저장(Storage)	▽	작업 대상물이 별도의 지시를 받기 전까지 현재 상태로 있는 상황

'작업'은 작업 대상물을 가공하거나 변화시키는 작업, 사전 준비 작업, 작업 대상물의 분해나 조립, 정보의 제공 또는 수신, 계획 수립 등이 해당된다. '검사'는 작업이 올바르게 시행되었는지를 판단하는 것으로 작업 대상물을 변화시키지 않으며 '작업'이 작업 대상물을 완성 단계로 변화시키는 활동인 점과 구분된다. '운반'으로 표기할 때 주의할 점은 옮기는 활동이 '작업'이나 '검사'에서 부분적으로 발생할 때에는 별도의 '운반'으로 표기하지 않는다는 것이다.

분석에서 작업 대상이 작업자나 기계의 가공을 위해 기다리는 상황, 작업자나 기계가 가공할 작업 대상이 없어서 쉬고 있는 상황일 때 '지체'로 표기한다. 한편 관찰할 때 '지체'와 '저장'은 모두 기다리는 상황으로 나타나는데 '지체'는 작업 가능 시점에서 바로 작업이 시작되기 위해 기다리는 것이고 '저장'은 작업 지시를 기다리는 것이다.

유통공정도

유통공정도는 공정 중에 발생하는 모든 작업, 검사, 운반, 지체, 저장을 도식화한 것으로 소요시간, 운반 거리 등의 정보를 함께 기재한 공정도이다. 개선 대상 공정에는 대개 운반, 지체, 저장과 관련된 불필요한 비용이 잠복되어 있는 경우가 많은데, 유통공정도는 공정에 포함되어 있는 이러한 잠복비용을 발견하여 이를 제거하거나 감소하는 데 매우 유용하다. [그림 4-1]은 달력 제작 공장에서 삼각대 달력 제조의 공정 현황을 유통공정도로 나타낸 것이다.

작업명칭	삼각대 달력 제조	도표번호	1
작업부서	생산부	사람 ( ) / 자재(V)	
작성자	박관호	일시	2015.11.22.

요 약	현재방법		개선안		차이	
	횟수	시간	횟수	시간	횟수	시간
작업	6	267				
운반	4	436.5				
검사						
지체	1	?				
저장	4	1800				
거리(단위:m)	97	2503.5				

설 명	기호	거리	시간	양	비고
1. 인쇄용지 도착	○ ⇨ □ D ▼				
2. 재단기로 이동	○ ➡ □ D ▽	10	45초		작업자에 의해
3. 월별로 재단	● ⇨ □ D ▽		220초	600장	
4. 팔레트에 적재	○ ⇨ □ D ▼		0	6,000장	
5. 재단용지 창고로 이동	○ ➡ □ D ▽	20	90초		
6. 대기	○ ⇨ □ ◗ ▽		?		
7. 정합기로 이동	○ ➡ □ D ▽	42	189초		지게차로 이동
8. 정합기에 의해 월별로 나눠진 용지가 합쳐짐	● ⇨ □ D ▽		20초		컨베이어
9. 펀칭기계에 의해 구멍이 뚫림	● ⇨ □ D ▽		2초		컨베이어
10. 삼각대가 투입되고 스프링과 함께 합쳐짐	● ⇨ □ D ▽		10초		컨베이어
11. 완제품이 나옴	● ⇨ □ D ▽		5초		컨베이어
12. 완제품이 박스에 포장됨	● ⇨ □ D ▽		10초	50부/1box	컨베이어
13. 완제품 박스를 팔레트에 적재	○ ⇨ □ D ▼		30분	48box/1pallet	
14. 완제품 창고로 이동	○ ➡ □ D ▽	25	112.5초		지게차로 이동
15. 적재	○ ⇨ □ D ▼				

[그림 4-1] 유통공정도 사례

유통선도

유통선도는 [그림 4-2]와 같이 기존 설비의 배치도에 작업 대상물이 이동하는 경로를 선으로 표시한 그림이다. 유통선도는 운반거리 단축을 위한 설비 재배치, 공정 과정 중 혼잡한 지역의 발견, 공정 과정 중 역류 현상의 발생유무 점검 등에 사용된다.

특히 유통공정도가 생산현장에서의 활동 발생 위치를 한눈에 보여주지 못하는 한계를 보완하기 위해 유통선도를 사용할 수 있다. 유통공정도와 함께 사용하는 경우에는 유통공정도의 기호와 번호를 발생 위치에 따라 유통선도의 유통선 위에 표기하고 작업 대상물이 이동하는 방향은 유통선에 조그만 화살표로 표시한다.

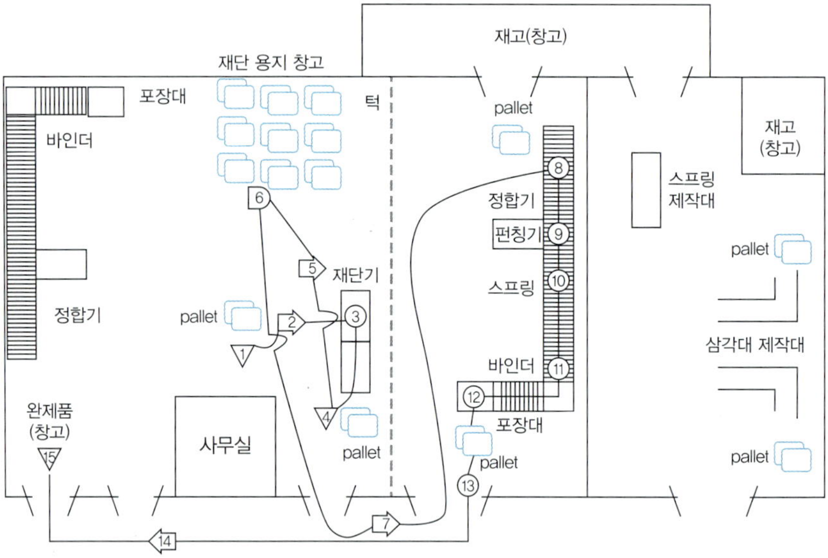

[그림 4-2] 유통선도 사례

4.3.2 서비스 블루프린트

서비스 블루프린트(Service Blueprint)

서비스 블루프린트(Service Blueprint)는 서비스가 수행되는 기간에 대해 고객의 경험을 서비스 제공자의 개별 활동과 연관시켜 작성한 흐름도이고 핵심 서비스 프로세스의 특성이 나타나도록 가시화하는 도구이다. 서비스 전달 과정에서 구성원의 역할, 서비스 단계와 흐름 등을 표현한다. 서비스 블루프린트의 특징은 흐름도에 포함된 서비스 활동을 가시선(Line of Visibility)을 기준으로 고객에게 보이는 전방 업무와 보이지 않는 후방 업무로 구분하는 것이다. 서비스를 설계할 때 조직 내외의 이해관계자가 효과적으로 의사소통할 수 있도록 청사진 역할을 하기 때문에 블루프린트라는 용어를 사용한다.

[그림 4-3]은 2000년 Lovelock이 제안한 서비스 블루프린트의 형식을 이용하여 도서대여 서비스를 나타낸 사례이다. 그림에서 서비스 블루프린트의 구성요소는 가시화 영역(Front Stage)과 비가시화 영역(Back Stage)으로 구분된다. 상호작용선(Line of Interaction)은 고객과 직원 간의 직접적인 상호 관계를 나타내고 상호작용선의 위쪽 부분은 물리적 증거(Physical Evidence)와 고객 활동 영역을 의미한다. 가시선(Line of Visibility)은 고객에게 보이는 영역과 보이지 않는 영역의 경계를 의미한다. 내부 상호작용선(Line of Internal Interaction)은 서비스 전달자가 고객서비스의 지원을 위한 상호간의 경계선이다.

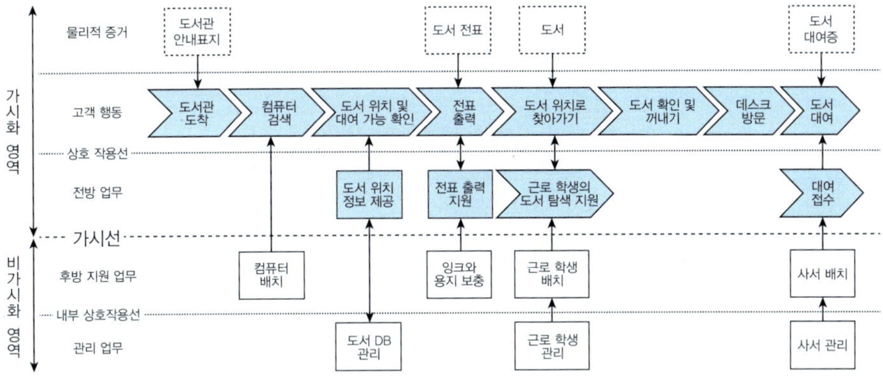

[그림 4-3] 서비스 블루프린트 사례

4.3.3 비즈니스 프로세스 다이어그램

기업 업무 프로세스의 혁신과 업무 프로세스의 정보화가 광범위하게 적용되는 환경에서 업무 프로세스를 정확하게 표현하기 위한 필요성이 대두되었다. 업무 프로세스를 표현하기 위한 가장 일반적이고 쉬운 방법이 흐름도이지만 이벤트, 조직 구성단위, 데이터 플로우 등을 정확히 표현하기 위해서 BPMN(Business Process Model and Notation)과 같은 비즈니스 프로세스 모델링이 등장하였다.

BPMN은 비즈니스 프로세스 모델링 표기법으로서 업무처리 순서를 알기 쉽게 가시화하기 위한 표기 규칙을 정의한 것이고 비즈니스 프로세스 다이어그램(Business Process Diagram : BPD)은 BPMN의 규격에 따라 작성한 프로세스 흐름도이다. 또한 최근에는 BPMN으로 작성한 문서에 대해 업무 시뮬레이션도 가능하기 때문에 프로세스 검증도 가능하다. BPMN의 기본적인 모델링 객체는 〈표 4-2〉와 같다.

〈표 4-2〉 BPMN의 기본적인 모델링 객체

기본 요소	설명	기호
이벤트(event)	이미 발생된 하나의 사건을 표현하기 위해 사용한다.	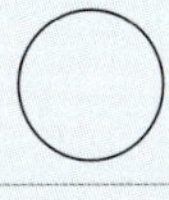
활동(activity)	업무 프로세스 안에서 실행되는 작업을 나타내는 일반적인 용어이다.	

게이트웨이 (gateway)	논리적인 흐름을 표현하는 것으로 프로세스 흐름을 분할(split)하고 병합(merge)하는 데 사용한다.	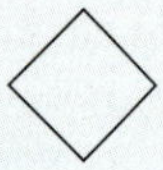
시퀀스 흐름 (sequence flow)	객체 사이의 실행 흐름에 사용하며 같은 풀(pool)에서만 사용되며, 다른 풀의 객체와의 연결에는 사용할 수 없다.	
메시지 흐름 (message flow)	메시지 흐름은 동일 풀 안에서 허용되지 않으며, 서로 다른 풀 사이에서만 허용된다.	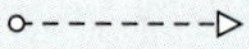
관련 (association)	정보를 흐름객체와 관계시키는 데 사용된다.	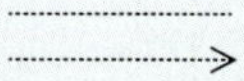
풀(pool)	풀(Pool)은 프로세스의 참가자를 표현한다.	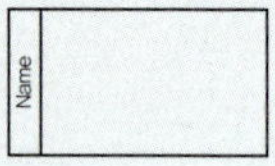
레인(lane)	레인(Lane)은 풀(Pool) 내부의 하부 구분으로 여러 개의 활동을 조직적으로 배치하고 분류하는 데 사용한다.	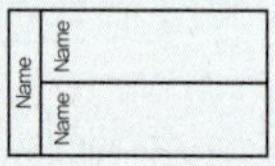
데이터 객체 (data object)	활동이 수행되는 데 어떤 것들이 필요한지 또는 활동이 무엇을 생성해 내는지에 대한 정보이다.	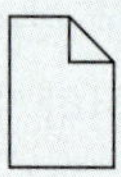
메시지 (message)	참가자들이 서로 주고받는 전달 사항이다.	
그룹(group)	여러 개의 모델 요소를 묶어서 특별한 의미를 부여하기 위해서 사용되는 시각적 표현이다.	
주석 (annotation)	텍스트로 표현된 추가적인 설명이다.	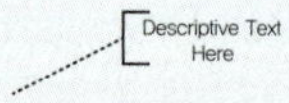

스윔레인 흐름도(swimlane flowchart)

[그림 4-4]는 공급업체가 고객의 요구사항을 파악한 후 제품을 개발하여 고객에게 판매하고 사후 조치를 취하는 프로세스를 **스윔레인 흐름도(swimlane flowchart)** 형식으로 표기한 BPD이다. 이 BPD의 참가자는 공급업체의 판매, 마케팅, 컨설팅, 엔지니어링 부서이다.

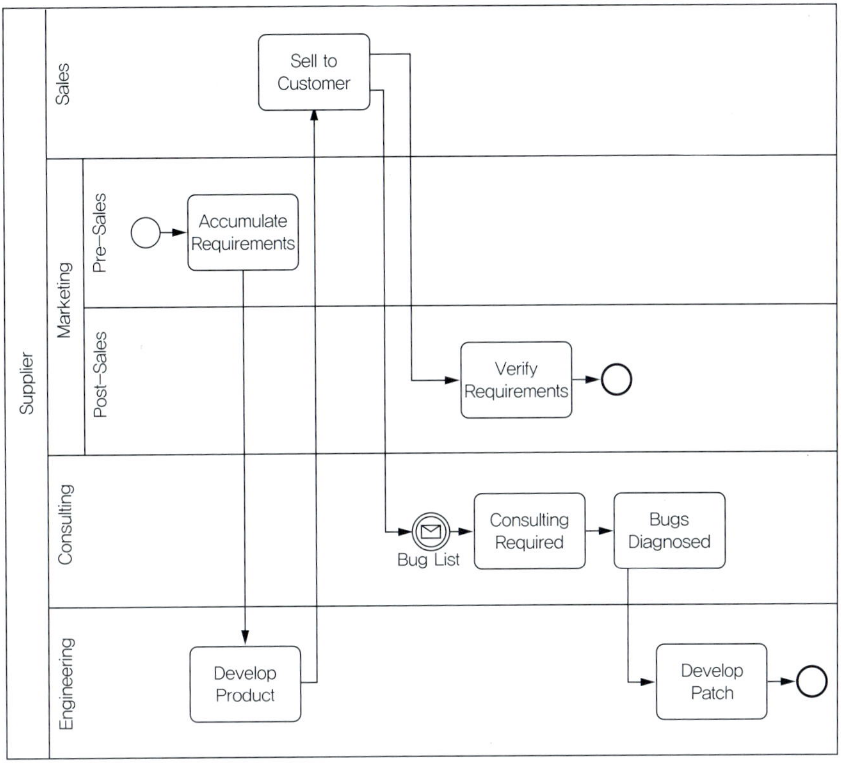

[그림 4-4] 비즈니스 프로세스 다이어그램 사례

4.4 작업시간의 결정

프로세스 분석을 위해서 공정의 작업시간을 추정하여 결정해야 한다. 추정된 공정 작업시간은 프로세스의 생산성 평가, 생산용량 결정, 일정계획 수립 등의 기초 자료로 사용된다. 작업시간의 결정 방법은 실적자료법, 시간연구 방법, 표준자료법, 사전결정 시간표준 방법, 워크샘플링 방법 등이 있다.

4.4.1 실적자료법

실적자료법은 과거의 경험이나 자료를 바탕으로 표준 시간을 결정하는 방법이다. 기본적으로 작업 현장의 과거 실적 자료에 근거해서 사용한다. 예를 들어 과거 실적자료를 기준으로 250개를 작업하는 데 40시간이 소요된다면 작업 시간을 9.6분/

개로 결정하는 것이다. 이러한 방식은 계획을 수립할 때 작업 시간의 데이터로 사용할 수 있지만 직접적으로 결정된 작업 시간이 타당한 것인지를 알 수 없기 때문에 분석을 위한 평가 목적에는 부적합하다.

실적자료법을 사용할 때는 평가에 적합하도록 작업 방법과 작업 조건을 고려하고 정상적인 작업 수행도를 반영하여 작업시간을 수정하거나 전문가의 경험을 활용하여 작업시간을 추정하는 것이 바람직하다.

실적자료법은 시간이 절약되고 비용이 적게 든다는 장점이 있다. 그러나 작업시간에 작업의 낭비적 요소가 포함되어 작업시간이 적정 시간보다 크게 결정될 가능성이 높다는 단점이 있다. 따라서 단기적이거나 일시적인 분석 또는 소량 생산의 계획에 주로 사용된다.

4.4.2 시간연구 방법

시간연구(time study)

시간연구(time study) 방법은 프로세스의 작업 시간을 측정하여 시간 기준을 결정하는 방법이고 시간연구 방법의 절차는 다음 순서로 진행된다.

(1) 프로세스의 작업 요소 분할 (2) 작업 요소별로 관측하여 시간 기록 (3) 충분한 관측횟수를 결정하여 관측횟수만큼 관측 기록을 수행 (4) 작업수행도를 평가하여 정미시간(normal time) 결정 (5) 여유율을 결정하여 표준시간(standard time) 결정

(1)에서 측정 대상으로 결정된 작업을 여러 개의 작업 요소로 분할하고, (2)에서 작업을 여러 차례 관측하면서 작업 요소별로 시간을 기록한다. (2)의 관측 결과는 충분한 관측횟수를 결정하기 위한 (3)의 예비 관측이 된다.

(3)의 '충분한 관측횟수'는 (2)에서 수행한 예비 관측으로부터 통계학 이론에 기초하여 결정하는 것이다. 통계학 이론을 이용하여 (2)의 예비 관측에서 계산된 평균과 표준편차로부터 적정한 신뢰도와 허용오차를 만족시키는 관측횟수를 결정할 수 있다.

(4)의 작업수행도는 대상 작업자의 작업 수행 속도가 빠르거나 늦다는 것에 대한 관측자의 평가 결과로서 작업주기가 짧고 반복적일 때는 작업 전체에 대한 단일 계수를 적용하고 작업주기가 길고 여러 작업으로 수행될 때는 작업 요소별로 계수를 적용한다.

(5)의 여유율은 작업자 사정에 따른 작업 중단, 작업자 피로에 따른 휴식, 공구 고장과 같은 불가피한 지연 등과 같은 작업 중단 상황을 보전하기 위한 것이다. 이와 같이 표준시간에는 인적 여유, 피로 여유, 불가피 지연 등과 같은 여러 종류의 여유가 포함된다.

시간연구 방법을 사용할 때는 관측자와 작업자의 관계에 따라 측정 결과가 달라질 수 있기 때문에 관측자는 작업자와 원만한 관계를 유지하고 신뢰를 확보해야 한다. 그리고 작업의 표준 시간이 결정되면 해당되는 모든 작업자에 대해 적용되기 때문에 측정 대상 작업자를 결정할 때 숙련도가 매우 높거나 미숙한 작업자는 피하고 평균 혹은 다소 능숙한 작업자로 하는 것이 바람직하다. 시간연구 방법에 사용되는 측정 장비는 스톱워치, 전자식 타이머(timer), 동작사진 촬영기, 전자식 자료 집적기 등이 있다.

4.4.3 표준자료법

표준자료법은 작업에 영향을 미치는 요소 표준자료(element standard data)를 이용해서 표준자료에 제시된 방식에 따라 표준 시간을 결정하는 방법이다. 표준자료를 표현하기 위해 공식, 곡선, 표 또는 차트, 계산도표 등이 많이 사용된다. 표준자료에 작업이 수행되는 공정, 설비, 기계 등이 명시되고 상수요소 작업과 변수요소 작업으로 구분되어 제시되는데 필요에 따라 상수요소 작업과 변수요소 작업이 결합되어 제시되기도 한다. 상수요소 작업은 시간값을 표의 형식으로 나타내고 변수요소 작업은 표, 곡선, 공식 등을 이용하여 나타낸다. 금속 소재를 기계 공구로 깍아서 형상을 만드는 절삭 가공 작업의 표준시간 결정은 표준자료법의 주요 적용 사례이다.

한편 요소 표준자료를 작성할 때 예비조사, 기초시간의 수집, 시간자료의 분석, 표준자료의 작성 등의 순서로 진행되는 데 시간연구 방법이 활용될 수 있다.

표준자료법를 사용하면 표준시간을 신속하게 결정할 수 있고 제조원가의 사전 결정도 가능하다. 또한 시간연구 방법을 사용하면서 관측자에 따라 달라질 수 있는 수행도평가를 생략할 수 있고 표준자료만을 사용하기 때문에 표준시간 결정의 일관성을 유지할 수 있다.

그러나 표준자료를 작성할 때 변동 요인을 모두 고려할 수 없기 때문에 표준시간이 엄밀하지 않고, 표준자료 위주로 작업 표준시간을 결정하기 때문에 작업 방식

개선의 의욕이 떨어질 수 있다. 아울러 표준자료 작성에 소요되는 시간과 비용이 적지 않기 때문에 생산량이 작거나 제품의 변동이 크다면 적절하지 않을 수 있다.

4.4.4 사전결정 시간표준 방법

사전결정 시간표준(Predetermined Time Standard: PTS) 방법은 작업 동작을 여러 개의 기본 동작으로 구분하고 기본 동작의 시간값을 합하여 표준시간을 결정하는 방법이다. 기본 동작의 시간값을 결정할 때 기본 동작의 성질과 수행 조건을 파악하여 '미리 정해진 기준 시간값' 중에서 적절한 시간값을 선정한다. 작업소요시간이 공정이나 기계의 성능에 영향을 받지 않고 작업자에 의존하는 작업에 대해서는 PTS 방법을 사용해서 표준시간을 결정할 수 있다.

'미리 정해진 기준 시간값'은 여러 종류의 PTS 시스템에 제시되어 있다. PTS 방법은 A.B. Sequr가 Gilbreth의 서어블릭(Therblig)을 기초로 MTA(Motion-Time Analysis)라는 PTS 시스템을 개발하면서 시작되었고 이후 여러 PTS 시스템이 개발되었는데, MTM(Motion-Time Measurement)과 WF(Work Factor)가 많이 사용되고 있다.

PTS는 시간연구에서 나타날 수 있는 작업자와의 관계, 작업수행도 문제, 실제 측정의 수고 등과 같은 문제를 피할 수 있지만 PTS를 적용하여 표준시간을 올바르게 결정하기 위해서는 해당 전문가의 역량에 전적으로 의존해야 한다.

4.4.5 워크샘플링 방법

워크샘플링(worksampling)

워크샘플링(worksampling) 방법은 조사 기간 동안에 작업자나 기계와 같은 관측 대상에 대해 임의 관찰을 수행하고 관측 대상이 활동하는 시간의 비율을 추정하여 표준시간을 결정하는 방법이다. 워크샘플링에서는 미리 임의로 정한 여러 시점에서 관측 대상을 순간적으로 관찰하여 관측 대상의 상황을 파악한 후에 항목별로 기록하고, 관측을 모두 끝낸 다음에 항목별 관측횟수를 총 관측횟수로 나누어 그 항목이 차지하는 시간의 비율을 추정한다.

예를 들어 기계의 활동을 가동 상태와 유휴 상태 2가지로 나누어 1주일 동안 50차례 관측하고 가동 상태가 40차례 관측되고 유휴 상태가 10차례 관측된다면, 가동 비율 80%이고 유휴 비율 20%로 계산된다. 최종적으로 하루 8시간에 대해서 가동작업시간 6.4시간과 유휴시간 1.6시간으로 추정하는 것이다.

워크샘플링 방법은 통계적 기법을 이용하고 있는데, 신뢰수준과 허용오차를 결정하여 관측횟수와 관측시점을 임의로 결정되도록 해야 한다.

워크샘플링은 관측 대상을 방해하지 않고 일상적으로 작업이 수행되면서 실시할 수 있으며 결과를 통계적으로 평가할 수 있는 장점이 있다. 하지만 관측항목을 분류하는 데 한계가 있기 때문에 작업 현황을 세밀하게 관찰할 수 없고 작업자의 작업 방법, 작업 요소의 발생순서 등을 엄밀하게 파악하기 어렵다.

4.5 기업의 프로세스 유형

기업은 프로세스에 필요한 자원의 종류, 자원의 배분 및 조직 방식, 자원의 특성에 따라 기업 전반의 프로세스 유형을 결정한다.

기업 생산 전반에 적용하는 프로세스는 제품의 흐름에 따라 크게 프로젝트(project) 프로세스, 개별작업(job shop) 프로세스, 배치(batch) 프로세스, 라인(line) 프로세스, 연속 흐름(continuous flow) 프로세스로 나눌 수 있다. 한편 서비스 기업에서는 서비스 대상이나 제공하는 정보의 흐름에 따라 프로세스가 결정된다.

프로세스 유형에 따라 작업장과 설비를 물리적으로 배치하여 구현하고 일단 구축된 후에는 변경이 쉽지 않기 때문에 기업의 제품 생산량과 표준화 정도에 따라 전략적으로 프로세스를 결정해야 한다.

4.5.1 프로젝트 프로세스

프로젝트 프로세스는 선박 건조, 항공기 제작, 시설물 건설 등과 같이 고객의 요구에 맞추어 생산되는 일회성의 프로젝트에 적용된다.

프로젝트 프로세스에서는 일반적으로 제품의 규모가 크기 때문에 제품의 흐름이 발생하지 않고 작업자와 자재가 제품 생산 위치로 이동한다. 제품의 특성으로 고객화의 정도가 매우 높기 때문에 생산에 있어서 자동화가 어렵고 숙련된 작업자가 요구된다. 프로젝트 프로세스에서는 세부 활동과 생산 자원의 일정계획이 납기에 결정적으로 영향을 미치기 때문에 프로젝트 일정계획과 같은 기법이 이용된다.

제조업에서는 조선업, 항공산업이 대표적으로 프로젝트 프로세스를 적용하여 생산하고 있고 건설산업은 빌딩, 교량, 도로 건설에 프로젝트 프로세스를 적용한다. 서비스업에서는 판촉 캠페인, 소프트웨어 개발, 방송 프로그램 제작, 콘서트 등에 적용된다.

4.5.2 개별작업 프로세스

개별작업 프로세스는 설비와 작업자를 공정별 배치(process layout)로 조직하고 제품별로 필요한 공정에 따라 처리 단계의 순서를 달리하는 프로세스이다. 공정별 배치는 [그림 4-5]와 같이 기능이 유사한 생산 자원을 묶어서 배치하여 생산 과정의 특정 공정을 전담하도록 하는 것이다. 개별작업 프로세스는 대부분 고객 주문의 요구에 따라 제품을 맞추어 생산하는 중소규모 제조업에서 많이 볼 수 있다.

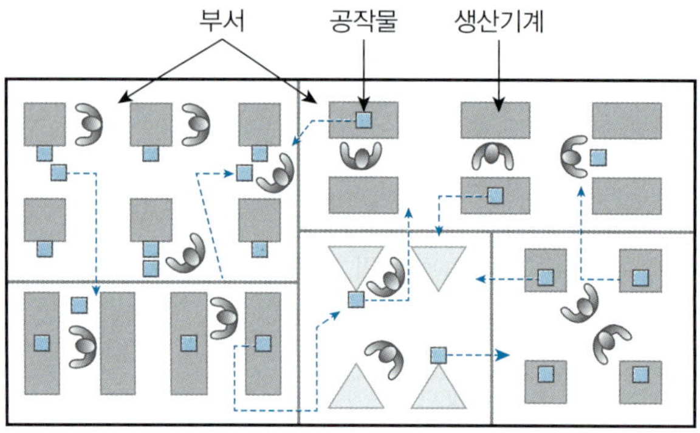

[그림 4-5] 개별작업 프로세스 사례

개별작업 프로세스는 생산 과정에서 높은 유연성을 확보하고 있기 때문에 매우 다양한 품목을 소량으로 생산하는 데 적합하고 수요 변화에 탄력성이 크며 대량생산이 어려운 고가 제품의 생산에 유리하다. 반면에 매우 적은 단위 단위로 생산하기 때문에 대량생산에 의한 규모의 경제 효과를 기대할 수는 없고, 납기 준수를 위한 생산 일정계획을 수립하는 것이 쉽지 않으며 생산 과정의 통제가 까다로운 단점이 있다.

4.5.3 배치 프로세스

배치(batch) 프로세스는 개별작업 프로세스와 마찬가지로 설비와 작업자를 공정별 배치로 조직하고 제품을 배치 또는 로트(lot)로 생산하는 프로세스이다. 제품은 묶음으로 함께 한 작업장에서 다음 작업장으로 이동하게 된다. 배치 생산에 있어서 생산 로트는 수백 개에서 수천 개 규모로 다양하다.

개별작업 프로세스와 라인 프로세스의 중간 형태로서 로트 생산 프로세스라고도 한다. 배치 프로세스는 단조업, 주조업, 의류, 가구, 도자기 등 많은 업종에서 채택되고 있다.

개별작업 프로세스와의 차이점은 제품을 묶음의 큰 단위로 처리한다는 것으로 각 작업장은 한 제품의 배치를 처리하고 다른 제품의 배치를 처리한다. 같거나 비슷한 품목을 반복적으로 생산하기 때문에 개별작업 프로세스보다 산출량이 많고 하위 품목 중 일부를 미리 생산해 놓을 수 있어서 관리적 이점을 얻을 수 있지만 일반적으로 생산되는 제품의 범위가 좁다.

동시에 다수의 제품이 여러 작업장에서 생산되는 현상을 혼류(混流)라고 하는데, 배치 프로세스에서 혼류는 재고문제를 야기하고 생산일정을 어렵게 만든다. 공장의 가동률이 높을수록 작업들이 대기하면서 재공재고가 많이 발생할 수 있고 작업장에서 작업을 처리하는 동안 다른 작업이 지연되는 현상이 발생하기도 한다. 이에 따라 생산과정에서 효율이 낮아질 수 있다.

배치 프로세스는 개별작업 프로세스에 비해 주된 흐름이 나타나기도 하고 프로세스의 일부가 라인 프로세스처럼 나타나기도 한다. 또한 개별생산이나 연속 흐름 프로세스를 채택하고 있는 공장이라 하더라도 일부 공정은 배치 프로세스의 형태로 나타날 수 있다.

4.5.4 라인 프로세스

라인(line) 프로세스는 생산 과정이 순차적으로 흘러가는 프로세스이다. 특정 제품 생산을 위해 [그림 4-6]과 같이 기계와 작업자를 생산 흐름에 따라 배치되는 제품별 배치(product layout)로 조직된다. 라인 프로세스는 자동차 제조업이나 전기, 전자 제품 제조업에서 흔히 볼 수 있는 가공 및 조립라인에서 많이 채택된다.

라인 프로세스는 매우 효율적이지만 생산 제품의 변경, 수량 조절 등과 같은 유연성이 부족하다. 조립 라인이 새로운 모델로 변경할 때 몇 주 이상 소요될 수 있고 수량을 변경하는 데도 많은 시간이 소요될 수 있다. 따라서 라인 프로세스는 많은 수량의 표준화된 제품에 적합하다.

라인 프로세스는 운영 단계의 생산관리가 복잡하지 않지만 제품 생산의 효율성을 확보할 수 있도록 설계 단계에서 최적화해야 한다. 또한 라인 프로세스의 각 작업이 서로 연결되어 있기 때문에 한 작업의 지연 또는 정지는 전체 프로세스에 영향을 끼치게 된다.

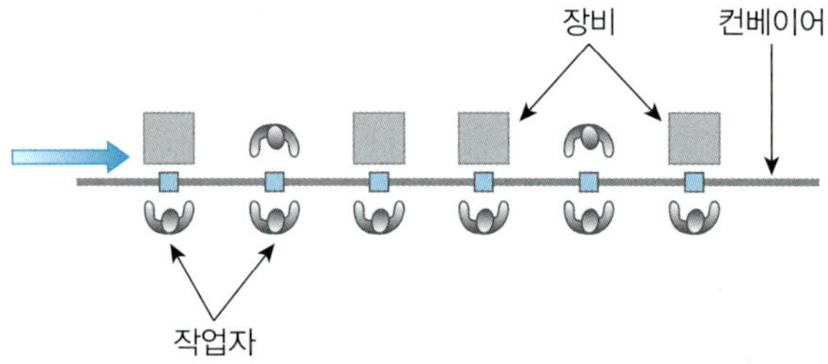

[그림 4-6] 라인 프로세스 사례

4.5.5 연속 흐름 프로세스

연속 흐름 프로세스는 연속으로 생산되는 액체 또는 반고체 상태의 제품이 한 작업에서 다음 작업으로 흘러가면서 진행되는 프로세스이다. 석유화학제품 제조업, 식품 제조업과 같은 장치산업에서 쉽게 볼 수 있는 프로세스이다. 연속 흐름 프로세스에서는 다른 프로세스와는 달리 투입된 원료는 이동하면서 가공되기 때문에 공간이용률이 매우 크다.

라인 프로세스와 마찬가지로 연속 흐름 프로세스도 생산의 흐름이 연속되므로 어느 한 곳에서 고장이 생길 경우 전체 공정이 정지되어 많은 손실을 입게 된다. 원가 면에서는 전용설비를 이용하여 일정 품목을 대량 생산하는 것이므로 규모의 경제 효과에 의해서 제품 단위당 생산원가가 매우 낮아진다는 이점이 있다. 그러나 다양한 수요 변화에 대응하기 위한 유연성에는 한계가 있다.

4.6 라인 프로세스의 분석 사례

4.6.1 공정도의 적용 사례

기업 X는 경기도에 위치한 달력 제작업체로 주요 생산품목은 삼각대 달력이고 성

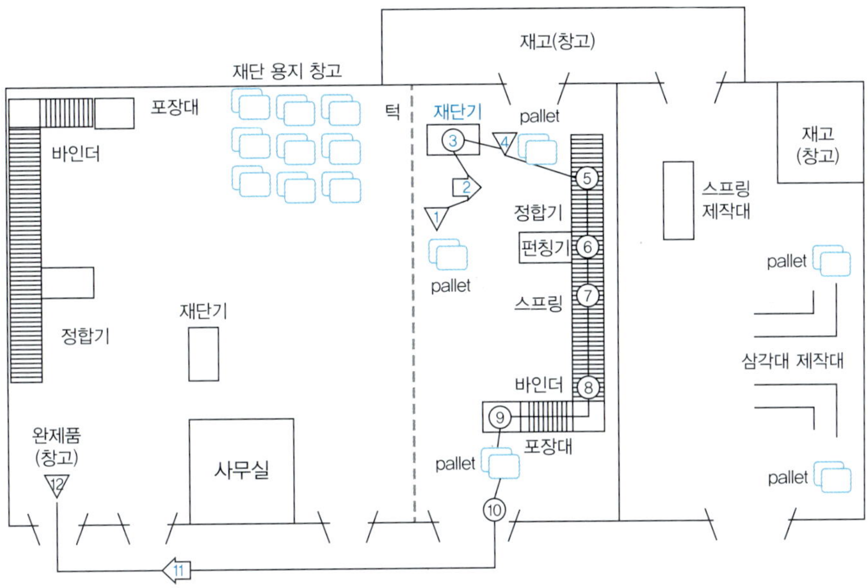

[그림 4-7] 개선안의 유통선도 사례

수기 40명, 비수기 20명으로 운영하는 업체이다. 삼각대 달력은 수익의 98%, 생산량의 96%를 차지하고 있다. 생산 공정은 용지 재단, 월별 분류, 12개월 합치기, 펀칭, 용수철 바인딩, 포장으로 이루어진다.

현재 프로세스를 분석하여 문서화한 것은 [그림 4-1] 유통공정도와 [그림 4-2] 유통선도로 현재 방법에 따르면 이동거리는 97m, 지체를 제외하고 이동시간은 2,503.5초이다.

문제의 원인으로 좌측과 우측 작업 공간의 높이 차이에 따른 운반 애로 사항과 재단기의 위치에 주목하였다. 해결방안으로 '운반의 두 지점 높낮이 차이의 문제를 해결할 수 있는 하역 보조장비'인 Dock Board를 도입하고 재단기를 재배치할 것이 제안되었다. 제안된 아이디어가 적용된 유통선도는 [그림 4-7]과 같다. 개선 아이디어가 적용되면 이동거리 97m가 61m로 36m가 단축되고 지게차 비용을 감소할 수 있다.

4.6.2 조립 라인의 작업장 재설계 사례

다음은 제품 생산의 라인 프로세스에서 라인밸런싱 문제를 사례로 프로세스 분석과 설계의 과정을 설명한다.

예제 4-1 제품 Y 조립 라인의 작업장 재설계

제품 Y는 작업 A~J를 모두 거쳐서 조립되어 생산되는데, 제품 Y 조립 라인의 생산량을 증가시키기 위하여 조립 라인의 작업장을 재배치하려고 한다. [그림 4-8]의 왼쪽 그림은 제품 Y 조립라인의 작업 공정이고, 그림에서 원은 작업, 원 아래의 숫자는 작업소요시간(단위: 초), 화살표는 직전 선행작업을 나타낸다. 각 작업은 직전 선행작업이 모두 완료되어야 시작할 수 있다. 현재 작업장별 작업 배치는 [그림 4-8]의 오른쪽 표와 같다.
제품 Y 조립 라인에서 작업장을 개선할 수 있는 가능성을 인식한 것은 프로세스 분석의 접근 방법의 제1단계에 해당하고 작업장의 작업 재배치 결정은 제2단계에 해당하며 아래의 그림과 표는 프로세스 문서화의 제3단계에 해당한다.

〈제품 Y 조립 라인의 작업 프로세스〉

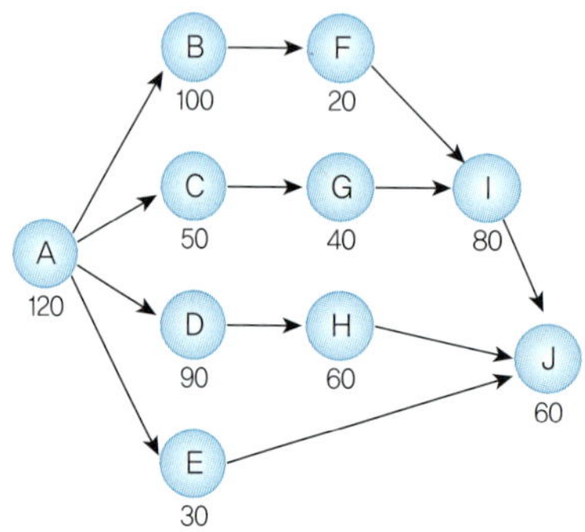

〈작업장별 작업 배치 현황〉

작업장	작업	작업장 시간(초)
1	A	120
2	B, C	150
3	D, E	120
4	F, G	60
5	H, I	140
6	J	60

[그림 4-8] 제품 Y 조립 라인의 현황

(1) 현재 작업장 배치에서 제품 Y 조립 라인의 최대 산출률과 효율을 제시하여라.

풀이 작업 프로세스의 최대 산출률과 효율은 프로세스 분석의 접근방법 제4단계에서 프로세스 성과지표에 해당한다. 작업시간 A~J의 작업소요시간의 합은 650초이다.
작업장 시간이 가장 긴 작업장이 작업장 2이고 작업장 시간이 150초이므로 조립 라인의 주기시간은 150초/개가 된다. 따라서 최대 산출률은 24개/시간으로 한 시간에 최대 24개를 생산할 수 있다. 제품 1개당 유휴시간은 250초이고 작업장 효율은 72.2%이다.

• 작업시간의 합 = 650초

- 작업장 주기시간 = 150초/개
- 최대 산출률 = 24개/시간
- 제품 1개당 유휴시간 = 6×150 - 650 = 250초
- 작업장의 효율 = 650/(6×150) × 100 = 72.2%

(2) 제품 Y 조립 라인의 작업장 재설계 대안을 제시하라.

풀이 작업장 재설계 대안 제시는 프로세스 분석의 접근방법 제5단계에서 여러 개선 아이디어를 발굴하여 나열하는 것에 해당한다.

[대안 1] 최장 작업시간 배정
작업장 주기시간의 이론적인 최솟값은 108.3초/개이지만 작업별 작업소요시간을 감안하여 작업장 주기시간의 목표를 120초/개로 결정한다. 작업장에 배정할 작업요소를 결정할 때 후보 작업 중에서 최장 작업 시간을 기준으로 한다. 만약 2개 이상이면 임의로 선정한다.

작업장	작업	작업장 시간(초)
1	A	120
2	B, F	120
3	D, E	120
4	C, H	110
5	G, I	120
6	J	60

[대안 2] 최대 후행 작업수 배정
작업장 주기시간의 목표를 현재 작업장 주기시간 150초로 한다. 기존의 주기시간 이내에서 후보 작업 중에서 후행 작업수가 가장 많은 작업을 선정한다. 만약 2개 이상이면 작업시간이 큰 작업을 선정한다.

작업장	작업	작업장 시간(초)
1	A	120
2	B, C	150
3	D, G	130
4	F, I	100
5	H, E, J	150

(3) 제시한 작업장 재설계의 대안 중에서 최적의 대안을 선택하라.

풀이 (3)번은 프로세스 분석의 접근방법 제5단계에서 여러 개선 아이디어를 분석하여 최선의 아이디어를 선택하는 것에 해당한다.

[대안 1]의 평가

- 작업장 주기시간 = 120초/개
- 최대 산출률 = 30개/시간
- 제품 1개당 유휴시간 = 6×120 − 650 = 70초
- 작업장의 효율 = 650/(6×120) × 100 = 90.3%

[대안 2]의 평가

- 작업장 주기시간 = 150초/개
- 최대 산출률 = 24개/시간
- 제품 1개당 유휴시간 = 5×150 − 650 = 100초
- 작업장의 효율 = 650/(5×150) × 100 = 86.7%

[대안 1]이 [대안 2]에 비해서 최대 산출률이 30개/시간으로 크고, 작업장 효율이 90.3%로 크다. 작업장 수를 고려하지 않는다면 [대안 1]이 2개의 대안에서 최적이다. 만약 평가지표가 최소 작업장 수라면 [대안 2]가 더 나은 대안으로 선택할 수 있다.

프로세스 분석의 접근방법 제5단계에서 최종적으로 다음과 같이 재설계 프로세스를 문서화한다.

〈제품 Y 조립 라인의 작업 프로세스 개선안〉

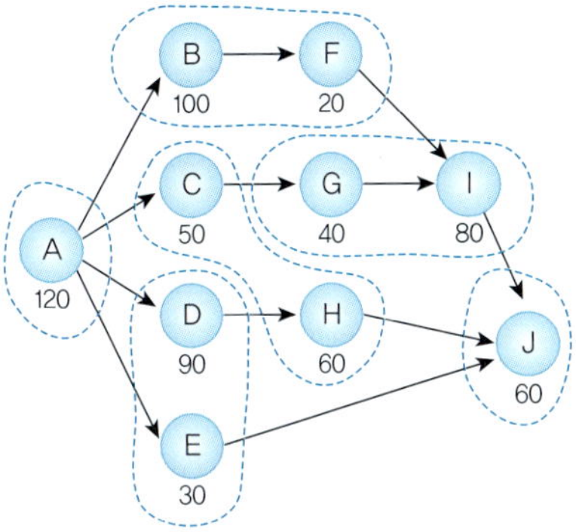

〈개선된 작업장별 작업 배치〉

작업장	작업	작업장 시간(초)
1	A	120
2	B, F	120
3	D, E	120
4	C, H	110
5	G, I	120
6	J	60

재설계한 개선안을 프로세스 접근방법의 제6단계와 같이 대상 제품 Y 조립라인에 적용한다. 만약 성과지표가 변경되거나 작업 방법 또는 작업소요시간이 변경되면 다시 프로세스 분석을 수행하여 개선해야 할 것이다.

4.7 요약

제품이나 서비스를 생산하는 모든 과정은 기업의 목표를 달성하도록 설계되고 운영되어야 한다. 기업 경영에서 프로세스(process)는 투입(input)을 산출(output)로 변환하는 활동으로 정의될 수 있고, 프로세스에서 하나 또는 그 이상의 활동이 공통의 목적을 위해 유기적으로 연결된다.

프로세스 분석을 하는 목적은 생산 과정이 기업의 목표를 달성하고 있는지를 파악하고 성과를 평가하기 위한 것이다. 프로세스 분석은 기존의 생산 과정에서 문제점의 원인을 파악하거나 새로이 적용을 검토하는 생산 과정의 성과를 예측하는 데 이용될 수 있다. 프로세스 분석의 체계적인 접근을 통해서 프로세스를 재설계하여 업무에 적용하게 된다. 이를 달성하기 위하여 현재 프로세스를 문서화하고 목표 달성의 성과 기준에 따라 프로세스를 평가한 후에 프로세스를 재설계하는 절차를 밟게 된다. 이러한 과정은 일반적으로 6단계를 거쳐서 이루어진다.

프로세스 문서화는 분석 대상 프로세스가 운영되고 있는 방식에 대해 업무 활동과 순서를 명시적으로 문서화하는 것을 의미한다. 프로세스 문서화의 가장 기본적인 도구는 흐름도(flowchart)이다. 주요한 프로세스 문서화 도구에는 공정도(process chart), 서비스 블루프린트(service blueprint), 비즈니스 프로세스 다이어그램(business process diagram) 등이 있고, 대표적으로 사용되는 공정도에는 유통공정도(flow process chart), 유통선도(flow diagram), 작업공정도(operation process chart), 조립공정도(assembly process chart) 등이 있다.

프로세스 분석을 위해서 공정의 작업시간을 추정하여 결정해야 하는데 추정된 공정 작업시간은 프로세스의 생산성 평가, 생산용량 결정, 일정계획 수립 등의 기초 자료로 사용된다. 작업시간의 결정 방법은 실적자료법, 시간연구법, 표준자료법, PTS(Predetermined Time Standard), 워크샘플링 방법 등이 있다.

기업은 프로세스에 필요한 자원의 종류, 자원의 배분 및 조직 방식, 자원의 특성에 따라 기업 전반의 프로세스 유형을 결정한다. 기업 생산 전반에 적용하는 프로세스는 제품의 흐름에 따라 크게 프로젝트(project) 프로세스, 개별작업(job shop) 프로세스, 배치(batch) 프로세스, 라인(line) 프로세스, 연속 흐름(continuous flow) 프로세스로 나눌 수 있다. 한편 서비스 기업에서는 서비스 대상이나 제공하는 정보의 흐름에 따라 프로세스가 결정된다.

● 참고문헌

- Johnson, L. and Montgomery, D., *Operations Research in Production Planning, Scheduling, and Inventory Control*, John Wiley & Sons(1974).
- Krajewski, L., Ritzman, L. and Malhotra, M., *Operations Management Processes and Supply Chains*(10th ed.), Prentice-Hall(2012).
- Jacobs, R. and Chase, R., *Operations and Supply Chain Management*(14th ed.), McGraw-Hill(2013).
- OMG, OMG Document Number: formal/2011-01-03, Standard document URL: http://www.omg.org/spec/BPMN/2.0
- 황학, 작업관리론, 영지문화사(2010).

연·습·문·제

1. 복사 전문업체를 대상으로 생산 프로세스를 구체적으로 작성하라. 이 때 투입과 산출을 함께 정의하라.

2. 디지털 전환(Digital Transformation)을 활용하여 제조 기업의 프로세스 혁신이 다양하게 나타나고 있다. 관련 사례를 조사하여 시사점을 제시하라.

3. 프로세스 분석에 사용되는 다양한 공정도를 조사하고 공정도별로 적절한 분석 대상을 제시하라.

4. 직원이 주유하는 주유소를 대상으로 유통공정도와 유통선도를 작성하고, 분석한 주유소가 고객이 직접 주유하는 셀프주유소로 변경될 때의 유통공정도와 유통선도를 작성하여 비교하라.

5. 패밀리 레스토랑에서 스마트폰을 이용한 예약시스템을 개발하려고 한다. 개발하려는 서비스에 대한 서비스 블루프린트를 작성하라.

6. 금속 재료의 절삭 공정 중 선반 작업에 대하여 표준자료법을 이용하여 표준시간을 결정하는 방법을 설명하라.

7. 제조기업에서의 개별작업 프로세스와 라인 프로세스를 비교하여 설명하고, 개별작업 프로세스와 라인 프로세스 각각에 대하여 서비스업의 적용 사례를 제시하라.

8. 기업이 소규모로 창업하여 대규모로 성장하는 과정에서 적합한 프로세스 유형이 변경될 수 있다. 소형 전자제품의 신제품 개발 창업의 사례를 들고 제품의 수명주기인 도입기, 성장기, 성숙기, 쇠퇴기별로 적합한 프로세스 유형을 제안하라.

9. 제품의 특성과 설비 배치에 따라 적절한 프로세스를 결정하는 제품-프로세스 행렬에 대하여 조사하여 제시하라.

10. 다음은 제품 X 조립 라인의 작업장에 대한 자료이다. 아래 그림에서 원은 작업, 원 아래의 숫자는 작업소요시간(단위: 초), 화살표는 직전 선행작업을 나타낸다. 각 작업은 직전 선행작업이 완료되어야 시작할 수 있다. 하루 8시간 동안 192개를 생산하려면 작업장 주기시간 150초/개이어야 하고 필요한 작업장 수의 최솟값은 5개이다. 물음에 답하라.

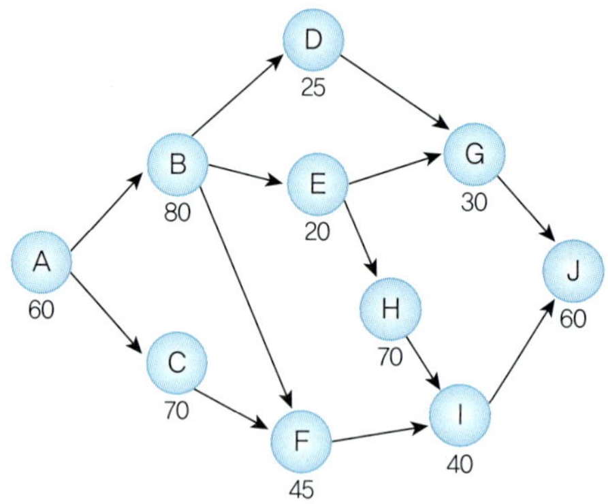

(1) 작업장을 6개로 구성한다면 효율은 얼마인가?

(2) 작업장 6개로 작업을 배치할 때 가장 산출률이 높은 배치를 제안하라.

Memo

간 감소를 가져오며, 승객의 편의성과 효율성을 동시에 높인다. 새로운 시스템이 성공적으로 도입되면, A 공항 역시 2024년까지 30대 이상의 해당 시스템을 도입하여 전체 보안 검색 프로세스를 혁신적으로 개선할 계획이다. 이 시스템의 도입을 통해 공항은 승객 처리 속도를 향상하고, 보안검색의 불편함을 최소화함으로써 승객 경험을 크게 개선할 것으로 기대된다.

[그림 5-1] 차세대 스마트 보안검색(walk through) 시스템 개념도

출처: https://dhs.gov/science-and-technology/apex-screening-speed

2. 스마트 항만 시스템을 통한 프로세스 변동성 관리 및 효율성 개선 사례

B 항만은 아시아 태평양 지역의 주요 물류 허브로, 스마트 항만 기술 도입을 통해 항만 운영의 효율성과 생산성을 크게 향상했다. 최근 B 항만은 선박, 트럭, 크레인 등 항만 자원을 관리하기 위해 인공지능(AI)을 활용한 자원 배분 시스템을 성공적으로 구축하였다. 이 시스템은 항만의 주요 설비에 설치된 IoT 센서를 통해 실시간으로 데이터를 수집하고, 이를 바탕으로 자원 관리를 최적화하고 있다.

해당 시스템은 인공지능 알고리즘을 통해 항만 내 작업의 흐름을 분석하고 자원 가용성을 극대화하여, 트럭 및 크레인의 작업을 최적화함으로써 불필요한 대기 시간을 줄이는 데 기여하고 있다. 또한, 실시간 빅데이터 분석을 활용하여 자원 사용과 운송 스케줄의 변동성을 관리하고, 항만 내 자원 배분의 효율성을 높였다.

◆ 화물 터미널 자동화 및 자원 배분 최적화

선박이 항만에 도착하면, 자동화된 자원 배분 시스템은 각 트럭과 크레인에 최적화된 작업을 할당하여 자원 낭비를 줄이고, 선박에서 화물을 빠르게 하역할 수 있도록 한다. 기존의 수작업 기반 프로세스에서는 작업자 간의 협업 및 판단 오류로 인해 시간 지연 및 자원의 비효율적 사용이 발생했으나, AI 기반 시스템 도입으로 이러한 변동성을 줄이고 작업 효율성을 극대화하였다. B 항만은 이 시스템을 통해 운영비용을 30% 절감하였고, 전체 처리 속도는 20% 이상 향상되었다.

◆ **이해 관계자 간의 실시간 데이터 공유 플랫폼 구축**

B 항만은 항만 내 다양한 이해 관계자(운송업체, 세관, 창고업체 등) 간의 협업을 강화하기 위해 실시간 데이터 공유 플랫폼을 구축하였다. 이 플랫폼을 통해 컨테이너 위치, 배송 일정, 세관 상태 등의 정보를 실시간으로 공유함으로써, 각 부서 간의 정보 전달 지연으로 인한 운영 차질을 방지하고 업무 프로세스의 효율성을 높였다. 기존에는 전화나 팩스로 정보를 전달하던 방식이 비효율적이었으나, 새로운 플랫폼을 통해 이러한 문제를 해결하고 불필요한 대기 시간을 최소화할 수 있었다.

스마트 항만 프로젝트를 통해 B 항만은 항만 운영의 변동성을 줄이고, 전체 프로세스의 일관성을 유지할 수 있었다. 장기적으로는 이 시스템을 바탕으로 항만의 처리 속도를 더욱 개선할 계획이다.

출처: https://smartmaritimenetwork.com/2022/03/03/an-artificial-intelligence -use-case-for-smart-port-resource-allocation/

5.1 서론

공급과 수요의 불균형으로 인해 나타나는 결과 중 하나는 대기시간 문제로 고객 입장에서는 불편한 요소이다. 우리는 고객으로서 많은 시간을 줄을 서서 기다리거나 이메일 또는 콜센터 등의 가상의 줄을 서서 기다리게 된다. 따라서 대기시간의 종류를 구별할 필요가 있다.

일례로 대기시간은 보통 한정된 시간 동안 예측된 수요량이 예측된 공급량을 넘어설 때 발생하게 되며, 이러한 현상은 일반적으로 수요가 계절적 성향을 가지고 공급 수준이 일정할 때 생겨난다. 왜냐하면 부과된 활용률이 100%가 넘어가기 때문이다. 하지만 변동성 때문에 활용률이 100%가 되지 않더라도 대기행렬이 생길 수 있다. 즉, 평균적으로는 충분한 공급 능력을 가지고 있음에도 불구하고 변동성 때문에 대기행렬이 생기기도 한다.

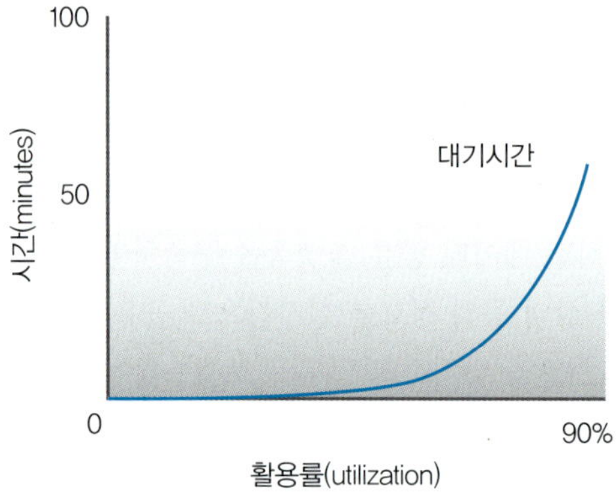

[그림 5-2] 활용률과 대기시간의 관계

고객의 입장에서는 이러한 차이가 크게 와 닿지 않을 수도 있지만, 운영 관리자 입장에서는 중요한 차이이다. 대기시간(waiting time)의 원인이 공급능력이냐 변동성이냐에 따라 예측과 대응 방식이 달라지기 때문이다. 특히 변동성은 고객과 운영 관리자 모두에게 대기시간 예측을 힘들게 한다.

결과적으로 대기시간과 변동성을 분석하기 위해서는 새로운 분석 도구가 필요하다.

5.2 변동성과 프로세스

변동성(variability)

5.2.1 변동성의 원인과 측정 방법

성과측정치를 이해하기 위해서 프로세스상의 변동성(variability)을 살펴볼 필요가 있다. 변동성에는 다음 4가지 원인이 일반적으로 관여하게 된다.

1. 흐름 단위의 유입으로 인한 변동성
2. 서비스 시간의 변동성
3. 자원의 무작위적 가용성

4. 복수의 흐름 단위가 존재하는 프로세스의 무작위적 경로 결정

흐름 단위의 유입으로 인한 변동성을 보게 되면 서비스 조직 내의 가장 영향력 있는 변동성의 원인은 시장이다. 예를 들어 고객의 도착 패턴의 경우 일부는 예측이 가능하지만, 일부는 예측하기 어렵다.

서비스 시간의 변동성을 보게 되면 약간의 변동성이 생기게 되는 원인은 기계가 아닌 사람이 작업을 하기 때문이라고 볼 수 있다. 예를 들어, 같은 작업을 어떤 직원에게 많이 반복시키면, 어떤 때는 다른 때보다 더 빨리, 혹은 더 늦게 작업하는 것을 확인할 수 있다. 또 다른 원인은 고객들에게 있다. 예를 들면 호텔 프런트 데스크에서 어떤 고객은 키를 받고 바로 입실하지만, 어떤 고객은 호텔에 대한 자세한 설명을 요구하는 경우가 있다.

자원의 무작위적 가용성을 보게 되면 제조 상황에서 자원을 쓸 수 없게 될 때 생기는 변동성이 있을 수 있다. 예를 들어 기계가 고장이 날 수 있으며, 서비스를 제공하는 직원이 자리를 비울 수도 있다.

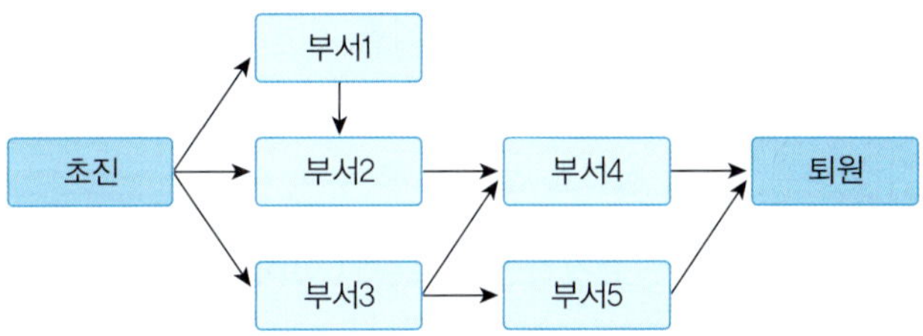

[그림 5-3] 복수 흐름 단위의 프로세스

[그림 5-3]에서 볼 수 있듯이 복수의 흐름 단위가 존재하는 프로세스의 무작위적 경로 결정을 보면 프로세스를 통과하는 흐름 단위의 경로가 일정하지 않을 수 있다. 이러한 경우 각각의 작업에서의 도착 프로세스가 변동성에 영향을 받게 된다. 병원을 예로 들어보면 환자들은 초진 후에 이동할 부서가 결정되는데, 각각의 부서에서의 서비스 시간은 일정하겠지만, 경로가 무작위적일 수 있기 때문에 변동성이 발생하게 된다.

변동성의 측정은 일반적으로 표준편차에 근거한다. 콜센터 예의 경우 자료를 수집한 뒤 표준편차를 계산하는 것으로 통화 시간의 변동성을 측정할 수 있다. 하지

만 표준편차가 변동성의 절대적인 측정치를 제공하는 것은 아니다. 변동성은 상대적인 개념이기 때문에 콜센터 전화 시간에서 5분의 표준편차는 큰 숫자로 보이게 되지만, 비행기 도착 시간에서 5분의 표준편차는 작은 숫자로 보이기도 한다.

변동계수(coefficient of variation)

따라서 변동성은 상대적으로 판단하는 것이 더 나은 결정이며, 변동계수(coefficient of variation)를 사용하게 된다.

$$변동계수(CV) = \frac{표준편차}{평균}$$

표준편차와 평균의 단위가 같기 때문에 변동계수는 단위를 가지지 않는다는 점을 알아야 한다.

5.2.2 도착 프로세스

도착시간(arrival time)
도착간격(interarrival time)

어떤 프로세스에 대한 분석의 품질은 우리가 사용하는 정보에 의해 결정된다. 따라서 변동성 문제를 다룰 때 중요한 것은 수요를 정확하게 제시해야 한다는 점이다. 도착시간(arrival time)을 기록한 후 도착간격(interarrival time)을 구할 수 있게 된다. 이렇게 계산된 도착시간 및 도착간격을 기반으로 변동성의 영향을 예측할 수 있는 계산공식을 제시하고 데이터 분석에 대해 살펴볼 수 있다. 모델의 예측력을 향상하기 위해 다음 2가지 질문을 생각해 볼 수 있다.

푸아송 프로세스(Poisson Process)

1. 도착 프로세스의 성질 – 고정적인지 아닌지 알아야 할 필요가 있다.
2. 프로세스 분포 – 푸아송 프로세스(Poisson Process)를 형성하는지 아닌지 알아야 한다.

5.2.3 고정적 도착

도착 프로세스에서 발생하는 변화 파악을 위해서 몇몇 개념을 정리할 필요가 있다.

고정적 도착(stationary arrival)
계절성(seasonality)

1. 고정적 도착(stationary arrival) 프로세스는 전체 기간 동안 선택하는 시간대와 상관없이 일정한 길이의 시간대에 예상한 도착 수가 일정하게 발생하는 것을 말한다.
2. 고정적이지 않은 도착 프로세스는 계절성(seasonality)을 가지고 있다고 할 수 있다.

분석 전 계절성에 의한 수요의 변화와 변동성에 의한 수요의 변화를 구분하는 것이 중요하다. 물론 운영하는 사람의 입장에서는 두 가지 모두 반갑지 않은 상황이지만, 계절성 효과는 사전에 예측이 가능하기 때문에 결과에 큰 영향을 미칠 수 있다. 반대로 변동성은 예측이 불가능하다.

간단한 분석으로 프로세스의 고정성 여부를 결정할 수 있으며, 다음 3가지 순서를 따르면 간단히 알아낼 수 있다.

1. 도착시간을 증가하는 순서대로 분류한다.
2. x축을 i번째의 도착 시간으로, y축을 i로 그래프를 그린다.
3. 첫 번째 도착점과 마지막 도착점 사이에 직선을 그린다.

만약 고정적 도착 프로세스라면, 실제 도착시간을 나타내는 그래프와 3번째 순서에서 그린 직선 사이에 큰 차이가 없을 것이다. 물론 이러한 직선과 실제 도착 시간 사이에는 약간의 차이가 존재하게 되면, 도착 프로세스가 고정적이지 않다는 것을 알 수 있다.

비고정적인 도착 프로세스는 시간 간격을 줄여서 다루는 것이 좋다. 예를 들어 하루라는 시간 단위를 시간 또는 분 단위로 도착률을 사용하는 것이 더 좋다. 이렇게 하면 상대적으로 낮은 계절성이 존재하는 것을 알 수 있고, 이에 따라 시간별로 고정적 도착 프로세스에 근접해질 수 있다.

5.2.4 지수 분포 기반의 도착 간격

도착 간격은 주로 지수분포로 표현된다. 만약 도착 간격이 무작위이고, 도착 프로세스가 지수 분포를 따른다면 다음과 같은 식으로 도착 간격이 t보다 작을 확률을 구할 수 있으며 해당 식에서 a는 평균 도착 간격을 가리킨다.

$$P(T \le t) = 1 - e^{\frac{-t}{a}}$$

지수분포가 이론과 실제 상황 모두에서 도착 간격 모델로 종종 사용되는 이유는 지수 분포가 실증적인 데이터의 형태와 잘 일치하고 분석에도 용이하기 때문이다. 도착 프로세스의 도착 간격이 지수분포를 따르면 푸아송 프로세스를 활용할 수 있다. 지수 분포의 중요한 특징은 다음과 같다.

1. 지수 분포의 표준 편찻값은 평균값(a)과 같다.
2. 지수 분포는 무기억성의 특성을 가진다.

무기억성(memoryless property)

무기억성(memoryless property)이란 다음 시간 간격 동안의 도착 수는 최근의 도착 시간과 상관이 없다는 것을 의미한다. 예를 들어 평균적으로 5분마다 1명의 손님이 방문하는 가게가 있다고 가정하자. 최근 30분 동안 손님이 아무도 오지 않았다고 해도 다음 5분 동안 한 명의 환자가 도착할 확률이 변화하지 않는다.

$$
\begin{aligned}
P(X>s+t|X>t) &= \frac{P(X>s+t,\ X>t)}{P(X>t)} \\
&= \frac{P(X>s+t)}{P(X>t)} \\
&= \frac{e^{-\lambda(s+t)}}{e^{-\lambda t}} \\
&= e^{-\lambda s} \\
&= P(X>s)
\end{aligned}
$$

직관적이지는 않지만, 많은 상황에서 이러한 경우는 합당한 추정이라고 할 수 있을 것이다. 응급실을 예로 들면 방문할 잠재적 환자의 수는 매우 많고, 새로운 환자는 독립적으로 도착한다. 이렇듯 도착 간격이 지수분포인지 아닌지 판단하는 것이 매우 중요하기 때문에 다음 4단계 진단과정을 소개한다.

1. 도착 간격을 1부터 n까지 계산한다.
2. 도착 간격을 증가 순으로 정렬한다(a_i를 i번째로 작은 도착 간격을 나타내는 것으로 정의한다).
3. $(x=a_i,\ y=i/n)$의 쌍으로 그래프를 그린다(해당 그래프는 실증적 분포함수가 된다).
4. 지수 분포 그래프와 해당 그래프를 비교한다.

만약 토대를 이루고 있는 분포가 지수분포를 따른다면 최종적 그래프는 분석적 분포와 유사할 것이다.

만약 도착 간격이 지수분포가 아니라면 도착 프로세스를 설명하기 위해서 더 많은 모수가 필요하게 된다.

$$\text{도착변동계수}(CV_a) = \frac{\text{도착간격의 표준편차}}{\text{평균도착간격}}$$

만약 지수 분포에서 평균이 표준편차와 같다면 변동계수는 1이 되게 된다. 또한, 도착 간격이 스케줄화되어 있다면 변동성은 적어질 것이다.

5.2.5 콜센터의 문제점

통화당 평균 4분이 소요되고, 평균적으로 5분에 하나의 전화가 걸려오는 콜센터에 한 명의 직원이 일하고 있다고 하자. 보편적으로 보자면 해당 콜센터에서 고객이 대기하는 시간은 전혀 없어야 한다. 한 시간에 15통의 전화를 처리할 능력을 갖췄고, 실제로는 평균 12통의 전화만이 걸려오기 때문이다. 활용률은 다음과 같이 계산할 수 있다.

$$\text{활용률(utilization)} = \frac{\text{12통/시간}}{\text{15통/시간}} = 80\%$$

따라서 해당 콜센터의 서비스 공급 능력은 수요를 초과한다. 하지만 매니저들이 범하는 오류 중 하나가 고객의 전화가 일정하게 걸려온다고 가정하는 것이다. 이러한 계산 방법은 프로세스를 통합적인 수준에서 일정 시간 동안 가질 수 있는 공급력을 고려하지만, 전화가 어떤 시간을 간격으로 두고 걸려오는지에 대해서는 고려하지 않는다.

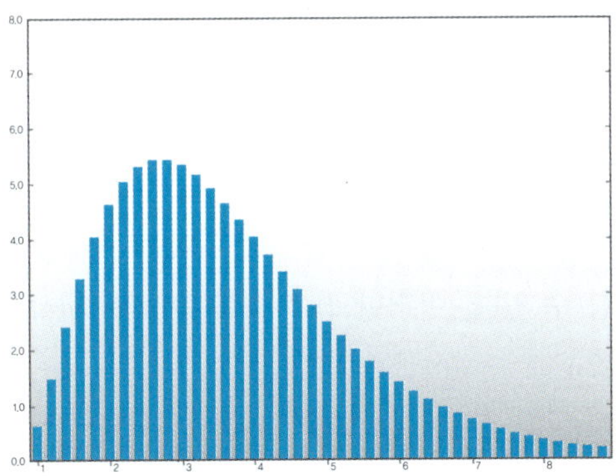

[그림 5-4] 평균과 분포

출처: www.wikipedia.org

유휴 시간(idle time)

또한 평균 4분의 통화 시간을 살펴보자면 보편적으로 2분에서 6분 사이의 통화 시간을 생각할 수 있다. 이러한 경우 유휴 시간(idle time)으로 직원이 아무 할 일 없이 보내야 하는 시간이 생길 수도 있지만, 반대로 밀린 전화를 끊임없이 해결해야 하는 시간도 생길 수 있다는 것이다.

결과적으로 어떤 고객들은 기다려야 하고, 어떤 고객들은 기다리지 않아도 되는 등의 결과가 생기기 때문에 일관된 서비스 품질을 공급할 수 없게 된다. 또한 활용률을 보면 서비스 공급 능력이 수요를 초과하지만, 그런데 대기시간이 발생하는 것을 알 수 있다.

이러한 예로 우리는 변동성이 평균치에 도달하지 않을 수 있다는 것을 알 수 있다. 콜센터를 보자면 서비스는 수요가 있을 때만 제공할 수 있다. 다른 말로 공급 능력은 수요보다 먼저 발생하지 않는다는 것이다. 하지만 현실적으로 수요는 공급 능력보다 먼저 발생할 수도 있고, 따라서 대기행렬이 생기게 된다. 그렇기 때문에 서비스 수준의 기준을 평균 수치에 두면 고객들의 대기시간은 실현할 수 있는 수준으로 이끌며 늘어나게 된다.

수요와 공급을 같게 하려는 매니저의 입장에서 보면, 세 가지 성과 측정치에 관심이 가게 된다. 세 가지 측정치는 재고, 흐름율, 흐름 시간이며, 변동성을 잘 고려해야 한다.

5.2.6 서비스 시간의 변동성과 평균대기시간의 예측

서비스 시간에서의 변동성은 상당하다. 또한 콜센터의 경우 각 전화가 걸려 오는 시간 예측이 어려운 것처럼 각 전화 통화의 시간 또한 예측하기가 어렵다. 그러므로 변동성은 프로세스 내에서도 발생한다고 할 수 있다. 그렇기 때문에 자료를 수집할 때 서비스 시간 분포는 시간 평균과 표준편차를 기반으로 분동성 분포 정보를 제공한다고 가정하는 것이 바람직하다.

흐름율(flow rate)
수요율(demand rate)

공급능력이 수요보다 크고, 모든 고객을 수용한다는 가정을 하면, 시스템은 수요 제약 시스템이라고 할 수 있다. 이러한 경우 흐름율(flow rate) R을 수요율(demand rate)로 볼 수 있다.

$$자원활용률(u) = 흐름률/공급능력 = \frac{R}{a}$$

위와 같이 계산될 수 있는 자원 활용률(utilization)은 항상 100%보다 작아야 한다. 또한 체류 시간은 다음과 같이 구할 수 있으며 T는 체류 시간을, T_q는 줄에서 기다린 시간을, p는 서비스 시간을 나타낸다.

$$체류시간(total waiting time) = T_q + p$$

실제 서비스 시간 p, 활용률, 변동계수 등을 바탕으로 다음의 공식을 사용하면 대기행렬의 평균 대기시간을 계산할 수 있다.

$$대기행렬의 평균 대기시간(T_q) = p \times \frac{u}{1-u} \times \frac{CV_a^2 + CV_p^2}{2}$$

하지만 지수 분포를 따르지 않을 경우 계산이 정확하지는 않게 되며 예상 **대기행렬(queue)**에서 대기시간의 대략적인 추정치만을 구할 수 있게 된다. 또한 해당 공식은 고정적인 프로세스에만 적용할 수 있다는 점에 유의해야 하며, 대기행렬의 대기시간은 3가지 요인에 의한 것이라는 것을 알 수 있다.

대기행렬(queue)

1. 대기시간은 서비스 시간의 몇 배수로 나타나지만 서비스 시간은 활용률에 영향을 미친다.
2. 활용률이 100% 이상이면 대기행렬은 계속 늘어나기 때문에 100% 미만이 되어야 한다.
3. CV_a와 CV_p 모두 평균 서비스 시간 p나 활용률 u에 영향을 주지 않는다(따라서 시스템의 변동성이 증가하면 대기시간도 증가한다).

이러한 방법으로 산출된 대기시간은 장기적으로, 평균값으로 볼 수 있으며 2가지 시사점을 제공한다.

1. 시스템이 빈 상태로 시작하면 첫 몇 명은 대기시간이 없다(많은 수의 고객이 도착하면 시스템은 안정된 상태에 이른다).

2. 시스템을 오래 관찰하면 예상 대기시간 T_q는 실증적 평균에 다가가게 된다.

5.2.7 직원 수에 대한 계획

다시 콜센터의 예시로 돌아가 보자. 하루의 시간대에서 각 시간대별로 몇 명의 상담원을 두어야 하는지 궁금해질 수 있다. 경영적으로 분석을 시도하여야 하는데 상담원을 많이 배치하면 대기시간이 줄어들지만 임금이 더 많이 나가게 되기 때문이다. 따라서 다음 2가지 비용의 균형을 맞추어야 한다.

대기 비용(cost of waiting)
서비스 비용(cost of service)

1. **대기 비용(cost of waiting)** – 고객의 통화 비용 상승과 불만으로 발생하는 비용을 반영
2. **서비스 비용(cost of service)** – 상담원의 수에 의해 발생

또한 추가로 영향을 끼칠 수 있는 비용은 다음과 같다.

1. 전화 연결이 되지 않고 통화 중 신호만 듣게 되는 고객에게 관련한 비용
2. 서비스를 받기 위해 기다리다가 전화를 끊은 고객과 관련한 비용

이러한 문제를 풀기 위해 우리는 먼저 얼마나 빨리 고객의 전화에 응답해야 하는지 결정해야 한다.

$$\text{직접인건비} = \frac{\text{시간단위당 총임금}}{\text{시간단위당 흐름률}}$$

이러한 비고정적 도착 프로세스를 접할 때 시간대를 몇 개의 간격으로 나누어야 하는지 결정해야 하는 문제에 봉착하게 된다. 기본적인 이유 및 목적은 다음과 같다.

도착률(arrival rate)

1. 정해진 시간 동안의 **도착률(arrival rate)**을 신뢰할 수 있는 수준으로 예측할 수 있는 데이터를 확보한다.
2. 어떤 시간 구간 과정상에 대기행렬이 평형을 유지하는 상태가 되기에는 많은 시간이 필요하다.

또한 직원 수를 결정하는 것은 복잡할 수도 있는데, 이는 다음과 같은 이유에서

발생하게 된다.

1. 휴식 시간
2. 근무 시간의 길이(1시간만 일을 하라고 할 수는 없다)

이러하고 복잡한데 서비스 분석은 서비스 환경에서 공급과 관련된 결정을 하는 데에 중요한 역할을 한다.

5.2.8 우선순위 규칙

우선순위(priority rules)

변동성이 존재하는 프로세스에서는 대기행렬을 완전히 없앨 수 없다. 따라서 어떤 순서로 고객에게 서비스를 제공할지 결정해야 하며, 이것은 우선순위(priority rules)로 결정할 수 있다.

우선 서비스 시간과 관련된 우선순위를 생각해 볼 수 있다. 서비스 프로세스를 시작하기 전에 고객의 서비스 시간 또는 예상되는 서비스 시간을 알 수 있는 경우이며, 이러한 때에는 최단 작업시간 규칙을 활용할 수도 있다. 해당 규칙은 현재 대기 중인 고객 중 가장 짧은 프로세싱 시간을 가진 고객에게 우선으로 서비스를 제공하는 규칙이다. 이 규칙은 효과적이며 대기시간의 변동과 예상 대기시간도 고려하기 때문에 가장 짧은 평균 체류 시간을 가져올 수도 있다.

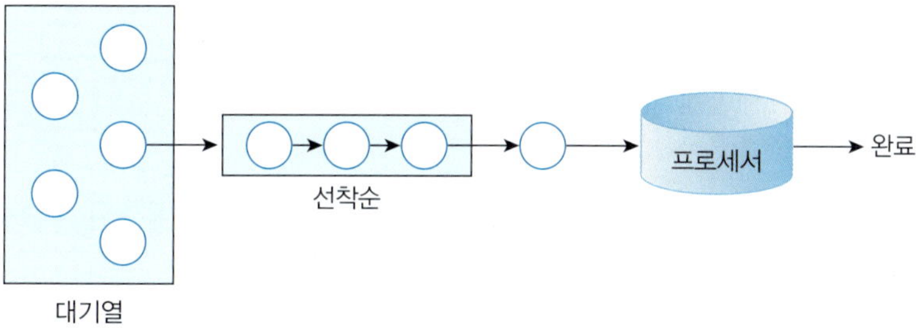

[그림 5-5] 선착순 접근법

선착순 규칙(first-come, first-served rule)

서비스 시간과 상관없는 우선순위도 생각할 수 있다. 이 경우 가장 보편적으로 쓰이는 규칙은 선착순 규칙(first-come, first-served rule)이다. 선착순 규칙에서는 가장 먼저 도착한 고객에게 서비스를 우선으로 공급한다. 또한 중요도를 우선으로 하는 규칙도 생각할 수 있다. 이러한 규칙의 예는 응급실로 들 수 있다. 부상이 심각한 환자는 도착 순서와 상관없이 우선 처리되기 때문이다.

하지만 서비스 시간과 무관한 우선순위 규칙을 시행할 때는 한 가지 사항을 생각해야 한다. 어떠한 순서대로 서비스를 제공해도 예상 평균대기시간이 변하지 않는다는 것이다. 결과적으로 우선순위로 인해 한 명의 고객이 짧은 대기시간을 가졌다면, 우선순위가 낮은 다른 고객은 길게 기다려야 하는 상황이 발생한다.

5.2.9 변동성의 감소

단순히 수요 관리를 잘하는 것으로 도착 변동성을 줄일 수도 있다. 이러한 예시가 바로 약속 시스템이다. 약속 시스템에서는 서비스율에 상응하여 고객들이 올 수 있도록 하여 도착 프로세스의 변동성을 줄이는 역할을 하고 있다. 하지만 다음과 같은 문제점들을 가지고 있다.

1. 약속 시스템이 변동성을 없애지는 못한다.
2. 공급 능력 대비 받을 수 있는 사전 예약 수를 판단해야 한다.

약속 시스템과 더불어 수요량이 최고치에 이르는 시간대를 피하는 고객들에게 혜택을 주는 것으로 도착 프로세스를 좋게 변경시킬 수도 있다. 이러한 접근 방법을 주로 쓰게 되는 곳은 다음과 같다.

1. 조조할인(영화관)
2. 비수기 할인(호텔)
3. 현재 예약된 자리에 따른 가격 책정(항공사)

물론 이러한 방법들이 변동성을 줄여주지는 않는다. 하지만 예측된 수요를 조정하는 것으로 주기성을 줄일 수 있게 된다.

추가로 내부적 변동성을 줄이는 방법을 생각해 보아야 한다. 하지만 서비스 시간의 표준화나 단축으로 시도할 경우에는 품질 및 효율성과의 균형을 찾아야 한다. 서비스 시간의 변동성을 줄일 수 있는 개선책 중 일부는 다음과 같다.

1. 서비스 환경 및 주문 생산 방식에서 운영자들은 일관된 프로세스를 다루며 개별 고객의 특성을 파악하여 반응해야 한다.
2. 서비스 시간은 서비스 산업에서 자원의 완전한 통제가 어렵기 때문에 한정된

자원에 의해 서비스가 행해지는 모든 곳에서의 영향력을 줄여야 한다.

3. 서비스 시간의 변동성은 품질 문제를 일으키는 경우가 많다.

결과적으로 공급 능력 및 시스템 디자인 설계 모두에서 관련된 개선책을 찾아 변동성에 대응해야 하며 다음과 같은 사항이 고려되어야 할 것이다.

1. 수요의 계절성 반영
2. 유휴 시간의 활용
3. 자원 풀링을 통한 공급 능력 강화
4. 변동성의 축소
5. 우선순위 규칙

5.2.10 풀링 효과

풀링(pooling)

두 개의 도착 프로세스가 존재하며, 해당 프로세스는 두 개의 동일한 서버가 작업을 완료하는 시스템이 있다고 하자. 만약 수요가 즉시 처리되지 않고 대기시간이 생기게 된다면 다음에 도착하는 수요는 도착한 서버 앞에서 대기하게 된다. 이 경우, 대기행렬을 하나로 합치되, 서버는 여전히 두 개가 존재하게 한다면 평균 대기시간이 줄어들 수도 있다. 이렇게 여러 개의 자원을 하나로 합치는 것을 풀링(pooling)이라고 한다.

예를 들어 은행에 두 명의 직원이 있다고 하자. 두 은행원에게 도착하는 고객의 평균 도착 간격은 4분이라고 가정하고 변동계수도 같다고 가정하자. 서비스 시간은 평균 p = 3분이고 서비스에서의 변동계수도 같다고 가정하자. 결과적으로 두 은행원의 활용률은 p / a = 0.75로 동일하다. 평균대기시간은 다음과 같이 계산된다.

$$
\begin{aligned}
\text{평균대기시간}(T_q) &= \text{서비스시간} \times \left(\frac{\text{활용률}}{1-\text{활용률}}\right) \times \left(\frac{CV_a^2 + CV_p^2}{2}\right) \\
&= 3 \times \left(\frac{0.75}{1-0.75}\right) \times \left(\frac{1+1}{2}\right) \\
&= 9
\end{aligned}
$$

이제 각각의 은행원 앞에서 대기하는 고객의 줄을 하나로 합쳐 보자. 그러면 공급 능력과 수요율이 2배가 되고, 결과적으로 2분마다 고객이 한 명 도착하는 상황이 된다. 이렇게 풀링된 프로세스의 활용률은 다음과 같다.

$$
\begin{aligned}
\text{풀링된 프로세스 활용률}(u) &= \frac{p}{a \times m} \\
&= \frac{3}{2 \times 2} = 0.75
\end{aligned}
$$

주의해야 할 점은 활용률이 변하지 않았다는 것이다. 하지만 대기시간을 계산하면 결과가 달라진다.

$$
\begin{aligned}
\text{평균대기시간}(T_q) &= \left(\frac{\text{서비스 시간}}{m}\right) \times \left(\frac{\text{활용률}^{\sqrt{2(m+1)}-1}}{1-\text{활용률}}\right) \times \left(\frac{CV_a^2 + CV_p^2}{2}\right) \\
&= 3.95
\end{aligned}
$$

해당 예의 경우 대기시간이 절반 이하로 떨어지는 효과가 나타났다. 하지만 여전히 서비스는 같은 수의 고객에게 제공할 수 있다. 직관적으로 보자면, 풀링된 프로세스는 효과적으로 사용할 수 있는 공급 능력을 사용하게 되는데, 이것은 한 서버는 업무가 쌓이고 다른 서버는 할 일이 없어지는 것을 방지해 주기 때문에 가능한 일이다. 따라서 동일한 자원의 풀링은 각 서버의 업무량 균형을 잡아 주기 때문에 결과적으로 대기시간이 단축될 수 있는 것이다.

이러한 예는 활용률이 높은 경우에 더욱 더 중요하게 된다. 활용률 수준에 비해서 자원 풀링 시 대기시간이 감소하게 되는데, 만약 85% 이상의 활용률을 가지게 된다면 단일 서버에서의 대기시간은 말 그대로 치솟게 된다. 하지만 활용률이 95%에 달하게 된다고 할지라도 동일한 서버 10개가 작업을 한다면 합리적인 수준의 서비스를 제공할 수 있다.

개별 프로세스에 비해 풀링 시스템은 나은 서비스를 제공할 수 있기 때문에 서비스를 조직할 때에는 동일한 지점들 혹은 작업들을 풀링하는 것으로 이익을 얻을 수 있게 된다. 예를 들어 영업에 있어서 직원 고용의 증가 없이 풀링을 활용하여 고객 대기시간을 단축할 수 있으며, 반대로 비슷한 수준의 반응성을 유지하면서 필요한 직원의 수를 감축할 수 있다.

하지만 풀링 시스템의 장점에만 기대어 문제 해결을 하려고 하면 안 된다. 다음과 같은 상황에서는 풀링의 이점이 생각보다 낮을 수 있기 때문이다.

1. 풀링되는 시스템이 서로 완전히 독립적이지 않은 경우 효과가 낮을 수 있다.
2. 서비스 공급자는 보다 다양한 종류의 기술을 가져야 풀링의 효과를 높일 수 있다.
3. 같은 사람으로부터 서비스를 받는 것이 관례인 일부 직업(변호사, 의사 등)의 경우 부작용이 발생할 수 있다.
4. 해박한 전문 지식이 필요한 경우 풀링에 의해 서비스 공급자가 바뀌게 되면 오히려 시간이 낭비될 수 있다.
5. 고객 집단의 종류(복잡한 업무와 간단한 업무의 융합 등)가 다른 경우 풀링이 역효과를 일으킬 수 있다.

5.2.11 Excel 실습예제

풀링 효과에서 다룬 은행의 예를 가지고 엑셀을 통해 계산해 보자. 고객의 평균 도착 간격은 4분, 평균 서비스 시간은 3분, 변동계수(CV)는 모두 1이라고 가정하였을 때 아래 그림의 수식을 이용하여 각 서버에서의 활용률과 대기시간을 구해본다. 계산을 위해 그림의 서버 수, 도착 간격, 서비스 시간, 변동계수에 해당하는 수치들을 입력한다. 수식을 통해 활용률과 대기시간이 나오는 것을 확인할 수 있다.

서버 수	1
Arrival rate	4
Processing time	3
CV(arrival)	1
CV(process)	1
활용률	0.75
Waiting time	9

활용률=IF(E2="",F2,E2)

이번에는 풀링을 통해 2개의 서버를 합친 경우를, 엑셀을 통해서 계산해 보자. 각 서버의 평균 서비스 시간과 변동계수들은 바뀌지 않는다. 평균 도착 간격은 두 서버에 도착하는 고객을 합쳤기 때문에 결과적으로 2분마다 한 명 도착하게 되어 2가 된다. 서버는 2개가 되었기 때문에 2로 바꾸어야 한다. 풀링된 서버에서의 활용률과 대기시간을 구하기 위해 밑그림의 회색 상자에 해당하는 수치들을 입력한다. 그러면 밑그림의 짙은 회색 상자에 활용률과 대기시간이 자동으로 계산되어 표시된다.

서버 수	2
Arrival rate	2
Processing time	3
CV(arrival)	1
CV(process)	1
활용률	0.75
Waiting time	3.954156

해당 예에서 알려 준 것처럼 활용률은 변하지 않았으나 대기시간이 반 이상 줄어든 것을 확인할 수 있다.

5.3 변동성의 영향

5.3.1 평균값의 함정

호떡을 파는 포장마차가 있다고 생각을 해 보자. 평균적인 수요는 5분에 한 개라고 하자. 하지만 당연히 실제 수요는 변동이 있을 수 있다. 예를 들면, 어떨 때는 손님이 없다가도, 어떨 때는 5분에 1개보다 많은 주문이 생길 수 있다. 그리고 만약 대기시간이 길어지게 된다면 손님은 다른 포장마차로 발걸음을 옮길 것이다.

5분 동안 공급할 수 있는 호떡의 수 역시 변동적이라고 하자. 이 경우 0부터 2 사이의 숫자 중 하나의 값을 일정한 확률로 취할 수 있다. 위의 평균 수요와 마찬가지로 평균 공급능력도 변동성이 될 수 있다. 하지만 결과적으로는 5분에 한 개의 호떡을 판매하게 될 것이다.

만약 수요가 0일 경우 호떡을 팔 수 없게 된다. 반대로 수요가 2일 경우 공급 능력의 제약 때문에 손실이 생기게 된다. 역시 결과적으로 5분에 한 개의 호떡을 판매하게 된다.

호떡을 판매하기 위해서는 고객의 수요와 공급 능력이 동시에 발생해야 한다. 이러한 성질을 만족시키기 위해 포장마차 상인은 호떡을 미리 만들어 저장해 두었다가 수요가 많아졌을 때 저장된 호떡을 파는 방법을 생각해 볼 수 있다. 이것을 버퍼의 한 가지 예로 들 수 있다.

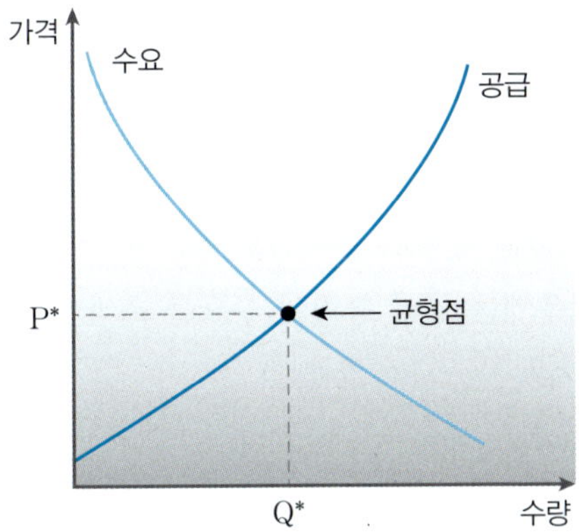

[그림 5-6] 수요와 공급

출처: http://givingthought.org

5.3.2 단일 자원 대기행렬의 산출 손실

어떤 가상의 병원을 예로 들어 보자. 해당 병원에 도착하는 환자는 3개의 병실 중 한 곳으로 가게 된다. 평균 2시간을 병실에서 보내게 되며, 진단 후에는 되도록 입원하게 된다. 만약 입원이 어렵거나 상태가 심각하다면 수술실로 보내진다.

상태가 좋지 않은 환자가 병원에 도착하게 된다면 치료가 지연되어서는 안 될 것이다. 따라서 이러한 경우, 빈자리가 있는 병원으로 응급차를 우회시키는 방법을 생각해 볼 수 있다. 이러한 구조는 버퍼를 가지지 않는다. 따라서 3가지 병실에는 3명의 환자만이 수용될 수 있고, 3가지 병실이 모두 사용 중이라면 추가로 환자를 받을 수 없는 시스템이다.

이러한 시스템의 병원에 평균 3시간에 한 명의 환자가 들어오고, 들어온 환자가 다시 나가는 데 평균 2시간이 걸린다고 하자. 이러한 경우 병원의 공급 능력은 다음과 같이 계산할 수 있다.

$$\text{공급능력} = \frac{\text{자원의 수}}{\text{서비스 시간}} = \frac{3}{2} = \text{시간당 1.5환자}$$

불규칙하게 도착하는 환자의 특성을 활용해 지수분포의 도착 간격을 사용할 수 있다. 이 경우 변동계수는 1이 되며, 서비스 시간의 변동계수는 1 이상이 되게 된다.

다양한 분석을 할 수 있지만, 그중 가장 중요한 단계는 프로세스에 m명의 환자가 있을 확률을 구하는 것이다. 이는 기존의 환자를 퇴원시킬 때까지는 새로운 환자를 다른 병원으로 보내야 하기 때문이다. 따라서 m개의 모든 서버가 바쁠 확률은 두 가지 변수에 의해 바뀌게 된다.

1. 함축된 활용률 – 공급 능력의 부족으로 프로세스에 받아들여지지 않는 환자들이 존재하는 경우에는 공급 능력이 수요를 초과한다는 조건이 필요가 없게 된다.
2. 자원의 수 m(capacity).

함축된 활용률은 다음과 같이 구할 수 있다.

$$\text{함축된 활용률}(u) = \frac{\text{수요율}}{\text{공급능력}}$$

병원의 이러한 예는 변동성에 대처하는 방법을 잘 보여준다. 높은 고정 비용의 환경에서 낮은 활용률은 관리자에게 있어서는 몹시 나쁜 상황이기 때문이다. 하지만 활용률의 적용은 적절하게 맞추어야 한다. 은행이나 상점 등의 경우 활용률이 높으면 좋겠지만, 병원의 경우 활용률이 높을 경우 대기시간이 길어지기 때문에 자칫 생명에 위험한 상황이 연출될 수 있기 때문이다.

5.3.3 대기 포기 고객 산출 손실

서비스를 기다리는 고객의 수에 제한이 있는 버퍼를 가진 경우에서 대기 문제는 주로 다음과 같은 상황을 보여 준다.

1. 대기할 수 있는 통화의 최대 숫자가 정해져 있는 콜센터(모든 라인이 서비스 중이라면 고객은 통화가 되지 않는다).
2. Drive through 주문을 받는 음식점(줄을 서 있는 차의 숫자가 최대가 되면 더 이상의 차가 줄을 설 수 없게 된다).

시스템의 산출량은 다음과 같이 계산될 수 있다.

$$\text{산출량} = 1 - (\text{용량이 가득 찬 버퍼} \times \text{수요율})$$

또 다른 산출 손실 문제의 경우는 고객들이 일단 서비스 받으려고 줄을 섰다가, 대기하는 것을 포기하고 돌아가는 경우를 들 수 있다. 이러한 현상은 대기시간이 긴 콜센터에서 종종 볼 수 있으며, 당연하게도 고객들이 오래 기다릴수록 떠나버리는 비율이 더 높다.

이러한 산출 손실 문제에서 문제점을 개선하기 위해서는 주로 다음 3가지의 대책이 거론된다.

1. 대기시간 단축 – 공급 능력의 정확한 계획이나 변동성의 감소로 대기시간을 단축할 수 있다.
2. 버퍼 용량 증가 – 버퍼를 변경하거나, 공간을 많이 확보하는 것 등으로 달성할 수 있다.
3. 대기 포기 고객 감소 – 기다리다가 포기를 하고 돌아가는 고객의 경우, 처음부터 줄을 서지 않고 돌아간 고객보다 더 안 좋은 영향을 미칠 수 있기 때문에 기다리는 과정이 지루하지 않게 해야 한다(원만한 분위기의 조성, 중요한 정보 제공, 예상 대기시간 공개 등의 방법이 있을 수 있다).

5.3.4 복합적인 변동성 관리

단 하나의 서버로 이루어진 시스템에서의 변동성과 여러 개의 서버로 이루어진 시스템에서의 변동성은 복잡함에서 차이가 많이 나게 된다. 이런 복잡한 시스템의 예는 다음과 같다.

1. 공장 조립 라인
2. 공항 입국 심사

이러한 시스템 분석의 문제점은 각각 연속된 작업의 서버가 독립적이지 않다는 것이다. 왜냐하면 전 서버에서 떠나는 프로세스가 곧 다음 서버에 도착하는 프로세스가 되기 때문이다. 예를 들자면 두 번째 서버의 도착 프로세스의 변동성은 첫 번째 프로세스의 도착과 서비스 과정 모두에 의해 영향을 받게 되며, 뒤의 서버로 갈수록 이러한 영향은 중첩되며 매우 복잡해지게 된다.

따라서 프로세스의 흐름율을 높일 수 있는 잠재력을 가진 버퍼를 적극 활용하는 것이 중요하다. 일반적으로 직선 대기행렬의 경우 흐름율이 감소하게 되는 원인에는 2가지 이유가 있다.

1. 다음 단계 서버의 버퍼 공간이 다 차서 현재 서버에서 고객을 내보낼 수 없는 경우
2. 버퍼가 비어 있는 경우 해당 버퍼에 관련된 서버는 할 일이 없어지게 된다.

다시 병원의 경우를 예로 들어보자. 일반적으로 의사가 환자 치료에 걸리는 시간은 평균적으로 1시간이지만, 병실에서 환자의 대기시간은 보편적으로 1시간이 넘어가게 된다. 이러한 현상이 누적되어 병실은 더 이상 새로운 환자를 받을 수 없게 되는 것이다. 이것은 한 서버에서의 장애가 앞서 위치한 다른 모든 서버에까지 영향을 크게 미치는 것을 효과적으로 보여주는 예이다.

또한 만약 진료가 끝난 환자가 있다고 하더라도, 보호자가 환자를 데리러 제시간에 못 온다면 환자는 퇴원할 수가 없는 상황이 발생하게 된다. 이렇게 되면 해당 환자는 더 이상 병원에 볼 일이 없음에도 불구하고 병원 입장에서는 해당 환자에게 할당된 병실을 다른 환자에게 주지 못하게 된다. 이것은 버퍼가 존재하지 않을 때의 상황이며, 이러한 경우 시스템 안의 서버들은 서로 높은 상호 의존성을 보이게 된다.

이러한 작업 장애는 버퍼를 증가시키는 것으로 쉽게 피할 수 있으며, 버퍼는 하류 부분의 서버가 할 일 없이 대기하는 것을 방지할 수 있도록 충분한 수의 고객을 보유해야 한다. 더불어 상류 부분의 서버가 작업 장애를 경험하지 않도록 충분한 버퍼 공간을 확보하고 있어야 한다. 특히 버퍼는 병목 지점 앞뒤 한 곳에 설치하는 것으로도 일반적으로 큰 효과를 볼 수 있다.

수평 풀링(horizontal pooling)

또한 여러 개의 프로세스를 하나의 프로세스로 합치는 것도 작업 장애를 없애는 것에 도움이 될 수 있다. 이러한 방법을 **수평 풀링(horizontal pooling)**이라고 하며 프로세스에 흐르는 재고의 수를 낮출 수 있다.

이렇듯 변동성은 재고와 대기시간에 영향을 주며 산출량의 손실을 발생시킨다. 이러한 프로세스의 유사점은 다음과 같다고 볼 수 있다.

1. 제한된 크기의 대기 시스템에서 버퍼의 크기는 순수 대기 문제와 유사하다.
2. 버퍼의 크기가 0에 가까워짐에 따라 시스템의 활동은 순수 손실 시스템에 가까워진다.

3. 여러 자원이 연속적으로 작용하면 여러 개의 대기행렬이 발생하게 된다.

따라서 버퍼를 적극적으로 사용하여 손실을 방지하고 작업 장애를 해소하는 방안을 관리자는 강구하여야 하며 수요를 추적하여 병목 지점과 공급 능력 및 수요의 불일치 구간을 파악하여 효과적으로 대처하여야 할 것이다. 또한 함축된 활용률을 사용하여 공급 능력과 판매량 사이의 관계를 알아내어 적용하고 배경 작업을 이용하여 유휴 시간을 생산적인 방법으로 활용할 수 있는 방법을 확보해야 할 것이다.

5.4 요약

변동성은 모든 프로세스에 큰 영향을 미치며 내재되어 있다. 또한 프로세스의 각 단계에서의 변동성은 동일하지 않으며, 어느 하나라도 증가하게 된다면 산출량, 재고, 사이클 타임, 고객 서비스 등의 기업 영업 전반에 걸친 영향이 나타나게 되며 결과적으로 서비스 품질을 해치게 된다.

이러한 과도한 프로세스 공정 변동성은 품질 문제가 품질에 영향을 주기 전에 무엇인가 해야 할 과제가 너무 많아진다는 것을 의미하게 된다. 이것은 먼저 직접적으로 문제를 일으키거나 병목 현상을 일으키는 특정 프로세스를 찾는 것도 복잡하며, 해당 프로세스의 변동성을 개선하는 방법도 종류가 다양하며 효과도 상이하기 때문이다. 나아가 어떤 상황에서는 프로세스의 변동은 파악이 잘되지 않고 정상적인 것으로 판단되며, 이러한 변동은 쉽게 시간이 지나가며 누적되어 더 큰 영향을 미치게 된다.

변동성에 의해 나타나는 다양한 문제를 찾고 분석하기 위해 사용할 수 있는 규칙들을 배웠다. 지수 분포 기반의 도착 간격을 가정하는 것이나, 산출 손실 등으로 시스템을 더욱 쉽게 분석할 수 있게 되었고, 직원 수의 계획이나 우선순위 규칙 등을 통해 변동성을 감소시킬 방법도 배웠다. 또한 버퍼를 적극적으로 활용하여 실제 대기시간은 같지만, 서비스를 받는 고객들에게 시간을 자유롭게 쓸 방법을 제공하는 예약 시스템 등을 활용하는 방법도 배웠다. 이런 복합적인 방법으로 변동성을 관리하고 제어하는 것으로 변동성의 폭을 줄일 수 있고, 결과적으로 더 높은 수준의 서비스를 제공할 수 있게 된다.

연·습·문·제

1. 변동성의 주요 원인 4가지를 적고, 각 원인이 어떻게 변동성을 만들어내는지 서술하라.

2. 도착 프로세스의 도착 간격이 지수분포를 따를 때 가지는 중요한 특징 2가지를 적고, 지수분포가 이론과 실제 상황 모두에서 도착 간격 모델로 자주 사용되는 이유를 서술하라.

3. 우선순위가 프로세스에 미치는 영향과 우선순위를 정할 때 사용되는 규칙들을 설명하라.

4. 변동성 감소를 위해 행할 수 있는 개선책들을 설명하라.

5. 중간 버퍼 없이 일이 진행되는 서버 두 개가 있다고 하자. 다음 세 가지 시나리오를 분석하여 평균적으로 가장 높은 흐름율과 가장 낮은 흐름율을 가지는 시나리오를 찾으라.

시나리오	서버1의 processing time	서버2의 processing time
1	10분	10분
2	10분	반반의 확률로 8분 또는 12분
3	10분	반반의 확률로 6분 또는 10분

6. 두 개의 서버가 있다고 하자. 각 서버에 도착하는 작업의 평균 도착 간격은 10분, 각 서버의 서비스 시간은 평균 6분 그리고 도착 프로세스의 변동계수 및 서비스 시간의 변동계수는 모두 2라고 가정하자. 이 경우 각 서버의 활용률과 평균 대기시간을 구하고, 풀링을 하면 활용률과 평균 대기시간이 어떻게 변화하는지 비교하라.

7. 평균값의 함정이 무엇인지 서술하라.

8. 시스템에서 연속된 작업의 서버가 독립적이지 않을 때 일어나는 문제를 서술하고, 흐름율을 높이기 위해 할 수 있는 개선책을 적으라.

9. 대기 포기 고객에 의한 손실이 생길 수 있는 비즈니스의 예를 들어 산출 손실을 개선할 수 있는 대책을 설명하라.

10. 도착 프로세스의 고정성 여부를 결정할 때 쓸 수 있는 방법을 설명하라.

11. 국제 공항의 보안검색 절차로 인해 승객들이 오랜 대기시간을 겪고 있다. 새로 도입된 보행통과형 보안검색 시스템을 통해 대기시간을 줄일 수 있는지 분석한다. 아래 표를 참고하여 기술 도입 전후의 대기 시간을 계산하라.

항목	기존 시스템	새 시스템 도입 후
평균 도착 간격	1분	1분
평균 처리 시간	2분	1분
보안검색대 수	20개	30개
서비스 변동계수 (CV)	1.3	1.1

(1) 기존 시스템에서의 대기 시간을 계산하라.
(2) 새 시스템 도입 후의 대기 시간을 계산하라.
(3) 대기 시간 감소 효과가 공항 운영에 미치는 영향에 대해 서술하라.

6

CHAPTER

입지선택

학습 목표

- 공급사슬 설계와 입지 의사결정 사이의 상호관계를 이해한다.
- 입지선택에 영향을 미치는 주요 요인들을 이해한다.
- 단일시설 및 복수시설의 입지선택기법에 관해 설명한다.
- 부하-거리 방법 및 무게중심점 입지선택기법을 설명한다.

사례

[물류산업을 이끌 리딩기업] 쿠팡

쿠팡은 이머커스 기업이지만, 핵심 경쟁력은 로켓배송이라 부르는 물류부분이다. 물류시장이 쿠팡에 주목하고 있는 이유는 물류기업은 아니지만 어떤 물류기업도 도전하지 않았던, 아니 비용 등의 문제로 쉽게 접근하기 어려웠던 물류 부분에서 과감한 투자와 혁신으로 판을 뒤집었기 때문이다. 초기에는 쿠팡을 보는 시선에 불편함이 많았다. 실제로도 한국통합물류협회와 자가용 번호판을 사용하는 차량으로 배송하는 문제로 법정싸움을 이어가기도 했다. 결과는 쿠팡의 승리로 끝났지만 그렇다고 해서 그 불편함이 사라진 것은 아니었다. 하지만 쿠팡은 이러한 불편함을 자연스러운 것으로 만들었고 이를 바탕으로 이커머스 시장의 강자로 우뚝 섰다. 물류기업이 아님에도 불구하고 향후 물류산업을 이끌어갈 기업에 쿠팡을 꼽는 이유는 쿠팡이 보여준 물류 부분에 있어서의 혁신일 것이다.

There is a price to being in such a prestigious location(명당을 차지하려면 값을 치러야 한다).

– 미상

지금의 쿠팡이 있게 한 '로켓배송'

2010년 창립된 쿠팡은 초기에는 소셜커머스로 시작했다. 초기 소셜커머스 시장은 할인쿠폰 위주의 시장이었기 때문에 물류기업들에게는 큰 매력이 없는 화주였다. 하지만 2011년부터는 중반부터는 물류기업들이 눈여겨 보는 시장으로 변했다. 할인쿠폰에서 실제 상품을 판매하는 방식으로 전환되기 시작하면서 물동량이 증가하고 있었기 때문이다. 이 가운데서 쿠팡은 이미 930만 명의 회원을 확보하면서 소셜커머스 업계의 선두기업으로 올라섰다. 하지만 당시까지만 해도 쿠팡은 물류기업을 활용해 물류서비스를 제공하려 했던 것으로 보인다. 이때까지만 해도 물류기업 입장에서는 주요 화주로서의 관심이 컸던 시기였다.

하지만 2014년 쿠팡맨을 직고용하고 로켓배송을 론칭하면서 상황은 급변했다. 적어도 물류산업에 있어서는 고객이 아닌 시장을 뒤흔드는 파괴자로 변한 것이다. 초기 로켓배송은 서울 지역 오전 주문에 한해서 당일배송을 실현했다. 하지만 이것만으로도 상품의 주문량은 폭주했고 이를 바탕으로 소프트뱅크로부터 10억 달러(당시 한화 1조 1,000억 원)의 투자를 유치했다. 지금의 쿠팡이 있을 수 있었던 가장 큰 투자에 로켓배송이 중요한 요인으로 작용한 셈이다.

당시 주문에서 배송까지 모두 직접 하는 로켓 배송은 혁신적인 서비스였다. 당시 배송차량에 영업용 번호판이 아닌 자가용 번호판을 사용해 관련 논란을 만들기는 했지만, 물건을 받는 최종 소비자들에게는 상당히 큰 영향력을 행사한 것이다. 이후 쿠팡은 소프트뱅크로부터 투자받은 자금을 통해 물류망 확충에 나서면서 물류 혁신에 속도를 더했다. 쿠팡의 로켓배송은 국내 배송전쟁의 진원지이기도 하다. 당시 소셜커머스 뿐만이 아니라 홈쇼핑, 온라인 쇼핑몰, 편의점에 이르기까지 유통 업체 전체가 속도 경쟁에 뛰어드는 단초를 제공했다. 이러한 배송 속도 경쟁은 지금까지도 유효한 상황이다.

"로켓배송은 고객 만족을 위한 서비스이다"

이커머스 기업인 쿠팡이 당시 물류에 적극적인 투자를 했던 이유는 무엇이었을까? 지난 2015년 기자간담회를 통해 당시 김범석 대표가 밝혔던 내용에서 찾을 수 있다. 그는 "로켓배송은 단순 배송이 아니라 고객만족을 위한 통합 서비스"라며, "물류에 대한 투자는 지속할 것"이라고 밝히기도 했다. 그는 "2017년까지 1조 5,000억 원을 투자해 전국 21개 물류센터를 설립하고 로켓 배송 관련 인력 등 일자리 4만 개 창출을 통해 당일 배송을 확대할 것"이라며 향후 방향에 대해서도 설명했다. 이를 종합해 보면 당시 쿠팡은 단순히 물류 배송이 아니라 고객 경험을 최우선에 뒀던 것으로 보인다. 만족스러운 고객 경험이 고객 증가로 이어진다는 설명이었다. 그는 "로켓배송 투자로 고객 경험에 혁명이 일어나고 이는 곧 고객 증가로 이어져 쿠팡이 성장할 수 있는 선순환 구조를 만들 것"이라고 설명했다. 아직까지도 모든 적자를 해소하지는 못했지만, 결국 초기 소셜커머스로 시작했던 기업 중 쿠팡만이 탄탄한 성장을 이어왔다는 것을 고려하면 당시 쿠팡이 가고자 했던 길은 틀리지 않았던 것으로 보인다.

물류 생태계 변화의 시발점 된 '쿠팡'

쿠팡으로부터 시작된 빠른 배송은 유통업계의 물류전쟁으로 번졌다. 이는 물류생태계를 변화시키는 계기가 됐다. 변화는 2016년쯤 나타나기 시작했다. 쿠팡은 자가용 번호판을 단 배송차량을 통해 로켓배송을 진행했다. 이를 물류업계에서는 불법으로 규정하고 법정싸움까지 불사했다. 하지만 당시 분위기는 쿠팡이 배송하는 것은 사입한 제품을 직접 배송하는 것으로 유상운송행위가 아니라는 쪽으로 기울고 있었다. 이전까지만 해도 기업에서 배송하는 것은 영업용 번호판을 단 차량으로 배송하는 것이 당연하게 받아들여지고 있었다. 하지만 쿠팡으로 인해 이러한 관념은 깨지게 됐다. 이와 함께 당시 유통기업들이 물류기업에 전담팀을 요구하는 사례들이 늘어나고 있었다. 전담배송차량 운영과 조직을 구축해 서비스를 차별화 해줄 것을 요구하면서 물류기업들은 비용과 인력에 대한 부담이 증가하기도 했다. 이와 함께 쿠팡과 같이 배송망을 직접 구축하려는 움직임도 있었다. 전담팀이 구성되더라도 다른 유통기업과 차별화가 어렵다고 판단한 유통기업들이 직접 나섰던 것이다. 직접 유통기업이 배송망 구축과 물류거점을 구축하면서 인력난도 심해졌다.

물론 이러한 변화는 지금까지 이어지진 않고 있다. 쿠팡이 직접 구축한 물류망을 구성하기에는 많은 비용과 시간이 들어가기 때문이다. 하지만 기존의 관념을 뒤흔들었다는 것에는 변함이 없다. 하지만 가장 큰 변화는 풀필먼트의 등장과 라스트마일 딜리버리의 중요성이 높아졌다는 점이다. 이전 유통기업의 물동량은 물류센터에서 점포로 배송하는 형태가 주를 이뤘다. 하지만 고객에게 직접 배송하는 사례가 늘어나면서 라스트마일 딜리버리의 중요성이 커졌고 배송 방식 또한 다양한 형태를 띠게 됐다. 여기에는 쿠팡이 도입한 쿠팡플렉스의 영향도 있었다. 또 이커머스가 활성화되고 판매채널이 늘어나면서 중소 이커머스 업체의 물동량을 전문적으로 처리해 주는 풀필먼트 서비스가 등장했다. 기존의 중소 이커머스 기업의 물동량은 돈은 안되지만 귀찮은 물동량 취급을 받았다. 하지만 중소 이커머스 기업들이 큰 폭으로 증가하면서 풀필먼트 시장이 급속하게 성장했고 이제는 무시할 수 없는 시장으로 확장됐다.

쿠팡은 지금까지 오는 과정에서 많은 이슈를 만들어내기도 했고 논란을 생산해내기도 했다. 또 쿠팡이 시도한 서비스가 모두 성공하지도 않았다. 하지만 변화가 적었던 물류생태계에 큰 변화를 만들어냈으며, 자의든 그렇지 않던 새로운 서비스를 창출할 수 있는 기반을 마련하는 데 역할을 한 것은 사실이다. 물류기업도 아닌 쿠팡이 물류산업을 이끌어갈 기업으로 꼽힌 것은 이러한 영향이 큰 것으로 보인다.

출처: https://www.klnews.co.kr/news/articleView.html?idxno=305988

사례

위치, 위치, 위치: 장소 전략

한 지역에서의 비즈니스 성공이 새로운 장소에서도 반드시 따라오는 것은 아니다. 후안 알카세르(Juan Alcacer) 교수는 장기적인 전략적 관점을 취하는 것의 중요성을 논의한다. 주요 개념은 다음과 같다. 많은 기업이 지리적 전략을 단기적인 체커 게임으로 생각하지 않고 장기적인 체스 게임으로 본다. 새로운 위치를 설립하는 것은 자원 소모가 크므로 잘못된 결정은 조직의 에너지를 빼앗고 초점을 잃게 할 수 있다. 자기 본거지에서 번창하는 기업들은 동네 건너편이나 전 세계로 확장하고 싶은 유혹에 빠질 수 있다.

문제는 많은 기업이 위치 전략을 단기적인 체커 게임으로 생각하지 않고 장기적인 체스 게임으로 본다는 것이다. "많은 기업은 한 장소에서 성공한 것이 다른 곳에서도 성공할 것이라고 이해하지 못한다." "확장 결정을 내리는 이유가 잘못된 경우가 많다." 하버드 비즈니스 스쿨의 전략 단위에서 강의하는 후안 알카세르 부교수는 말한다. "많은 경우 기업은 자신들이 하는 일의 장기적인 결과를 생각하지 않는다." 이러한 성급한 결정은 조직의 에너지를 빼앗고 처음에 잘 하고 있던 것에 대한 집중을 잃게 만드는 지리적 실수를 초래할 수 있다. 지리적 확장은 신선한 시장과 추가 자원에 접근할 수 있게 해야 한다. 그러나 전략적 관점을 가진 기업들은 새로운 영토가 현재 비즈니스에 가치를 더하고 경쟁 우위를 강화해야 한다는 것을 인식한다.

결국 새로운 위치의 전략적 가치는 세 가지에 달려 있다고 알카세르는 말한다: 인근 지원 산업과 같은 사용 가능한 자원의 강도, 이 설정에서 지식을 추구하고 회수하는 회사의 능력, 그리고 경쟁자보다 더 잘할 수 있는 능력이다. 예를 들어, 가장 저렴한 장소를 찾아 확장하려는 기업은 전략적 체스를 두는 대신 전술적 체커를 두는 것이다; 알카세르는 비용 절감이 다른 요소들을 완전히 무시하는 것은 실수라고 말한다. "시장이 있는지, 더 저렴한 노동력이 있는지 생각해야 할 뿐만 아니라," 그는 말한다. "경쟁자들이 무엇을 하고 있는지, 그 위치에 들어가거나 나가는 것이 적절한 시기인지도 생각해야 한다. 비용을 줄이는 것이 전혀 경쟁 우위를 제공하지 않을 수도 있다." 월마트는 1962년 아칸소주 로저스에 첫 매장을 연 이후 똑똑한 확장을 해왔다. 샘 월튼은 자신의 성장하는 기업을 다른 작은 시골 마을로 천천히 확장하여 소규모 경쟁자들을 능가할 수 있었다. 경영진은 다시 한 번 충분한 자원을 개발한 후 큰 박스형 소매업체인 K마트와 경쟁하기 위해 교외 지역으로 진출했다.

시간이 중요하다

초기에 경영진이 올바르게 결정해야 할 중요한 고려 사항은 사업이 필요한 자원을 지출할 수 있는지 여부이다—특히 그것이 기존의 성공적인 사업에서 시간과 주의를 빼앗을 때. "새로운 운영을 시작할 때 돈뿐만 아니라 관리자가 올바른 방향으로 가고 있는지 확인하기 위해 시간과 에너지가 필요하다. 이는 본국의 기본 사업에 그만큼 집중할 수 없다는 것을 의미한다." 알카세르는 말한다. 자원이 준비되어 있는지 확인하는 것 외에도 기업 지도자들은 어떤 전략적 위치를 목표로 할 것인지 결정해야 한다.

기업들은 종종 경쟁자를 도시나 국가마다 무작정 따라다니면서 그 같은 상황이 자기에게 맞는지 분석하지 않는다. 중국 확장 붐에 뛰어든 많은 기업들은 이제 그 결정이 잘못되었다는 것을 깨닫고 있다고 알카세르는 말한다. "그들은 자신들이 시장에 잘 준비되지 않았거나 그 시장이 자신들에게 맞지 않았다는 것을 깨닫고 있다." 알카세르는 기업들에게 확장 전에 목표 지역에 팀을 보내 시장과 비즈니스 모델을 조사할 것을 권장한다. 경쟁자를 따라가는 또 다른 문제는 그 경쟁자들이 귀사의 운영에 대한 통찰을 얻고 고급 기술 인력을 빼앗을 위험이 증가한다는 것이다.

때로는 군중을 피하고 독창적인 틈새를 찾는 것이 가장 좋다. 이는 애니메이션 스튜디오 픽사의 길이었다. 픽사는 샌프란시스코 만 건너편 에머리빌의 진흙 평지 근처에 자리를 잡았다. 픽사는 영화 산업의 대다수가 있는 LA를 의도적으로 피했다. 알카세르는 2006년 디즈니가 픽사를 인수했을 때, 픽사 경영진은 북부 캘리포니아에 남아있기를 요청했는데, 이는 남부 캘리포니아의 문화가 회사 문화에 부정적인 영향을 미칠 것을 우려했기 때문이라고 말한다. 그러나 일부 산업에서는 경쟁자들이 특정 지역에 있는 고유한 지식에 접속해야 하기 때문에 경쟁자 근처에 머무를 수밖에 없다고 생각하는 경영진도 있다. 예를 들어, 생명공학 기업들은 성장에 잠재적으로 도움이 될 수 있는 과학자들과 최첨단 연구와 상호 작용하기 위해 종종 일류 대학 근처에서 운영한다. 디트로이트와 실리콘 밸리도 마찬가지로, "하나의 회사를 보면 다른 회사들도 볼 수 있다."라고 알카세르는 깨달았다.

이러한 종류의 고도로 경쟁적인 환경에서 운영되는 기업들은 중요한 정보가 도시 전체로 퍼지는 것을 막기 위해 단위 간의 강력한 내부 연결을 유지하고 거리를 넘어 직원 간의 협력 문화를 창출해야 한다. 미시간 대학교의 Minyuan Zhao와 알카세르가 작성한 작업 논문 〈Local R&D Strategies and Multi-Location Firms: The Role of Internal Linkages〉에 따르면, 혁신을 내부화하여 인근 경쟁자보다 더 빠르게 이점을 확보하고 시장에서 강력한 경쟁 제품 위치를 확보할 수 있다. 또한 기업은 프로젝트를 조각내어 다양한 지역의 직원들에게 조각조각 분배하여 중요한 정보의 도난을 방지할 수 있다. 알카세르는 이 모델이 "알 필요가 있는" 스파이 작전처럼 작동할 수 있다고 말한다. 특정 정보는 전체 그림을 알지 못하는 특정 직원에게 할당된다.

세계로 나아가기

다른 나라로 사업을 확장하는 것은 완전히 새로운 복잡성을 가져온다. 알카세르는 말한다. 우선, 국제적으로 확장하는 기업들은 각 나라가 고유한 "지식 프로필"을 가지고 있기 때문에 완전히 다른 시장에 제품을 조정해야 한다. "기업들은 종종 제품을 다른 시장에 맞추는 것을 고려하지 않는다." 그는 말한다. "확장하는 성공적인 기업들은 본국 시장에서 하고 있는 것과 정확히 같은 일을 하면 해외에서도 성공할 것이라고 가정한다. 그러나 많은 기업들은 한 위치에서 작동하는 것이 다른 곳에서도 작동하지 않을 수 있다는 것을 이해하지 않는다. 우리는 기술이 우리를 동질적으로 만들었다고 믿는 경향이 있지만, 거리는 중요하다. 나라들은 다르고, 소비자들도 다르다. 인도의 사람들은 미국의 사람들과 다르다."

보다폰(Vodafone)은 그 교훈을 어렵게 배웠다. 런던에 본사를 둔 통신 기업인 보다폰은 처음에 일본의 정교한 소비자들을 더 잘 이해하기 위해 탐험을 시작했지만, 곧 확립된 시장에 매료되었다. 탐사 임무는 곧 판매 모드로 변했다. 보다폰은 대량으로 유럽에서 사용되는 핸드셋을 구매하여 일본에 도입하려 했다. 불행히도 일본 소비자들은 완전히 다른 기술에 중독되어 있었고, 보다폰은 몇년 간의 힘난한 시간을 보내고 나서 철수할 수밖에 없었다. "보다폰은 일본 핸드셋을 연구해야 했다." 알카세르는 말한다. "서비스나 제품을 제공하기 위해 시장에 진입하면서 동시에 배우려 하면, 이 두 가지 목표는 충돌할 수 있다. 동시에 성공적으로 할 수 있지만, 두 가지 활동을 의식적으로 해야 한다." 국제 확장을 위한 또 다른 고려 사항은 필요한 자원이 크게 증폭되며, 단기적으로 성공이 문제를 더 악화시킬 수 있다는 것이다. "해외로 확장하기 시작할 때, 본국 운영에 부정적인 영향을 미치는 경우가 종종 있다. 성장 통증을 겪고 있으며, 더 빨리 성장할수록 문제가 발생할 가능성이 크다."

출처: https://hbswk.hbs.edu/item/location-location-location-the-strategy-of-place

6.1 서론

입지선택(facility location)

공급망 내 주요 시설들의 **입지선택(facility location)**은 기업의 가치를 발생시키는 요소들의 지리적 입지를 결정하는 프로세스이다. 입지선택은 기업에게 매우 중요하며 공급사슬의 장기적인 경영에 큰 영향을 미친다. 그 이유는 몇 가지로 나누어 볼 수 있다. 첫째, 입지선택은 미래 수요의 불확실성 하에서 기업의 장기적인 대량의 자본투자를 의미하는 것이다. 자본투자의 성공여부는 회사의 중 · 장기 의사결정 정책들에 영향을 미치게 된다. 둘째, 입지선택은 생산능력, 설비배치, 생산시스템의 제약조건, 물류창고의 위치 및 배치, 고용 및 지역경제의 파급효과 등에 영향을 미치게 된다. 셋째, 입지선택은 생산비용 및 제품의 원가를 결정하게 되어 경쟁사와의 경쟁력 확보에 영향을 미치게 된다.

세계화(globalization)

공급망의 **세계화(globalization)**로 인해 기업들의 공급자 선택의 기회가 전 세계적으로 확대되면서 생산시스템의 입지선택은 공급자 관계 프로세스에 영향을 미쳤다. 이런 기회는 품질 향상이나 인건비 절감의 기회를 제공하게 되지만, 주체들 간의 거리가 상대적으로 멀어져서 수송비가 높아지고 공급자와 고정이 어려워지게 된다. 입지선택은 고객 관계 프로세스에 영향을 미칠 수 있다. 고객이 프로세스에 존재해야 하면, 고객과 거리가 먼 입지를 선택할 수 없다. 반면, 고객접촉이 개인적 · 능동적이지 않거나, 정보나 소유물을 처리해야 하면 입지가 덜 중요하다. 고객과 서비스 시설이 멀리 떨어져 있으면 고객관계 프로세스를 효과적으로 만드는 데 정보기술이 매우 중요한 역할을 하게 된다. 또한 생산시스템 내 설비의 상대적 위치 선택은 기업의 운영비용, 서비스/상품의 가격, 시장경쟁력에 큰 영향을 미치기 때문에 중요하다.

따라서 공급망 내 주요 시설들의 입지선택이 중 · 장기 기업 전략 및 공급사슬망 설계에 영향을 미친다는 점을 고려하여 6장은 다음과 같이 구성하고자 한다. 먼저, 6.2절에서는 제조업 및 서비스업의 입지선택에 관련된 주요 입지요인들과 조직에 미치는 영향을 알아본다. 6.3절에서는 단일 시설의 입지선택을 위한 정량적인 분석 방법에 대해 알아본다. 6.4절에서는 복수 시설의 입지선택을 위한 정량적인 네트워크 최적화 방안에 대해 알아본다. 마지막으로 6.5절에서는 (1) 최적화, (2) 휴리스틱, (3) 시뮬레이션 등의 다양한 입지선택 컴퓨터 분석기법들을 소개한다.

6.2 입지선택의 영향요인

입지선택은 제조업 및 서비스업 전체의 프로세스와 사업체 내부의 부서들에 많은 영향을 미친다. 새로운 판매 지점의 입지를 선택할 때, 마케팅 부서는 해당 입지가 고객의 관심을 얼마나 끌어서 신규 시장을 창출할 수 있을 것인지를 신중히 평가해야 한다. 조직 내 일부 시설 또는 시설 전체의 입지를 변경하는 것은 부서 혹은 직원 간 업무 운영의 효율성에 엄청난 영향을 준다. 또한 입지는 직원의 고용과 훈련을 담당하는 인적자원부서와도 밀접한 관련이 있다. 신규 시설을 위치시키거나 기존 시설의 입지를 옮기는 데에는 일반적으로 높은 비용이 든다. 그러므로 조직의 회계와 재무 부문은 입지 의사결정을 신중하게 평가해야 한다. 예를 들어, 현대자동차가 제조공장 입지를 미국 앨라배마 주로 선택하였을 때, 해당 지역의 경제적 환경과 주정부의 금전적 인센티브가 신규로 제안된 공장의 재무적 수익성에 중요한 영향을 미쳤다. 마지막으로 운영 부문 또한 입지 선택과 깊은 연관을 가지는데, 그 이유는 선택된 입지가 현재의 고객 수요를 만족시키고 적절한 수준의 고객접촉을 제공해야 하기 때문이다. 월마트(Walmart), 맥도날드(McDonald), 토요타(Toyota)와 같은 국제적 규모의 운영은 새로운 도전과제를 제시하는데, 외국에서 시설과 인력을 구비하고 운영하는 것은 엄청난 시간이 소요되며 운영하기에 매우 까다롭다. 이를 위해 제조 및 서비스 조직의 경영자는 특정 입지가 적절한지 평가할 때 고객 및 공급자 근접성, 노동비용, 운송비용 등의 많은 요인을 고려해야 한다. 일반적으로 경영자는 다음의 두 가지 조건 중 하나라도 만족시키지 못하는 요인은 고려하지 않아도 된다.

1) **기업의 목표 달성을 위해 주요 입지결정 요인의 영향력이 커야 한다.** 고려대상의 입지가 협력업체와의 거리에서 차이가 있다 해도, 신속한 의사소통 및 수송이 가능하다면 협력업체와의 거리를 고려할 필요는 없다.

2) **주요 입지결정 요인이 입지에 따라 민감도가 커야 한다.** 고려대상의 모든 위치의 지역 사회 분위기가 좋다면 지역사회 분위기를 고려할 필요는 없게 된다.

입지의 영향요인은 주요 입지요인과 부수적 입지요인으로 나눌 수 있다. 주요 입지요인은 우선 경쟁 역량(원가, 품질, 시간, 유연성)에서 유도되며 판매나 비용에 특히 강력한 영향을 미친다. 예를 들어, 낮은 임금 및 호의적인 노동시장 환경과 저가의 부지매입 및 세제혜택 등 금전적인 인센티브는 현대자동차가 제조공장 입지를 미국 앨라배마 주로 결정하는 데 영향을 준 주요 입지요인이었다. 부수적 입지요인도 역시 중요한 것이나, 더 중요한 요인이 있으면 경영진은 부수적 입지요인을 중요시하지 않거나 무시하기에 이른다. 즉, 많은 부품을 하청업체에 위탁하지 않고 현장에서 생산하는 현대자동차의 제조공장에 있어서는 외부로부터의 수송비용이 입지결정에 있어서 부수적 입지요인이기 때문에 입지선택에 있어서 무시될 수 있다.

6.2.1 제조업의 주요 입지요인

이번 절에서는 일반적으로 제조회사에서 신규 공장입지의 입지선택에 사용하는 주요 입지요인들을 살펴본다. 이러한 주요 입지요인들 사이에 상관관계가 있을 때가 많다. 예를 들어 입지선택에서 물류, 세금, 고객과의 근접성과 같은 다른 입지요인들이 호의적이라면 입지의 노동비용이 높아도 괜찮을 수 있다.

1) **수요자 및 시장의 근접성**: 경영진은 서비스/제품에 대한 수요가 가장 큰 곳을 결정한 후에 그 수요에 대응할 시설의 입지를 선택해야 한다. 제품의 부피가 크거나 중량이 많이 나가서 수송비용이 높을 때에는 수요자 혹은 시장 가까이 시설의 입지를 결정한다. 반면에 부피가 작고 중량이 작게 나가는 제품은 수송비용 낮으므로 수요자 혹은 시장 접근성을 낮게 가져가도 상관없다.

2) **공급자 및 자원의 근접성**: 원재료 의존적이며 부피가 크거나 중량이 많이 나가는 산업에서는 공급자 및 자원의 근접성을 강조한다. 이런 경우에는 자재수송비용이 주요인이 되므로 이들 기업은 공급자 가까이에 입지를 선택하게 된다.

3) **모기업 근접성**: 대부분의 모기업의 공장은 다른 부문에 부품을 공급하거나, 다른 부문에 있는 경영진이나 스태프의 지원을 받고 있다. 이러한 관계 때문에 서로 간의 정보 교류 및 의사소통 활동들이 빈번해지는데 이들 간의 거리가 멀어지면 원활한 경영활동이 어려워지는 특성이 있다.

4) **공공서비스, 세금, 부동산 비용**: 제조업의 입지선택에 있어서 또 다른 주요요인에는 공공서비스(전화, 에너지, 물), 지방세 및 주세, 지방정부 혹은 주정부에 의한 금융지원, 이전비용, 토지 비용 등이 포함된다. 예를 들면, 앨라배마에 위치한 현대자동차 제조 공장, 사우스캐롤라이나의 BMW 공장, 켄터키의

토요타(Toyota) 공장에서의 입지선택의 매력적인 요인은 부분적으로는 지역 정부의 인센티브 때문이다.

6.2.2 서비스업의 주요 입지요인

서비스업의 입지선택 요인들에서도 제조업의 입지선택 요인들이 중요하게 고려된다. 하지만 서비스업의 입지선택에서는 판매와 고객 만족에 미치는 영향도 추가로 고려해야 한다. 이러한 서비스업만의 특성을 고려한 주요 입지요인들은 다음과 같다.

1) 고객근접성: 서비스업에 있어서 입지조건은 고객들이 얼마나 편하게 그 회사와 거래할 수 있는가를 결정하는 핵심적 요인이다. 예를 들어 은행이나 마켓을 가기 위해 집에서 수십 킬로미터나 떨어진 곳에 가야 한다면 이를 이용하는 사람은 거의 없을 것이다. 따라서 입지가 수익에 미치는 영향이 다른 중요한 요인들의 영향을 압도하게 된다. 하지만 단순히 고객 근접성만으로는 충분하지 않다. 핵심은 해당 시설을 자주 찾는 고객과의 근접성이다.

2) 경쟁자의 입지: 입지 후보별 매출 잠재력의 추정계산을 복잡하게 만드는 요인 중 하나는 경쟁자의 입지이다. 경영자들은 경쟁자들의 현재 위치를 고려해야 함은 물론, 자신들의 새로운 입지에 대한 경쟁자들의 반응을 예측해야 한다. 일반적으로 경쟁자가 확고하고 포화된 지역에 입지를 결정하는 하는 것은 바람직스럽지 못한 경우가 많다. 한편, 패스트푸드 체인이나 자동차 전시매장 같은 경우는 입지를 경쟁자 근처에 위치하는 것이 보다 유리할 수도 있다. 이는 한 위치에 동종의 경쟁자가 모여 있음으로써 분산되어 있을 때보다 많은 잠재적 고객들을 확보할 수 있으며 전문성 및 브랜드 가치 상승을 가질 수 있기 때문이다.

3) 시장근접성 및 수송비용: 시장근접성 및 수송비용은 물류센터나 유통시설의 입지결정에 있어서는 매우 중요하다. 물류센터가 가까이 있으면 기업은 재고를 고객과 가까운 곳에 보유함으로써 유통시간을 줄이고 판매를 촉진할 수 있다.

4) 입지 특유의 요인들: 소매업체들은 판매활동의 수준, 교통흐름, 가시성 등을 고려해야 한다. 사람들이 많은 경우 충동적으로 쇼핑에 나서거나 외식을 하기 때문에 지역의 판매활동 수준은 중요한 요인이다. 교통흐름과 가시성은 고객들이 차를 이용하는 경우에 중요한 요인이 된다. 이를 고려하기 위해서는 교

통정체, 교통량, 시간대별 차량흐름, 신호등, 교차로, 중앙분리대 등을 검토해야 한다. 가시성은 도로에서의 거리와 근처의 지형지물의 크기에 따라 달라지므로 이를 잘 고려해야 한다.

6.3 입지선택의 정량적 방법: 단일시설의 입지선택

앞 절에서는 제조업 및 서비스업의 입지선택의 주요 정성적 입지요인들에 대해 알아보았다. 지금부터는 기업이 입지를 결정하는 정량적인 방법들을 살펴본다. 이번 절에서는 단일시설의 입지선택에 대해 살펴보기로 한다. 이를 결정하기 위해 의사결정자인 경영자는 기존 시설을 확장할 것인지, 다른 시설을 세울 것인지, 아니면 다른 지역으로 이전할 것인지에 대해 결정해야 한다. 기존 시설을 확장한다면 현재의 인력을 유지하는 이점과 더불어 건설 시간과 비용을 감소시키고 운영이 분리되는 것을 방지할 수 있는 장점이 있지만, 기업이 시설을 확장함에 따라 어느 시점에 가서는 규모의 비경제가 나타날 수 있는 단점이 있다. 하지만 자재 취급의 비효율, 생산프로세스의 복잡도에 의한 생산통제의 어려움 증가, 공간 부족 등은 새로운 공장을 세우거나 기존 공장을 이전해야 하는 주요 이유가 된다.

새로운 공장을 건설하거나 새 소매점이나 사무소로 이전할 때의 장점은 단일공장의 생산에 대한 의존성을 없애고, 생산적인 노동력을 신규 채용하고, 수송비를 절감하고, 최신 기술로 현대화할 수 있다는 장점을 가지고 있다. 이전을 선택하는 기업들은 대부분 소규모 기업들이다. 이들은 제약된 공간에 생산성에 지장을 받고 있으며 생산 효율성을 높이기 위해 생산프로세스와 배치를 새롭게 하여야 할 필요가 있다. 이전을 선택하는 기업들 중 대부분이 기존의 위치에서 멀리 떨어지지 않은 곳으로 이전하게 되는데, 근거리에 이전하게 되면 회사는 현재의 노동력을 계속 이용할 수 있는 장점을 가질 수 있다.

서비스 위주의 산업은 일반적으로 제조업보다 입지이전 비용이 적게 든다. 예를 들면, 패스트푸드점, 서점, 은행 등의 시설들의 입지이전이 제조 공장의 이전보다는 어렵지 않을 것이다. 서비스업들은 대부분 고객의 근접성이 중요하기 때문에 서비스 시설의 입지는 인구 이동과 고객요구사항 변화에 따라 정기적으로 재평가

되어야 한다. 경우에 따라 현재 위치에 머무르는 것, 새로운 위치로 이전하는 것, 신규 시설을 여는 것의 독립적으로 생각하지 않고 세 가지 방안을 동시에 조합적으로 고려되어야 한다. 이번 절에서는 신규 입지가 필요한지 여부를 어떻게 결정할 것인지 알아보고, 단일시설의 입지선택의 정량적인 방법으로 **부하-거리(load-distance)** 방법을 살펴보도록 하자.

부하-거리(load-distance)

6.3.1 단일시설의 입지선택을 위한 다수입지의 비교

신규시장의 진출을 위한 체계적인 입지선택 프로세스는 목표시장을 겨냥한 새로운 지역의 물류센터, 아웃렛 매장 또는 제조공장을 신설함으로써 성과가 개선될 수 있을 것이라는 예상에서 시작된다. 입지를 결정하는 절차는 다음과 같은 일련의 과정으로 진행된다.

1) 주요 입지요인들을 결정하고 이들을 다시 주요인과 부요인으로 구분한다.

2) 후보 대안이 될 지역들을 특정 수준으로 좁힌 후, 특정 지역을 후보로 최종 선정한다.

3) 입지선택과 직 · 간접적으로 관련 있는 입지 자문가, 주정부 개발기구, 상공회의소, 토지개발 회사 등 다양한 정보처로부터 자료를 수집한다.

4) 연간 수송비용이나 세금처럼 화폐가치로 측정되는 정량적인 요인에 대해 자료를 분석한다.

5) 입지에 관련된 정성적인 요인을 평가한다. 정성적인 요인은 지역주민의 태도, 삶의 질 등 화폐가치로 표현할 수 없는 요인들이다. 어떤 경영자들은 각 요인의 기대성과를 점검하는 것만으로 만족하기도 하나, 다른 경영자들은 선호도 행렬을 이용하여 각 입지별 **가중점수(weighted score)**를 계산한다. 어떤 상황에서 중요한 것이 다른 상황에서는 덜 중요할 수도 있다. 가중점수가 가장 높은 입지가 최적이다.

가중점수(weighted score)

모든 가능한 지역을 철저히 평가한 후에, 추천 지역과 더불어 기초 데이터와 분석내용 요약이 포함된 최종 보고서를 준비한다.

예제 6-1 선호도 행렬에서의 가중점수 계산

의료법인 행복요양병원이 설립되어 있는 지역의 급격한 노령화로 인해 인근 지역에 입지를 선택하려 한다. 아래의 표는 한 후보 입지에 대해 입지요인, 가중치, 그리고 점수(1=나쁨, 5=우수)를 보여주고 있다. 이 예에서 가중치의 합은 1이다. 입지마다 가중점수(Weighted Score: WS)를 계산할 것이다. 이 입지의 WS는 얼마인가?

입지요인	가중치	점수
연간 환자 수	0.20	5
토지 및 건설비용	0.25	4
연간 이용률	0.20	4
고속도로 근접성	0.10	5
응급차의 평균이동거리	0.15	2
직원 선호도	0.10	4

풀이 WS는 각 요인의 가중치와 점수를 곱한 다음 이들을 모두 더한 것이다.

$$\begin{aligned} WS &= (0.20\times5)+(0.25\times4)+(0.20\times4)+(0.10\times5)+(0.15\times2)+(0.10\times4) \\ &= 1+1+0.8+0.5+0.3+0.4 \\ &= 4 \end{aligned}$$

현 대안의 WS는 4점이며, 이를 다른 대안 입지의 점수와 비교한다.

6.3.2 부하-거리 방법의 적용

체계적인 입지선택 절차를 위한 분석방법을 위해 후보입지 대안들은 정량적 요인들을 고려해야 한다. 부하-거리방법은 이 단계에 사용되는 방법 중의 하나이다. 이는 유연흐름배치 설계에서 했던 가중거리방법과 비슷하게 작동한다. 시장근접성, 목표고객과의 평균거리, 공급자 및 원재료 근접성, 모기업의 다른 시설 근접성 등 입지요인들은 거리와 직접 연관되어 있다. 입지를 평가하기 위한 부하-거리 방법은 근접성 요인을 수학적 모형으로 다루는 것이다. 이때 목적은 시설로 들어오고 나가는 부하의 총가중치를 최소화하는 것이다. 부하는 거리에 의해 가중되며 지도상에서 두 좌표 사이의 거리를 표현할 수 있다. 거리 대신 거리에 도달하는 시간을 이용할 수도 있다.

총 부하-거리 점수 계산법

부하가 이동하는 거리를 줄이려는 상황을 가정해보자. 이 부하에는 공급자로부터의 수송, 공장 간 수송, 고객으로의 수송 등이 포함된다. 이는 종업원이나 고객이 시설에 들어오고 나가는 양이 될 수도 있다. 이 경우 큰 부하가 이동하는 거리를 작게 하도록 부하-거리(TLD) 점수를 최소로 하고자 할 것이다. TLD 점수를 계산하기 위해서는 지리정보시스템(GIS)을 이용하여 두 지점 간 실제거리를 구하여 두 지점 간 수송량과 곱한것의 합계를 구한다. 그 이외의 거리산정 방법으로는 GIS를 통한 두 지점의 x좌표와 y좌표를 이용하여 직각거리나 직선거리를 구하여 거리의 근사치로 사용할 수도 있다. 이동 시간, 실제거리 또는 직각거리(격자형 도로망을 고려했을 경우) 등은 모두 적절한 거리 척도이다. 총 부하-거리 점수 계산식은 다음과 같다.

$$\text{TLD} = \sum l_i d_i$$

부하는 서비스 시설에 꼭 와야 하는 고객의 인원일 수도 있고, 제조업체의 운송 횟수나 무게일 수도 있다. 점수는 부하와 거리를 곱한 것의 합계이다. ld 점수를 근거로 입지를 결정하면 고객서비스가 개선되거나 운송비가 줄어든다. 목적은 점수를 최소화하는 괜찮은 시설입지를 발견하는 것이다. 입지는 x좌표와 y좌표로 표현한다. 현실문제에서는 정확히 최소점수에 해당하는 입지를 얻지 못할 경우가 많다. 예를 들어 그 입지의 땅값이 너무 비쌀 수도 있고, 다른 제약 요인으로 인해 선택된 입지가 바람직하지 않을 수도 있다.

무게중심점 방법

체계적인 입지선택 프로세스가 있다면 총 부하-거리(TLD) 점수로 입지를 평가하는 것은 비교적 간단하다. **무게중심(center of gravity)** 입지선택 방법은 총 부하-거리(TLD) 점수계산법을 사용하여 목표지역의 입지를 평가하기에 좋은 시작점이 된다. 첫 번째 단계는 입지의 위도와 경도 또는 (x, y) 격자를 사용하여 각 입지의 x와 y좌표를 결정하는 것이다. 무게중심점의 x좌표는 다음의 식과 같이 x^*로 표시하며, 이는 각 점의 x좌표(x_i)를 부하(l_i)와 곱한 후 이를 모두 더한 $\left(\sum_i l_i x_i\right)$를 부하의 합$\left(\sum_i l_i\right)$으로 나눈 것이다. 또한 y^*으로 표시하는 무게중심점의 y좌표도 같은 방법으로 계산할 수 있다.

$$x^* = \frac{\sum_i l_i x_i}{\sum_i l_i}, \quad y^* = \frac{\sum_i l_i y_i}{\sum_i l_i}$$

예제 6-2 전기회사에서의 무게중심점 활용

수력으로 전기발전을 하여 전기를 공급하는 A회사가 있다. A회사는 미국 동남부 구역의 8개 지역에 거주하는 고객에게 연간 60만톤 이상의 전기를 납품하고 있다. 무게중심점 방법을 이용하여 A회사의 신설공장의 입지를 선택하면 어디인가? 직각거리를 사용하면, 이 입지의 부하-거리 점수는 얼마가 되는가?

고객위치	납품량(톤)	x, y 좌표
아틀랜타	6,000	(14, 4)
인디애나폴리스	83,000	(9, 13)
클리브랜드	81,000	(12, 11)
루이빌	36,000	(12, 8)
내쉬빌	10,000	(13, 5)
영스톤	228,000	(14, 12)
찰스톤	17,000	(15, 11)
리치몬드	154,000	(16, 6)

풀이 무게중심점 방법을 이용하여 신설공장의 입지의 좌표를 결정하면 다음과 같다.

$$x^* = \frac{\sum_i l_i x_i}{\sum_i l_i} = \frac{8,276}{615} \simeq 13.5, \quad y^* = \frac{\sum_i l_i y_i}{\sum_i l_i} = \frac{6,179}{615} \simeq 10.0$$

여기서

$$\begin{aligned}\sum_i l_i x_i &= 6(14)+83(9)+81(12)+36(12)+10(13)+228(14)+17(15)+154(16) \\ &= 8,276 \\ \sum_i l_i y_i &= 6(4)+83(13)+81(11)+36(8)+10(5)+228(12)+17(11)+154(6) \\ &= 6,179\end{aligned}$$

여기서

$$\sum_i l_i x_i = 6(14)+83(9)+81(12)+36(12)+10(13)+228(14)+17(15)+154(16)$$
$$=8,276$$
$$\sum_i l_i y_i = 6(4)+83(13)+81(11)+36(8)+10(5)+228(12)+17(11)+154(6)$$
$$=6,179$$

$$\sum_i l_i = 6+83+81+36+10+228+17+154=615$$

앞의 무게중심점을 이용한 좌표 값의 결과로 얻어진 최종 총 부하-거리점수는

$$\begin{aligned} TLD = \sum_i l_i d_i &= 6(0.4+6.1)+83(4.6+2.9)+81(1.6+0.9)+36(1.6+2.1) \\ &+10(0.6+5.1)+228(0.4+1.9)+17(1.4+0.9)+154(2.4+4.1) \\ &=2658.5 \end{aligned}$$

이다. 여기서, 위치 i의 직각거리는

$$d_i = |x_i - x^*| + |y_i - y^*|$$

로 표현된다.

6.3.3 손익분기점(break-even) 분석의 활용

손익분기점(break-even) 분석 방법은 총비용으로 표현된 계량적 요인들을 가지고 입지 대안을 비교하는 데 적절하다. 이는 특히 각 대안이 최적인 구간을 정의하고자 할 때 유용하다. 이를 위한 절차는 도표적 방법과 대수적 방법으로 구성되며 다음의 기본적 단계를 거친다.

손익분기점(break-even)

1. 대상 후보 입지별로 고정비와 변동비를 구한다. 고정비는 산출물의 양에 무관하게 일정한 부분이며 변동비는 총비용 중 산출물의 양에 따라 직접적으로 변하는 부분이다.
2. 모든 입지의 총비용(변동비와 고정비의 합) 곡선을 하나의 그래프에 그린다.
3. 각 대안의 최저 비용이 되는 구간을 찾는다.
4. 최저 비용의 대안이 바뀌는 구역에 대해 대수적으로 손익분기점을 계산한다.

예제 6-3 입지의 손익분기점 분석

새로운 공장의 입지선택 후보지를 네 지역으로 압축하였다. 1년 동안의 고정비(토지, 재산세, 보험, 장비, 빌딩 등)와 변동비(인건비, 자재비, 수송비, 경비 등)는 표와 같다.

지역	연간 고정비용	단위당 변동비
A	$250,000	$75
B	$400,000	$47
C	$600,000	$23
D	$700,000	$39

1단계: 네 지역의 총비용곡선을 하나의 그래프에 그려라. 그래프 상으로 각 대안의 비용이 가장 낮게 되는 구간을 산정하라.

2단계: 손익분기점 분석을 통해서 해당 구간의 손익분기점을 정하라. 수요의 기대치가 연간 15,000단위라면 최선의 입지는 어디인가?

풀이

1단계: 한 지역의 총비용곡선을 그리려면 먼저 Q = 0, Q = 15,000 두 가지 산출량 수준에서 총비용을 계산해 보자. Q=0일 때의 총비용은 고정비와 같으며, Q = 15,000일 때의 총비용(고정비와 변동비를 더한 값)은 표와 같다.

지역	고정비	변동비 (단위당 비용)(단위 수)	총비용 (고정비+변동비)
A	$250,000	$75(15,000)=1,125,000	$1,375,000
B	$400,000	$47(15,000)=705,000	$1,105,000
C	$600,000	$23(15,000)=345,000	$945,000
D	$700,000	$39(15,000)=585,000	$1,285,000

[그림 6-1]에 총비용 곡선들을 표시하였다. A지역의 총비용곡선은 (0, 250)과 (15, 1,375) 점을 지난다. 그래프에 따르면 물량이 적을 때는 A가 최선이며 중간 수준일 때는 B가, 물량이 많을 때는 C가 최선이다. D지역은 C에 비해 고정비와 변동비가 모두 높으므로 더 이상 고려할 필요가 없다.

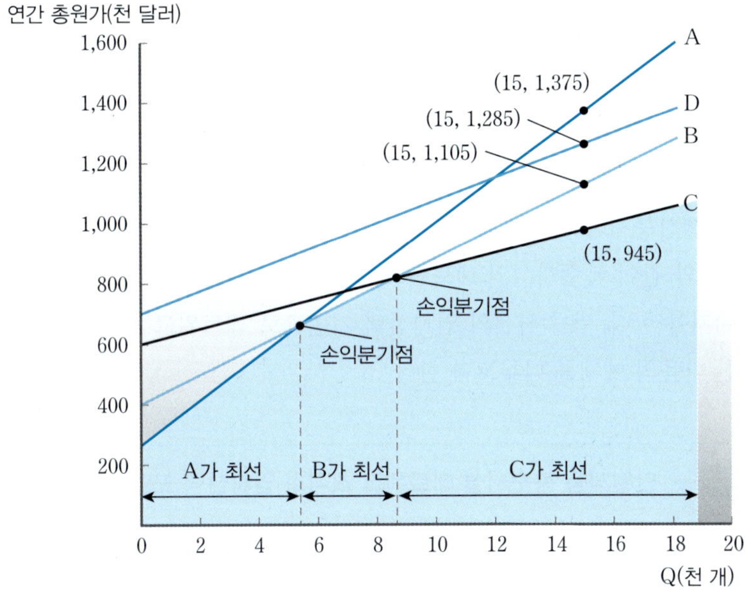

[그림 6-1] 후보 입지의 손익분기점 분석

2단계: A와 B지역 간의 손익분기점은 A가 최선인 첫 번째 구간의 끝점이며 B가 최선인 두 번째 구간의 시작점이다. 이 양은 총비용식을 같게 놓고 풀면 얻을 수 있다.

$250,000 + $75Q = $400,000 + $47Q
Q = 5,357 단위

B와 C지역의 손익분기점이 B가 최선인 두 번째 구간의 끝점이며 C가 최선인 세 번째 구간의 시작점이다.

$400,000 + $47Q = $600,000 + $23Q
Q = 8,333 단위

더 이상 손익분기점을 찾을 필요는 없다. A와 C지역의 손익분기점은 그림의 음영 부분에 있으며 세 구간의 시작점이나 끝점이 아니다.

6.4 입지선택의 정량적 방법: 복수시설의 입지선택 기법

6.4.1. 입지선택의 정량적 방법: 복수시설의 입지선택 기법 1

복수시설의 입지선택을 위한 정량적 의사결정을 하는 경우, 의사결정자는 각 시설의 위치와 생산능력과 더불어 시장의 수요를 어떤 시설에 할당할 것인지도 결정해야 한다. 이와 같이 복수시설의 네트워크 설계에서 입지선택과 수송량 할당은 동시에 이루어져야 한다. 복수시설의 입지선택 기법으로 네트워크 최적화 모델을 소개하기 위한 다음의 예제를 다루고자 한다.

예제 6-4 단일제품 복수시설 네트워크 최적화 입지선택 모델

(주)서울전자는 (주)경기전자와 2016년부터 상호 합병하기로 결정하였다. 현재, 두 회사는 국내 6개의 시장(K, L, M, N, O, P)에 단일제품을 공급하고 있으며 (주)서울전자 3곳(A, B, C) 그리고 (주)경기전자 2곳(D, E)에 공장들을 위치시켜 운영 중에 있다. 합병 관리자는 합병 후 5개의 공장 모두의 유지에 대해 고민 중에 있다. 복수시설의 입지선택 및 수요지로의 연간 수송량을 결정하기 위해 네트워크 정수계획 최적화 모델을 다음과 같이 수립할 수 있다.

풀이

〈파라미터〉

m : 공장의 수

n : 시장 또는 수요지의 수

D_j : 시장 또는 수요지 j의 수요량

C_i : 공장 i의 연간 생산능력

f_i : 공장 i의 연간 고정비용

t_{ij} : 공장 i에서 수요지 j의 연간 수송비용

〈의사 결정변수〉

y_i : 공장 i가 유지된 경우 1, 폐쇄된 경우 0

x_{ij} : 공장 i가 수요지 j로 매년 수송되는 양

〈정수계획 최적화 모델〉

$$Min \sum_{i=1}^{m} f_i y_i + \sum_{i=1}^{m} \sum_{j=1}^{n} t_{ij} x_{ij}$$

s.t.

$$\sum_{j=1}^{n} x_{ij} \le C_i \cdot y_i, \quad i=1, \dots, m \qquad \text{(식 6-1)}$$

$$\sum_{i=1}^{m} x_{ij} = D_j, \quad j=1, \dots, n \qquad \text{(식 6-2)}$$

$x_{ij} \ge 0$ and $y_i = 0$ or 1

연간 수송 비용	수요지						연간 고정 비용	연간 생산 능력
공급공장	K	L	M	N	O	P		
A	1,700	1,300	1,800	1,650	1,200	2,800	7,650	18
B	1,450	1,950	1,000	750	550	1,200	3,500	24
C	1,950	2,400	1,500	600	950	1,400	5,000	27
D	1,200	1,400	1,250	1,000	800	2,300	4,100	22
E	1,150	800	2,700	1,300	1,500	1,750	2,200	31
연간수요	8	10	16	5	10	5		

엑셀 Solver를 이용하여 복수시설의 입지선택 및 수요지로의 연간 수송량에 대한 최적 입지선택은 다음과 같이 나타낼 수 있다. 결과에서 보이듯이 두 전자회사의 합병으로 인해 (주)서울전자는 A공장을 폐쇄하고 (주)경기전자는 D공장을 폐쇄하는 것이 각 공장의 연간 고정비용과 공급공장에서 수요지로의 연간 총 수송비용을 최소화하는 입지선택 의사결정이 된다.

	수요지						공장 (1:가동, 0:폐쇄)
공급공장	K	L	M	N	O	P	
A	0	0	0	0	0	0	0
B	0	0	16	0	8	0	1
C	0	0	0	5	2	5	1
D	0	0	0	0	0	0	0
E	8	10	0	0	0	0	1

6.4.2 입지선택의 정량적 방법: 복수시설의 입지선택 기법 2

이번 절에서는 복수시설의 입지선택 기법으로 네트워크 최적화 모델을 소개한다. 이 기법의 절차는 다음과 같다. 만약 2개의 수요지(P_{X1}, P_{X2})에 물류센터를 배치하면 수송 부하의 합계(TTL)는,

$$TTL(j_1, j_2) = TL(j_1) + TL(j_2)$$
$$TL(j_1) = \sum_i D_{1i} d_{1ij}, \quad TL(j_2) = \sum_i D_{2i} d_{2ij}$$

가 되며, 다음과 같은 4단계의 과정을 반복하여 최적해를 도출한다.

1단계에서는 2개 지점을 임의로 선택하고 2단계에서는 임의로 선택한 2개의 지점의 배송지역을 수송거리에 따라 할당한다. 3단계에서는 임의로 선택한 지점의 배송권역 내에서의 중심성(수송 부하의 합계가 최소가 되는 지점)을 검증하고 4단계에서는 쌍방 모두가 중심이 아닌 경우 혹은 어느 한쪽이 중심이 아닌 경우에 제1단계로 돌아가서 임의의 2개 지점에 대한 선택을 수정한다. 이러한 절차를 도식화하면 [그림 6-2]와 같다.

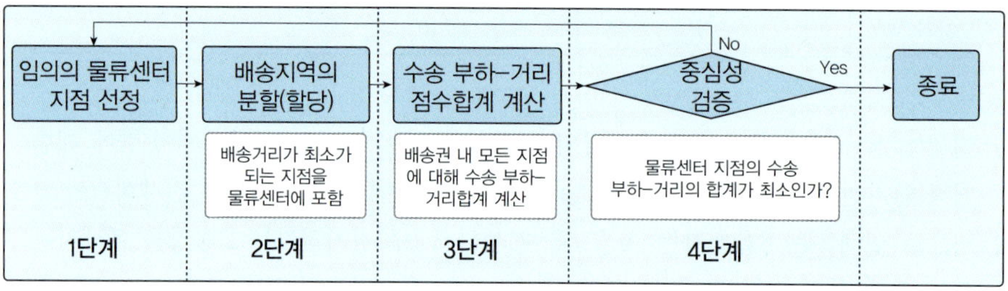

[그림 6-2] 입지선택 중력모형의 해법 절차

위 해법의 구체적인 예시는 예제 6-5에 설명되어 있다.

예제 6-5 단일제품 복수시설 네트워크 최적화 입지선택 모델

다음 [그림 6-3]은 입지선택 문제를 네트워크로 표현한 예시이다.

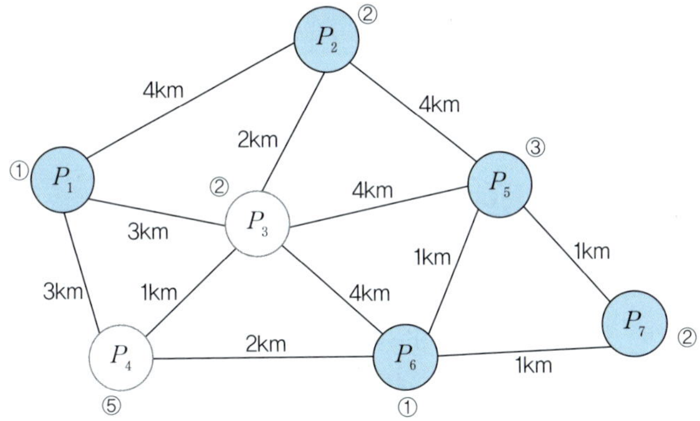

[그림 6-2] 입지선택 중력모형의 해법 절차
[그림 6-3] 입지선택 문제 네트워크 예시

먼저, 물류센터를 배치하는 임의의 지점 P_3, P_4 두 개를 선택한다. 수송거리에 따라 P_3, P_4의 배송지역을 분할하면 다음 표와 같이 되며, 수송거리가 짧은 배송지역을 선택하면 배송지역들이 두 개의 물류센터 $P_3=(P_1, P_2, P_3)$, $P_4=(P_4, P_5, P_5, P_7)$으로 그룹지어진다. 다만, P_1과 같이 수송거리가 같은 경우에는 어느 쪽을 선택해도 무관하다. 여기서는 P_3의 배송지역에 포함시키기로 한다.

F \ T	P_1	P_2	P_3	P_4	P_5	P_6	P_7
P_3	3	2	0	1	4	3	4
P_4	3	3	1	0	3	2	3
판정	동일	P_3	P_3	P_4	P_4	P_4	P_4

다음으로 P_3, P_4가 각각의 배송지역 내에서 중심지역인지를 살펴보면, 아래의 표와 같이 P_3에 대해서는 최소가 되었으나 P_4에 대해서는 최소가 아닌 관계로 다시 한 번 임의의 2개 지점 P_4와 P_5를 선택하여 재그룹핑한다.

후보	T / F	P_1	P_2	P_3	P_4	P_5	P_6	P_7	합계	판정
P_3		0	8	6					14	
		4	0	4					8	
		3	4	0					7	YES
P_4					0	9	2	6	17	
					15	0	1	2	18	
					10	3	0	2	15	NO
					15	3	1	0	19	

수송거리에 따라 P_4와 P_5로 배송지역들을 그룹핑하면, 다음 표와 같이 되며, 배송지역은 $P_4=(P_1, P_2, P_3, P_4)$, $P_5=(P_5, P_5, P_7)$이 된다.

T / F	P_1	P_2	P_3	P_4	P_5	P_6	P_7
P_4	3	3	1	0	3	2	3
P_5	6	4	4	3	0	1	1
판정	P_4	P_4	P_4	P_4	P_6	P_6	P_6

다음으로 이들 P_4와 P_5 각각의 배송지역 내에서 중심지역인지를 살펴보면, 다음 표에서와 같이 P_4와 P_5 모두 최소이기 때문에 물류센터 2개소를 건설하기 위한 최적 수요지점은 P_4와 P_5라는 결과를 도출하였다.

후보	T / F	P_1	P_2	P_3	P_4	P_5	P_6	P_7	합계	판정
P_4		0	8	6	15					
		4	0	4	15					
		3	4	0	5					
		3	6	2	0					YES
P_5						0	1	2	3	YES
						3	0	2	5	
						3	1	0	4	

다만 위의 예에서 P_1와 P_4 및 P_2와 P_4의 경우에도 배송지역 내에서의 중심 도시가 되지만, 각각의 총 수송 부하는 P_1와 P_4 : 0+25=25, P_2와 P_4 : 0+22=22가 되어, P_4와 P_5의 경우보다도 총 수송부하가 크기 때문에 최적지점이라 할 수 없다.

6.5 입지선택 분석기법들의 분류

현실에서의 입지선택은 고려해야 할 사항들이 훨씬 많기 때문에 지금까지 논의한 것보다 복잡한 문제가 된다. 예를 들어, 중간 규모의 기업이 물류센터를 통해 다수의 수요지들에 제품을 조달해야 하는 경우, 해당 기업은 물류센터의 개수, 크기, 수·배송의 형태, 입지선택 등에 대한 의사결정들을 해야 한다. 또한 수요지는 수천 군데가 있을 수 있으며, 물류창고의 위치 가능한 곳도 수백 군데가 있고 다수의 제품라인들이 있을 것이다. 수송비용 역시 수·배송 방법, 제품, 수량, 비율, 지리적 위치에 따라 결정되게 된다.

이런 복잡성으로 인해 포괄적인 평가를 하려면 컴퓨터를 사용하게 된다. 이러한 목적에 맞는 컴퓨터 분석기법 유형들로는 (1) 최적화, (2) 휴리스틱 그리고 (3) 시뮬레이션의 세 가지가 있다.

최적화(optimization)
휴리스틱(heuristic)

최적화 수송계획법은 다수생산시설 입지문제의 한 부분(할당형태)을 풀기 위한 최초의 최적화 방법이었다. **최적화(optimization)**는 복잡한 현실의 제약사항을 단순화하여 단순화된 상황에서의 최적해를 획득하는 절차이다. 이런 접근법은 좋은 면도 있지만 한계도 있다. 즉, 최적화 절차는 대개 문제를 단순화하기 때문에 다소 비현실적으로 문제를 파악할 수도 있다. 그러나 그 효과는 작은 것은 아니다. 현실의 복잡한 제약사항들을 그대로 반영하면서 제한된 시간에 근사 최적해 혹은 최선해를 구하는 방법들이 바로 휴리스틱 혹은 시뮬레이션 기법이라고 할 수 있다. 제한된 시간에 우수한 성능의 해를 찾아주는 지침이나 규칙을 **휴리스틱(heuristic)**이라고 한다. 휴리스틱은 가능해이지만 반드시 최적이라는 보장은 없는 해를 제공한다. 휴리스틱의 장점은 매우 효율적이며, 문제에 대한 일반적 관점을 다룰 수 있다는 것이다. 오늘날에는 다양한 상황을 분석할 수 있는 수많은 휴리스틱 모형들을 사용할 수

최시뮬레이션(simulation)
시행착오(trial and error)

있다. **시뮬레이션(simulation)**은 어떤 시스템의 형태를 재생하는 모형화 기법을 의미한다. 시뮬레이션 모형은 **시행착오(trial and error)**법을 통해 여러 입지 대안을 평가할 수 있게 해준다. 시뮬레이션 모형을 통해 문제를 보다 현실적인 관점으로 다룰 수 있으며, 분석자는 가장 합리적인 대안을 제안하고 평가할 수 있다. 계산 실행할 때마다 분석자는 새로 설치될 생산시설을 입력하고 시뮬레이터는 컴퓨터에 프로그램화된 합리적인 가정 하에 배분의사결정을 하게 된다.

6.6 요약

입지선택 문제는 글로벌 공급망 환경 하에 제조업 및 서비스업의 신규 사업자나 기존 사업자에게 모두 중대한 의사결정사항이다. 제조업 및 서비스업의 사업자에게 있어서 입지선택이 주요 고려사항 중 하나인 이유는 사업체의 성장, 시장의 변동, 원자재의 고갈, 경쟁사의 신제품의 출시 등에 민감하게 대처해야 하기 때문이다. 입지선택은 그 효과가 장기적으로 나타나게 되고 운영시스템에 영향을 미치므로 신중히 고려되어야 할 중·장기 의사결정 사항이다. 기존 사업체의 입지선택과 우선적인 의사결정사항은 기존시설의 확장, 이전, 신규 시설의 추가로 나뉠 수 있다. 제조업의 입지선택에 영향을 미치는 요인들로는 시장의 근접성, 공급자 및 자원근접성, 모기업의 다른 시설과의 근접성 등이 있으며 서비스업의 입지선택에 영향을 미치는 요인은 고객사의 위치 및 접근성, 경쟁사의 입지, 수송비용 및 시장의 접근성 등이 있다. 이번 장에서는 기업의 중·장기 의사결정 사항인 입지선택의 정성적 요인들과 정량적 요인들을 알아보고 단일시설 및 복수시설의 입지선택방법들에 대해 설명하였다.

● 참고문헌

- Ballou, Ronald, H., *Business Logistics Management*, Prentice Hall, New Jersey (1999).
- Chopra, S. and Meindl, P., *Supply Chain Management: Strategy, Planning, and Operation*, Prentice-Hall, New Jersey (2001).
- Tompkins, J. A., White, J., Bozer, Y., Frazelle, E. H., Tanchoco, J. M. A., Trevino, J., *Facilities Planning* (2nd Edition), John Wiley & Sons, New York (1996).
- Heragu, S., *Facility Design*, PWS publishing, Boston, MA (1997).

Excel 실습 예제 6-1 단일제품 복수시설 네트워크 최적화 입지선택 모델

예제 6-4를 엑셀의 해찾기 기능을 이용하여 단일제품의 복수시설 네트워크 최적 입지선택 모델을 만들고 의사결정을 해보자.

엑셀의 해찾기 기능을 실행하기 위한 첫 번째 단계는 아래의 그림과 같이 각 결정변수와 일치하는 셀의 영역을 정하는 것이다. 셀 C12부터 H16은 공장에서 수요지로의 연간 수송량을 결정변수 x_{ij}와 셀 I12부터 I16은 각 공장의 가동여부를 나타내는 결정변수 y_i를 나타내며 모든 결정변수는 0으로 초기화한다.

다음 단계는 제약식 (6-1)과 (6-2) 그리고 목적함수를 위해 셀을 만드는 것이다. 제약식 (6-1)은 아래 그림의 추가 설명에서와 같이 셀 C17에서 C8-SUM(C12:C16)로 나타내며 셀 영역 C17:H17으로 동일한 함수식을 복사한다. 그리고 제약식(6.2)는 셀 K3에서 J3*I12-SUM(C12:H12)로 나타내며 셀 영역 K3:K8으로 동일한 함수식을 복사한다. 목적함수는 셀 C20에서 수송비용 t_{ij}를 나타내는 셀 영역 C3:H7과 공장에서 수요지로의 연간 수송량을 결정하는 의사결정변수 x_{ij}를 나타내는 셀 영역 C12:H16의 각 해당 셀의 곱의 합을 나타내는 SUMPRODUCT(C3:H7, C12:H16)와 고정비용 C_i를 나타내는 셀 영역 I3:I7과 각 공장의 가동여부 y_i를 나타내는 셀 영역 I12:I16의 각 해당 셀의 곱의 합을 나타내는 SUMPRODUCT(I3:I7, I12:I16)의 합으로 나타낸다.

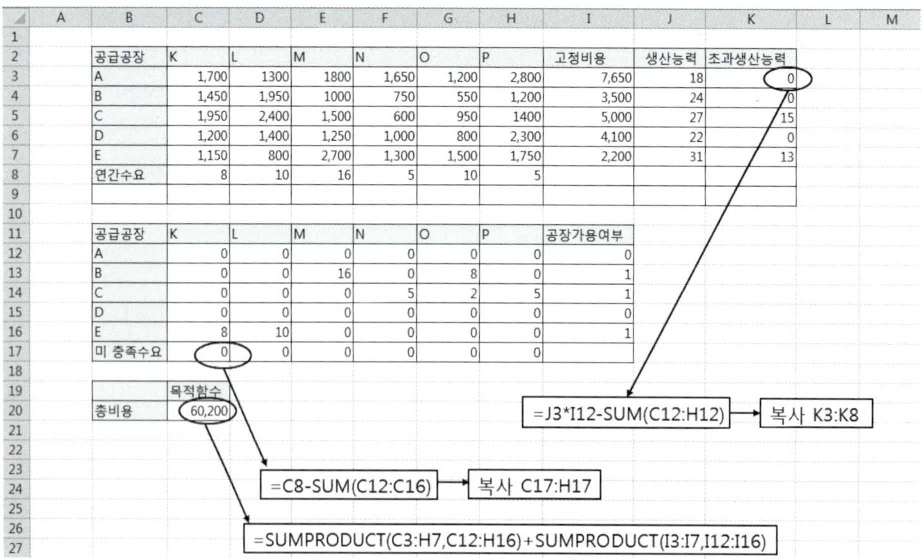

공급공장	K	L	M	N	O	P	고정비용	생산능력	초과생산능력
A	1,700	1300	1800	1,650	1,200	2,800	7,650	18	0
B	1,450	1,950	1000	750	550	1,200	3,500	24	0
C	1,950	2,400	1,500	600	950	1400	5,000	27	15
D	1,200	1,400	1,250	1,000	800	2,300	4,100	22	0
E	1,150	800	2,700	1,300	1,500	1,750	2,200	31	13
연간수요	8	10	16	5	10	5			

공급공장	K	L	M	N	O	P	공장가용여부
A	0	0	0	0	0	0	0
B	0	0	16	0	8	0	1
C	0	0	0	5	2	5	1
D	0	0	0	0	0	0	0
E	8	10	0	0	0	0	1
미 충족수요	0	0	0	0	0	0	

	목적함수
총비용	60,200

다음 단계는 엑셀 메뉴에서 도구 → 해찾기를 클릭하여 아래의 그림과 같이 해찾기를 구동하는 것이다. 해찾기의 목표 설정란에 셀 C20을 지정하고 대상을 최소화로 설정하여 총비용을 최소화하도록 한다. 변수 셀 변경란에 의사결정변수로 나타내어진 x_{ij}와 y_i을 나타내는 셀 영역 C12:I16을 설정한다. 제약조건을 나타내는 제한 조건에 종속란을 추가하기 위해 추가버튼을 클릭하여 아래의 식들을 추가한다. 마지막으로 해법의 선택에 GBG 비선형을 선택하고 해찾기 버튼을 실행하면 x_{ij}와 y_i을 나타내는 셀 영역 C12:I16에 최적해가 나타나며 목적함수 값을 나타내는 셀 C20에 최적 목적함수 값이 나타나게 된다.

C12 : H16 ≥ 0	$x_{ij} \geq 0$	$\forall i, j$
C17 : H17 = 0	$D_j - \sum_{i=1}^{n} x_{ij} = 0$	$\forall j$
I12 : I16 2진수	$y_i = 0 \text{ or } 1$	$\forall i$
K3 : K7 ≥ 0	$K_i y_i - \sum_{j=1}^{m} x_{ij} \geq 0$	$\forall i$

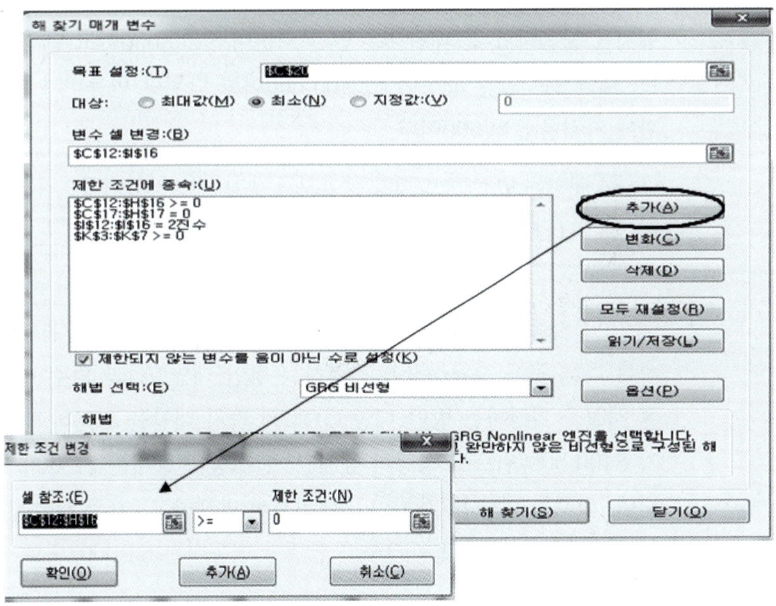

연·습·문·제

1. 입지선택 시 고려해야 하는 정성적 요인들을 제조업과 서비스업 관점에서 설명하라.

2. 입지선택이 생산시스템에 미치는 영향은 무엇인지 설명하라.

3. 입지선택 대안 개발을 위한 일반적인 접근방법에 대해 설명하라.

4. 입지선택 방법 중 최적화기법에 대해 설명하라.

5. 아마존의 입지배치전환 사례연구에서 입지선택 전략의 장 · 단점에 대해 토의하라.

6. 어떤 소규모 절삭기계생산 제조업체가 신축 공장으로 확장하기로 결정하고 두 군데의 입지를 물색하였다. 대안 1은 연간 고정비 $800,000이고 단위당 변동비가 $11,000이며, 대안 2는 연간 고정비 $1,400,000이고 단위당 변동비가 $7,000이다. 절삭기계의 판매 가격은 $30,000이다.

   (1) 두 대안의 연간 총비용이 같아지는 생산량을 구하여라.
   (2) 대안 1과 2가 각각 유리한 생산량 구간을 구하여라.

7. (주)인천자동차는 신제품 자동차 모델을 추가하기로 하였다. 기존 시설의 용량이 부족하여 다른 곳에 신규공장을 건립하는 방안(대안 A)과 외주 생산(대안 B), 그리고 기존 시설을 확장하는 방안(대안 C)의 세 가지 대안을 고려하고 있다. 대안 A는 고정비가 $400,000/년으로 상당히 높지만, 단위당 변동비는 $2,000/대로 낮을 것으로 예상되며, 외주는 대당 $5,000의 구매비용이 발생하고, 기존 시설을 확장하는 방안은 연간 고정비가 $100,000로 증가하고 단위당 변동비는 $4,000/대로 예상된다.

   (1) 각 대안이 가장 유리한 생산량 구간을 구하여라.
   (2) 자동차를 연간 120대 생산할 때 어느 대안의 총비용이 가장 낮은가?

8. 7번 문제에서 연간 수송비용 증가액이 기존 시설을 확장할 경우 $200,000이고 외주 생산의 경우 $5,000이며, 신규 공장을 건립하면 $10,000일 때 어느 대안의 총비용이 가장 낮은가?

9. 어떤 신발업체가 호주에 다섯 군데 물류센터를 운영하고 있으며, 이들 물류센터의 상대적 위치가 아래의 표와 같다. 중앙에 자체 생산공장을 지으려고 한다. 물류센터별 주당 배송 요구량은 아래의 표와 같다. 배송 비용을 최소화하는 자체 생산공장의 위치를 구하여라.

물류센터	물류센터 위치(x, y)	배송량(톤/일)
A	(12, 8)	50
B	(10, 5)	40
C	(6, 10)	20
D	(8, 4)	30
E	(2, 3)	60

10. 아래의 선호도 평점 점수를 이용하여 종합점수가 가장 높은 위치를 찾아라.

요인	가중치	A 지역	B 지역	C 지역
주차시설	0.15	80	75	80
편리성	0.20	85	85	60
교통량	0.25	70	95	70
운영비용	0.20	90	90	90
상업공간	0.15	95	90	85
주변환경	0.05	75	85	75

7 CHAPTER

용량계획

학습 목표

- 용량의 구분과 측정지표를 이해할 수 있다.
- 병목의 개념과 활용률의 산출 방법을 이해할 수 있다.
- 흐름률의 개념과 흐름 제약의 유형을 이해할 수 있다.
- 용량 증설 전략의 유형을 이해할 수 있다.

사례

현대차 · 기아 전 세계 공장 쉴 새 없이 돌았다… 가동률 100% 넘어

현대차 체코공장 생산라인 / 현대차

올해 3분기 현대차의 전 세계 공장 가동률이 평균 100%를 넘었다. 매 분기 역대급 실적을 낼 정도로 국내 · 외 견조한 수요가 이어진 덕분이다.

16일 현대차 분기 보고서에 따르면 현대차는 올해 3분기 글로벌 사업장에서 총 296만 5,065대를 생산해 100.7%의 가동률을 기록했다. 가동률이 100%를 넘은 것은 생산량이 생산능력(294만 5,774대)보다 많았다는 의미로 휴일 근무 및 특근으로 추가 생산을 했다는 뜻이다. 합작 법인인 베이징현대와 지난 해 생산을 중단한 러시아 공장은 제외했다.

사업장별로는 국내 103.8%, 북미 100.2%, 인도 102.2%, 106.4%, 체코 103.8% 등이었다. 반면 베트남은 현지 자동차 수요가 줄면서 가동률이 56.7%에 그쳤다. 또 지난해 생산을 시작한 인도네시아 공장도 가동률이 66.1%로 높지 않았다. 상반기에 87.7%로 다소 부진했던 브라질 공장의 가동률은 3분기에 94.8%로 올라왔다.

기아는 3분기에 219만 1,924대를 생산해 100.8%의 가동률을 보였다. 사업장별로는 미국 공장 가동률이 117.4%로 가장 높았다. 국내는 108.6%, 유럽 시장에 대응하는 슬로바키아 공장은 101.3%를 기록했다. 멕시코와 인도는 각각 72.0%, 84.3%로 비교적 낮았다.

현대차그룹은 전동화 전환에 따라 전기차 생산 역량 확대에 주력하고 있다. 기존 내연기관차 생산 라인에 전기차를 혼류 생산할 수 있는 설비를 갖추고, 전기차 전용 공장도 따로 짓고 있다.

현대차는 울산과 아산공장에 전기차 혼류 생산 체계를 도입했다.

진흙을 이겨 그릇을 만드니 그 비어 있음에 그릇의 쓰임이 있고, 문과 창문을 뚫어 집을 만드니 그 비어 있음에 집의 쓰임이 있다. 그러하니 있음의 이로움은 비어 있음의 쓰임 때문이다.

– 노자

또 최근 2조 원을 투자해 울산에 전기차 신공장을 짓기로 했다. 기아는 화성과 광명 공장을 전기차 전용 생산 거점으로 전환할 예정이다. 미국에는 그룹 차원의 전기차 전용 공장을 짓고, 싱가포르에도 연산 3만 대 수준의 소규모 전기차 생산 시설을 갖출 예정이다.

현대차 · 기아 공장의 가동률이 높아지자 그룹 부품 계열사의 공장 가동률도 덩달아 높아졌다. 현대모비스는 3분기 국내 공장 가동률이 92.2%, 현대위아는 94.1%, 현대트랜시스는 92.6%를 기록했다.

출처: 박진우 기자, "현대차 · 기아 전 세계 공장 쉴 새 없이 돌았다… 가동률 100% 넘어", 조선일보, 2023.11.15., https://biz.chosun.com/industry/car/2023/11/16/V35X2TEGF5HRNKWY5RHCQODZ4U/

사례

AI의 에너지 탐욕: 혁신에 대한 수요 충족하기

환자 진단에서 코드 작성에 이르기까지, 인공지능(AI)은 인터넷 발명 이후로 볼 수 없었던 방식으로 우리 경제와 일상생활을 변화시킬 태세이다. 기업과 산업은 AI의 무한한 잠재력을 열기 위해 열심히 노력하고 있지만, 그들의 성공이나 실패는 한 가지 주요 요소에 달려 있다고 생각된다: 바로 에너지이다.

AI의 에너지 수요

AI 혁명을 추진하고 이 기술의 혜택을 완전히 실현하기 위해서는 엄청난 양의 전기가 필요하다. 전력 생산을 늘리고 전력 전송 인프라를 강화하는 것이 AI 부문에서 증가하는 에너지 수요를 지원할 수 있도록 전력망을 확보하는 데 중요한 역할을 할 것이다.

에너지 요구량은 엄청난 수준이다. AI를 구동하는 하나의 데이터 센터는 작은 도시와 동일한 양의 전력을 필요로 하며, 전 세계 AI 산업은 2027년까지 매년 85에서 134테라와트시(TWh)의 전기를 소비할 것으로 예상된다. 이는 아르헨티나가 연간 사용하는 전력량과 맞먹는다. 현재도 데이터 센터는 전 세계 전력 사용량의 최대 1.5%를 차지하고 있다.

현재 운영 중인 2,700개 이상의 데이터 센터는 앞으로 다가올 것의 일부에 불과하다. AWS(Amazon Web Service)는 데이터 센터 운영을 확장하기 위해 78억 달러를 투자할 계획이며, Google은 17억 달러를, Microsoft는 10억 달러를 투자하고 있다. 기업들은 AI

를 미래 계획의 중심에 두고 있는 것이 분명하지만, 새로운 전력 생산이 없이는 공허한 꿈을 쌓는 것에 불과하다.

역사는 우리에게 강력한 새로운 요인이 등장하여 경제를 운영하는 방식을 재고해야 할 때마다 미국은 신속하게 상당한 신규 용량을 확보하며 대응해 왔음을 보여준다. 1970년대의 오일 쇼크와 천연가스 부족에 대한 우려에 대응하여, 미국은 "great buildup(대규모 발전)"으로 알려진 정책을 통하여 신규 석탄 발전소의 건설을 대폭 늘렸다. 1967년에서 1987년 사이에 미국은 202,416MW의 발전 용량을 추가로 확보하였으며, 이는 국가 전체 석탄 발전 용량의 약 2/3에 해당한다. 그리고 2000년대에 미국산 천연가스가 글로벌 시장에 대거 진출하였을 때, 저렴한 가격과 풍부한 공급으로 인해 새로운 발전소 건설이 더욱 빠르게 진행되었다. 2000년에서 2005년 사이에 미국은 191,745MW의 천연가스 발전 용량을 증설하여 석탄을 대체하는 국가의 기저 전력으로 확보하였다.

새로운 변화에 대한 대응

오늘날 우리는 다시 한 번 전기 공급과 수요에서 큰 변화를 앞두고 있다. 우리는 기존 발전 방식의 가용성을 유지하면서 새로운 에너지원의 창출에 중점을 두어야 한다고 생각된다. 특히 천연가스와 관련해서 말이다. 기술 기업들은 풍부하고 저렴한 천연가스와 함께 추가적인 재생 가능 에너지 용량을 확보하기 위해 에너지 공급자들과 긴밀히 협력하고 있다. 이러한 노력은 수요를 충족하기 위한 더 많은 전력 공급원이 만들어지면서 계속될 것이다.

AI의 엄청난 전력 수요는 확장 가능하고 안정적이며 신뢰할 수 있는 전력원을 필요로 한다. 이를 염두에 두고 산업계와 정부가 전력 회사들이 직면하게 될 전력 수요에 부합하는 목표와 정책을 마련하고, 상업 및 주거용 에너지 소비자들에게 저렴한 전력을 제공해야 하는 전력 회사들의 의무와 균형을 맞춰야 한다고 생각한다. 미국 환경보호청(EPA)은 최근 미국의 일부 발전소를 폐쇄할 수 있는 규칙을 제안했는데, 이 경우 재생 가능 전력으로 그 차이를 메울 수 없는 상황이 발생할 수 있다. 그 결과는 신뢰성 문제에 심각한 영향을 미칠 수 있으며, AI와 같은 기술 발전의 미래에도 영향을 미칠 수 있다. 우리 비즈니스 커뮤니티는 정책 입안자들과 협력하여 이 변화가 운영과 기술 발전에 어떻게 부정적인 영향을 미칠 수 있는지 이해할 수 있도록 해야 한다.

AI 혁명은 이미 시작되었다. ChatGPT는 이미 가정의 필수품이 되었으며, 역사상 가장 빠르게 성장하는 소비자 애플리케이션이다. 그러나 새로운 데이터 센터가 생길 때마다, 전력 회사들은 이미 전력화와 증가하는 극한 기상 현상 등의 요인으로 인해 높은 수요에 직면한 전력망에서 상당한 숨은 전력비용을 충당해야 하는 압박을 받게 될 것이다.

AI의 막대한 경제 성장 잠재력을 완전히 실현하려면, 증가하는 전력 수요를 해결하는 방식이 변화해야 하며, 전력망을 강화하는 정책이 필요하다. 20세기 인프라로 21세기 경제를 운영할 수는 없다.

출처: Arvin Patel, "AI's Energy Appetite: Meeting The Demand For Innovation", Forbes, 2024.2.1., https://www.forbes.com/councils/forbesbusinesscouncil/2024/02/01/ais-energy-appetite-meeting-the-demand-for-innovation/

7.1 서론

용량계획은 기업의 수익성에 크게 영향을 미치고, 한번 결정되면 변경이 어려운 매우 중요한 의사결정이다. 이번 장에서는 용량계획에 있어 핵심적인 개념과 분석방안에 대해 살펴보도록 한다.

7.2 용량의 개요

7.2.1 용량의 개념과 중요성

용량(capacity)이란 어떤 프로세스 또는 시스템의 최대 산출률을 말한다. 제조업체에서는 흔히 생산용량이라고 말하는 경우가 많다. 이것은 잔업, 하청 등을 포함하지 않은 정상적인 운영에서의 단위시간당 최대 산출량이다. 예를 들어 어떤 호텔이 500개의 객실을 가지고 있다면, 이 호텔은 정상적인 운영 상태에서 하루 최대 500실의 수요에 대응할 수 있을 것이다. 즉, 이 호텔의 용량은 하루 500실이 된다.

용량은 시스템의 최대 산출률이라는 점에 유의해야 한다. 따라서 실제로 처리된 산출량은 용량보다 적을 수 있다. 예를 들어, 용량 500실의 호텔에 어제 하루 동안은 100실만 사용되고 400실은 공실로 남아있었을 수도 있다. 즉, 실제 시스템이 생산 또는 서비스를 제공한 양, 즉 산출량은 용량보다 작거나 같은 값이 된다.

용량계획은 기업의 운영에서 가장 중요한 결정사항 중 하나이다. 산출량의 최댓값이 용량이므로, 용량은 기업의 최대 산출량을 결정한다. 만약 앞의 예에서의 호텔에 어느 날 700실의 수요가 발생했다고 해도, 이 수요를 모두 충족시켜 줄 수는 없으므로, 초과 수요는 상실될 것이다. 더욱 어려운 점은, 한번 결정된 용량은 변경하기가 쉽지 않다는 점이다. 어느 날 수요가 용량을 초과하여 발생해도 갑자기 호텔의 객실을 늘리기는 불가능하다. 반대로, 수요가 용량보다 적게 발생하여 호텔에 공실이 발생하게 된다면 고객이 없다하더라도 호텔의 운영과 객실의 유지에는 비용이 발생하고 있으므로 호텔에는 과잉 용량에 따른 비용이 발생하게 될 것이다. 지속적으로 이러한 과잉용량과 공실의 문제가 발생한다면 호텔의 수익성에는 악영향을 미치게 될 것이지만, 그렇다고 해서 호텔의 객실 수와 호텔의 규모를 갑자기 줄이는 것도 불가능한 일이다.

7.2.2 용량의 구분

용량이 어떤 시스템의 최대 산출량이라고 할 때, 이론적 최대 산출량과 현실적인 최대 산출량은 다를 수 있다. 이에 따라 용량은 다음과 같이 설계용량과 기대용량으로 구분될 수 있다.

(1) 설계용량(design capacity)

설계용량(design capacity)

설계용량(design capacity)은 이상적인 여건에서 기업이 이론적으로 산출할 수 있는 최대용량을 말한다. 예를 들어, 어떤 자동차 공장이 1년에 20만 대의 자동차를 생산할 수 있도록 설계되었다고 말할 때, 이 공장의 설계용량은 20만 대가 될 것이다.

(2) 기대용량(expected capacity)

기대용량은 현실적으로 최대로 기대할 수 있는 산출량을 말한다. 실제 시스템이 최대로 산출할 수 있는 양, 즉 기대용량은 여러 가지 이유로 설계용량에 미치지 못하는 경우가 많다. 예를 들어, 20만 대의 설계용량을 갖는 자동차 공장의 기대용량은 기계의 고장이나 노동력의 가용성, 물류 인프라의 한계 등으로 인해 실제로는 연간 18만 대에 머무를 수도 있다.

한편, 시스템의 과부하상태에서 낼 수 있는 최대 산출량과 안정적으로 지속가능한 최대 산출량은 다를 수 있다. 이에 따라 용량은 다음과 같이 피크용량과 안정용량으로 구분된다.

(3) 피크용량(peak capacity)

피크용량(peak capacity)

피크용량(peak capacity)은 잔업이나 임시직 등의 단기적 방안들을 활용하여 최대로 낼 수 있는 시스템의 산출량이다. 이러한 상태는 일종의 과부하 상태로서 안정적 운영상태라고 보기 어려우며, 단기적으로는 피크용량 수준의 최대 산출률을 낼 수 있겠지만 장기적으로 피크용량을 유지하기는 어렵다.

(4) 안정용량(sustained capacity)

안정용량은 안정적 운영 상태에서 지속적으로 시스템이 산출해 낼 수 있는 최대 산출률을 말한다. 즉, 정상적 운영이 이루어지고 장기적으로 유지할 수 있는 수준의 용량을 안정용량이라고 한다.

피크용량과 안정용량 중에서, 일반적으로 서비스 업체에서 중요한 것은 피크용량이다. 제조업체에서는 수요 증가를 대비하여 미리 생산하여 재고로 보유해 둘 수 있겠지만, 서비스 업체에서는 사전에 수요의 증가를 대비하여 서비스를 재고로 보유하는 것이 일반적으로 불가능하다. 따라서 서비스 업체에 있어서는 수요의 변동을 수요가 발생한 실시간의 시스템 산출률로 감당할 수밖에 없다. 예를 들어, 스키리조트라면 겨울 시즌에 수요가 크게 증가할 것이며, 이 때 잔업, 임시직 등의 단기적 방안들을 활용해서라도 최대 얼마만큼의 고객에게 서비스를 제공할 수 있을 것인지가 중요한 관심사가 될 것이다.

7.2.3 용량의 측정

시스템의 용량을 계획하고 관리하기 위해서는 용량을 측정하는 방법이 정의되어야 할 것이다. 용량의 개념은 비교적 명확하지만, 막상 용량을 정의하고 측정하는 것은 쉽지 않은 경우가 많다.

산출지표(output measure)

가장 직접적인 용량의 측정 방식은 산출지표(output measure)에 의한 방법이다. 예를 들어, 어떤 자동차 회사가 A라는 자동차 모델을 연간 30만 대 생산할 수 있는 공장을 지었다고 하자. 이 자동차 공장의 용량은 연간 30만 대라고 말할 수 있을 것이며, 이 때 연간 30만 대라는 용량은 이 시스템에서 산출되어 나오는 자동차의 수를 기준으로 정의된 값이므로, 산출지표에 의해 측정된 용량이라고 할 수 있다.

그러나 산출지표에 의한 용량 측정은 쉽지 않은 경우가 많다. 자동차 회사의 예를 계속 생각해 보자. 현대적인 자동차 생산 공장에서는 한 라인에서 여러 차종의 자동차가 동시에 생산되는, 이른바, 혼류 생산(mixed production) 방식이 일반화되어 있다. 한 공장에서 소형 차종과 대형 차종이 동시에 생산된다면, 소형 차종 20만 대와 대형 차종 10만 대를 생산하는 공장의 용량은 얼마라고 해야 할 것인가? 또한 이 공장은 대형 차종 25만 대를 생산하는 공장에 비해 용량이 크다고 해야 할 것인지 작다고 해야 할 것인지 명확하지 않다. 다품종 유연생산 프로세스가 일반화되어 감에 따라 산출지표에 의한 용량 측정은 명확히 정의하기가 더욱 어렵게 되고 있다.

투입지표(input measure)

따라서 간접적으로 해당 시스템의 산출량을 결정하는 설비 규모를 기준으로 용량을 정의하는 **투입지표(input measure)**에 의한 용량 측정 방식이 많이 사용되고 있다. 자동차 회사의 예에서, 한 라인에서 여러 차종이 생산되어 나온다면 산출지표를 기준으로 한 용량 정의는 쉽지 않겠지만, 라인 수가 많으면 더 많은 자동차를 생산해 낼 수 있는 것은 분명하므로, 생산 라인의 개수를 기준으로 용량을 측정하는 방법을 생각해 볼 수 있다. 즉, 8개 라인을 가지는 공장은 5개 라인을 가진 공장보다 용량이 큰 것은 분명하며, 이에 따라 자동차 공장의 용량을 생산 라인의 수로 측정한다면, 생산 라인의 수는 투입지표에 해당한다. 산출량의 정확한 측정이 쉽지 않은 서비스 업체에서도 투입지표에 의한 용량 측정이 많이 사용되고 있다. 병원의 병상 수, 식당의 테이블 개수, 호텔의 객실 수, 항공사의 항공기 보유 대수, 법률회사의 변호사 수 등이 이러한 투입지표에 의한 용량 측정의 예이다.

7.2.4 용량과 규모의 경제

규모의 경제(economy of scale)

규모의 경제(economy of scale)는 생산규모가 증가함에 따라 단위당 평균생산비용이 점점 감소하게 되는 성질을 일컫는다. 즉, 규모의 경제는 대량생산을 통해 비용을 감소시킬 수 있다는 개념으로서, 오늘날의 대량생산시스템의 기반이 되는 중요한 원리이다.

규모의 경제가 발생하는 이유로 가장 대표적인 것은 고정비용의 분산효과이다.

시스템에는 일반적으로 산출량에 관계없이 발생하는 고정비용이 존재한다. 어차피 고정비용이 발생한다면 시스템에서 더 많은 양을 산출해 낼수록 단위산출량 별로 고정비용이 분산되어 비용이 낮아지게 될 것이다. 두 번째는 설비구축비용 측면에서의 규모의 경제 효과이다. 어떤 비용은 설비의 규모에 관계없이 비슷하게 나타나서, 규모를 크게 지을수록 단위비용이 절감되는 경우가 있다. 예를 들면 호텔을 500실 규모로 지으나 600실 규모로 지으나 차지하는 부지의 면적은 비슷해서 총공사비용은 큰 차이가 나지 않는 경우가 있다면, 600실 규모로 짓는 편이 단위객실당 구축비용의 절감을 가져다 줄 것이다. 세 번째는 원자재의 대량 구매를 통한 할인 효과이다. 대량으로 생산 또는 운영함으로 인해 원자재를 대량으로 구매하게 되면, 교섭력이 강화되어 상대적으로 대량 구매의 할인을 얻기가 용이해진다. 이를 통해 원자재 단위당 구매 가격은 낮아지게 되어 결과적으로 규모의 경제의 효과를 얻을 수 있게 된다. 마지막으로, 대량 생산을 통해 동일한 제품의 생산량이 많아지면 해당 제품을 생산하는 프로세스를 라인프로세스로 구축하여 재고량을 절감하고 생산단가를 낮출 수 있다. 이러한 효과들이 대량 생산에서 규모의 경제의 효과를 나타나게 한다.

규모의 비경제(diseconomy of scale)

그러나 한편으로, 규모가 커짐에 따라 생산량이 어느 한계를 초과하면 단위당 평균생산비용이 오히려 증가하는, **규모의 비경제(diseconomy of scale)**의 효과가 나타나기도 한다. 규모의 비경제 효과를 나타내는 요인에는 여러 가지가 있을 수 있다. 가장 먼저 고려되어야 하는 것은, 규모의 증가로 인한 복잡성이다. 조직의 규모가 커지면 의사소통의 복잡성이 증가하고 이로 인해 의사소통비용이 높아진다. 이는 결국 규모 증가에 따른 생산단가의 상승 요인으로 작용하여, 규모의 비경제를 야기한다. 두 번째는 관리 초점의 상실이다. 설비의 규모가 커지고 조직의 복잡성이 증가하면 이에 대한 관리의 복잡성도 함께 증가하여, 명확한 관리의 방향이나 초점을 잃어버리기 쉽다. 이는 조직 운영의 비효율을 야기하여 결국 비용 증가로 이어진다. 세 번째는 조직의 비효율성 증가이다. 조직의 규모가 커지면 조직이 관료화되기 쉬우며, 이로 인해 조직의 비효율성이 증가하여 규모의 비경제가 나타날 수 있다. 이러한 요인들이 규모의 증가로 인한 규모의 비경제를 야기하는 원인이 될 수 있다.

대체로 설비의 규모가 작을 때는 규모의 경제가 크게 나타나다가, 설비 규모가 적정 수준을 넘어서면 그 이후로는 규모의 비경제 효과가 더 크게 나타나 규모의 증가와 함께 단위비용이 높아지는 경향을 띤다. 즉, 규모의 경제를 고려한 설비 규모의 적정 수준이 존재한다. 그뿐 아니라, 해당 규모 수준에서도 보다 구체적으로 설비 용량에 따른 규모의 경제 및 비경제 효과가 나타날 수 있다. [그림 7-1]의 예를 보자.

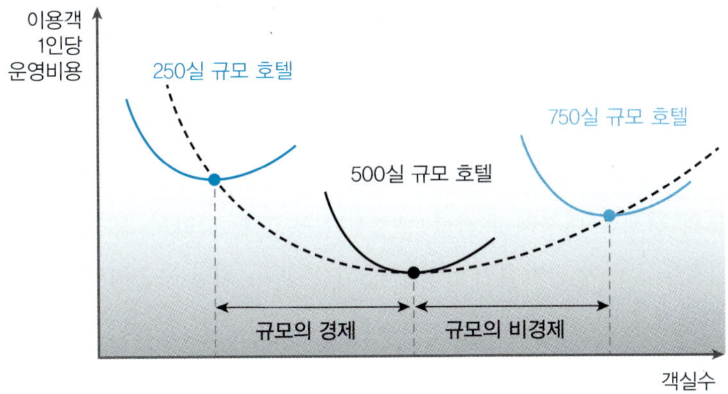

[그림 7-1] 용량과 규모의 경제의 관계

[그림 7-1]은 호텔의 예를 통하여 적정 용량과 규모의 경제의 관계를 보여주고 있다. 약 250실 규모의 호텔을 생각해 보자. 비교적 소형의 호텔로서, 크지 않은 부지의 면적을 가지고 있으며 소규모의 연회장 등의 시설을 계획하고 있다. 객실 수 250실까지는 규모의 경제의 효과가 더 크게 나타나 객실 수를 늘림에 따라 단위비용이 절감되는 반면, 250실을 넘어서서 300실 등의 규모로 용량을 설계하게 되면 오히려 고객들의 동선이 복잡해지고 부대시설에 걸리는 부하가 증가하여 운영이 복잡해지는 등 규모의 비경제 효과가 더 크게 나타나 단위비용이 증가할 수 있다. 그렇기 때문에 이 규모 수준에서의 적정 용량은 250실이 된다.

만약 호텔 규모를 그 이상으로 크게 하고 싶다면 부지 선정부터 건물이나 부대시설의 설계가 달라져야 할 것이다. 더 넓은 부지에, 건물을 더 큰 규모로 설계하고 대용량의 주차시설과 대형 연회장, 복수의 레스토랑 및 회의실 등을 두도록 한다면, 이 정도의 시설 수준에서는 300실, 400실보다는 500실 정도로 용량을 두는 것이 규모의 경제로 인해 단위비용이 절감될 수 있다. 그러나 이 수준에서 객실 수를 그 이상으로 두면 다시 규모의 비경제가 더 크게 나타나 단위운영비용이 증가하고 있다.

비슷한 이유로, 대규모 시설의 호텔에서는 약 750실 규모가 적정 용량이라고 해보자. 이제, 호텔을 계획하는 경영자의 입장에서는 소, 중, 대형의 세 가지 규모 수준에서의 적정 용량인 250실, 500실, 750실 규모의 호텔 중에서 어떤 규모로 호텔을 설계할 것인지를 결정해야 한다. 각 규모 수준에서의 적정 용량이 250, 500, 750실로 나타났지만, 전체적으로 볼 때 250실 규모보다는 500실 규모의 호텔이 고정비용의 분산효과 등으로 인해 규모의 경제의 효과가 더 크고, 반대로 750실 규모로 두게 되면 운영의 복잡성으로 인해 규모의 비경제가 더 크게 나타난다면, 결국 최적의 규모는 500실 규모의 호텔이 될 것이다.

이와 같이, 각 규모 수준에서의 적정 용량이 존재함과 더불어, 규모의 수준 자체 또한 규모의 경제와 비경제 효과를 결정짓기도 한다. 따라서 적정 용량의 계획은 규모의 경제를 고려한 전반적인 규모 수준의 설정과, 해당 수준에서의 적정 용량의 설정 등 다단계로 이루어지게 될 수 있다.

7.3 용량과 흐름률

7.3.1 흐름률의 정의

앞서의 절에서 용량은 단위시간당 최대 산출량으로 정의됨을 살펴보았다. 즉, 용량은 "단위시간당 얼마나 생산할 수 있는가"를 나타낸다고 할 수 있다.

흐름률(flow rate)

이와 대조적으로, 흐름률(flow rate)은 단위시간당 실제 산출량, 즉 "단위시간당 얼마나 생산하고 있는가"로 정의된다. 앞서 언급한 예에서처럼, 용량이 하루 500실인 호텔이라고 하더라도 실제 발생한 수요가 100실에 불과하여 나머지 400실은 공실로 남아있을 수도 있으며, 그렇다면 흐름률은 100실 수준이 될 것이다. 수요가 충분하더라도 생산이나 서비스 제공에 필수적인 원자재나 노동력 등이 부족하여 시스템의 흐름률은 용량에 미치지 못하게 될 수도 있다. 즉, 흐름률은 용량 이하임은 물론, 수요량으로 인해 제약받을 수도 있고, 원자재 등의 가용유입량으로 제약받을 수도 있다. 이러한 관계를 식으로 나타내면 다음과 같다.

$$\text{흐름률} = \text{Min}\{\text{가용유입량, 수요량, 용량}\} \quad \text{(식 7-1)}$$

7.3.2 병목과 용량

병목(bottleneck)은 여러 자원으로 구성된 프로세스에서 최소 용량을 가진 자원을 말한다. 말 그대로, 병의 목 부분이 좁은 것처럼 프로세스에서 용량이 가장 작은 곳을 가리키는 표현이다.

프로세스가 여러 자원으로 구성되어 있을 때, 프로세스 전체의 용량은 해당 프로세스에서 가장 용량이 작은 자원의 용량, 즉 병목 자원의 용량에 의해 결정된다. 일반적으로, n개의 자원으로 구성된 프로세스에서 프로세스 전체의 용량은 다음의 식과 같이 표현될 수 있다.

프로세스 용량 = Min{자원 1의 용량, 자원 2의 용량, … , 자원 n의 용량} (식 7-2)

[그림 7-2]는 병목과 용량의 관계를 도식화하고 있다.

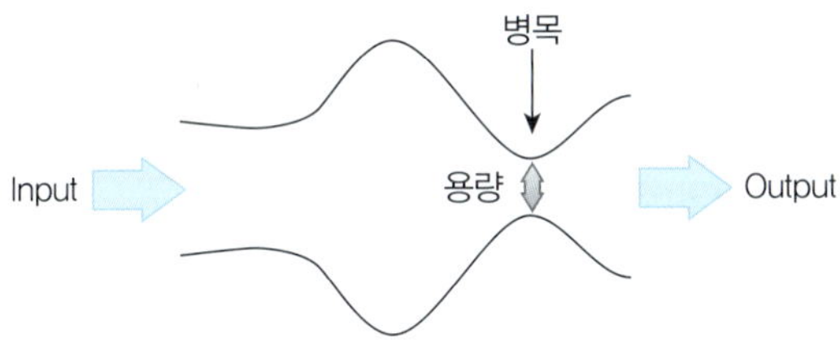

[그림 7-2] 병목과 용량의 관계

7.3.3 흐름 제약

흐름률은 용량뿐 아니라 가용유입량 및 수요량에 의해서도 제약받는다는 점을 앞에서 살펴보았다. 흐름률이 용량이나 가용유입량에 의해 제약받는지, 수요량에 의해 제약받는지는 분석에 있어 중요한 출발점이 된다.

(1) 공급량에 의한 흐름 제약의 경우(supply-constrained)

수요는 충분하지만 용량이나 가용유입량이 수요를 따라가지 못해서 흐름률이 제약받는 경우를 공급량에 의한 흐름 제약이라고 한다. 이를 다시 세부적으로 구분하자면 용량에 의해 흐름률이 제약받는 경우와 가용유입량에 의해 흐름률이 제약받는 경우를 나누어 볼 수 있겠으나, 두 경우를 모두 공급량에 의한 흐름 제약으로 구분한다. 예를 들어 워터파크에서 시설 용량의 한계로 인하여 고객을 모두 수용하지 못하고 일일 입장 고객 수를 제한하는 경우는 용량에 의해 제약받은 경우이고, 수요가 충분함에도 핵심 자재의 공급이나 노동력의 수급에 차질이 생겨서 시설 용량조차도 충분히 활용하지 못하는 경우는 가용유입량에 의해 제약받은 경우에 해당하며, 이러한 모든 경우를 공급량에 의한 흐름 제약이라고 말할 수 있다. 즉, 흐름률의 (식 7-1)에서, 흐름률 = 가용유입량이 되거나 흐름률 = 용량이 되는 경우가 공급량에 의한 흐름 제약의 경우에 해당한다. [그림 7-3]은 공급량에 의한 흐름 제약의 경우를 도식화하여 나타내고 있다.

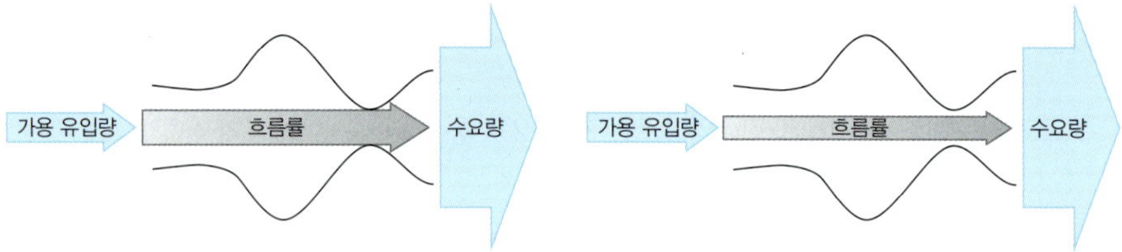

흐름률 = Min{가용유입량, 수요량, 용량}　　흐름률 = Min{가용유입량, 수요량, 용량}

(a) 용량에 의해 흐름률이 제약받는 경우　　(b) 가용유입량에 의해 흐름률이 제약받는 경우

[그림 7-3] 공급량에 의한 흐름 제약

(2) 수요량에 의한 흐름 제약의 경우(demand-constrained)

수요량에 의한 흐름 제약
(demand-constrained)

앞의 경우와는 반대로, 가용유입량이나 용량 등 공급량의 여력은 충분하지만 수요량이 적어서 수요량에 맞추어 흐름률이 제약되는 상황을 **수요량에 의한 흐름 제약(demand-constrained)**의 경우라고 한다. 서비스업의 경우에는 수요가 발생할 때 서비스의 제공이 이루어지므로 수요량보다 초과하여 서비스를 제공하는 것이 원천적으로 불가능하다. 제조업의 경우에는 수요량보다 초과하여 생산할 수는 있겠지만 그렇게 하면 초과 생산된 제품은 모두 재고로 보유될 것이고, 이후에라도 수요가 더 많이 발생하여 재고를 소진할 수 있다면 다행이겠지만 그 때까지 재고비용을 야기하고 최악의 경우 악성재고로 남게 될 가능성도 존재한다. 흐름률의 결정 관계식 (식 7-1)에서는, 흐름률 = 수요량이 되는 경우가 수요량에 의한 흐름 제약의 경우에 해당한다. [그림 7-4]는 수요량에 의한 흐름 제약의 경우를 도식화하여 나타내고 있다.

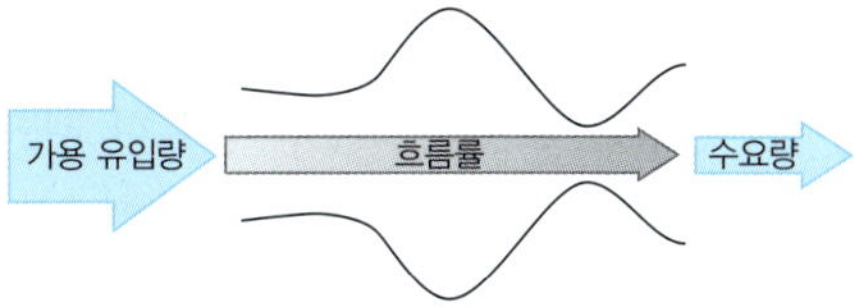

흐름률 = Min{가용유입량, 수요량, 용량}

[그림 7-4] 수요량에 의한 흐름 제약

7.3.4 활용률

활용률(utilization)

활용률(utilization)이란 용량이 실제로 사용되고 있는 정도를 나타내는 값이다. 활용률이 용량 대비 실제 사용량을 말하고, 실제 사용량은 흐름률로 나타나므로, 활용률은 다음과 같이 정의된다.

$$\text{가동률} = \frac{\text{흐름률}}{\text{용량} } \qquad \text{(식 7–3)}$$

활용률은 백분율(%)로 나타내는 경우가 많다. (식 7–3)에서 흐름률은 용량을 넘을 수 없으므로, 활용률의 최댓값은 1.0, 즉 100%이다.

기업의 운영에 있어서 활용률은 매우 중요하다. 만약 활용률이 지나치게 낮다면, 이는 용량에서 사용되지 못하고 있는 부분이 많다는 의미이고, 용량의 확보에 설비투자와 더불어 운영비용이 발생하고 있으므로 사용되지 않고 있는 용량만큼의 비용이 낭비되고 있다는 의미이다. 즉, 사용되지 못하고 있는 용량만큼 비용이 발생하고 있다고 할 수 있다. 반면, 활용률이 100%에 다가간다면 설비의 용량을 거의 다 활용하고 있으며 사용되지 않는 용량이 거의 없다는 의미이므로 기업 입장에서는 높은 효율을 얻고 있는 것으로 볼 수 있다. 실제로 성공적인 제조기업에서는 90% 이상의 활용률을 목표로 두고 이에 맞추어 운영되고 있는 경우가 많다.

그러나 높은 활용률이 반드시 좋은 것만은 아니다. (식 7–3)이 의미하는 바와 같이 활용률의 최댓값은 100%이며, 흐름률은 용량을 넘을 수 없다. 활용률이 100%라면 흐름률이 용량과 같다는 의미인데, 이것은 대부분 수요가 용량을 초과하여 수요량에 의한 흐름 제약이 발생하고 있는 상황으로서, 고객의 수요를 모두 충당하지 못하고 수요가 상실되고 있는 상황이라는 의미가 된다. 업종에 따라 이는 고객 서비스의 저하로 이어져 기업의 경쟁력 상실을 야기하거나, 극단적으로는 치명적인 문제를 일으키기도 한다. 대표적으로 전력 산업의 경우, 100%에서 전력망 활용률을 뺀 값인 전력예비율(국무총리실, 2012)이 매우 중요한 관리지표로서, 만약 전력예비율이 0이 되면, 즉 전력망의 활용률이 100%가 되면 전력망의 파손에 의한 대규모 정전 등 심각한 문제에 봉착하게 된다. 대중교통이나 응급의료 등 공공 및 보건 등에 관련된 서비스에서도 활용률이 100%에 달하는 것은 사회적 문제를 야기하게 된다. 즉, 너무 낮은 활용률과 마찬가지로 너무 높은 활용률도 문제가 되는 경우가 많으며, 기업이나 조직의 업종과 서비스의 특성에 따라 적정 활용률은 달라질 수 있다.

7.4 여유용량과 용량 증설 전략

7.4.1 여유용량의 개념

여유용량(capacity cushion)은 일시적인 수요나 용량 변동에 대비하기 위해 여유분으로 준비해 둔 용량으로서, 다음과 같이 100%에서 평균 활용률을 뺀 값으로 정의된다.

$$\text{여유용량} = 100\% - \text{평균활용률} \qquad \text{(식 7-4)}$$

즉, 여유용량은 갑작스러운 수요의 증가나 설비의 고장, 공급량 차질에 의한 용량의 일시적 감소에 대비하여 원활한 고객 서비스를 제공하기 위해 항상 준비해두고 있는 용량의 버퍼(buffer)로서, 제조업에서의 안전재고와 같은 역할을 한다고 볼 수 있다. 여유용량의 의미는 그 정도의 용량이 늘 사용되지 않고 남아있다는 것으로서, 이는 계속적으로 그 정도의 용량을 유지하는 데 필요한 비용이 발생하고 있는 것이 된다. 결과적으로, 여유용량이 지나치게 높다면 여유용량의 유지에 많은 비용을 지출하고 있는 것이 되며, 이는 기업의 수익성에 부정적인 영향을 줄 수 있다. 반대로 여유용량이 너무 낮다면, 앞서의 절에서 예로 든 전력예비율이 낮아질 때 발생할 수 있는 문제와 마찬가지로, 고객 서비스에 악영향을 미치거나 경우에 따라 심각한 서비스 실패로 이어질 수도 있다. 따라서 적정 여유용량을 결정하는 것은 기업의 운영에서 중요한 의사결정 중 하나가 된다.

7.4.2 용량 증설 전략의 유형

용량은 한번 결정되면 바꾸기가 쉽지 않다는 점을 앞서 언급한 바 있다. 따라서 장기 수요예측 등을 바탕으로 신중하게 용량을 설정하겠지만, 수요가 지속적으로 성장한다면 어느 시점에 가서는 용량의 증설이 필요해질 수 있다. 수요의 증가에 따른 용량의 증설 방식은 증설의 시점에 따라 확장적 전략과 유보적 전략, 그리고 그 둘을 결합한 혼합 전략으로 구분될 수 있다.

(1) 확장적 전략(expansionist strategy)

확장적 전략(expansionist strategy)

확장적 전략(expansionist strategy)은 수요가 용량에 도달하여 활용률이 100%에 근접하면 용량을 증설하여 향후의 수요 증가에 선제적으로 대비하는 방식이다. 증설의 정도는 향후 몇 년 정도의 수요 증가분을 대상으로 할 것인지에 따라 결정된다. 수요가 용량을 초과하기 전에 용량을 증설하므로 이후 확장된 용량 수준으로 수요가 증가할 때까지는 계속 여유용량을 보유하고 있게 되며, 이로 인해 여유용량비용이 발생한다. 시장점유율이 중요한 시장 선도적 기업이라면 확장적 전략을 통해 여유용량비용을 감수하더라도 원활한 제품 및 서비스 공급을 도모하는 것이 적합할 수 있다. 그러나 수요가 예상한 수준으로 증가하지 않는다면 초과용량으로 인한 손실을 입게 될 리스크도 가지고 있게 된다. [그림 7-5(a)]는 확장적 전략의 개념을 도식화하여 나타내고 있다.

(2) 유보적 전략(wait-and-see strategy)

유보적 전략은 수요가 용량에 도달하여도 즉시 용량을 증설하지 않고 잔업, 하청 등의 단기적 방안으로 대응하다가, 어느 시점에 이르러 더 이상 단기적 방안으로의 대응이 어려워질 때 용량을 증설하되 현재 수요 수준까지만 최소로 증설하는 방식이다. 몇 년까지를 단기적 방안으로 대응할 것인지는 단기대응의 가능 여부와 비용에 의해 결정된다. 지속적으로 수요에 비해 용량이 부족한 상태를 유지하게 되므로 단기대응비용이 발생하며, 이 과정에서 적극적인 수요 대응에 한계를 갖게 될 수 있다. 그러나 수요가 더 이상 증가하지 않게 되더라도 초과용량에 의한 손실을 보게 될 리스크는 적은 것이 장점이 된다. 시장 추종적 기업일수록 유보적 전략이 적합할 수 있다. [그림 7-5(b)]는 유보적 전략의 개념을 도식화하여 나타내고 있다.

(3) 혼합 전략(intermediate strategy)

혼합 전략(intermediate strategy)

혼합 전략(intermediate strategy)은 확장적 전략과 유보적 전략을 결합한 형태의 용량 증설 전략으로서, 어느 수준까지는 수요가 용량을 초과하는 상황을 단기적 방안으로 대응하다가, 적절한 시점에 용량을 증설하되 미래의 수요를 반영하여 그 시점의 수요보다는 높은 수준으로 증설하는 방식의 전략을 말한다. 순수한 확장적 전략이나 순수한 유보적 전략보다는 어느 정도의 혼합 전략을 택하는 것이 대부분의 기업에 적합할 수 있다. [그림 7-5(c)]는 혼합 전략의 개념을 도식화하여 나타내고 있다.

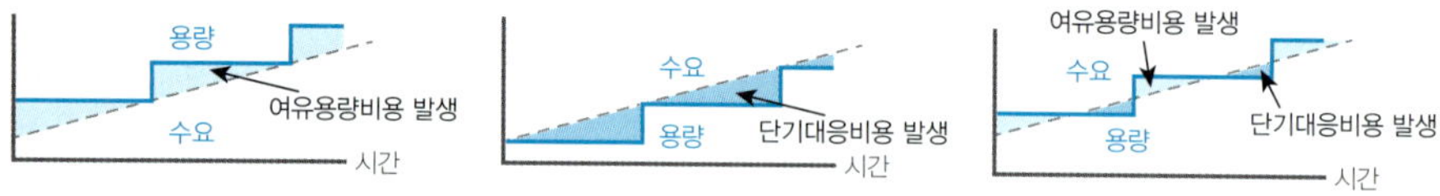

(a) 확장적 전략　　(b) 유보적 전략　　(c) 혼합 전략

[그림 7-5] 용량 증설 전략의 유형

이상의 내용을 다음의 예제를 통해 종합적으로 살펴보자.

예제 7-1 A피자점의 용량 분석

A피자점의 피자 주문배달 공정과 공정별 소요시간, 공정별 인원/설비 현황이 다음과 같이 주어져 있고, 수요는 시간당 6개로 알려져 있다.

공정	소요시간	인력/설비
주문접수	6분	영희
도우 만들기	7.5분	철수
토핑	5분	유진
굽기	24분	오븐 2대
자르기 및 포장	5분	길동
배달	20분	민수, 준호

이 때,

(1) A피자점의 공정별 용량은 얼마인가?

(2) 병목 공정은 무엇인가?

(3) A피자점 전체의 용량은 얼마인가?

(4) A피자점의 흐름률은 얼마인가?

(5) A피자점의 활용률과 여유용량은 얼마인가?

(6) 각 공정별 활용률은 얼마인가?

풀이 (1) A피자점의 공정별 용량은 다음과 같이 계산될 수 있다.

공정	소요시간	인력/설비	용량
주문접수	6분	영희	10개/시간 (=60/6)
도우 만들기	7.5분	철수	8개/시간 (=60/7.5)
토핑	5분	유진	12개/시간 (=60/5)
굽기	24분	오븐 2대	5개/시간 (=2*60/24)
자르기및 포장	5분	길동	12개/시간 (=60/5)
배달	20분	민수, 준호	6개/시간 (=2*60/20)

(2) 병목 공정은 위에서 용량이 시간당 5개로 최소로 나타나는 '굽기' 공정이 된다.

(3) 병목 공정의 용량이 프로세스 전체의 용량을 결정하므로, A피자점 전체의 용량은 병목 공정 '굽기'의 용량인 시간당 5개가 된다.

(4) A피자점의 용량은 시간당 5개이고, 문제에서 A피자점의 수요는 시간당 6개로 나타나 있으므로 흐름률은 둘 중 작은 값인 시간당 5개가 된다. 따라서, 이 경우는 수요량은 충분하지만 용량이 수요량에 미치지 못하여 흐름률을 제약하므로 공급량에 의한 흐름 제약의 경우에 해당한다.

(5) A피자점의 활용률과 여유용량은 다음과 같이 계산된다.

흐름률 = 5개/시간

용량 = 5개/시간

활용률 = 흐름률/용량 = 5 / 5 = 100%

여유용량 = 100% − 평균활용률 = 100% − 100% = 0%

여기서, 수요가 용량을 아무리 초과해도 활용률은 100%를 넘지 못함을 다시 한 번 확인할 수 있다.

(6) 각 설비별 흐름률은 프로세스 전체의 흐름률과 동일하므로, A피자점의 설비별 활용률은 각 설비별로 흐름률에서 용량을 나눈 값이 되어, 다음과 같이 계산된다.

공정	소요시간	인력/설비	용량	가동률
주문접수	6분	영희	10개/시간	5/10 = 50%
도우 만들기	7.5분	철수	8개/시간	5/8 = 62.5%
토핑	5분	유진	12개/시간	5/12 = 41.7%
굽기	24분	오븐 2대	5개/시간	5/5 = 100%
자르기 및 포장	5분	길동	12개/시간	5/12 = 41.7%
배달	20분	민수, 준호	6개/시간	5/6 = 83.3%

예제 7-2 A피자점의 용량 증설

A피자점은 새롭게 오븐을 2대 더 구입하고, 배달인원을 한 명 더 채용하였다. 나머지 사항은 예제 1과 동일하다고 할 때,

(1) A피자점의 공정별 용량은 얼마인가?

(2) 병목 공정은 무엇인가?

(3) A피자점 전체의 용량은 얼마인가?

(4) A피자점의 흐름률은 얼마인가?

(5) A피자점의 활용률과 여유용량은 얼마인가?

(6) 각 공정별 활용률은 얼마인가?

풀이 (1) A피자점의 공정별 용량은 다음과 같이 계산될 수 있다.

공정	소요시간	인력/설비	용량
주문접수	6분	영희	10개/시간 (=60/6)
도우 만들기	7.5분	철수	8개/시간 (=60/7.5)
토핑	5분	유진	12개/시간 (=60/5)
굽기	24분	오븐 4대	10개/시간 (=4*60/24)
자르기 및 포장	5분	길동	12개/시간 (=60/5)
배달	20분	3명	9개/시간 (=3*60/20)

(2) 병목 공정은 위에서 용량이 시간당 8개로 최소로 나타나는 '도우 만들기' 공정이 된다.

(3) 병목 공정의 용량이 프로세스 전체의 용량을 결정하므로, A피자점 전체의 용량은 병목 공정 '도우 만들기'의 용량인 시간당 8개가 된다.

(4) A피자점의 용량은 시간당 8개이고, 문제에서 A피자점의 수요는 시간당 6개로 나타나 있으므로 흐름률은 둘 중 작은 값인 시간당 6개가 된다. 따라서, 이 경우는 용량은 충분하지만 수요량이 용량에 미치지 못하므로 수요량에 의한 흐름 제약의 경우에 해당한다.

(5) A피자점의 활용률과 여유용량은 다음과 같이 계산된다.

흐름률 = 6개/시간
용량 = 8개/시간
활용률 = 흐름률/용량 = 6 / 8 = 75%
여유용량 = 100% − 평균활용률 = 100% − 75% = 25%

(6) 각 설비별 흐름률은 프로세스 전체의 흐름률과 동일하므로, A피자점의 설비별 활용률은 각 설비별로 흐름률에서 용량을 나눈 값이 되어, 다음과 같이 계산된다.

공정	소요시간	인력/설비	용량	가동률
주문접수	6분	영희	10개/시간	6/10 = 60%
도우 만들기	7.5분	철수	8개/시간	6/8 = 75%
토핑	5분	유진	12개/시간	6/12 = 50%
굽기	24분	오븐 4대	10개/시간	6/10 = 60%
자르기 및 포장	5분	길동	12개/시간	6/12 = 50%
배달	20분	3명	9개/시간	6/9 = 66.7%

7.5 요약

이번 장에서는 용량의 개념과 구분을 이해하고, 산출지표와 투입지표로 측정될 수 있음을 살펴보았다. 용량이 커짐에 따라 규모의 경제로 인한 운영비용의 절감이 발생할 수 있으나, 적정한 용량 수준을 넘어서면 오히려 규모의 비경제로 인한 손실이 증가할 수 있어, 적정한 용량으로 설비를 구축하는 것은 중요한 의사결정이 된다. 용량과 수요량의 관계에 따라 흐름률이 공급량에 의해 제약받거나 수요량에 의해 제약받을 수 있으며, 흐름률이 용량에서 차지하는 비율인 활용률은 기업의 운영에서 매우 중요한 문제이다. 한편, 수요가 증가함에 따라 용량의 증설이 필요해질 때, 확장적 전략과 유보적 전략 또는 두 전략을 혼합한 혼합 전략이 사용될 수 있음을 살펴보았다.

● 참고문헌

- 국무총리실, 전력예비율과 예비전력률의 개념과 이해, http://pmoblog.tistory.com/405, 2012.5.29.
- 해태제과 홈페이지, http://www.ht.co.kr/product/view/172
- 중앙일보, "해태제과 이제야 '허니버터칩' 공장 증설... 왜?", http://news.joins.com/article/17932923 2015.6.2.

Excel 실습 예제 7-1 A피자점의 용량 분석

Excel을 사용하여 예제 1번의 A피자점의 용량을 분석해보자. 각 공정에 소요되는 시간이 분 단위로 나타나 있으므로, 각 공정별로 하나의 설비(또는 인력)가 한 시간 동안 처리할 수 있는 양을 쉽게 계산할 수 있다. 예를 들어 주문접수의 경우 개당 6분이 소요되므로, 한 시간에는 10개(=60/6)의 피자를 처리할 수 있다. 비슷한 방법으로, 배달의 경우에는 20분이 소요되므로 한 사람의 배달인력은 한 시간에 3개(=60/20)의 피자를 배달할 수 있고, 배달인력이 두 사람이라면 한 시간에 각각 3개씩, 총 6개의 피자를 배달할 수 있을 것이다. 주문접수 인력이 1명, 배달 인력이 2명이라고 가정하자. 이 때, 만약 시간당 피자의 수요가 3개라면 주문접수 공정의 활용률은 30%(=3/10)가 되고, 배달 공정의 활용률은 50%(=3/6)가 된다. 다음 그림은, 이 방법을 사용하여, 수요가 $B$2 셀에 주어질 때 각 공정별로 설비별 용량, 공정별 용량, 공정별 활용률을 계산하는 Excel 계산표의 수식을 나타내고 있다. 편의상 각 셀의 수식이 보이도록 하였다.

	A	B	C	D	E	F
1						
2	수요(개/시간) :					
3						
4	공정	소요시간(분)	설비당 용량 (개/시간)	설비 대수 (인력 수)	공정별 용량 (개/시간)	공정별 가동률
5	주문접수	6	=60/B5	1	=C5*D5	=$B$2/E5
6	도우 만들기	7.5	=60/B6	1	=C6*D6	=$B$2/E6
7	토핑	5	=60/B7	1	=C7*D7	=$B$2/E7
8	굽기	24	=60/B8	2	=C8*D8	=$B$2/E8
9	자르기 및 포장	5	=60/B9	1	=C9*D9	=$B$2/E9
10	배달	20	=60/B10	2	=C10*D10	=$B$2/E10
11						
12	전체 가동률 :	=MAX(F5:F10)				

위의 Excel 계산표에서, $B$2 셀에 0을 기입하면 다음과 같이 나타날 것이다.

	A	B	C	D	E	F
1						
2	수요(개/시간) :	0				
3						
4	공정	소요시간(분)	설비당 용량 (개/시간)	설비 대수 (인력 수)	공정별 용량 (개/시간)	공정별 가동률
5	주문접수	6	10	1	10	0
6	도우 만들기	7.5	8	1	8	0
7	토핑	5	12	1	12	0
8	굽기	24	2.5	2	5	0
9	자르기 및 포장	5	12	1	12	0
10	배달	20	3	2	6	0
11						
12	전체 가동률 :	0				

앞의 계산 결과에서는 설비별 용량과 공정별 용량이 잘 계산되어 있다. 예를 들어, 배달은 2명의 인력이 있을 때 설비별 용량이 시간당 3개, 공정별 용량이 시간당 6개로 나타나 있다. 또한 공정별 용량을 보면 굽기 공정의 용량이 시간당 5개로 최소로 나타나고 있어, 굽기 공정이 병목임을 알 수 있다. 현재는 수요가 0이어서 활용률은 모두 0이다. 여기서 수요를 점차 증가시켜 보자. 예를 들어, 수요를 시간당 3개로 입력하면, 계산 결과는 다음과 같이 나타난다.

	A	B	C	D	E	F
1						
2	수요(개/시간) :	3				
3						
4	공정	소요시간(분)	설비당 용량 (개/시간)	설비 대수 (인력 수)	공정별 용량 (개/시간)	공정별 가동률
5	주문접수	6	10	1	10	0.3
6	도우 만들기	7.5	8	1	8	0.375
7	토핑	5	12	1	12	0.25
8	굽기	24	2.5	2	5	0.6
9	자르기 및 포장	5	12	1	12	0.25
10	배달	20	3	2	6	0.5
11						
12	전체 가동률 :	0.6				

수요를 시간당 3개로 하면 전체 활용률은 각 공정별 활용률의 최댓값인 0.6이 되며, 여기서 병목 공정인 굽기의 활용률이 전체 활용률과 동일하게 0.6으로 나타나고 있음을 확인할 수 있다. 전체 활용률이 1.0이 될 때까지 수요를 순차적으로 더 큰 값으로 입력해보면, 다음 그림과 같이 5를 입력할 때 전체 활용률은 1, 즉 100%가 된다.

	A	B	C	D	E	F
1						
2	수요(개/시간) :	5				
3						
4	공정	소요시간(분)	설비당 용량 (개/시간)	설비 대수 (인력 수)	공정별 용량 (개/시간)	공정별 가동률
5	주문접수	6	10	1	10	0.5
6	도우 만들기	7.5	8	1	8	0.625
7	토핑	5	12	1	12	0.416666667
8	굽기	24	2.5	2	5	1
9	자르기 및 포장	5	12	1	12	0.416666667
10	배달	20	3	2	6	0.833333333
11						
12	전체 가동률 :	1				

실습 문제 예제 7-2를 위의 Excel 계산표를 이용하여 분석해 보라.

연·습·문·제

1. 용량의 여러 개념을 구분하여 설명하고, 용량의 측정 지표에 대해 설명하라.

2. 용량과 수요량의 관계로부터 흐름률이 결정되는 방식을 설명하고, 활용률의 개념을 연관지어 설명하라.

3. 공급량에 의한 흐름 제약과 수요량에 의한 흐름 제약의 경우를 예시를 통해 비교하여 설명하라.

4. 용량 증설 전략에는 어떤 유형이 있고, 각 유형의 장단점이 무엇인지를 비교하여 설명하라.

5. B컨설팅회사에서는 금번 시즌의 컨설턴트 채용을 진행하고 있다. 채용 프로세스는 접수, 서류심사, 평판조회, 면접심사, 합격여부통지의 다섯 단계로 이루어지며, 한 사람이 시간당 처리할 수 있는 지원서류의 양은 다음과 같다.

프로세스 단계	1인이 처리 가능한 지원 건수 (건/시간)	투입 인원 수
접수	6건	1명
서류심사	2건	1명
평판조회	0.5건	3명
면접심사	1건	2명
합격여부통지	6건	1명

이 프로세스의 병목은 어느 단계이며, 이 프로세스의 용량은 얼마인가?

6. 연습문제 5에서, 지원서가 시간당 1건씩 발생한다고 할 때, 이 프로세스의 활용률과 여유용량은 얼마인가? 또한 이 때 해당 프로세스는 공급량에 의한 흐름 제약과 수요량에 의한 흐름 제약 중 어느 경우에 해당하는가?

7. 연습문제 5번의 B컨설팅회사에서, 실제 채용을 진행하고 보니 지원서가 시간당 3건씩 발생함을 알 수 있었다. 이 때 해당 프로세스는 수요량을 모두 처리할 수 있는가? 만약 수요량을 처리하지 못한다면, 어느 프로세스 단계에 몇 명을 더 투입해야 주어진 수요량을 모두 처리할 수 있는가? 단, 추가로 투입되는 인원의 시간당 처리량은 기존의 인원과 동일하다고 가정한다.

8. C커피점에서는 한 종류의 커피만을 판매하며, 업무는 주문 및 계산 – 원두 분쇄 – 커피 여과 – 테이블 서빙의 4단계로 구성된다. 현재 영희, 철수, 길동의 3명이 근무하고 있으며, 영희는 주문 및 계산, 철수는 원두 분쇄와 커피 여과, 길동은 테이블 서빙을 담당하고 있다. 1건의 주문마다 주문 및 계산에는 3분, 원두 분쇄에는 2분, 커피 여과에는 4분, 테이블 서빙에는 3분이 소요된다. 이 프로세스의 병목은 어느 단계이며, 용량은 얼마인가?

9. 연습문제 8번의 C 커피점에서는 신규 인원을 채용하여 철수가 맡고 있던 일 중 원두 분쇄를 담당하게 하고, 철수는 커피 여과만을 담당하도록 하였다. 현재 고객은 시간당 12명이 도착하고 있다. 이 프로세스의 활용률은 얼마인가?

생산 및 운영관리

PART III

운영 계획 및 통제: 변화에 대응한 계획 수립

8

CHAPTER

수요예측

학습 목표

- 수요예측의 개념을 이해할 수 있다.
- 수요예측시스템의 기본적인 구성요소 및 기본절차를 이해할 수 있다.
- 다양한 정성 · 정량적 수요예측기법과 각 기법의 장 · 단점을 알 수 있다.
- 수요예측오차 및 정확도를 평가할 수 있는 척도를 설명할 수 있다.
- 수요예측기법의 선정 및 모니터링을 수행할 수 있다.

사례

98% 정확한 수요 예측 넘어 '기업의 기억' 까지 AI에 담는 이케아

Forecasts are always wrong(예측은 항상 잘못된다).

– 수요의 법칙(Laws of forecasting)

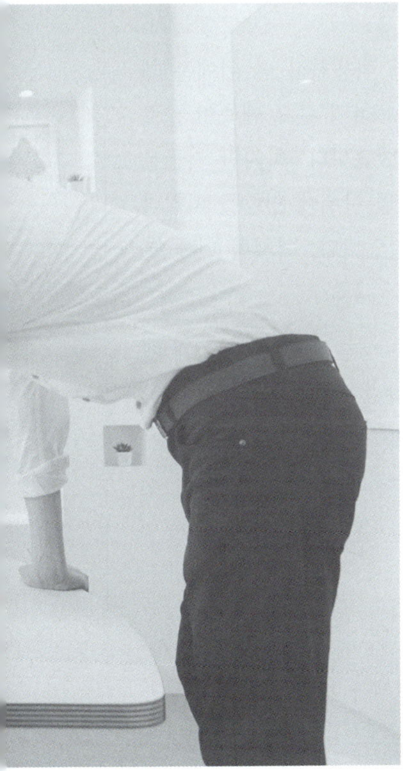

스웨덴 가구업체 이케아(IKEA)를 창업한 잉바르 캄프라드는 성냥을 방문판매하면서 사업 감각을 익혔습니다. 그는 이후 방문판매보다 통신판매가 대세인 것을 느끼고 이케아를 창업했습니다. 온갖 잡화를 취급하다 가구에 눈을 돌린 것은 1950년쯤이었습니다. 이때 그가 먼저 만든 게 카탈로그였습니다. 통신판매 형태의 상품 카탈로그와 가구 전시장의 결합이 그의 비즈니스 모델이었습니다.

이케아의 상품 카탈로그는 매우 강력한 마케팅 도구였습니다. 32개 언어로 인쇄된 카탈로그는 성경보다 3배 많은 2억 부가 매년 배포됐습니다. 하지만 이케아는 지난해 이런 70년 전통의 카탈로그를 과감히 버렸습니다. 물론 비용 때문은 아닙니다. 지난 20년 동안 웹 쇼핑이 늘어나면서 이케아는 카탈로그를 사용하는 사람이 줄어든 걸 발견한 겁니다. 이케아는 지금 아이콘인 카탈로그를 없앨 만큼 기업경영의 모든 것을 바꾸고 있습니다. 그 중심에는 AI가 있습니다.

이케아 AI에서 소비자들로부터 가장 주목받는 건 증강현실(AR) 앱입니다. 이케아는 2018년부터 스마트폰에서 작동하는 AR 앱인 '이케아 플레이스'를 만들어 소비자들에게 가상으로 원하는 장소에 가구를 배치해 볼 수 있도록 했습니다. 가구를 배치할 공간에 카메라를 비추면, 가구 크기가 계산돼 실제 비율에 맞도록 조절되는 기능이 있습니다. 기존 가구를 스마트폰으로 스캔하면 이케아 관련 제품 목록을 확인할 수도 있습니다.

반품된 물품을 다시 판매할지 아니면 할인 판매할지 등을 구분하는 AI도 구축했습니다. 이케아는 옵토로 사와 협력해 반품을 수거하고 이를 물류창고에 보관하면서 벌크닷컴 등 자체 쇼핑몰에서 판매하기도 합니다.

이케아 자랑 '카탈로그' 중단 … 디지털 기업으로 통째 변신 모색

하지만 이케아 AI팀이 가장 많이 신경을 쓰고 있는 도구는 수요 예측의 정확성을 높이는 솔루션입니다. 54개국 450개 이케아 매장과 온라인에서 판매하는 모든 제품의 수요를 예측하는 '수요감지 AI(Demand Sensing AI)'입니다. 예측이 부정확하면 이케아 매장의 제품 수가 충분하지 않아 고객이 기다리는 시간이 길어지거나 재고가 초과할 수 있습니다. 이케아는 이를 위해 제품마다 최대 200개의 데이터 소스를 발굴합니다. 고객들이 급여를 받는 시기, 축제 이벤트, 날씨, 가족 구성 등 온갖 데이터를 모아 판매 수요와 연결짓습니다.

이케아는 과거에는 이 예측 정확성이 92%였지만, 수요감지 AI를 적용하고 난 뒤에는 예측 정확도가 98%로 올라갔다고 자랑합니다. 기존 예측 도구를 사용하면 수요 예측이 글로벌 수준에서 시작됩니다. 다음으로 지역 국가와 매장으로 세분화했습니다. 하지만 지금은 지역 고객이 먼저입니다. 한 지역의 수요가 올라가면 반드시 글로벌 단위에 영향을 미칩니다. 미세한 변화가 거대한 폭풍을 일으키는 나비효과가 있다는 것입니다. 이처럼 미세 분야에서 거시적으로 수요 예측이 가능한 건 물론 AI 덕분입니다.

소위 '초기 조건의 민감성'을 포착할 만큼 세세한 대목까지 AI는 변수로 활용할 수 있게 됐습니다. 새 AI는 일일 기준 최대 4개월까지 수요 예측이 가능하다고 합니다. 빠르게 변화하는 고객 행동을 고려하면 이 같은 정확한 예측은 이케아 매장이 적절한 시간에 관련 정보를 받는다는 걸 의미합니다. 직원들이 굳이 물류 공급망에 관여할 필요성이 줄어들고 오류도 감소합니다. 회사는 그만큼 비용을 절감하고 물류를 최적화할 수 있습니다.

암묵적 지식 · 일시 정보 체계화 …'기업 기억' AI 구축

AI의 다음 단계는 수요에 따른 공급 조절만이 아니라 신제품 기획도 예측하고 경영에도 도움을 받는 일입니다. 이케아는 당장 기업이 직면한 문제와 해결 방법을 기록하는 '기업 기억(Corporate Memory)'을 체계화시키는 일에 집중하고 있습니다. 이케아는 기업들이 항상 문제를 해결하는 과정에 있지만, 문제를 해결하면 그 과정이 기록으로 남아 있지 않을 때가 많다고 말합니다. 기업 기억은 회사 직원들의 암묵적 지식과 일시적인 기업정보, 그리고 문서로 만들어진 공식 기업 자료로 나뉩니다. 암묵적 지식은 직원들의 기억 속에 있으며, 일시적 기업정보는 텍스트나 댓글에 있는 메시지로 남겨집니다. 기업 문제를 해결할 때의 암묵적 지식과 일시적 정보는 기록되지 않고 사라지는 게 많습니다.

이케아는 문제를 발견한 뒤 해결하는 과정을 담은 기업 기억을 자동화하고 체계화하는 일에 관심을 둡니다. 이런 것이 쌓이면 AI로 의사결정이 가능하다는 것입니다. 기업 메모리를 위한 청사진을 구축하는 방법이 완성되면 조직 문화에 큰 변화를 가져올 것으로 이케아는 기대하고 있습니다.

출처: https://www.hankyung.com/article/202107124377i

사례 아마존 프라임 데이 딜이 물류 악몽을 초래하다

2015년부터 아마존은 매년 7월 16일과 17일에 열리는 아마존 프라임 데이로 '7월의 크리스마스' 열풍을 일으키고 있다. 올해 아마존 프라임 데이 동안 미국 쇼핑객들이 약 140억 달

러를 온라인에서 지출할 것으로 예상되면서, 이를 성공적으로 수행하기 위해 공급망 전반에 걸친 강력한 물류 능력이 필요하다는 것은 명백하다. 이렇게 짧은 기간 동안 엄청난 전자상거래 판매 급증을 어떻게 기업들이 수요, 물류, 유통을 계획하는지 자세히 살펴보자.

프라임-원시 본능으로 고객의 갈망 해독하기

올해 프라임 데이는 7월 16일과 17일로 예정되어 있으며, 다양한 제품 할인과 몇 초마다 새롭게 업데이트되는 딜이 포함될 것이다. 프라임 데이의 인기는 계속해서 증가하고 있다. 아마존은 작년에 비해 전환율이 23% 증가했다고 보고했다. 또한 알렉사를 통한 주문이 크게 증가할 것으로 예상되며, 소비자에게 '반드시 가져야 할' 구매를 위한 더 많은 옵션을 제공한다. 고객 수요를 예상하고 소비자 요구를 이해하는 것은 아마존이 공급망 운영을 효과적으로 관리하는 데 필수적이며, 이는 프라임 데이 동안 시험대에 오른다. 다국적 기업인 아마존은 강력한 예측 능력을 가지고 있지만, 이 독특한 행사 동안 수요가 급증할 때 여전히 도전에 직면할 수 있다. 이는 잠재적인 재고 부족 또는 과잉 재고를 초래할 수 있으며, 고객 불만족과 프라임 데이의 명성 손상으로 이어져 궁극적으로 전체 수익성에 영향을 미칠 수 있다.

알렉사, 나에게 물류 악몽을 주문해 줘!

전 세계 고객들은 이틀 동안 3억 7천 5백만 개 이상의 상품을 구매할 것으로 예상되며, 이는 이전 연도의 3억 개 상품보다 증가한 수치다. 프라임 데이 2022년 동안 발생한 예상 매출 120억 달러는 회사의 일일 평균 매출의 거의 10배에 달하며, 이 행사의 거대한 규모를 강조한다. 전례 없는 주문 수를 처리하고 심지어 같은 날 배송부터 다음 날 배송까지 약속하는 것은 물류적 도전 과제가 된다. 재고 이동 관리, 주문 처리 조정, 이 고압적인 기간 동안 제시간에 배송 보장은 물류 악몽처럼 보일 수 있다. 이러한 높은 수요는 운송업체의 요금을 상승시키고, 아마존의 네트워크가 창고, 물류 센터, 독특한 배달 차량 함대를 포함하므로 업계 내 다른 회사들에게 잠재적인 지연을 초래할 수 있다.

많은 기업의 마을을 필요로 하다

솔직히 말해, 아마존은 소매업계를 변화시켜 기존의 조직들이 진화하거나 뒤처지도록 만들었다. 그러나 아마존은 혼자서 이 일을 하지 않는다. 협력적인 생태계는 아마존 프라임 데이 공급망 성공의 초석이다. 공급업체, 제조업체, 유통업체 등 방대한 네트워크의 비즈니스 파트너들이 프라임 데이를 위한 상품 조달과 배송에 중요한 역할을 한다. 효과적인 소통과 원활한 조정은 공급업체와의 긴밀한 협력을 가능하게 하여 재고 수준을 관리하고 생산 일정을 맞추며 배송과 납품에 대한 가시성을 유지할 수 있게 한다. 그러나 이러한 수준의 팀워크는 유리 집처럼 투명성을 요구한다. 이러한 파트너십을 육성하고 협력 도구를 사용함으로써(단순한 그룹 채팅이 아니다), 아마존은 프라임 데이의 높은 수요를 충족시키는 것뿐만 아니라 이를 능가한다. 이 접근 방식은 또한 공급망 회복력을 강화하여 예상치 못한 문제 발생 시 유연하게 대처하고, 전자상거래 산업에서 아마존의 경쟁력을 유지하는 데 도움을 준다.

아마존 프라임 데이를 '친환경적으로' 할 수 있을까?

포장 안에 포장. 교통 배출. 저임금과 과로하는 배달 기사들. 전자상거래에서는 특히 수요 예측, 재고 관리, 물류, 포장 최적화 분야에서 더 지속 가능한 관행이 필요하다. 아마존은 "Your Amazon Day"와 같은 이니셔티브를 통해 탄소 배출 제로를 2040년까지 달성하는 것을 목표로 하여, 배송을 통합하여 운송 횟수와 배출을 줄이고자 한다. 이러한 노력에도 불구하고, 프라임 데이는 빠른 성장과 고객 중심 접근 방식을 장기적인 환경 목표와 일치시키는 데 지속적인 감시를 받고 있다.

해결책은 무엇일까?

기업들은 AI를 활용하여 탄소 배출 제로 이니셔티브를 진전시키고 ESG 목표를 달성할 수 있다. 특히, 물류 분야에서는 운송 경로 최적화, 수요 정확한 예측, 다중 모드 운송 관리를 통해 배출을 줄일 수 있다. AI 기반 솔루션은 포괄적인 배출을 측정하고, 보고와 준수를 자동화하며, 재생 가능 에너지원 통합을 도울 수 있다. 이러한 전략은 탄소 발자국을 줄일 뿐만 아니라 운영 효율성과 비용 효율성을 개선하여 지속 가능성과 비즈니스 성과가 함께 갈 수 있음을 보여준다.

출처: https://www.forbes.com/sites/sap/2024/07/12/amazon-prime-day-deals-create-logistics-nightmare/

8.1 서론

추측(guess)
예측(forecasting)

미래에 일어날 일들을 예측하는 것은 좋은 의사결정을 내리기 위해서 우리가 자주 직면하게 되는 문제이다. 이러한 사실은 개인적인 생활뿐만 아니라 기업경영 분야에도 해당한다. 미래에 일어날 일을 알아내기 위해 단순한 추측(guess)이 아니라 과학적인 방법들을 사용한다는 의미를 부여하기 위해 예측(forecasting)이라는 용어를 사용한다. 공급사슬망 내의 시장위주 생산시스템에서는 과거에 비해 예측의 중요성이 증가하고 있으며, 정확한 예측에 의한 기업이익과 나쁜 예측에 의한 기업손실 모두 점점 커지고 있다. PC용 응용패키지들의 확산으로 예측은 이전보다 훨씬 쉬워지고 저렴한 비용에 가능해졌다. 그러나 경영자 및 운영 관리자들은 이러한 패키지들을 단순히 사용하기만 할 것이 아니라 그 이면에 숨겨진 현상 및 규칙들을 이해하도록 노력하여야 한다. 프로그램은 답의 맞고 틀림을 구분하지 못하고 그대로 제공하기 때문에 패키지가 제시하는 답의 오류 여부를 확인하여야 한다.

정성적(qualitative)
정량적(quantitative)

8장에서는 수요예측시스템의 구성요소 및 절차에 대해 공부해 보고 정성적(qualitative) · 정량적(quantitative) 수요예측기법들의 범위와 이것들을 사용하기 위한 상황 그리고 각 기법들에 내재된 원칙 및 장 · 단점에 대해 논의한다. 또한 수요예측결과에 대한 감시를 통한 수요예측결과 및 수요예측방법의 변경에 대해서도 설명한다. 8장의 구성은 다음과 같다. 8.2절은 다양한 분야에서 사용되는 수요예측기법들의 공통적인 특징에 대해 살펴본다. 8.3절에서는 수요예측시스템의 구성요소 및 절차에 대해 설명한다. 8.4절은 정성적 · 정량적 수요예측기법들을 소개하고 각 기법들에 내재된 원칙 및 장 · 단점에 대해 논의한다. 8.5절에서는 수요예측의 정확도에 대한 평가에 대해 설명한다. 8.6절은 수요예측오차를 추적하고 분석하고 모니터링하는 방법에 대해 알아본다. 마지막으로 8.7절에서는 다양한 상황의 실무에 적합한 수요예측기법의 선정 및 그 활용방안에 대해 살펴본다.

8.2 예측의 공통적 특징

수요예측은 생산 분야 이외에도 금융, 스포츠, 날씨 등 다양한 서비스 분야에서 여러 가지 종류의 예측기법들을 이용하여 활용되고 있다. 이들은 서로 상이한 점이 존재하지만 다음의 공통적인 기본 가정사항들이 존재하고 있다.

1. 일반적으로 예측기법들은 과거의 존재하였던 변동 요인들에 대한 근본적인 인과관계가 미래에도 지속될 것이라고 가정한다.
2. 예측은 현실을 완벽히 반영하지 못한다고 가정한다. 일반적으로 실제 결과는 예측값과는 다르다. 수많은 요인들이 문제의 변수에 어떤 영향을 미치게 될지 현실적으로 예측 불가능하다. 따라서 관측자는 예측오차에 대한 여유를 항상 고려해야 한다.
3. 예측은 **예측기간(forecasting horizon)**이 증가할수록 예측의 정확도가 감소한다고 가정한다. 일반적으로 장기예측은 단기예측보다 불확실성이 크므로 더 부정확해지는 경향이 있다.

예측기간(forecasting horizon)

8.3 수요예측시스템

문제해결은 단계적으로 진행된다. 문제가 발생할 경우에는 일반적으로 표준화를 통해 절차를 단순화하게 할 수 있다. 수요예측은 문제해결을 통한 표준화된 모형들을 많이 가지고 있다. 이번 절에서는 문제해결의 각 단계들을 수요예측과 연관하여 설명하고자 한다.

8.3.1 문제의 명시

수요예측은 미래의 예측대상에 대한 보다 확실한 의사결정을 내리기 위한 정보를 제공한다. 첫 번째 단계는 의사결정을 명시하는 것이다. 만약, 그 의사결정이 수요예측에 영향을 받지 않는다면 수요예측은 불필요하다. 그 의사결정의 중요성이 수요예측에 들어가는 노력의 양을 결정한다. 일회성 의사결정에는 한 번의 수요예측이, 반복되는 의사결정에는 의사결정이 행해질 때마다 수요예측이 필요해진다. 어느 경우이든 무엇을 예측할 것인지, 얼마나 상세히 예측해야 하는지, 얼마나 자주 예측해야 하는지 등을 결정해야 한다. 판매량, 원자재의 품질수준, 수입, 비용, 에너지 사용량, 고객도착시간 등이 회사업무에 통상적으로 필요한 예측대상이다.

예를 들어 내년에 생산할 LED TV 대수를 결정하는 경우를 생각해 보자. 이 의사결정은 고용인원, 원자재의 수주율, 영업(광고), 배송, 창고운영, 일정계획 등에 직접 영향을 주기 때문에 매우 중요하다. 우선, 해당 제품에 대한 수요가 예측될 것이다. 이 단계에서는 제품의 세부적인 종류에 대해서는 무시하는 것이 좋다. 대부분 공장들은 한 달 혹은 4주 단위의 계획에 맞추어 작업을 하기 때문에 월별 수요를 예측해야 한다. 혹시 분기별 계획이 이루어진다면 월별 수요예측치들을 묶으면 된다. 한편 월별보다 짧은 기간에 대한 수요예측은 통상적으로 제품의 세부적인 종류를 지정한다. TV의 경우라면 42", 47", 55" TV 등이다.

여기서, 의사결정자는 문제 당사자이다. 문제 해결자는 수요예측 분석자이다. 대부분의 수요예측 작업은 경영진, 영업부서, 예측분석자 그리고 필요하면 데이터 처리 부서까지 포함하여 수행된다.

8.3.2 문제의 이해

프로세스(process)

수요예측 문제를 정확히 해결하는 데 있어서 핵심은 시스템에 내재된 프로세스(process)를 이해하는 것이다. 하지만 모든 프로세스를 완벽하게 이해할 수는 없다. 따라서 우리는 수요예측을 창출하기 위해 필요한 가정들을 설정한다. 이를 위해 우리는 문제의 특성들을 고찰하고 얻을 수 있는 데이터를 분석해야 한다. 또한 수요예측의 목표를 밝혀야 한다.

(1) 문제의 특성에 따른 수요예측방법론

수요예측문제의 주요 특성들은 시간 축, 상세수준, 필요한 정확도, 예측할 품목의 수 등이다. 시간 축을 기준으로 이 특성들에 대한 예를 설명하기로 하겠다.

생산시스템에서 제품 혹은 서비스들에 대한 수요예측에 관심을 갖는 가장 큰 이유는 생산량을 결정하기 위해서이다. 새로운 공장을 세울 것인지 혹은 현 공장의 설비능력을 추가할 것인지와 같은 장기간 의사결정들은 보통 수요의 예측에 따라 결정된다. 여기서는 제품을 개개의 단위가 아닌 총량 기준으로 보는 것이 일반적이다. 따라서 우리는 판매의 총괄적인 측정단위로서 금전 단위를 이용하게 된다. 이러한 유형의 의사결정은 보통 3~5년 정도를 대상으로 한다. 장기의사결정들은 정확한 수요예측치를 요구하지는 않는다. 새로운 공장을 건설하는 데 대한 의사결정은 한 개의 수요예측치보다는 몇 년에 걸친 수요의 추세에 기초를 두게 될 것이기 때문이다. 보통 장기예측은 한 품목에 대해서만 만들어진다. 인과 혹은 정성적 방법들이 이러한 예측기법으로 자주 사용된다.

중기의사결정은 공장의 능력을 제품 그룹에 할당하는 것이다. 여기서도 개개의 품목에 대한 수요는 알 필요가 없고 특정 생산설비를 공유하는 제품들의 그룹별 수요에 관심을 둔다. 예를 들어, 하나의 공장에서 생산되는 타이어들의 월별 예측을 구하는 데 있어 타이어의 사이즈별 예측은 별로 중요하지 않을 것이다. 전형적인 측정단위로는 총괄제품의 개수, 생산시간, 부피, 중량 등이 있을 수 있다. 중기계획의 시간 축은 통상 3개월에서 1~2년까지로서 장기의사결정 때보다는 큰 정확성이 요구된다. 중기계획은 일반적으로 소수의 품목들에 대해서만 예측이 요구된다. 회귀 및 시계열 분석법과 같은 정량적 기법들이 중기예측방법으로 주로 사용된다.

단기의사결정은 생산해야 할 제품의 수를 결정한다. 이 경우는 실제 생산제품의 수량이 필요하게 된다. 단기의사결정에서는 수백 혹은 수천 종류의 품목에 대한 예측이 필요할 수도 있다. 이러한 결정은 주별, 월별 그리고 가끔은 분기별로 이루어진다. 짧은 기간을 대상으로 하기 때문에 이 수요예측은 상당히 정확해야 한다. 시계열 분석법이 단기예측에 가장 자주 사용된다. 그러나 가끔 인과 혹은 정성적인 방법들이 유용할 때도 있다.

(2) 데이터(data)

데이터가 존재할 경우 이를 관찰하면 많은 통찰력을 얻을 수 있다. 그런데 명심해야 할 것은 데이터는 실현된 상황만을 반영한다는 것이다. 예를 들어, 어떤 물품을 사고자 하지만 그 물건이 없어서 사지 못한 고객은 실제 판매기록에 포함되지 않는다는 것이다. 만약 데이터가 전혀 없다면 데이터를 직접 수집하거나 그렇지 않으면 데이터를 사용하지 않는 예측방법을 이용한다. 만약 데이터를 구할 수 없거나 구할 수 있다 하더라도 고비용이 발생한다면 정성적인 접근법을 선택한다.

외부 혹은 내부요인이 데이터에 영향을 미친다. 외부요인은 우리가 통제할 수 없지만 내부요인은 그렇지 않다. 경제상황은 외부요인의 좋은 예이다. 만약 경제가 침체의 상황이라면 제품과 서비스의 수요는 일반적으로 내려간다. 수요의 행태를 이해하는 데 도움이 되는 다양한 경제적 요인들이 정의되어 왔다. 그 외의 외부요인으로는 경쟁사의 행동, 대체재, 보완재, 소비자의 기호 등이 있다. 내부요인에는 제품의 품질과 가격, 조달시간, 할인정책, 광고 등이 있다. 광고를 많이 하게 되면 수요는 증가하게 될 것이다. 할인도 수요를 증가시키는 데 이용된다. 저품질, 긴 조달시간, 높은 가격은 수요를 감소시키게 할 것이다.

시계열(time-series)
우연(random)
소음(noise)

인과요인의 존재 여부를 관찰하기 위해서도 데이터가 분석되어야 한다. 데이터가 구해졌다면 그 데이터가 어떤 경향을 갖는지의 여부를 판단하기 위해 그래프를 그려본다. 원인변수에 의한 수요변화의 분석인 인과형 데이터 분석도 비슷하긴 하지만 시간에 대한 수요의 변화, 즉 **시계열**(time-series) 분석이 주된 관심의 대상이다. 그래프를 관찰해 보면 약간의 변동이 있지만 대체로 평활화된 상수 프로세스의 모습을 기본으로 한다. 소비 집단이 상대적으로 안정적이기 때문에, 적어도 단기적으로는 판매량이 일정한 것은 타당해 보인다. 주별로 발생하는 변동은 통제가 불가능한 **우연**(random) 혹은 **소음**(noise) 요인에 의해 발생한다. 기본적인 상수 프로세스의 우연요소는 평균치가 0이어야 한다. 만약 그렇지 않다면 이것은 우연변동이 아닌 프로세스의 일부분이다. 우연변동 값은 평균이 0, 분산이 σ_ϵ^2인 좌우대칭형의 확률분포를 따른다고 가정할 수 있다. 더 나아가 지금부터 우리는 우연변동 요소가 정규분포를 따른다고 가정한다. 어떤 프로세스를 상수 프로세스로 가정하기 위해서는 거기에 합당한 이유가 있어야 한다. 많은 종류의 품목들이 상수 프로세스를 따르는 수요를 보여준다. 그 예로는 치약, 우유, 빵, 양말 등을 들 수 있는데 이들 제품은 성숙기 제품들이고 규칙적으로 사용되기 때문이다. 항상 정기적으로 사용되지는 않는 제품들이라도 상수 프로세스가 사용될 수 있다. 기간을 짧게 잘라보면 많은 현상들이 일정함을 유지하기 때문이다.

어떤 요인들은 원래부터 상수가 아닐 수도 있다. 제품의 수명주기 동안에는 판매가 증가하는 성장기도 있고 판매가 감소하는 쇠퇴기도 있다. 이런 경우에 대해 상수 프로세스라고 가정한다면 피해가 막심할 수도 있다. 이러한 프로세스들을 추세변동 프로세스라고 한다. 또 하나의 프로세스는 계절 프로세스이다. 4개월마다 형태가 반복되는 것으로 보이며 우연변동은 여전히 나타난다. 이러한 프로세스의 예로는 항공기 여행객 수를 들 수 있다. 주로 기후가 변동의 근원적인 원인이 되기 때문에 계절이라는 용어가 사용된다. 즉, 아이스크림과 청량음료는 겨울보다는 여름에 더 인기가 있다. 한편, 경제적, 사회적, 또는 기술적 요인에 결합에 의한 1년 이상의 경기순환을 야기하는 프로세스는 순환 프로세스이다. 대표적인 예로는 특정 월의 건축허가 건수는 신규건물의 건축과 직접 관련된 제품이나 서비스에 대한 몇 개월 후의 수요에 대한 지표가 된다.

데이터를 사용해 그래프를 작성할 때에는 값들의 단위를 선정하는 일이 매우 중요하다. 만약 잘못된 단위가 선정되면 상수 프로세스의 데이터가 우연변동으로 인해 계절 프로세스처럼 보일 수도 있다. 추세와 계절성이 모두 존재하는 경우에는 각각의 영향을 볼 수 있도록 데이터들이 분해되어야 한다. 또한 데이터의 분석 전에는 반드시 이상치(outlier)를 제거하여야 한다. 예를 들면 전쟁 또는 지진과 같은 비일상적인 사건에 의해 수요가 극단적으로 높아지거나 낮아진 경우이다. 상인들은 종종 시계열 데이터에서 크리스마스와 같은 특정 시기를 제거하고 예외로서 이상치를 관리한다. 데이터가 존재할 경우 데이터 분석을 통해 우리는 수요의 원인이 되는 프로세스를 이해해야 한다. 설명할 수 없는 어떤 부분(우연요인)이 반드시 있을 것이다. 하지만 우리가 가정하는 프로세스에 의해 우리가 사용할 모형이 정해지게 된다.

이상치(outlier)

(3) 예측의 목표

모든 예측시스템의 목표는 타당한 비용으로 적절한 정확도의 예측치를 제공하는 것이다. 예측에 있어서의 기본적인 상충관계(trade-off)는 변화에 대한 반응속도와 안정성 사이에서 발생한다. 즉, 만약 이번 주의 수요가 비정상적으로 높았다면 다음 주에 좀 더 많은 제품을 생산할 것인지 아닌지를 결정해야 한다. 만약 높은 수요로 인해 수요형태의 변화가 되었다면 우리는 생산을 증가시켜야 한다. 하지만 단지 우연변동이었다면 생산을 증가시키지 말아야 할 것이다. 훌륭한 예측시스템이라면 우연한 변동은 무시하고 실제 변화에만 반응해야 할 것이다.

상충관계(trade-off)

8.3.3 모형의 개발

일단 프로세스가 명시되면 그 프로세스에 의해 모형의 형태가 결정된다. 정성적 예측은 수학적 모형을 사용하지 않지만, 정량적 예측은 수학적 모형을 사용한다. 정량적 예측에 사용되는 수학적 모형 중 하나인 인과모형은 매 순간 상황에 따라 다르겠지만 일반적으로는 다음의 형태를 가진다.

$$k=1, 2, \cdots, t-1$$

여기서 D_t는 수요를 나타내는 종속변수이고, x_t는 인과요소인 독립변수이며, ϵ_t는 시점 t에서의 우연변동요소이다.

시점 t에서의 종속변수는 일반적으로 시점 $t-k$(단, $k \geq 1$)에서의 독립변수 값에 대한 함수이다. k기간 만큼의 시간지연은 종속변수에 대한 예측의 필요성이 생기기 전에 독립변수의 값을 알 수 있도록 해준다. 만약 시간지연이 없다면 종속변수의 예측을 위해 독립변수를 예측해야 한다. D와 x의 함수적 관계는 f에 의해 표현되고 그 형태는 선형식, 2차식 또는 다른 다양한 수학적 관계식이 될 수 있다. 인과요인의 경우 단일요인만 존재할 수 있고, 다수의 인과요인이 있을 수 있다.

시계열 분석법에서 보통 논의되는 모형은 상수 프로세스, 선형추세 프로세스, 계절적 프로세스 또는 이들의 조합이다. 수학적 표현은 다음과 같다.

$$D_t = a + \epsilon_t \qquad \text{(상수)}$$
$$D_t = a + bt + \epsilon_t \qquad \text{(선형추세)}$$
$$D_t = as_t + \epsilon_t \qquad \text{(계절적)}$$

여기서 a는 상수부분을 나타내고, b는 추세, s_t는 기간 t에 대한 계절적 요소, ϵ_t는 우연변동요소를 나타낸다. 이것은 가장 일반적인 모형들이지만 다른 모형들도 사용된다.

일반적으로 수요예측 모형은 간단할수록 좋다. 예측에 있어서 가능하면 적은 수의 요소들을 사용하려고 노력해야 한다. 복잡한 함수가 데이터에 더 적합할 수도 있겠지만 중요한 관계들을 모호하게 하는 경향이 있다. 요소들의 수가 많으면 각각의 효과가 적어지고 우연요인들과 구분이 잘되지 않을 수가 있다.

8.3.4 모형의 해결

모형을 해결하기 위한 첫 단계는 문제해결 기법을 선택하는 것이다. 문제해결 기법은 크게 정성적 예측기법(qualitative forecast method)과 정량적 예측기법(quantitative forecasting method)으로 나뉠 수 있다. 위 두 가지 예측 기법들은 8.4절에서 자세히 소개하고 이에 대한 장단점 비교를 하게 될 것이다.

정량적 예측기법에서는 예측모형이 주어지고 그 모형의 파라미터들까지 알고 있다면, 맞는 숫자 몇 개만 대입하면 간단히 예측을 할 수 있다. 그러나, 우리는 모형의 실제 파라미터를 알 수 없기 때문에 그 값들을 추정해야만 한다. 일반적으로 사용되는 파라미터 추정법은 과거 데이터를 사용해 예측치와 실제치와의 차이를 최소화하는 것이다. 일단 파라미터가 추정되었으면 모형에 적정 숫자들을 적용함으로써 예측치를 얻을 수 있다.

8.3.5 해의 해석 및 실행

해를 해석하는 것이 수요예측시스템의 운영에 있어 가장 중요한 작업이다. [그림 8-1]은 그 단계들을 보여준다. 새로운 데이터가 얻어지면 수요예측치는 갱신된다. 또한 이전의 수요예측값과 실제 관측값을 비교함으로써 수요예측 품질의 개선을 위한 피드백이 가능해진다. 수요예측의 품질에 문제가 없는 경우 우리는 그 수요예측 절차가 관리 상태에 있다고 말한다. 만약 그 수요예측 절차가 관리 상태를 벗어나면 설계 단계로 되돌아가서 현재 모형의 모수들을 다시 추정하거나 혹은 모형 자체를 변경하여야 한다. 수요예측시스템이 관리 상태에 있을 때에만 미래기간에 대한 수요 예측활동을 수행한다. 그 결과인 예측치는 관리자에 의해 검토되어 채택, 수정, 거부 등의 여부가 결정된다. 시스템에 판단과정을 포함시키는 것이 필요한데 특히 통계적인 방법의 사용 시 더욱 중요하다. 이런 방법들은 일반적으로 프로세스가 안정 상태에 있음을 가정하는데 이것이 사실이 아닐 수도 있기 때문이다.

수요예측이 낮게 된 경우는 기대했던 것보다 많은 제품들이 소비되고 그 결과 재고부족 현상이 발생하게 된다. 반면 실제수요보다 높게 수요예측이 이루어진 경우에는 너무 많은 제품들을 준비하게 되고 이 남는 제품들은 가격하락이나 폐품으로 처리될 불필요한 재고를 발생시킨다. 초과제품(재고) 한 단위의 비용이 부족한 제품 한 단위의 비용과 같지 않다면 의사결정자는 적절히 예측을 조정해야 할 것이다. 즉, 부족비용이 더 높다면 예측을 좀 더 많이 하고, 반대로 재고비용이 더 높다면 예측을 감소시켜야 한다.

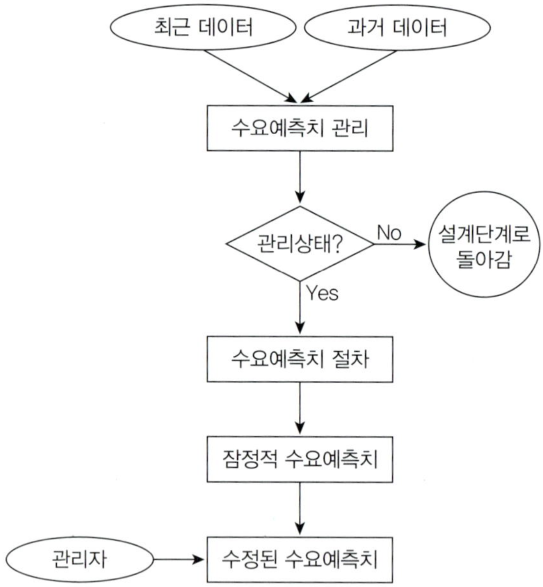

[그림 8-1] 수요예측시스템의 운영

8.4 수요예측기법

이번 절에서는 두 가지 종류의 수요예측기법들을 설명할 것이다. 첫 번째 종류는 정성적 예측 기법들이다. 수요예측에 있어서 의사결정자가 수요를 예측하고자 할 때, 수학적 모형보다는 제품의 판매와 관련된 이해당사자들의 의견과 판단을 수집하여 분석하는 기법이다. 대표적 정성적 예측기법으로는 전문가 의견법이 있다. 두 번째 종류는 과거의 자료 데이터가 이용 가능하고 수학적 모형에 기반을 가지고 있는 정량적 예측기법들이다. 정량적 예측기법은 두 가지 대표적 예측기법으로 나뉠 수 있다. 첫 번째 정량적 예측기법은 우리가 예측하려는 대상과 관련이 있는 다른 변수들을 인과관계를 이용하는 회귀분석법(regression)이다. 두 번째 정량적 예측기법은 과거를 이용하여 미래를 결정하게 되는 데 통계학의 원칙을 기반으로 하는 시계열 분석법(time series)이다. 이 기법은 시간에 따라 종속변수인 과거의 수요 실적 데이터가 어떻게 변화하는지 식별한다면, 이러한 변화가 미래에도 지속될 것이라는 가정하에 수요를 예측한다.

8.4.1 정성적 예측기법(qualitative forecasting method)

어떤 상황에서 예측하기 위해서 오로지 판단과 의견에 의존해야 하는 경우가 있다. 예를 들면, 신속하게 카메라를 생산하기 위해서 수요예측이 필요할 경우, 계량적인 자료를 수집할 만큼 충분한 시간적 여유가 없을 경우, 정치와 경제상황이 급격히 변화하고 있을 경우, 그리고 신제품을 도와주거나 기존 제품의 설계를 변경하는 경우에는 과거의 데이터는 미래의 수요를 반영할 수 없거나 아예 존재하지 않는다. 이러한 경우에는 소비자 조사법, 판매원 의견법, 그리고 전문가 의견법 및 델파이법과 같은 정성적 예측기법을 사용하게 된다.

(1) 소비자 조사법

수요를 결정하는 것은 결국 소비자이기 때문에 소비자들로부터 수요정보를 구하는 것은 자연스럽게 느껴진다. 현재의 소비자 조사를 통하여 고객 또는 잠재적인 미래의 고객을 접촉할 수 있게 된다. 그러나 세상에는 너무 많은 고객이 존재하므로 그들로부터 잠재적인 고객을 식별해 내기 어렵다. 따라서 소비자 조사는 제품의 소비를 잘 반영하는 잠재고객에 대한 표본을 잘 선택하는 것이 아주 중요하다. 소비자 조사의 이점은 다른 곳에서 얻을 수 없는 정보를 얻어 낼 수 있다는 것이다. 그러나 타당한 정보를 얻기 위해 조사를 설계하고 관리하며 결과를 올바로 해석하기 위해서는 상당한 지식과 전문성이 요구된다. 소비자 조사의 단점은 비용이 많이 들며 시간도 많이 소요된다. 그뿐만 아니라 가장 좋은 조건으로도 일반 대중에 대한 조사는 소비자의 비이성적 패턴과 마주쳐야 한다.

(2) 판매원 추정법

판매원 혹은 고객지원 담당자들이 소비자들과 직접 접촉하기 때문에 훌륭한 정보원이 된다. 이들은 고객들이 미래에 대해 고려하고 있는 여러 계획에 대해 잘 알고 있다. 그러나 판매원 의견을 활용하는 방법에는 몇 가지 단점이 존재한다. 첫째, 판매원들이 고객들이 하고 싶어하는 것과 실제로 하고자 하는 것을 구별하지 못한다. 둘째, 판매원들은 최근의 경험에 의해 과도한 영향을 받기 때문에 고객의 실제 수요를 잘못 반영할 수 있다. 마지막으로 만약 판매원들의 판매수량을 할당하기 위해 예측치가 사용된다면 판매원은 목표량 확보를 위해 수요 예측치를 될 수 있으면 낮은 방향으로 제시할 가능성이 있다.

중앙값(median)
평균(mean)

(3) 전문가 의견법 및 델파이법(Delphi method)

예상 판매량에 대해 전문가의 의견을 듣는 기법도 있다. 이러한 의견은 특정 상황에 대한 경험과 지식에 기초한다. 판매와 영업부서의 사람들이 새로운 제품의 수요를 예측하기 위한 전문가가 될 수 있다. 이 방법의 변형으로는 몇몇 전문가들에게 자문을 구하고 그 결과들을 조합하여 사용하는 것이다. 예를 들어, 수요 예측치로 자문결과들의 중앙값(median)이나 평균(mean)을 사용하는 것이다. 이 기법은 수행하기는 쉽지만 부정확할 수 있다.

전문가 의견법의 좀 더 정형적인 변형으로 델파이 기법이 있다. 이 명칭은 그리스신화에 나오는 델파이의 예언자에서 따온 것으로서 그는 미래를 예언하는 능력을 가지고 있었다. 이 기법에서는 전문가 위원회가 예언자에 해당하는데, 진행자가 참석자들을 결정하고 질문지를 작성하며 그 결과를 분석한다. 위원회의 구성원들은 전혀 다른 분야의 전문가들로 구성될 수도 있다. 예를 들어, 한 사람은 영업 전문이고 다른 사람은 경제학자일 수 있다. 그들은 다양한 관점에서 다양한 요인들을 고려한다. 영업 전문가는 다른 품목들의 판매에 대한 회사의 과거정보를 많이 가지고 있는 반면 경제학자는 전반적인 경제 전망에 대한 정보를 가지고 있을 것이다. 이러한 요소들 모두가 새로운 제품의 판매에 영향을 준다.

위원회 구성원들은 특정사항의 예측을 익명으로 제출해야 하며 더욱 중요한 것은 그러한 예측을 하게 된 이유를 기술해야 한다. 초기 설문지는 몇 가지 중요한 규칙을 따라야 한다. 첫째, 문장은 명백하고 간단해야 한다. 둘째, 막연하게 판매량이 많을 것인지를 묻는 질문보다는 판매량이 주어진 수치보다 더 많을 것인지를 물어야 한다. 셋째, 각 질문들은 단 하나의 답변이 나올 수 있도록 만들어져야 한다. 만약 다수의 답변이 요구된다면 각각에 대한 다른 질문으로 나누어 사용해야 한다.

범위(range)

답변자들의 답안이 완성되면 답변지들을 모아서 설문지를 수정하고 위원회 구성원들에게 되돌린다. 이러한 과정을 연속해서 계속하는 것이다. 각 회의 설문지는 이전 회의 결과를 반영하고 평균, 중앙값, 범위(range)와 같은 통계적 결과치도 갱신된 설문지에 포함된다. 이 절차는 위원회 구성원들의 의견이 적당한 수준으로 일치할 때까지 계속 되는데 일반적으로 3회나 4회 정도면 충분하다. 이후, 최종적으로 결과들을 정리하고 참여자들에게 보고한 뒤 의사결정에 사용된다.

델파이 기법의 장점은 여러 가지가 있다. 그 중의 하나는 위치가 멀리 떨어져 있을 수도 있는 다양한 사람들을 참여시킬 수 있다는 것이다. 또 다른 장점으로는 참석자들의 강한 개성에 의한 영향을 받지 않는다는 것이다. 이것은 익명성에 의해 자유로운 의사표현과 동등한 발언권이 보장되기 때문이다. 세 번째 장점은 대상 작업에 대해 좀 더 주의 깊게 초점을 맞출 수 있다는 것이다. 이것은 답변 작성이 서면을 통해 이루어지므로 구두에 의한 답변보다 신중하게 이루어지기 때문이다. 마지막으로 가장 중요한 장점은 직접 대면해서 조사할 경우에는 빠뜨리기 쉬운 것까지 포함하여 많은 양의 아이디어를 생성하고 평가하는 데 있다.

가장 큰 단점은 일반적으로 한 달 이상이 소요되는 긴 소요시간이다. 하지만 새로운 통신수단(팩스, 이메일 등)은 작업의 속도를 높여준다. 또한 참가자들의 시간이 많이 소요되므로 그들을 전 과정에 걸쳐 완전하게 참여시키는 것이 어려울 수도 있다. 서면에 적혀진 아이디어는 설명을 필요로 하거나 잘못 이해될 위험을 갖고 있다. 일반적인 델파이 기법은 설명을 위한 절차가 없기 때문이다. 또 다른 단점으로 델파이 기법은 선거 절차의 형태이기 때문에 가끔은 의견일치에 이르지 못할 수도 있다.

8.4.2 정량적 예측기법(quantitative forecasting method)

정량적 분석은 과거의 자료 데이터가 이용 가능할 때 이용되며, 수학적 모형에 기반을 가지고 있다. 대표적인 두 가지 정량적 예측기법에는 회귀분석법과 시계열 분석법이 있다. 회귀분석법은 과거의 자료가 이용가능하고 예측 대상 수요 요소들과 내외적 요인의 관계를 파악할 수 있을 때 사용한다. 종속변수와 독립변수의 인과관계를 표현할 수 있는 함수식으로 표현된다. 한편, 시계열 분석법은 과거의 자료 중 종속변수만을 고려한다. 이 방법은 종속변수의 과거 행태가 미래에도 그대로 지속한다는 가정에 근거를 두고 있다. 과거의 실제수치에 의해 미래의 수요의 크기를 찾고 성장추세 및 계절적 수요변화를 인식하여 예측치에 반영하는 통계적 기법이다.

(1) 회귀분석법(regression analysis)

많은 수요예측 문제들은 종속변수인 수요량을 예측하고자 한다. 그리고 그 종속변수의 값은 하나 또는 그 이상의 독립변수들을 가지는 값들과 관계가 있다. 이를 인과형 예측이라고 부르는데 이 이름의 의미는 독립변수의 값이 종속변수가 가지는 값의 원인이 되거나 혹은 적어도 매우 밀접한 관계가 있음을 의미한다. 하지만 종속변수와 독립변수 사이의 관계가 항상 명확한 것은 아니다.

예를 들어, 한 회사의 총판매량이 일반적인 경제지표와 유사한 형태로 나타날 수도 있다. 이 경우 총판매량이 종속변수로, 금리수준과 같은 다양한 경제지표는 독립변수로 표시가 되는데 이들의 관계를 정확히 밝히는 일은 쉽지 않다. 관계를 규명하기 위한 방법으로 회귀분석이 종종 사용된다. 아래의 (주)인천건설의 사례를 통해 회귀분석법의 가장 간단한 형태인 단순회귀분석법에 대한 절차를 좀 더 자세히 살펴보도록 하자.

(a) **단순선형회귀분석법**(simple linear regression analysis)

건설설비 판매회사인 (주)인천건설의 송도지점 설비관리부서 나설비 과장은 매월 화장실 배관용 설비를 주문해야 한다. 나과장은 매월 설비 주문에 관한 고민을 하고 있는데 만약, 판매수량보다 많이 주문하면 재고비용을 부담하게 되고 너무 적게 주문한다면 경쟁자들에게 고객을 빼앗기게 된다는 점이다.

나과장은 이 설비의 수요를 어떻게 예상해야 할까를 고민해 왔다. 그는 판매되는 대부분의 설비들이 새집을 짓기 위해 사용된다는 것을 알고 있다. 수리에 사용되는 것은 전체 판매의 8%에도 미치지 못하였던 것이다. 배관설비는 건물의 지붕과 벽이 세워진 후, 통상 건축허가가 떨어지고 1개월 후에 설치된다. 새로 만들어지는 집은 건축허가가 필요하기 때문에 지난달에 승인된 건축허가의 수가 이번 달에 주문해야 하는 설비의 수량을 결정하는 데 도움을 줄 수 있다.

나과장이 해야 할 첫 번째 작업은 데이터를 사용한 산점도(scatter plot)의 작성이다. 지난 2025년 1월~2027년 1월까지 각 월별로 인천 연수지역의 주택건축 허가 횟수와 (주)인천건설의 배관설비의 실제 판매량이 〈표 8-1〉로 제시되어 있다.

〈표 8-1〉 건축허가수와 수도배관설비 판매량

번 호	건축 허가월	허가 수	설비 판매월	판매량
1	2025년 1월	20	2025년 2월	70
2	2025년 2월	14	2025년 3월	42
3	2025년 3월	23	2025년 4월	79
4	2025년 4월	95	2025년 5월	190
5	2025년 5월	81	2025년 6월	185
6	2025년 6월	11	2025년 7월	54
7	2025년 7월	112	2025년 8월	235

8	2025년 8월	143	2025년 9월	281
9	2025년 9월	94	2025년 10월	202
10	2025년 10월	57	2025년 11월	142
11	2025년 11월	31	2025년 12월	100
12	2025년 12월	40	2026년 1월	107
13	2026년 1월	26	2026년 2월	61
14	2026년 2월	19	2026년 3월	48
15	2026년 3월	16	2026년 4월	66
16	2026년 4월	45	2026년 5월	107
17	2026년 5월	141	2026년 6월	302
18	2026년 6월	120	2026년 7월	237
19	2026년 7월	106	2026년 8월	220
20	2026년 8월	83	2026년 9월	171
21	2026년 9월	105	2026년 10월	210
22	2026년 10월	51	2026년 11월	102
23	2026년 11월	16	2026년 12월	57
24	2026년 12월	10	2027년 1월	22

건축허가와 판매 사이에는 1개월의 차이가 있기 때문에 각 월의 허가수가 다음 달의 설비판매수와 함께 배치되었다. 즉, 2월 중의 판매량은 1월의 허가 수에 의존한다. 산점도 및 선형 추세선은 [그림 8-2]에 주어져 있다. 이 산점도는 가로축에 건축허가수를 배치하고 그에 대응하는 설비판매수를 세로축에 배치했다. 산점도에 의하면 건축허가와 설비수요 사이에 선형의 관계가 있을 것처럼 보여진다. 따라서 단순선형회귀법이 적절하며 그 기본모형은 다음과 같다.

$$y_t = a + bx_t + \epsilon_t \quad t = 1, 2, \cdots, n$$

여기서, $y_t = t$ 월에 판매된 설비수량

$x_t = (t-1)$ 월에 인가된 건축허가의 수

$\epsilon_t =$ 우연변동요인

$a =$ 직선의 y절편

$b =$ 직선의 기울기

$n =$ 데이터 수

가능한 한 데이터와 가까운 직선이 되도록 a와 b의 추정치(estimate) $\hat{a}$와 $\hat{b}$를 찾아야 한다. 그러기 위해서

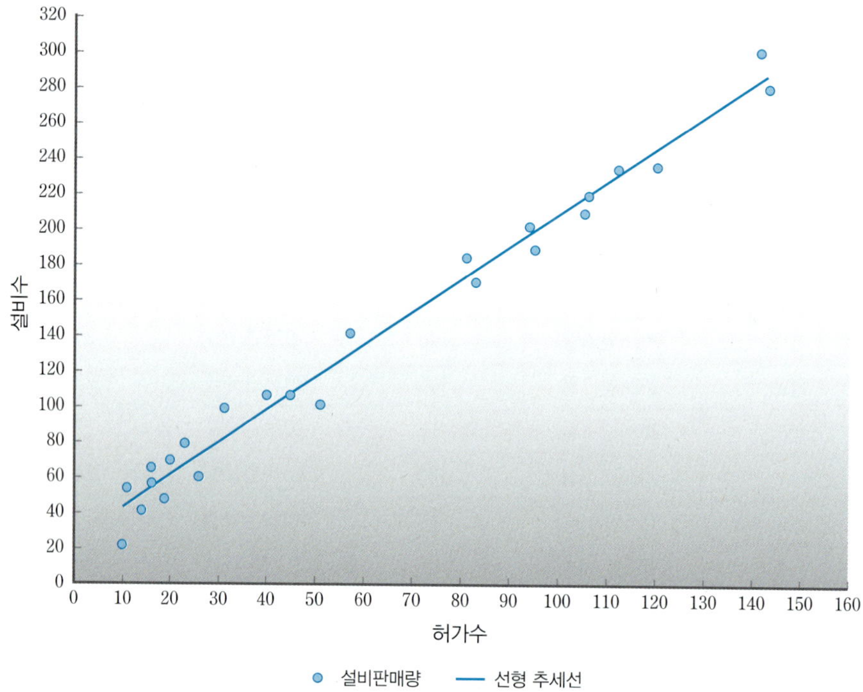

[그림 8-2] 허가수와 판매량의 관계를 보여주는 산점도 및 선형 추세선

모형에 의해 나타나는 판매량과 실제 판매량과의 차이를 제곱하여 모두 합한 값을 최소화 한다. 여기서의 차이가 예측 "오차"이다. 차이를 제곱함으로써 음의 값을 없애고, 따라서 과대, 과소추정 둘 다 줄일 수 있다. 차이를 제곱하는 것은 또한 작은 오차보다도 큰 오차에 더 큰 비중을 두는 효과가 있다. 따라서 추정 시 오차를 최소화함에 있어 더 큰 오차일수록 더 큰 가중치를 준다. 기초 통계학에 관련된 모든 책에서 다음 식을 볼 수 있다.

$$\hat{b} = \frac{n\sum_{t=1}^{n} x_t y_t - \sum_{t=1}^{n} x_t \sum_{t=1}^{n} y_t}{n\sum_{t=1}^{n} x_t^2 - \left(\sum_{t=1}^{n} x_t\right)^2}$$

$$\hat{a} = \frac{1}{n}\sum_{t=1}^{n} y_t - \frac{\hat{b}}{n}\sum_{t=1}^{n} x_t$$

$\hat{b}$를 계산하기 위해서는 $\sum_{t=1}^{n} x_t$, $\sum_{t=1}^{n} y_t$, $\sum_{t=1}^{n} (x_t \times y_t)$, $\sum_{t=1}^{n} x_t^2$ 등이 필요하다. 스프레드시트를 통해 앞의 예제에 대한 이 값들을 계산하고 결과를 〈표 8-2〉에 제시하였다. 이 표에서 $\sum_{t=1}^{n} y_t^2$은 나중에 사용하기 위해 계산해 두었다. 이 결과를 이용해 다음과 같이 계산할 수 있다.

〈표 8-2〉 수도배관설비 예제에 대한 회귀 계산결과

t	x_t	y_t	x_t^2	y_t^2	$x_t \times y_t$
1	20	70	400	4,900	1400
2	14	42	196	1,764	588
3	23	79	529	6,241	1817
4	95	190	9,025	36,100	18050
5	81	185	6,561	34,225	14985
6	11	54	121	2,916	594
7	112	235	12,544	55,225	26320
8	143	281	20,449	78,961	40183
9	94	202	8,836	40,804	18988
10	57	142	3,249	20,164	8094
11	31	100	961	10,000	3100
12	40	107	1,600	11,449	4280
13	26	61	676	3,721	1586
14	19	48	361	2,304	912
15	16	66	256	4,356	1056
16	45	107	2,025	11,449	4815
17	141	302	19,881	91,204	42582
18	120	237	14,400	56,169	28440
19	106	220	11,236	48,400	23320
20	83	171	6,889	29,241	14193
21	105	210	11,025	44,100	22050
22	51	102	2,601	10,404	5202
23	16	57	256	3,249	912
24	10	22	100	484	220
Total	1,459	3,290	134,177	607,830	283,687

$$\hat{b}=\frac{(24\times 283,687)-(1,459\times 3,290)}{(24\times 134,177)-(1,459)^2}=1.84$$

$$\hat{a}=\left(\frac{3,290}{24}\right)-\left(\frac{1.84}{24}\right)\times 1,459=25.23$$

이 결과를 회귀식에 적용하면 다음과 같다.

$$\hat{y}=25.23+1.84x$$

추정치(estimate)

여기서 $\hat{y}$는 전월의 건축허가수가 x일 경우 현 월의 배관설비 판매수의 추정치(estimate)이다. 만약 2017년 1월에 23건의 건축허가가 있었다면 2월에 약 $25.23+1.84\times 23\approx 68$개의 설비가 판매될 것으로 기대할 수 있다.

$\hat{b}$는 양수 또는 음수가 될 수 있다. 양의 값인 경우는 종속변수가 증가하면 독립변수도 증가하고 음수인 경우는 그 반대이다. $\hat{b}$의 크기는 독립변수의 한 단위 변화에 대한 종속변수의 변화량을 반영한다. 만약 $\hat{b}$의 크기 또는 기호가 상황에 적합하지 않다면 모형의 타당성에 대해 주의 깊게 다시 한 번 생각해 봐야 할 것이다.

독립변수가 영일 때에 종속변수 값이 $\hat{a}$이다. 하지만 독립변수의 값이 영이라는 것이 어떤 경우에는 불가능하거나 의미가 전혀 없을 수도 있다.

상관계수(correlation factor)

상관계수(correlation factor)는 두 변수 간의 관계의 정도와 방향을 측정하기 위한 것이다. 상관관계는 −1.00에서 +1.00까지의 범위를 가진다. +1.00의 상관관계는 한 변수의 변동이 항상 다른 변수의 변동과 일치함을 나타낸다. −1.00의 상관관계는 한 변수가 증가하면 다른 변수가 일치하여 감소하는 것을 나타내며 0에 가까운 상관관계는 두 변수 간에 선형의 관계가 거의 존재하지 않음을 나타낸다. 두 변수 간의 상관관계는 다음의 수식을 이용하여 계산된다.

$$r=\frac{n\left(\sum_{t=1}^{n}x_t y_t\right)-\sum_{t=1}^{n}x_t\sum_{t=1}^{n}y_t}{\sqrt{n\sum_{t=1}^{n}x_t^2-\left(\sum_{t=1}^{n}x_t\right)^2}\sqrt{n\sum_{t=1}^{n}y_t^2-\left(\sum_{t=1}^{n}y_t\right)^2}}$$

상관계수의 제곱인 r^2은 독립변수로 y값의 변동의 비율에 대한 측정치이다. r^2 값의 가능한 범위는 0에서 1 사이이다. r^2이 1에 가까울수록 설명된 변동의 비율

이 커진다. 앞의 예로부터 상관계수의 제곱은

$$r^2 = 0.98$$

이 된다. r^2이 0.98이라는 것은 회귀방정식에 의해 데이터 산포의 98%가 설명된다는 의미로서 직선이 데이터와 잘 맞음을 뜻한다. 이 데이터는 실제 데이터가 아니라 가공의 데이터이므로 이렇게 좋은 결과가 나온 것이다. 실제 적용에서는 0.85 정도만 해도 상당히 정확하다고 간주된다.

(b) 다른 회귀분석법들(other regression analyses)

예측변수가 두 개 이상이거나 선형모형이 적합하지 않은 문제의 경우에는 단순선형회귀가 적합하지 않다. 비선형관계가 존재할 경우 비선형 회귀분석법(non-linear regression)을 적용해야 하며 독립변수가 두 개 이상인 경우에는 다중회귀분석(multivariate regression)을 이용하여야 한다. 이러한 분석은 본 과정의 범위를 벗어나므로 자세히 설명하지 않겠으나 이러한 분석도 자주 활용할 필요가 있다. 이러한 문제의 해결을 위해서는 컴퓨터를 이용한 방대한 자료의 처리가 필요하다. 어떤 경우라도 예측의 잠재적 개선의 정도, 즉 예측의 정확도에 대해 추가적으로 소요되는 비용 및 노력의 정도를 비교해 볼 필요가 있다.

비선형 회귀분석법(non-linear regression)

(2) 시계열 분석법(time series analysis)

다음 절부터는 대표적 시계열 분석법들을 설명하기 위해 평균화기법, 추세를 반영한 예측기법 그리고 계절변동을 반영한 예측기법을 소개하고자 한다.

(a) 시계열 분석법에서의 변동요인

시계열 분석은 회귀분석과 달리 독립변수를 사용하지 않고, 과거의 자료 중 종속변수만을 고려한다. 이 방법은 종속변수의 과거 행태가 미래에도 그대로 지속된다는 가정에 근거를 두고 있다. 시계열 분석은 과거의 수요에 영향을 미치는 수요요소들을 식별한 다음, 이를 대치할 모형을 개발한다. 이번 절에서는 평균, 추세, 계절변동 및 우연변동과 같은 수요의 변동 요인들을 반영한 시계열 분석법을 다루기로 한다. 시계열 자료의 분석에는 시계열의 근본적인 행태를 파악하는 것이 필요하다. 이것은 자료에 대한 도표를 작성하거나 도표를 시각적으로 분석함으로써 간단히 해결할 수 있다. 시계열 자료에서는 한 가지 이상의 패턴이 발견될 수 있는데 이들은 추세변동, 계절변동, 그리고 순환변동이 있다. 이와 함께 우연적이고 불규칙적인 변동이 있을 수도 있다. 이들 행태를 설명하면 다음과 같다.

추세(trend)

추세(trend): 자료에서 장기적인 상향 또는 하향 이동을 말한다. 이러한 변동의 원인은 인구변동, 소득변화, 문화적 변동 등으로 설명할 수 있다.

계절성(seasonality)

계절성(seasonality): 일반적으로 특정 날짜나 하루 중 특정 시점과 같은 요인들과 관련된 단기적이고 비교적 규칙적인 변동을 말한다. 레스토랑, 슈퍼마켓, 영화관 등은 매주 또는 매일 이러한 '계절적' 변동을 경험한다.

순환(cycle)

순환(cycle): 1년 이상 지속하는 파동 모양의 변동이다. 이들은 주로 다양한 정치적, 경제적, 또는 농업 상황과 관련되어 있다.

불규칙변동(irregular variation)

불규칙변동(irregular variation): 기상 상황, 파업, 제품이나 서비스의 상당한 변화 등과 같은 비정상적인 상황 때문에 발생하는 변동이다. 이들은 전형적인 행태를 반영하지는 않지만, 시계열에 이들 요인이 도입되면 전반적인 그림을 왜곡시킬 수 있다. 따라서 가능한 경우에는 언제나 이들 불규칙요인을 식별하여 자료에서 제거하여야 한다.

우연변동(chance cause)

우연변동(chance cause): 위에 설명한 모든 변동요인으로 설명하고 남은 잔차변동이다.

(b) 평균화기법

추세, 계절 패턴, 주기적 패턴이 없는 시계열을 분석하기 위한 통계적 기법을 우선 설명하고자 한다. 역사적인 자료는 전형적으로 일정 분량의 우연변동을 포함하는데 이것은 자료에 내재하는 체계적인 동향을 모호하게 하는 경향이 있다. 이러한 우연성은 상대적으로 중요하지 않은 요인들이 결합되어 나타나는 영향으로서 확실하게 예측할 수 없는 특성을 가지고 있다. 평균화 기법들은 자료에 존재하는 변동을 평활화하는 작용을 한다. 이상적으로는 이러한 우연성을 자료에서 완전하게 제거하고 수요의 변화와 같은 실제 변동만을 남겨두는 것이 바람직할 것이다. 그러나 실제로는 이들 두 가지 종류의 변동을 구별하기란 불가능하므로 우리가 할 수 있는 최선은 소규모 변동은 우연적인 것이고 큰 변동은 실제변동일 것이라고 희망하는 것이다. 평균으로 처리될 때에는 자료상의 개별적인 고저가 상호 상쇄되는 효과가 있기 때문에 평균화 기법은 시계열에서의 파동을 평활화하는 작용을 한다. 따라서 평균에 기초한 예측은 원자료보다 변동성을 덜 보인다. 이러한 변동들은 시계열 상의 진정한 변화보다는 단순히 우연변동을 반영하고 있기 때문에 평균화가 유리하게 작용된다. 특히 기대 수요의 변화에 대응하는 것은 상당한 비용을 수반하기 때문에(즉 생산율의 변화, 노동력의 변화, 재고 변화) 소규모의 변동에는 반응하지 않도록 하는 것이 바람직하다. 따라서 둘 다 어느 정도는 평활화되나 소규모 변동은 우연변동으로 간주하고 보다 큰 변동들은 실제 변화를 반영하는 것으로 간주하는 것이다.

평균화기법은 시계열의 최근 값(즉 지난 몇 기간 동안의 평균)을 반영한 예측치를 산출한다. 평균화 기법들은 계단식 변화나 점진적인 변화 모두를 처리할 수 있지만 시계열이 평균 부근에서 변동할 때 가장 잘 적용된다. 이 절에서는 평균화 기법으로 세 가지 기법을 설명한다.

(b-1) **이동평균법**(moving average method)

단순예측법의 약점은 예측치가 한 기간의 시차를 두고 실제 자료를 단순히 따라가며, 전혀 평활화되지 않는다는 것이다. 그러나 예측치가 기초하고 있는 과거 자료의 범위를 확장함으로써 이러한 어려움을 극복할 수 있다. 이동평균 예측기법은 예측치를 산출하기 위해 최근 몇 기간의 실제 자료를 사용한다. 이동평균 예측치는 다음과 같은 공식을 사용하여 계산한다.

$$F_{t+1} = \frac{\sum_{i=1}^{n} D_{t-i+1}}{n} = \frac{D_t + D_{t-1} + \cdots + D_{t-i+1}}{n}$$

여기서,

$F_{t+1} = t+1$ 기의(이동평균) 예측치

$D_t = t$ 기의 실제수요

$n =$ 이동평균 기간(관측치의 수)

예제 8-1 이동평균법 계산

지난 2014년도 3기부터 7기까지 5기간 동안 (주)서울백화점의 쇼핑카트에 대한 수요가 아래와 같다.

기간	수요
3	57
4	55
5	58
6	55
7	56

(1) 8기의 3기간 이동평균 예측치를 계산하라.

(2) 만약 8기의 실제 수요가 50로 밝혀졌다면 9기의 3기간 이동평균 예측치를 계산하여라.

풀이

$$F_8 = \frac{58+55+56}{3} = 56.33$$

만약 8월의 실제 수요가 50로 밝혀졌다면 9월의 이동평균 예측치는

$$F_9 = \frac{55+56+50}{3} = 53.67$$

이 될 것이다.

이동평균법에서는 가장 최근의 실제 자료값을 얻을 때마다, 계산에 사용되었던 가장 오래된 값을 제거하는 대신 가장 최근의 값을 추가하여 평균을 다시 계산하는 방법으로 예측치를 갱신한다. 결과적으로 예측치는 가장 최근의 값을 반영하면서 한 기간씩 이동되어 간다.

이동평균을 계산할 때 이동합계 행평균이 계산될 가장 최근의 n개 값의 합을 포함함으로써 계산을 용이하게 할 수 있다. 이동합계를 갱신하기 위해 매 갱신 때 마다 가장 최근의 값에서 가장 오래된 값을 차감하여 이를 현재의 이동합계에 더한

다. 이동평균법을 사용할 때 과거의 자료의 개수(n) 결정은 시계열의 자료의 안정성에 따라 결정되게 된다. 시계열 자료가 안정적이면 추정된 평균치의 변화가 작기 때문에 n값을 크게 하고 시계열 자료의 평균치가 계속 변동할지도 모르는 불안정한 상황이라면 n값을 작게 두도록 한다.

(b-2) **가중이동평균법**(weighted moving average method)

가중이동평균은 시계열의 가장 최근의 값에 보다 큰 가중치를 부여한다는 점을 제외하고는 이동평균과 유사하다. 예컨대 가장 최근의 값에 0.40의 가중치를 부여하고 그 다음으로 최근의 값에는 0.30, 또 차례대로 0.20, 0.10의 가중치를 부여하는 것이다. 가중치의 합은 1.00이 되어야 하고 가장 큰 가중치는 가장 최근의 값에 부여해야 한다는 점을 명심하기 바란다.

$$F_{t+1}=\sum_{i=1}^{n} W_{t-i+1}D_{t-i+1}=W_t(D_t)+W_{t-1}(D_{t-1})+\cdots+W_{t-n+1}(D_{t-n+1})$$

여기서,

$W_t = t$ 기의 가중치

$D_t = t$ 기의 가중치

$n =$ 가중이동평균 기간(관측치 수)

예제 8-2 **가중이동평균법 계산**

예제 8-1의 수요 자료를 이용하여,

(1) 가장 최근의 값에 0.40의 가중치를 부여하고 그 다음으로 최근의 값에는 0.30 또 차례대로 0.20, 0.10의 가중치를 부여하여 8기의 가중이동평균 예측치를 계산하라.

(2) 만약 8기의 실제 수요가 50이었다면 문제 (1)와 동일한 가중치를 사용하여 9기의 수요를 예측하라.

풀이

(1) $F_8=0.10(55)+0.20(58)+0.30(55)+0.40(56)=56.0$

(2) $F_9=0.10(58)+0.20(55)+0.30(56)+0.40(50)=53.6$

앞의 예에서 만약, 4개의 가중치를 사용하였다면 예측치를 계산하기 위해서는 오로지 가장 최근의 수요 4개가 사용되었다는 것을 명심하라. 단순이동평균에 대해 가중이동평균의 장점은 가중이동평균이 가장 최근에 발생한 값을 보다 많이 반영한다는 것이다. 그러나 가중치의 선택은 다소 자의적이며 적절한 가중치를 발견하기 위해서는 일반적으로 시행착오 방법을 사용한다.

(b-3) **지수평활법**(exponential smoothing method)

지수평활법은 비교적 사용하기 쉽고 이해하기 쉬우며 정교한 가중평균 방법이다. 전기의 실수요 평균값과 전기의 실수요치의 가중평균을 계산하여 다음기의 예측치로 이용한다. 이를 다시 표현하면 다음 기의 새로운 예측치는 전기의 예측치에 그 기의 예측치와 실제치의 차이의 일정 비율을 더한 값에 기초하고 있다. 즉,

$$F_{t+1} = \alpha(\text{전기의 실수요}) + (1-\alpha)(\text{전기의 예측치})$$
$$= \text{전기의 예측치} + \alpha(\text{전기의 실수요} - \text{전기의 예측치})$$
$$F_{t+1} = \alpha D_t + (1-\alpha)F_t$$
$$= F_t + \alpha(D_t - F_t)$$

여기서,

$F_{t+1} = t+1$ 기의 예측치

$F_t = t$ 기의 예측치

$D_t = t$ 기의 수요

$\alpha =$ 평활상수

주의: 최초 예측치는 전기의 수요로 한다. $F_2 = D_1$

평활상수 α는 예측오차의 일정 비율을 나타낸다. 새로운 예측치는 전기의 예측치에 전기의 예측오차의 일정 비율을 더한 값이다. 예컨대 전기의 예측치가 57단위이고 실제 수요가 55단위이며 $\alpha = 0.10$이라고 하면 새로운 예측치는 다음과 같이 계산된다.

$$F_t = 57 + 0.10(55 - 57) = 56.8$$

그리고 실제 수요가 54로 밝혀졌다면 다음 기의 예측치는 다음과 같다.

$$F_{t+1}=56.8+0.10(54-56.8)=56.52$$

예측오차에 대해 예측치가 조정되는 순발력은 평활상수 α에 의해 결정된다. 그 값이 0에 가까울수록 예측오차에 대해 조정되는 속도는 늦어진다(즉, 평활효과가 커진다). 역으로 α의 값이 1.00에 가까울수록 반응성이 커지고 평활성은 감소한다.

평활상수를 선정하는 것은 기본적으로 예측오차를 활용하여 시행착오적으로 결정하는 판단의 문제이다. 목표는 우연변동을 평활화하는 측면과 실제 변화가 발생할 경우 이 변화에 반응하는 측면을 균형이 되게 하는 평활상수를 선정하는 것이다. 통상 사용되는 α의 범위는 0.05에서 0.5이다. 내재하는 평균값이 비교적 안정적이라고 판단되면 작은 α값을 사용하고 내재하는 평균값이 변화에 민감하다면 큰 값을 사용한다. 지수평활법은 부분적으로 계산의 용이성과 단순히 α값을 변화시킴으로써 가중치 체계를 쉽게 변경할 수 있다는 이점 때문에 널리 활용되는 기법이다.

초기 예측치를 구하기 위해 사용하는 방법이 몇 가지 있다. 첫 몇 기간 동안의 평균치를 활용하거나, 주관적 추정치를 활용하는 법 또는 제2기의 예측치로 제 1기의 실제치를 활용하는 법(단순예측법) 등이다. 이번 절에서는 편의상 단순예측법을 사용하였다. 실제로는 예컨대 첫 3기의 평균값을 제4기의 예측치로 사용하는 것이 보다 대표성이 크므로 보다 좋은 최초 예측치가 될 수 있다고 생각된다.

예제 8-3 지수평활법 계산

다음과 같은 15기간의 수요 자료에 대해, $\alpha=0.1$값과 $\alpha=0.4$값인 경우에 지수평활법을 이용한 수요 예측치를 구하라. 단, 초기 예측치를 1기의 실제 수요로 활용하여라.

기간	수요
1	57
2	55
3	58
4	55

5	56
6	57
7	53
8	63
9	61
10	62
11	54
12	56
13	55
14	56
15	56

풀이

각각의 평활상수를 이용하여 2기부터 15기의 수요 예측치를 구하면 아래의 표와 같다.

기간	수요	$\alpha=0.1$ 예측치	$\alpha=0.40$ 예측치
1	57	-	-
2	55	57.00	57.00
3	58	56.80	56.20
4	55	56.92	56.92
5	56	56.73	56.15
6	57	56.66	56.09
7	53	56.69	56.45
8	63	56.32	55.07
9	61	56.99	58.24
10	62	57.39	59.35
11	54	57.85	60.41
12	56	57.47	57.84
13	55	57.32	57.11
14	56	57.09	56.26
15	56	56.98	56.16

$\alpha=0.1$값과 $\alpha=0.4$값의 지수평활법을 이용한 수요 예측치를 그래프로 표현하여 보면 예측오차에 대해 예측치가 조정되는 순발력이 평활상수 α값에 의해 결정됨을 알 수 있다. α값이 0에 가까울수록 예측오차에 대해 조정되는 속도가 늦어짐을 알 수 있다. 즉 평활효과가 커짐을 알 수 있다. 역으로 α값이 1에 가까워질수록 반응성이 커지고 평활성을 감소하게 됨을 볼 수 있다.

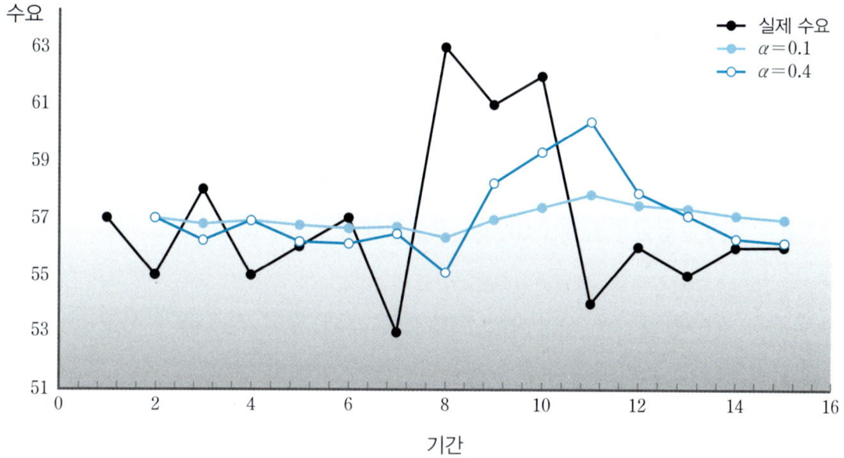

(b-4) **추세조정 지수평활법**(trend-adjusted exponential smoothing method)

시계열이 선형 추세(linear trend)를 나타낼 때 단순 지수평활법을 변형하여 활용할 수 있다. 이것은 자료가 평균 주위에서 변동하거나 계단식 또는 점진적인 변화를 보이고 있을 때 적합한 단순지수평활법과 구별하기 위해 추세조정 지수평활법이라 부른다. 만약 시계열이 추세를 나타내고 있는데도 단순지수평활법을 사용하면 예측치는 시차를 두고 따라가게 된다. 즉, 자료가 증가하는 경우 예측치는 너무 낮게 예측될 가능성이 크고 자료가 감소하는 경우 예측치는 너무 높게 예측될 가능성이 크다. 추세조정 예측치는 평활오차와 추세요인으로 구성되어 있다.

$$F_{t+1}=A_t+T_t$$

여기서,

$A_t=t$기에 평활화된 시계열의 평균추정치

$T_t = t$ 기에 평활화된 추세추정치

$F_{t+1} = t+1$ 기의 추세조정 예측치

그리고

$A_t = \alpha$ (이번 기의 실 수요) + $(1-\alpha)$ (전기의 평균추정치+전기의 추세추정치)

$$= \alpha D_t + (1-\alpha)(A_{t-1} + T_{t-1})$$

$T_t = \beta$ (이번 기의 평균추정치−전기의 평균추정치) + $(1-\beta)$ 전기의 추세추정치)

$$= \beta(A_t - A_{t-1}) + (1-\beta)T_{t-1}$$

여기서,

α = 시계열평균평활계수(0~1), β = 추세평활계수(0~1)

추세조정 지수평활법을 사용하기 위해서는 α 와 β 를 선정해야 하고 (보통 시행착오법을 사용하여) 초기예측치와 추세추정치를 결정해야 한다.

(c) **계절성 예측기법**(seasonality forecasting method)

시계열 자료에서 계절변동은 시계열 값이 상향 또는 하향으로 규칙적으로 반복하는 변동을 의미한다. 계절변동은 1년 이내의 기간(분기, 월, 주, 하루, 한 시간) 안에 수요의 규칙적인 변동을 의미하기도 한다. 우리에게 친숙한 계절성의 예로는 일기변동(즉 겨울 또는 여름 아웃도어 레저 장비의 매출)이나 휴가나 휴일(휴양지의 관광객수, 열차권 예매, 연하장 매출) 등이 있다. 계절변동이라는 용어는 또한 자료에서 일간, 주간, 월간 및 기타 규칙적으로 반복하는 패턴에 적용될 수도 있다. 예컨대 러시아워(출퇴근 교통)는 매일 2회(오전에 출근, 오후에 퇴근) 발생한다. 영화관이나 레스토랑은 주말에 수요가 증가하는 형태로 주간 수요 패턴을 보인다. 은행은 일간 수요변동(정오나 마감시간 직전에 고객이 집중)과 주간 수요변동(주말 직전에 고객 증가) 및 월간 수요변동(사회보장급여, 급여, 복지수당 등의 수표 현금화로 월초에 고객 집중)을 보인다. 맥주, 자동차, 우편물의 양, 완구 및 아이스크림 매출, 고속도로 통행량, 호텔 예약 등도 계절변동의 예라고 할 수 있다.

시계열에서 계절성은 시계열의 평균값으로부터 실제치가 얼마나 벗어나는가를 보여주는 편차로 표현된다. 만약 시계열이 평균값 주위에서 변동한다면 계절성은 그 평균(또는 이동평균)을 기초로 하여 표현되며 만약 추세가 존재하면 계절성은 추세치를 기초로 하여 표현된다.

계절성을 분석하는 모형에는 가법모형과 승법모형의 두 가지가 있다. 가법모형에서 계절성은 수량(예컨대 20단위)으로 표현되는데 계절성을 통합시키기 위해 시계열 평균에 그 수량을 더하거나 빼는 방법이다. 승법모형에서는 계절성은 평균이나 추세치에 대한 비율로 표시(예컨대 1.10)되는 계절성을 통합시키기 위해 이 값을 곱하게 된다. 현실적으로 기업들은 가법모형보다 승법모형을 훨씬 많이 사용하고 있는데 그 이유는 승법모형이 현실을 보다 잘 나타내기 때문이다. 따라서 이 책에서는 승법모형에 초점을 맞추어 설명하기로 한다.

승법모형에서 계절요인과 관련된 비율을 계절지수라고 부른다. 어떤 완구점에서 5월에 판매된 우편물의 양에 대한 계절지수가 1.20라고 하자. 이것은 5월에 판매된 완구 매출이 월평균에 비해 20% 더 많다는 것을 나타낸다. 6월에 대한 계절지수가 0.90라는 것은 6월의 매출이 월평균의 90%임을 나타낸다.

일반적으로 수요예측에서 계절지수의 활용측면에서 두 가지 다른 방법들로 활용된다. 한 가지는 자료에서 계절성을 제거하기 위한 것이고 다른 한 가지는 예측에서 계절성을 통합하기 위한 것이다. 여기서 계절성을 제거하는 것은 비계절성 요소(예컨대 추세 요소)를 보다 명확하게 보여 주는 정보를 얻기 위해 자료에서 계절 요소를 제거하는 것이다. 자료에서 계절성을 제거하기 위해서는 각각의 자료를 상응하는 계절지수로 나누어야 한다(즉 11월의 수요를 11월의 계절지수로 나누고 12월의 수요를 12월의 계절지수로 나누는 등). 자료가 추세(또는 평균)와 계절 요인을 동시에 보유하고 있을 때 계절성을 예측에 통합하는 것이 유용하다. 계절성을 통합하는 이유는 계절지수의 활용이 가능하기 때문이다. 계절성 통합 절차는 다음과 같다.

1. 추세선을 활용하여 특정 기의 추세 추정치를 구한다.
2. (승법모형이 타당하다고 간주하고) 이 추세 추정치에 해당하는 계절지수를 곱하여 추세추정치에 계절성을 부가한다.

예제 8-4 계절성 예측기법 계산

어떤 가구사업자가 15기와 16기에 대해 소파 의자의 분기별 수요를 예측하고자 하는데 15기와 16기는 각각 특정 연도의 3, 4분기에 해당한다고 한다. 시계열은 추세와 계절성의 양자로 구성되어 있다고 한다. 수요의 추세 부분은 추세식 $F_t = 124 + 7.5t$로 계산될 수 있고 계절지수는 $Q_1 = 1.20$, $Q_2 = 1.10$, $Q_3 = 0.75$, $Q_4 = 0.95$라고 한다.

1) 이 정보를 활용하여 1분기에서 8분기까지의 자료에서 계절성을 제거하라.

2) 이 정보를 활용하여 15기와 16기의 수요를 예측하라.

풀이

1) 다음 표에 의해

기간	분기	판매량	÷	분기 계절지수	=	계절성 제거 판매량
1	1	132	÷	1.20	=	110.00
2	2	140	÷	1.10	=	127.27
3	3	146	÷	0.75	=	194.67
4	4	153	÷	0.95	=	161.05
5	1	160	÷	1.20	=	133.33
6	2	168	÷	1.10	=	152.73
7	3	176	÷	0.75	=	234.67
8	4	185	÷	0.95	=	194.74

$t = 15$와 $t = 16$인 경우의 추세치는

$$F_{15} = 124 + 7.5(15) = 236.5$$
$$F_{16} = 124 + 7.5(16) = 244.0$$

2) 추세치에 적절한 분기 지수를 곱하여 추세와 계절성을 모두 지닌 예측치를 구할 수 있다. $t = 15$는 3사분기에 해당하고 $t = 16$은 4분기에 해당된다고 하면 예측치는 다음과 같다.

$$t = 15:\ 236.5(0.75) = 177.38$$
$$t = 16:\ 244.0(0.95) = 231.80$$

8.5 수요예측의 정확도

수요예측의 정확도 및 통제는 수요예측에서 아주 중요한 역할을 한다. 수요예측 담당자에게는 정확한 예측이 매우 중요하다. 따라서 예측오차의 최소화는 수요예측의 정확도를 측정하는 중요한 척도가 된다. 뿐만 아니라 다수의 예측 기법들 중 우수한 예측기법을 선정할 때도 예측오차가 중요한 기준이 된다. 수요예측은 조직의 일정계획 기준이 되며, 만약, 수요예측이 정확하지 않으면 조직의 자원소요량과 산출량, 산출물의 종류나 시기가 잘못 판단되어 비용이 증가하고 고객만족도를 떨어뜨려 기업경영에 있어 큰 타격을 입히게 된다.

수요예측의 상황에 따라 일련의 예측치를 연속적으로 구하는 경우와 일회적인 의사결정을 하기 위해 한 개의 예측치를 구하는 경우가 발생한다. 정기적인 예측을 하는 경우 수요예측오차가 합리적인 범위 내에서 있는지 확인하기 위해 예측오차를 관찰하는 일이 중요해진다. 만약 예측오차가 합리적인 범위 내에서 존재하지 않으면 교정활동이 필요하다. 수요예측오차는 주어진 기간에 대해 실제로 발생한 값과 예측된 값의 차이이다. 즉, t기의 수요예측오차는 아래와 같다.

$$e_t = D_t - F_t$$

여기서,

$e_t = t$ 기의 수요예측오차
$D_t = t$ 기의 실측치
$F_t = t$ 기의 수요예측치

정확도는 예측치의 과거 오차에 기초를 두고 있다. 가장 대표적인 과거오차를 측정하기 위한 평가 척도 방법으로는 **평균절대편차**(Mean Absolute Deviation: MAD), **평균제곱오차**(Mean Square Error: MSE), **평균절대백분율오차**(Mean Absolute Percent Error: MAPE)가 있다. 각각의 예측오차 평가척도의 수식은 다음과 같다.

평균절대편차(Mean Absolute Deviation: MAD)
평균제곱오차(Mean Square Error: MSE)
평균절대백분율오차(Mean Absolute Percent Error: MAPE)

$$\mathrm{MAD} = \frac{\sum_{t=1}^{n} |D_t - F_t|}{n}$$

$$\mathrm{MSE} = \frac{\sum_{t=1}^{n} (D_t - F_t)^2}{n-1}$$

$$\mathrm{MAPE} = \frac{\sum_{t=1}^{n} \frac{|D_t - F_t|}{D_t} \times 100}{n}$$

예제 8-5 수요예측오차 계산

아래의 기간 11까지의 수요예측치 및 실수요치를 이용하여 2기 이동평균법과 $\alpha=0.10$ 인 지수평활법으로 3기부터 11기까지의 예측치를 계산하고, MAD, MSE와 MAPE를 활용하여 이들 두 가지 예측기법에 대해 수요예측오차를 비교하라.

예측기법		2기 이동평균법		지수평활법	
기간, t	수요	예측치	오차	예측치	오차
1	42				
2	40			42	-2
3	43	41	2	41.8	1.2
4	40	41.5	-1.5	41.92	-1.92
5	41	41.5	-0.5	41.73	-0.73
6	39	40.5	-1.5	41.66	-2.66
7	46	40	6	41.9	4.61
8	44	42.5	1.5	41.85	2.15
9	45	45	0	42.07	2.93
10	38	44.5	-6.5	42.36	-4.36
11	40	41.5	-1.5	41.92	-1.92

풀이

위의 2기간 이동평균법과 지수평활법에 대한 MAD, MSE, MAPE 공식을 이용한 예측오차 결과값들은 다음과 같다.

예측기법	2기 이동평균법	지수평활법
MAD	2.33	2.50
MSE	11.44	8.73
MAPE	5.64%	5.98%

만약, MAD가 판단기준이면 2기간 이동평균법이 가장 훌륭한 정확성을 가진다. 만약 MSE가 판단기준이면 지수평활이 최선이며 MAPE가 판단기준이면 2기 이동평균법이 다시 최선이 된다. 물론 자료가 상이하거나 상이한 α값을 활용한 지수평활법, 또 상이한 이동평균법에 따라 최선의 결과를 가져오는 기법이 달라질 수 있다.

8.6 수요예측의 모니터링

많은 경우 예측은 정기적(즉 주별, 월별, 분기별)으로 이루어진다. 예측오차는 예외적인 것이기보다는 일상적인 것이기 때문에 예측오차는 연속적으로 발생한다. 예측오차를 추적하고 분석함으로써 예측이 만족하게 이루어지고 있는지를 알 수 있다.

이러한 예측오차의 원천으로 다음과 같이 다양한 종류를 들 수 있다.

1. 중요한 변수를 생략했거나 모형이 처리할 수 없는 변수의 변동이나 움직임(추세나 순환변동이 갑자기 발생하는 것)이 발생할 경우, 그리고 새로운 변수의 발생(신규 경쟁자) 등으로 인해 모형이 부적절한 경우.
2. 이상 기후나 기타 자연적 현상, 일시적인 과부족이나 고장, 재난, 기타 유사한 사건으로 인해 불규칙변동이 발생한 경우.
3. 예측기법을 잘못 사용하였거나 결과를 잘못 해석한 경우.
4. 우연변동이 존재하는 경우. 우연 변동은 다른 변동요인으로 설명할 수 없는 나머지로서 내재적인 변동임.

우연변동만 나타나는 경우 예측은 일반적으로 적절히 이루어지고 있다고 판단된다. 따라서 특정 예측기법의 타당성을 판단하고자 하는 경우 예측오차가 우연성을 가지고 있는가를 살펴보면 된다. 만약 이들이 우연성을 가지고 있지 않으면 변동의 다른 원천으로 무엇이 존재하는지를 파악하여 그 문제를 바로잡을 필요가 있다.

예측오차에 우연성이 있는지를 탐지하는 도구로 관리도가 있다. 오차는 발생한 순서대로 관리도 상에 점을 찍어 그래프로 나타낸다. 관리도의 중심선은 오차가 0인 상황을 나타낸다. 중심선의 상, 하에 있는 두 개의 직선은 각각 관리상한과 관리하한으로 부르며 이들의 오차의 변동을 허용하는 범위의 양 극단을 나타낸다.

예측오차가 관리 상태에 있기 위해서는 두 가지 조건이 필요하다. 첫 번째는 오차들이 모두 관리한계 내에 존재해야 한다는 것이고, 두 번째는 어떠한 패턴(추세, 순환변동, 중심에 집중되지 않은 자료 등)도 없어야 한다는 것이다. 양자 모두 면밀히 조사하면 발견할 수 있다.

추적지표(tracking signal)
누적예측오차(Cumulative sum of Forecasting Error: CFE)

기술적으로 말하면 실제로 오차를 그래프 상에 나타내지 않고도 관리한계를 초과했는지 판별할 수 있으나, 시각적으로 판별하기 위해서는 오차를 그래프 상에 나타내는 것이 필요하며 따라서 관리도를 작성해서 오차를 관리도 상에 나타내는 것이 최선의 방법이다. 관리도 상에 오차를 나타내는 방법 중 하나인 **추적지표(tracking signal)**는 예측기법이 실제수요변화를 정확히 예측하고 있는지 나타내는 지표이다. 추적지표는 **누적예측오차(Cumulative sum of Forecasting Error: CFE)**가 MAD의 몇 배가 되는지에 대한 정보를 나타낸다. 추적지표는 다음과 같은 공식을 사용하여 기간별로 계산된다.

$$\text{추적지표}_t = \frac{CFE_t}{MAD_t} = \frac{\sum_{n=1}^{t} e_t}{MAD_t}$$
$$t = 2, 3, \cdots, n$$

매기 말에 그 기간의 오차를 반영하여 CFE와 MAD를 수정한 후 추적지표를 다시 구한다. 그리고 그 결과를 미리 설정된 기준과 비교한다. MAD를 수정하는 방법은 아래와 같이 지수평활법을 사용하여 갱신한다.

$$MAD_t = MAD_{t-1} + \alpha(|e_t| - MAD_{t-1})$$
$$t = 2, 3, \cdots, n$$

추적지표의 값은 양이나 음이 될 수 있다. 추적지표 값이 0인 것이 이상적인 경우이며, 허용가능한 추적지표 값의 범위로는 ±4 또는 ±5의 한계가 자주 사용된다. 허용 가능한 범위 외부에서 추적지표 값이 발생하면 예측에 편의(bias)가 존재한다는 신호로 받아들일 수 있으며 교정 활동이 필요하다는 것을 알려준다.

예제 8-6 추적지표 계산

다음은 생산관리학회의 2016년 1월부터 2017년도 6월까지의 워크숍 참석 인원과 예측치 및 그 오차를 보여주고 있다. 추적지표를 사용하여 예측기법이 정상적으로 작동하고 있는지를 판단하라. 단, 제 10개월째부터 시작되는 추적지표로 지수평활법을 사용하여 MAD값을 갱신하여라. 또한, 관리한계 ±4와 $\alpha=0.2$를 사용하라.

t	D	F	$e_t(=D-F)$	$\lvert e_t \rvert$	$\sum_{n=1}^{t} \lvert e_n \rvert$
1	40	36	4	4	4
2	28	31	-3	3	7
3	23	29	-6	6	13
4	34	36	-2	2	15
5	44	45	-1	1	16
6	32	35	-3	3	19
7	49	47	2	2	21
8	41	42	-1	1	22
9	35	33	2	2	24
10	31	33	-2	2	26
11	49	44	5	5	31
12	30	39	-9	9	40
13	26	27	-1	1	41
14	31	34	-3	3	44
15	41	32	9	9	53
16	55	48	7	7	60
17	42	36	6	6	66
18	52	50	2	2	68

풀이

최초 10개월까지의 절대오차의 합은 26이다. 따라서 최초의 MAD는 26/10=2.6이다. 11개월부터 MAD는 $MAD_t = MAD_{t-1} + \alpha(|e_t| - MAD_{t-1})$ 공식을 이용하여 갱신한다. 그 결과가 다음 표에 나타나 있다.

$$t\text{월의 추적지표} = \frac{t\text{월의 누적오차}}{t\text{월의 갱신된 MAD}}$$

t	$\|e_t\|$	$MAD_t = MAD_{t-1} + 0.2(\|e_t\| - MAD_{t-1})$	CFE_t	추적지표$_t = CFE_t / MAD_t$
10			-10	-10/2.60=-3.85
11	5	3.08=2.6+.2(5-2.60)	-5	-5/3.08=-1.62
12	9	4.26=3.08+.2(3-3.08)	-14	-14/4.26=-3.28
13	1	3.61=4.26+.2(1-4.26)	-15	-15/3.61=-4.15
14	3	3.49=3.61+.2(3-3.61)	-18	-18/3.49=-5.16
15	9	4.59=3.49+.2(9-3.49)	-9	-9/4.59=-1.96
16	7	5.07=4.59+.2(7-4.59)	-2	-2/5.07=0.39
17	6	5.26=5.07+.2(6-5.07)	4	4/5.26=0.76
18	2	4.61=5.26+.2(2-5.26)	6	6/4.61=1.30

위의 추적지표를 바탕으로 작성한 관리도는 아래의 그림과 같다. 17년 2월의 경우 추적지표가 관리한계 ±4 의 범위 밖에 존재하는 것이 관측되며, 이후에는 추적지표 값이 상승하는 경향이 보인다. 따라서 예측에 편의가 존재한다는 신호로 받아들일 수 있으며 예측모델에 대한 교정 활동이 필요하다.

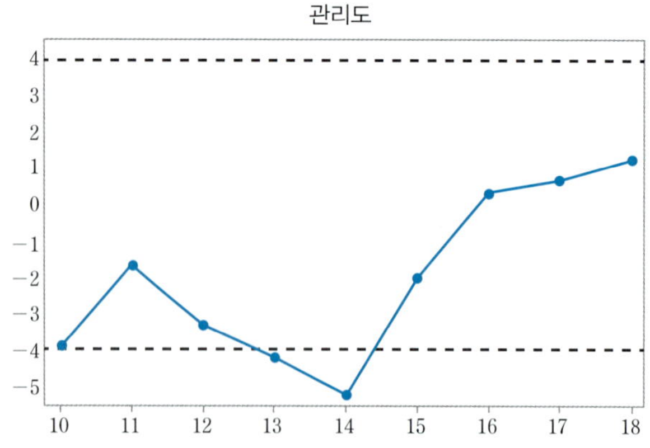

8.7 수요예측기법의 선정 및 활용

앞에서 소개한 다양한 예측기법이 실무에서 사용되고 있지만 모든 상황에서 일관적으로 잘 기능하는 기법은 존재하지 않는다. 따라서 예측기법을 선택할 때 경영자는 몇 가지 요소를 고려하여야 한다.

수요예측기법의 선택 시 가장 중요하게 고려되어야 할 요소는 비용과 정확도이다. 예측에 배정된 예산이 얼마나 되는지, 오차가 발생하는 경우 오차 때문에 치르게 되는 잠재적인 비용이 얼마나 되며, 정확한 예측으로 기대할 수 있는 이익은 무엇인지를 충분히 고려하여야 한다. 일반적으로 정확도가 높을수록 비용이 올라가기 때문에 비용과 정확도 간의 상쇄관계를 잘 비교해 볼 필요가 있다. 정확도가 높거나 비용이 가장 싼 기법이 반드시 최선의 수요예측기법의 선택이 될 수는 없다. 최선의 예측은 오히려 경영자가 최선으로 생각하는 정확도와 비용간의 조합이라고 할 수 있다. 어떤 경우에는 한 가지 이상의 수요예측기법을 사용하기도 한다. 만약 상이한 수요예측기법을 사용하더라도 유사한 예측결과를 얻는다면 그 결과를 보다 신뢰할 수 있을 것이다. 반면 예측결과가 상이하다면 추가적인 수요예측 분석이 요구될 것이다.

경영자는 수요예측에 대해 반응적 또는 선제적 접근방법을 취할 수 있다. 반응적 접근법은 예측을 가능한 미래의 수요로 간주하고, 그 수요를 충족시키기 위해 대응한다. 이 경우 생산시스템 내에 생산률, 재고, 작업인력 등을 조절한다. 반면 선제적 접근방법은 광고, 가격정책, 제품/서비스 변경 등으로 보다 수요에 적극적으로 영향을 미치고자 한다. 일반적으로 선제적 접근방법은 수요에 대한 영향에 대해 회귀모형이나 주관적 판단을 필요로 한다. 경영자는 두 가지 예측을 모두를 활용할 수 있다. 하나는 현재의 상황 하에서 어떤 결과가 발생할 것인가를 예측하는 것이고 다른 하나는 현상의 예측결과가 바람직하지 않을 때, 예측을 어떻게 적극적으로 대처해 나갈 것인가에 대한 것이다.

먼저 회귀모형에 필요한 $\hat{a}$와 $\hat{b}$의 값을 구해보자. $\hat{a}$와 $\hat{b}$의 계산식은 다음과 같다.

$$\hat{b}=\frac{n\sum_{t=1}^{n}x_t y_t-\sum_{t=1}^{n}x_t\sum_{t=1}^{n}y_t}{n\sum_{t=1}^{n}x_t^2-\left(\sum_{t=1}^{n}x_t\right)^2}$$

$$\hat{a}=\frac{1}{n}\sum_{t=1}^{n}y_t-\frac{\hat{b}}{n}\sum_{t=1}^{n}x_t$$

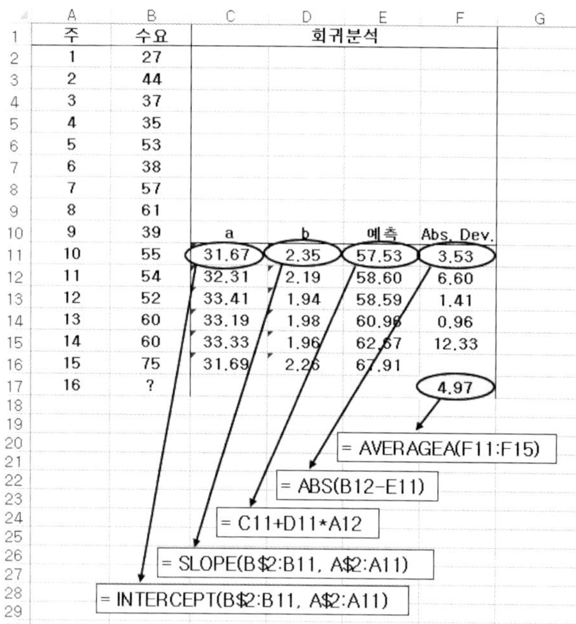

	A	B	C	D	E	F
1	주	수요	회귀분석			
2	1	27				
3	2	44				
4	3	37				
5	4	35				
6	5	53				
7	6	38				
8	7	57				
9	8	61				
10	9	39	a	b	예측	Abs. Dev.
11	10	55	31.67	2.35	57.53	3.53
12	11	54	32.31	2.19	58.60	6.60
13	12	52	33.41	1.94	58.59	1.41
14	13	60	33.19	1.98	60.96	0.96
15	14	60	33.33	1.96	62.57	12.33
16	15	75	31.69	2.26	67.91	
17	16	?				4.97

엑셀을 이용하여 $\hat{a}$와 $\hat{b}$를 구하기 위해서는 각각 INTERCEPT 함수와 SLOPE 함수가 필요하다. INTERCEPT 함수는 회귀식의 절편인 $\hat{a}$를, SLOPE 함수는 회귀식의 기울기인 $\hat{b}$를 구할 수 있다. INTERCEPT 함수와 SLOPE 함수는 두 개의 모수를 필요로 한다. 하나는 y열이 될 수요이고 다른 하나는 x열이 될 기간 값이다. $\hat{a}$와 $\hat{b}$를 계산한 뒤 선형회귀모형에 대입하여 예측치를 추정할 수 있다. 예를 들어 11주의 수요를 예측해보자. 1주부터 11주의 1주 전인 10주까지의 수요와 기간 값을 모수로 하여 INTERCEPT 함수에 대입해 $\hat{a}$값을 구하면 31.67이라는 값을 얻을 수 있다. 마찬가지로 1주부터 10주까지의 수요와 기간 값을 모수로 하여 SLOPE 함수에 대입해 $\hat{b}$값을 구하면 2.35라는 값이

도출된다. 이를 바탕으로 하여 위의 선형회귀모형에 대입하면 11주의 수요를 예측할 수 있다.

$$31.67 + 2.35 \times 11 = 57.53$$

같은 방법으로 12주부터 16주까지의 수요를 예측할 수 있다. 11주부터 16주까지의 예측치를 살펴보면 다음 표와 같다.

기간	예측수요	실제수요	절대오차
11	57.53	54	3.53
12	58.60	52	6.60
13	58.59	60	1.41
14	60.96	60	0.96
15	62.67	75	12.33
16	67.91	–	–

실제 수요와 예측치는 평균적으로 4.97이 차이난다는 것을 확인할 수 있다. 이러한 오차의 원인은 우연변동요인으로 설명할 수 있다.

연·습·문·제

1. 다음의 정성적 예측기법들이 가지고 있는 단점들을 열거하라.

   (1) 소비자 조사법
   (2) 판매원 추정법
   (3) 전문가 의견과 델파이법

2. 예측에 대한 반응적 접근방법과 선제적 접근방법을 비교하여 설명하라. 그리고 각각의 유형이 사용되는 조직이나 상황의 예를 들어보라.

3. 정량적 예측기법이 정성적 예측기법에 비해 가지고 있는 주요한 장점은 무엇인가? 정량적 예측기법이 가지고 있는 한계는 무엇인가?

4. (주)인천컴퓨터전자부품은 블루투스 키보드를 판매하고 있다. 7개월간의 월간 매출이 다음과 같았다.

월	매출 (1,000단위)
Feb.	10
Mar.	15
Apr.	13
May.	18
Jun.	14
Jul.	16
Aug.	17

   다음 각 기법을 사용하여 9월의 매출에 대한 예측을 하라.

   (1) 5개월 이동평균법
   (2) 가중이동평균법(단 8월, 7월, 6월의 각각의 가중치는 0.4, 0.3, 0.3로 할 것)
   (3) 평활상수가 .20인 지수평활법(단, 2월의 예측치는 11,000단위로 가정함)

5. 어떤 항구의 주별 자동차 선적 수량이 다음과 같다고 한다.

주	선적 수량		주	선적 수량		주	선적 수량
1	230		7	351		13	452
2	247		8	363		14	485
3	282		9	384		15	511
4	268		10	391		16	513
5	300		11	404		17	520
6	325		12	453		18	538

(1) 자동차 선적 수량에 대한 선형 추세선을 결정하라.

(2) 추세식을 사용하여 제19주와 제20주의 선적 수량을 예측하라.

(3) 자동차 선적을 책임지고 있는 경영자는 주당 선적 수량이 700대를 초과하면 새로운 장비를 설치하고자 한다. 현재의 추세가 지속된다고 가정할 때, 선적 수량이 그 수준에 도달하는 것은 약 몇 주째가 되는가?

6. 송도 세탁소에서는 드라이클리닝 장비 사용률을 예측하기 위해 지수평활법을 사용하고 있다. 4월의 장비 사용률은 생산능력의 80%로 예측된 반면, 실제 사용률은 82%였으며, 사용된 평활상수는 0.2였다.

(1) 5월의 장비 사용률을 예측하라.

(2) 5월의 실제 사용률이 85%임을 가정하고 6월의 장비 사용률에 대한 예측을 하라.

7. 운동화 제조회사의 마케팅 부서는 이 회사에서 가장 인기 있는 조깅화 품목의 연간 매출을 예측하기 위해 다음과 같은 선형회귀식을 개발하였다.

$F_t = 100 + 30t$

여기서,

F_t= 연간 매출(1,000켤레)

$t=0$은 2000년에 해당함

(1) 연간 매출은 증가하는가? 또는 감소하는가? 그리고 매년 얼마만큼씩 증가하는가? 또는 감소하는가?

(2) 이 수식을 사용하여 2014년의 매출을 예측하라.

8. 한 응급실 관리자가 4기간 동안의 수요에 대한 그래프를 작성한 후 미래 수요를 예측하는데 추세조정 지수평활법이 적절하다고 결론지었다. 제1기부터 제4기까지의 3기간 동안의 순 변동이 47임을 감안하여 추세에 대한 최초의 추정치는 그 평균인 +16으로 결정하였다. $\alpha=.5$와 $\beta=.4$ 그리고 제5기에 대한 TAF를 265으로 하여 제6기부터 제10기까지의 수요를 예측하라.

기간	실제치		기간	실제치
1	210		6	267
2	228		7	272
3	234		8	289
4	259		9	302
5	260		10	

9. ㈜인천홈쇼핑의 마케팅부서는 향수 판매를 위한 수요를 예측하기 위해 추세선과 계절지수를 사용하고 있으며 분기별 계절지수는 $Q_1=0.90$, $Q_2=0.95$, $Q_3=1.05$, 그리고 $Q_4=1.10$, 추세식은 $F_t=12+8t$를 사용하였다. 지난 9분기 동안의 수요는 다음과 같았다.

기간	t:	1	2	3	4	5	6	7	8	9
수요		15	27	38	48	46	57	71	84	76

예측이 적절히 수행되고 있다고 보는가? 설명하라

10. 과거 10개월 생수 매출 자료를 기초로 판단 및 경험에 기초한 기법으로 두 가지 월별 수요예측을 수행하였다. 각 월별 수요 예측치와 실제 매출액은 다음과 같다.

월	매출액	예측치 1	예측치 2
1	734	750	748
2	702	717	734
3	721	723	719
4	714	737	742
5	721	717	716
6	707	709	717
7	723	738	732

8	743	726	708
9	749	737	739
10	702	703	750

(1) 각각의 예측기법에 대해 MSE와 MAD를 계산하라. 어느 한 예측기법이 우월한가? 설명하라.

(2) 각각의 예측기법에 대해 MAPE를 계산하라.

(3) 주어진 매출 자료를 사용하여 2개월 이동평균법으로 3개월부터 11개월까지의 매출에 대한 예측을 하라.

9 CHAPTER

총괄생산계획

학습 목표

- 기업의 생산계획 수립 과정을 종합적으로 이해하고 절차에 따라 설명할 수 있다.
- 총괄생산계획의 입력 자료, 제약 조건, 비용 요소, 결정 사항 등에 대하여 설명할 수 있다.
- 수요와 공급에 대한 전략에 따라 여러 가지 총괄생산계획을 수립할 수 있다.
- 총괄생산계획의 여러 대안을 평가하여 적합한 총괄생산계획을 결정할 수 있다.

사례

BMW iFactory, LEAN, GREEN, DIGITAL - 미래 생산을 위한 마스터 플랜

BMW의 iFACTORY 전략은 미래 자동차 제조업을 위한 혁신적인 생산 계획을 수립하기 위해 만들어진 프로그램이다. 이 전략은 LEAN, GREEN, DIGITAL 세 가지 핵심 요소를 기반으로 하며, 전 세계 BMW 공장에서 적용되고 있다.

Long range planning does not deal with future decisions, but with the future of present decisions(장기 계획은 미래의 결정이 아니라 미래에 관한 현재의 결정이다).

– 피터 드러커(Peter F. Drucker)

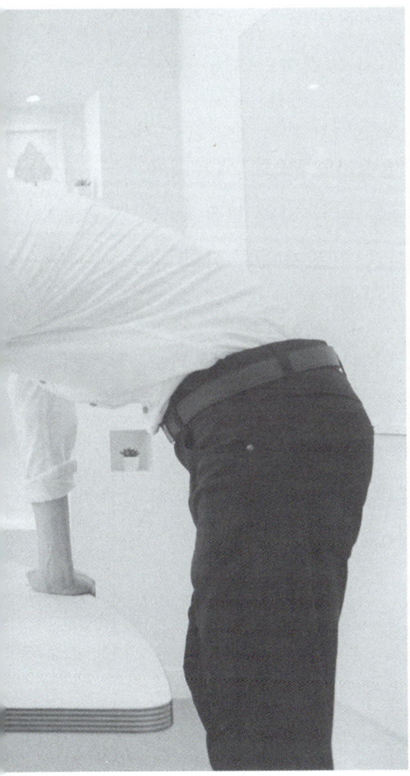

◇ iFACTORY 전략의 핵심 요소

LEAN 요소는 생산 공정을 보다 효율적으로 운영하고 자원을 최적화하는 데 중점을 둔다. 이를 통해 BMW는 생산과정에서 낭비를 최소화하고, 시장 수요 변화에 신속하게 대응할 수 있는 유연성을 확보하고 있다. 이런 방식으로 맞춤형 생산이 가능해지며, 고객의 다양한 요구를 효과적으로 충족할 수 있게 된다.

GREEN 요소는 환경친화적인 생산을 목표로 한다. BMW는 재생 에너지 사용 확대와 물, 에너지 소비를 줄이는 기술 도입을 통해 지속 가능한 생산 방식을 추구하고 있다. 이를 통해 자원 사용을 최소화하고, 배출가스와 폐기물을 줄이며, 환경 보호에 기여하고 있다.

DIGITAL 요소는 디지털 기술과 인공지능(AI)을 활용해 생산 공정을 최적화하는 데 중점을 둔다. BMW는 AI와 데이터 분석을 통해 실시간으로 생산 공정을 모니터링하고, 데이터를 기반으로 생산계획을 조정하고 있다. 가상현실(VR)과 증강현실(AR) 기술을 사용해 공장 설비의 레이아웃을 설계하고, 생산 시뮬레이션을 통해 효율성을 극대화하고 있다. 이러한 디지털화는 생산 공정의 투명성을 높이고, 잠재적인 문제를 사전에 해결할 수 있게 해준다.

◇ DIGITAL: 혁신에서 효과적인 사례로

BMW 그룹에서 DIGITAL의 목표는 맞춤형 프리미엄 차량을 제공하고, 고객 만족도를 높이며, 우수한 품질과 정시 납품을 달성하는 것이다. Milan Nedeljković는 "BMW iFACTORY는 전체 가치 사슬과 모든 프로세스 체인에서 데이터 일관성을 완전히 새로운 수준으로 끌어올리면서 디지털화를 진전시키고 있다. 우리는 디지털 혁신을 통해 생산에서 효과적인 사용 사례를 만들어낸다. 혁신과 효율성은 우리에게 동시에 중요한 요소이다."라고 강조했다.

BMW 그룹의 생산과정은 최신 기술을 활용하여 제품, 프로세스, 품질 및 비용 데이터를 개발, 계획, 생산과정 간에 연결하고 있다. 여기서 주요 초점은 가상화, 데이터 과학, 인공지능(AI) 분야의 애플리케이션에 맞춰져 있다.

가상화는 BMW iFACTORY 전략 모델에서 중요한 역할을 한다. 첫 단계로, BMW 그룹의 모든 생산 현장을 3D 스캔하여 세부 사항을 기록하고, 이를 통해 언제 어디서나 가상으로 계획 작업을 수행할 수 있다. 다음 단계로는 각 공장의 전체 가상 표현, 즉 디지털 트윈을 생성하여 다양한 위치와 시간대에서 실시간 협업이 가능하도록 한다. 이 접근법은 모든 구조, 생산 설비 및 개별 프로세스의 계획을 새로운 수준으로 끌어올리며, 초기 단계에서 가상 제품을 공장에 통합할 수 있어 계획 작업을 대폭 줄이고, 투자 최적화와 제품 출시 안정성을 향상시킨다.

BMW 그룹은 NVIDIA와 같은 파트너와 협력하여 첨단 기술을 도입하고 있다. 애플리케이션 및 증강현실(AR)과 가상현실(VR)은 미래의 프로세스와 기술을 위한 직원 교육을 지원하며, 디지털 생산시스템 계획을 통해 글로벌 파트너를 가치 사슬에 조기에 통합할 수 있게 한다.

데이터 과학은 실시간 데이터 기반 의사결정의 기초를 제공하며, 일관되고 투명한 데이터를 통해 문제의 근본 원인을 빠르게 식별하고 프로세스를 최적화할 수 있게 한다. BMW 그룹은 이미 200개 이상의 AI 기반 애플리케이션을 사용하여 물류 및 생산 프로세스를 자동화하고 있으며, 이를 통해 품질 보증을 강화하고 있다. 또한, 표준화된 플랫폼과 셀프서비스는 모든 기술과 위치에서 솔루션의 신속한 확장을 가능하게 한다.

◇ 적용 사례 및 성과

BMW의 iFACTORY 전략은 독일 뮌헨 공장을 포함한 여러 공장에서 적용되고 있으며,

특히 헝가리 데브레첸 공장에서 본격적으로 구현될 예정이다. 이 전략을 통해 BMW는 전통적인 생산 방식에서 벗어나 더욱 유연하고 지속 가능하며 디지털화된 생산시스템을 구축해 나가고 있다.

BMW는 이러한 AI 기반 혁신을 통해 생산성을 크게 향상시키고, 복잡한 생산 환경에서 신속하고 정확한 결정을 내릴 수 있는 체계를 구축했다. 이와 같은 접근은 BMW가 미래 자동차 제조업에서 경쟁력을 유지하는 데 중요한 역할을 하고 있다.

출처: BMW iFactory. LEAN. GREEN. DIGITAL. – Master plan for the production of the future, PressClub Global · Article, 2022년 4월 29일, https://www.press.bmwgroup.com/global/article/detail/T0384893EN/bmw-ifactory-lean-green-digital-master-plan-for-the-production-of-the-future

9.1 서론

기업의 판매 활동이 원활하게 이루어지기 위해서는 수요에 맞추어 제품이 적시에 공급되어야 한다. 만약 공급이 수요를 충족하지 못하면 판매를 못하거나 고객 불만을 초래할 수 있고 반대가 되면 재고가 쌓여서 재무적 부담으로 작용할 수 있다. 한편 수요에 맞추기 위해 공급 수준을 수시로 변화시키려면 관리가 어렵고 생산비용이 증가하는 문제가 발생할 수 있다. 따라서 수요와 공급의 균형과 함께 생산비용을 종합적으로 고려하여 생산계획을 수립해야 한다.

총괄 계획(aggregate planning)
총괄생산계획(aggregate production plan)

계획을 수립할 때 처음에는 1년 정도의 기간에 대해서 유사한 제품끼리 묶어서 수요 예측을 하고 이를 바탕으로 공급 계획을 수립하게 되는데 이러한 계획을 **총괄계획**(aggregate planning) 또는 **총괄생산계획**(aggregate production plan)이라고 한다. 실질적인 생산을 위해서는 단기간의 미래에 대하여 개별 제품을 대상으로 수요 예측을 실시하면서 상세하고 정교한 계획을 수립하여 운영하게 된다. 실제 운영이 이루어지면 판매와 생산 실적을 반영하여 총괄생산계획을 포함한 여러 생산 계획을 갱신하게 된다.

9장은 총괄생산계획의 개념과 전략을 소개하고 수립기법을 설명한다. 9장의 구성은 다음과 같다. 2절에서는 총괄생산계획을 중심으로 생산계획의 구성을 설명하고 3절에서는 총괄생산계획의 개념과 주요 고려사항에 대하여 자세하게 다룬다. 4절에서는 수요를 충족하기 위한 총괄생산계획의 다양한 전략을 소개하고 5절에서는 총괄생산계획의 수립 기법을 설명한다.

9.2 생산계획의 구성

제조업에서 생산계획의 수립은 총괄생산계획에서 시작된다. 총괄생산계획은 6개월에서 18개월 정도의 기간 동안에 월 또는 분기 단위로 제품군별 생산량을 결정하는 계획으로 생산 자원을 계획 기간 동안에 시기적으로 배분한다.

총괄생산계획은 예측한 수요를 입력으로 하고 기업 전체의 사업 전략에 부합되게 수립하며 실제로 가능한 계획인지 확인하기 위해 공급능력계획에서 검토한다. 확정된 총괄생산계획을 바탕으로 개별 제품을 생산하기 위한 기준생산계획을 수립하고 자재에 대한 수급계획인 자재소요계획을 수립한다. [그림 9-1]은 생산계획의 과정을 총괄생산계획을 중심으로 구성하여 나타내고 있다.

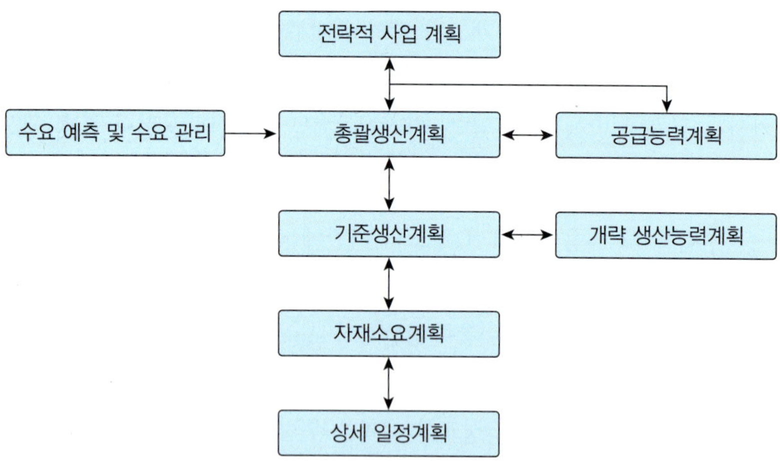

[그림 9-1] 주요 생산계획의 구성

전략적 사업 계획(strategic business plan)

전략적 사업 계획(strategic business plan)은 향후 수년 동안에 기업이 달성하려는 주요 목표를 사업적 관점에서 수립한 계획으로 사업 분야, 주력 제품, 목표 시장 등에 대한 최고 경영층의 의사결정이 반영된 것이다. 일반적으로 기업은 재무적인 관점에서 수입, 비용, 이익 등에 대한 자금 흐름을 명확하게 하고 공장이나 설비의 공급 능력과 같은 대규모 투자 계획도 사업 계획에서 결정한다. 총괄생산계획은 전략적 사업 계획을 달성하는 데 맞추어져야 하고 전략적 사업 계획을 지원하기에 충분한 정도의 계획 기간을 가져야 한다.

수요 관리(demand management)는 고객의 실제 주문을 접수하고 일정에 맞추어 고객에게 제품을 인도하는 기능으로 실제 수요가 발생하기 이전의 수요를 예측하는 수요 예측을 포함하는데, 주로 영업 부서에서 담당한다.

수요 관리(demand management)

총괄생산계획을 수립하면 총괄생산계획이 실현성이 있는지 확인하기 위하여 **공급능력계획**에서 주요 자원의 소요량을 계산하고 기간별로 자원의 가용 능력과 비교하여 검토한다. 주요 자원의 소요량이 가용 능력을 초과하면 검토한 결과를 반영하여 총괄생산계획을 조정해야 한다.

공급능력계획

전체 계획기간에 대하여 총괄생산계획이 확정되면 제품 공급을 위해 개별 제품에 대한 수량과 시기로 구체화하여야 한다. 이렇게 구체화하는 생산계획을 **기준생산계획(Master Production Schedule: MPS)**이라고 한다. 기준생산계획은 실제로 제조가 이루어지는 제품별로 계획이 수립되고 이후의 제조와 조달 활동의 기준이 된다. 따라서 기준생산계획을 수립할 때 다시 한 번 수요예측, 총괄생산계획, 자재 가용성, 생산능력 가용성 등을 종합적으로 고려해야 한다. 수립한 기준생산계획의 생산능력 가용성은 **개략 생산능력계획(rough−cut capacity planning)**에서 검토하는데, 검토 결과에 따라 기준생산계획을 수정하게 된다. **최종 조립 계획**은 기준생산계획의 일부분으로 고객의 요구에 맞추어 제품을 완성하는 일정을 만드는 계획이다.

기준생산계획(Master Production Schedule: MPS)

개략 생산능력계획(rough−cut capacity planning)

최종 조립 계획

제품별 생산계획이 원활히 운영되기 위해서는 정확한 시기에 필요한 모든 원자재와 부품을 준비해야 하는데 **자재소요계획(Material Requirement Planning: MRP)**은 제품 생산에 소요되는 품목별로 필요한 수량과 시기를 결정하는 계획이다. MRP의 결과는 구매와 생산 활동의 실질적인 실행 업무를 결정하게 된다.

자재소요계획(Material Requirement Planning: MRP)

한편 생산계획과 같은 공급계획은 판매계획과 일관되게 하기 위하여 **판매 및 운영 계획(Sales and Operations Planning: SOP)**으로 통합되고 일반적으로 제조 기업에서는 판매 및 생산 계획이라고 한다. 판매 및 운영 계획은 판매, 물류, 생산,

판매 및 운영 계획(Sales and Operations Planning: SOP)

구매, 재무, 제품개발 등의 관계된 모든 부서의 계획이 통합된 하나의 계획에 따라 운영되도록 하기 위해서 판매 계획과 공급사슬의 공급 계획을 통합한 계획이다.

영업 부서는 수요 예측 자료를 제공하고 제품개발 부서는 제품 생산에 필요한 제품 정보와 공정 정보를 제공하게 된다. 구매부서는 생산계획을 차질 없이 수행하기 위하여 원자재와 부품의 구매 계획을 결정해서 집행해야 하고 물류 부서는 생산 계획과 판매 계획에 따라 원자재, 완제품의 배송을 위한 차량 계획을 결정해야 한다. 그리고 관련된 모든 부서는 결정된 계획에 따라 직원 수, 작업 시간, 휴가 등을 결정해야 한다. 또한 활동이 이루어지면 재무부서가 관리할 이익과 비용이 발생하게 된다.

9.3 총괄생산계획 수립의 고려사항

시장 수요에 대응하기 위해서 기업 전체 차원에서 여러 가지 방법을 활용하고 있다. 그리고 총괄생산계획을 수립할 때 고객 수요, 생산능력, 원가 자료와 같은 기업의 내·외부 요소를 입력 자료로 해서 주어진 제약의 범위에서 기간별 제품군의 생산량과 재고량을 결정한다. 이번 절에서는 수요와 공급의 균형을 이루기 위한 기업 차원의 방법을 살펴본 후에 총괄생산계획 수립에서 고려해야 할 주요 사항을 설명한다.

9.3.1 수요와 공급의 관계

시장 수요가 낮은 경우에 기업이 시장의 고객 수요를 직접 증가하도록 할 수는 없지만 매출과 생산 활동에 유리하도록 수요를 진작하기 위한 활동을 할 수 있다. 판매촉진 활동은 비수기나 수요가 낮을 것으로 예상되는 상황에서 수요를 증가시키기 위한 방법이고 특히 가격할인은 판매촉진의 주요한 수단으로 겨울철의 에어컨 할인판매, 비수기의 항공 요금 할인, 자동차 할인 프로그램 등이 그 예이다.

사례

홈트레이닝 제품을 생산하는 Peloton은 코로나 팬데믹 초기에 사람들이 집에서 운동할 수 있는 방법을 찾으면서 폭발적인 인기를 얻었다. 이에 Peloton은 자사의 실내 자전거와 트레드밀 제품에 대한 수요를 맞추기 위해 생산능력을 크게 확대했다. 회사는 새로운 공장을 설립하고, 생산 라인을 증설했으며, 공급망을 강화하는 등 대대적인 투자를 단행했다.

그러나 2021년 말부터 백신 접종이 확대되고 사람들이 야외 활동과 체육관으로 돌아가게 되면서 Peloton의 제품 수요가 급격히 감소했다. 이로 인해 Peloton은 대량의 재고가 쌓이고, 높은 운영 비용과 함께 큰 재정적 손실을 보게 되었다. 또한, 생산 확대에 따른 비용 부담과 예상보다 낮은 수요로 인해 기업의 주가가 급락했고, 경영진이 교체되는 등 회사의 위기가 심화하였다.

Peloton은 이후 생산량을 줄이고, 인력을 감축하며 비용 절감에 나서는 등 구조조정을 진행해야 했다. 이러한 조치에도 불구하고 회사는 여전히 어려움을 겪고 있으며, 팬데믹 동안 과도하게 확대한 생산능력이 오히려 부담으로 작용하게 되었다.

출처: Up 44% in 2023, Is the Worst Over for Peloton Stock?, 2023년 1월 26일, https://www.nasdaq.com/articles/up-44-in-2023-is-the-worst-over-for-peloton-stock

사례

2019년 11월 캐리어에어컨은 인버터 하이브리드 기술과 가정용 태양광으로 발전하면서 잉여전력를 이용, 냉방과 난방, 급탕을 안정적으로 공급하는 '주택용 인버터 하이브리드 보일러'를 출시하였다.

2020년 5월 귀뚜라미는 언택트 시대를 맞아 집에서 주문하고 배달받아 직접 설치해 사용할 수 있는 '귀뚜라미 창문형 에어컨'을 출시하였다. 귀뚜라미는 2006년 귀뚜라미범양냉방, 2008년 신성엔지니어링, 2009년 센추리와 대우일렉트로닉스 에어컨사업부 등을 인수하며 냉난방 공조 회사로 전환한 바 있다.

출처: 캐리어에어컨, '친환경 제로 에너지 하우스' 실현!, 2019년 11월 18일, http://www.carrier.co.kr/carrierpr/news_view.asp?n_idx=303&s_year; 귀뚜라미, 언택트 시대 맞아 셀프 설치 가능한 '창문형 에어컨' 출시, 2020년 5월 6일, http://krb.co.kr/index.php?mid=pr&page=3&document_srl=16231

생산 능력 측면에서 보면 수요와 균형을 맞추기 위하여 생산 능력을 급격하게 변경하는 것은 비용을 많이 발생시키게 되는데 생산 제품의 적절한 조합을 통하여 수요의 증감 문제에 대응하기도 한다. 비슷한 생산 자원을 활용하면서 수요 주기가 다른 제품을 함께 생산하게 되면 생산 자원의 부하를 평준화할 수 있다. 예를 들어 여름철에 많이 팔리는 에어컨과 겨울철에 많이 팔리는 난방 보일러를 함께 생산하면 에어컨의 생산 수요가 낮은 가을과 겨울에 생산 자원을 난방 보일러에 투입하여 생산 자원의 평준화를 달성할 수 있다.

계획을 수립하면서 수요와 공급이 균형을 이루도록 노력하지만 이것을 실현하는 것은 쉬운 일이 아니다. 수요의 측면에서는 예측 과정에서 예측 오차가 포함되는 경우도 있고 고객이 주문을 변경하는 경우도 있기 때문에 실제 수요가 예측 수요와 다르게 나타날 수 있다. 그리고 공급의 측면에서는 생산에 차질이 생기거나 외부 공급업체의 사정으로 품목의 확보에 차질이 발생해서 공급 목표 수준을 달성하지 못할 수도 있다. 때문에 실제 운영 과정에서 실적을 결과로 반영하여 적절하게 대응해야 한다.

9.3.2 총괄

총괄(aggregation)

개별적인 여러 가지를 한데 모아서 묶는 것을 총괄(aggregation)이라고 하는데 총괄생산계획은 큰 틀의 결정에 초점을 맞추고 있어서 기업의 전략 목표와 일관성을 유지하고 경영 목표의 달성 가능성을 확인하기 용이하며 생산 자원을 배분할 때 올바른 방향으로 접근할 수 있다.

제품군(product family)

제품 측면에서 총괄 개념을 적용하는 것이 제품군(product family)이다. 제품군은 일반적으로 소비자 요구가 유사하고 생산과정, 인력, 재료를 공동으로 사용하는 제품으로 구성하는데, 시장 특성이나 프로세스에 따라 다르게 분류될 수 있다. 예를 들어 133개의 자전거 모델을 생산하는 자전거 제조 기업에서 소비자층과 생산 과정에 따라 산악용, 도시형, 접이식, 전기 자전거 등의 11개 제품군으로 분류하고 있고 필기구 제조 기업에서는 중성펜, 유성펜, 수성펜, 연필, 샤프 등의 제품군으로 분류하고 있다. 총괄적인 수준에서 생산계획을 수립하는 또 하나의 이유는 수요 예측 때문인데 6개월 이상의 기간에 대해서 개별 제품보다 제품군에 대한 수요 예측이 상대적으로 정확하다.

총괄 계획을 수립할 때 제품만이 아니라 인력과 같은 자원, 시간에 대해서도 총괄적인 수준에서 계획을 수립할 수 있다. 작업 인력에 대해서도 수행할 수 있는 작업의 종류와 유연성에 따라 여러 가지 방법으로 총괄할 수 있고 계획의 시간 단위도 주간, 일간, 시간대별 대신에 시간 단위를 총괄하여 월간, 분기, 계절별 계획을 작성한다.

9.3.3 주문 관리

일반 소비자를 대상으로 제품을 대량으로 생산하여 판매하는 기업에서는 시장 수요에 적극적으로 대응하는 방법이 중요하지만 주문 생산 방식을 사용하는 기업에서는 고객 주문에 적절하게 대응하는 것이 중요하다. 주문 생산 방식의 기업에서 고객이 주문할 때 약속이 가능한 납기시점을 예측하는 것이 매우 중요하다. 새로 접수하는 고객의 주문은 기존의 다른 주문과 함께 생산되어야 하기 때문에 리드타임이 길어질 수 있다. 약속이 가능한 납기시점을 정확하게 예측할 수 없을 때에는 납기시점을 가급적 미래로 늦추는 것이 유리할 수도 있다.

주문 잔고(backlog)

주문 잔고(backlog)는 주문적체 또는 수주잔량이라고도 하는데 제조업체가 고객의 주문을 접수하였으나 아직 납품하지 않은 전체 주문으로서 미래에 납품하기로 약속한 고객의 주문을 모아 놓은 것이다. 주문 잔고를 관행적으로 사용하는 제조업체는 성수기에 주문 잔고를 늘이고 비수기에 다시 줄인다. 주문 잔고는 미래 생산 소요량의 불확실성을 줄여주고 수요를 균등화하는 데에도 유용하지만 기업의 경쟁력 저하를 초래할 수 있다.

부재고(backorder)
품절(stock out)

부재고(backorder)는 납기가 지났지만 고객이 취소하지 않고 기다렸다가 나중에 공급받는 것을 허용하는 주문으로 납기지연 주문, 미납주문이라고도 한다. 수요 예측이 어렵고 여유분의 재고가 충분하지 않은 경우에 발생할 수 있는데 가능한 빨리 충족시켜야 한다. 부재고는 주문을 받고 납기가 지난 주문이기 때문에 주문 잔고의 특별한 상태로 볼 수 있다. 품절(stock out)은 재고가 없어서 주문이 이루어지지 않거나 납기가 지나서 고객이 주문을 취소한 것을 의미한다. 부재고와 품절은 고객의 불만을 초래하고 기존의 거래 기업을 놓칠 가능성이 높아지게 되므로 가급적 피해야 한다.

9.3.4 주요 입력 자료

[그림 9-2]는 총괄생산계획의 입력 자료를 나타낸 것이다. 시장의 고객 수요, 현재 생산 능력, 작업 인력 현황, 공급업체의 생산능력, 원가 자료는 총괄생산계획의 주

요한 입력 자료이다. 입력 자료 중에는 기업의 외부 요소와 내부 요소가 있는데 시장 정보, 시장의 고객 수요, 공급업체의 생산 능력, 인력시장 동향은 외부 요소에 해당된다.

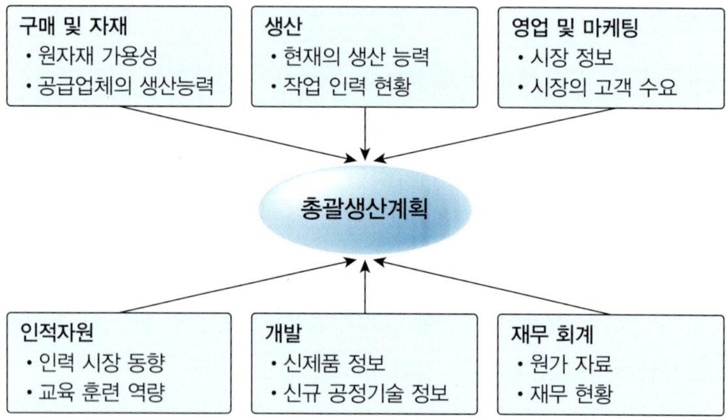

[그림 9-2] 총괄생산계획의 입력 자료

9.3.5 제약 조건과 비용 요소

총괄생산계획을 수립할 때 경영 정책에 의해서 결정사항이 제한되거나 현실적인 이유로 제한되는 경우가 있다. 정책적 제약에는 부재고, 품절, 채용과 해고, 초과근무, 외주, 안전 재고 수준 등에 대한 제약이 있다. 노사협약이나 법률에 따른 채용과 해고의 제약과 근무시간의 제약은 생산량 결정에 중요한 제약 조건이 된다. 현실적인 제약에는 설비의 생산용량, 재고 저장 공간의 한계 등이 있으며 이러한 제약은 생산량이나 재고 수준에 대한 결정에 영향을 미치게 된다.

총괄생산계획에서 주로 고려하는 비용 요소는 생산 비용, 고용수준 변경 비용, 재고 비용 등이다. 생산 비용은 정해진 기간 동안 제품을 생산하는 데 소요되는 고정비와 변동비를 의미하는데 직간접 인건비와 초과근무 수당 등을 포함한다. 고용수준 변경비용에는 채용과 해고에 들어가는 제반 비용, 작업 숙련도 향상을 위한 교육 훈련비용 등이 있다.

재고 비용에는 재고 유지비용과 재고 부족 비용이 있다. 재고 유지비용은 재고를 유지하기 위해 발생하는 소요비용과 금융비용으로 보관, 보험, 세금, 파손 및 진부해짐에 따른 비용 등이 포괄적으로 포함된다. 재고 부족 비용은 납기 지연을 방지하기 위한 생산 촉진 비용, 고객에 대한 부정적인 이미지, 판매 기회 상실에 따른 비용 등을 의미하는데 실제로는 측정하기 매우 힘든 비용이다.

9.3.6 총괄생산계획의 목적과 결정 사항

총괄생산계획을 수립할 때 결정의 기준이 되는 목적은 일반적으로 비용을 최소화하거나 이윤을 최대화하는 것이고 총괄생산계획이 매출에 영향을 미치지 않는다면 비용 최소화는 이윤 최대화와 같은 결과로 나타난다. 그 외에 함께 고려하는 주요 목적에는 고객 서비스의 최대화, 재고 투자의 최소화, 생산량 변동의 최소화, 고용수준 변동의 최소화 등이 있다.

하지만 여러 가지 목적은 상충관계가 생길 수 있는데, 예를 들면 신속하게 적시에 공급해서 고객 서비스를 최대화하려는 계획은 완제품 재고를 증가하게 하고 재고 투자의 최소화를 달성하지 못하게 된다. 또한 생산량 변동이나 고용수준 변동을 최소화하려는 계획은 고객 서비스 최대화를 달성하지 못하게 될 수 있다. 이와 같이 여러 가지 목적을 동시에 달성하기 어렵기 때문에 정성적 요인을 종합적으로 고려하고 계획 요소들을 비용으로 환산하여 비용 최소화의 목적으로 계획을 수립하기도 한다.

총괄생산계획을 수립할 때 설정한 목적을 달성할 수 있도록 생산 활동과 관련된 의사결정을 해야 한다. 일반적으로는 주어진 기간별 수요를 충족하면서 비용을 최소화할 수 있도록 기간별로 제품 그룹에 대하여 생산량, 재고 보유수준 등을 결정한다. 이때 고려되는 요소에는 고용수준, 생산율, 재고수준, 외주 등이 있다.

- 고용수준: 근로자의 채용 또는 해고에 따른 근로자의 수
- 생산율: 정규 근무, 초과 근무(overtime)나 단축 근무(under-time)에 따른 단위 기간의 제품 생산량
- 재고수준: 수요 등에 따라 필요한 소요량을 초과하여 남는 제품의 수량
- 외주: 필요에 따라 외부업체에 의뢰하는 제품 생산량

9.4 총괄생산계획의 전략

총괄생산계획을 수립할 때 기간별로 수요의 변화에 따라 생산량을 맞추어 생산하

는 전략을 사용하거나 모든 기간에 대하여 생산율을 일정하게 유지하면서 재고를 이용하여 수요와 균형을 이루도록 하는 전략을 사용할 수 있다.

대표적인 순수 전략에는 수요 추종 전략과 생산 평준화 전략이 있고 두 가지를 혼합하여 사용하는 전략을 혼합 전략이라고 하며 실제로는 혼합 전략을 주로 사용한다. 총괄생산계획을 수립할 때 어떠한 전략을 사용할 것인가는 고객 서비스 수준과 비용 측면을 종합적으로 고려하여 결정하게 된다.

생산계획을 수립할 때 월별 생산 요구량을 가장 먼저 확인해야 하는데, 월별로 필요한 제품의 전체 수량은 해당 월의 예측 수요와 안전 재고이고 이미 보유한 수량은 전월에서 이월된 초기 재고이므로 월별 생산 요구량은 다음과 같이 계산한다.

$$\text{생산 요구량} = \text{예측 수요} + \text{안전 재고} - \text{초기 재고}$$

기간별로 생산량에서 수요만큼을 제외한 수량만큼 재고가 증가하게 되고 기말 재고는 직전의 기말 재고에서 재고 증가를 합한 수량이다. 만약 생산량보다 수요가 많은 경우에는 재고 증가는 음수가 되고 기말 재고는 직전의 기말 재고보다 감소한다.

$$\text{재고 증가} = \text{생산 계획} - \text{예측 수요}$$
$$\text{기말 재고} = \text{직전의 기말 재고} + \text{재고 증가}$$

9.4.1 수요 추종 전략

수요 추종 전략(chase strategy)

수요 추종 전략(chase strategy)은 수요가 발생한 시기에 제품을 생산하기 위하여 수요의 증감에 따라 생산량을 변경하는 전략이다. 생산능력의 수준을 변경하는 방법에는 채용과 해고를 통하여 고용수준을 변경하는 방법과 고용 수준은 유지하면서 근무일정 조정과 초과근무, 단축근무 등을 사용하는 방법이 있다.

수요 추종 전략은 재고를 최소 수준으로 유지하면서 수요를 충족하기 때문에 재고 유지비용과 납기지연 비용을 최소화할 수 있지만 고용 수준 변경에 따른 비용이나 생산율 변경 비용이 발생하게 된다.

고용수준을 변경하는 방법은 근로자 훈련비용이나 근로자 사기 저하의 문제가 있기 때문에 근로자 채용이 탄력적이고 숙련도가 필요 없는 경우에 제한적으로 사용할 수 있다. 생산율을 조정하는 방법은 고용 불안 해소와 근로자 숙련도 유지의 장점이 있기 때문에 현실적인 방법이지만 근무일정 조정이나 초과 근무를 무제한으로 할 수 없기 때문에 수요가 갑자기 급증하면 대응하는 데 한계가 있다.

예제 9-1 수요 추종 전략

다음은 총괄생산계획의 전략을 설명하기 위한 기업 사례이다. 총괄생산계획의 계획기간은 1년이고 월 단위로 제품군 생산량을 결정한다. 1월 초 재고는 없고 12월 말의 목표 재고는 0개이며 안전재고는 없다. 작업일자는 매월 동일하고 부재고는 허용된다고 한다. 대상 제품군의 월별 예측 수요는 다음과 같다. 수요 추종 전략을 사용하여 총괄생산계획을 수립하여라.

월	1	2	3	4	5	6	7	8	9	10	11	12	합계
예측 수요	35	30	30	30	35	50	85	95	90	45	40	35	600

풀이 수요 추종 전략을 사용하여 총괄생산계획을 수립하는 경우에 월별 생산 계획 수량은 월별 생산 요구량과 같게 되고 수립된 총괄생산계획은 다음과 같다.

월	1	2	3	4	5	6	7	8	9	10	11	12	합계
예측 수요	35	30	30	30	35	50	85	95	90	45	40	35	600
생산 계획	35	30	30	30	35	50	85	95	90	45	40	35	600
재고 증가	0	0	0	0	0	0	0	0	0	0	0	0	-
기말 재고	0	0	0	0	0	0	0	0	0	0	0	0	-

수요 추종 전략을 사용하였기 때문에 당연히 매월 재고 증가는 발생하지 않고 1월초의 재고가 0개이기 때문에 매월의 기말 재고는 모두 0개이다. [그림 9-3]은 예측 수요와 수요 추종 전략의 생산계획을 그래프로 표현한 것인데 월별로 예측 수요와 생산 계획이 일치하고 있는 것을 보여주고 있다.

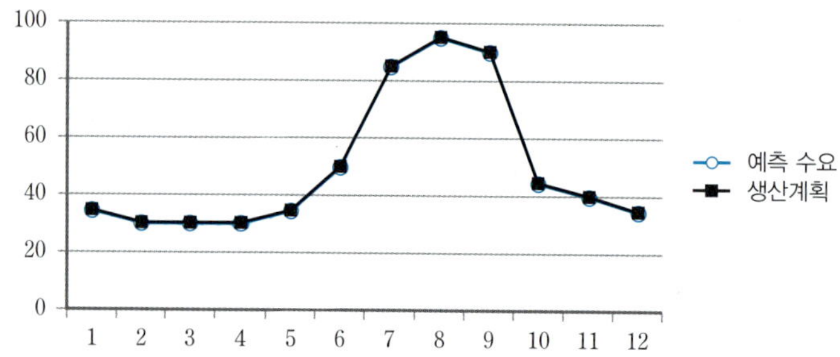

[그림 9-3] 수요 추종 전략의 총괄생산계획

9.4.2 평준화 전략

평준화 전략(level strategy)

평준화 전략(level strategy)은 생산 수준을 일정하게 유지하는 전략으로 미래의 수요를 미리 생산하여 재고를 비축하거나 지나간 기간의 수요를 생산하여 납기지연으로 충족하는 방식을 사용한다. 기간별로 살펴볼 때 생산량이 수요보다 많으면 재고가 증가하고 반대로 생산량이 수요보다 적으면 재고가 감소하게 된다. 수요에 비해서 공급할 수 있는 제품이 부족하게 되면 부재고로 대응하거나 품절이 발생하게 된다. 만약 품절이 허용되지 않으면 평준화 전략의 월별 생산량을 더욱 높게 결정해야 한다.

평준화 전략은 고용 수준을 안정적으로 유지하는 장점이 있지만 재고 증가의 부담이 있고 납기지연이나 품절에 따른 고객 서비스의 저하의 가능성이 있다. 비용 측면에서 채용과 해고 비용이 발생하지 않지만 재고유지비용과 납기지연 비용 또는 품절 비용이 발생할 수 있다.

예제 9-2 평준화 전략

예제 9-1의 상황에서 평준화 전략을 사용하여 총괄생산계획을 수립하여라.

풀이 예제는 작업일수가 매월 동일하기 때문에 월별 생산 계획 수량은 전체 계획 기간의 생산 요구량을 월별로 균등하게 하면 된다.

$$\text{생산 계획} = \frac{\text{전체 계획기간의 생산 요구량}}{\text{단위 계획기간의 수}}$$

전체 계획기간의 생산 요구량은 600개이고 계획기간이 12개월이기 때문에 월별 생산계획은 50개이다. 수립된 총괄생산계획은 다음과 같다.

월	1	2	3	4	5	6	7	8	9	10	11	12	합계
예측 수요	35	30	30	30	35	50	85	95	90	45	40	35	600
생산 계획	50	50	50	50	50	50	50	50	50	50	50	50	600
재고 증가	15	20	20	20	15	0	-35	-45	-40	5	10	15	-
기말 재고	15	35	55	75	90	90	55	10	-30	-25	-15	0	-

2월의 경우 생산계획이 50개이고 예측 수요가 30개이므로 재고 증가는 20개가 되고 2월의 기말 재고는 1월의 기말 재고 15개에서 20개 증가하여 35개가 된다. 9월의 기말재고는 -30개로서 9월의 수요에서 30개를 충족하지 못한 것을 의미한다. 부재고가 허용되기 때문에 10월의 생산 계획 30개를 사용하여 9월의 미충족 수요를 충족하게 된다.

[그림 9-4]는 예측 수요와 평준화 전략의 생산계획을 그래프로 표현한 것인데 생산계획이 예측 수요보다 높은 1 ~ 5, 10 ~ 12월에는 재고가 증가하고 생산 계획이 예측 수요보다 낮은 7 ~ 9월에는 재고가 감소한다. 6월에는 생산계획과 예측 수요가 같기 때문에 재고 수준의 변화가 없다.

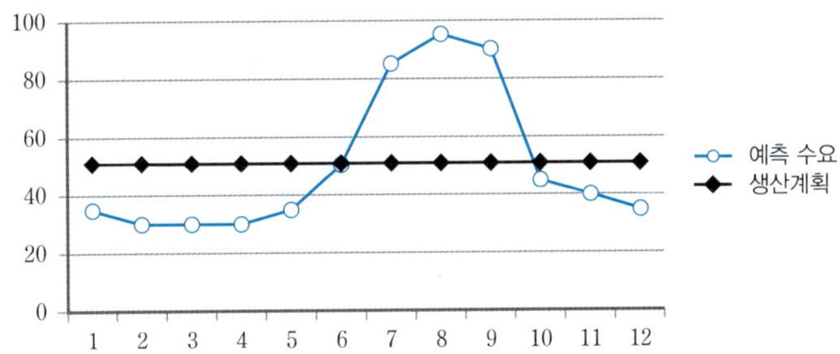

[그림 9-4] 평준화 전략의 총괄생산계획

9.4.3 혼합 전략

혼합 전략(compromise strategy)은 수요 추종 전략과 평준화 전략을 적절히 혼합하여 사용하는 전략으로 수요 변동에 대응하기 위하여 생산 수준 변경과 재고 또는 납기지연을 사용한다. 기본적으로 수요가 적을 때는 생산 수준을 낮추었다가 수요가 많아지면 최대 생산능력까지 생산 수준을 높이고 필요한 경우에는 재고를 이용

혼합 전략(compromise strategy)

하여 수요에 대응하는 전략이다. 실제로 순수 전략 중의 하나를 이용하여 총괄생산계획을 수립하는 경우는 드물고 최선의 전략은 제품 공급을 위한 모든 수단을 활용하는 혼합 전략이 될 경우가 많다.

예제 9-3 혼합 전략

예제 9-1의 상황에서 혼합 전략을 사용하여 총괄생산계획을 수립하여라.

풀이 다음의 풀이는 여러 혼합 전략의 한 가지 예로서 다양한 수단의 조합에 따라 여러 가지 총괄생산계획이 수립될 수 있다. 여기에서는 생산능력을 계획기간 중에 1번 변경하는 방법을 사용하였다.

7 ~ 9월의 높은 수요를 예상해서 상반기인 1월부터 6월까지 생산 요구량보다 많게 월별 생산계획을 45개로 하고 7월초에 생산능력을 증가하여 하반기인 7월부터 12월까지 월별 생산계획은 55개로 결정하였다. 수립된 총괄생산계획은 다음과 같다.

$$1 \sim 6\text{월의 생산 계획} = 45\text{개}$$
$$7 \sim 12\text{월의 생산 계획} = 55\text{개}$$

월	1	2	3	4	5	6	7	8	9	10	11	12	합계
예측 수요	35	30	30	30	35	50	85	95	90	45	40	35	600
생산 계획	45	45	45	45	45	45	55	55	55	55	55	55	600
재고 증가	10	15	15	15	10	-5	-30	-40	-35	10	15	20	-
기말 재고	10	25	40	55	65	60	30	-10	-45	-35	-20	0	-

8 ~ 11월의 기말재고는 각각 −10, −45, −35, −20개로 나타났는데 부재고가 허용되기 때문에 월별로 발생한 미충족 수요는 다음 달의 생산계획으로 공급하게 된다. [그림 9-5]는 예측 수요와 혼합 전략의 생산계획을 그래프로 표현한 것인데 상반기의 월별 생산계획은 45개, 하반기의 월별 생산계획은 55개를 확인할 수 있다. 1 ~ 5월은 재고가 증가하고 6 ~ 9월은 재고가 감소하고 10 ~ 12월은 다시 재고가 증가하는 것을 알 수 있다.

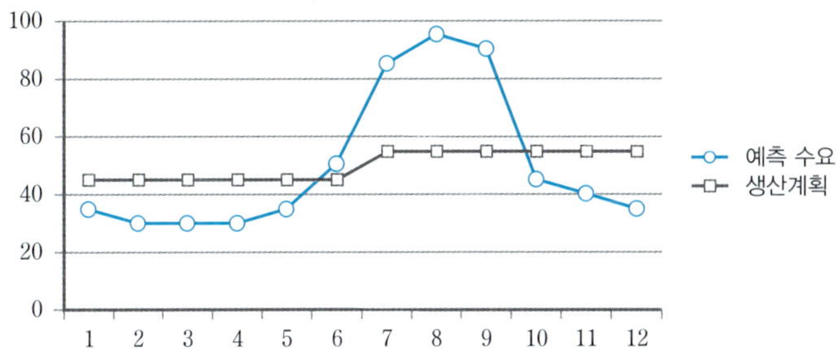

[그림 9-5] 혼합 전략의 총괄생산계획

9.4.4 외주 전략

외주 전략은 수요의 일부를 외부의 회사에 주문하여 생산량을 확보하는 전략으로 혼합 전략의 한 가지 형태로 볼 수 있다. 외주 전략은 수요 추종 전략에서의 채용과 해고를 외주로 대체하는 것이다. 작업 부하가 평준화되고 생산 능력을 위한 투자를 줄일 수 있는 장점이 있지만 구매, 검수 등의 외주 관리 비용이 발생하고 외주업체 관리 부담이 증가하는 단점이 있다.

하청이라는 용어를 사용하기도 하는데 사전적 의미로 하청은 수급인이 맡은 일의 전부나 일부를 다시 제삼자가 하수급인으로 맡는 것이고 외주는 여러 이유로 자기 회사에서 만들 수 없는 제품이나 부품 따위를 다른 회사에 맡겨 만들게 하는 것이다. 외주는 하청을 포함하는 포괄적인 개념이라고 할 수 있다.

예제 9-4 외주 전략

예제 9-1의 상황에서 외주 전략을 사용하여 총괄생산계획을 수립하여라.

풀이 다음의 풀이는 여러 외주 전략의 한 가지 예이다. 풀이의 외주 전략은 최저 생산요구량 수준에서 평준화 전략을 사용하고 초과의 생산요구량은 외주를 주는 방법을 사용하였다.

2, 3, 4월의 생산 요구량은 30개로서 12개월 생산요구량 중 가장 적은 수량이다. 따라서 월별 생산 계획은 30개로 하고 월별 생산요구량에서 30개를 초과하는 수량은 외주 수량으로 한다. 예를 들어 1월의 외주 수량은 35개에서 30개를 제외한 5개이다. 수립된 총괄생산계획은 다음과 같다.

생산계획 = 30개

외주 = 생산 요구량 − 생산계획

월	1	2	3	4	5	6	7	8	9	10	11	12	합계
예측 수요	35	30	30	30	35	50	65	75	75	70	60	45	600
생산 계획	30	30	30	30	30	30	30	30	30	30	30	30	360
외주	5	0	0	0	5	20	35	45	45	40	30	15	240
재고 증가	0	0	0	0	0	0	0	0	0	0	0	0	-
기말 재고	0	0	0	0	0	0	0	0	0	0	0	0	-

외주 전략을 사용하여 월별 생산 요구량을 월별로 공급하기 때문에 수요 추종 전략과 같이 기말 재고가 모두 0개가 되었다. 한편 월별 생산 계획을 모두 30개로 같게 했기 때문에 평준화 전략과 같이 작업 부하가 평준화되었다.

[그림 9-6]은 예측 수요와 외주 전략의 생산계획을 그래프로 표현한 것인데 생산계획은 30개로 평준화되어 있고 외주는 수요 예측과 평행한 것을 알 수 있다.

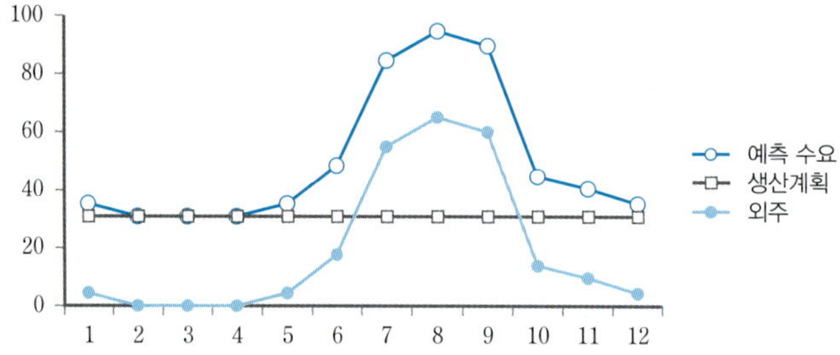

9.4.5 총괄생산계획 전략의 비교

[그림 9-7]은 예제 9-1 ~ 9-4의 전략별로 생산계획의 누적 수량을 그래프로 표시한 것이다. 수요추종전략으로 수립한 생산계획의 누적 수량은 예측수요와 정확하게 일치하고 평준화전략으로 수립한 생산계획의 누적 수량 그래프의 기울기는 일정하며 혼합전략으로 수립한 생산계획의 누적 수량 그래프는 기울기가 7월에 1번 변경된다. 외주전략으로 수립한 생산계획의 누적 수량 그래프는 자체 생산계획을 표시한 것으로 예측 수요와의 차이는 외주로 생산한다.

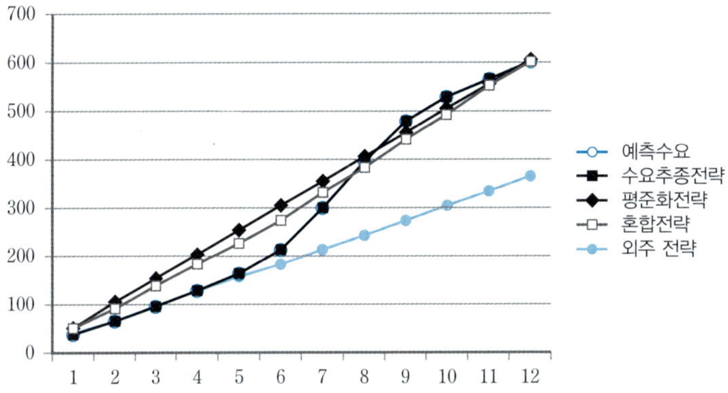

[그림 9-7] 총괄생산계획 전략의 비교

특정한 단위 계획기간을 기준으로 생산계획의 그래프가 예측 수요 그래프보다 높은 경우는 누적 공급량이 누적 예측 수요보다 많아서 재고가 누적되어 있는 것이다. 예를 들어 5월을 기준으로 평준화 전략의 그래프가 예측 수요 그래프보다 높은데 이것은 그 차이만큼 재고가 있다는 것을 의미한다. 반대로 생산계획의 그래프가 예측 수요 그래프보다 낮은 경우는 누적 공급량이 누적 예측 수요보다 적어서 제품이 부족한 것이다. 예를 들어 10월을 기준으로 평준화 전략의 그래프가 예측 수요 그래프보다 낮은데 이것은 그 차이만큼 제품의 공급량이 부족한 상태인 것을 의미한다.

9.5 총괄생산계획의 수립 기법

총괄생산계획을 수립하는 가장 일반적인 방법은 대안 평가법이라고 할 수 있다. 대안 평가법은 계획의 여러 가지 대안을 작성하고 그 중에서 가장 좋은 계획을 선택하는 것인데 가장 좋은 계획의 기준은 기업의 정책에 의해 다르지만 대개는 비용을 최소화하는 것이다.

총괄생산계획을 더욱 정교하게 수립하기 위해서 시뮬레이션 기법을 이용할 수도 있고 계획에서 필요한 가정이 성립한다면 선형계획법을 사용해서 최적의 방법을 찾을 수도 있다. 총괄생산계획 수립을 위해서 기업정보시스템의 생산계획 모듈을 활용할 수도 있고 간단하게는 스프레드시트를 이용할 수도 있다.

9.5.1 대안 평가법

대안 평가법(cut-and-try method)

대안 평가법(cut-and-try method)은 생산계획의 여러 대안을 수립한 후에 각 대안의 비용을 분석하고 최적의 대안을 선정하는 과정을 거친다. 비용을 평가할 때 원자재 및 부품 비용과 같이 모든 대안에서 같은 비용은 계산 편의성을 위하여 제외시켜도 된다.

한편 총괄생산계획의 비용을 평가할 때 기업의 상황과 조건에 따라 비용이 다르게 계산될 수 있는데, 예를 들면 단축 근무를 하면 임금을 지불하지 않는 경우와 단축 근무에도 임금을 지불하는 경우에 따라 정규 임금이 서로 다르다.

예제 9-5 총괄생산계획의 대안 평가법

A 회사의 다음 6개월 동안의 총괄생산계획을 수립하려고 한다. 계획 시점의 입력 자료가 다음과 같은 상황에서 3가지 대안에 대하여 비용을 평가하고 가장 비용이 낮은 대안을 총괄생산계획으로 결정하여라.

〈수요〉

월	1	2	3	4	5	6	합계
예측 수요(개)	300	400	300	300	200	300	1,800

〈재고〉

이월 재고: 60개

안전재고: 월별 60개

〈생산〉

작업자 수: 12명

제품 생산시간: 8시간/개

작업일수: 매월 20일

정규근무시간: 8시간/일

초과근무시간: 월별 정규근무 시간의 25% 이내

〈비용〉

정규근무 급여: 월 160만 원

※ 정규근무 시간급 1만 원/시간 기준이고 단축근무에 무관하게 확정된 월 급여임

초과근무 수당: 1.5만 원/시간, 정규근무 시간급의 1.5배

채용 비용: 80만 원/명

해고 비용: 160만 원/명

재고유지비용: 1만 원/(개 · 월)

납기지연비용: 20만 원/(개 · 월)

(계획 1) 채용과 해고를 이용하여 고용수준을 변경하고 정규근무만으로 매월 생산요구량을 해당 월에 생산한다.

(계획 2) 고용수준은 일정하게 유지하고 정규근무, 초과근무, 단축근무를 이용하여 매월 생산요구량을 해당 월에 생산한다.

(계획 3) 생산수준을 일정하게 유지하고 재고와 부재고를 이용하여 계획기간 전체의 생산요구량을 충족한다.

풀이 총괄생산계획의 대안을 평가하기 위하여 월별 생산 요구량 분석, 대안의 비용 분석, 최적 대안의 선정의 3 단계 과정을 거친다.

[단계1] 총괄생산계획의 월별 생산 요구량을 계산한다.

월	1	2	3	4	5	6	합계
예측 수요	300	400	300	300	200	300	1,800
안전 재고	60	60	60	60	60	60	-
초기 재고	60	60	60	60	60	60	-
생산 요구량	300	400	300	300	200	300	1,800
기말 재고	60	60	60	60	60	60	-

예측 수요와 안전 재고, 1월의 초기 재고는 자료에서 입력한 값이고, 다른 값은 계산해서 얻게 된다. 2월 이후의 초기 재고는 전 달의 기말 재고가 이월되어 같은 값인데 계산 편의를 위하여 함께 표시한 것이다. 1월의 생산 요구량과 기말 재고는 다음과 같다.

생산 요구량 = 예측 수요 + 안전 재고 − 초기 재고 = 300 + 60 − 60 = 300(개)
기말 재고 = 초기 재고 + 생산 요구량 − 예측 수요 = 60 + 300 − 300 = 60(개)

[단계 2] 대안별로 비용 산출에 필요한 자료를 도출하여 대안의 비용을 계산한다. 다음은 공통적으로 비용 산출에 필요한 각 항목의 결정방식을 정리한 것이다.

구분	항목 결정 방식
작업자	1인당 정규근무 생산량 = 작업일수 × 정규근무시간/ 제품생산시간 필요 작업자 수 = 생산계획/ 1인당 정규근무 생산량

초과근무	정규근무 생산량 = min { 생산계획, 작업자 수 × 1인당 정규근무 생산량 } 초과근무 생산량 = 생산 계획 - 정규근무 생산량 초과근무시간 = 초과근무 생산량/ 1개당 생산시간
채용 · 해고	작업자 증감(= 해당 월의 작업자 수 - 직전 월의 작업자 수)을 계산한다. - 양수이면 채용 작업자 수는 결과 값이고 해고 작업자 수는 0이다. - 음수이면 채용 작업자 수는 0이고 해고 작업자 수는 계산 결과의 절댓값이다.
재고	기말 재고를 확인한다. - 양수이면 재고는 기말 재고 값이고 부재고는 0이다. - 음수이면 재고는 0이고 부재고는 기말 재고의 절댓값이다.
비용	정규 임금 = 결정 작업자 수 × 정규근무 급여액 채용 비용 = 채용 작업자 수 × 1인당 채용 비용 해고 비용 = 해고 작업자 수 × 1인당 해고 비용 재고유지 비용 = 재고 수량 × 1개 · 1개월당 재고유지비용 납기지연 비용 = 납기지연 수량 × 1개 · 1개월당 납기지연 비용

(계획 1) 계획 1은 매월 해당 월의 생산요구량만큼 생산하기 때문에 수요 추종 전략에 해당한다. 필요 작업자 수는 정규근무만으로 월별 생산계획을 달성할 수 있는 작업자 수에 해당하고 결정 작업자 수는 필요 작업자 수와 같다.

채용과 해고의 작업자 수는 결정 작업자 수를 이용하는데, 예를 들어 1월에는 15 − 12 = 3이므로 채용 작업자 수가 3명이 되고, 3월에는 15 − 20 = −5이므로 해고 작업자 수가 5명이 된다. 다음은 주요한 항목을 결정한 예이다.

구분	항목 결정 방식
작업자	1인당 정규근무 생산량 = 20×8/ 8 = 20(개/월) 필요 작업자 수(1월) = 300/ 20 = 15(명)
채용 · 해고	작업자 증감(1월) = 15 - 12 = 3 → 채용 작업자 수(1월) = 3명 작업자 증감(3월) = 15 - 20 = −5 → 해고 작업자 수(3월) = 5명
재고	기말 재고(1월) = 60 → 재고(1월) = 60개
비용	정규 임금(1월) = 15 × 160 = 2,400(만 원) 채용 비용(1월) = 3 × 80 = 240(만 원) 해고 비용(3월) = 5 × 160 = 800(만 원) 재고유지 비용(1월) = 60 × 1 = 60(만 원)

계획 1을 분석한 결과는 다음 표와 같다.

구분	항목	1월	2월	3월	4월	5월	6월	합계
계획 (개)	예측 수요	300	400	300	300	200	300	1,800
	안전 재고	60	60	60	60	60	60	-
	생산 계획	300	400	300	300	200	300	1,800
	기말 재고(60)	60	60	60	60	60	60	-
작업자 (명)	필요 작업자 수	15	20	15	15	10	15	-
	결정 작업자 수	15	20	15	15	10	15	-
채용·해고	채용 작업자 수	3	5	0	0	0	5	-
	해고 작업자 수	0	0	5	0	5	0	-
재고 (개)	재고	60	60	60	60	60	60	-
	부재고	0	0	0	0	0	0	-
비용 (만원)	정규 임금	2,400	3,200	2,400	2,400	1,600	2,400	14,400
	채용 비용	240	400	0	0	0	400	1,040
	해고 비용	0	0	800	0	800	0	1,600
	재고유지 비용	60	60	60	60	60	60	360
	납기지연 비용	0	0	0	0	0	0	0
	비용 합계							17,400

(계획 2) 계획 2는 매월 생산요구량만큼 해당 월에 생산하기 때문에 수요 추종 전략에 해당한다. 초과근무시간이 정규근무시간의 최대 25%이기 때문에 작업자 수가 너무 적게 결정되면 초과근무를 해도 생산계획을 달성하지 못할 수 있다. 한편 고용 수준을 유지해야 하기 때문에 월별로 계산한 최소 작업자 수에서 최댓값을 결정 작업자 수로 한다.

$$\text{최소 작업자 수} = \frac{\text{생산계획}}{\text{1인당 정규근무 생산량} \times (1 + \text{초과근무 최대 비율})}$$

결정 작업자 수가 16명이므로 1월 초에 4명을 채용해야 한다. 작업자 16명이 정규근무로 생산할 수 있는 최대 생산량은 320개이다. 만약 생산계획이 320개보다 적으면 단축근무로 생산계획만큼 생산하고, 반대로 320개보다 많으면 정규 근무로 320개를 생산하고 추가 수량은 초과근무로 생산해야 한다. 다음은 주요한 항목을 결정한 예이다.

구분	항목 결정 방식
작업자	1인당 정규근무 생산량 = 20×8/ 8 = 20(개/월) 최소 작업자 수(2월) = 400/ (20 × 1.25) = 16(명)
초과근무	정규근무 생산량(1월) = min { 300, 16 × 20 } = 300(개) 정규근무 생산량(2월) = 16 × 20 = 320(개) 초과근무 생산량(2월) = 400 - 320 = 80(개) 초과근무시간(2월) = 80 × 8 = 640(시간)
채용 · 해고	작업자 증감(1월) = 16 - 12 = 4 → 채용 작업자 수(1월) = 4명
재고	기말 재고(1월) = 60 → 재고(1월) = 60개
비용	정규 임금(1월) = 16 × 160 = 2,560(만 원) 초과근무 수당(2월) = 80 × 8 × 1.5 = 960(만 원) 채용 비용(1월) = 4 × 80 = 320(만 원) 재고유지 비용(1월) = 60 × 1 = 60(만 원)

계획 2를 분석한 결과는 다음 표와 같다.

구분	항목	1월	2월	3월	4월	5월	6월	합계
계획 (개)	예측 수요	300	400	300	300	200	300	1,800
	안전 재고	60	60	60	60	60	60	-
	생산 계획	300	400	300	300	200	300	1,800
	기말 재고(60)	60	60	60	60	60	60	-
작업자 (명)	최소 작업자 수	12	16	12	12	8	12	-
	결정 작업자 수	16	16	16	16	16	16	-
초과 근무 (개, 시간)	정규근무 생산량	300	320	300	300	200	300	-
	초과근무 생산량	0	80	0	0	0	0	-
	초과근무 시간	0	640	0	0	0	0	-
채용 · 해고	채용 작업자 수	4	0	0	0	0	0	-
	해고 작업자 수	0	0	0	0	0	0	-
재고 (개)	재고	60	60	60	60	60	60	-
	부재고	0	0	0	0	0	0	-

	정규 임금	2,560	2,560	2,560	2,560	2,560	2,560	15,360
	초과근무 수당	0	960	0	0	0	0	960
	채용 비용	320	0	0	0	0	0	320
비용 (만 원)	해고 비용	0	0	0	0	0	0	0
	재고유지 비용	60	60	60	60	60	60	360
	납기지연 비용	0	0	0	0	0	0	0
	비용 합계							17,000

(계획 3) 다음은 계획 3에 의한 총괄생산계획의 대안이다. 생산요구량의 합계가 1,800개이고 작업일수는 120일이므로 생산율은 15개/일이다. 정규근무만으로 생산하기 때문에 결정 작업자 수는 15명이 되고 1월 초에 3명을 채용한다. 생산수준을 일정하게 유지하고 작업일수가 20일로 매월 동일하기 때문에 월별 생산계획은 300개로 동일하게 된다.

평준화 전략을 사용하고 있기 때문에 재고와 납기지연이 발생할 수 있다. 예를 들어 1월 기말 재고는 60개이고 2월 기말 재고는 −40개이다. 2월에 부재고 40개가 발생하고 3월의 생산 수량으로 충족한다. 다음은 주요한 항목을 결정한 예이다.

구분	항목 결정 방식
작업자	생산율 = 생산요구량 합계/ 작업일수 = 1,800/ 120 = 15(개/일) 필요 작업자 수 = 생산율 / (정규근무시간/ 제품 생산 시간) = 15/(8/8) = 15(명)
채용 · 해고	작업자 증감(1월) = 15 - 12 = 3 → 채용 작업자 수(1월) = 3명
재고	기말 재고(1월) = 60 → 재고(1월) = 60개 기말 재고(2월) = − 40 → 부재고(2월) = 40개
비용	정규 임금(1월) = 15 × 160 = 2,400(만 원) 채용 비용(1월) = 3 × 80 = 240(만 원) 재고유지 비용(1월) = 60 × 1 = 60(만 원) 납기지연 비용(1월) = 40 × 20 = 800(만 원)

계획 3을 분석한 결과는 다음 표와 같다.

구분	항목	1월	2월	3월	4월	5월	6월	합계
계획 (개)	예측 수요	300	400	300	300	200	300	1,800
	안전 재고	60	60	60	60	60	60	-
	생산 계획	300	300	300	300	300	300	1,800
	기말 재고(60)	60	-40	-40	-40	60	60	-
채용 · 해고	채용 작업자 수	3	0	0	0	0	0	-
	해고 작업자 수	0	0	0	0	0	0	-
재고 (개)	재고	60	0	0	0	60	60	-
	부재고	0	40	40	40	0	0	-
비용 (만 원)	정규 임금	2,400	2,400	2,400	2,400	2,400	2,400	14,400
	채용 비용	240	0	0	0	0	0	240
	해고 비용	0	0	0	0	0	0	0
	재고유지 비용	60	0	0	0	60	60	180
	납기지연 비용	0	800	800	800	0	0	2,400
	비용 합계							17,220

[단계 3] 대안별로 산출된 비용을 평가하여 가장 좋은 계획을 선정하는 단계이다. 예제의 대안 중에서 비용 합계가 1억 7천만 원인 계획 2가 최적 대안이다.

구분	계획 1	계획 2	계획 3
정규 임금	14,400	15,360	14,400
초과근무 수당	0	960	0
채용 비용	1,040	320	240
해고 비용	1,600	0	0
재고유지 비용	360	360	180
납기지연 비용	0	0	2,400
비용 합계	17,400	17,000	17,220

대안의 계획은 모두 순수 전략인데 계획 1은 고용수준을 변화하는 수요 추종 전략이고 계획 2는 고용수준을 유지하는 수요 추종 전략에 해당하며 계획 3은 생산수준을 유지하는 평준화 전략에 해당한다.

대안 평가법은 대안 중에서 최소 비용의 대안을 선정하는 방법이기 때문에 최소 비용의 총괄생산계획을 보장하지 못한다. 예제에서 최소 비용의 대안은 계획 2이지만 최소 비용의 총괄생산계획은 혼합 전략일 것이다. 비록 대안 평가법이 최소 비용의 총괄생산계획을 보장하지는 못하지만 스프레드시트를 이용하여 생산계획을 조정하면서 상당히 만족스러운 수준의 총괄생산계획을 수립할 수 있다.

9.5.2 선형계획법

비용과 의사결정변수가 선형 관계를 만족하고 수요가 확정적이면 총괄생산계획을 수립할 때 선형계획법(linear programming)을 이용할 수 있다. 선형계획법을 이용하면 비용을 최소화하는 최적 계획안을 찾을 수 있다. 비선형의 경우에도 여러 가지 수리계획법(mathematical programming)을 이용하여 최적 계획안을 찾을 수 있다.

선형계획법(linear programming)

선형계획법의 이해를 돕기 위하여 가장 기본적인 모형을 설명한다. 생산능력에 제약이 있고 재고 부족이 허용되지 않는 조건에서 생산 비용과 재고 비용이 주어진 문제 상황일 때 기간별 생산량과 기말 재고를 결정하려고 한다. 총괄생산계획의 선형계획법 모형을 수립하기 위하여 다음 모수와 의사결정변수를 사용한다.

〈모수〉

- n = 계획기간의 수
- c_p= 제품 단위당 생산비용
- c_h = 단위 기간 및 제품 단위당 재고비용
- D_t = 기간 t의 수요
- S_t = 기간 t의 생산능력

〈의사결정변수〉

- P_t = 기간 t의 계획 생산량
- I_t = 기간 t말의 재고

목적함수: 목적함수는 생산비용과 재고비용으로 구성된 전체 비용을 최소화하는 것으로 다음과 같이 표현된다.

목적함수

$$Min \sum_{t=1}^{n}(c_p P_t + c_h I_t) \qquad \text{(식 9–1)}$$

생산능력 제약 조건

생산능력 제약 조건: 매 기간에서 계획 생산량은 생산능력을 초과할 수 없기 때문에 다음의 관계식이 만족되어야 한다.

$$P_t \leqq S_t \quad 단, t=1, \cdots, n \qquad (식\ 9\text{–}2)$$

재고와 수요의 제약 조건

재고와 수요의 제약 조건: 기간 말의 재고는 직전 기간 말의 재고와 해당 기간의 계획 생산량에서 수요를 충족하고 남은 수량이다. (식 9–4)는 (식 9–3)을 수요 기준으로 정리한 것이다.

$$I_t = I_{t-1} + P_t - D_t \quad 단,\ t=1, \cdots, n \qquad (식\ 9\text{–}3)$$

$$I_{t-1} + P_t - I_t = D_t \quad 단,\ t=1, \cdots, n \qquad (식\ 9\text{–}4)$$

I_0은 기간 0 말의 재고로서 계획 기간의 초기 재고수준 q_0와 같다고 가정한다.

$$I_0 = q_0 \qquad (식\ 9\text{–}5)$$

음이 아닌 제약 조건

음이 아닌 제약 조건: 의사결정변수인 생산량과 재고는 모두 음이 아닌 수이다.

$$P_t,\ I_t \geqq 0 \quad 단, t=1, \cdots, n \qquad (식\ 9\text{–}6)$$

총괄생산계획의 선형계획모형을 정리하면 다음과 같다.

$$\begin{aligned} &Min\ \sum_{t=1}^{n}(c_p P_t + c_h I_t) \\ &s.t.\ \ P_t \leqq S_t \\ &\qquad I_{t-1} + P_t - I_t = D_t \\ &\qquad I_0 = q_0 \\ &\qquad P_t,\ I_t \geqq 0 \\ &\qquad 단,\ t=1, \cdots, n \end{aligned} \qquad (식\ 9\text{–}7)$$

예제 9-6 선형계획법

기업에서 4분기 동안의 총괄생산계획을 수립하려고 한다. 생산비용은 개당 50만 원이고 다음 분기로 재고를 이월할 때 발생하는 재고비용은 개당 5만 원이다. 생산계획 기간 초의 재고는 없고 기간별 수요는 납기지연과 재고고갈이 허용되지 않고 충족되어야 한다. 이외의 사항은 고려하지 않는다고 가정한다. 분기별 생산능력과 수요가 다음과 같을 때 생산비용과 재고비용을 최소로 하는 총괄생산계획의 최적해를 구하여라.

분기	1	2	3	4
생산능력(개)	600	600	600	600
예측 수요(개)	500	500	800	500

풀이 최적해를 구하기 위한 선형계획법의 모형은 다음과 같다.

$$Min \sum_{t=1}^{4}(50P_t+5I_t) \quad \text{(식 9-8)}$$

$$\begin{aligned} s.t.\ & P_1 \leqq 600 \\ & P_2 \leqq 600 \\ & P_3 \leqq 600 \\ & P_4 \leqq 600 \\ & I_0+P_1-I_1=500 \\ & I_1+P_2-I_2=500 \\ & I_2+P_3-P_3=800 \\ & I_3+P_4-I_4=500 \\ & I_0=0 \\ & P_t,\ I_t \geqq 0 \quad \text{단, } t=1,\cdots,4 \end{aligned}$$

총괄생산계획의 최소 비용은 116,500만 원이고 최적해의 생산 계획과 기말 재고는 다음과 같다. 예제 9-6의 최적해를 구하는 방법은 Excel 실습 예제 9-2에서 설명하였다.

분기	1	2	3	4
생산 계획(개)	600	600	600	500
기말 재고(개)	100	200	0	0

총괄생산계획의 일반적인 선형계획 모형을 살펴보자. 선형 조건을 만족하는 생산 비용과 재고 비용만 고려하고 각 비용은 기간별로 다를 수 있다. 제품의 공급 방식이 정규 근무 생산, 초과 근무 생산, 외주 등과 같이 다양하고, 재고 부족이 허용되지 않는다. 모형에서 사용하는 모수와 의사결정변수와 선형계획모형은 다음과 같다.

〈모수〉

- m = 제품 공급방식의 수
- n = 계획기간의 수
- c_{it} = 기간 t에서 공급방식 i의 제품 단위당 생산비용
- h_t = 기간 t에서 기간 $t+1$로의 제품 단위당 재고비용
- D_t = 기간 t의 수요
- S_{it} = 기간 t에서 공급방식 i의 생산능력

〈의사결정변수〉

- P_{it} = 기간 t에서 공급방식 i의 계획 생산량
- I_t = 기간 t말의 재고

총괄생산계획의 선형계획모형을 정리하면 다음과 같다.

$$Min \ \sum_{t=1}^{n}\left(\sum_{i=1}^{m} c_{it}P_{it} + h_t I_t\right) \qquad \text{(식 9-9)}$$

$$s.t. \quad P_{it} \leqq S_{it} \quad 단,\ i=1, \cdots, m; \quad t=1, \cdots, n \qquad \text{(식 9-10)}$$

$$I_{t-1} + \sum_{i=1}^{m} P_{it} - I_t = D_t \quad 단, t=1, \cdots, n \qquad \text{(식 9-11)}$$

$$I_0 = q_0 \qquad \text{(식 9-12)}$$

$$P_{it} \geqq 0 \quad 단,\ i=1, \cdots, m; \quad t=1, \cdots, n \qquad \text{(식 9-13)}$$

$$I_t \geqq 0 \quad 단,\ t=1, \cdots, n \qquad \text{(식 9-14)}$$

(식 9-9)는 공급방식별 생산비용과 재고비용으로 구성된 전체 비용을 최소화하는 목적함수이다. (식 9-10)은 생산능력 제약조건으로서 매 기간에서 공급방식별 계획 생산량은 해당 방식별 생산능력을 초과할 수 없는 것을 나타낸다. (식 9-11)은 재고와 수요의 제약조건으로 기간 말의 재고가 직전 기간 말의 재고와 해당 기간의 계획 생산량에서 수요를 충족하고 남은 수량이어야 한다. (식 9-12)는 계획 기간의 초기 재고수준 q_0를 나타낸다. (식 9-13)과 (식 9-14)는 의사결정변수가 모두 음이 아닌 수를 나타내는 조건이다.

9.6 요약

제조업에서 생산계획의 수립은 총괄생산계획에서 시작된다. 총괄생산계획은 예측한 수요를 입력으로 하고 기업 전체의 사업 전략에 부합되게 수립하고 실제로 가능한 계획인지 확인하기 위해 공급능력계획에서 검토한다. 확정된 총괄생산계획을 바탕으로 개별 제품을 생산하기 위한 기준생산계획을 수립하고 자재에 대한 수급계획인 자재소요계획을 수립한다.

시장 수요에 대응하기 위해서 기업 전체 차원에서 여러 가지 방법을 활용하고 있다. 총괄생산계획을 수립할 때 비용 최소화를 목적으로 고객 수요, 생산능력, 원가자료와 같은 기업의 내 · 외부 요소를 입력 자료로 해서 기간별 제품군의 생산량과 재고량을 결정하게 하는데 생산량의 결정 요인에는 고용 수준, 생산율, 재고수준, 외주 등이 있다.

총괄생산계획을 수립하기 위한 전략에는 크게 수요 추종 전략과 생산수준 평준화 전략이 있다. 두 가지를 혼합하여 사용하는 전략을 혼합 전략이라고 하며 실제로는 혼합 전략을 주로 사용한다.

일반적으로 총괄생산계획은 여러 대안을 수립하여 비교 평가하여 결정하는 대안평가법을 이용하고 있다. 최적의 방법을 찾기 위하여 선형계획법과 시뮬레이션 기법을 사용할 수 있다.

● 참고문헌

- Johnson, L. and Montgomery, D., *Operations Research in Production Planning, Scheduling, and Inventory Control*, John Wiley & Sons(1974).
- Krajewski, L., Ritzman, L. and Malhotra, M., *Operations Management Processes and Supply Chains*(10th ed.), Prentice-Hall(2012).
- Jacobs, R. and Chase, R., *Operations and Supply Chain Management*(14th ed.), McGraw-Hill(2013).

Excel 실습 예제 9-1 대안 평가법을 이용한 총괄생산계획의 수립과 평가

Excel을 이용하여 예제 5를 풀어보자. 계획 1, 2, 3에 대하여 각각으로 준비한 탭에서 입력창의 흰 셀에 입력하면 기본 분석과 비용 분석의 결과가 나타난다. 다음은 계획 1에 대하여 입력창에 입력한 화면이다.

입력창

〈월별 자료〉

	초기값	1	2	3	4	5	6
예측수요(개)	–	300	400	300	300	200	300
작업 일수(일)	–	20	20	20	20	20	20

〈재고〉

이월 재고	60	개
안전재고	60	개/월

〈생산〉

작업자 수	12	명
제품 생산 시간	8	시간/(개 · 명)
1일 정규근무시간	8	시간/일
초과근무시간	25	%이내

〈비용〉

정규근무 급여	160	만원/월
초과근무 수당	1.5	만원/시간
채용 비용	80	만원/명
해고 비용	160	만원/명
재고유지비용	1	만원/(개 · 월)
납기지연비용	20	만원/(개 · 월)

다음은 계획 1의 결과 화면이다. 계획 1은 수요 추종 전략이므로 생산요구량과 생산계획이 동일하므로 생산요구량(생산 계획)과 기말재고가 월별로 제시된다. 반면에 계획 3은 생산요구량과 생산계획이 다르기 때문에 별도의 항목으로 나타난다. 비용분석에서 항목별 비용과 비용 합계가 나타나는데 계획 1의 비용 합계는 1억 7,400만 원임을 알 수 있다.

기본 분석	1인당 정규근무 생산량	–	20	20	20	20	20	20	

비용 분석	월	초기값	1	2	3	4	5	6	합계
(1) 생산요구량	예측수요		300	400	300	300	200	300	1,800
	안전재고		60	60	60	60	60	60	
	초기재고		60	60	60	60	60	60	
	생산요구량(생산계획)		300	400	300	300	200	300	1,800
	기말재고	60	60	60	60	60	60	60	
(2) 자료분석	필요 작업자 수		15	20	15	15	10	15	
	결정 작업자 수	12	15	20	15	15	10	15	
	채용		3	5	–	–	–	5	
	해고		–	–	5	–	5	–	
	재고		60	60	60	60	60	60	
	납기지연 주문		–	–	–	–	–	–	
(3) 비용 분석	정규 임금		2,400	3,200	2,400	2,400	1,600	2,400	14,400
	채용 비용		240	400	–	–	–	400	1,040
	해고 비용		–	–	800	–	800	–	1,600
	재고 비용		60	60	60	60	60	60	360
	납기지연 비용		–	–	–	–	–	–	–
	비용 합계		2,700	3,660	3,260	2,460	2,460	2,860	17,400

Excel 실습 예제 9-2 선형계획법을 이용한 총괄생산계획의 최적해

Excel을 이용하여 예제 6을 풀어보자. 다음 그림은 총괄생산계획의 선형계획법 모형의 이해를 돕기 위해 만들어진 Excel의 해 찾기 예이다. Excel에서 실습 예제를 수행하려면 '해 찾기' 기능이 있어야 한다. 필요하면 '파일' 탭의 옵션의 '추가기능'에서 '해 찾기'를 추가하면 된다.

다음은 엑셀의 윗부분에 있는 입력창의 예시이다. 다음 그림의 빈 칸에 값을 입력한다.

▶ 아래의 입력 창의 빈 칸에 모수값을 입력하세요

생산비용(p_t)	50
재고비용(c_i)	5
초기재고(i_o)	0

분기(t)	1	2	3	4
생산능력(A_t)	600	600	600	600
수요(D_t)	500	500	800	500

입력을 마친 후 '데이터' 탭의 '해 찾기' 버튼을 누르면 다음의 창이 뜬다. 다음 그림과 같이 설정되어 있는지 확인한 후에 '해 찾기' 버튼을 누른다.

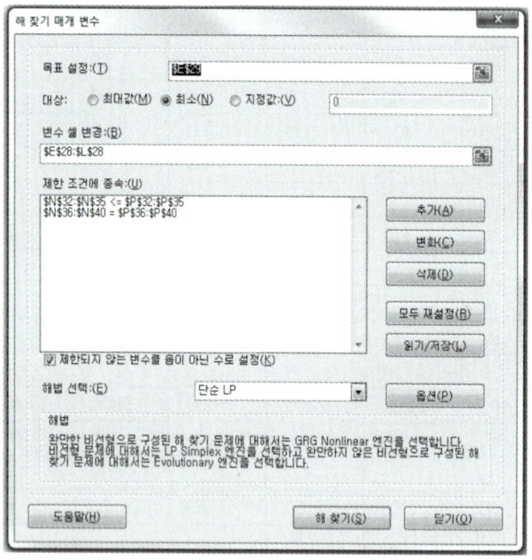

의사결정변수(decision var)의 P_1, ⋯, P_4와 I_1, ⋯, I_4 아래의 값이 최적해의 값이고, object value가 목적함수의 최솟값이다.

목적함수

Min

• coefficient	c_p	c_p	c_p	c_p	c_i	c_i	c_i	c_i	
	50	50	50	50	5	5	5	5	
• decision var	P_1	P_2	P_3	P_4	I_1	I_2	I_3	I_4	I_0
	600	600	600	500	100	200	0	0	
• object value	116,500								

제약식

Subject to

									L.H.S		R.H.S
1									600	≤	600
	1								600	≤	600
		1							600	<	600
			1						500	≤	600
1				−1				1	500	−	500
	1			1	−1				500	−	500
		1			1	−1			800	=	800
			1			1	−1		500	=	500
								1	0	=	0

연·습·문·제

1. 총괄생산계획에 적용하는 총괄의 개념에 대하여 설명하라.

2. 총괄생산계획을 수립할 때 고려하여야 할 주요 비용과 통제할 수 있는 주요 변수는 무엇인가?

3. 총괄생산계획에 따라 생산하였는데 실제 수요가 예측보다 적게 발생하였다면 어떠한 결과가 나타날 것인지 예상하여 설명하고 대책을 제안하라.

4. 예측생산, 주문생산, 주문조립 방식에 따라 총괄생산계획에서 계획 수립의 대상품목의 수준이 달라진다. 페인트 산업은 배합, 분산, 용해, 조색, 희석, 포장의 공정을 거쳐서 제품을 생산하는 소량 다품종 정밀화학 산업이다. 페인트는 수지에 색깔을 구현하는 안료와 각종 기능성 첨가제, 그리고 균일한 피막을 형성하는 기능을 하는 용제 등을 혼합하여 제조한다. 페인트 제조 기업에서 총괄생산계획의 대상 품목에 대하여 논의하라.

5. 예제 9−5에 대하여 다음 질문에 각각 답하라.

   (1) 월별 안전재고가 예측 수요의 20%일 때 계획 1의 총괄생산계획을 수정하라.
   (2) 초과근무시간이 월별 정규근무시간의 50% 이내일 때 계획 2에서 최소 작업자수를 결정하고 총괄생산계획을 수정하라.
   (3) 채용 비용이 160만 원이고 해고비용이 80만 원일 때 계획 1, 2, 3 중 최소비용 계획을 결정하여라.
   (4) 재고유지비용이 1만 원, 납기지연비용이 10만 원이라면 계획 1, 2, 3 중 최소비용 계획을 결정하여라.

6. 예제 9−5에서 계획 4에 따라 총괄생산계획을 수립하고 계획 1, 2, 3과 비교하여라. 외주 비용(원자재 제외)은 13만 원/개이다.

   (계획 4) 고용수준은 일정하게 유지하고 정규근무, 초과근무, 외주를 이용하여 매월 생산요구량을 해당 월에 생산한다. 단 작업자 수는 월별 생산계획을 정규근무만으로 생산할 수 있는 작업자 수 중 최솟값으로 결정한다.

7. 내년의 예측수요는 1 ~ 4분기에 각각 1만 5천 개, 1만 8천 개, 1만 5천 개, 1만 개이다. 연초의 작업자 수는 15명이고, 초기재고는 5천 개이다. 채용비용은 1명당 200만 원, 해고비용은 1명당 400만 원, 재고유지비용은 분기동안 개당 1만 원, 납기지연비용은 분기동안 개당 8천 원, 정규근무 급여는 160만 원(시간당 1만 원), 초과근무비용은 시간당 1만 5천 원이다. 작업자 1명을 기준으로 제품 생산시간은 0.5시간/개이고, 정규근무는 하루에 8시간, 초과근무는 정규근무시간의 25% 이내이다. 작업일수는 1 ~ 4분기에 각각 60일, 65일, 60일, 65일이다.

(1) 채용과 해고를 이용하여 고용수준을 변경하고 정규근무만으로 매월 해당 월의 생산요구량을 생산하는 전략에 따라 총괄생산계획을 수립하라.
(2) 고용수준은 일정하게 유지하고 정규근무와 초과근무를 이용하여 매월 해당 월의 생산요구량을 생산하는 전략에 따라 총괄생산계획을 수립하라.
(3) 생산수준을 일정하게 유지하고 재고와 부재고를 이용하여 계획기간 전체의 생산요구량을 생산하는 전략에 따라 총괄생산계획을 수립하라.

8. 예제 9－6에 대하여 다음의 질문에 각각 답하여라.

(1) 분기별 생산능력이 700개이고, 분기별 안전재고가 수요의 20%일 때 최적해를 구하라.
(2) 제품 생산 시간이 16시간/개이고, 1분기 작업일자가 60일, 1일 작업시간이 8시간일 때 생산량을 달성하기 위한 1분기의 작업자 수를 결정하라.
(3) 초기 재고가 200개이고 분기별 생산능력과 예측 수요가 다음과 같을 때 최적해를 구하라.

분기	1	2	3	4
생산능력(개)	600	600	600	600
예측 수요(개)	500	400	900	700

9. 기업에서 6개월 동안의 총괄생산계획을 수립하려고 한다. 1월 초의 재고는 200개이고 다음 달로 재고를 이월할 때 발생하는 재고비용은 개당 5만 원이다. 월별 수요는 납기지연과 재고 고갈이 허용되지 않고 충족되어야 한다. 이외의 사항은 고려하지 않는다고 가정한다. 월별 생산능력, 생산비용, 예측 수요가 다음과 같을 때 생산비용과 재고비용을 최소로 하는 총괄생산계획의 최적해를 구하여라.

월	1	2	3	4	5	6
생산능력(개)	600	600	700	700	600	600
생산비용(만 원)	50	50	60	60	50	50
예측 수요(개)	500	500	800	600	800	500

10. 계획기간 4개 분기 동안의 공급방식별 생산능력, 생산비용, 예측 수요가 다음과 같다.

분기	1	2	3	4
정규근무 생산능력(개)	100	100	60	100
초과근무 생산능력(개)	20	20	10	10
외주 생산능력(개)	40	40	40	40
정규근무 생산비용(만 원)	15	16	18	20
초과근무 생산비용(만 원)	17	19	21	24
외주 생산비용(만 원)	20	21	22	23
예측 수요(개)	90	110	100	115

생산계획 기간 초의 재고는 5개이고 다음 분기로 재고를 이월할 때 발생하는 재고비용은 개당 1만 원이며 재고부족은 허용되지 않는다. 생산비용과 재고비용을 최소로 하는 총괄생산계획의 최적해를 구하라.

10 CHAPTER

일정계획

학습 목표

- 일정계획의 필요성을 이해할 수 있다.
- 일정계획의 기본적인 용어 및 척도를 설명할 수 있다.
- 부하할당기법 및 작업순서를 소개할 수 있다.
- 두 가지 대표적인 생산시스템인 단일기계 및 흐름 생산시스템 일정계획에 대한 휴리스틱 알고리즘을 소개할 수 있다.

사례

스마트공장 우수 사례: LS산전

주문부터 출하까지 통합 관리, 불량 발생률 0.01%

1974년 창립한 LS산전은 전력 공급과 계통 보호에 사용되는 전력기기 및 시스템 전문 기업이다. 산업 자동화 및 에너지 절약 기기 등의 분야에서 세계적인 경쟁력을 갖춘 기업으로 성장해 톰슨로이터의 '세계 100대 혁신기업'에 4년 연속으로 선정됐다. 현재 3,800여 명의 임직원이 국내 5개 사업장, 해외 4개 생산 거점, 국내 · 외 9개 연구소, 세계 각국 20여 개 법인과 지사에서 일하고 있다.

LS산전은 국내 최고 수준의 스마트공장 시스템을 운영하고 있다. 스마트공장은 고객 주문부터 제품 제작, 출하까지 전 과정이 통합 관리된다. LS산전 청주공장의 경우 수요 예측 시스템을 통해 주문, 생산 일정계획, 자재 발주를 자동으로 실시한다. 생산라인은 조립, 검사, 포장까지 자동화 라인으로 구성돼 있다. 공장 대부분이 자동화돼 전체 공장을 소수 인력이 관리한다. 이와 함께 포장과 운반을 동시에 수행할 수 있는 다기능 로봇과 생산 진행 상황에 맞추어 자동으로 자재와 제품을 운반하는 무인차가 제 몫을 톡톡히 한다. 제품 생산 실적과 품질 정보가 수집 · 관리되고, 이를 바탕으로 생산 설비가 자동으로 제어된다.

기준생산계획(Master Production Schedule: MPS)

Better late than never but never late is better(하지 않는 것보다 늦더라도 하는 것이 낫다. 하지만 늦지 않게 한다면 더할 나위 없다).

– 미상

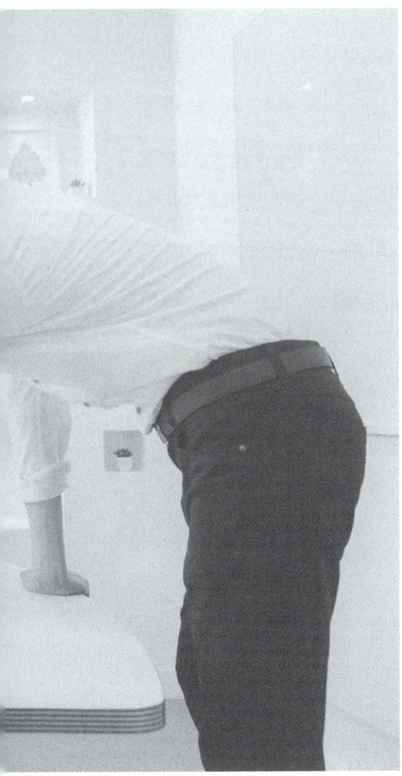

스마트공장의 기능은 크게 현장 자동화, 공장 운영, 기업 자원 관리, 제품 개발, 공급사슬 관리로 구분된다. 현장 자동화는 ▶각 조립공정 간 가동 정보, 생산 및 품질 정보의 실시간 자동 집계 ▶부품 공급, 제품 조립, 시험, 포장 등 조립 자동화(95%) ▶로봇, 비전 시스템을 접목한 융합 자동화(소음 검사, 외관 검사 등 관능 검사 자동화) ▶생산 시스템의 전체적인 구상, 설계, 제작 및 운영 소프트웨어까지 자체 기술로 실현한다.

공장 운영은 실시간으로 운영 현황을 분석하고 공정을 제어하는 것으로, 고객 정보를 생산 계획에 반영한다. 기업 자원 관리는 공장 운영 정보를 통합해 핵심 성과지표를 실시간으로 관리해 신속한 의사결정을 한다. 제품 개발은 제품 기준정보 및 기술정보가 설계 시스템을 통해 현장 생산 기준으로 자동 연계되며, 공급사슬 관리의 경우 시스템을 통한 고객 수요 예측, 영업주문, 생산 일정계획, 자재 발주, 생산, 출하 관리가 진행된다.

2020년까지 세계적 수준 공장으로

LS산전의 스마트화 추진은 2008년 생산기술센터 설립을 통해 더욱 강화됐다. 생산기술센터에서 쌓은 노하우를 집약해 LS산전에 최적화된 스마트공장 시스템을 개발해 적용하고 있다. LS산전 청주공장은 그간의 발전 상황이 반영돼 있다. 공장의 2층은 생산 상황에 따라 설비의 자동 제어까지 관리가 가능한 고도화된 수준이라면, 1층 생산동은 생산 정보의 실시간 수집과 관리에 초점이 맞춰진 중간 정도 수준을 구현하고 있다. 그 결과 38개 품목을 하루 2만 개 생산할 수 있다. 전자접촉기를 기준으로 보면 38개 기종에서 생산성이 3.3배 향상했고, 에너지 사용률은 60% 절감했으며, 불량 발생률은 0.01%로 축소됐다.

LS산전은 2020년까지 생산 공장을 세계적 수준의 스마트공장으로 끌어올리기 위한 검토와 투자를 진행하고 있다. 또 국내 스마트공장 확산을 위해서도 그간의 노하우 등을 활용해 다방면으로 지원할 계획이다.

출처: https://korea.kr/news/policyNewsView.do?newsId=148794166

사례

플래타인의 AI, 복잡한 제조 일정 계획에서 기록적인 규모와 성능 달성

AI 기반 생산 스케줄러, Practimum-OptimumTM 알고리즘으로 규모 달성

고급 제조를 위한 AI 기반 최적화 솔루션의 선도적인 제공업체인 플래타인 (Plataine)은 Practimum-Optimum™ 알고리즘을 통해 스케줄링 운영의 예외적인 규모를 달성하는 혁신적인 성과를 발표했다. 이 AI 기반 생산 스케줄러는 대규모 및 복잡한 실제 시나리오에서 완전 자동화된 최적화 제조 일정 계획에서 새로운 기록을 세웠다. 플래타인의 Practimum-Optimum™ 스케줄러는 10,000개 이상의 작업을 포함한 수요 세트를 일상적으로 처리하며, 최적의 일정을 완전히 자동으로 생성한다. 이 규모와 성능은 특히 여러 생산 라인, 오토클레이브와 같은 특수 기계, 다양한 도구 유형 및 가변적인 원자재, 인력 고려 사항 및 자원의 교대 구조를 포함하는 복잡한 작업에서 두드러진다. 이러한 모든 요소는 복잡한 운영 요구 사항 및 제약 조건에 의해 연결된다.

현재 이용 가능한 대부분의 스케줄링 제품이 완전 자동모드에서 수백 개의 작업에 최대한 대응하는 것과 비교하여, 플래타인의 스케줄러는 고객이 단기 및 장기 목표를 모두 달성할 수 있도록 고유한 가치를 제공한다. 장기적인 시나리오를 지원함으로써 고객이 인력 배치, 장비 조달 및 공급망 관리에 대한 전략적 결정을 내릴 수 있게 하여, 잠재적인 용량 문제를 해결하면서 정시 납품을 가능하게 한다.

플래타인의 대규모 스케줄링 돌파구는 Practimum-Optimum™ 알고리즘에 통합된 혁신적인 기계학습 메커니즘 덕분에 가능했다. 스케줄링 공간에서 패턴을 학습함으로써, 이 메커니즘은 고품질 일정의 가장 유망한 영역에 집중하여 사용자에게 제시되는 최적의 일정으로의 수렴을 크게 가속화한다. 수학적으로 최적의 일정이 항상 실질적으로 최적은 아니라는 점을 인식하여, 플래타인의 스케줄러는 사용자가 일정을 '실용화'하도록 변경을 요청할 수 있게 한다. 비지도 학습 알고리즘을 활용하여 이러한 미세한 변경 사항이 거시 목표 점수의 저하를 최소화하는 방식으로 전체 최적 일정에 통합된다.

플래타인의 사장 겸 CEO인 Avner Ben-Bassat는 "일일, 주간 및 월간 일정은 모든 제조 조직의 중심이다. 저희의 혁신적인 AI 기반 Practimum-Optimum™ 스케줄러를 통해 최적의 실용적인 일정을 생성하는 가장 진보된 대규모 소프트웨어를 제공한다. 이는 궁극적으로 상위 및 하위 라인과 정시 납품에 영향을 미친다. 저희 고객이 단기 전술적 일정과 장기 전략적 계획 모두에 이 혁신 기술을 활용하고 있다는 점이 자랑스럽다."고 말했다. 이 최신 혁신을 통해 플래타인은 고급 제조에서 효율성, 생산성 및 수익성을 향상시키는 최첨단 솔루션을 제공하는 데 앞장서고 있다. AI 기반 최적화와 실용적인 적응성을 결합함으로써 생산에 유효한 최적의 일정을 제공하여 제조 일정의 새로운 표준을 설정하고 있다.

출처: https://finance.yahoo.com/news/plataines-ai-achieves-record-scale-131100152.html

10.1 서론

공급사슬망 내의 생산시스템 혹은 서비스시스템의 일정계획은 그 시스템이 보유한 자원의 정확한 사용 시기 및 자원에 의해 생성되는 제품 혹은 서비스의 처리 순서를 결정하는 것으로서, 설비/인적 자원의 활용 및 제품/서비스의 활용, 제품/서비스 처리순서를 결정한다. 일정계획은 시스템의 종류, 성격 및 특성과 관계없이 모든 시스템에서 발생한다. 예를 들어, 생산기업은 생산 일정계획을 세워야 하는데, 작업자, 장비, 구매, 및 유지보수 등을 위한 계획을 수립하는 것을 의미한다. 서비스 기업 역시 서비스 자원들의 서비스 제공을 위한 계획을 세워야 하는데, 병원의 경우는 입원, 수술, 간호 등의 일정계획을 수립해야 하며, 식사 준비, 보안, 지원 활동, 청소 등의 일정계획을 수립해야 하는 것을 의미한다.

의사결정 체계에서 일정계획은 생산과정에서 실제 생산물이 나오기 전에 수립되어야 한다. 또한 시스템 설계와 개발에 관한 의사결정의 많은 부분들은(시스템의 생산용량, 제품 또는 작업 혹은 공정의 설계 및 디자인, 설비 선정, 작업자 선발 및 교육 그리고 총괄계획과 기준생산계획) 일정계획이 수립되기 전에 만들어져야 한다. 결과적으로 일정계획은 다른 많은 의사결정들에 의해 정해진 제약 내에서 그 제약의 범위와 한도를 좁혀감으로써 구체적으로 수립된다. [그림 10-1]은 생산시스템 일정계획과 서비스시스템 일정계획에 대한 계층구조를 보여준다.

효과적인 일정계획은 생산시스템의 경우 비용 절약과 생산성 증가에 직접적으로 연결된다. 서비스시스템의 경우 고객 대기시간 감소 및 서비스 만족도 향상에 연결된다. 예를 들어, 생산공장의 경우 효과적인 자원의 활용으로 인해 설비 확장의 필요성을 낮춘다. 병원의 경우 일정계획이 효과적으로 수립됨으로써, 더 많은 생명을 구하고, 더 많은 환자를 치료할 수 있게 된다. 결과적으로 효율적인 일정계획을 갖춘 기업들은 경쟁업체들과 차별성을 갖춤으로써 경쟁우위에 설 수 있게 된다. 일반적인 일정계획의 목적은 작업자와 설비의 효율적인 활용과 고객 대기시간의 감소, 재고 및 작업시간의 최소화를 포함한다.

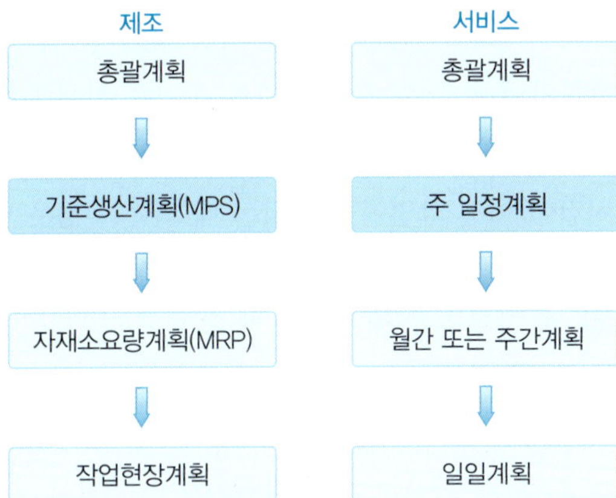

[그림 10-1] 생산시스템 일정계획과 서비스시스템 일정계획의 구조

이 장에서는 일정계획의 필요성을 이해하고 관련 일정계획 기본 용어 및 효율적 일정계획 수립 기법들을 소개한다. 10장의 구성은 다음과 같다. 10.2절은 일정계획의 기본 용어 및 척도에 대해 설명한다. 10.3절에서는 작업 할당기법 및 우선순위 규칙을 사용한 순서결정기법을 소개한다. 10.4절에서는 두 가지 대표적인 생산시스템인 단일기계 및 흐름 생산시스템의 일정계획을 위한 휴리스틱 알고리즘을 소개한다.

10.2 일정계획 기본 용어 및 기호 정의

이번 절에서는 일정계획 환경을 설명하고, 용어 및 기호를 정의한다. 일정계획이란 기계 상에서 작업을 일정계획하기 위한 고전적인 용어이지만, 많은 서비스업 등 비제조업의 응용사례에서 사용되는 일반적인 용어이기도 하다.

10.2.1 작업

작업(task)

작업(job)은 행해져야 할 활동이다. 제조업의 경우, 작업은 고객의 주문이다. 서비스업의 경우 작업은 은행 업무를 서비스 받을 고객, 레스토랑의 고객, 병원에서 서비스를 받을 환자, 공항에 착륙할 비행기들이 될 수 있다. 각 작업들의 처리시간을 알고 있고 한 번 작업이 시작되면 끝날 때까지 처리되어야 한다고 가정하자. 작업은 완료되어야 할 납기시간(혹은 납기일)을 가진다. 작업은 또한 그 공정을 시작하기 전에 준비시간(혹은 발주시간)을 가진다. 어떤 작업이 다른 작업에 종속일 수도 있다. 한 가지 형태의 종속은 한 작업이 다른 작업을 선행해야 할 때 발생한다. 예를 들면, 드릴작업을 시행 전에 구멍이 관통될 수 없다. 다른 형태의 종속은 어떤 작업에 필요한 시간이 이전 작업이 처리되는 데 의존할 경우 발생한다. 만약 작업 1은 기계에서 한 세트의 공구가 필요하다. 그리고 작업 2는 다른 것이 필요하다면, 작업 1을 처리한 후 작업 2를 처리하기 전에 기계공구들이 변경되어야 한다. 만약 작업 3이 작업 1과 같은 공구가 필요하면 그때는 순서 1–2–3이 순서 1–3–2보다 더 많은 준비시간을 요구한다. 이것은 전형적으로 순서의존적인 준비시간이라 불린다. 만약, 준비시간이 순서의존이 아니면 그들은 처리시간에 포함될 수 있다. 다른 말이 없으면 작업들은 상호 독립이라고 가정한다. 또한 만약 어떤 작업이 한 기계 이상에서 처리되어야 한다면, 그 작업은 어떤 주어진 시간에 단지 하나의 기계에서 처리될 수 있다고 가정한다. 즉, 그것은 다른 작업과 함께 동시에 될 수 없다.

10.2.2 자원

자원(resource)

자원(resource)은 작업을 처리한다. 제조업의 경우 자원은 작업을 가공 처리하는 기계 혹은 공정(작업장)과 같은 것이다. 서비스업의 경우 자원이란 은행 직원, 레스토랑의 종업원, 비행기가 이착륙할 공항의 활주로 등을 나타낸다. 기계의 경우 작업 처리 환경에 따라 단일기계, 병렬기계, 흐름공정, 잡샵공정 혹은 개방형공정 등 여러 부류로 나눌 수 있다.

단일기계(single machine)

단일기계(single machine)는 기계는 한 대이고 모든 작업은 한 대의 기계에서 처리된다. 기계는 한 번에 한 가지 작업만 할 수 있다. 한 번 작업이 그 기계에서 처리되면, 그곳에서 완료된다.

작업을 같은 공정으로 할 수 있는 여러 대의 기계를 **병렬기계**(parallel machine)라 부른다. 작업은 어떤 기계에서도 처리될 수 있으며, 한 기계에서 한 번 처리되면, 거기에서 완료된다. 다른 말이 없으면, 병렬기계는 동일하다고 간주한다. 여러 대의 동일한 기계 중 하나에서 한 작업을 처리하는 시간은 어느 기계가 그 일을 하는가 하고는 관계가 없다. 병렬기계의 대표적 예는 동일한 플라스틱-사출-주형 연속 작업을 처리하는 기계의 그룹이다. 그 기계들은 각각 여러 가지의 플라스틱 부품들을 만들 수 있다.

병렬기계(parallel machine)

흐름공정(flow shop)은 다른 기계들로 구성되어 있다. 각 작업은 각 기계에서 정확히 한 번씩 처리된다. 거기에다 모든 작업은 같은 작업절차를 갖고 있다. 즉, 그들은 같은 순서로 기계들을 연속적으로 거쳐간다. 일반적으로 기계 1을 첫 번째, 기계 2를 두 번째 등으로 기계번호를 매길 수 있다. 첫 번째 공정을 완료하기 전에는 두 번째 공정을 시작할 수 없다. 조립라인과 셀은 흐름공정의 전형적인 예이다.

흐름공정(flow shop)

잡샵공정(job shop)은 흐름공정보다 더 일반적이다. 각각의 작업은 독특한 공정을 갖는다. 금속세공 공정은 종종 잡샵공정이다. 한 작업이 선반으로 가서 가공되고, 그 다음 드릴로, 그러고 나서 밀로 가서 가공되어야 한다. 반면에 다른 작업은 밀이 수행되고, 그 다음 선반으로 되돌아간다. 그러나 드릴로 되돌아가지는 않는다.

잡샵공정(job shop)

개방형공정(open shop)은 작업들이 특별한 순서를 갖지 않는 잡샵공정이다. 자동차 수리공장이 하나의 예이다. 자동차는 다른 장비를 필요로 하는 복합수리가 필요하다. 그러나 수리의 순서는 중요하지 않다. 개방형공정은 일반적인 제조업에서 드물게 적용된다.

개방형공정(open shop)

10.2.3 척도

최적의 일정계획을 수립하기 위해서는 명확한 **성능척도**(performance metric)를 수립하고 이를 최적화해야 한다. 예를 들면, 이익의 최대화 및 비용의 최소화하는 일정계획의 수립은 분명한 척도들이다. 불행히도 일정계획에서 비용과 이익에 대하여 일정과 관련된 경제적 파라미터를 추정하는 것은 매우 어렵다. 또한 일정계획 모델들의 비용과 이익을 최적화하기 위한 능률적인 알고리즘은 알려지지 않았다.

성능척도(performance metric)

따라서 어떤 적절한 비용에 근접시키기 위해 정량적 대안목표가 사용된다. 정량적인 목표를 수치로 표현할 수 있는 기준인 정규척도들은 주어진 일정에 대한 완료시간의 정규함수이다. 정규척도는 함수를 최소화하는 것을 목표로 하는 완료시간의 함수이며, 일정에서 적어도 하나의 완료시간이 증가하면 그 함수는 증가한다. 다음은 다양한 일정계획의 정규척도들을 표현하기 위한 기호 및 기본용어와 정규척도들이다.

n = 처리되어야 할 작업의 수
m = 기계의 수
p_{ik} = 기계 k에서 작업 i를 처리하는 시간(만약 $m=1$이면)
r_i = 작업 i의 발주시간(발주날짜)
d_i = 작업 i의 납기시간(납기날짜)
w_i = 다른 작업과 관련된 작업 i의 비중(중요도 혹은 값)

특별한 일정이 주어졌다면, 작업 i의 척도의 비중은

C_i = 작업 i의 완료시간
$F_i = C_i - r_i$, 작업 i의 흐름시간 $(F_i > 0)$
$L_i = C_i - d_i$, 작업 i의 늦음($L_i > 0$ 는 빠름을 나타낸다.)
$T_i = \max\{0, L_i\}$, 작업 i의 지연
$E_i = \max\{0, -L_i\}$, 작업 i의 빠름
$\tau_i = 1$, 만약 작업 i가 지연되면(즉, $T_i > 0$)
$\tau_i = 0$, 만약 작업 i가 제시간이거나 빠르면(즉, $T_i = 0$)
$C_{\max} = \max_{i=1,\cdots,n}\{C_i\}$, 모든 작업의 최대완료시간 or 총 작업소요시간
$L_{\max} = \max_{i=1,\cdots,n}\{L_i\}$, 모든 작업의 최대 늦은 시간
$T_{\max} = \max_{i=1,\cdots,n}\{T_i\}$, 모든 작업의 최대지연시간

위에 표현된 바와 같이 공통적인 대안목표들은 총흐름시간, 총지연시간, 최대완료시간, 최대지연시간 혹은 지연작업의 수를 최소화하는 것을 포함한다. 모든 ($C_{\max}$, $L_{\max}$ 그리고 $T_{\max}$ 를 제외한) 것은 각 작업에 대한 모든 작업들의 각각의 양

의 단순한 합계이다.

만약, 모든 작업들이 중요도가 같지 않다면, 적절한 작업의 비중을 척도에 곱함으로써 상응하는 가중된 척도가 계산될 수 있다. 처리시간의 합계가 일정하기 때문에 총작업소요시간(C_{max})의 최소화는 유휴시간을 최소화하거나 혹은 기계의 이용을 최대화하는 것과 동일하다. 만약 재고유지비용이 전체 일정계획 비용을 지배할 경우, 가중흐름시간이 상응하는 척도이다. 흐름시간의 최소화는 완료시간, 지연 그리고 작업대기시간의 최소화와 같다. 작업대기시간은 제조과정 중에 있는 재고이다. 그래서 흐름시간의 최소화는 제조과정 중에 있는 작업의 수를 최소화하는 것과 같다. 가중흐름시간은 제조과정 중에 있는 재고의 가치와 대응한다. 지연작업들의 수, 최대지연 그리고 총지연은 고객 서비스의 척도이다. 대부분의 일정계획은 데이터가 확실히 알려져 있다고 가정한다. 준비시간은 공정의 순서와 무관하고, 모든 작업들은 즉시 가능하다($r_i=0$). 또한 작업 사이에 선행관계가 없으며 그리고 작업을 한 번 시작하면 중단할 수 없다.

10.2.4 간트 차트(Gantt chart)

1900년대 초 Henry Gantt는 보다 나은 일정계획을 통해 생산성을 향상시킬 수 있다는 것을 다양한 방법들을 통해 보여주었다. 그의 초기 방법들 중의 하나는 일정을 그림으로 나타내는 것이었고 지금은 그의 이름을 따서 간트 차트라고 불린다. 이 차트의 목적은 각 자원의 상태를 전 시간에 걸쳐 도식적으로 나타내는 것이다. 가로축은 시간을 나타내고 세로축은 각 기계를 위한 수평막대로 구성된다. 하나의 작업이 한 기계에서 수행될 때 수평막대 위에 직사각형이 놓여진다. 그것은 작업의 시작점에서 시작하여 완료시점에 끝난다. 간트 차트는 기계 대신 세로축에 작업을 놓아 구축될 수 있다. 예제 10-1은 작은 일정계획 문제를 위한 간트 차트를 나타내고 있다.

예제 10-1 잡샵 일정계획 문제의 간트 차트 구축

아래의 표는 4개의 작업, 3대의 기계로 구성된 잡샵공정 생산시스템의 작업처리시간 및 기계할당에 관한 정보이다. 첫 번째 작업은 5시간 걸리고 기계 1에서 수행된다. 이것은 표의 작업 1과 공정 1의 해당 셀(1행 1열)에는 5/1로 표시된다. 모든 작업은 0시점에서 시작되며, 각 작업의 납기일은 마지막 열에 주어져 있다. 기계 1에서의 가공순서는 2-1-4-3, 기계 2에서 가공순서는 2-4-3-1, 그리고 기계 3의 가공순서는 3-4-2-1으로 가정할 때, 간트차트를 이용하여 잡샵공정 생산시스템의 일정계획을 수립하고 총흐름시간(makespan)을 구하시오.

잡샵공정 생산시스템의 작업처리시간 및 기계할당 데이터

	처리시간/기계번호				
작업	공정 1	공정 2	공정 3	발주시간	납기
1	5/1	4/2	3/3	0	17
2	2/2	5/1	5/3	0	18
3	4/3	3/2	4/1	0	11
4	4/2	4/3	2/1	0	16

풀이

위의 표와 가공순서를 고려하여 다음의 간트 차트로 도식화할 수 있다. 각 블록은 작업의 가공을 나타내며, 작업번호는 블록 안에 나타나 있다. 흰 블록은 유휴시간을 나타내며, 그것은 아무 작업도 수행할 수 없을 때 나타난다. 기계 1은 시점 0에서 시점 2까지 유휴이다. 왜냐하면 작업 2는 기계 1에서 첫 번째로 계획이 되어 있지만, 첫 번째 가공은 기계 2에서 먼저 수행되기 때문이다. 작업 2가 기계 2에서 처리되기 전에는 기계 1에서 처리될 수 없다.

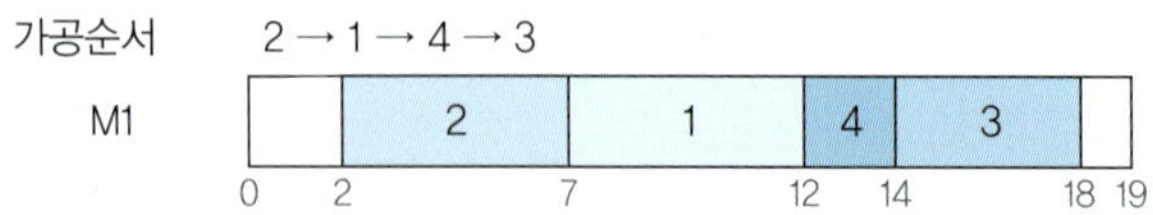

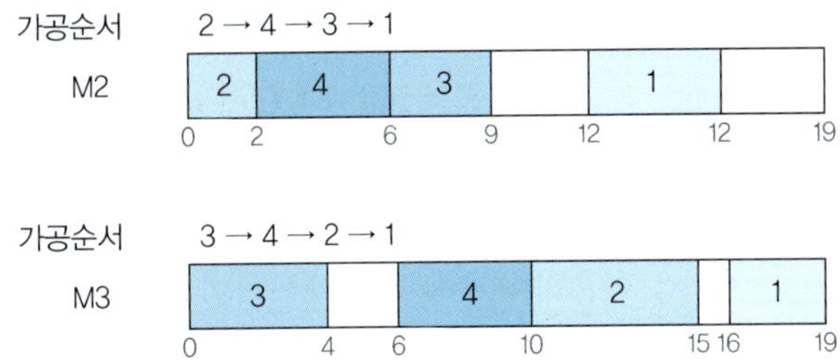

위의 각 기계의 일정계획 차트에서 작업 1의 마지막 가공은 기계 3에서 이루어지며 시점 19에서 완료된다. 즉,

$$C_1 = 19\ (\text{기계3에서})$$

남아있는 작업에 대하여

$$C_2 = 15\ (\text{기계3})$$
$$C_3 = 18\ (\text{기계1})$$
$$C_4 = 14\ (\text{기계1})$$

총작업소요시간(makespan)은

$$C_{\max} = \max\{C_1, C_2, C_3, C_4\} = \max\{19, 15, 18, 14\} = 19$$

총흐름시간을 계산하기 위해 $F_i = C_i - r_i$를 이용하여 계산하면 된다. 여기서 현재 모든 작업 i의 작업발주시간이 $r_i = 0$이므로 각 작업의 흐름시간과 완료시간은 동일하다. 따라서 총흐름시간은 다음과 같다.

$$\sum_{i=1}^{4} F_i = \sum_{i=1}^{4} C_i = C_1 + C_2 + C_3 + C_4 = 19 + 15 + 18 + 14 = 66$$

작업의 늦음(lateness)은 완료시간에서 납기일을 뺀 것이고, 지연(tardiness)은 0과 늦음시간의 최대치이다. 이리하여 각 작업의 늦음과 지연은 다음과 같다.

늦음(lateness)
지연(tardiness)

$$L_1 = C_1 - d_1 = 19 - 17 = 2 \text{ 그리고 } T_1 = \max\{0, C_1 - d_1\} = \max\{0, 2\} = 2$$
$$L_2 = C_2 - d_2 = 15 - 18 = -3 \text{ 그리고 } T_2 = \max\{0, C_2 - d_2\} = \max\{0, -3\} = 0$$
$$L_3 = C_3 - d_3 = 18 - 11 = 7 \text{ 그리고 } T_3 = \max\{0, C_3 - d_3\} = \max\{0, 7\} = 7$$
$$L_4 = C_4 - d_4 = 14 - 16 = -2 \text{ 그리고 } T_4 = \max\{0, C_4 - d_4\} = \max\{0, -2\} = 0$$

각 작업의 늦음과 지연을 이용하여 총늦음을 계산하면 다음과 같다.

$$\sum_i L_i = L_1 + L_2 + L_3 + L_4 = 2 + (-3) + 7 + (-2) = 4$$

총지연은 다음과 같다.

$$\sum_i T_i = T_1 + T_2 + T_3 + T_4 = 2 + 0 + 7 + 0 = 9$$

최대지연은 다음과 같다.

$$T_{\max} = \max\{T_1, T_2, T_3, T_4\} = \max\{2, 0, 7, 0\} = 7$$

지연작업들은 $\tau_i = 1$이고

$$T_1 > 0 \Rightarrow \tau_1 = 1$$
$$T_2 = 0 \Rightarrow \tau_2 = 0$$
$$T_3 > 0 \Rightarrow \tau_3 = 1$$
$$T_4 = 0 \Rightarrow \tau_4 = 0$$

지연작업의 수는 다음과 같다.

$$N_T = \sum_i \tau_i = 2$$

10.3 부하할당기법 및 작업순서결정

잡샵공정(job shop)과 같은 다품종소량 생산시스템의 특징은 제품이 주문에 따라서만 제작되고, 주문이라는 것도 상당히 다양한 작업 소요와 원재료, 작업 시간, 작업 순서와 작업 준비들로 구성되어진다. 이런 점 때문에 잡샵공정에서의 일정계획은 꽤 복잡하기 마련이다. 실제 주문을 받기 전에는 기업이 일정계획을 수립할 수조차 없다는 것 때문에 더욱 복잡해진다. 병렬기계 및 잡샵공정과 같이 일반적인 기계공정들은 두 가지 기본 이슈를 발생시키는데, 작업부하를 어떻게 배분하고, 특정기계에 할당된 작업들이 어떤 작업 순서로 처리되는 것인가 하는 것이다.

10.3.1 부하 할당

부하 할당(loading)

부하 할당(loading)은 작업을 자원(작업장)에 할당하는 것을 말한다. 이것은 특정 작업들을 작업장과 작업장 내 기계에 할당하는 것을 포함한다. 어떤 작업이 하나의 작업장에서만 이루어질 수 있다면 부하할당은 별 문제가 되지 않지만, 두 개 이상의 작업이 수행되고, 그 작업을 수행할 수 있는 작업장이 여러 개 존재한다면 문제가 된다. 이럴 때는 할당을 위한 구체적인 규칙이 필요하게 된다.

부하도(load chart)

할당을 할 때 관리자는 작업 및 작업준비 비용을 최소화하거나, 작업장들의 유휴시간을 최소화하거나 또는 작업 완료시간을 최소화하는 것과 같은 목적을 추구하게 된다. 작업부하할당에 가장 널리 쓰이는 방법 중 하나가 간트차트를 사용하는 것이다. 부하도(load chart)는 일군의 기계나 부서를 위해 할당된 작업부하와 유휴시간을 묘사한다. [그림 10-2]는 전형적인 부하도의 예를 보여준다. 부하도는 작업장 3은 일주일 내내 완전히 작업이 할당되어 있고, 작업장 1는 월요일과 화요일에 유휴시간이 있으며 작업장 2는 유휴시간이 월요일과 금요일 오후에 흩어져 있음을 보여준다. 이런 정보는 관리자들이 작업장들의 가동률을 높이기 위해 부하할당을 새로 할 수 있게 해준다.

작업장	월	화	수	목	금
1				Job 4	Job 5
2		Job 1	Job 5		
3	Job 3	Job 5	Job 1	Job 2	Job 4

[그림 10-2] 간트차트를 이용한 부하도

선형계획법에 의한 할당모형 (assignment model)

선형계획법에 의한 할당모형(assignment model)은 작업이나 작업요소를 자원에 할당하는 상황에서 활용할 수 있는 특수 목적 선형계획 모형이다. 대표적인 예로 기계나 작업자에게 작업을, 수리공에게 고장 난 기계를 할당하는 것이다. 기본 아이디어는 작업과 자원의 최적 결합을 도출하는 것인데, 흔히 사용되는 기준은 비용, 이익, 효율성 그리고 작업 성과이다.

〈표 10-1〉은 네 개의 작업이 네 대의 기계에 할당되는 전형적인 문제를 보여준다. 문제는 작업들이 기계들에 할당되는 결과에 대한 평가를 용이하게 하는 형태로 재구성될 수 있다. 표 가운데 있는 값들은 작업과 기계 간의 각 조합과 관련된 비용을 나타낸다. 즉, 작업 1은 각각 기계 A에서 $9, 기계 B에서 $6, 기계 C에서 $3, 기계 4에서 $4가 발생된다. 문제가 작업을 수행하는 비용을 최소화하는 것이라면 그것은 당연히 가장 작은 비용이 발생되는 기계 C에 할당되어야 하지만 문제가 모든 작업을 모든 기계에 할당하는 것이고, 특정 작업을 위한 최소비용 할당이 모든 작업을 고려할 때의 최소비용 할당과 일치하지 않기 때문에 그렇게 간단히 해결되지 않는다.

따라서 모든 할당 대안들을 풀기 위해 n개의 작업이 존재한다면, n!개의 다른 대안의 할당비용을 계산하여야 한다. 〈표 10-1〉의 문제의 경우는 4! = 24개의 조합에 대한 비용을 계산하고 최소의 비용을 제공하는 대안을 선택하여야 한다. 만약 작업 수가 15개가 넘어가면 무수히 많은 조합을 조사하며 모든 대안을 평가하기가 현실적으로 어렵다. 이 때문에 제안된 효율적인 휴리스틱 방법이 바로 헝가리법이다.

헝가리법을 사용하기 위해서는 작업과 기계 간의 1:1 매칭이 필수적이다. 다시 말해서 각 작업은 한 대의 기계에만 할당되어야 한다. 각 기계는 모든 작업을 수행할 수 있어야 하고, 각 작업-기계 조합의 비용이나 가치가 확정적으로 결정되어 있어야 한다. 이 때문에 보통 표의 행과 열의 수가 같아야 하는데 〈표 10-1〉에 제시된 할당문제는 작업과 기계의 대수가 동일한 경우를 다루고 있다.

〈표 10-1〉 전형적인 할당문제 예시

	기계			
작업	A	B	C	D
1	9	6	3	4
2	5	8	12	10
3	2	6	7	4
4	4	11	13	7

위의 문제를 해결하기 위해 일단 필요한 정보가 수집되고 표 형태로 정리되면 헝가리법은 다음의 절차를 따르게 된다.

1. 각 행의 각 값에서 그 행의 가장 작은 값을 차감한다. 이것을 행차감이라고 하고 새로운 표에 결과를 입력한다.
2. 각 열에 대해서도 위의 1과 같은 연산을 한다. 이것을 열차감이라고 하는데 그 결과를 역시 다른 표에 입력한다.
3. 최적 할당이 가능한지 조사한다. 이것은 '0'을 모두 없애버리는 데 필요한 라인의 최소수를 결정함에 의해 이루어질 수 있다. 여기서 줄의 수가 행의 수와 같다면 최적 할당이 가능하다. 그 경우 6단계로 가고 그렇지 않으면 4단계로 간다.
4. 만약 라인의 수가 행의 수보다 작으면, 다음과 같이 표를 수정해야 한다.
   a. 표에 있는 커버되지 않은 모든 수로부터 최소 커버되지 않은 수를 차감한다.
   b. 교차 제거라인들이 만나는 점에 있는 값들에 최소 커버되지 않은 수를 더한다.
   c. 교차 제거되었지만 라인들의 교차점에 있지 않은 수들은 다음 표로 그대로 넘겨준다.
5. 최적표가 얻어질 때가지 3, 4단계를 반복한다.
6. 할당을 한다. 단 하나의 '0'을 가진 열과 행에서 시작한다. 한 열과 한 행에 하

나의 조합이라는 원칙을 가지고 '0'을 갖는 품목들을 조합한다. 조합 후, 행과 열을 제거한다.

예제 10-2 헝가리법을 이용한 최적 작업할당

다음의 비용데이터에 대한 작업을 헝가리법을 이용하여 기계에 최적 할당하라.

	기계				각 행의 최소 비용
	A	B	C	D	
1	9	6	3	4	3
2	5	8	12	10	5
3	2	6	7	4	2
4	4	11	13	7	4

풀이

a. 각 행의 모든 값에서 그 행의 최솟값을 차감하고 새 표에 그 결과를 입력한다. 이러한 행차감의 결과는

	기계			
	A	B	C	D
1	6	3	0	1
2	0	3	7	5
3	0	4	5	2
4	0	7	9	3
각 열의 최소비용	0	3	0	1

b. 각 열에 대해 a와 같은 연산을 한다. 이러한 열차감의 결과는

	기계				
	A	B	C	D	
1	6	0	0	0	
2	0	0	7	4	
3	0	1	5	1	
4	0	4	9	2	

모든 '0'을 지워버리는 데 필요한 라인의 최소수를 결정한다.(3개)

	기계			
	A	B	C	D
1	6	0	0	0
2	0	0	7	4
3	0	1	5	1
4	0	4	9	2

모든 '0'을 지워버리기 위해 필요한 라인의 수는 3개가 필요하고, 표는 4줄로 구성되어 있으므로 이것은 최적이 아니다. 줄에 의해 커버되지 않은 값들 중 최솟값이 '0'이 아니고 1임을 주지한다. 줄에 의해 커버되지 않은 값에서 최소 커버되지 않은 값을 차감하고, 그것을 줄들이 만나는 점에 있는 값에 더한다. 그 결과는 아래와 같다.

	기계			
	A	B	C	D
1	7	0	0	0
2	1	0	7	4
3	0	0	4	0
4	0	3	8	1

모든 '0'을 지워버리기 위해 필요한 라인의 최소수를 결정한다. 이제 표에 있는 열의 수와 같기 때문에 최적 할당이 가능하다.

	기계			
	A	B	C	D
1	7	0	0	0
2	1	0	7	4
3	0	0	4	0
4	0	3	8	1

할당을 수행한다. 단 하나의 '0'을 가지는 열과 행에서부터 시작한다. 0의 비용을 가지는 기계와 작업을 조합한다.

	기계			
	A	B	C	D
1	7	0	**0**	0
2	1	**0**	7	4
3	0	0	4	**0**
4	**0**	3	8	1

할당	비용($)
1-C	3
2-B	8
3-D	4
4-A	4
	19

보는 바와 같이, 과정은 간단하다. 몇 가지 가정이 충족되기만 하면 헝가리법의 단순함은 아주 유용한 특징이 된다. 헝가리법은 할당을 위한 합리적인 방법을 제공하기도 하지만 무엇보다 컴퓨터를 사용하지 않고 최적 해를 구할 수 있게 해준다는 장점이 있다.

10.3.2 작업순서 결정

우선순위 규칙(priority rule)

작업부하 결정의 경우 작업들이 수행되기 위해 사용될 기계나 작업장을 결정하긴 하지만 특정 작업장에서 수행되는 작업들의 순서를 결정하지는 못한다. 작업순서 결정은 바로 이러한 작업들의 수행 순서를 결정하는 것으로 작업들이 여러 작업장에서 수행되는 순서와 개별 작업장에서 수행되는 순서를 모두 결정한다. 작업순서의 결정에서 작업장들에 부하가 많이 걸리고, 어떤 작업들의 처리 시간이 상대적으로 길게 되면 처리순서를 정하는 것은 대기 비용의 측면에서나 작업장들의 유휴시간 관리 측면에서나 중요한 일이 된다. 보통 많은 작업들이 처리를 기다리며 대기하게 된다. 우선순위 규칙(priority rule)은 작업을 처리하는 순서를 정하기 위해 사용되는 기법들이다. 가장 많이 사용되는 것들이 〈표 10-2〉에 서술되고 있다. 그러한 규칙들은 보통 작업순서가 작업의 준비비용 및 시간과는 관련이 없다고 가정한다. 작업 시간은 보통 작업 준비시간과 공정시간을 포함한다. 비슷한 준비 작업을 요구하는 작업들은 작업순서를 결정할 때 이것이 고려되면 작업준비시간을 줄일 수 있다. 납기는 고객에게 약속한 배달시점, 자재소요계획 또는 경영진 결정의 산물일 수 있다. 그것은 수정이 가능하고 순서 결정의 의미가 있도록 유지되어야 한다. 작업 당 여유시간과 중요도를 제외한 모든 규칙과 관련된 납기는 막 수행될 작업을 위한 것임을 인지해야 한다. 작업 당 여유시간과 중요도를 위한 납기는 전형적으로 완제품 주문을 위한 것이다.

우선순위 규칙들은 크게 두 가지로 분류할 수 있다. 첫째는 지엽적인 규칙으로 하나의 작업장과 관련된 정보만 고려하는 반면 두 번째는 전체적인 규칙으로 여러 개의 작업장들과 관련된 정보를 고려한다. 선착순(First Come First Service : FCFS), 최소작업시간(Shortesl Processing Time : SPT), 가장 빠른 납기(Earlist Due Date : EDD)는 지엽적인 규칙이고, 임계비율(Critical Ratro : CR)은 전체적인 규칙이다. 전체적인 규칙은 지엽적인 규칙보다 많은 노력이 필요하다. 전체적인 작업순서 결정에서 복잡한 점은 모든 작업들이 같은 작업을 요구하는 것이 아니고 작업순서도 다르다는 것이다. 작업 군이 작업장별로 달라지는 결과를 낳는다. 지엽적인 규칙은 모든 경우에 다 적용될 수 있지만 특히 병목현상이 존재하는 작업장에 유용하다. 위의 우선순위 규칙을 이용하려면 몇 가지 가정들이 요구된다. 첫째, 작업 그룹이 미리 알려져 있다. 즉, 작업이 시작되면 새로운 작업은 들어올 수 없다. 또한 어떤 작업도 취소될 수 없다. 둘째, 작업준비 시간은 작업순서와 무관하다. 셋째, 작업준비 시간은 미리 결정되어 있다. 넷째, 작업시간은 확정적으로 정해져 있다. 마지막으로, 고장, 사고, 작업자의 병 등으로 인한 공정에서의 장애는 존재하지 않는다. 위의 가정들은 일정계획 문제들을 쉽게 관리 가능하게 한다. 하지만 실제 작업장 상황에서는 작업들이 지연되거나 취소되기도 하고 새로운 작업들이 들어오는 다이나믹한 상황이 발생한다. 우선순위 규칙에 의해 결정된 작업순서는 10.2절에서 소개된 다양한 일정계획 성능척도들을 통해 평가 가능하다.

〈표 10-2〉 우선순위 규칙들

규칙	설명
선착순(FCFS)	작업장에 도착하는 순서에 따라 먼저 온 작업들부터 먼저 처리된다.
최소작업시간(SPT)	작업장에서의 처리시간에 따라 순서가 짧은 작업들부터 먼저 처리된다.
가장 빠른 납기(EDD)	납기가 빠른 작업들부터 먼저 처리된다.
임계비율(CR)	남은 작업시간과 납기까지의 남은 시간 비율이 가장 낮은 작업들부터 먼저 처리된다.

예제 10-3 우선순위 규칙을 이용한 일정계획

여섯 개의 작업을 위한 작업시간(작업준비 시간을 포함해서)과 납기가 다음 표에 나타나 있다. 작업들의 순서, 평균 흐름시간, 평균 지연 그리고 작업장에 있는 작업의 평균 수를 다음 각 우선순위 규칙에 대해 결정한다.

(1) FCFS(선착순)

(2) SPT(최소작업시간)

(3) EDD(가장 빠른 납기)

(4) CR(임계비율)

작업	작업 시간	납기
A	3	8
B	9	17
C	5	5
D	11	18
E	6	16
F	13	19

작업은 위 표에 나타난 순서로 도착함.

풀이

(1) FCFS 규칙에 의한 작업순서는 A–B–C–D–E–F이다. 효과성 척도는 다음과 같다.

(a) 평균흐름시간: $\sum_{i=1}^{6} F_i/6 = \sum_{i=1}^{6} C_i/6 = (3+12+17+28+34+47)$

$= 141/6 = 23.5$

(b) 평균 지연: (0+0+12+10+18+28)/6 = 68/6 = 11.33일

(c) 총 작업소요시간은 47일이고 작업장에 있는 평균 작업의 수: 141/47 = 3

작업순서	(1) 작업시간	(2) 총 작업 소요시간	(3) 납기	(2)-(3) 납기 지연시간 (음수면 0)
A	3	3	8	0
B	9	12	17	0
C	5	17	5	12
D	11	28	18	10
E	6	34	16	18
F	13	47	19	28
합계	47	141		68

총 작업소요시간 열은 누적 작업시간을 나타내고, 이들을 다 더하고 전체 작업의 수로 나누면 작업장에서 각 작업이 소비하는 평균 시간을 나타낸다. 비슷하게, 총 작업소요시간을 다 더하고 총 작업시간으로 나눔에 의해 작업장에 있는 평균 작업 수를 결정한다.

(2) SPT 규칙에 의한 작업순서는 A–C–E–B–D–F이다. 효과성 척도는 다음과 같다.

(a) 평균 흐름시간: 129/6 = 21.5일

(b) 평균 지연: 53/6 = 8.83일

(c) 작업장에 있는 작업의 평균 수: 2.74

작업 순서	(1) 작업 시간	(2) 총 작업 소요시간	(3) 납기	(2)–(3) 납기 지연시간 (음수면 0)
A	3	3	8	0
C	5	8	5	3
E	6	14	16	0
B	9	23	17	6
D	11	34	18	16
F	13	47	19	28
합계	47	129		53

(3) EDD 규칙에 의한 작업순서는 C–A–E–B–D–F이다. 효과성 척도는 다음과 같다.

(a) 평균 흐름시간: 131/6 = 21.83일

(b) 평균 지연: 50/6 = 8.33일

(c) 작업장에 있는 작업의 평균 수: 2.79

작업 순서	(1) 작업 시간	(2) 총 작업 소요시간	(3) 납기	(2)–(3) 납기 지연시간 (음수면 0)
C	5	5	5	0
A	3	8	8	0
E	6	14	16	0
B	9	23	17	6
D	11	34	18	16
F	13	47	19	28
합계	47	131		50

(4) CR 규칙에 의한 작업순서는 전체 상황을 고려하여 건설적(constructive)으로 임계비율(CR)을 고려하여 작업순서를 결정한다.

작업 순서	작업 시간	납기	임계비율 계산	
A	3	8	(8-0)/ 3 = 2.7	
B	9	17	(17-0)/ 9 = 1.9	
C	5	5	(5-0)/ 5 = 1.0	(lowest)
D	11	18	(18-0)/11 = 1.6	
E	6	16	(16-0)/ 6 = 2.7	
F	13	19	(19-0)/13 = 1.5	

제 5일에 [C 완료], 임계비율은

작업 순서	작업 시간	납기	임계비율 계산	
A	3	8	(8-5)/ 3 = 1.0	(lowest)
B	9	17	(17-5)/ 9 = 1.3	
C	-	-	-	
D	11	18	(18-5)/11 = 1.2	
E	6	16	(16-5)/ 6 = 1.8	
F	13	19	(19-5)/13 = 1.1	

제 8일에 [C와 A 완료], 임계비율은

작업 순서	작업 시간	납기	임계비율 계산	
A	-	-	-	
B	9	17	(17-8)/ 9 = 1.0	
C	-	-	-	
D	11	18	(18-8)/11 = 0.9	
E	6	16	(16-8)/ 6 = 1.3	
F	13	19	(19-8)/13 = 0.8	(lowest)

제 21일에 [C, A와 F 완료], 임계비율은

작업 순서	작업 시간	납기	임계비율 계산	
A	–	–	–	
B	9	17	(17–21)/ 9 = –0.4	
C	–	–	–	
D	11	18	(18–21)/11 = –0.3	
E	6	16	(16–21)/ 6 = –0.8	(lowest)
F	–	–	–	

제 27일에 [C, A, F와 E 완료], 임계비율은

작업 순서	작업 시간	납기	임계비율 계산	
A	–	–	–	
B	9	17	(17–27)/ 9 = –1.1	(lowest)
C	–	–	–	
D	11	18	(18–27)/11 = –0.8	
E	–	–	–	
F	–	–	–	

작업 순서는 C–A–F–E–B–D이고 효과성 척도는 다음과 같다.

(a) 평균 흐름시간: 144/6 = 24일

(b) 평균 지연: 61/6 = 10.17일

(c) 작업장에 있는 평균 작업 수: 144/47 = 3.06

작업 순서	(1) 작업 시간	(2) 총 작업 소요시간	(3) 납기	(2)–(3) 임계비율 계산 (음수면 0)
C	5	5	5	0
A	3	8	8	0
F	13	21	19	2
E	6	27	16	11
B	9	36	17	19
D	11	47	18	29
합계	47	144		61

네 가지 규칙의 결과를 요약해 보면 다음과 같다.

규칙	평균 소요시간(일)	평균 지연 (일)	작업장에 머물러 있는 작업의 평균 수
FCFS	23.50	11.33	3.00
SPT	21.50	8.83	2.74
EDD	21.83	8.33	2.79
CR	24.00	10.17	3.06

예제 10-3에서 SPT 규칙이 평균 소요시간, 평균 지연 그리고 작업장에 머물러 있는 작업의 평균 수 측면의 세 가지 척도 측면에서 상대적으로 다른 우선순위 규칙에 비해 가장 우수함을 보임을 알 수 있다. SPT 규칙은 흐름시간을 최소화, 작업장 평균 작업 숫자를 최소화 그리고 완료 시간을 최소화한다는 측면에서 우수한 우선순위 규칙이다. 반면, EDD 규칙은 평균 작업 지연의 최소화 측면에서 우수한 우선순위 규칙이다. 한편 FCFS 규칙과 CR 규칙은 가장 효과성이 떨어지는 규칙으로 알려져 있다. 일반적으로 FCFS, SPT, EDD, CR 규칙들의 장 · 단점과 각 우선순위 규칙에 적합한 시스템은 다음과 같다.

FCFS 규칙은 고객들이 직접 관여되는 서비스 시스템에 있어서는 가장 좋은 규칙이 될 수 있다. 또한 FCFS 규칙은 그 자체의 단순함이 가장 큰 장점이다. 하지만 FCFS 규칙의 가장 기본적인 한계는 긴 작업이 다른 작업들까지 지연시키는 경향이 있다는 것이다. 어떤 공정이 많은 기계에서의 작업으로 구성된다면 하부 작업장들의 유효 기계시간은 증가할 것이다.

SPT 규칙은 언제나 최적의 평균 완료 시간을 보장하기 때문에 재공품 재고를 최소화할 수 있다. 나아가 최소 평균 지연을 이룰 수 있기 때문에 결과적으로 고객들에게 높은 수준의 서비스를 제공할 수 있다. 마지막으로 언제나 작업장에 있는 작업의 평균 수를 최소화하기 때문에 작업장의 혼잡도를 줄인다. 그러나 경영자들은 납기 준수를 가장 중요시하는 경우가 많은데, 이 때 최단 작업시간 규칙은 최선이 될 수 없다. 최단 작업 시간 규칙의 주요한 단점은 긴 작업을 더 오랫동안 기다리게 한다는 점이다.

EDD 규칙은 직접적으로 납기를 고려하고, 납기를 넘기는 것을 최소화한다. 이러한 특징이 매우 중요함에도 불구하고 이 규칙의 가장 큰 단점은 작업시간을 고려하지 않는다는 것이다. 이럴 경우 가능한 결과는 특정 작업들이 지나치게 오랜 시간 대기해야 하고, 그로 인해 재공품 재고가 급증하게 되고 작업장은 작업 흐름의 막힘 현상을 초래하게 된다.

CR 규칙은 사용하기가 쉽고 매우 중요한 의미를 지닌다. 예제 10-3에서는 CR 규칙이 가장 좋지 않은 결과를 나타냈지만 작업 지연을 최소화하는 데 있어서는 월등한 성과를 보여줬다. 그러므로 작업 지연이 중요한 경우에는 임계비율 규칙이 최선의 선택이 될 수 있다.

10.4 단일기계 및 흐름 생산시스템 일정계획 휴리스틱

이번 절에서는 단일기계 및 2단계 흐름공정에 대하여 특정 척도에 효율적인 일정계획 휴리스틱 알고리즘들을 소개한다.

10.4.1 단일기계 일정계획 휴리스틱 알고리즘

만약 모든 작업을 정시에 할 수 있다면, EDD 우선순위 규칙 순서는 제시간에 모든 작업을 할 수 있다. 그렇지만 모든 작업이 정시에 될 수 없다면, EDD 규칙을 사용할 경우 지연이 매우 오래 되는 직업은 없지만, 많은 작업들(혹은 모든 작업)이 다소 지연될 수도 있다. 작업들의 고정비 요소가 지연보다 우위를 차지하게 되면, 가능한 한 많은 작업들이 제때에 이루어지거나 혹은 지연작업의 수를 최소화하기를 원할 것이다. 이 문제를 풀기 위해 Hodgson의 알고리즘이 사용된다.

먼저, 작업들을 EDD 규칙 순서로 놓고, 그들의 지연을 계산하라. 만약 모든 작업들이 제때에 이루어지면 그만두고, 그렇지 않으면 첫 번째 지연작업을 발견한다. 작업의 그룹으로부터 첫 번째 지연작업에 도달하거나 포함되는 작업순서를 발견한다. 어떤 작업순서에서 적어도 하나는 틀림없이 지연된다. 이 집합에서 어느 작업을 제거할 것인가를 결정할 필요가 있다. 그리고 그 작업 순서에서 제거한다. 지연작업의 수를 최소화시키려고 하기 때문에 어떤 지연작업도 작업순서의 끝에 놓는다. 이것은 다른 작업들이 이 작은 완료시간을 갖도록 하며, 그리고 정시에 끝날 수 있도록 근접하게 된다. 작업 그룹으로부터 가장 큰 처리시간을 갖는 작업을 제거하면 남아있는 작업들의 완료시간이 가능한 한 줄게 된다. 그러므로 이 그룹에서 가장 큰 처리시간을 가진 작업을 제거하고, 그것을 순서의 마지막으로 보낸다. 같은 것은 임의로 선택하면 된다.

$[i]$는 i번째 위치에 일정계획이 되어있는 작업의 번호라는 것을 상기하라. i번째 위치에 계획된 작업에 대한 완료시간은 첫 번째 위치에서 i번째 위치까지 처리시간의 합계이며, $C_{[i]}=p_{[1]}+p_{[2]}+\cdots+p_{[i]}$이다. 지연은 $T_{[i]}=\max\{0, C_{[i]}-d_{[i]}\}$이다. 공식적인 알고리즘은 다음과 같다.

단계1 : EDD 규칙 순서로 되어있는 각 작업의 지연을 계산하라. $N_T=0$으로 놓고, k를 첫 번째 지연작업의 위치라 하자. 만약 지연작업이 없으면 단계 4로 가라.

단계2 : 위치 1부터 k까지의 작업시간이 가장 큰 작업을 발견하라.
$p_{[j]}=\max_{i=1,k}p[i]$라 놓으면; $j^*=[j]$는 첫 번째 k작업들 가운데서 가장 큰 작업시간을 가진 작업의 번호이다.

단계3 : 순서로부터 작업 j^*를 제거하고 $N_T=N_T+1$로 놓는다. 단계1을 반복한다.

단계4 : 어떤 순서로 있는 제거된 N_T 작업들을 순서의 끝에 놓는다. 이 순서는 지연 작업들의 수를 최소화한다.

이 알고리즘은 직관적이지만, 증명은 매우 복잡하기 때문에 생략한다.

예제 10-4 Hodgson 알고리즘을 이용한 일정계획

(주)핫피자는 손님이 주문한 피자가 만들어지면, 손님들이 와서 피자를 배달해 주지 않고 가지고 갈 수 있도록 전화로 알려준다. 현재 주문 받은 피자 주문이 5건이 있고 처리시간과 고객기대시간(납기)가 아래의 표와 같다. Hodgson의 알고리즘을 적용하여 지연고객 주문 수를 최소화하는 작업순서를 결정하여라.

작업	작업 시간	납기
A	4	16
B	2	10
C	3	7
D	2	7
E	4	5

풀이

EDD규칙을 이용하면 주문순서가 E–C–D–B–A 이었다는 것을 상기하면, [1]=E, [2]=C, [3]=D, [4]=B, [5]=A임을 알 수 있다. Hodgson의 알고리즘을 단계별로 적용해 보자.

단계1 : $N_T=0$, 완료시간은 (4, 7, 9, 11, 15), 그리고 각 주문의 지연시간은 (0, 0, 2, 1, 0)이다. 세 번째 위치에서 지연작업 D가 첫 번째 지연작업이다. 따라, $k=3$이다.

단계2 : 작업 E, C, 그리고 D (처음 세 위치에 있는 작업들)의 처리시간은 각각 4, 3과 2이다. 최대처리시간이 4이므로 $j^*=E$이다.

단계3 : 순서로부터 작업 E를 제거하고 $N_T=0+1=1$로 놓고, 단계 1로 가라.

단계1 : 새로운 순서는 C–D–B–A이고, 완료시간은 (3, 5, 7, 11), 지연은 (0, 0, 0, 0)이다. 모든 작업이 제시간에 마치므로 단계 4로 간다.

단계4 : 지연작업의 수를 최소화하는 일정은 C–D–B–A–E이고, 단 하나의 지연작업 ($N_T=1$)을 갖는다.

10.4.2 두 개의 흐름공정에 대한 작업순서 결정

존슨의 법칙(Johnson's rule)

존슨의 법칙(Johnson's rule)은 2개의 연속적인 공정에서 수행되는 작업들의 총 작업 소요시간을 최소화하고자 할 때 사용되는 휴리스틱 알고리즘이다. 또한 이 알고

리즘을 적용하면 작업장들에서 총 유휴시간의 최소화 역시 이루게 된다. 이 알고리즘을 사용하기 위해서는 다음 조건들의 충족되어야 한다.

첫째, 각 공정에서의 작업시간(작업준비와 작업을 포함해서)이 고정적으로 알려져야 한다. 둘째, 작업시간은 순서와 독립적이다. 셋째, 모든 작업들은 동일하게 2단계 작업순서를 따라야 한다. 넷째, 작업의 우선순위가 없다. 마지막으로 첫 번째 공정에서 필요한 모든 소요 작업은 2번째 공정으로 가기 전에 반드시 완료되어야 한다. 최적 작업순서의 결정은 다음 단계를 따른다.

단계1 : 각 공정에서 작업과 작업시간을 열거한다.

단계2 : 최단 시간을 갖는 작업을 선정한다. 최단 작업시간이 첫 번째 공정에 있다면 그 과업을 가장 앞에 배치하고, 그렇지 않으면 가장 뒤에 배치한다. 동률이 있으면 임의로 처리한다.

단계3 : 계속하기 위해 할당된 작업을 제거한다. 모든 작업들이 배치될 때까지 2, 3단계를 반복한다.

예제 10-5 존슨의 법칙을 이용한 일정계획

6개의 작업이 2대의 기계로 구성되는 2단계 흐름공정에서 처리된다. 첫 번째 작업은 세척이고, 두 번째 작업은 도색이다. 이 공정에서 처리되는 작업들의 작업시간은 아래의 표와 같다. 이 작업들의 총 완료시간을 최소화할 작업 순서를 정하라.

	작업시간(시간)	
작업	공정1	공정2
A	6	6
B	5	4
C	9	10
D	3	8
E	7	9
F	13	16

풀이

a. 최단 작업시간을 갖는 작업을 선정하라. 작업 D이고 3시간의 작업시간이다.

b. 작업 D는 제 1공정에 있으므로 D를 가장 앞에 배치하고, D를 제거하라.

c. 작업 B가 다음 최단 작업시간을 가지고 제 2공정에 있으므로 그것을 맨 뒤에 배치하고 제거하라. 그 결과는

1st	2nd	3rd	4th	5th	6th
D	E	C	F	A	B

d. 남은 작업과 작업시간은

	작업시간(시간)	
작업	공정1	공정2
A	6	6
C	9	10
E	7	9
F	13	16

최소 작업시간에 동률이 존재한다. 작업 A가 2개의 공정에서 같은 시간을 소요하는데 이것을 맨 앞으로 배치하거나 맨 뒤에 배치하거나 차이가 없다. 여기서는 임의로 뒤쪽에 배치하고 그 결과를 보면

1st	2nd	3rd	4th	5th	6th
D				A	B

e. 공정 1에서 최단 작업시간은 작업 E가 되고 그것을 작업 D 뒤에 배치하면

1st	2nd	3rd	4th	5th	6th
D	E			A	B

f. 작업 C가 남은 두 개 중에 더 짧은 시간을 가지고, 공정 1에 있으므로 그것을 세 번째 자리에 배치하고 나면 작업 F의 자리는 자동으로 4번째 자리가 된다. 그 결과는

1st	2nd	3rd	4th	5th	6th
D	E	C	F	A	B

g. 작업시간과 유휴시간을 결정하기 위해 다음 차트를 그린다.

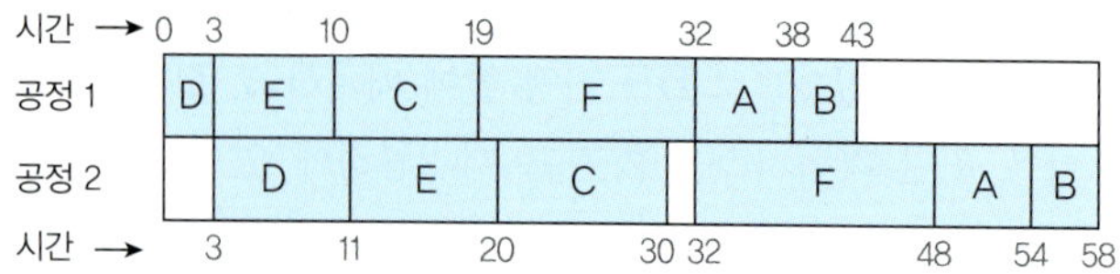

6개의 작업들을 완료하는 데 총 58시간이 걸리고 공정 2는 시작하기 전에 3시간을, 작업 C를 끝내고 나서 또 2시간을 쉬게 된다. 공정 1은 43시간을 가동하고 끝나게 되고, 시작과 끝에 있는 유휴시간은 다른 작업을 수행하거나 유지보수 작업 준비를 위해 사용할 수 있다.

10.5 요약

효과적인 일정계획은 생산시스템 및 서비스시스템의 비용절약과 생산성 증가 그리고 대기시간 감소 및 서비스 만족도 향상에 직접적으로 연관이 된다. 이번 장에서는 일정계획의 필요성 및 기본용어들을 설명하고 효과적인 일정계획을 위해 작업 및 부하 할당기법과 할당된 작업의 순서결정기법에 관해 설명하였다. 또한 대표적 생산시스템인 단일기계 생산시스템 및 흐름생산시스템의 효율적인 일정계획 휴리스틱 알고리즘에 대해 소개하였다.

참고문헌

- Baker, K. R., *Elements of Sequencing and Scheduling*. Handover, NH: Baker Press(2002).
- Heragu, S., *Facility Design*, PWS publishing, Boston, MA(1997).
- Silver, E. A., Pyke, F. F., Peterson, R., *Inventory Management and Production Planning and Scheduling*. Wiley & Sons, New York(1998).
- Sipper, D. and Bulfin, R. *Production and Scheduling, Planning, Control, and Integration*, McGraw-Hill, New York(1998).

Excel 실습 예제 10-1 EDD 우선순위 규칙을 이용한 평가척도 결정

우선, EDD 우선순위 규칙을 적용하기 위해 작업, 작업시간 그리고 납기가 표시된 모든 셀들의 블록을 잡고 Excel의 도구메뉴에 편집에 정렬 및 필터 창을 열면 아래의 폼(form) 상자가 열리게 된다. 여기서, 열 정렬기준은 납기로 정렬기준은 값 그리고 정렬은 오름차순으로 설정한 후 확인을 하면 그림의 우측 상단의 셀과 같이 EDD 순으로 납기 이외에도 작업 및 작업시간의 열들도 함께 납기 오름차순으로 정렬되게 된다. 정렬된 작업순서는 C–A–E–B–D–F로 결정된다.

작업	작업시간	납기
A	2	7
B	8	16
C	4	4
D	10	17
E	5	15
F	12	18

작업	작업시간	납기	총 작업 소요시간	납기지연 시간
C	4	4	4	0
A	2	7	6	0
E	5	15	11	0
B	8	16	19	3
D	10	17	29	12
F	12	18	41	23
	41		110	38

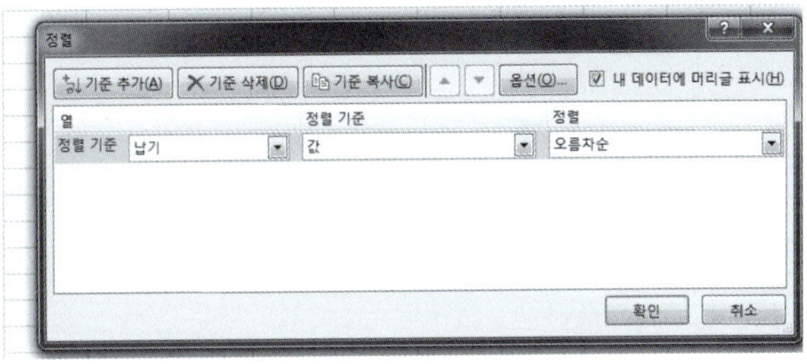

일단, EDD 우선순위 규칙으로 정렬된 작업 셀들을 직전 총소요시간과 현재의 작업시간을 합한 총소요시간을 산출하고 이를 해당 작업의 비음인 총소요시간과 납기의 차이가 양수로 존재하면 양수의 납기지연시간이 발생한다. 그리고 각 작업의 작업시간, 총소요시간 그리고 납기지연시간이 구해지면, 각 작업의 작업시간, 총소요시간 그리고 납기지연시간을 각각 총합을 한다. 최종적으로, 평균 흐름시간은 총소요시간의 총합을 6개의 작업수를 나누어 18.33의 값을 구할 수 있다. 평균 작업지연시간은 납기지연시간의 총합을 6개의 작업수로 나누어 6.33시간의 값을 구할 수 있다. 마지막으로 작업장 평균작업 수는 총소요시간의 총합인 110을 작업시간의 총합인 41로 나누어 2.68작업을 구할 수 있다.

따라서 EDD 우선순위 결정에 의한 세 가지의 평가척도는 다음과 같이 정리될 수 있다.

(1) 평균 흐름시간: 110/6 = 18.33시간

(2) 평균 작업지연시간: 38/6 = 6.33시간

(3) 작업장 평균작업 수: 110/41 = 2.68작업

연·습·문·제

1. 다음 우선순위 규칙을 간단히 설명하라.

   (1) FCFS (2) SPT (3) EDD (4) CR

2. 선형계획법에 의한 할당모형의 기본 가정은 무엇인가?

3. 아래의 표를 이용하여 공정비용을 최소화하는 할당계획을 수립하라.

		기 계		
		A	B	C
작업	1	10	11	13
	2	5	8	11
	3	8	9	14
	4	12	6	9

4. 아래의 표는 한 공정에서 처리되는 4가지 작업의 작업시간과 납기 정보를 보여주고 있다. 다음에 답하라.

		작업시간 (hr)	납기 (hr)
작업	A	10	20
	B	15	18
	C	17	21
	D	13	19

   (1) FCFS, SPT, EDD 그리고 CR 우선순위 규칙을 사용하여 작업들의 작업순서를 결정하라.
   (2) 연습문제 2번의 네 가지 우선순위 규칙들에 대해 (a) 평균작업흐름시간, (b) 평균지연시간, (c) 작업장에 머물러 있는 작업의 평균 수를 정하라.
   (3) 네 가지 우선순위 규칙들 중 어느 것이 가장 우월한지 설명하라.

5. (주)(주)송도자동차부품은 열처리된 기어 제조기업이다. 오전 8시에 공장이 가동하여 다음의 표와 같이 5대의 작업이 현재 대기 중에 있다.

주문	주문량 (단위)	단위당 열처리시간 (분/단위)	납기일 (일)
A	10	5	200
B	7	8	210
C	8	6	180
D	12	9	170
E	9	4	160

(1) EDD 우선순위 규칙을 적용하면 어떤 작업순서로 작업이 처리되는가?

(2) 평균지연시간은 얼마인가?

(3) 작업지연이라는 측면에서 SPT 우선순위 규칙이 더 나은 결과를 도출할 수 있는지 설명하라.

6. 4개의 작업, 3개의 기계를 가진 잡샵공정(job shop) 일정계획 문제에 대해 각 공정에 대한 해당 작업의 작업시간 및 작업 수행 기계 정보 그리고 발주시간 및 납기는 아래의 표와 같다. 그리고 기계의 가공순서가 기계 A는 3−1−4−2, 기계 B는 1−2−3−4, 기계 C는 4−3−1−2로 가정할 때, 간트차트를 이용하여 총작업소요시간(makespan)을 구하라.

작업	기계 A	기계 B	기계 C	발주시간	납기
1	4/2	2/1	3/3	0	20
2	2/3	4/1	3/2	0	18
3	4/1	3/3	5/2	0	17
4	5/2	4/3	3/1	0	13

7. 단일기계에서 지연작업 수를 최소화하는 일정을 계획하고 최소지연작업 수를 결정하라.

작업	1	2	3	4	5	6	7	8	9	10
처리시간	13	8	5	14	22	16	9	10	7	13
납기	20	31	75	52	80	90	65	102	77	59

8. 단일기계 상에서 최소 지연 작업의 수를 결정하라.

작업	1	2	3	4	5	6	7	8	9	10
처리시간	14	12	18	5	15	16	10	19	7	14
납기	52	20	70	85	91	105	75	63	88	34

9. 2개의 흐름공정(flow shop)에서 유휴시간을 최소화하는 작업순서를 결정하고 각 공정의 유휴시간을 계산하라.

	작업시간					
	1	2	3	4	5	6
공정 1	10	11	12	9	21	15
공정 2	18	16	7	20	13	8

10. 반도체 후처리 작업은 모든 작업들이 작업장 1과 작업장 2를 거쳐야 하는 2단계 흐름공정을 따른다. 아래의 열거된 작업군(A, B, C, D, E)에 대해 다음을 답하라.

(1) 총 완료시간을 최소화할 작업순서를 결정하라.

(2) 작업장 2의 유휴시간을 계산하라.

	작업시간				
	A	B	C	D	E
작업장 1	15	13	21	18	16
작업장 2	20	18	9	7	10

Memo

11

CHAPTER

프로젝트 관리

학습 목표

- 프로젝트 관리의 중요성을 이해할 수 있다.
- 프로젝트의 범위를 설정하고, 이에 대한 작업 분류 체계(WBS)를 작성할 수 있다.
- 프로젝트의 시간과 비용의 추정 방식에서 하향식 방식과 상향식 방식에 대해 이해하고, 각 기법의 장단점을 알 수 있다.
- AOA와 AON 기법을 통해 네트워크를 구축하여 프로젝트 계획을 수립할 수 있다.
- CPM을 적용하여, 최단 시간에 프로젝트를 끝낼 수 있는 주경로를 계산할 수 있다.
- PERT를 적용하여, 특정 날짜에 프로젝트를 완료할 확률을 계산할 수 있다.

사례

All of mankind's greatest accom-plishments – from building the great pyramids to discovering a cure for polio to putting a man on the moon – began as a project(모든 인류의 가장 위대한 업적들 – 피라미드 건설부터 소아마비 치료제 개발과 인간이 달에 도달한 것 – 은 프로젝트로부터 시작되었다).

– 라슨과 그레이(E. W. Larson and C. F. Gray)

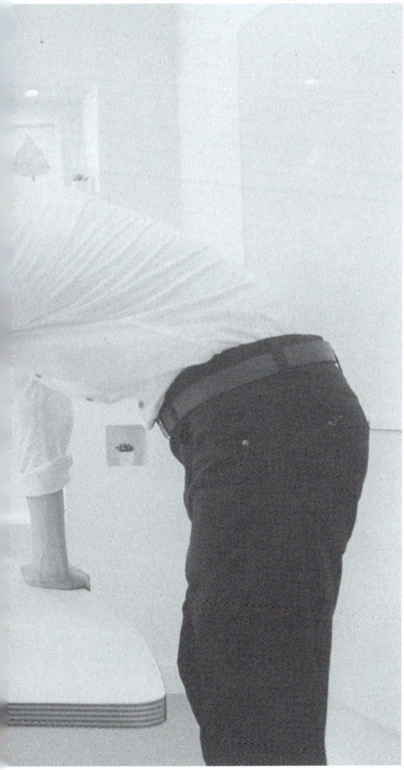

1. 아스트라제네카의 세계적인 유행병 퇴치 백신개발 프로젝트 성공사례

2020년 봄, COVID-19가 전 세계적으로 확산됨에 따라 아스트라제네카는 바이러스를 물리치기 위한 효과적인 COVID-19 백신의 필요성을 인식했다. COVID-19의 세계적 대유행 기간 동안 극심한 압박을 받고 있는 상황에서, PMI 표준을 활용하여 백신에 대한 전 세계의 수요를 충족할 수 있었다.

우선 2020년 4월, 아스트라제네카는 백신 문제를 해결하기 위해 옥스퍼드 대학과 협력하기로 했다. 이는 백신 분야의 세계적 수준의 전문성과 대규모 글로벌 솔루션을 제공할 수 있는 획기적인 파트너십이었다. 여기에는 제조 능력을 강화하는 동시에 임상 시험을 관리하는 것이 포함되었다. 고객은 주로 예방 접종을 모색하는 정부였기 때문에, 각 정부의 자체 요구사항과 규정을 준수하는 프레임워크 또한 문제였다.

아스트라제네카 팀은 숙련된 백신 개발 내부 프로젝트 관리자를 찾는 것을 포함하여, 백신 개발을 위한 프로젝트 관리 프로세스를 구현하고, 내부적으로 정부 계약 기구 설립 등 복잡한 과제를 해결하는 데 필요한 프로젝트 관리 인프라를 구축하였다.

프로젝트 관리 인프라의 핵심 기반중 하나는 PMI의 대표 간행물인 프로젝트 관리기관 가이드(PMBOK® Guide)의 통찰력을 활용하여 R&D 부서의 첫 PMO 사무실을 신속하게 구축한 것이다. 2021년 7월까지 아스트라제네카는 170개국에 10억 도스를 공급했다.

출처: https://www.pmi.org/business-solutions/case-studies/astrazeneca-case-study

2. 후지쯔의 초기 경력 프로젝트 관리자 개발 성공사례(2021)

영국 후지쯔의 프로그램 및 프로젝트 서비스(P&PS) 팀은 초기 경력 전문가의 프로젝트 관리 능력을 개발하는 새로운 방법이 필요하다는 것을 깨달았다. 영국 후지쯔의 전통적인 프로젝트 매니저 개발 접근법은 작은 클래스의 대학 졸업생과 견습생들을 고용하는 것이었다.

2년간 일반 경영 교육 프로그램을 이수하도록 했지만, 여기에는 다음과 같은 네 가지 이유로 부족함이 있었다.

- 교육에는 리더십과 시간 관리와 같은 일반적인 개념과 기술에 초점을 맞추었고, 프로젝트 관리 콘텐츠가 포함되지 않았다.
- 견습생의 요구를 충족시키지 못했다.
- 2년이라는 기간은 직무에 필요한 프로젝트 관리 능력의 깊이를 개발하기에 충분하지 않았다.
- 이 프로그램을 이수한 직원들의 이직률이 문제였다. 이것은 기업과 개인 모두에게 손실이었다.

이에 영국 후지쯔는 참가자 경력 첫 5년에 걸쳐 구조화된 학습, 다른 사람으로부터의 학습 및 경험적 회전이라는 세 가지를 기반으로 구축된 프레임워크를 개발했다. 이 전문 개발 기회는 업계에서 인정하는 인증으로 이어지는 구조화된 학습 프로그램을 통해 견습생을 지원하기 위한 정부 이니셔티브에 의해 자금이 지원되었다.

이렇게 새로운 초기 프로젝트 관리자 프로그램의 운영 결과, 6개월 후 실시된 설문조사에서 참가자들이 성장, 목표의식, 커리어, 연대성에서의 상승이 있었다고 응답했다.

출처: https://www.pmi.org/business-solutions/case-studies/fujitsu-case-study

3. British Columbia 홍수 복구 프로젝트 성공 사례(2021)

2021년 11월, 캐나다 브리티시 컬럼비아주에서 기록적인 폭우가 발생하면서 대규모 홍수와 산사태가 발생하였으며, 이로 인해 밴쿠버를 포함한 저지대가 캐나다의 나머지 지역과 단절되었으며, 주요 도로들이 파괴되었다.

브리티시 컬럼비아의 교통 및 인프라부(MoTI)는 이러한 위기 상황에서 PMBOK(Project Management Body of Knowledge) 가이드에 기반한 프로젝트 관리 접근법을 적용하여 신속한 복구를 추진하였으며, 다음과 같은 핵심 관리 기법을 통해 복귀를 진행하였다.

- 중요 경로 파악: 도로 복구의 우선순위를 설정하고, 가장 중요한 구간부터 복구 작업을 시작하였다.
- 작업 분할 구조(WBS) 도입: 각 손상 구간에 대해 작업을 세분화하여 구조화된 방식으

로 복구를 진행하였다.
- 리스크관리: 지속적인 악천후와 같은 추가적인 위기 상황에 대비하여 리스크를 평가하고 대응 계획을 수립하였다.
- 자원 및 이해관계자 관리: 300명이 넘는 인력과 다양한 이해관계자(건설업체, 정부 기관 등)가 협력하여 신속한 자원 배치와 문제 해결을 추진하였다.

위와 같은 프로젝트 관리를 통해 MoTI는 35일 만에 파괴된 Highway 5(Coquihalla 고속도로)를 예상보다 훨씬 빠르게 도로를 복구하는 데 성공하였다.

출처: https://www.pmi.org/business-solutions/case-studies/reconnecting-roads-after-massive-flooding

11.1 서론

프로젝트 관리(project management)

프로젝트 관리(project management)란 프로젝트를 과학적, 체계적으로 관리하기 위한 구조적 접근방법을 말한다. 최근 기업 및 정부에서 프로젝트를 계획하고 실행하기 위하여 많은 프로젝트 관리 기법을 적용하고 있다. 프로젝트 계획 소프트웨어(project planning software), PMI(project management institute)의 PMBOK(project management body of knowledge), APM(association of project manager) 등이 현재 적용되고 있는 대표적인 프로젝트 관리 기법이다.

이처럼 프로젝트 관리 기법들이 개발되고, 프로젝트 관리라는 개념이 널리 확산하면서, 기업들은 성공적인 프로젝트를 수행하기 위해 대량의 데이터를 계획, 조종 및 관리하고 보다 신속하고 정확하게 문제 해결 및 의사결정을 할 수 있는 통합 정보와 통제 시스템을 개발할 수 있는 능력을 중요시하고 있다.

프로젝트 관리는 "이해관계자와 고객들이 프로젝트로부터 기대하고 요구하는 사항을 충족시키기 위해 프로젝트 활동에 지식, 기술, 도구 및 기법을 적용"하는 것이다.

과거의 프로젝트 관리는 기능 계층 구조를 중심으로 관리되어 왔으나, 최근 들어 프로젝트는 여러 학문 분야가 서로 연관되고, 기업 및 정부 조직 등의 여러 조직이

조직 분담 구조(Organization Breakdown Structure: OBS)

서로 연계되어 있어, 프로젝트와 프로젝트를 수행하는 팀 등 매트릭스 조직 구조를 관리하는 단계로 발전하고 있다. 그리고 프로젝트 관리자는 [그림 11-1]에서와 같이 프로젝트 요구사항을 충족하면서, **조직 분담 구조(Organization Breakdown Structure: OBS)**의 요구, 이해관계자의 요구 및 프로젝트 수행자의 요구사항 등을 동시에 충족시키기 위한 계획을 수립하고 실행하는 능력이 요구되고 있다.

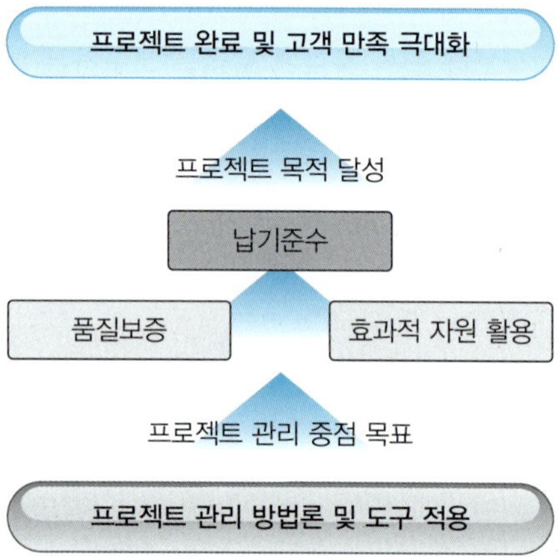

[그림 11-1] 프로젝트 관리 요구사항

자료 : 프로젝트 매니지먼트, 김송호, HONGJIN C&TECH

작업 분류 체계(Work Breakdown Structure : WBS)

이처럼 여러 조직의 요구가 서로 얽혀 있는 상황에서, 프로젝트의 과학적, 체계적 관리를 위해 프로젝트 관리자는 컴퓨터와 각종 자료를 이용하여 만들 수 있는 조직 차트, **작업 분류 체계(Work Breakdown Structure : WBS)**, 바 차트, 자원 관련 도표, 현금 재무제표 등 프로젝트 관리에 활용 가능한 관리 도구들이 필요하다.

주경로법(Critical Path Method: CPM)

프로그램 평가 및 검토 기법(Program Evaluation and Review Technique: PERT)

이번 장에서는 프로젝트 관리의 중요성에 대해 이해하고, **주경로법(Critical Path Method: CPM)**과 **프로그램 평가 및 검토 기법(Program Evaluation and Review Technique: PERT)** 등 프로젝트 관리 방법론에 대해 학습한다. 구체적으로, 2절에서는 프로젝트 관리의 중요성에 대해 다루며, 3절에서는 프로젝트 범위와 작업 분류 체계 등 프로젝트 정의에 대해 학습한다. 4절에서는 프로젝트 관리를 위한 선행활동으로 프로젝트의 시간과 비용을 추정하는 방법에 대해 학습하며, 5절에서는 네트워크를 활용한 프로젝트 계획 수립 방법과 CPM, PERT 등 프로젝트 관리 방법론에 대해 학습한다.

11.2 프로젝트 관리의 중요성

11.2.1 프로젝트 수명 주기(project life cycle)

프로젝트 수명 주기(project life cycle)

프로젝트를 수행하는 기관은 보다 좋은 관리를 위해 일반적으로 수행 프로젝트를 여러 단계로 분류한다. 이러한 단계를 프로젝트 수명 주기(project life cycle)라고 부른다. 프로젝트 관리는 독특한 업무의 특성 때문에 프로젝트 수명 주기로 설명할 수 있다.

프로젝트 관리는 업무 고유의 시간과 목표를 갖기 때문에 보다 세밀히 업무를 계획할 수 있으며, 시간에 따라 업무를 계획 및 평가할 수 있다. 이러한 특징을 프로젝트 수명 주기로 표현할 수 있으며, 프로젝트 수명 주기는 프로젝트 유형과 산업에 따라 다양하게 나타날 수 있다. 일반적으로 프로젝트 수명 주기는 [그림 11-2]와 같이 정의(defining), 계획(planning), 실행(executing), 종료(closing) 단계로 구분할 수 있다.

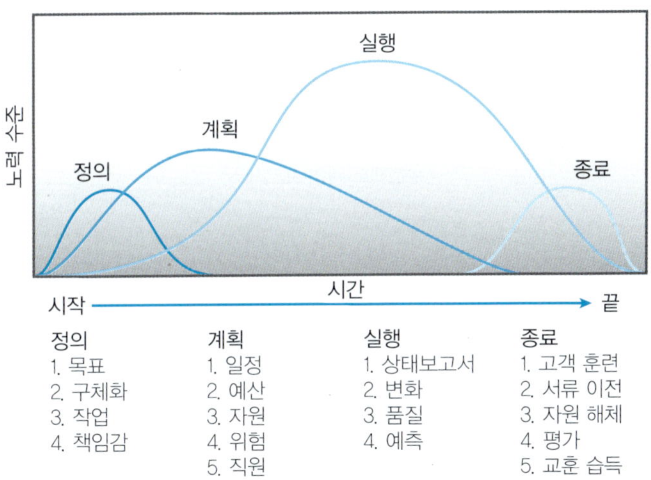

[그림 11-2] 프로젝트 수명 주기

출처 : Project management the managerial process 5th edition, Erik W. Larson & Clifford F. Gray, The McGraw Hill

- 정의 단계(defining stage) : 프로젝트의 특성들이 결정되는 단계이며, 프로젝트 목표가 정해진다. 또한 팀원들이 정해지며, 각각의 업무와 책임이 부여된다.
- 계획 단계(planning stage) : 프로젝트에 관련된 세부 일정과 요구사항이 정해진다. 예를 들어, 프로젝트 기간별 업무 달성 정도나 예산 사용 분야 및 정도를 결

정하게 된다.

- 실행 단계(executing stage) : 실행 단계는 프로젝트 수명 주기 중에서 가장 긴 기간을 차지하는 단계로 결과물을 산출하게 된다. 또한 계획에 맞게 프로젝트가 수행되었는지 검증하는 업무를 포함하고 있다.
- 종료 단계(closing stage) : 최종 단계는 프로젝트 산물의 전달, 프로젝트 자원의 재배치, 사후 프로젝트 관리로 이루어진다.

이러한 프로젝트 수명 주기에 따라 프로젝트 관리와 연관된 작업 분류 체계(WBS), 획득 가치(earned value), 주경로법(CPM), 형상 통제(configuration control), 자원 관리(resource smoothing) 등과 같은 기법이 사용되고 있다.

11.2.2 프로젝트 관리의 범위

프로젝트 관리 프로세스는 프로젝트 수명 주기에 따라 [그림 11-3]과 같이 정의, 계획, 실행, 종료의 단계로 진행되며, 실행 단계에서 계획과 결과를 비교하여 통제 단계에서 계획 변경이 이루어지고 다시 실행의 단계로 이어지게 된다.

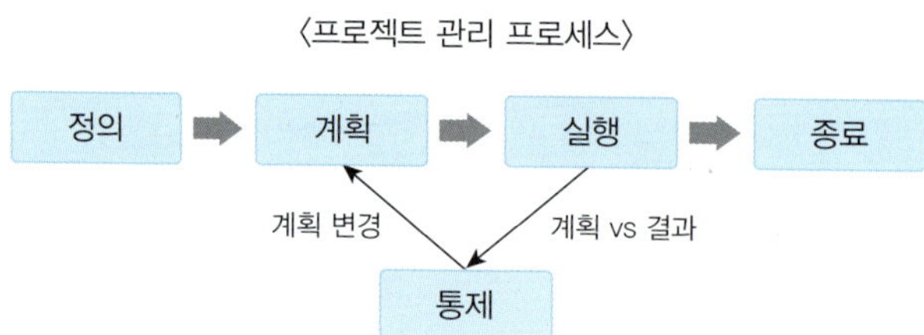

[그림 11-3] 프로젝트 관리 프로세스

프로젝트 관리 영역별 프로세스는 〈표 11-1〉과 같이 아홉 가지로 정의할 수 있다. 프로젝트의 통합, 프로젝트 범위 관리, 프로젝트 일정 관리, 프로젝트 비용 관리, 프로젝트 품질 관리, 프로젝트 인적자원 관리, 프로젝트 의사소통 관리, 프로젝트 위험 관리, 프로젝트 획득 관리로 구성된다.

〈표 11-1〉 관리 영역별 프로세스

구분	착수	계획	실행	통제	종료
통합관리		프로젝트 계획 수립	프로젝트 계획 실행	프로젝트 변경 통제	
범위관리		범위관리 범위정리	범위확인	범위통제	
일정관리		활동목록 정의 활동목록 순서화 활동기간 산정 스케줄 개발		스케줄 통제	
원가관리		자원계획 수립 원가산정 예산계획 수립		원가관리	
품질관리		품질계획 수립	품질보증	품실통제	
인력관리		조직화 계획수립 요원선정	팀워크개발		
의사소통		의사소통 계획수립	의사전달	성과보고	프로젝트 정리
위험관리		위험파악 위험정도의 계량 위험대응 방안 개발		위험대응조치	
구매관리		구매계획수립 구매준비	구매 자원산정 계약관리		계약종료

- 통합관리 : 프로젝트를 계획, 실행, 통제하는 프로젝트 수행의 핵심 역할
- 범위관리 : 프로젝트를 정의하며 범위를 결정하고, 고객과 함께 확인하며 변경 사항을 관리
- 일정관리 : 세부 프로세스들에 대한 활동을 정의하고 활동의 순서를 프로젝트 기간에 대응시켜 일정을 수립하고 통제
- 원가관리 : 활동 목록별로 자원과 비용을 산정하여 예산을 수립하고 예산의 집행 및 통제를 수행
- 품질관리 : 고객의 품질 관련 요구사항을 파악하여 품질 보증 계획을 수립하고, 보증 활동을 수행하며 품질을 통제

- 인력관리 : 활동을 수행하는 데 필요한 기술, 경험 및 역할과 책임을 개발하고, 적합한 인력을 선정하며 교육을 통하여 팀워크를 개발
- 의사소통 : 프로젝트와 관련한 정보 유통 계획을 수립하고 진척 상황을 보고하며, 프로젝트를 종료하기 위한 행정적인 활동
- 위험관리 : 프로젝트 위험을 식별하고 위험의 정도에 따라 대응 방안을 수립하고 조치를 취함
- 구매관리 : 원가 목표를 준수하기 위해 납품시기와 가격 변동에 대한 정보를 파악하여 구매계획을 수입하고 제안요청서를 작성, 평가하며 계약 관계를 관리

11.2.3 프로젝트 관리의 중요성

제품 수명 주기의 단축

프로젝트 관리의 주된 목적 중 하나는 제품 수명 주기(product life cycle)의 단축이다. 예를 들어, 30년 전 제품 수명 주기는 10~15년 정도였지만, 오늘날 첨단기술 산업에서 제품 수명 주기는 1년에서 3년 정도이다. 새로운 제품에 의한 시장은 짧아진 제품 수명 주기에 의해 점차 중요시 여겨지며, 산업계에서는 6개월의 프로젝트 지연은 해당 제품 수익의 33% 하락과 연관된다고 한다.

비즈니스 원칙(기업 이익, 환경, 사회적 책임)

비즈니스는 더 이상 기업의 이윤에만 집중하지 않고, 환경과 사회에 좀 더 관심을 가지고 있다. 효과적인 프로젝트 관리를 통하여 탄소배출량을 줄이고 신재생에너지의 이용률을 높일 수 있다.

핵심 사업에의 주력

지난 10년간 기업 환경은 급격하게 변화해 왔다. 많은 기업이 경쟁에서 살아남기 위하여 많은 사업 분야에 진출하기보다는 핵심 사업에 주력하며 지속가능한 사업 분야에 집중하고 있다.

고객 니즈의 증가

고객들은 더 이상 기존의 제품이나 서비스가 가지고 있는 단순한 가치에 만족하지 않고, 개개인의 요구에 맞춘 특별한 니즈가 반영된 제품과 서비스를 찾고 있다.

11.3 프로젝트 정의

11.3.1 프로젝트 범위 정의

프로젝트 범위(project scope) 정의는 프로젝트 계획을 설정하기 위한 기초단계이다. 프로젝트 범위는 프로젝트의 최종 결과물 또는 미션으로 정의된다. 프로젝트 범위를 정의하고 관리하는 것은 프로젝트 성공에 직접적인 영향을 미치며, 프로젝트의 범위가 명확하지 않으면 대부분의 프로젝트는 실패하게 된다. 따라서 프로젝트의 범위는 프로젝트 계획에 중점을 두고 가능한 명확하게 정의되어야 한다. 프로젝트의 범위가 명확하게 설정되었는지 확인하기 위해서는 〈표 11-2〉에 기술된 사항을 확인하여야 한다.

〈표 11-2〉 프로젝트 범위 체크리스트

프로젝트 범위 체크리스트
프로젝트 목표(project objective)
산출물(deliverables)
주요일정(milestone)
기술 요구사항(technology requirements)
한계 및 배제 사항(limits and exclusions)
고객 검토(customer review)

- 프로젝트 목표(project objective) – 프로젝트 범위 정의의 첫 단계는 고객의 요구사항을 만족시키기 위한 모든 목표들을 정의하는 것이다. 프로젝트 목표는 측정 가능한 성공 기준들로 정의되어야 한다.
- 산출물(deliverables) – 다음 단계는 프로젝트 기간 동안 기대되는 주요 산출물을 정의하는 것이다. 프로젝트의 산출물에는 제품 또는 서비스와 같은 프로젝트의 직접적인 결과물뿐만 아니라 프로젝트 관리 보고서와 문서 등과 같은 보조적인 결과물도 포함된다.
- 주요일정(milestone) – 특정 시간에 발생하는 프로젝트의 주요 사건을 정의해야 한다. 이러한 주요일정은 프로젝트 일정의 제약사항으로 처리될 수 있다.

- 기술 요구사항(technology requirements) – 제품과 서비스 같은 프로젝트 결과물은 적절한 성능을 보증할 수 있는 기술적인 요구사항들을 갖고 있다. 따라서 프로젝트 범위 설정단계에서 이러한 기술 요구사항은 명확히 분석되고 만족되어야 한다.
- 한계 및 배제 사항(limits and exclusions) – 프로젝트의 한계 및 배제 사항을 명확히 하여야 한다. 일반적으로 프로젝트에 포함되어야 하는 요구사항이 식별된 후, 이를 프로젝트 결과물의 구성요소로 제한하고, 무엇이 프로젝트에서 제외되는지 명확히 해야 한다.
- 고객 검토(customer review) – 프로젝트의 범위를 명확히 설정하고 이는 반드시 내 · 외부 고객의 검토를 받고 끝마쳐야 한다. 고객 검토의 주된 목적은 결과물에 대해서 명확히 이해하고 있는지, 고객의 요구사항을 모두 만족하고 있는지 확인하는 것이다.

11.3.2 작업 분류 체계(Work Breakdown Structure)

작업 분류 체계(WBS)는 프로젝트 목표를 달성하고 요구된 산출물을 도출하기 위해 프로젝트 수행에서 실행할 작업을 산출물 중심으로 목적들을 보다 작은 단위로 세분화하여 계층적으로 분해한 구조이다. WBS는 프로젝트 전체 범위를 조직화하여 정의하고, 하위 레벨로 내려갈수록 프로젝트 작업은 더 상세하게 정의하여 프로젝트 작업을 관리하기 쉽게 나타낸다. 좋은 작업 분류 체계는 요소들이 독립적으로 수행되게 하고, 요소들을 수량으로 통제할 수 있으며, 프로그램을 수행할 수 있는 권리를 부여하고, 또한 프로그램을 특정 및 조정하며, 요구하는 자원을 제공한다.

WBS의 최하위 작업인 작업그룹을 하나의 단위로 하여 일정을 계획하게 된다. [그림 11-4]는 작업 분류 체계의 예를 나타낸다.

수준	요소설명
1	프로젝트
2	대분류
3	중분류
4	소분류
5	작업그룹

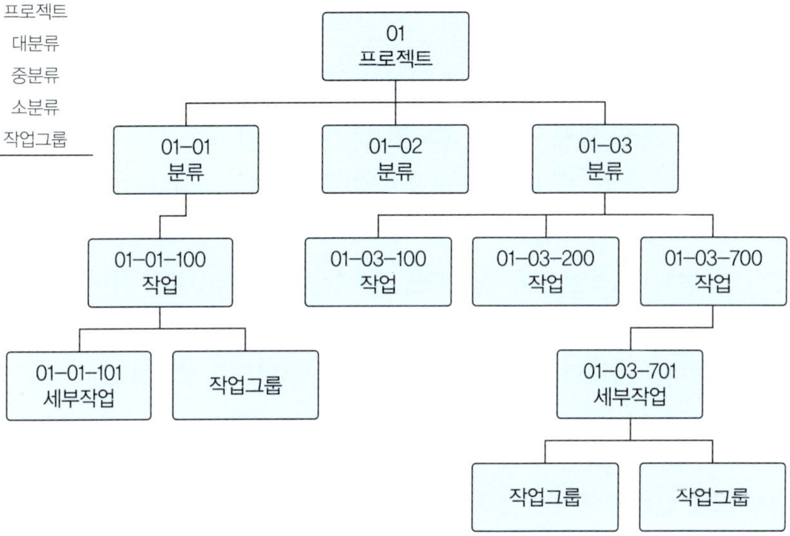

[그림 11-4] 작업 분류 체계의 예

작업 분류 체계의 중요성

WBS는 다음과 같은 점에서 프로젝트 관리에 있어서 중요한 요인이다.

- 원가, 일정, 자원 산정의 정확성을 높인다.
- 성과 측정과 통제의 기준선(Baseline)이 된다.
- 명확한 책임 할당을 돕는다.
- 산출물 중심으로 정의하기 때문에 업무 범위를 통제하고 관리하기 쉽다.

작업 분류 체계의 역할

WBS의 역할은 다음과 같다.

- 프로젝트에서 수행할 업무 식별을 위한 도구
- 프로젝트의 일정과 원가, 자원 요구사항 식별을 위한 도구
- 작업에 자원을 배정하기 위한 도구
- 프로젝트 생산성 통제를 위한 도구
- 고객, 프로젝트 팀 등 이해관계자와의 의사소통을 위한 도구

11.4 프로젝트 시간과 비용 추정

11.4.1 시간, 비용, 자원의 추정에 대한 가이드라인

프로젝트의 계획, 일정, 관리가 효과적으로 진행되기 위해서는 우선 관리자가 이용 가능한 시간, 비용, 자원을 정확하게 측정하여야 한다. 그러나 실제로 많은 부분에서 부정확하게 이용 가능한 자원을 측정하는 경우가 종종 있다. 그러므로 프로젝트 초기 단계에서 가능한 정확하게 이용 가능한 자원을 측정해야 하며, 프로젝트에 적절히 이용 가능한 자원을 선별할 수 있어야 한다. 비록 프로젝트는 시작되지 않더라도 관리자는 아래의 7가지 가이드라인에 따라 업무를 설계하여야 한다.

책임(responsibility)

업무 설계 단계에서 가장 업무에 능숙한 사람이 이용 가능한 혹은 사용하여야 하는 자원을 측정하여야 한다. 특수한 분야를 제외하고는 각 분야에서 실질 업무 역량을 갖춘 일선 관리자들이나 기술자들이 직접 프로젝트에 필요한 자원을 측정하여야 한다. 그러므로 관리자들은 경험과 최고의 판단으로 프로젝트에 필요한 혹은 사용 가능한 자원을 측정할 수 있다.

전문가를 통한 측정(use experts to estimate)

이미 프로젝트에 관련된 비용이나 시간측정은 많은 경험과 지식을 갖춘 전문가들이 참여하여 결정하는 부분이다. 실제 사람들은 각기 다른 경험과 기준으로 프로젝트의 비용이나 시간을 측정한다. 하지만 이러한 전문가들의 측정에 대한 개인적인 차이점을 여론조사나 토론을 통하여 수정할 수 있고, 오류사항이나 오차를 줄일 수 있다. 이러한 접근법은 델파이 측정 기법과 비슷하다.

정상 조건(normal condition)

업무시간, 비용, 자원에 대한 측정을 할 때 관리자는 특정한 가정을 해야 한다. 측정은 정상 조건, 효과적인 방법, 자원의 정상 수준을 근거로 수행되어야 한다. 정상 조건은 때때로 판단하기 어렵지만 프로젝트를 효과적으로 설계하기 위해서는 조직과 프로젝트에 대한 정상 조건을 반드시 알고 있어야 한다. 만약 정상 업무시간이 8시간이면 업무시간 추정은 하루 8시간 기반이 되어야 한다. 유사하게 업무 형태가 2교대라면 업무시간 추정은 하루 2교대가 되어야 한다. 또한 업무시간 추정은 정상적으로 이용 가능한 자원(작업자 혹은 장치)을 반영하여야 한다.

시간단위(time units)

특정업무 시간단위는 프로젝트 설계 초기단계에서 결정되어야 한다. 모든 업무시간측정은 일관된 시간단위가 필요하다. 업무시간 추정은 반드시 정상시간 단위가 달력상 날짜, 일일근무시간, 주당근무시간, 일, 시간, 분 단위인지 고려해야 한다. 실제로 산업계에서는 일일근무시간이 실제로 산업계에서는 일일근무 시간이 적용되고 있으며, 일일근무 시간이 가장 많이 적용되고 있는 업무는 심장이식 수술과 같은 특수한 업무이다. 왜냐하면 심장이식과 같은 업무에서는 병원 간의 이동 업무와 환자의 상태를 표현하기 위해 분 단위가 가장 적절한 것으로 알려져 있다. 즉, 네트워크 분석을 정확하게 하기 위해서는 표준 시간 단위가 요구된다.

독립성(independence)

측정자들은 작업 분류 체계(WBS)에 의해 업무들이 통합되는 것처럼 각 업무 간의 독립성을 주의하여야 한다. 일선 관리자들 덕분에 각 업무들이 보다 독립성을 가지며 효율적으로 분배된다. 최종 관리자는 주로 많은 업무들을 하나의 시간 추정으로 보는 경향을 가지며, 개개인의 업무시간을 종합적으로 보는 시선을 가진다. 만약 단일 부서나 그룹에서 업무가 진행된다면, 관리자가 업무 진행 과정에서 나오는 오류사항이나 선입견을 발견하기 힘들며 관리자의 잘못된 주관적인 성향이 반영되어 업무를 효과적으로 처리할 수 없다. 이러한 경향은 개인의 업무에 불확실성을 높여주며 최적의 업무시간 추정에 방해를 준다. 요약하자면 각각의 작업 시간 추정은 다른 업무들과 독립적으로 고려되어 추정되어야 한다.

긴급 상황(contingencies)

일반적으로 작업 패키지는 긴급 상황을 고려하지 않는다. 프로젝트에 관한 시간, 비용, 자원에 관한 추정은 정상 혹은 평균 상태의 업무환경을 고려하기 때문이다. 이러한 이유로 최고 관리자는 긴급 상황 발생 시 효과적으로 대응하기 위하여 추가적인 비용, 시간, 자원을 준비하는 것이 필요하다.

이해 당사자들의 예상치 못한 피해 방지를 위한 위험평가 추가(adding risk assessment to the estimate helps to avoid surprises to stakeholders)

프로젝트 진행 중 몇몇 업무들은 다른 업무보다 더 많은 시간, 비용, 자원을 요구하는 경우가 있다. 예를 들어, 새로운 기술의 경우 기존의 기술보다 큰 비용과 시간이 필요하다. 간단히 말하자면 위험의 정도에 따라 이해관계자들이 다른 대안을 찾거나 작업 결정을 하게 된다.

11.4.2 하향식 추정 vs 상향식 추정

하향식 추정(top-down estimates)

상향식 추정(bottom-up estimates)

프로젝트의 시간과 비용의 추정 방식은 크게 하향식 추정(top-down estimates) 방식과 상향식 추정(bottom-up estimates) 방식이 있다.

하향식 추정은 프로젝트 기간이나 비용을 결정할 정보나 경험을 사용할 사람으로부터 추정한다. 이러한 추정방법은 때때로 프로젝트를 수행할 능력이나 경험이 적은 최고 관리자에 의해 만들어진다. 예를 들어, 시장이 도시 내의 대형 건물을 짓기 위하여 23만 달러를 책정하였고 건설기간은 2년 6개월이 걸릴 예정이라고 발표하였다. 비록 시장은 건설에 대한 추정을 요구하였지만, 추정은 간단한 미팅(Guesstimate)에서 시작되었을 것이다. 실제 상황에서 이러한 추정방식이 적용되고 있다. 그러나 문제점은 "이러한 추정방법이 저비용이며 효율적인가?"이다.

가능하다면 프로젝트 관리자는 추정방식이 작업 패키지 단계에서 저비용에 효율적인 방안으로 설계하고 싶을 것이다. 이러한 방식은 프로젝트가 보다 세밀하게 정의된 후 설계가 가능하다. 하향식 추정 방식은 각각의 업무에 관해 가장 많은 지식을 가진 사람들로부터 시작될 수 있다. 그러므로 관련 경험과 지식을 가진 많은 작업자의 참여는 보다 좋은 시간과 비용 추정을 기대할 수 있다.

상향식 추정은 작업 패키지 단계에서 작업 분류 체계(WBS)로 비용 요인을 분석하여 프로젝트에 관련된 주요 비용들을 각 업무의 관리자들에게 설명해줄 수 있다. 이와 유사하게 프로젝트에 사용될 자원 요구사항도 체크 가능하다. 이러한 과정을 통하여 작업 패키지의 시간, 비용, 자원을 시간대별 네트워크, 자원 일정, 예산 추정 등으로 통합될 수 있다. 또한 상향식 추정방법은 고객이 저비용과 효율적인 방법을 비교할 기회를 준다. 예를 들어, 예상 프로젝트 추정 기간이 2년이지만 상향식 분석을 통한 프로젝트 추정 기간은 2년 6개월인 경우, 고객은 프로젝트 기간을 2년으로 압박을 하거나 저비용 방법으로 교환을 고려할 수 있다.

하향식과 상향식 추정은 서로 상이한 방식으로, 상황에 따라 하향식 혹은 상향식 추정 방법을 사용하는 분명한 이유가 있다. 〈표 11-3〉은 각각의 상황에 따른 선호

추정 방법을 보여준다.

〈표 11-3〉 하향식 또는 상향식 추정치를 선호하는 조건

조건	하향식 추정	상향식 추정
전략적 의사결정	X	
비용, 시간 중요성		X
높은 불안정성	X	
내부, 소규모 프로젝트	X	
고정비 계약		X
높은 정밀도		X
불안정한 범위	X	

출처 : Project management the managerial process 5th edition, Erik W. Larson & Clifford F. Gray, The McGraw Hill

일반적으로 모든 프로젝트 관리자들이 저비용과 효과적인 프로젝트 수행 프로세스를 원하지만, 비용이 높아지는 경우가 많다. 이러한 경우 하향식 추정 후 WBS/OBS 수행, 상향식 추정 후 일정과 예산을 계획하고 다시 하향식 추정과 상향식 추정방법의 차이를 고려하는 것이다. 이러한 단계는 내/외부 고객들과의 최종 협상 이전에 완료되어야 한다. 결론적으로 이러한 이상적인 접근방안은 프로젝트 관리자가 충분한 시간을 가지며 하향식 추정방법과 상향식 추정방법을 수행 후 안정적인 추정 결과를 고객에게 제공할 기회를 준다.

11.4.3 프로젝트 시간과 비용 추정 방법

(1) 프로젝트 시간과 비용을 추정하기 위한 top-down 접근 방식

전략적 수준에서의 하향식 기법은 프로젝트 제안서를 평가하는 데 사용된다. 때로는 정확한 시간과 비용을 추정하기 위해 많은 양의 정보가 필요하지만, 프로젝트 내부 사항을 보면 그렇지 않을 때가 많다. 예를 들면 최종 디자인이 나오지 않았을 때를 들 수 있다. 이런 상황들에는 WBS 안의 작업이 정확하게 정의될 때까지 하향식 추정이 사용된다.

합의 방법(consensus methods)

합의 방법은 경험이 많은 고위 혹은 중간 매니저들이 총 프로젝트의 지속시간과 비용을 추정하는 데 사용된다. 전문가들과의 미팅, 토론을 통해 최적의 추정치를 찾는 것이 포함된다. 회사에서 보다 엄격한 기준을 찾기 위해서는 델파이 기법(Delphi Method)을 이용하여 보다 큰 규모의 추정을 한다.

처음 단계의 하향식 추정 기법은 초안이며 프로젝트 구상 단계에 사용된다는 것을 인지하는 것이 중요하다. 하향식 추정은 최종 계획 수립에 상당한 도움을 준다. 하지만 하향식 추정치는 간혹 세부 정보가 제대로 모이지 않아 실제 시간과 비용이 많이 달라지는 경우도 있다. 처음 단계에서는 개개인의 작업 항목이 정해지지 않는다. 간혹 "명확히 계획된 프로젝트"를 원하기 때문에 하향식 추정치가 현실적이지 않을 때도 있다. 그럼에도 불구하고 초기의 하향식 추정치는 프로젝트 보증에 있어 세부 정보를 고려한 보다 공식적인 계획 수립에 있어서도 도움을 줄 수 있다. 대형 추정치를 계산함에 있어 고위 매니저들은 하위 매니저들이 추정치가 적합하지 않음에도 자신들의 추정치를 강요하는 것을 조심해야 한다.

비록 대부분의 프로젝트 관리자는 가능한 하향식 기법을 피하려 하지만, 프로젝트 지속시간과 비용 추정에 있어 놀라울 만큼 높은 정확도를 가진 사례들이 나타나기도 하였다. 예로는 가공 공장 건설, 배급 창고 건설, 고층 건물의 공기 컨트롤 개발과 도로 건설이 있다. 하지만 새롭고 아직 증명되지 않은 기술이 쓰이는 분야에서는 추정치가 심각하게 벗어난 경우가 있었다. 하향식 기법은 과거에 정확한 경험과 판단이 있을 때 유용하다.

비율 기법(ratio methods)

하향식 기법의 하나인 비율(모수라고도 불림) 기법은 보통 비율 혹은 대리를 통해 프로젝트 시간과 비용을 추정한다. 하향식 기법은 프로젝트 개념 혹은 필요성을 찾는 단계에서 초기 지속 시간과 비용을 계산하는 데 자주 사용된다. 예를 들면 건설업자가 집을 지을 때 제곱피트 단위를 사용하여 비용과 시간을 추정하는 것을 들 수 있다. 2,700제곱 피트 크기의 하우스는 단위당 160달러로 계산하여 총 비용을 432,000달러로 계산하는 것이다. 비슷하게 제곱피트와 피트별 가격을 경험을 통해 100일 정도 건설 시간이 걸린다고 추정한다. 가장 많이 이용하는 두 개의 다른 예제로 하향식 방법을 통해 추정된 가격은 새로운 건물 건설에 있어 건물 크기에 따라 가격을 추정할 수 있고 소프트웨어 상품 같은 경우 내부 특성과 복잡도에 따라 시간과 가격을 추정할 수 있다.

배분 기법(apportion methods)

배분 기법은 비율 기법의 확장된 기법으로 본다. 프로젝트가 과거에 시행된 프로젝트의 특징과 비용이 밀접하게 관계되어 있을 때 할당이라는 단어를 쓴다. 자세한 과거 데이터를 이용하면 비교적 적은 노력을 통해 정확도 높은 추정치를 빠른 시간 내에 찾을 수 있다.

누군가 집을 짓기 위해 은행에서 돈을 대출받았을 때 배분 기법이 활용될 수 있다. 집의 세부 부분이 지어진 상태와 추정된 총 비용에 따라 은행과 FHA는 건설업자에게 돈을 빌려준다. 예를 들면 집의 토대는 전체 대출의 3%를 차지하고, 집 뼈대는 25%를, 전기, 배관, 난방은 15%를 차지하며 이러한 세부 사항들이 완성되어 있을 때 대출금이 지급된다. 회사에서도 유사한 프로세스를 통해 WBS 내부의 상품 배분 가격을 책정한다(과거 프로젝트를 통해 나온 평균 가격 퍼센트를 고려한다.). [그림 11-5]는 앞 설명과 관련된 예제를 보여준다. 프로젝트 총 비용이 하향식 기법을 통해 500,000달러로 추정되었다고 가정했을 때, 각각의 세부 사항들의 가격

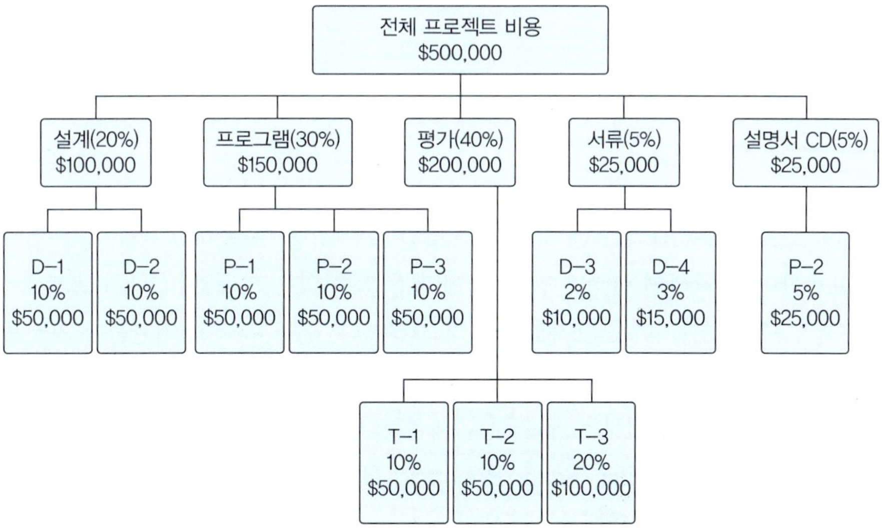

[그림 11-5] 배분 기법을 이용하여 프로젝트 비용 배분 구조 결정

출처 : Project management the managerial process 5th edition, Erik W. Larson & Clifford F. Gray, The McGraw Hill

은 비율에 따라 배분된다. 예를 들면 "서류"에 해당하는 비율은 전체의 5%이며 이는 25,000달러이다. "서류"의 세부 분류인 "D-3"과 "D-4"는 각각 2, 3%를 차지하기 때문에 각각 10,000달러, 15,000달러가 된다.

소프트웨어와 시스템 프로젝트를 위한 기능 점수 기법(function point methods)

소프트웨어 산업에서 소프트웨어 개발 프로젝트는 입력량, 산출량, 조사 및 질문, 데이터 파일, 인터페이스의 수 같은 매크로 변수 또는 기능 점수에 의해 추정된다. 이런 가중치들은 복잡한 변수를 조정하고 더해진다. 전체 조정 변수는 노동력과 프로젝트 비용(과거 프로젝트에 사용된 데이터를 통해 나온 회귀 모형)을 추정하는 데 기초를 제공한다. 이러한 기법은 현재 소프트웨어 프로젝트를 진행하는 데 있어 적합한 과거 데이터를 사용한다고 가정한다. 예를 들면 MIS 시스템이 있다.

〈표 11-4〉 복잡도에 따른 가중치 계산

복잡도에 따른 가중치				
요소	낮음	평균	높음	합계
입력당	__*2 +	__*3 +	__*4 +	= __
출력당	__*3 +	__*6 +	__*9 +	= __
조사 및 질문	__*3 +	__*4 +	__*6 +	= __
파일 수	__*5 +	__*8 +	__*12 +	= __
인터페이스 수	__*5 +	__*10 +	__*15 +	= __

출처 : Project management the managerial process 5th edition, Erik W. Larson & Clifford F. Gray, The McGraw Hil

미국 소프트웨어 산업은 한 사람당 한 달간 일한 양을 다섯 개의 평균 기능 점수로 표현한다. 왜냐하면 한 사람당 한 달에 제공할 수 있는 기능점수(모든 소프트웨어 프로젝트들을 포함)는 다섯 가지로 나뉘기 때문이다. 물론 각각의 기관들이 자신들의 구체적인 일에 대해 자신들만의 기준을 개발하여야 한다. 과거의 데이터들은 프로젝트 지속시간을 추정하는 데 기준을 제시한다. 이렇듯 변화하는 하향식 기법은 IBM, Bank of America, Sears Roebuck, HP, AT&T, Ford Motors, GE, DuPont외에 많은 대기업에서 사용된다.

과거 데이터를 통해 기관에서 복잡도에 대응하는 가중치 기준을 〈표 11-4〉에 나타내었다. 각각의 기능 점수는 구성 요소의 숫자와 복잡도에 따른 가중치를 곱하여 계산된다.

학습 곡선(learning curves)

몇몇 프로젝트는 수행에 있어 똑같은 작업과 상품이 반복된다. 관리자들은 반복 작업은 시간의 효율성을 높일 수 있다는 것을 직감적으로 안다. 이러한 현상은 노동집약적인 작업에 적용된다. 이런 상황에서 현상 개선의 패턴을 이용하여 감소한 작업 수행 시간을 예상할 수 있다. 현상 개선 패턴을 이용한 실증적인 예는 모든 산업에 적용되며 학습 곡선(개선 곡선, 경험 곡선 혹은 산업 진척 곡선이라고 불림)에 수량화되어 있으며 이러한 관계를 가지고 있다고 정의한다.

실제 개선 비율은 굉장한 개선을 나타내는 60%부터 아무런 개선이 없는 100%까지 다양하게 존재한다. 일반적으로 작업이 어려워질수록 예상 가능한 개선 사항은 줄어들며 개선 비율은 높아지게 된다. 중요한 요소는 노동력과 기계 작업의 비율이다. 사실 개선 비율을 낮추기 위해서는 높은 노동력을 요구한다.

하향식 방법의 중요 단점은 간단한 추정 때문에 특정 작업에 대한 시간과 가격은 고려하지 않는다. 많은 작업들을 하나로 묶어서 추정하면 생략 오류와 강요된 시간과 비용을 사용하게 된다. 세부 사항에 대한 추정 방법은 대형 가중치를 계산하는 방법들에 비해 정확한 방법 및 수치를 필요로 한다.

(2) 프로젝트 시간과 비용을 추정하기 위한 Bottom-Up 접근 방식

견본 기법(template methods)

만약 현재의 프로젝트가 과거의 프로젝트와 비슷하다면 과거에 계산된 비용 수치를 현재 프로젝트에 적용할 수 있다. 현재와 과거 프로젝트 간의 다른 점에 대해서는 시간과 가격에 상용하여 조정하면 된다. 예를 들면 배를 수리하는 건선 회사는 수리 프로젝트에 대해 몇몇의 기준을 가지고 있으며(배 점검, 전기, 기계적인 상황에 따른 견본) 새로운 프로젝트 시작 단계에 있어 비용과 시간을 추정하는 데 사용된다. 프로젝트 간의 차이점에 대한 조정 방법이 있으며 실제로 이행되고 있다. 견본 방법은 짧은 시간 내에 예상되는 일정, 추정 비용과 예산을 세울 수 있게 한다. 데이터베이스 안에 견본을 만듦으로써 추정 오류를 빨리 줄일 수 있다.

특정 작업을 위한 매개변수 기법(parametric procedures)

하향식 추정에 사용되는 비율 기법과 같이 매개변수 기법은 특정 작업에 사용될 수 있다. 예를 들면 MS Office 개조 프로젝트의 일부분으로 36개의 다른 컴퓨터 작업 공간이 전환된다고 하자. 과거 개조 작업을 기초로 하여 프로젝트 관리자는 한 사람당 세 개의 작업 공간을 전환할 수 있다고 결정한다. 그러므로 36개의 작업 공간을 전화하는 데 있어서는 3명의 기술자를 이용하여 4일이 걸린다[(36/3)/3]. 비슷한 예로 재건축 과정에서 벽지를 칠하는 과정에서 계약자는 벽지가 제곱 야드 당 5달러, 야드당 칠하는 데 2달러가 지출되어 총 7달러가 지출된다. 그러므로 집안 벽의 총 길이를 측정하여 총 제곱야드를 7달러로 곱하면 된다.

범위 추정(range estimation)

범위 추정은 작업 수행에 있어서 최종 시간과 가격 추정이 불확실할 때 가장 잘 사용된다. 만약 작업 수행이 정기적이고 불확실성이 적을 때 작업 수행이 익숙한 사람을 사용하는 것이 보통은 가장 좋은 방법이다. 익숙한 사람들을 사용함으로써 그들의 경험 혹은 어디서 작업 지속시간과 비용에 관한 정보를 활용하는지를 알기 때문이다. 하지만 작업 수행에서 최종 시간과 가격 추정이 불확실할 때는 낮음, 평균, 높음과 같은 세 가지 시간 추정에 관련된 신중한 정책이 필요하다. (통계 분포를 사용하는 PERT 기법에서 이원) 낮음과 높음은 평균치가 어느 시점에 들어갈지를 추정해준다. 낮음에서 높음의 추정은 활동의 복잡도, 기술, 새로움, 익숙함과 같은 요소들을 고려한다.

범위 추정은 불확실성이 높은 작업에 유용하기 때문에 비용이나 지속 시간에 대한 낮음, 평균, 높음을 그룹으로 결성하여 결정하는 것이 가장 좋은 결과를 나타낸다. 그룹 추정은 극단적인 상황을 개선하면서 추정과 잠재적인 위험도에 있어 좀 더 분석된 결정을 하게 해준다. 그룹 안에서의 결정은 시간과 가격 추정과 관련된 상황에서 극단적인 위험을 줄여준다. 다른 그룹들을 병행하여 추정함으로써 추정에 대한 신뢰성을 높일 수 있다.

[그림 11-6]은 여러 직종에서 일하는 그룹들의 프로젝트 이해당사자 의해 개발된 추정 견본으로 작업에 있어 세 가지 추정 기준을 이용한다. 각각의 그룹 추정은 각 작업 패키지에 대해 낮음, 평균, 높음으로 표현된다. 위험 수준 열은 실제 시간이 추정치에 매우 가까울 것이라는 신뢰를 그룹이 자체적으로 내린 평가이다. 이

수치는 그룹의 평균 시간 추정에 영향을 주는 분석 요소들을 어느 정도 표시한다. 예를 들면 작업 패키지 104, 108, 110, 111, 114의 평균 시간이 변화될 것이라고 예상한다. 비슷하게 작업 패키지 102, 105, 112는 예상에 비해 구체화되지 않는다고 그룹이 신뢰할 수 있다.

그룹 범위 추정은 프로젝트 관리자와 소유주에게 프로젝트 시간과 비용 추정에 있어 신뢰를 높여준다. 그룹 범위 추정은 프로젝트가 진행되면서 예상치 못한 상황들을 줄여준다. 또한 범위 추정 기법은 위험과 자원 관리 그리고 우발 위험 준비금에 대한 기준을 제시한다. 범위 추정은 소프트웨어와 신제품 프로젝트에서 매우 유명하다. 그룹 범위 기법은 위상 추정에도 자주 사용된다.

	A	B	C	D	E	F	G
1	프로젝트 번호: 18				프로젝트 관리자: Dawn O'Connor		
2	프로젝트 설명: 새로운 유기농 와인 개시				날짜: 2/17/2xxx		
3		새로운 유기농 와인 개시 프로젝트					
4		범위 추정					
5							
6	WBS ID	설명	최소 추정 기간	평균 추정 기간	최대 추정 기간	범위 기간	위험 수준
7							
8	102	승인	1	1	3	2	낮음
9	103	설계: 포장	4	7	12	8	중간
10	104	잠재적 고객	14	21	35	21	높음
11	105	설계: 병 로고	5	7	10	5	낮음
12	106	키오스크 공간 계약	8	10	15	7	중간
13	107	키오스크 구축	4	4	8	4	중간
14	108	품평회 책자	6	7	12	6	높음
15	109	무역 저널 광고	10	12	15	5	중간
16	110	생산 점검	10	14	20	10	높음
17	111	재고 생산	5	5	10	5	높음
18	112	비즈니스 카드 스캐너 연결	1	2	3	2	낮음
19	113	비디오 연결	2	2	4	2	중간
20	114	이벤트 리허설	2	2	5	3	높음

[그림 11-6] 범위 추정 서식

출처 : Project management the managerial process 5th edition, Erik W. Larson & Clifford F. Gray, The McGraw Hill

(3) 혼합 접근 방식: 단계별 추정(phase estimation)

이 접근법은 프로젝트를 위한 하향식 추정으로 시작하고 프로젝트가 실행되는 단계를 위한 추정치를 개선한다. 일부 프로젝트는 그 특성상 설계나 최종 산물의 불확실성 때문에 엄밀히 정의할 수 없다. 비록 희귀하지만, 이런 프로젝트는 존재한다. 이러한 프로젝트들은 종종 우주 항공 프로젝트, IT 프로젝트, 새로운 기술 프로젝트 그리고 설계가 아직 완료되지 않은 건설 프로젝트에서 찾을 수 있다. 여기서는 단계 또는 수명 주기 추정이 자주 사용된다.

단계별 추정은 비정상적인 양의 불확실성이 프로젝트를 둘러싸고 있을 때 사용되고 전체 프로젝트를 위한 시간과 비용의 추정에는 비실용적이다. 단계별 추정은 프로젝트 전 기간에 걸쳐 두 가지의 추정 시스템을 사용한다. 상세한 추정은 즉각적인 단계를 위해 개발되고 프로젝트의 나머지 단계를 위해서는 거시적 추정이 이루어진다. [그림 11-7]은 프로젝트 단계와 단계별 추정을 보여준다.

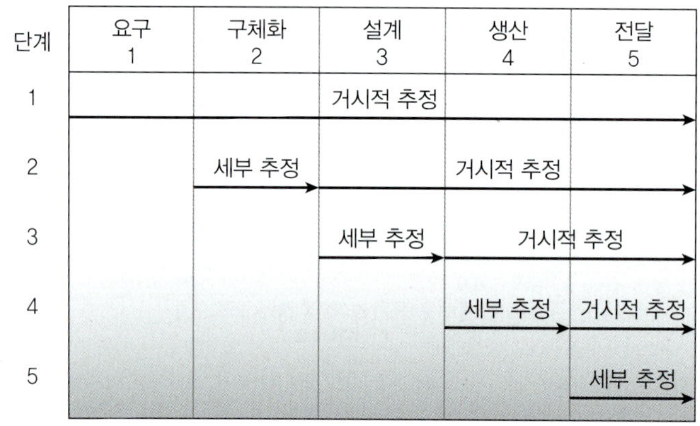

[그림 11-7] 프로젝트 수명 주기 단계별 추정

출처 : Project management the managerial process 5th edition, Erik W. Larson & Clifford F. Gray, The McGraw Hill

예를 들어 프로젝트 진행이 결정되면 프로젝트 비용과 기간의 거시적 추정을 통해 분석과 의사결정이 이루어진다. 동시에 프로젝트 사양을 도출하기 위한 상세한 추정과 프로젝트의 나머지 단계를 위한 거시적 추정이 이루어진다. 이어서 프로젝트 진행 및 사양이 확실해지면 설계를 위한 상세한 추정과 프로젝트의 나머지 단계를 위한 거시적 추정이 이루어진다. 프로젝트의 확실한 수명 주기와 더 많은 정보를 사용할 수 있다면 추정치의 신뢰성은 향상된다.

단계별 추정은 무선 전화기와 컴퓨터의 통합과 같은 최종 산물을 확실히 알 수 없고 불확실성이 클 경우에 선호된다. 비용 및 일정에 대한 노력은 프로젝트의 다음 단계를 위해서만 필요하고 비현실적인 미래 일정 및 빈약한 정보에 기초한 비용은 피한다. 이러한 진보적인 거시적/미시적 방법은 다음 단계에서 진행 상황을 관리하는 일정과 비용 추정치를 사용하기 위한 강력한 기반을 제공한다.

불행하게도 (내부 또는 외부)고객은 일정과 비용의 정확한 추정치를 원할 것이고 그 순간 프로젝트 진행에 대한 의사결정이 내려진다. 또한 프로젝트 수명 주기의 대부분의 비용과 일정이 확고하지 않기 때문에 프로젝트를 위해 돈을 지불하는 고객은 주로 단계별 추정을 백지 수표로 인식한다. 그럼에도 불구하고 단계별 추정이 타당한 이유는 대부분의 고객은 추정의 정당성을 보기 때문이다.

고객의 가장 큰 이점은 각 단계에서 프로젝트의 기능을 변경하고 재평가하며 취소할 수도 있는 기회를 가지고 있는 것이다. 결론적으로 단계별 추정은 최종 특성(모양, 크기, 기능)에 관해 엄청난 불확실성을 가진 프로젝트에서 매우 유용하다.

〈표 11-5〉는 상향식 및 하향식 추정치 사이의 차이점을 나타낸다.

〈표 11-5〉 하향식 및 상향식 추정치

	하향식 추정치	상향식 추정치
사용 목적	• 개념단계 • 불확실한 시간/비용 추정치 • 기금 요구사항 • 자원 용량 계획	• 예산 • 일정 • 자원 요구사항 • 지원 시점
준비 비용	전체 비용의 10~30%	전체 비용의 30% 내외
정확성	-20%~+60%	-10%~+30%
방법	일치, 비율, 배분, 기능 점수, 학습 곡선	서식, 매개변수, WBS 패키지, 범위 추정

출처 : Project management the managerial process 5th edition, Erik W. Larson & Clifford F. Gray, The McGraw Hill

정확한 추정치를 얻는 것은 도전이다. 헌신적인 조직은 의미 있는 추정과 능력 개발에 많은 투자를 한다. 정확한 추정은 불확실성을 줄이고 효율적으로 프로젝트를 관리할 수 있도록 지원한다.

11.4.4 추정치의 개선

자세한 작업 패키지 추정은 프로젝트의 총 직접 비용을 추정하는 결과물로 집계된다. 마찬가지로 예상 기간은 프로젝트 일정을 설정하고 전체 기간을 결정하기 위해 프로젝트 네트워크에 입력된다. 많은 프로젝트에 대한 전체 추정치는 실현되지 않고 일부 프로젝트의 실제 비용과 일정이 기존 작업 패키지를 기반으로 한 추정치를 상당히 초과하는 경향이 있다.

상호 작용 비용은 추정치에 숨어있다.

가이드라인에 따르면 각 작업의 추정은 독립적으로 수행된다. 그러나 작업은 완벽하게 끝나지 않는다. 하나의 작업은 이전 작업에 따라 달라지며 작업 사이에는 시간과 주의가 필요하다. 예를 들어 프로토타입을 개발하는 사람은 설계에 대한 질문에 응답할 수 있고, 기존 설계를 원활히 활용할 수 있도록 설계 담당자와 상호 작용할 필요가 있다. 마찬가지로 활동을 조정하는 데 필요한 시간은 일반적으로 독립적인 추정치를 반영하지 않는다. 조정은 작업 간의 연결을 끊기 위해 필요한 시간뿐만 아니라 회의와 브리핑도 반영한다.

일반 조건은 적용되지 않는다.

추정치는 일반 조건을 기초로 한다. 이는 좋은 출발이지만, 실제 환경에서는 거의 정확하지 않다. 자원을 이용할 수 있을 때는 정확한 편이다. 사람과 장비 또는 재료 형태의 자원 부족은 기존 추정치를 연장할 수 있다. 예를 들어 일반 조건에서 불도저 4대는 일반적으로 5일 만에 특정 장소를 치우지만 불도저 3대는 작업 시간이 8일로 늘어난다. 마찬가지로 특정 작업을 아웃소싱하는 결정은 시간이 프로젝트의 내역과 조직의 문화에 외부인이 익숙해질 시간이 추가되기 때문에 작업 기간을 연장할 뿐만 아니라 비용을 증가시킨다.

프로젝트가 잘못되고 있다.

설계 결함은 극단적인 기상 조건이 발생하거나 사고가 발생하면서 사실로 드러난다. 비록 당신은 특정 작업을 추정할 때 발생할 위험은 계획하지 않겠지만, 이러한 사건의 영향은 고려할 필요가 있다.

(1) 프로젝트 범위와 계획의 변경

프로젝트에 들어가면 갈수록 관리자는 프로젝트를 달성하기 위해 필요한 것이 무엇인지를 더 잘 알 수 있다. 이는 프로젝트 계획과 비용의 큰 변화로 이어진다. 마찬가지로 프로젝트가 상업 프로젝트인 경우 변화는 종종 고객 또는 경쟁에 의한 새로운 수요에 대응하는 중간 단계를 만들게 한다. 불안정한 프로젝트의 범위는 비용 초과의 주요 원인이다. 모든 노력은 프로젝트 범위를 유지하는 데 초점을 맞춰야 하지만, 빠르게 변화하는 세상은 이를 어렵게 만든다.

현실은 많은 프로젝트에 대한 모든 정보를 정확하게 추정하여 이용하기가 어렵다. 딜레마는 확고한 추정치 없이 프로젝트 계획의 신뢰성이 침식되는 것이다. 마감일은 의미가 없어지고, 예산은 고무줄처럼 늘어나며, 책임은 문제가 된다.

앞에서 묘사한 도전은 최종 시간과 비용 추정치에 영향을 미칠 것이다. 심지어 많은 노력에도 기본 일정과 예산을 수립하기에 앞서 관련 정보를 기초로 추정치를 수정해야 할 수도 있다.

효과적인 조직은 위험, 자원, 그리고 상황이 명확하게 정의되면 특정 작업의 추정치를 조정한다. 그들은 WBS에 근거한 상세한 추정치로부터 생성된 추정치가 시작점임을 인식한다. 그들은 프로젝트 계획 프로세스에 더 파고들어 특정 활동의 시간과 비용 모두에 적절하게 수정한다. 그들은 프로젝트의 예산과 일정에 자원을 최종 할당한다. 예를 들어 그들은 4대의 불도저 대신 3대만 이용 가능하다는 것을 인식하는 순간 그 활동의 시간과 비용 모두를 조정한다.

그들은 프로젝트에 대한 잠재적 위험을 완화하기 위해 특정 행동을 고려하여 추정치를 조정한다. 예를 들어 설계 코드 오류의 가능성을 줄이기 위해 이들은 일정과 예산에 독립적인 시험 비용을 추가한다.

마지막으로 조직은 비정상적인 조건을 고려하여 추정치를 조정한다. 예를 들어 토양 표본이 지하수의 수량이 과도하다는 것을 나타내면 그들은 기초공사 비용과 시간을 조정한다.

실수와 누락은 항상 존재하며 추정치의 추가적인 변경 요청에 따른 조정이 있을 수 있다. 다행히 모든 프로젝트가 이러한 상황과 프로젝트 초기에 미치는 영향을 수용하고 관리 시스템에 변화를 주어야 한다.

11.5 프로젝트 계획 수립

11.5.1 바 차트(Bar Chart)

프로젝트란 제한된 자원, 한정된 기간, 최소의 비용, 뚜렷한 목적물을 바탕으로 일정한 단위 기간 동안 주어진 목표를 수행하기 위한 작업들의 모임을 의미한다. 프로젝트를 정해진 시간 내 성공적으로 달성하기 위해서는 프로젝트 진행의 가시성 확보가 중요하다. 이에 바 차트를 통해 프로젝트 진행의 현황 및 향후 계획을 수립할 수 있다. 바 차트는 간트 차트(Gantt's Chart)로 불리며, 다음과 같은 요소들로 구성된다.

- 작업 목록: 보통 바 차트 내 작업 목록은 차트 왼쪽 세로로 배치하며, 큰 단위의 작업은 하위 작업으로 세분화하여 구축한다.
- 일정: 바 차트 상단에 가로로 배치되며, 프로젝트 일정에 맞추어, 일, 주, 월 또는 그 이상으로 세분화하며, 일정은 전체 프로젝트의 시작 및 종료일로 구성된다.
- 마일스톤: 바 차트 내에서 중요한 사건(승인 및 결정)은 차트 내에서 강조하여 프로젝트 팀원 간의 업무 효율성을 증대시킨다.
- 리드 타임: 프로젝트 내 선행되는 작업들의 최대 허용 시간을 의미하며, 이를 통해 프로젝트의 작업 시간 배분을 진행할 수 있다.

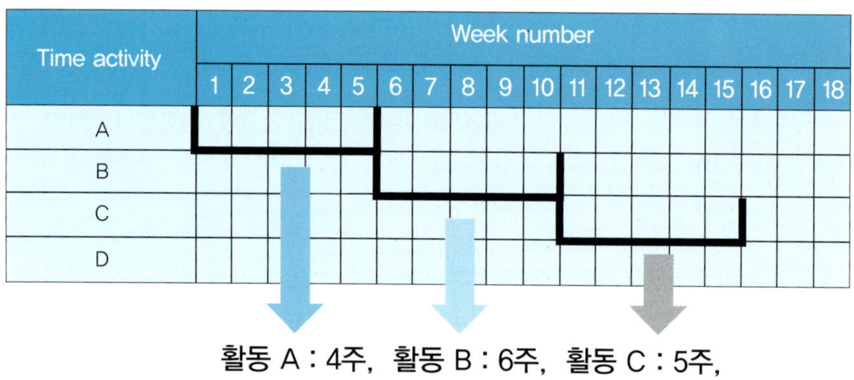

[그림 11-8] 바 차트 예시

바 차트는 같은 성격의 업무를 색이나 위치로 분류하여 서로 종속적인 프로젝트 관리에 용이하다. 이를 통해 프로젝트 흐름을 전체적으로 쉽게 시각화하고, 프로젝트에 관련된 모든 사람에게 진행 상황을 공유하기 간편하다는 장점이 있다. 하지만 바 차트에 시각적 요소를 과도하게 활용하는 경우 업무 현황의 파악에 어려움이 있으며, 세부적인 내용 공유의 어려움이 존재한다.

11.5.2 네트워크란 무엇인가?

네트워크(network)란 프로젝트 계획 내 다양한 활동(activity)들의 상호 관계를 시각적으로 표현한 것이다. 네트워크를 통해 각 활동의 상태와 순차적인 제약 상태를 나타낼 수 있다.

네트워크(network)
활동(activity)

네트워크 다이어그램은 프로젝트 계획 및 일정 관리에 많이 사용된다. 프로젝트 일정 관리란 프로젝트 계획에서 시간 추정 및 계산이 네트워크에 추가되면 프로젝트 일정 관리라고 할 수 있다.

네트워크 구축에는 크게 Activity-on-Arrow diagram(AOA)와 Activity-on-Node diagram(AON)이 있다. AOA 방식은 화살도형법(Arrow Diagramming Method: ADM)이라고도 하며, 활동을 화살표 위에 표시하는 방식이다. 화살표는 활동의 진행방향을 나타내며, 화살표들을 연결하는 노드(node)는 하나의 이벤트(event)로 표현된다. AON 방식은 선후행관계도법(Precedence Diagramming Method: PDM)이라고도 하며, 활동이 노드(node) 상에 표시되며 화살표는 활동 간의 논리적인 연관관계를 표현한다. 각각의 기법의 성격 및 차이점은 〈표 11-6〉과 같다.

화살도형법(Arrow Diagramming Method: ADM)
선후행관계도법(Precedence Diagramming Method: PDM)

〈표 11-6〉 AOA와 AON 기법의 성격 및 차이점

Activity-on-Arrow(AOA) diagram	Activity-on Node(AON) diagram
• 각각의 활동(activity)은 화살표로 표시	• 각각의 공정은 마디(node)로 표시
• 각 활동의 시작과 끝은 마디 혹은 이벤트로 표시	• 공정 간의 논리적 관계는 화살표로 표시
• 네트워크 구축 과정이 복합하며 가상 활동(dummy activity)이 자주 포함	• 가상활동(dummy activity)에 대한 표시가 없으며 네트워크 구축이 쉬움
• Arrow Diagramming Method(ADM)과 동일	• Precedence Diagramming Method(PDM)과 동일

출처 : Project management the managerial process 5th edition, Erik W. Larson & Clifford F. Gray, The McGraw Hil

11.5.3 네트워크의 구성 요소 및 구축

AOA 기법은 한 화살표가 각각의 활동에 걸리는 시간을 나타낸다. 화살표의 길이나 기울기는 중요한 의미를 가지지 않는다. 각각의 마디는 주로 작은 원으로 나타

내는데, 이벤트를 의미한다. [그림 11-9]는 화살표와 마디의 의미를 보여준다.

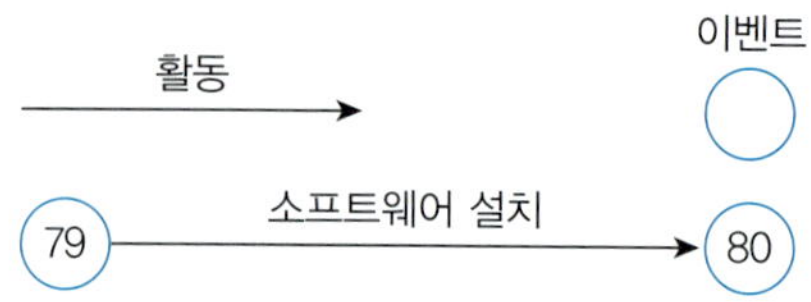

[그림 11-9] 네트워크의 구성 요소

출처 : *Project Management the Managerial Process* 5th ed, *Erik W. Larson & Clifford F. Gray.*, The McGraw Hill

[그림 11-9]에서 각각의 화살표(활동을 나타냄)와 노드(이벤트를 나타냄)의 표시와 마디 안의 숫자, 즉 특정 시점과 활동 시간을 확인할 수 있다. AOA 기법을 통해 네트워크를 구축하는 과정에서 고려해야 할 사항은 다음과 같다.

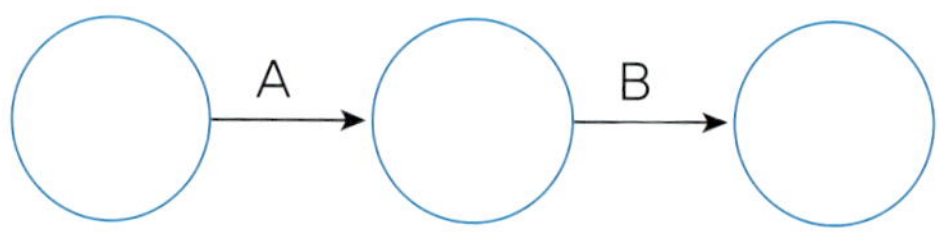

[그림 11-10]

A 활동에서 B 활동으로 프로젝트가 실행될 때에는 A 활동이 반드시 끝나야 B 활동으로 넘어갈 수 있다.

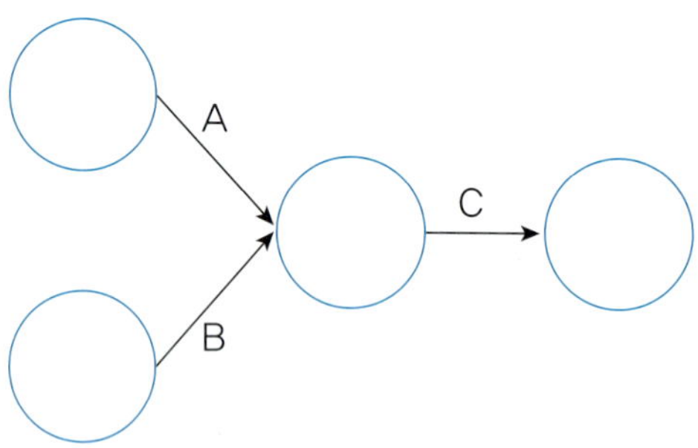

[그림 11-11]

이 같은 상황에서는 A, B 활동은 동시에 일어날 수 있지만, 두 개의 활동이 모두 끝나야 C 활동이 시작될 수 있다.

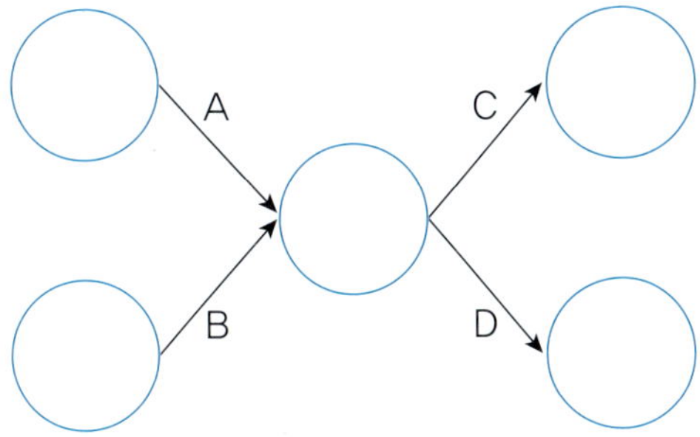

[그림 11-12] AOA 기법을 통한 네트워크 구축

이 전의 그림과 같이 A, B 활동은 C, D 활동이 진행되기 이전에 모두 끝나야 한다. 하지만 [그림 11-12]와 같이 C, D 활동은 각각 독립적으로 시행될 수 있다.

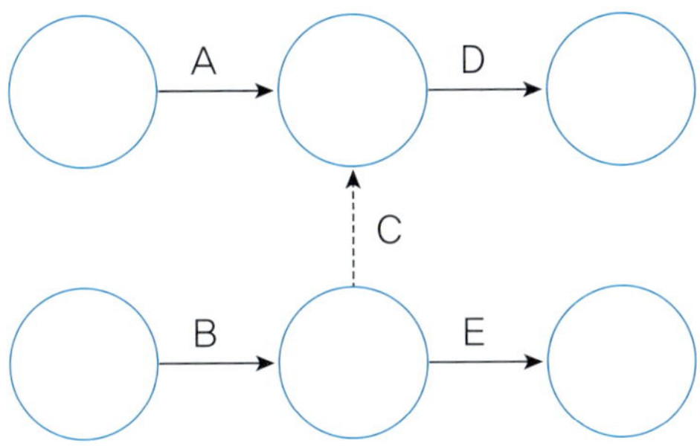

[그림 11-13] 가상활동을 고려한 네트워크 구축

[그림 11-13]과 같은 상황에서는 A, B 활동을 동시에 시작할 수 있지만, D 활동이 시작되기 전에 모두 끝나야 한다. C 활동 같은 경우는 가상 활동(dummy activity)으로서 시행 시간은 존재하지 않지만 우선적인 관계를 보여준다.

가상 활동(dummy activity)

AON 기법의 경우 AOA 기법과는 다르게 각각의 마디가 활동을 나타내며 각각의 마디는 원 혹은 사각형으로 표시한다. 마디 간의 의존도는 화살표로 나타낸다.

AOA와 AON 기법으로 네트워크를 구축할 때에 고려해야 할 사항들은 다음과 같다.

- 어떠한 활동이 다음 활동이 실행되기 전에 끝나야 하는지, 즉 선행 활동(predecessor activity)을 정한다.
- 특정 활동이 끝나고 다음으로 실행되는 활동은 어떤 것인지, 즉 후행 활동(successor activity)을 정한다.

선행 활동(predecessor activity)

후행 활동(successor activity)

• 특정 활동이 시행되는 동안 동시에 시행되는 관계에 있는 활동들이 있는지를 찾아야 하며 이 활동들은 공존 관계(concurrent, parallel relationship)에 있다고 한다.

예제 11-1 AOA와 AON 기법을 통한 네트워크 구축

각 활동의 선행활동과 소요시간이 아래와 같을 때, AOA와 AON 기법을 통해 네트워크를 구축하여라.

		선행 활동	소요 시간
A.	선택	-	3
B.	획득	A	6
C.	구축	B	12
D.	디버그	C	2
E.	실험 수행	D	11
F.	서류 설계	E	6
G.	문헌 연구	-	6
H.	이론 연구	G	10
J.	보고 결과	H	5
K.	최종 보고서	F, J	1

풀이

문제의 표를 기준으로 AOA 기법을 통한 네트워크를 구축하면 [그림 11-14]와 같다.

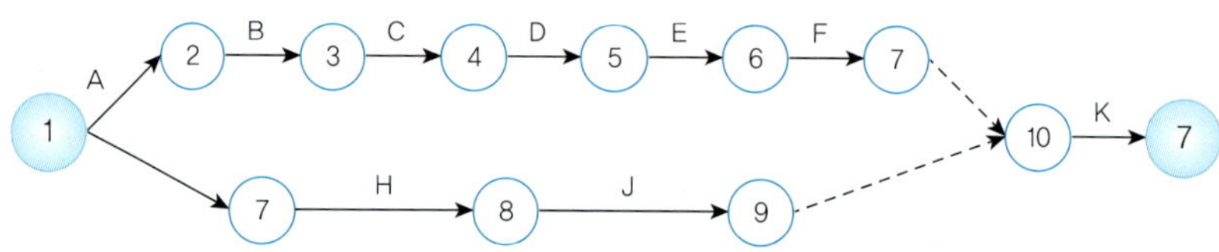

[그림 11-14] AOA 기법을 통한 네트워크 구축

문제의 표를 기준으로 AON 기법을 통한 네트워크를 구축하면 [그림 11-15]와 같다.

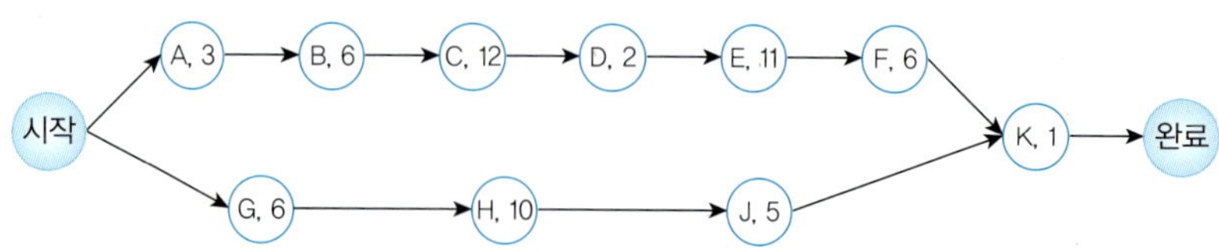

[그림 11-15] AON 기법을 통한 네트워크 구축

11.5.4 AOA와 AON 기법의 장단점

AOA와 AON 기법은 분명한 차이가 있으며, 차이에 따른 각각의 장단점이 존재한다. 장단점을 보면 〈표 11-7〉과 같으며, AOA와 AON 기법의 장단점을 이용하여 사용자로 하여금 어떠한 기법으로 네트워크를 구축할 것인지를 결정한다.

〈표 11-7〉 AOA와 AON 기법의 장단점

AON 기법	AOA기법
장점 • 가상 활동이 없음 • 이벤트가 없음 • 활동 간의 의존도가 심하지 않을 경우 네트워크 구축이 쉬움 • 활동에 대한 이해가 쉬움	장점 • 활동/이벤트를 통해 경로 찾기가 쉬움 • 활동 간의 의존도가 심할수록 네트워크 구축이 쉬움 • 중요 활동 및 이벤트를 찾아내기 쉬움
단점 • 활동의 특정 시점을 따라 경로를 찾는 것이 어려움 • 활동 간의 의존도가 높아질수록 네트워크 구축 및 이해가 어려움	단점 • 가상 활동의 사용으로 많은 데이터를 요구함 • 이벤트에 대한 강조가 활동의 진행을 방해할 수 있음

출처 : Project management the managerial process 5th edition, Erik W. Larson & Clifford F. Gray, The McGraw Hill

11.5.5 주경로법(Critical Path Method: CPM)

앞에서 사용한 예제 11-1과 같은 경우 두 가지의 경로를 통해서 마지막 활동 단계까지 도달하는 네트워크를 구축한다. 하지만 현실 문제의 경우 최종 네트워크가 처음부터 끝까지 도달하는 경로는 다양할 수 있다. 이때 가장 최단 시간에 프로젝트를 끝낼 수 있는 최적의 경로를 찾는 주경로법(critical path method)을 사용한다.

주경로 선택은 프로젝트 네트워크상의 활동들이 걸리는 시간이 최소가 되는 경로를 찾는 방법이다. 주경로 선택을 찾는 방법은 다음과 같다.

1) 각 활동을 i라고 표현하고 각 활동이 시행되는 데 걸리는 시간을 t_i라고 했을 때,

ES_i : i 이전 활동들이 가장 빠른 시작 시간에 시행되었을 때 i활동이 가장 빨리 시작되는 시간

EF_i : i활동이 가장 빨리 끝나는 시간($=ES_i+t_i$)

LF_i : 프로젝트 시행 중 지연이 없을 때, i활동이 가장 늦게 끝나는 시간
LS_i : 프로젝트 시행 중 지연이 없을 때, i활동이 가장 늦게 시작하는 시간 $(=LF_i-t_i)$

2) 총여유시간(Total Float or Total Slack: TF) 계산 : 전체 프로젝트 일정 중 가장 일찍 끝나는 시간에 영향을 미치지 않는 선에서 걸리는 프로젝트 총 시간

$$TF=LS-ES \text{ or } LF-EF$$

3) 주경로(critical path) : 프로젝트 시작에서 끝까지 걸리는 최대 경로 중 가장 짧은 시간에 끝날 수 있는 경로. 이때 각각의 활동들은 최상 경로 위에 존재하며, 최상 경로에서 TF의 값은 0이다.
4) 자유여유(Free Float: FF) : 다음 활동의 시작에 영향을 미치지 않는 선에서 일어나는 지연 시간

예제 11-2 주경로법 1

각 활동의 선행활동과 소요시간이 아래와 같을 때, CPM을 적용하여 주경로를 구하여라.

활동	선행 활동	소요 시간(일)
A	-	3
B	A	4
C	A	5
D	B, C, F	7
E	-	3
F	E	6

풀이

위의 표를 참고하여 각 활동에 해당하는 ES, EF, LS, LF를 구하여 위에서 언급된 4가지 절차를 통해 주경로를 찾아본다.

ES, EF를 구하는 절차는 흔히 순방향 절차(Forward procedure)로 불린다. ES를 찾을 때 우선 이전 활동들의 시작 시간에 0이 없어야 한다. EF의 값은 이전 활

동에서 걸리는 시간들을 더하면 된다.

그러므로 위의 예제에서 A, E 활동의 *ES* 값은 0으로 나오며, 각각의 활동이 가장 빨리 끝나는 시간은 $ES+t$ 또는 0+3이다. 다른 활동들의 *ES*, *EF* 값을 계산하기 위해서는 선행 활동들 중 *EF*의 가장 큰 값들을 더하면 된다.

이 예제에서 A 활동은 B, C 활동이 시작하기 전에 끝나야 한다. 그러므로 B, C 활동의 *ES* 값은 3이다. B 활동의 *EF* 값은 ES_B+t_B, 즉 3 + 4 = 7이 된다. 이러한 절차를 모든 활동에 적용하면 된다.

반대로 *LS*와 *LF*의 값을 구하는 절차는 순방향 절차의 반대이므로 역방향 절차(Backward procedure)로 불린다. 계산하는 과정은 순방향 절차와 비슷하지만 역방향 절차 같은 경우 프로젝트가 끝나는 시점부터 시작한다.

절차의 끝에 있는 모든 활동들의 *LF* 값을 이전에 구한 *EF* 값들 중 가장 큰 값으로 정한다. 이 예제에서는 D 활동이 유일한 마지막 활동이다. 그러므로 D 활동의 *LF* 값은 *EF* 값과 같다.

순방향 절차와 다르게 역방향 절차 같은 경우 이전 활동이 끝나는 시간을 빼면서 이전 활동들로 이동한다. 다른 활동들의 *LF* 값은 후행 활동들의 *LS* 값 중 가장 작은 값과 같다.

위의 예제에서 B, C, F 활동의 *LF* 값은 9이며, B 활동의 *LS* 값은 9 − 4 = 5 이다. 그리고 A 활동의 *LF* 값은 후행 활동들의 *LS* 값 중 최솟값이 되기 때문에 4가 된다.

위의 계산들을 통해 프로젝트의 *ES*, *EF*, *LS*, *LF* 값을 이용하여 *TF* 값을 구한다. *TF* 값은 $LS-ES$ 혹은 $LF-EF$의 값과 같다. 또한 주경로는 여유 시간(Float time)이 0인 경로이다. 이와 같이 각 활동의 *ES*, *EF*, *LS*, *LF* 값 그리고 *TF* 값을 구하면 다음과 같다.

활동	소요 시간	ES	EF	LS	LF	TF
A	3	0	3	1	4	1
B	4	3	7	5	9	2
C	5	3	8	4	9	1
D	7	9	16	9	16	0
E	3	0	3	0	3	0
F	6	3	9	3	9	0

따라서 주경로는 E−F−D이다.

예제 11-3 주경로법 2

각 활동의 선행활동과 소요시간이 아래와 같을 때, AOA와 AON 기법을 적용하여 네트워크로 나타내고, CPM을 적용하여 주경로를 구하여라.

활동	선행 활동	소요 시간	활동	선행 활동	소요 시간
H	-	10	R	M	5
I	H	8	S	N	3
J	H	6	T	Q	3
K	J	4	U	O, S	1
L	J	2	V	K, R	5
M	J	4	W	U	2
N	I	4	X	V	3
O	I	5	Y	P, W, X	8
P	I, J	5	Z	T, Y	6
Q	L	5			

풀이

각 활동의 ES, EF, LS, LF 값 그리고 TF 값을 구하면 다음과 같다.

활동	소요시간	ES	EF	LS	LF	TF
H	10	0	10	0	10	0
I	8	10	18	15	23	5
J	6	10	16	10	16	0
K	4	16	20	21	25	5
L	2	16	18	31	33	15
M	4	16	20	16	20	0
N	4	18	22	23	27	5
O	5	18	23	25	30	7
P	5	18	23	28	33	10
Q	5	18	23	33	38	15
R	5	20	25	20	25	0
S	3	22	25	27	30	5

T	3	23	26	38	41	15
U	1	25	26	30	31	5
V	5	25	30	25	30	0
W	2	26	28	31	33	5
X	3	30	33	30	33	0
Y	8	33	41	33	41	0
Z	6	41	47	41	47	0

위의 표를 통해 AOA와 AON 네트워크 구축, *ES*, *EF*, *LS*, *LF*, *TF* 계산 및 최상 경로는 다음과 같다.

Excel 실습 예제 11-1

문제를 엑셀을 사용하여 주경로를 찾아보자. 우선 빨간색으로 표시된 두 번째 열의 "Task Name"에 업무를 입력하자. 그 다음 파란 상자 첫 번째 열의 "ID"에 각 업무를 지칭할 ID를 입력하자(파란색 상자). 입력한 ID를 사용하여 초록색 상자로 표시된 세 번째~여덟 번째 열의 Predecessors 셀에 입력한다. 주의해야 할 점은 각 칸에 하나의 선행 활동만이 입력되어야 한다는 것이다. 마지막으로 보라색으로 표시된 아홉 번째 열의 M에 소요 시간을 입력한다. 입력이 끝나면 자동으로 계산이 되며, 주경로의 경우 두 번째 열의 "Task Name"에서 bold 처리 된다. 따라서 아래 그림을 참고하면, 해당 예제의 주경로는 "선택–획득–구축–디버그–실험수행–서류설계–최종보고서"가 된다.

ID	Task Name	Predecessors (Enter one ID per cell)						O (min)	M (most likely)	P (max)
1	**시작**									
A	**선택**	1						3	3	3
B	**획득**	A						6	6	6
C	**구축**	B						12	12	12
D	**디버그**	C						2	2	2
E	**실험 수행**	D						11	11	11
F	**서류 설계**	E						6	6	6
G	문헌 연구	1						6	6	6
H	이론 연구	G						10	10	10
J	보고 결과	H						5	5	5
K	**최종 보고서**	F	J					1	1	1
2	**끝**	K								

아래와 같은 식을 통해 계산된 ES, EF, LS, LF, Slack 값과 그래프를 보여준다.

ES = MAX(S11:X11)

LF = MIN(AY11:BW11))

EF = M11+L11

LS = IF(P11-L11<0,0,P11-L11)

ID	Task Name	Predecessors (Enter one ID per cell)						ES	EF	LS	LF	Slack
1	**시작**							*0.00*	0.00	0.00	0.00	0.00
A	**선택**	1						0.00	3.00	0.00	3.00	0.00
B	**획득**	A						[illegible]	9.00	[illegible]	[illegible]	[illegible]
C	**구축**	B						[illegible]	[illegible]	[illegible]	[illegible]	[illegible]
D	**디버그**	C						21.00	23.00	21.00	23.00	0.00
E	**실험 수행**	D						23.00	34.00	23.00	34.00	0.00
F	**서류 설계**	E						34.00	40.00	34.00	40.00	0.00
G	문헌 연구	1						0.00	6.00	19.00	25.00	19.00
H	이론 연구	G						6.00	16.00	25.00	35.00	19.00
J	보고 결과	H						16.00	21.00	35.00	40.00	19.00
K	**최종 보고서**	F	J					40.00	41.00	40.00	41.00	0.00
2	**끝**	K						41.00	41.00	41.00	*41.00*	0.00

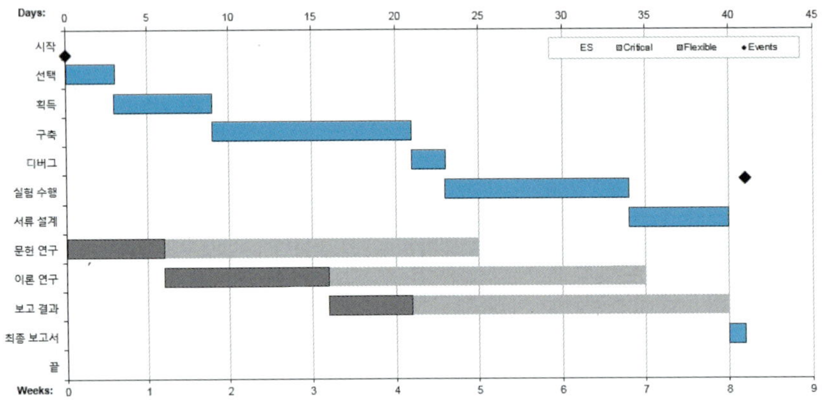

그래프에서 빨간 그래프*는 최적 경로를 보여주며 이러한 프로세스를 통해 프로젝트 수행을 하면 가장 빠른 시간 내에 달성할 수 있다는 것을 확인할 수 있다.

*엑셀 파일의 빨간 그래프는 책에서 파란색으로 표시함

AOA 기법을 이용한 네트워크 구축 및 최상 경로 결정

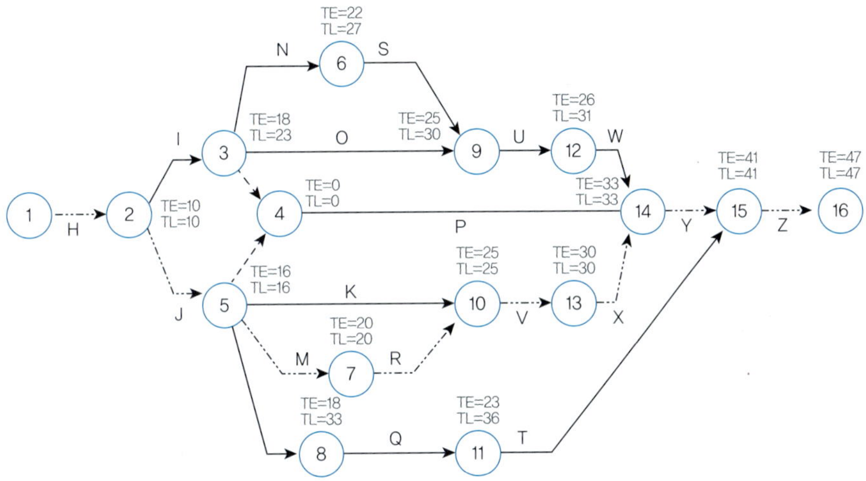

AON 기법을 이용한 네트워크 구축 및 최상 경로 결정

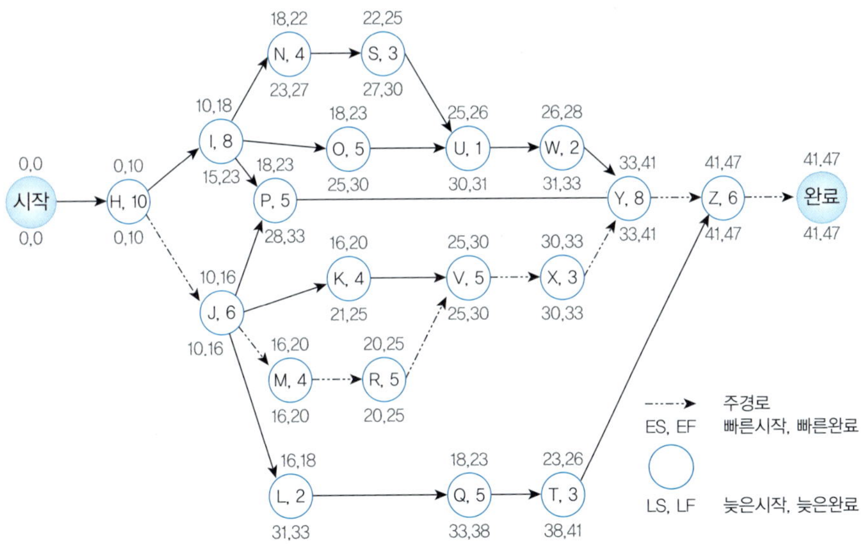

11.5.6 CPM에서의 시간-비용 분석

확정적 소요시간을 갖는 프로젝트의 경우 더 많은 자원을 투입하여 시간을 단축할 수 있다. 즉, 비용을 들여 프로젝트에 소요되는 시간을 줄일 수 있는 것이다. 이러한 상황에서의 의사결정은 얼마의 비용을 들여 얼마의 시간을 줄이는 것이 최적일 것이냐이다. 이 경우 주경로(critical path) 상의 활동에 대한 단위시간당 단축 비

용(cost slope)을 계산하여 결정하게 된다. 단위시간당 단축비용은 다음과 같이 계산된다.

단축비용(crash cost) =(단축비용 − 정상비용) / (정상시간 − 단축시간) (식 11-1)

예제 11-4 단위시간당 단축비용 계산

각 활동의 정상시간과 정상비용, 단축시간과 단축비용이 아래와 같을 때, 각 활동의 단위시간당 단축비용을 계산하라(출처: Erik W. Larson & Clifford F. Gray., *Project Management the Managerial Process* 5th ed. The McGraw Hill).

	정상시간	정상비용	단축시간	단축비용
A	3	$50	2	$70
B	6	$80	4	$160
C	10	$60	9	$90
D	11	$50	7	$150
E	8	$100	6	$160
F	5	$40	4	$70
G	6	$70	6	$70

풀이

활동 A의 최대 단축시간은 정상시간 − 단축시간 = 3 − 2 = 1이다. 최대 단축비용은 단축비용 − 정상비용 = 70 − 50 = 20이다. 따라서 활동 A의 단위시간당 단축비용은 20/1 = 20이다. 이와 같이 계산하면 다른 활동들에 대한 단위시간당 단축비용은 다음과 같다.

	최대 단축비용	최대 단축 시간	단위시간당 단축비용
A	20	1	20
B	80	2	40
C	30	1	30
D	100	4	25
E	60	2	30
F	30	1	30
G	0	0	0

단위시간당 단축비용을 계산하였다면 다음과 같은 원칙에 따라 프로젝트의 시간을 줄일 수 있다.

단축시의 원칙 :

1. 주경로(critical path) 상의 활동을 대상으로 단축한다.
2. 주경로 상의 활동 중 단위시간당 단축비용이 작은 활동부터 단축한다.
3. 단축 전의 주경로가 단축 후에도 그대로 주경로로 유지되는 범위까지만 단축한다.

예제 11-5 시간-비용 분석

각 활동의 정상 소요시간과 단축시간, 정산비용과 단축비용이 예제 11-4와 같다. 현재 프로젝트의 소요시간은 25 단위시간이며, 직접비용은 450, 간접비용은 400이다. 1 단위시간이 감소할 때마다 50의 간접비용이 줄어들 때, 총 프로젝트 비용을 최소로 하는 프로젝트 기간과 비용을 계산하라(출처: Erik W. Larson & Clifford F. Gray., *Project Management the Managerial Process* 5th ed., The McGraw Hill).

풀이 현재의 주경로는 A–D–F–G이며, 총 프로젝트에 소요되는 직접비용은 모든 활동의 정상비용을 합한 $450이다. A, D, F의 단위시간당 단축비용은 각각 20, 25, 30이다. 따라서 아래 그림과 같이 활동 A를 단축하는 것이 가장 적은 비용이 소요된다.

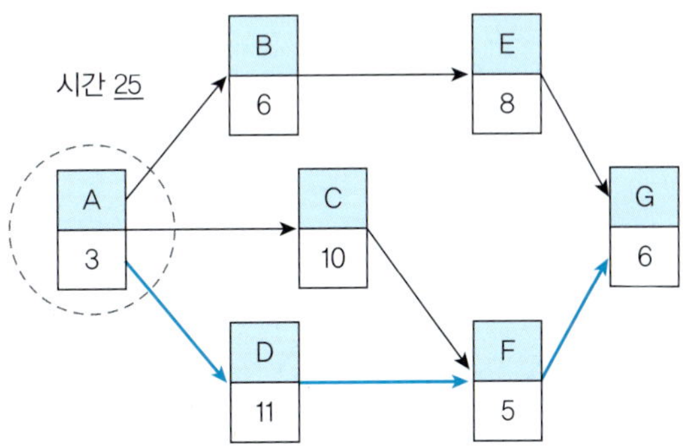

활동 A는 최대 1 단위시간 단축할 수 있다. 따라서 활동 A의 시간을 3에서 2로 한 단위시간 단축하면, 활동 A는 더 이상 단축할 수 없게 된다.
활동 A의 시간이 단축되어 프로젝트의 총 완료 시간은 24이며, 아직 주경로는 A–D–F–G로 유지된다. 이 중 단축 가능한 활동은 D와 F이다. D와 F의 단위시간당 단축비용은 각각 25, 30이기 때문에 활동 D를 단축하는 것이 최적이다.

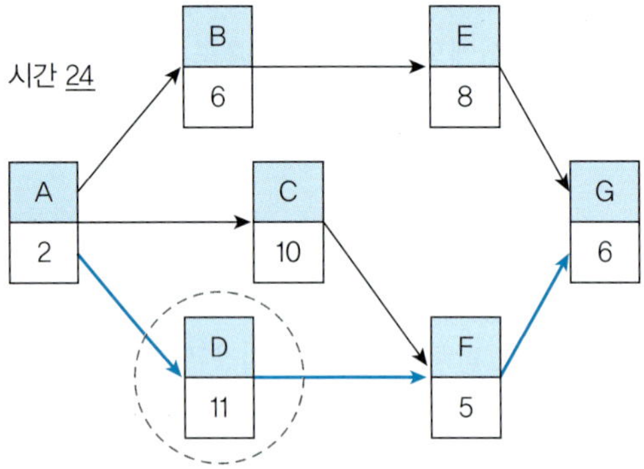

활동 D는 최대 4 단위시간을 단축할 수 있다. 하지만 활동 D의 시간이 10 미만이 되면, 주경로가 A–C–F–G로 변경되므로, 활동 D를 단축할 수 있는 시간은 1 단위 시간이다. 따라서 활동 D를 11에서 10으로 1 단위 시간 단축할 수 있다.
활동 D가 10 단위시간이 되었을 때, 프로젝트의 총 완료 시간은 23이며, 주경로는 A–C–F–G와 A–D–F–G가 된다. 따라서 전체 프로젝트 소요시간을 줄이기 위해서는 C와 D를 함께 단축시키거나, F를 단축시켜야 된다. C와 D의 단위시간당 단축비용은 30+25=55이며, F의 단위시간당 단축비용은 30이다. 따라서 F를 단축시키는 것이 최적이다.

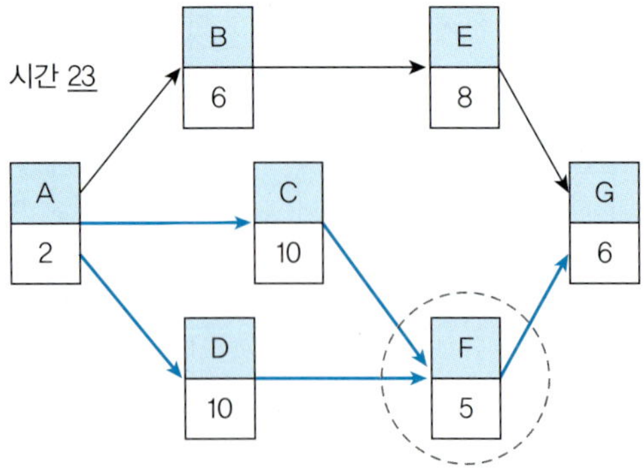

활동 F는 최대 1 단위시간 단축할 수 있다. 따라서 활동 F의 시간을 5에서 4로 한 단위시간 단축하면, 활동 F는 더 이상 단축할 수 없게 된다.
활동 F의 시간이 단축되어 프로젝트의 총 완료 시간은 22이며, 주경로는 A–B–E–G, A–C–F–G, A–D–F–G가 되어, 프로젝트 소요 시간을 줄이기 위해서는 C와 D, E를 동시에 단축시켜야 한다. 따라서 C, D, E의 단위시간당 단축비용은 30 + 25 + 30 = 85이다.

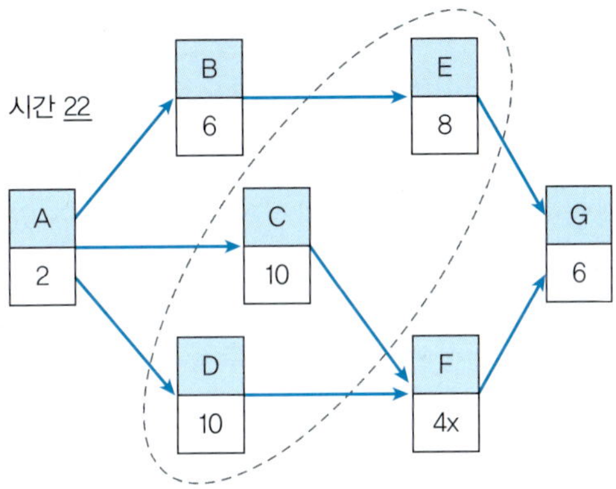

활동 C는 최대 1 단위시간 단축할 수 있다. 따라서 활동 C의 시간을 10에서 9로 한 단위시간 단축하면, 활동 C는 더 이상 단축할 수 없게 된다.
활동 C, D, E가 각각 1 단위시간 단축되어, 총 프로젝트 소요시간은 21 단위시간이 되며, 주경로 상에 단축할 수 있는 활동이 없기 때문에 더 이상 프로젝트를 단축할 수 없게 된다. 각 기간별 프로젝트의 총 비용은 아래와 같게 된다.

프로젝트 기간	직접비용	간접비용	총 비용
25	450	400	850
24	450 + 20	350	830
23	470 + 25	300	795
22	495 + 30	250	775
21	525 + 85	200	810

따라서 프로젝트의 최적 기간은 22가되고, 최소비용은 $775가 된다.

11.5.7 프로그램 평가 및 검토 기법(program evaluation and review technique)

1958년에 미 해군이 폴라리스(Polaris) 유도탄을 연구 · 개발 · 관리하기 위하여 개발하고 실용화한 것이 PERT(Program Evaluation and Review Technique)이다. PERT는 CPM(Critical Path Method)과 달리 불확실함을 반영할 수 있는 확률적 모형이며, 계획된 기간 내에 전체 프로젝트를 완료할 확률을 파악할 수 있다는 장점이 있다.

PERT의 경우 활동 소요시간이 베타분포를, 총 기대 프로젝트 시간이 정규분포를 이룬다는 가정이 적용되며, 이러한 가정을 바탕으로 완성 기간 내에 프로젝트를 달성할 수 있는 확률인 성공 확률을 계산할 수 있다. PERT를 통해 효율적인 예산 통제가 가능하며, 경영층의 효율적인 의사결정을 기대할 수 있으며, 작업 상호 간의 연관성을 명확히 판단 가능하다는 장점을 가진다.

PERT는 각각의 활동에 대하여 세 가지의 추정치를 사용한다. 기본적으로 각각의 활동 기간은 낙관적인 시간에서 비관적인 시간에 이르기까지 다양할 수 있음을 의미하고, 각 활동에 대하여 가중 평균을 계산할 수 있다.

프로젝트 활동들은 일반적으로 작업을 나타내고, 작업은 한 번 뒤에 도착하면 그대로 남아 있는 경향이 있기 때문에, PERT 개발자는 활동 기간을 나타내기 위하여 베타 분포의 근사치를 선택하였다. 이 분포는 정규분포를 따르지 않는 경험적 데이터를 수용할 수 있는 유연함이 있다.

활동 기간들은 데이터 범위의 양 끝으로 편중될 수 있다.

[그림 11-16(A)]는 활동 기간에 대하여 오른쪽이 기울어져 한 번 뒤에 도착하면 오래 유지되는 베타 분포를 보여준다. [그림 11-16(B)]는 프로젝트 기간의 분포가 대칭적인 정규 분포로 표현된다. 프로젝트 분포는 주경로(critical path) 상의 활동들의 가중 평균의 합으로 표현된다.

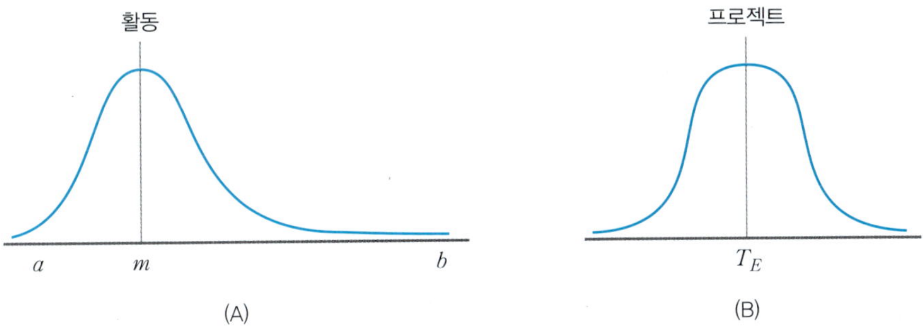

[그림 11-16] 활동 및 프로젝트 빈도 분포

출처 : Erik W. Larson & Clifford F. Gray., *Project Management the Managerial Process* 5th ed., The McGraw Hill

각 활동에 대한 가중 평균과 분산을 알면 다른 프로젝트 기간을 충족시킬 확률을 계산할 수 있다.

다음에 주어진 가상의 예제에서 설명하는 단계를 보자(통계에 익숙지 않은 사람에게는 용어가 어려울 수 있지만, 몇 가지 예제를 풀어보면 프로세스는 비교적 간단한다.).

가중 평균 활동 시간은 다음 공식에 의해 계산된다.

$$t_e = \frac{a+4m+b}{6} \quad \text{(식 11-2)}$$

t_e = 가중 평균 활동 시간,
a = 낙관적 활동 시간(정상적인 조건에서 가장 빨리 완료되는 활동),
b = 비관적 활동 시간(정상적인 조건에서 가장 늦게 완료되는 활동),
m = 정상 활동 시간

세 가지의 시간 추정치가 정해지면, 이 방정식에 대입하여 각 활동에 대한 가중 평균 기간을 계산할 수 있다.

확정적 평균값은 CPM 방법에서와 같이 프로젝트 네트워크에 배치되고, 빠른(early) 완료 시간, 늦은(late) 완료 시간, 여유(slack) 완료 시간 그리고 프로젝트 완료 시간을 계산할 수 있다.

활동 시간 추정치의 변동은 다음 식에 의해 근사된다. (식 11-3)은 활동에 대한 표준 편차를 나타낸다. (식 11-4)는 프로젝트에 대한 표준 편차를 나타낸다. 이 합은 주경로(critical path) 또는 검토된 경로 상의 활동만을 포함한다.

$$\sigma_{t_e}=\left(\frac{b-a}{6}\right) \quad \text{(식 11-3)}$$

$$\sigma_{T_E}=\sqrt{\sum \sigma_{t_e}^2} \quad \text{(식 11-4)}$$

마지막으로 평균 프로젝트 기간(T_E)은 최상 경로(t_e의 합) 상에 있는 모든 활동 시간의 합이고, 이는 정규분포를 따른다.

평균 프로젝트 기간과 활동들의 분산을 알면 표준 통계표를 사용하여 특정 시간에서의 프로젝트 완료(또는 프로젝트 부분) 확률을 계산할 수 있다.

아래의 방정식 (식 11-5)는 통계표에서 Z 값을 찾는 데 사용된다. (Z = 평균으로부터 표준편차의 수) 그리고 차례로 특정 시간에서 프로젝트가 완료되는 확률을 말해준다.

$$Z=\frac{T_S-T_E}{\sqrt{\sum \sigma_{t_e}^2}} \quad \text{(식 11-5)}$$

T_E = 최상 경로 기간,

T_S = 계획된 프로젝트 기간,

예제 11-6 PERT 기법

각 활동의 시간과 분산이 다음과 같을 때, 프로젝트가 67시간 이전에 완료될 확률은 얼마이며, 60시간 이전에 완료될 확률은 얼마인가?

활동	a	m	b	t_e	$[(b-a)/6]^2$
1-2	17	29	47	30	25
2-3	6	12	24	13	9
2-4	16	19	28	20	4
3-5	13	16	19	16	1
4-5	2	5	14	6	4
5-6	2	5	8	5	1

풀이 예상 프로젝트 기간(T_E)은 64시간 단위이며, 최상 경로는 1-2-3-5-6이다. 이 정보를 바탕으로, 특정 날짜에 프로젝트를 완료할 확률은 표준 통계 방법을 이용하여 쉽게 계산할 수 있다.
프로젝트의 정규 곡선은 다음과 같이 나타난다.

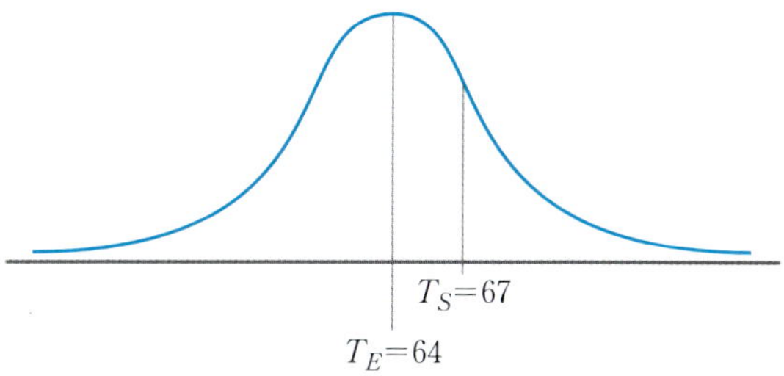

Z 값에 대한 공식을 이용하여, 다음과 같이 확률을 계산할 수 있다.

$$Z=\frac{T_S-T_E}{\sqrt{\sum\sigma_{t_e}^2}}=\frac{67-64}{\sqrt{25+9+1+1}}=\frac{+3}{\sqrt{36}}$$
$$P=0.69$$

표준정규분포 표로부터 +0.5의 Z 값은 0.69의 확률을 가진다. 이를 해석하면, 67시간 단위 이하로 프로젝트를 완료할 확률은 69%이다.

반대로 시간 주기 60에 의해 프로젝트가 완료될 확률은 다음과 같이 계산된다.

$$Z=\frac{60-64}{\sqrt{25+9+1+1}}=\frac{-4}{\sqrt{36}}=-0.67$$
$$P\simeq0.26$$

-0.67의 Z 값은 0.26의 확률을 가진다. 이를 해석하면, 60시간 단위 이하로 프로젝트를 완료할 확률은 약 26%이다.

이러한 확률을 관리할 수 있을 때, 이러한 확률을 통한 프로젝트 관리 결정은 결정은 특정한 프로젝트 기간과 연관된 위험을 줄이거나 수용할 수 있다. 예를 들어, 프로젝트 관리자가 64시간 단위로 프로젝트를 완료할 가능성을 높이고자 한다면,

7. 프로젝트 시간과 비용 추정 방법에 있어 혼합 접근 방식인 단계별 추정에 대해 설명하라.

8. 아래의 정보를 바탕으로 AOA 기법과 AON 기법을 각각 활용하여 프로젝트 네트워크를 나타내라.

ID	설명	선행 활동
A	계약 서명	-
B	조사 설계	A
C	목표시장 확인	B
D	자료 수집	B, C
E	발표 준비	B
F	결과 분석	D
G	인구통계	C
H	발표	E, F, G

9. 각 활동의 선행활동과 소요시간이 다음과 같을 때, AOA 기법을 통해 네트워크를 구축하고, 주경로를 구하라.

활동	선행 활동	소요 시간
A	-	2
B	A	5
C	A	3
D	B, C	4
E	D	3

10. 각 활동의 선행활동과 소요시간이 다음과 같을 때, AON 기법을 통해 네트워크를 구축하고, 주경로를 구하라.

활동	선행 활동	소요 시간
A	-	2
B	A	15
C	A	10
D	A	13
E	A	18
F	C, D	15
G	B, F	10
H	E, G	5

11. 주 경로(Critical Path)를 찾고, 프로젝트 완료에 필요한 총 기간과 각 작업의 최소 완료 시간(Earliest Finish Time, EFT)을 구하라.

활동	선행 활동	낙관적 활동 시간 (a)	정상 활동 시간 (m)	비관적 활동 시간 (b)
1	-	6	12	24
2	1	16	19	28
3	1	4	7	10
4	2	21	30	39
5	2	17	29	47
6	3, 4, 5	4	7	10
7	6	13	16	19

생산 및 운영관리

PART IV 재고관리: 수요를 맞추는 공급

12

CHAPTER

자재소요계획법

학습 목표

- 생산 계획을 달성하기 위한 자재의 필요성을 이해하고 자재소요계획을 설명할 수 있다.
- 총괄생산계획을 충족할 수 있는 기준생산계획을 수립하고 결정할 수 있다.
- 자재소요계획의 입력자료인 기준생산계획, 자재명세서, 재고 기록을 활용할 수 있다.
- 자재소요계획을 수립하기 위해 MRP 전개를 수행하고 MRP 전개의 결과를 적용할 수 있다.

사례

글로벌 자동차 업계의 부품업체 리스크 대응

글로벌 자동차 업계는 최근 자동차 부품업체의 리스크가 증대됨에 따라 리스크 관리 전략을 도입하고 있다.

자동차 산업에서 자동차 부품업체들이 직면한 주요 리스크 요인에는 외부적인 요인(시장 구조, 규제 및 사회 환경)과 내부적인 요인(현금흐름 창출 능력, 시장 적응력 및 혁신 역량, 신용도)이 포함된다. 이에 따라 자동차 완성차업체는 각 부품군에 대한 리스크를 평가하고, 이 결과를 바탕으로 리스크 완화 조치를 시행한다. 예를 들어, 리스크가 높은 부품군에 대해서는 구조조정이나 생산 포트폴리오 재편과 같은 전략을 적용한다.

자동차 시장의 전환에 따라 내연기관 관련 부품의 리스크가 증가하고 있으며, 전기 구동계와 같은 신기술 관련 부품의 리스크는 상대적으로 낮은 편이다. 이러한 변화에 대응하기 위해 자동차 업계는 신기술 부문에 대한 투자를 강화하고 있다.

◆ 리스크 관리하는 현대차…글로벌 네트워크 확장 심혈

현대차그룹은 규제, 지정학적, 거시경제적, 공급망 리스크를 종합적으로 관리하고 있으며, 단기 성과보다는 지속 가능한 성장을 목표로 장기적인 관점에서 경영상의 불확실성을 제거하고 있다.

규제 리스크로는 이산화탄소(CO_2) 배출 규제와 평균 연비 규제가 주요하게 다루어지고 있다. 유럽연합(EU)은 2030년까지 승용차의 CO_2 배출량을 2021년 대비 55% 감축하고, 2035년까지 100% 줄이는 목표를 확정했다. 이에 대응하기 위해 현대차그룹은 전기차 판매를 강화하고, 규제 목표 달성 여부를 매월 점검하며, 필요한 경우 누적 크레딧을 활용해 리스크를 최소화하고 있다.

지정학적 리스크는 러시아와 중국 간 갈등, 미국의 인플레이션 감축법(IRA), EU의 핵심원자재법(CRMA) 등으로 인해 발생한다.

By failing to prepare, you are pre-paring to fail(준비에 실패하는 것은 실패를 준비하는 것이다).

– 벤자민 프랭클린(Benjamin Franklin)

현대차그룹은 미국 · EU 등 주요국의 정책 리스크를 전담 조직(PCO)을 통해 모니터링하고, 현지 생산 비중을 늘리는 등의 대응 방안을 마련하고 있다.

거시경제적 리스크로는 고물가, 고금리, 고환율의 영향과 주요국의 경기 부진이 예상된다. 현대차그룹은 HMG 경영연구원을 중심으로 거시경제 및 산업 리스크를 분석하고, 신차 수요 예측력을 강화하며, 글로벌 경제위기 시나리오를 작성해 최악의 상황에 대비하고 있다.

공급망 리스크로는 2022년 차량용 반도체 수급 문제가 대표적인 사례이다. 당시 현대차는 글로벌 공급망 불안에 따른 생산 차질로 국내 시장 판매량이 전년 대비 5.2% 감소한 바 있다. 이 같은 리스크를 줄이기 위해 현대차 · 기아는 지난해 세계 1위 차량용 반도체 기업인 인피니언과 손을 잡았다. 2030년까지 전기차 · 하이브리드 등 전동화 차량에 필요한 전력 반도체를 인피니언으로부터 공급받기로 한 것이다.

배터리 등 광물 소비가 내연기관차 대비 약 6배 많은 전기차의 경우 자동차 업체들의 EV 생산이 급증하면서 광물 수급 부족 현상이 심화되고 있다. 현대차그룹은 전략 소재에 대한 적정 재고 확보와 직접 구매 확대 등을 추진하고 있다. 현대차그룹은 고려아연과 전기차 배터리 핵심전략 소재인 니켈의 원재료 공동 소싱 · 가공 및 중간재의 안정적 공급 · 폐배터리 재활용을 비롯한 신사업 모색 등 니켈 밸류체인 전반에 걸친 포괄적 협력을 하고 있다. 또한 글로벌 전기차 생산 · 판매 확대를 위해 필요한 배터리를 안정적으로 현지 조달하고자 생산공장과 인접한 지역에 배터리셀 공장을 구축하고 있다. 이를 위해 LG에너지솔루션, SK온 등 배터리업체들과의 전략적 제휴 · 투자를 확대 중이다.

이러한 노력을 통해 현대차 · 기아는 정부의 산업 정책과 경기 변동 등의 외부 변화에 적응하며, 리스크를 최소화하고 이를 기회로 삼아 더 나아가고자 하고 있다.

출처: 자동차 가치 사슬의 미래: 2023 자동차 부품 공급업체 리스크 모니터, Deloitte Insights, 2023년 8월, https://www2.deloitte.com/kr/ko/pages/consumer/articles/2023/20230802.html

아시아투데이, 2024년 3월 13일, [글로벌전략 재편] 리스크 관리하는 현대차…글로벌 네트워크 확장 심혈, https://www.asiatoday.co.kr/view.php?key=20240312010006256

12.1 서론

제품 생산에서의 핵심 과제는 수립한 생산 계획에 맞추어 제때 정확한 수량을 완성하는 것이다. 그러기 위해서는 생산을 시작하기 전에 모든 자원이 확보되어 있어야만 하는데, 이것은 인적 자원과 설비 자원과 같은 생산 능력이 충분하게 준비되어 있고 제품 생산에 소요되는 원자재나 부품이 모두 준비되어 있어야 한다는 것을 의미한다.

대개의 경우 생산 능력을 갑자기 큰 폭으로 증가시키기 어렵기 때문에 계획을 수립할 때마다 생산 능력의 범위 내에 있는지 확인해야 한다. 한편 생산 능력이 충분하더라도 원자재와 부품이 모두 준비되지 않으면 생산 계획을 달성하지 못하기 때문에 품목별로 미리 필요한 수량을 확보해야 한다. 이 때 너무 일찍 준비해놓거나 너무 많은 수량을 준비한다면 불필요한 재고 비용을 발생시키기 때문에, 시기적으로는 가능한 한도에서 생산 직전에 준비해야 하고 수량 측면에서는 최소한의 필요 수량을 파악하여 꼭 필요한 수량이 준비되도록 할 필요가 있다.

자재소요계획(Material Requirement Planning: MRP)

따라서 제품의 생산 계획이 수립되면 이를 달성할 수 있도록 원자재와 부품 등의 자재에 대한 구매 계획과 생산 계획을 수립하는데 이러한 계획을 자재소요계획(Material Requirement Planning: MRP)이라고 한다.

자재소요계획은 1960년대에 IBM에서 기업의 과잉 재고를 낮추기 위해 MRP 시스템을 개발하면서 등장하였다. 초기의 MRP 시스템은 필요한 품목의 적기 생산과 조달을 위해 개발되었으나 생산능력의 가용성을 고려하지 못하는 한계가 있었다. 이후 발주계획을 확정하기 전에 생산능력의 가용성을 검증하여 피드백하는 기능을 포함하는 폐회로 MRP(closed loop MRP)로 발전하게 되었고 1980년대에 제조자원계획(Manufacturing Resource Planning: MRP II)으로 확장되게 된다. MRP II 시스템은 자재소요계획을 중심으로 생산능력, 생산 인력, 시설 등과 같은 전반적인 생산자원에 대한 계획과 주문관리, 재무관리, 판매관리 등의 관리 기능을 통합한 정보시스템이다. 1990년대에는 글로벌 경쟁이 심화되는 환경에서 정보기술(IT)의 발달에 따라 전사적자원관리(Enterprise Resource Planning: ERP)가 등장하게 된다. ERP는 생산관리와 재무, 회계, 판매관리, 인사관리 등의 데이터를 일원화하여 전사적인 경영 자원의 효율적인 관리를 주목적으로 하는 경영정보시스템이다.

12장은 자재소요계획의 개념과 수립기법을 설명한다. 12장의 구성은 다음과 같다. 12.2절에서는 자재소요계획의 개요를 설명하고 12.3절에서는 자재소요계획의 입력자료를 다룬다. 12.4절에서 MRP 전개라고도 하는 자재소요계획 수립 과정을 상세하게 설명한다. 마지막으로 12.5절에서는 자재소요계획 운영에 대한 요소를 설명한다.

12.2 자재소요계획의 개요

자재소요계획은 생산 계획의 관점에서 최종 제품 생산에 필요한 자재에 대한 소요 계획을 의미하는데, 자재소요계획의 영문 약자인 MRP가 정보 시스템적인 성격이 강조되어 자재소요계획이라는 용어보다 많이 사용되고 있다.

자재소요계획의 주요 기능은 기준생산계획으로 대표되는 완제품 생산계획을 달성할 수 있도록 자재 품목의 필요한 수량과 시점을 결정하는 것이다. 결정해야 할 시점에는 주문 시점과 준비 시점이 있다.

자재소요계획을 이해하기 위하여 각종 가정용 가구를 제작하는 가구업체를 예를 들어 살펴본다. 이 업체는 대리석 상판 1개와 철제 다리 4개로 된 식탁을 판매하고 있는데 고객 수요 예측과 판매 목표에 따라 4주차 초까지 식탁 100개를 생산하기로 했고 식탁 100개 조립에 1주일이 소요된다. 따라서 3주차 초부터 식탁 100개를 조립하기 시작해야 한다. 재고 상황은 대리석 상판의 재고가 없고 철제 다리의 재고가 100개이다. 한편 대리석 상판을 외부업체로부터 구매하고, 철제 다리는 자체 공장에서 직접 제작하는데 대리석 상판을 구매하기 위해서는 외부업체에 2주일 전에 주문을 해야 하고, 철제 다리 제작에는 1주일이 소요된다고 한다.

식탁 100개를 조립하여 생산하려면 3주차 초까지 대리석 상판 100개와 철제 다리 400개가 준비되어야 한다. 대리석 상판은 재고가 없기 때문에 외부업체에 1주차 초에 100개를 주문하고 철제 다리는 추가로 필요한 300개를 2주차 초에 주문해야 한다.

독립 수요와 종속 수요

앞의 예에서 식탁을 상위 품목, 상판과 다리를 하위 품목이라고 한다면 하위 품목인 상판과 다리의 필요한 수량은 상위 품목인 식탁의 생산 계획 수량에 의해 결정되는데, 이와 같이 다른 품목의 수요에 따라 발생하는 수요를 종속 수요(dependent demand)라고 한다. 즉 완제품의 수요가 결정되면 제품을 구성하는 원자재, 부품, 중간 조립품 등의 수요가 결정되는데 종속 수요는 다른 품목의 수요에 대해 종속 관계에 있는 수요이다. 일반적으로 종속 수요는 상위 품목의 수요에 의해 결정된다. 반면에 식탁의 수요는 시장에서 발생한 수요인데, 이와 같이 기업 외부인 시장에서 발생하는 수요를 기업 내부 활동과 독립적인 관계에 있기 때문에 독립 수요(independent demand)라고 한다.

종속 수요(dependent demand)

독립 수요(independent demand)

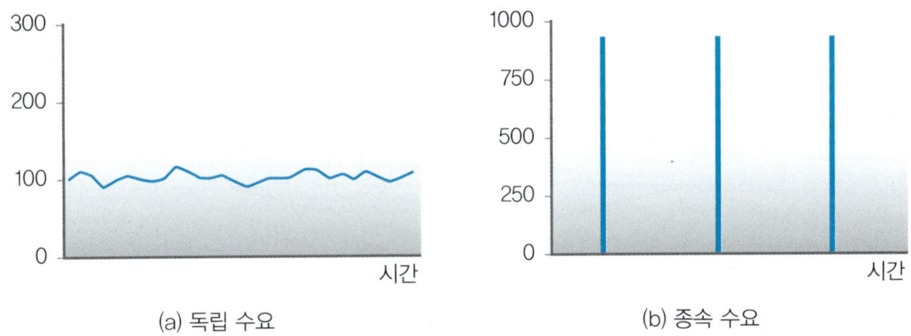

[그림 12-1] 독립 수요와 종속 수요의 패턴 비교

독립 수요는 시장의 수요에 의해서 결정되기 때문에 수요량을 결정할 때 수요 예측을 이용하고, 예측 오류에 따른 위험을 최소화하기 위하여 안전재고(safety inventory)를 이용하게 된다. 반면에 종속 수요는 상위 품목의 수요에 의해서 결정되기 때문에 수요량을 결정할 때 상위 품목의 수요를 기준으로 정확하게 계산되고, 불확실한 상황이 없다면 별도의 안전재고를 필요로 하지 않는다.

안전재고(safety inventory)

독립 수요를 갖는 제품은 정기 주문 모형이나 정량 주문 모형과 같은 재고 관리 모형을 이용해서 통제할 수 있지만, 종속 수요를 갖는 부품은 필요한 부품 중에 하나라도 부족하면 안 되기 때문에 정확하게 필요한 수량을 파악하는 방법을 사용해야 한다.

품목과 자재의 관계는 식탁–상판의 관계로 표현될 수 있고, 부품이 표준화된 경우에는 한 품목이 두 종류 이상의 상위 품목을 가질 수 있다. 부품에 따라 종속 수요와 독립 수요를 동시에 갖는 부품이 있을 수 있는데, 예를 들어 제품 수리용 부품은 제품 생산에 따른 종속 수요와 시장에서 수리용 목적으로 판매하기 위한 독립 수요를 동시에 갖게 된다.

자재소요계획의 입력 자료와 산출물

자재소요계획을 수립하기 위해서는 완제품의 생산 계획, 완제품 생산에 필요한 부품의 종류와 수량, 부품의 재고 상황 및 주문 정보가 필요하다. 즉 자재소요계획은 기준생산계획, 자재명세서, 재고 기록을 입력 자료로 한다.

자재소요계획은 생산과 구매에 대한 주문 일정계획을 주요 결과물로 제공한다. 또한 독촉 및 지연과 같은 예외보고서, 자재소요계획에 따른 생산용량 보고서를 함께 제공한다.

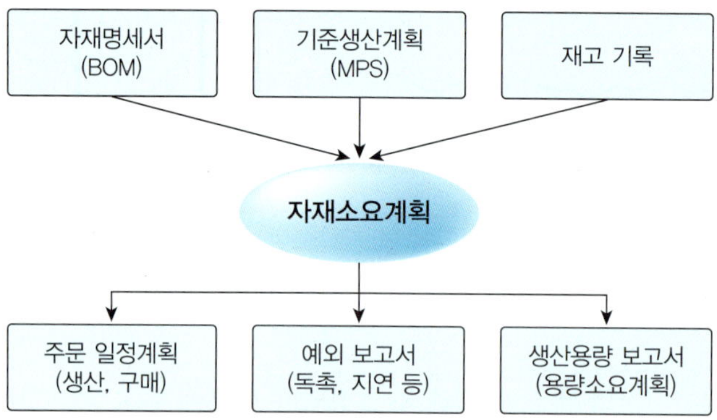

[그림 12-2] 자재소요계획의 입력 자료와 산출물

12.3 자재소요계획의 입력 자료

자재소요계획의 입력 자료인 기준생산계획, 자재명세서, 재고 기록에 대해 살펴본다.

12.3.1 기준생산계획

기준생산계획(Master Production Schedule: MPS)은 제품에 대한 생산량과 시기에 대한 계획으로 계획 기간 동안에 제품별로 어느 시기에 몇 개를 생산할 것인지 결정한 것이다. 즉 기준생산계획은 총괄생산계획을 구체적인 제품별 생산계획으로 나누어 수립한 것이다. 단위 기간(time bucket)은 시간, 일, 주, 월 등이다. 제품군 수량은 총괄생산계획과 동일하게 유지되어야 하고 자재소요계획의 품목 수량의 근거가 된다.

기준생산계획(Master Production Schedule: MPS)

탁자, 식탁, 책상을 생산하는 기업의 생산을 예를 들어 설명한다. [그림 12-3]은 테이블 제품군으로 분류한 제품인 탁자, 식탁, 책상에 대한 1~8주 동안의 기준생산계획이다. [그림 12-3]에서 1~4주, 5~8주 동안에 대해서 테이블 제품군의 생산계획 합계와 테이블 제품군의 총괄생산계획이 일치한다.

테이블 제품군	주							
	1	2	3	4	5	6	7	8
탁자			120			120		
식탁				180	180			
책상	100	100					100	100
총괄생산계획	500				500			

[그림 12-3] 테이블 제품군의 기준생산계획

총괄생산계획이 제품군을 대상으로 수립한 것에 비하여 기준생산계획은 실제로 생산이 이루어지는 제품별로 수립하게 된다. 기준생산계획은 자재소요계획의 상위 계획이고 이어지는 부품의 제조 활동이나 자재의 조달 활동의 기준이 된다. 따라서 기준생산계획은 품목별로 수요예측, 판매 및 생산계획, 생산 능력의 가용성, 자재의 가용성 등을 종합적으로 고려해서 수립되어야 한다.

기준생산계획의 수립과정

기준생산계획의 초안을 만들고 인적 자원과 설비 자원의 생산 능력과 비교하여 실행할 수 있는지 확인한다. 생산 능력의 수준에서 실행할 수 있을 때까지 반복하여 수정안을 만들고 확인 과정을 거쳐 최종안을 수립한다.

만약 생산 능력의 수준에서 실행할 수 있는 기준생산계획을 수립할 수 없다면 총괄생산계획을 변경하여 생산요구량을 줄이거나, 생산 능력의 자원을 늘려야 하고, 필요한 조치를 취한 후에 다시 한 번 위의 과정을 거쳐 기준생산계획을 수립한다.

기준생산계획의 초안 작성

기준생산계획을 수립할 때 제품별로 예상보유재고를 계산하고, 생산량과 생산 시기를 결정한다.

[1] 예상보유재고의 계산

(기말 예상보유재고) = (기초 예상보유재고) + (생산량) − (예상 소요량)

(예상 소요량) = Max{예측수요, 주문량}

실제로 예약된 고객주문량이 예측치보다 많으면 예약된 고객주문량을 예상 소요량으로 하는 것이 정확할 것이고, 예측값이 예약된 고객주문량보다 크면 주문의 일부가 아직은 발생하지 않은 것으로 간주하여 예상소요량의 추정치를 예상소요량으로 하는 것이 바람직하다.

[그림 12-4]는 기준생산계획 양식에 탁자의 기준생산계획을 수립하는 과정의 일부를 나타낸 것으로 예측수요와 주문량을 기초로 예상보유재고를 계산한 결과가 제시되어 있다. 기준생산계획 양식의 윗부분에 품목의 이름, 로트 크기, 주문 인도기간이 제시되어 있고, 양식의 왼쪽에 계산에 필요한 각 항목의 이름이 표시되어 있다. 각 항목의 값은 주별로 기록된다.

예측수요는 품목 수요에 대한 예측값이고 주문량은 예약된 고객주문량이며 예상재고는 예측수요와 주문량으로부터 계산된 값이다. 예상재고 항목의 오른쪽에 표시된 값은 기준생산계획 수립기간의 초기 재고를 나타낸 것이다. MPS 수량은 기준생산계획에 따라 계산된 계획 수량과 완성 시기를 나타낸 것이고, MPS 개시는 MPS 수량의 생산 시작 시점을 나타낸 것이다. ATP 재고는 약속가능수량을 산출하기 위한 항목이다.

[그림 12-4]는 입력된 탁자의 예측수요, 주문량, 기초 재고로부터 예상재고를 계산한 결과를 나타낸 것이다. 예를 들어 1주차에서 예측수요 30개, 주문량 33, 기초 예상보유재고 100으로 1주말의 예상소요량은 Max{30, 33}의 결과인 33이고 1주말의 예상보유재고는 100 + 0 − 33의 결과인 67이다. 기준생산계획 결정 과정에서 처음에 예상보유재고를 계산할 때에는 생산량을 0으로 가정한다.

탁자									
로트 크기: 120개 주문인도기간: 1주		주							
		1	2	3	4	5	6	7	8
예측수요		30	30	30	30	35	35	35	35
주문량		33	25	20	10	5	0	0	0
예상재고	100	67	37	7	−23	−58	−93	−128	−163
MPS 수량									
MPS 개시									
ATP 재고									

[그림 12-4] 탁자의 예상 재고

[2] 생산 수량과 시기의 결정

예상보유재고가 부족하지 않도록 생산해야 하므로 [1]에서 계산된 예상보유재고가 음수 값이 되면 해당 시기에 생산하도록 결정한다. 이때 생산 수량은 제품의 주문 정책에 따라 결정되는데 일반적으로 로트 생산을 이용한다. 만약 생산에 있어서 1주일 이상의 주문 인도기간이 요구되는 경우에는 제품 수량이 필요한 시기에서 주문 인도기간만큼 빼서 생산 개시 시기를 결정해야 한다.

[그림 12-5]는 탁자의 기준생산계획 수립 결과를 나타낸 것이다. [그림 12-4]를 보면 4주차부터 예상보유재고가 부족한 것을 알 수 있고 따라서 MPS 수량 항목의 4주차에 120을 결정한다. 이 결정에 따라 예상재고를 다시 계산하면 7주차에 다시 음수가 나타나는데 이에 따라 MPS 수량 항목의 7주차에 120을 결정하고 예상재고를 또 다시 계산한다. MPS 수량이 120개인 이유는 탁자 생산을 위한 로트 크기가 120개이기 때문이다.

그리고 탁자의 주문 인도기간이 1주일이기 때문에 MPS 개시 항목은 MPS 수량 항목의 1주일 이전인 3주차와 6주차에 120개로 결정된다.

탁자									
로트 크기: 120개 주문인도기간: 1주		주							
		1	2	3	4	5	6	7	8
예측수요		30	30	30	30	35	35	35	35
주문량		33	25	20	10	5	0	0	0
예상재고	100	67	37	7	97	62	27	112	77
MPS 수량					120			120	
MPS 개시				120			120		
ATP 재고		22			105			120	

[그림 12-5] 탁자의 기준생산계획 수립 결과

약속가능수량

약속가능수량(Available To Promise: ATP)

판매 부서가 고객의 주문에 대해서 적절하게 대응하기 위해서는 고객 주문에 대한 납품 가능 여부를 실시간으로 정확하게 파악할 수 있어야 하고, 그러기 위해서는 고객의 주문 정보와 생산 계획 정보에 대해서 생산 부서와 공유해야 한다. **약속가능수량(Available To Promise: ATP)**은 특정 시기에 납품하기로 약속할 수 있는 제품의 수량으로서, 계획 생산량과 예약 주문량의 차이를 의미하고 보유 재고와 계획 생산량의 합계에서 다른 고객 주문으로 선점된 수량을 제외한 수량으로 계산된다.

기준생산계획에 따라 계획 생산량이 결정되면 약속가능수량은 증가하게 되고, 고객의 신규 주문이 접수되면 약속가능수량은 감소하게 된다. 실제로 주문이 접수되면 재고 보유수량은 변경되지 않고 납품을 위해 제품이 출고되어야 감소하게 된다.

만약 고객의 주문 수량이 약속가능수량을 초과하면 기준생산계획의 계획 생산량을 증가시켜 추가 주문을 받거나 아니면 고객에게 납품 시기를 늦추어 줄 것을 요청해야 한다.

[그림 12-5]를 보면 1주차 약속가능수량이 22개임을 알 수 있다. 4주차에 MPS 수량이 생산되므로 초기 재고 100에서 1~3주차 동안의 주문량 33, 25, 20개를 제외한 22개이다.

계획 기간(planning horizon)

계획 기간은 계획이 수립되는 시간의 길이를 의미하는데 생산 계획을 차질 없이 수

행하기 위한 최소한의 기간으로 결정되어야 한다. 따라서 기준생산계획의 계획 기간은 여러 제품의 누적 주문 인도기간 중에서 가장 긴 기간보다 길게 설정해야 한다. 계획 기간이 길수록 계획의 가시성이 좋아지는데 미래의 위험 요소를 미리 파악하여 대처할 수 있는 장점이 있다. 물론 경쟁력의 관점에서는 별도의 지속적인 개선 활동을 통해 제품의 누적 주문 인도기간을 최대한 단축해야 한다.

기준생산계획의 동결

기준생산계획이 결정되었다고 하더라도 자재 수급이나 고객 주문에 의해서 불가피하게 변경해야 할 경우가 발생할 수 있다. 일단 기준생산계획이 결정되면 자재소요계획, 작업 현장 관리, 구매계획의 기준이 되므로 기준생산계획의 변경은 생산 활동과 구매 활동에 큰 영향을 미치게 된다. 기준생산계획에서 계획 생산량이 증가하면 납품 지연, 자재 부족, 긴급 처리 비용 증가 등이 발생할 수 있고 계획 생산량이 감소하면 확보한 자재의 재고 비용 증가, 인적 및 설비 자원의 낭비 등이 발생할 수 있다. 때문에 대부분의 수요가 이미 결정되어 있는 가까운 시기의 계획 생산량에 대해서는 변경을 승인하지 않고 동결시키는 정책을 적용하는 것이 바람직할 수 있다.

총괄생산계획과의 부합성

기준생산계획은 예측수요와 실제 수요를 모두 감안하는 계획이기 때문에 주별 생산량을 합한 월간 생산량이 총괄생산계획의 값과 다를 수 있다. 이럴 때에는 총괄생산계획의 값을 크게 조정하거나 기준생산계획의 계획생산량을 작게 변경해서 총괄생산계획과 기준생산계획이 서로 부합되게 해야 한다. 기준생산계획이 총괄생산계획과 부합되게 수립되어야 기업의 전략적 계획부터 생산 현장의 활동까지 일관되게 운영될 수 있다.

12.3.2 자재명세서

자재명세서(Bill Of Material: BOM)는 품목 생산에 필요한 자재 종류, 품목과 자재의 상하 관계, 자재 사용량을 기록한 명세서로 품목 1개를 만드는 데 소요되는 모든 자재를 보여준다. 부품의 보충 일정은 상위 품목의 생산 일정에 따라 결정되기 때문에 상위 품목-자재의 관계를 파악하여 준비되어야 한다.

자재명세서(Bill Of Material: BOM)

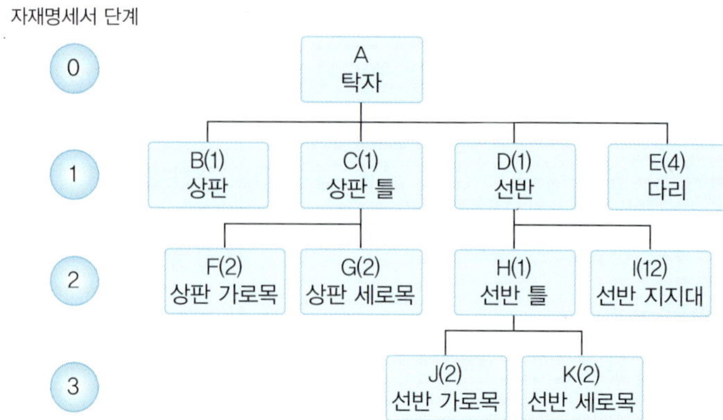

[그림 12-6] 제품 구조로 나타낸 탁자의 자재명세서(BOM)

제품 구조

제품 구조(product tree)

[그림 12-6]은 자재명세서를 **제품 구조(product tree)**로 표시한 그림이다. 제품 구조는 데이터 처리에 사용되는 실제 형태는 아니고 자재명세서의 논리적 구조에 해당한다. [그림 12-6]은 제품이 조립되는 방법에 기초해서 부품을 논리적으로 묶은 것으로 작업이 수행되는 순서에 따라 여러 단계로 표시되었다. 자재명세서의 맨 위는 단계 0으로 제품이 위치하고 바로 아래 단계로 내려갈수록 단계 1, 단계 2와 같이 단계 번호가 증가하고 품목별로 단계에 배치되어 있다. 각 품목 기호의 오른쪽 괄호 숫자는 상위 품목 1개를 생산하기 위해 필요한 해당 품목의 사용량으로 (1)인 경우에는 생략되기도 한다.

품목을 구분하는 용어로 최종 품목, 중간 품목, 구매 품목 등이 있다. 최종 품목은 보통은 고객에게 판매하는 완제품을 나타내고 자재명세서에서 최상위 품목으로 나타나며 [그림 12-6]에서 A가 최종 품목에 해당한다. 중간 품목은 자재명세서에서 상위 품목과 하위 품목이 모두 있는 품목으로 C, D, H가 중간 품목에 해당한다. 중간 품목 중에서 하위 품목 2개 이상을 조립하여 만드는 것을 중간 조립품이라고도 한다. 구매 품목은 외부의 공급업체로부터 구매하는 품목으로 자재명세서에서 하위 품목은 없고 상위 품목만 있는 것으로 나타난다.

부품 표준화

부품 표준화는 하나의 부품을 여러 품목에서 사용할 수 있도록 하는 것으로 부품 사용 수량과 생산의 반복성을 증가시키기 때문에 생산 효율성을 증가시키고 재고

비용 감소에 기여한다. 부품 표준화가 되어 있는 경우에는 여러 제품의 자재명세서에 동일한 품목이 나타나거나 하나의 자재명세서의 여러 곳에서 동일한 품목이 나타나게 된다.

자재명세서의 버전 관리

품목이나 부품의 설계를 변경하는 경우에는 품목과 부품에 새로운 품번을 부여한다. 또한 설계 변경을 반영하여 자재명세서를 갱신하고 새로운 버전을 부여한다.

12.3.3 재고 기록

재고 기록(inventory record)은 품목의 계획 요소와 재고 거래 내역에 대한 현황을 포함하는 자료이다. 재고 기록의 주요한 목적 중 하나는 재고의 보충 필요성을 파악하고 재고 보충에 대한 원칙에 따라 품목을 주문하는 기초 자료를 제공하는 것이다. 품목의 계획 요소는 품목 주문을 계획할 때 기초 자료로 활용되고, 부품 부족으로 인한 생산 차질을 피하기 위해서는 재고 기록을 정확하게 유지하는 것이 중요하다.

재고 기록(inventory record)

(1) 품목의 계획 요소

계획 요소는 재고에 대한 표준 정보로서 자주 변경되지 않는 정적인 자료이고 재고 정책이 바뀌는 경우에 변경되는 요소이다. 주요한 계획 요소에는 로트 크기 결정 규칙, 주문 인도기간, 안전재고 등이 있다.

로트 크기 결정 규칙

로트 크기 결정 규칙은 1회 주문 수량을 결정하는 규칙으로서 로트 크기 결정 규칙에 따라 주문 수량과 주문 시기가 달라지고 결과적으로 가동준비횟수와 재고유지비용이 결정된다. 따라서 자재소요계획에서 계획 입고와 계획 발주를 계산하기 전에 로트 크기 결정 규칙이 결정되어 있어야 하는데, 로트 크기 결정 규칙에 따라 준비비용과 재고유지비용이 불필요하게 증가할 수 있으므로 신중하게 결정해야 한다. 대표적인 로트 크기 결정 규칙에는 고정 주문량(Fixed Order Quantity: FOQ), 주기적 주문량(Periodic Order Quantity: POQ), 로트 대 로트(Lot For Lot: LFL) 등이 있다.

고정 주문량 규칙은 발주할 때마다 동일한 수량을 주문 수량으로 결정하는 규칙이고 설비 용량의 상한, 트럭 용량, 최소 구매량, 수량 할인 한계점 등에 맞추어 결정될 수 있으며 경제적 주문량(EOQ) 공식을 활용하여 결정할 수도 있다. 흔한 경우는 아니지만 단위 기간 동안의 총소요량이 매우 큰 경우에는 로트 크기를 고정 주문량보다 크게 결정하여 재고 고갈이 발생하지 않도록 할 수도 있고 주문량을 고정 주문량의 정수배로 결정하는 방법도 있다.

주기적 주문량 규칙은 미리 결정한 P기간 동안의 필요 수량을 주문 수량으로 결정하는 규칙이고 재고고갈이 발생하지 않도록 해야 한다. P=3주라면 재고 수준이 처음으로 0 이하로 떨어지는 주를 기준으로 해당 주와 다음 2주 동안에 필요한 수량을 주문 수량으로 하는데 이 때 해당 주의 초기 재고 수량만큼을 빼서 다음 주의 기말 재고가 0이 되도록 한다. P값을 결정하는 방법의 하나로 경제적 주문량에서 계산된 주문 간격을 정수값으로 반올림하여 사용할 수 있다.

로트 대 로트 규칙은 주기적 주문량 규칙에서 P=1인 특별한 경우에 해당하는데, 재고 수준이 0 이하로 떨어지는 주에 해당 주의 필요 수량을 주문 수량으로 결정하는 규칙이다. 이 규칙의 목표는 재고 수준을 최소화하는 것이다.

주문 인도기간

주문 인도기간(lead time)

주문 인도기간(lead time)은 주문에서 입고까지 걸리는 시간으로 리드 타임이라고도 한다. 구매 품목의 주문 인도기간은 발주 업무에 필요한 시간을 포함해서 외부업체에 주문하고 품목을 수령하여 창고에 입고하기까지의 시간이고, 생산 품목의 주문 인도기간은 가동 준비 시간, 가공 시간, 이동 시간, 대기 시간 등이 포함된다.

리드 타임은 확정적인 값이 아니고 상황에 따라 달라지기 때문에 추정하여 결정하는데, 정확히 추정하지 않으면 재고 유지비용이 증가하거나 재고 고갈 또는 긴급 처리 비용이 발생할 수 있다.

구매 품목의 주문 인도기간은 과거의 거래 실적을 기반으로 추정할 수 있고 일반적으로 납기가 계약서에 명시적으로 포함된다. 생산 품목의 주문 인도기간을 추정할 때 주문 인도기간의 구성요소 중 가동 준비 시간, 가공 시간, 이동 시간은 추정하기 쉽지만 대기 시간은 추정하기 어려울 수 있다. 조립 라인 방식으로 생산하는 경우에는 제품의 작업 경로가 일정하기 때문에 대기 시간을 추정하기 쉽지만, 개별 작업장(job shop) 방식으로 생산하는 경우에는 작업장에 배당되는 작업량과 작업별 우선순위에 따라 대기 시간이 달라진다. 이런 경우에 대기 시간의 정확한 추정이 주문 인도기간 추정에 매우 중요해진다.

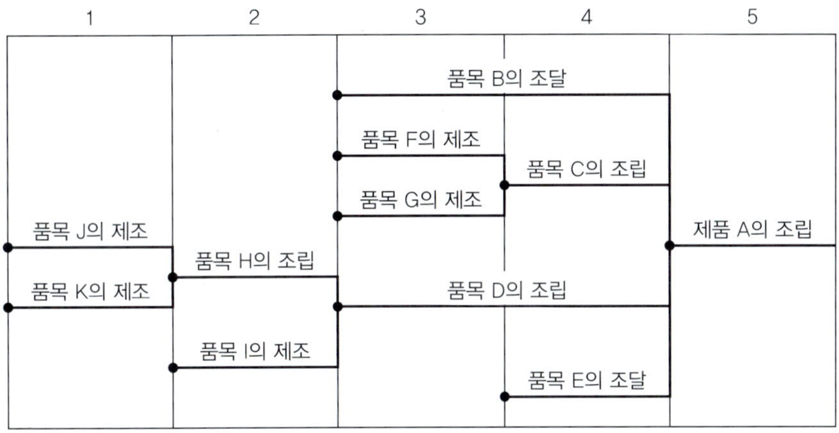

[그림 12-7] 탁자의 누적 주문 인도기간

안전재고

종속 수요 품목은 원칙적으로 안전재고를 필요로 하지 않는다. 그러나 품목의 불량, 입고 시기 지연과 입고 수량의 부족, 미래 총소요량의 변동과 같은 불확실한 상황이 예상되는 경우에는 안전재고를 적용해야 한다. 따라서 최종 품목과 구매 품목에 대해서 안전재고를 적용해서 고객 주문의 변동과 공급업체의 불안전성에 대비하고, 중간 품목에 대해서는 가능한 한 안전재고를 적용하지 않는다. 자재소요계획에서 안전재고가 적용되지 않는 품목에 대해서 예상 보유 재고가 0 이하가 될 때 계획 입고를 결정하는 것에 비해서, 안전재고를 적용하는 품목에 대해서는 해당 품목의 예상 보유 재고가 안전재고 수준보다 작아질 때마다 계획 입고를 결정하면 안전재고 수준을 유지할 수 있다.

(2) 품목의 재고 상황

품목의 재고 수준은 신규 발주에 따른 예정 입고, 예정 입고 품목의 입고, 예정 입고의 변경, 품목의 출고, 출고의 취소, 재고 오차와 파손에 따른 수량 변경 등에 따라 변경된다. 또한 일반적으로 기준생산계획, 자재소요계획 등과 일관성을 유지하기 위하여 재고 기록의 단위 기간(time bucket)을 기준생산계획, 자재소요계획 등의 단위 기간과 일치시켜서 자료를 기록한다.

이와 같이 품목의 재고 상황은 기간별로 계속 갱신되는 동적인 자료로서 품목별로 현재 재고(on-hand inventory), 예정 입고(scheduled receipt), 할당 수량(allocated quantity) 등의 자료를 기록하여 관리한다. 현재 재고는 현재 보유하고 있는 재고 수량을 기록하고, 예정 입고는 과거에 발주하여 입고가 예정된 수량을 기록하며, 할당 수량은 현재 재고 중에서 사용이 확정되어 있는 재고 수량을 기록한다.

12.4 MRP 전개

자재소요계획에서는 기준생산계획, 자재명세서, 재고 기록 등을 이용해서 최종 품목을 생산하는 데 필요한 모든 조립부품, 부품, 원자재의 소요를 산출해서 모든 품목에 대해서 자재소요량 계획을 수립한다. 이러한 자재소요계획의 수립 과정을 MRP 전개라고 한다.

MRP 전개 방법을 학습하기 위해 (1) 품목별로 MRP 전개하는 방법을 먼저 살펴본 다음에 (2) 전체 품목의 MRP 전개 과정을 살펴본다.

12.4.1 품목별 MRP 전개

MRP 전개는 [그림 12-8]과 같은 MRP 계획표를 이용해서 이루어진다. MRP 계획표에는 단위 기간별로 총소요량(gross requirements), 예정 입고(scheduled receipts), 예상 재고(projected on-hand inventory), 순소요량(net requirements), 계획 입고(planned receipts), 계획 발주(planned order release)가 있다. [그림 12-6]의 품목 D인 선반을 예로 하여 품목의 MRP 전개를 설명한다. MRP 시스템은 상위 품목의 생산에 필요한 자재는 상위 품목 리드 타임의 초기에 모두 재고에서 인출된다고 가정한다.

품목: 선반(D)								
로트 크기: 100개 주문인도기간: 2주	주							
	1	2	3	4	5	6	7	8
총소요량								
예정입고								
예상재고 40								
순소요량								
계획입고								
계획발주								

[그림 12-8] 품목 D 선반의 MRP 계획표 양식

품목별 MRP 전개의 순서는 다음과 같다. 계획 기간 전체에 대해서 총소요량과 예정 입고의 자료를 작성한다. 예상 재고를 계획 기간 전체에 대해서 산출하고 예상 재고를 바탕으로 계획 입고를 결정한 후에 계획 입고를 반영하여 예상 재고를 갱신한다. 마지막으로 계획 기간 전체에 대해서 결정한 계획 입고를 기준으로 계획 발주를 결정한다.

(1) 총소요량

총소요량(gross requirements)

총소요량(gross requirements)은 모든 상위 품목의 생산에 필요한 해당 품목의 전체 소요량이다. 부품 총소요량을 산출하기 위해서 소요량 전개를 수행하는데, 소요량 전개는 상위 품목의 MRP 계획표에 나타난 계획 발주 수량에 자재명세서의 사용 수량을 곱하여 계산하는 과정을 의미한다.

상위 품목에 대한 정보는 자재명세서에 기록되어 있는데, 상위 품목이 최종 품목이면 기준생산계획를 참조하고, 중간 품목이면 상위 품목의 MRP 계획표를 참조한다. 이때 제품 수리용 부품인 경우 수리용 수요량도 포함해야 한다.

D 품목의 상위 품목은 최종 품목인 A 품목이므로 A 품목의 기준생산계획을 참조하고 3주, 6주의 120개에 각각 자재명세서의 소요량 1개를 곱하여 3주, 6주의 120개로 산출된다.

예제 12-1 자재소요량 계산

오른쪽 그림은 제품 K에 대한 자재명세서의 제품 구조이다. 제품 K를 5개 만들기 위해 필요한 품목 C와 D의 수량은?

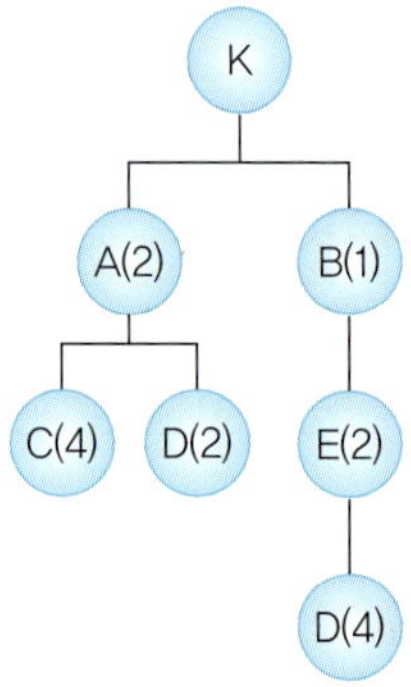

풀이 제품 K를 1개 만들기 위해 필요한 품목 C의 수량은 8개이고 제품 K를 5개 만들기 위해 필요한 품목 C의 수량은 40개이다.

$$(K\ 5\text{개 생산을 위한 }C\text{소요량})=(K\text{수량})\times(A\text{소요량}\times C\text{소요량})$$
$$=5\times(2\times4)=40(\text{개})$$

제품 K를 1개 만들기 위해 필요한 품목 D의 수량은 12개이고 제품 K를 5개 만들기 위해 필요한 품목 C의 수량은 60개이다.

$$(K\ 5\text{개 생산을 위한 }D\text{소요량})$$
$$=(K\text{수량})\times(A\text{소요량}\times D\text{소요량}+B\text{소요량}\times E\text{소요량}\times D\text{소요량})$$
$$=5\times(2\times2\times1\times2\times4)=5\times12=60(\text{개})$$

(2) 예정 입고

예정 입고(scheduled receipts)는 계획 기간 전에 이미 발주했지만 아직 입고되지 않은 주문 수량으로 미납 주문(open order)이라고도 한다. 구매 품목인 경우에는 공급업체에서 생산하고 있거나 수송 또는 납품 수속 중에 있는 주문에 해당하고, 생산 품목인 경우에는 생산이 완료되지 않은 상태이거나 생산을 마치고 검사 중인 주문에 해당한다.

예정 입고의 자재가 입고되면 예정 입고에서 수량은 감소하고 보유 재고가 해당 수량만큼 증가한다. 예정 입고는 주문 인도기간 이후에는 나타날 가능성이 없지만 기준생산 계획을 최종 순간에 갑자기 변경하면 나타날 수도 있다. 예제에서는 D 품목 20개가 2주 전에 주문된 상황이고, 따라서 예정 입고의 1주차에 20개를 작성한다.

(3) 예상 재고

예상 재고는 기간 말에 보유할 것으로 예상되는 재고 수량으로 각 기간에서 총소요량을 충족시키고 남는 재고 수량의 추정값이다. 예상 재고의 계산식은 다음과 같다.

예상 재고(잠정) = 직전 기간의 예상 재고 + 예정 입고 − 총소요량

만약 예상 재고(잠정)가 0보다 크면 예상 재고 수량을 확정하여 기록한다. 만약 예상 재고가 0보다 작으면 그 차이만큼 순소요량이 발생한 것이다. 순소요량에 대해서 로트 크기 결정 규칙을 적용하여 계획 입고를 산출하고 예상 재고를 다음 계산식에 따라 갱신한다.

예상 재고(갱신) = 예상 재고(잠정) + 계획 입고

예제에서 초기 재고 수준은 40개이고, 1주의 예상 재고는 60개이다. 3주의 예상 재고는 잠정값이 −60개이고 계획 입고 100개를 반영하여 40개로 갱신된 것이다.

1주 예상 재고: 40 + 20 − 0 = 60(개)
2주 예상 재고: 60 + 0 − 0 = 60(개)
3주 예상 재고: 60 + 0 − 120 = −60(개), −60 + 100 = 40(개)

품목: 선반(D)									
로트 크기: 100개 주문인도기간: 2주		주							
		1	2	3	4	5	6	7	8
총소요량		0	0	120	0	0	120	0	0
예정입고		20							
예상재고	40	60	60	−60	−60	−60	−60	−180	−180
순소요량									
계획입고									
계획발주									

(a) 품목 D 선반의 예상재고(잠정)

품목: 선반(D)									
로트 크기: 100개 주문인도기간: 2주		주							
		1	2	3	4	5	6	7	8
총소요량		0	0	120	0	0	120	0	0
예정입고		20							
예상재고	40	60	60	40	40	40	−80	−80	−80
순소요량		0	0	60	0	0	80	80	80
계획입고				100					
계획발주									

(b) 품목 D 선반의 3주 계획입고가 반영된 예상재고(갱신)

[그림 12-9] 품목 D의 예상재고

(4) 순소요량

순소요량(net requirements)

순소요량(net requirements)은 기간별로 추가로 필요한 소요량을 의미하고 각 기간의 순소요량 계산식은 다음과 같다.

순소요량 = 총소요량 − 예정 입고 − 전기 예상 재고

예제에서 3주의 순소요량은 '120 − 0 − 60'의 결과 값인 60개이다.

(5) 계획 입고

계획 입고는 기간별로 순소요량을 기준으로 로트 크기 결정 규칙에 따라 반영하여 주문 수량을 결정한 값이다. 주요한 로트 크기 결정 규칙에는 FOQ, POQ, L4L 등이 있다.

예제에서 순소요량이 60개이고 로트 크기 결정 규칙은 FOQ이고 로트 크기가 100개이므로 3주의 계획 입고를 100개로 결정한다.

(6) 계획 발주

계획 발주는 계획입고 시기에서 주문 인도기간만큼 차감하여 발주 시기를 결정한다. 이와 같은 계산을 위해서는 같은 단위 기간의 재고 흐름(예정 입고, 계획 입고, 계획 발주)은 동일한 시점에 발생한다는 가정이 필요하다. 회사의 사정에 따라 재고 흐름이 단위 기간의 초기에 발생한다고 가정하거나, 중간 또는 기말에 발생한다고 가정하고 자재소요계획을 수립한다.

계획 발주를 주문 인도기간만큼 선행하도록 함으로써 MRP 전개 품목의 하위 품목에 대한 총소요량은 계획 발주의 시기를 기준으로 발생시키도록 하는데, 이를 주문 인도기간 오프셋(leadtime offsetting) 또는 타임 페이징(time-phasing)이라고 한다.

예제에서 3주차, 6주차의 계획 입고 100개로부터 각각 주문 인도기간 2주만큼 선행하여 1주차, 4주차의 계획 발주 100개로 결정된다.

품목: 선반(D)									
로트 크기: 100개 주문인도기간: 2주		주							
		1	2	3	4	5	6	7	8
총소요량		0	0	120	0	0	120	0	0
예정입고		20							
예상재고	40	60	60	40	40	40	20	20	20
순소요량		0	0	60	0	0	80	0	0
계획입고				100			100		
계획발주		100			100				

[그림 12-10] 품목 D 선반의 MRP 계획표

12.4.2 품목의 MRP 전개 순서

품목 전체에 대한 MRP 전개는 최종 품목부터 시작해서 자재명세서의 상위 품목-하위 품목의 관계에 따라 차례로 수행한다. 자재명세서가 다단계로 표현된 경우에 상위 단계에서 하위 단계로 내려가면서 수행하는데, 동일한 단계에 있는 부품들의 MRP 전개 순서는 어떤 순서로 하여도 된다. 예제에서 MRP 전개 순서는 다음과 같다. 최초에는 최종 품목인 A를 수행하고 다음으로 품목 B, C, D, E에 대해서 수행한 후에 품목 F, G, H, I에 대해서 수행하며 마지막으로 품목 J, K에 대해서 수행한다. 여기에서 품목 B, C, D, E의 순서는 바뀌어도 되고, 마찬가지로 품목 F, G, H, I의 순서도 바뀌어도 되며, 품목 J, K의 순서도 바뀔 수 있다.

[그림 12-11]은 품목 D와 하위 품목에 대해서 MRP 전개를 수행한 결과이다.

품목: 선반(D) / 로트 크기: 100개 / 주문인도기간: 2주

		주 1	2	3	4	5	6	7	8
총소요량		0	0	120	0	0	120	0	0
예정입고		20							
예상재고	40	60	60	40	40	40	20	20	20
순소요량		0	0	60	0	0	80	0	0
계획입고				100			100		
계획발주		100			100				

사용량: 100×1

사용량: 100×12

품목: 선반 틀(H) / 로트 크기: 100개 / 주문인도기간: 1주

		주 1	2	3	4	5	6	7	8
총소요량		100	0	0	100	0	0	0	0
예정입고		100							
예상재고	10	10	10	10	10	10	10	10	10
순소요량		0	0	60	0	0	80	0	0
계획입고					100				
계획발주				100					

품목: 선반 지지대(I) / 로트 크기: L4L / 주문인도기간: 1주

		주 1	2	3	4	5	6	7	8
총소요량		1200	0	0	1200	0	0	0	0
예정입고		800							
예상재고	400	0	0	0	0	0	0	0	0
순소요량		0	0	0	1200	0	0	0	0
계획입고					1200				
계획발주				1200					

사용량: 100×2

사용량: 100×2

품목: 선반 가로목(J) / 로트 크기: 300개 / 주문인도기간: 1주

		주 1	2	3	4	5	6	7	8
총소요량		0	0	200	0	0	0	0	0
예정입고									
예상재고	100	100	100	200	200	200	200	200	200
순소요량		0	0	100	0	0	0	0	0
계획입고				300					
계획발주			300						

품목: 선반 세로목(K) / 로트 크기: 300개 / 주문인도기간: 1주

		주 1	2	3	4	5	6	7	8
총소요량		0	0	200	0	0	0	0	0
예정입고									
예상재고	40	100	100	200	200	200	200	200	200
순소요량		0	0	100	0	0	0	0	0
계획입고				300					
계획발주			300						

[그림 12-11] 품목 D 선반와 하위 품목의 MRP 전개

공통 부품이 있는 제품의 MRP 전개

최저 단계 코딩(Low-Level Coding: LLC)

부품 표준화를 통해서 한 종류 또는 여러 종류의 최종 제품에서 공통 부품을 사용하는 경우에 품목의 MRP 전개 순서를 효율적으로 하기 위해 최저 단계 코딩(Low-Level Coding: LLC)을 이용한다. 최저 단계 코딩은 여러 단계로 나타나는 대상 품목에 대해 가장 하위의 단일한 단계를 부여하는 방법이다.

[그림 12-12]의 (a)에서 품목 A는 제품 X의 자재명세서에서 단계 1과 단계 2에 모두 위치하고 있다. 만약 이 구조의 단계에 따라 MRP를 전개하면 품목 A를 2번 수행해야 한다. 이런 경우에는 (b)와 같이 품목 A의 단계 중 가장 낮은 단계인 단계 2를 부여하고 품목 X, B, A, C의 순서로 MRP 전개를 수행하는 것이 바람직하다. 여기에서 품목 A와 C의 순서는 바뀌어도 된다.

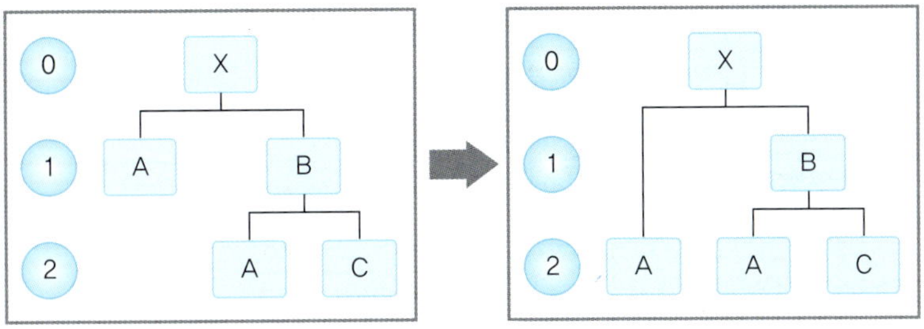

(a) LLC 적용 전　　　　(b) LLC 적용 후

[그림 12-12] 단일 제품의 공통 부품에 대한 LLC

2개 이상의 제품에서 공통 부품을 사용하는 경우에도 마찬가지로 적용할 수 있다. [그림 12-13]의 (a)에서 품목 A는 제품 X의 자재명세서에서 단계 1이고, 제품 Y의 자재명세서에서 단계 2이다. 최저 단계 코딩을 적용하여 품목 A의 단계로 단계 2를 부여한다.

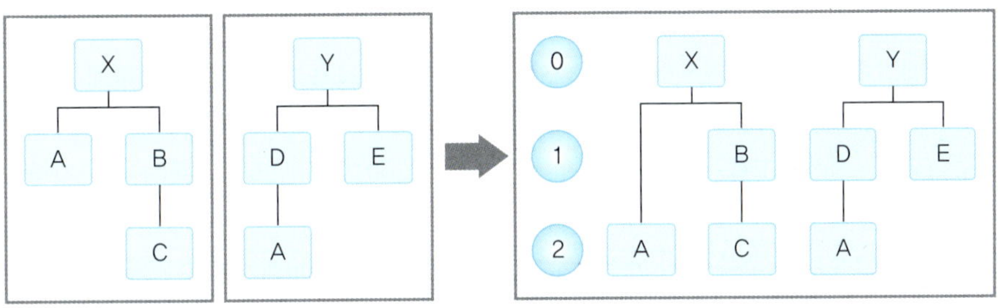

(a) LLC 적용 전　　　　(b) LLC 적용 후

[그림 12-13] 2개 제품의 공통 부품에 대한 LLC

예제 12-2

다음은 3단 서랍장(X)과 5단 서랍장(Y)의 기준생산계획, 자재명세서이고, 품목 A, B, C의 재고기록이다. 기준생산계획을 달성하기 위한 품목 A의 자재소요계획을 수립하여라.

〈기준생산계획(MPS)〉

제품	주							
	1	2	3	4	5	6	7	8
3단 서랍장(X)				60			40	
5단 서랍장(Y)			40				20	40

〈자재명세서(BOM)〉

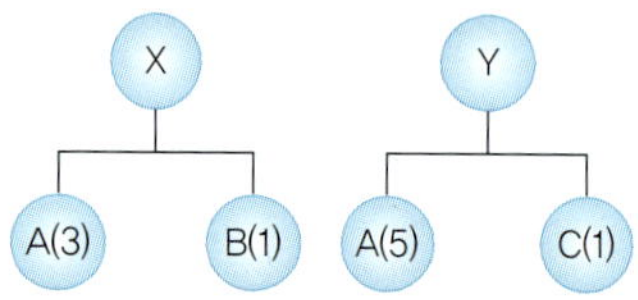

〈재고 기록〉

제품	로트 크기	주문인도 기간	예정 입고	재고 현황
A	500개	1주	–	100개
B	L4L	2주	–	20개
C	L4L	2주	–	15개

풀이 품목 A는 제품 X와 Y에 모두 사용되는 품목이다. 따라서 품목 A의 총소요량은 제품 X, Y 모두에서 도출된다. 예를 들어 품목 A 3주차의 총소요량은 제품 Y의 기준생산계획 40개에서 40×5로 200개이다. 또한 품목 A 7주차의 총소요량은 제품 X의 기준생산계획 40개, 제품 Y의 기준생산계획 20개에서 40×3 + 20×5로 220개이다. 품목 A의 초기재고는 재고기록으로부터 100개이다.

예상재고를 주차별로 계산하면 3주차에 −100으로 재고가 처음으로 부족하게 나타난다. 한편 품목 A는 로트 크기 500개이고 이에 따라 3주차 계획입고는 500개로 결정된다. 예상재고를 갱신하면 8주차에 다시 −200으로 재고가 부족하게 나타나고 이에 따라 8주차 계획입고는 500개로 결정된다. 마지막으로 품목 A의 주문 인도기간이 1주로서 품목 A의 계획발주는 2주차, 7주차에 500개로 결정된다.

제품	주							
	1	2	3	4	5	6	7	8
3단 서랍장(X)				60			40	
5단 서랍장(Y)			40				20	40

소요량: 40×5 소요량: 40×3+20×5

품목: A. 서랍 로트 크기: 500개 주문인도기간: 1주		주							
		1	2	3	4	5	6	7	8
총소요량				200	180			220	200
예정입고									
예상재고	100	100	100	400	220	220	220	0	300
계획입고				500					500
계획발주			500					500	

12.5 MRP의 운영

MRP 담당자의 역할

MRP 전개를 수행한 결과로 생산 및 구매에 대한 주문 일정 계획과 함께 독촉 및 지연에 대한 예외 보고서, 생산 주문에 따른 생산용량 보고서를 산출한다. 계획 기간 전체에 대하여 초기에 한 번 MRP를 전개하여 결과에 따라 자재소요를 운영할 수 있지만, 대개의 경우에는 생산 계획과 자재 수급의 상황에 따라 MRP 전개를 다시 수행하여 갱신할 수 있다.

만약 MRP 계획을 매주 수립하여 갱신한다면 1주차의 계획발주의 수량을 바로 발주하고 갱신된 재고 개록에는 예정입고로 기록된다. 이 외의 주문은 계획으로만 남게 되고, 다음 주에 다시 MRP를 전개하면 바뀔 수 있다.

MRP 계획의 담당자는 회사에서 관리하는 수많은 자재에 대해서 수급, 제조 또는 출하에 관한 구체적인 의사결정에 책임을 가진다. MRP 담당자는 구매 부서에 자재 소요 발생에 따른 구매 주문을 하거나 생산 부서의 부품 소요량만큼 생산할 것을 지시한다. 기존에 결정된 주문에 대해서는 생산 부서의 실제 진척 상황을 파악하여 일정에 맞게 납기를 조정하기도 하고 중요한 자재의 품절 문제가 발생하면 독촉 또는 재계획으로 해결한다. 만약 자재 수급에 문제가 발생하면 원인을 조사하고 필요한 조치를 수행한다. 또한 다른 계획 담당자, 기준생산계획, 공정관리, 구매담당자와의 조정을 통해서 문제를 해결한다.

MRP에 따른 주문 실행과 변경

일반적으로 자재소요계획을 수립하기 위해 MRP 시스템을 실행하면 품목에 대한 계획발주가 결정된다. MRP 시스템에 의해서 결정된 계획발주는 계획담당자에게 결정된 시기에 제시된 수량을 발주하라는 권고이지만 실제로 주문을 자동으로 발주하지는 않는다. 계획이 잡힌 주문을 실행하는 것은 계획담당자의 업무로서 계획과 관련된 다른 상황을 종합적으로 고려하여 주문 실행을 변경할 수 있다. 일단 품목에 대해 발주하면 그 주문은 구매 부서 또는 생산 부서에 대한 주문 발생 상태가 되고 자재소요계획 표에는 예정입고로 기록된다. 발급된 오더에 대해서 독촉, 지연 혹은 취소시키는 것은 계획담당자가 결정한다.

컴퓨터에 기반한 MRP 시스템에서는 총소요량이 변하면 자동으로 계획발주가 새로 계산된다. 자재 수급의 현실적인 사정이나 생산 능력, 특별한 수요 등의 이유로 MRP 담당자가 새로운 MRP 수행 결과에도 불구하고 계획발주를 고정시켜야 할 때가 있다. 이런 경우 MRP 담당자는 MRP 시스템에서 주문을 변경시키지 말 것을 지시할 수 있다.

예외 정보와 거래 정보

일반적으로 MRP 시스템은 MRP 담당자가 주의해야 할 일이 발생하면 예외 메시지를 발급하는 기능을 가지고 있다. 이러한 예외 메시지에는 계획주문이 실행기간에 있어서 발급을 고려해야 하는 것, 발주된 주문의 시기나 수량이 원래의 계획에 만족되지 않는 것, 표준 주문 인도 기간대로 수행되면 납품 지연이 발생하는 것 등이 있다.

MRP 담당자는 자재소요계획에 영향을 미칠 만한 모든 사항을 MRP 시스템에 입력해야 한다. 품목 발주, 예정입고의 입고 등과 같이 품목 재고의 수량이 변경될 수 있는 모든 사항이 발생하면 MRP 시스템에 정확하게 입력해야 올바른 자재소요계획을 수립할 수 있다.

12.6 요약

제품 생산에서의 핵심 과제는 수립한 생산 계획에 맞추어 제때 정확한 수량을 완성하는 것이다. 따라서 제품의 생산 계획이 수립되면 이를 달성할 수 있도록 원자재와 부품 등의 자재에 대한 구매 계획과 생산 계획을 수립하는데 이러한 계획을 자재소요계획(Material Requirement Planning: MRP)이라고 한다.

자재소요계획은 생산 계획의 관점에서 최종 제품 생산에 필요한 자재에 대한 소요 계획을 의미하고, 자재소요계획의 주요 기능은 기준생산계획으로 대표되는 완제품 생산계획을 달성할 수 있도록 자재 품목의 필요한 수량과 시점을 결정하는 것이다.

자재소요계획은 기준생산계획, 자재명세서, 재고 기록을 입력 자료로 하여

MRP 전개를 수행한 결과로 생산 및 구매에 대한 주문 일정 계획과 함께 독촉 및 지연에 대한 예외 보고서, 생산 주문에 따른 생산용량 보고서를 산출한다.

기준생산계획(Master Production Schedule: MPS)은 제품에 대한 생산량과 시기에 대한 계획으로 계획 기간 동안에 제품별로 어느 시기에 몇 개를 생산할 것인지 결정한 것이다. 자재명세서는 품목 생산에 필요한 자재 종류, 품목과 자재의 상하 관계, 자재 사용량을 기록한 명세서로 품목 1개를 만드는 데 소요되는 모든 자재를 보여준다. 재고 기록은 품목의 계획 요소와 재고 거래 내역에 대한 현황을 포함하는 자료이다.

MRP 전개는 MRP 계획표를 이용해서 이루어진다. MRP 계획표에는 단위 기간별로 총소요량(gross requirements), 예정 입고(scheduled receipts), 예상 재고(projected on-hand inventory), 계획 입고(planned receipts), 계획 발주(planned order release)가 있다. 품목 전체에 대한 MRP 전개는 최종 품목부터 시작해서 자재 명세서의 상위 품목-하위 품목의 관계에 따라 차례로 수행한다.

MRP 계획의 담당자는 회사에서 관리하는 수많은 자재에 대해서 수급, 제조 또는 출하에 관한 구체적인 의사결정에 책임을 가진다. MRP 계획의 담당자는 MRP 전개의 계획발주에 따라 발주할 것인지 아니면 변경할 것인지를 결정할 수 있다. 한편 MRP 시스템은 MRP 담당자가 주의해야 할 일이 발생하면 예외 메시지를 발급한다.

● 참고문헌

- Johnson, L. and Montgomery, D., *Operations Research in Production Planning*, Scheduling, and Inventory Control, John Wiley & Sons(1974).
- Krajewski, L., Ritzman, L. and Malhotra, M., *Operations Management Processes and Supply Chains*(10th ed.), Prentice-Hall(2012).
- Jacobs, R. and Chase, R., *Operations and Supply Chain Management*(14th ed.), McGraw-Hill(2013).

Excel 실습 예제 12-1 총괄생산계획에 따른 기준생산계획의 수립

Excel을 이용하여 [그림 12-3]의 총괄생산계획을 준수하는 [그림 12-5]의 기준생산계획을 수립한다. 입력창의 흰 셀에 입력하면 기준생산계획이 단계별로 수립된다. 다음은 입력창에 입력한 화면이다.

입력창

〈주별 자료〉

품목: 탁자	주							
	1	2	3	4	5	6	7	8
예측수요	30	30	30	30	35	35	35	35
주문량	33	25	20	10	5	0	0	0

〈기초정보〉

로트크기(개)	120
주문인도기간(주)	1
초기재고	100

다음은 기준생산계획의 결과 화면이다. '[1] 예상보유재고의 계산'이 자동으로 생성된다.

기준생산계획

[1] 예상보유재고의 계산

품목: 탁자									
로트 크기(개)	120	주							
주문인도기간(주)	1	1	2	3	4	5	6	7	8
예측수요		30	30	30	30	35	35	35	35
주문량		33	25	20	10	5	0	0	0
예상재고	100	67	37	7	−23	−58	−93	−128	−163
MPS 수량									
MPS 개시									
ATP 재고									

'[2] 생산 수량의 결정'에서 4주차, 7주차에 각각 로트크기 120을 입력하면 예상재고가 갱신되고, '[3] 생산 시기의 결정'에서 주문 인도기간 1주에 맞추어 3주차, 6주차에 각각 로트크기 120을 입력한다. '[4] 약속가능수량의 결정'에서 1주차, 4주차, 7주차의 ATP 재고를 확인할 수 있다. 최종적인 결과 화면은 다음과 같다.

[4] 약속가능수량의 계산

품목: 탁자									
로트 크기(개)	120	주							
주문인도기간(주)	1	1	2	3	4	5	6	7	8
예측수요		30	30	30	30	35	35	35	35
주문량		33	25	20	10	5	0	0	0
예상재고	100	67	37	7	97	62	27	112	77
MPS 수량					120			120	
MPS 개시				120			120		
ATP 재고		22			105			120	

Excel 실습 예제 12-2 자재소요계획 수립

Excel을 이용하여 본문에서 사례로 사용한 탁자의 부품에 대한 자재소요계획을 수립한다. 입력은 기준생산계획, 자재명세서(BOM), 재고 기록의 3개 탭으로 구성되어 있다. 다음은 입력창에 입력한 화면이다.

입력창

〈기준생산계획〉

탁자		주							
로트 크기: 120개 주문인도기간: 1주		1	2	3	4	5	6	7	8
예측수요		30	30	30	30	35	35	35	35
주문량		33	25	20	10	5	0	0	0
예상재고	100	67	37	7	97	62	27	112	77
MPS 수량					120			120	
MPS 개시				120			120		
ATP 재고		22			105			120	

〈자재명세서(BOM)〉

상위 품목	하위 품목	사용량
A	B	1
A	C	1
A	D	1
A	E	4
C	F	2
C	G	2
D	H	1
D	I	12
H	J	2
H	K	2

〈재고 기록〉

품목	품목명	로트크기	주문인도기간	초기재고
A	탁자	180	1	0
B	상판	120	2	45
C	상판 틀	200	1	100
D	선반	100	2	40
E	다리	500	1	200
F	상판 가로목	500	1	100
G	상판 세로목	500	1	100
H	선반 틀	100	1	10
I	선반 지지대	L4L	1	400
J	선반 가로목	300	1	100
K	선반 세로목	300	1	100

다음은 자재소요계획의 결과 중 선반, 선반틀, 선반가로목에 대한 결과이다.

품목: 선반(D)		주							
로트 크기(개) 주문인도기간(주)	100 2	1	2	3	4	5	6	7	8
총소요량		0	0	120	0	0	120	0	0
예정입고		20							
예상재고	40	60	60	40	40	40	20	20	20
순소요량		0	0	60	0	0	80	0	0
계획입고				100			100		
계획발주		100			100				

품목: 선반 틀(H)									
로트 크기(개)	100	주							
주문인도기간(주)	1	1	2	3	4	5	6	7	8
총소요량		100	0	0	100	0	0	0	0
예정입고		100							
예상재고	10	10	10	10	10	10	10	10	10
순소요량		0	0	0	90	0	0	0	0
계획입고					100				
계획발주				100					

품목: 선반 가로목(J)									
로트 크기(개)	300	주							
주문인도기간(주)	1	1	2	3	4	5	6	7	8
총소요량		0	0	200	0	0	0	0	0
예정입고									
예상재고	100	100	100	200	200	200	200	200	200
순소요량		0	0	100	0	0	0	0	0
계획입고				300					
계획발주			300						

연·습·문·제

1. 시장에서 판매되는 제품의 사례를 이용하여 제품 수요의 변화에 따른 부품 수요의 변화를 설명하라.

2. 수리용 부품은 제품 생산에 따른 종속 수요와 시장 판매를 위한 독립 수요의 성격을 동시에 갖는다. 수리용 부품의 재고 관리에서 안전재고의 성격을 설명하라.

3. 다음은 제품 A의 기준생산계획을 수립하기 위한 자료이다. 제품 A의 기준생산계획을 완성하라.

품목: 제품 A								
로트 크기: 200개 주문인도기간: 1주	주							
	1	2	3	4	5	6	7	8
예측수요	50	50	50	50	40	40	40	40
주문량	45	25	40	5	5	0	0	0
예상재고 120								
MPS 수량								
MPS 개시								
ATP 재고								

4. 다음은 제품 A의 자재명세서(BOM)이고 품목에 표시된 LT는 주문 인도기간으로 주 단위이다. 물음에 답하라.

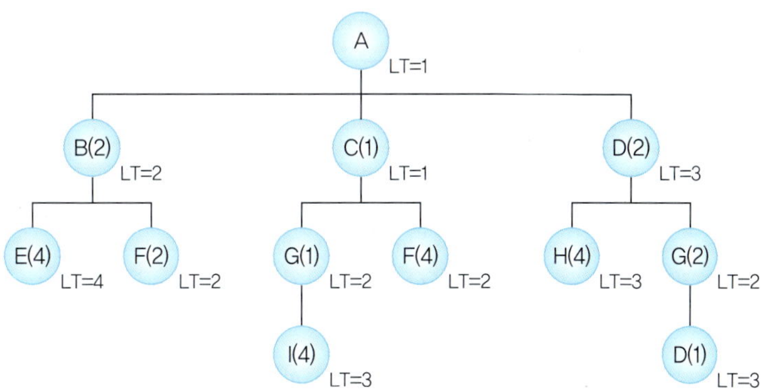

(1) 제품 A의 하위 품목의 종류는 몇 가지인가?

(2) 제품 A의 하위 품목 중 중간 품목은 몇 가지인가?

(3) 제품 A 50개를 생산하기 위한 품목 F의 총소요량은?

(4) 제품 A 생산 개시를 위해 품목 I는 최소 몇 주 전에 주문해야 하는가?

5. 다음은 제품 X, Y의 자재명세서(BOM)이다. 최저 단계 코딩(LLC)을 적용하여 전체 품목의 MRP 전개 순서를 제시하라.

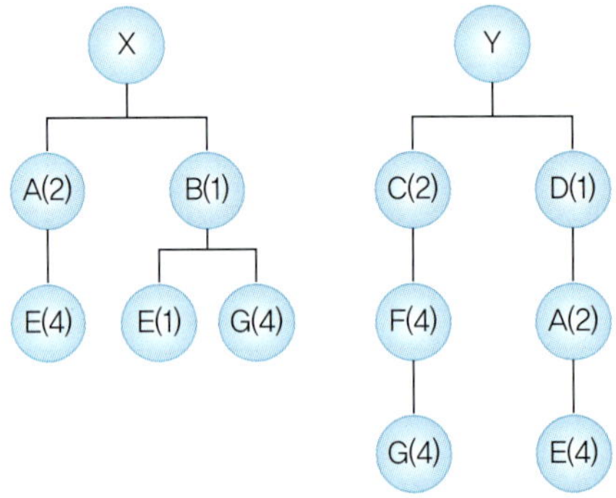

6. 다음은 제품 X, Y의 자재명세서(BOM)와 재고기록부이다. 기준생산계획(MPS)에 따르면 X는 8주에 10개, Y는 10주에 20개 생산을 시작한다. 물음에 답하라.

〈자재명세서(BOM)〉

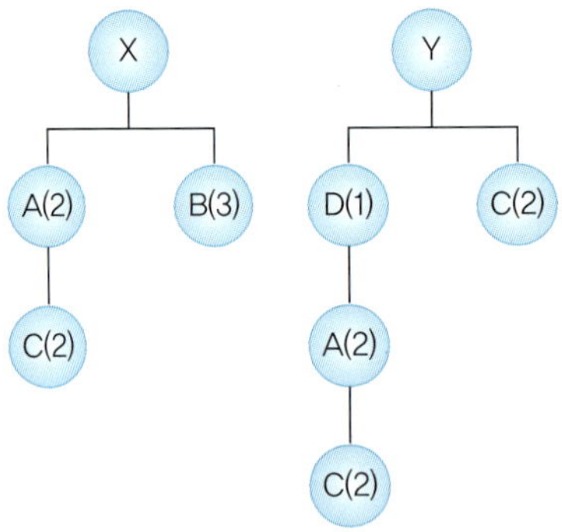

〈재고기록부〉

품목	로트크기 결정규칙	주문인도 기간(주)	기초보유재고 (개)
X	L4L	–	5
Y	L4L	–	10
A	L4L	3	10
B	L4L	1	10
C	FOQ(50개)	2	10
D	L4L	1	5

(1) 품목 A는 총소요량은?

(2) 품목 C를 1회 주문할 때 품목 C의 주문 수량과 시기는?

7. 연습문제 6에서 품목 B의 자재소요계획을 수립하라.

8. 제품 A의 MPS에 따르면 7주에 100개, 9주에 100개를 완성해야 한다. 품목 D의 자재소요계획을 수립하라. 제품 A의 자재명세서(BOM)와 품목의 재고기록은 다음과 같다.

〈자재명세서(BOM)〉

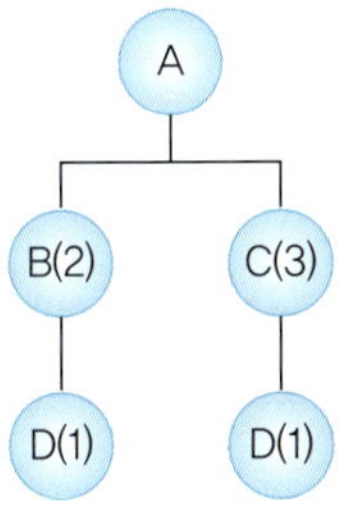

〈재고기록〉

구분	품목			
	A	B	C	D
로트크기결정규칙	L4L	L4L	FOQ(400개)	FOQ(500개)
주문 인도기간	1주	1주	2주	3주
예정입고	없음	100개(1주)	없음	없음
기초보유재고	0	100개	0	100개

9. 연습문제 8에서 품목 D의 로트 크기 결정 규칙이 로트 대 로트(L4L)일 때 품목 D의 자재소요계획을 수립하라.

10. 연습문제 8에서 품목 D의 로트 크기 결정 규칙이 주기적 주문량(POQ) P=2주일 때 품목 D의 자재소요계획을 수립하라.

13 CHAPTER

재고관리

학습 목표

- 재고의 종류 및 역할을 이해하고 재고에 관계된 비용들을 학습할 수 있다.
- 재고 비용을 최소화하기 위한 재고관리 모형의 종류를 이해할 수 있다.
- 확정적, 확률적 재고 모형의 최적 주문량을 도출하는 방법을 이해할 수 있다.
- 과잉재고(overstock)의 위험과 부족재고(understock)의 위험을 이해할 수 있다.
- 분포 자유 접근방법의 의미를 이해하고, 신문 판매원 모형에 적용할 수 있다.
- 안전재고의 개념을 이해하고, 적정 안전재고를 구할 수 있다.

사례

1. 테무의 공급망 분석

테무는 광범위한 네트워크와 공급망 기능을 활용해 소비자에게 다양한 제품을 저렴한 가격에 제공하는 것을 목표로 하고 있다. 테무는 새로운 전략으로 아마존을 포함한 기존 소매 대기업을 위협하며 오프라인 달러 매장에도 큰 영향을 끼치고 있다.

◆ 테무의 주요 특징

테무의 주요 특징은 일곱 가지로, 제품의 범위가 넓은 것이 그 첫 번째이다. 테무는 패션, 미용, 전자기기, 가구까지 다양한 카테고리에 걸쳐 많은 제품을 판매하고 있다. 두 번째 특징은 낮은 가격으로, 이는 테무 비즈니스 모델의 핵심 전략이며, 규모의 경제와 효율적인 공급망 관리를 통해 낮은 가격의 제품을 소비자에게 제공하고 있다. 세 번째 전략은 글로벌 시장으로, 세계 곳곳의 판매자를 연결하고 있다. 네 번째는 데이터 기반 전략으로 데이터 분석가들을 통해 소비자의 행동과 선호를 분석해 비즈니스 모델을 강화하고 있다. 다섯 번째는 글로벌 소싱으로 다양한 제품을 제공할 수 있는 국제 공급망을 갖추고 있다. 이 외에 디지털 마케팅, 부가가치 서비스 제공 측면의 특징이 있다.

◆ 테무의 공급망 전략

국경 간 물류: 테무는 800달러 이하 수입품에 세금을 면제해 주는 미국의 법률을 활용해 경쟁사들이 직면하는 세금 부담을 피하고 있다. 또한 멕시코에 창고를 만들어 미국으로 바로 배송할 수 있게 했다.

저비용 생산과 공급망 효율성: 테무의 대부분의 제품은 중국에서 브랜드 없이 대량 생산되고, 단일 제품에 대한 포장을 하는 강력한 공급망 네트워크를 구축하여 물류 비용을 상당히 낮추고 있다.

Inventory is a necessary evil!(재고는 필요악이다)!

– 미상

직배송: 테무는 공항에서 선별 센터까지 직접 상품을 운송하는 직배송 서비스를 통해 물류 비용을 낮추고 있다.

경쟁사와의 비교: 아마존의 다양하고 방대한 재고와 대조적으로 테무는 브랜드가 없는 제품에 초점을 맞추고 있다. 저비용 생산 및 고속 공급망 운영을 강조하며, 테무는 주로 비용에 민감한 소비자를 대상으로 경쟁 우위를 갖고 극도로 저렴한 제품을 제공하고 있다.

출처: https://www.linkedin.com/pulse/rise-temu-supply-chain-competitive-advantage-anna-ybkye/

2. AI를 활용한 월마트의 재고 및 공급망 개선 사례

고객에게 상품을 신속하게 전달하고, 심지어 고객이 필요로 하거나 원하는 상품을 그들이 알기도 전에 예측할 수 있는 기술은 월마트의 중요한 능력이다. "몇 가지 핵심 사항을 제대로 파악해야 하며, 이 때문에 AI와 머신러닝이 우리에게 매우 잘 맞습니다."라고 Walmart Global Tech U.S. Omni Tech의 부사장 Srini Venkatesan이 말했다.

AI는 고객 트렌드, 쇼핑 트렌드, 계절성, 그리고 인기 있는 아이템을 포함한 여러 입력 데이터를 분석하여 카탈로그를 형성한다. 제3자 판매자가 제품을 추가하면, AI와 머신러닝이 물류를 지원한다. "우리가 본 것은 월마트의 주문 충족 서비스의 채택률이 판매자가 직접 이행하는 것에 비해 상당히 증가했다는 것입니다."라고 Venkatesan이 말했다.

월마트는 AI를 사용하여 일상적인 공급망 작업을 강화하고, 특히 고객 트래픽이 급증하거나 예기치 못한 상황에서도 수요 트렌드를 예측할 수 있도록 도움을 준다. 그러나 이를 위해서는 데이터 수집 및 큐레이션, 유연한 알고리즘 생성, 그리고 단편적인 접근이 아닌 글로벌한 접근을 포함한 수년에 걸친 노력이 필요했다. 이러한 능력들이 하룻밤 사이에 갖춰진 것은 아니다. Venkatesan에 따르면 정확하면서도 효과적인 AI와 머신러닝 요소를 구축하기 위해서는 다음과 같은 세 가지 핵심 요소가 필요하다.

- 월마트가 수집하고 큐레이션한 데이터
- 앙상블 접근법 채택: 모든 문제에 동일한 해결책이 있는 것은 아니며, AI와 머신러닝 모델은 다양한 문제에 적용될 수 있어야 한다.
- 종합적인 사고: AI와 머신러닝은 글로벌 차원에서 프로세스를 최적화할 수 있어야 한다.

AI를 사용한 수요 예측은 회사가 대규모 판매 급증을 견디도록 지원한다. 연중 가장 큰 쇼핑 이벤트인 블랙 프라이데이 동안 대다수의 쇼핑객 트래픽은 온라인에서 발생한다. National Retail Federation(NRF)의 데이터에 따르면, 추수감사절부터 Cyber Monday 사이의 연휴 기간 동안 거의 2억 명의 사람들이 온라인 및 오프라인에서 쇼핑을 했다. 이 쇼핑객 급증은 전년 대비 1,700만 명 이상 증가한 것이다.

AI와 머신러닝 기반의 예측은 또한 회사가 네트워크를 균형 있게 유지하는 데 도움을 주며, 고객이 오프라인 또는 온라인 쇼핑 카트를 채우는 동안 재고를 적절한 위치와 시기에 배치할 수 있도록 도움을 준다. "기술은 동일합니다."라고 Venkatesan이 말했다. "블랙 프라이데이를 위한 시나리오를 정확히 시뮬레이션해야 하며, 아무도 블랙 프라이데이가 일어났는지 눈치 채지 못하고 그냥 지나가는 것이 최상의 결과입니다."

그러나 AI는 예상치 못한 상황에 직면했을 때도 회사가 이를 극복할 수 있도록 도와준다.

◆ 예상치 못한 상황에 대비하기

적절한 데이터셋을 제공받으면, AI는 스트레스 포인트를 예측하여 부정적인 결과가 발생하기 전에 유연하게 대응할 수 있도록 한다. IDC의 작년에 발표된 Industry AI Path 보고서에 따르면, 전체 소매업체의 75%는 AI가 공급망 운영 및 관리에 필수적이라고 생각한다. 이와 비슷한 비율의 리더들은 AI가 마케팅, 운영 및 상품화에 핵심적이라고 말했다.

일상적인 운영과 예상 가능한 소비자 트래픽 급증을 넘어서, AI는 새로운 시나리오를 신속하게 시뮬레이션하고 자연재해 발생 시 대응 계획을 제시하는 역할도 수행한다. 작년 가을 허리케인 이안이 플로리다 남서부를 강타했을 때, 악천후로 인해 월마트의 한 물류센터가 피해를 입어 약 7일 동안 운영이 중단되었다. "단지 하나의 노드가 오프라인 상태였을 뿐만 아니라, 기상 이벤트 후 사람들은 더 많이 쇼핑하기 때문에 수요가 훨씬 더 많았습니다."라고 Venkatesan은 말했다. AI는 월마트가 배송 경로를 재조정하고 수요를 충족할 수 있도록 큰 역할을 하였다.

출처: https://www.ciodive.com/news/walmart-AI-ML-retail/638582/

3. 아마존의 재고관리 사례

◆ 아마존의 재고관리 시스템: 아마존은 재고를 어떻게 관리하는가?

세계 최대 온라인 소매업체인 아마존은 글로벌 네트워크를 통해 고객의 요구를 충족시키기 위해 복잡하고 효율적인 재고 관리 시스템을 운영하고 있다. 이러한 시스템은 정확한 수요 예측, 데이터 기반 의사결정, 공급업체 관리, 재고 회전율 최적화 등 다양한 전략을 통해 이루어진다.

◆ 아마존의 비전: 데이터 기반 효율성

아마존은 과거 판매 데이터, 산업 트렌드, 계절 패턴을 분석하여 예측을 수립한다. 이를 통해 고객의 요구에 신속히 대응하고, 재고 과잉이나 부족을 방지한다. 정확한 예측을 위해 AI와 머신러닝 기술을 활용하여 판매 패턴을 분석하고 수요 변화를 미리 감지한다.

◆ ABC 분석과 데이터 분석

아마존은 제품을 중요도에 따라 ABC로 분류하여 관리하고, 경제 상황, 고객 행동, 판매 이력을 바탕으로 데이터 분석을 통해 가격 책정과 재고 결정을 내린다. ABC 분석을 통해 고가치 제품에 더 많은 자원을 투입하고, 저가 제품은 효율적으로 관리하여 전체적인 재고 관리 효율성을 높인다.

◆ 공급업체와의 관계

강력한 공급업체 파트너십을 통해 재고 위험을 최소화하고, 안정적인 제품 공급을 유지한다. 공급자와 가격을 협상하고, 재료의 품질을 확인하며, 최적의 가격과 재료를 확보한다. 장기 계약을 통해 안정적인 공급망을 유지하며, 공급업체 간의 경쟁을 촉진하여 최상의 조건을 확보한다.

◆ 재고 회전율 최적화와 다계층 시스템

재고 회전율을 최적화하여 보관 비용을 줄이고, 다계층 재고 최적화 시스템을 통해 재고를 최적의 위치에 배치하여 다양한 배송 속도를 지원한다. 재고 회전율을 높이기 위해 불필요한 재고를 줄이고, 빠르게 회전하는 제품에 집중한다. 다계층 시스템은 글로벌 네트워크와 로컬 지역의 재고를 효율적으로 배치하여 고객에게 신속한 배송을 가능하게 한다.

◆ 물류 관리와 재고 보충 시스템

매장 내 물류 담당자가 주문 프로세스를 관리하고, 최소/최대 재고 보충 시스템을 통해 매장 수준의 재고 재주문 포인트를 설정한다. 이를 통해 고객의 요구를 충족시키면서도 과잉 주문을 방지한다. 물류 담당자는 POS 데이터를 통해 판매되는 품목과 재고를 실시간으로 모니터링하고, 필요 시 수동으로 재고 조사를 수행한다.

이러한 전략과 시스템을 통해 아마존은 효율적인 재고 관리를 실현하며, 고객 만족도를 높이고 있다.

출처: https://www.amazon.science/latest-news/the-evolution-of-amazons-inventory-planning-system

사례

"재고 얼마나 쌓아야 적정할까"… 딜레마에 빠진 CEO들

재고 최소화 땐 공급망 불안, 넘치면 비용부담 부메랑 우려. 기업은 일단 '비축전략' 택해

코로나19 확산 이후 세계적인 공급망 혼란을 겪은 기업들이 어느 정도 수준의 재고를 유지해야 적정한지를 두고 고민에 빠졌다. 공급망이 꽉 막히는 비상 상황을 고려하면 충분한 재고를 확보하는 게 유리하지만, 공급망이 정상화하면 넘치는 재고가 '비용 부담'이라는 부메랑으로 돌아올 수 있어서다.

월스트리트저널(WSJ)은 기업 최고경영자(CEO)들이 재고를 최소화하는 '적기 생산(just in time)' 전략을 취할지, 아니면 재고를 비축하는 '비상 대비(just in case)' 전략을 택할지 선택의 기로에 놓였다며 7일(현지 시간) 이같이 보도했다.

우선 적기 생산 방식을 통해 재고를 최소로 유지한 상태에서 최근과 같은 공급망 혼란 사태를 겪으면 제품 생산 자체가 어려울 수 있다는 우려가 제기된다. 일본 닛산자동차와 미국 펩시코 등 주요 기업은 수십 년간 유지했던 적기 생산 추세가 끝날 것으로 예상하기도 했다.

그렇다고 무작정 재고를 많이 쌓아둘 수도 없는 상황이다. 재고를 많이 보유하면 자본이 묶이게 되고, 늘어난 재고를 관리할 공간과 인력도 필요하다. 재고와 관련된 보험 비용도 커진다. 유통 기한이 있는 제품을 판매하는 회사에는 부담이 만만치 않다.

현재는 재고를 많이 쌓아두는 전략을 택한 기업이 대부분이라고 WSJ는 전했다. 시장분석 업체 S&P글로벌마켓인텔리전스에 따르면 지난 2분기 S&P500 기업들의 재고가 2019년

같은 기간보다 15% 증가했다. 코로나19 이전 10년간의 평균 재고량보다는 53% 많은 수준이다.

하지만 교역 여건이 정상화하면 재고를 코로나19 이전 수준으로 낮추는 기업이 늘어날 것이란 관측이 나온다. 예컨대 코로나19 확산 이후 철강 목재 등 건설 자재를 과도하게 비축해 업계의 비난을 받았던 오스트리아 대형 건설업체 스트라백의 경우 공급망 상황이 정상화되면 즉시 정상 재고 관리 체제로 돌아간다는 방침이다.

재고 관리 방식에 변화를 주는 기업도 늘고 있다. 일부 다국적 기업은 유통 거점을 고객 가까이 전진 배치하고 있다. 공급망이 경색되면 재빨리 공급에 나서기 위해서다. 스위스 제약사 노바티스는 판매 대상 국가마다 주요 제품의 공급 지점을 추가로 확보하기 위해 노력하고 있다.

출처: 박상용 기자, "재고 얼마나 쌓아야 적정할까…딜레마에 빠진 CEO들", 한국경제신문, 2021.11.8., https://www.hankyung.com/article/2021110844021

사례

소매업체들이 인공지능을 활용하여 재고 관리를 더 스마트하게 하고 있다 :

새로운 도구들은 팬데믹 동안 소비자 구매 패턴의 높은 변동성으로 인해 흔들린 공급망을 회복하는 것을 목표로 하고 있다

월마트 등의 소매업체는 날씨 패턴부터 소셜 미디어 트렌드까지 모든 요소를 고려하는 기술을 사용하고 있다.
사진 출처: Victor J. Blue/Bloomberg News

소매업체들은 인공지능 기술을 활용하여 쇼핑객 수요를 더 잘 예측하고, 팬데믹 동안 발생한 소비자 구매 패턴의 변동성으로 인해 혼란스러워진 공급망을 복구하려 하고 있다.

월마트, 소매 약국 거대 기업 월그린스(Walgreens), 온라인 패션 판매업체 ASOS 등의 소매업체들은 날씨 패턴에서부터 소셜 미디어 트렌드에 이르기까지 모든 요소를 고려하여 방대한 데이터를 평가하고 재고를 어디에 배치할지 결정하기 위한 점점 더 정교해지는 기술을 도입하고 있다.

이러한 노력은 소비자 수요를 예측하고 적절한 시점에 적절한 제품을 선반에 채우기 위해 내부의 과거 판매 정보를 활용하는 소매업체들의 오랜 관행을 개선하는 것을 목표로 하고 있다.

소매업체들은 몇 년간의 심각하고 비용이 많이 드는 재고 불균형을 해결하기 위해 공급과 수요를 더 잘 맞추려고 노력하고 있다.

팬데믹 동안 쇼핑객들이 청소용품과 가정용 운동용품 장비와 같은 물품에서 사무실 의류로, 그리고 다시 여행과 같은 서비스로 관심을 옮겨가면서 예측 모델이 사실상 파괴되었다. 이러한 변동성으로 인해 많은 소매업체들은 수요가 있는 상품의 판매 기회를 놓치면서도 재고가 남아도는 물품들을 매장과 유통 센터로 급히 보내야 하는 상황에 처했다.

손 소독제는 팬데믹 초기 수요가 급증했으나, 이후 소비자 수요는 다른 방향으로 전환되었다.
사진 출처: Marta Lavandier/Associated Press

"팬데믹 이후에는 과거 판매 데이터를 주요 지표로 사용하는 것이 더 이상 그리 정확하지 않습니다."라고 소프트웨어 거대 기업 SAP의 글로벌 소매 산업 사업부 부사장인 크리스틴 하웰은 말했다. "우리는 많은 소매업체들이 단순히 과거 판매 데이터에만 의존하지 않고 수요 신호(demand signal)를 찾기 위해 사용하는 속성을 확장하려고 노력하는 것을 분명히 목격했습니다."

2020년과 2021년에 재고가 부족했던 회사들은 공급망 문제를 피하기 위해 대량 주문을 했으나, 이후 소비자 지출이 변화하면서 더 이상 수요가 없는 물품들로 과잉 재고를 떠안게 되었다. 이는 일종의 "혹시나 하는 경우에 대비한" 재고 전략이었다.

미국 인구조사국에 따르면, 2022년 8월 소매업체들이 보유한 재고는 약 7,600억 달러로, 2019년 8월에 비해 30% 증가했다. 이는 같은 기간 동안의 매출 성장률의 약 두 배에 해당한다.

SAP의 하웰은 "수요를 정확히 예측하는 것은 수익성과 거의 직결됩니다. 소비자를 잘 이해하고 트렌드를 잘 파악하면, 시즌에 맞는 더 나은 구매 결정을 내리고, 적절한 가격과 프로모션을 설정할 수 있습니다."라고 말했다.

소매업체의 판매 대비 재고 비율

비고: 자동차와 부품 딜러는 제외

출처: U.S. Census Bureau via Federal Reserve Bank of St. Louis

소매업체들의 문제는 단순히 수요를 예측하는 것에 그치지 않았다. 쇼핑 습관의 변화는 재고를 어디에 배치할지 결정하는 것을 더욱 어렵게 만들었다.

오늘날 더 많은 소비자들이 집으로 배송받거나 매장에서 픽업하기 위해 온라인으로 상품을 주문하고, 빠른 처리를 기대하고 있다. 따라서 소매업체들은 상품을 어디에 보관할지 잘 파악해 신속하고 효율적으로 배송할 수 있도록 해야 한다고 o9 솔루션즈의 CEO인 차크리 고테무칼라는 말했다.

"전통적인 소매업체들은 어디서든 쇼핑하고 최고 수준의 서비스를 기대하는 새로운 유형의 소비자를 만나는 데 있어 훨씬 더 지혜로워져야 합니다."라고 고테무칼라는 말했다.

고테무칼라는 예측 도구들이 이전에는 바이럴 소셜 미디어 영상이나 지역 날씨 패턴 같은 고객들이 특정 상품을 구매하고자 매장에 가거나 온라인에서 찾도록 만드는 모든 요소들을 쉽게 평가할 수 없었다고 설명했다. 인공지능과 머신러닝 기술의 발전으로 이러한 데이터를 예측에 반영하는 것이 더 쉬워졌다고 그는 말했다.

예를 들어, "어떤 인플루언서가 제품을 추천하면 즉시 수요가 증가한다는 것은 기업들이 경험적으로 잘 알고 있는 사실입니다,"라고 그는 말했다. "'이제 그 데이터를 모델에 반영할 수 있을까요?'라고 고객들은 묻고 있습니다."

출처: Liz Young, "Retailers Are Turning to AI to Get Smarter About Inventory", Wall Street Journal, 2023.11.30., https://www.wsj.com/articles/retailers-are-turning-to-ai-to-get-smarter-about-inventory-66d70f86

13.1 재고의 역할

모든 기업은 생산 공정부터 최종 제품의 판매 장소까지 다양한 형태의 재화를 보유하고 있다. 이처럼 기업이 원재료부터 완성품 등 생산 및 판매 활동 과정 중 보유하고 있는 재화를 재고라고 부른다. 만약, 기업이 재고로 보관하고 있는 재화의 수가 충분하지 못하면 생산 단계별로 요구하는 생산량을 달성하지 못하거나 고객이 원하는 제품의 수요를 충족시킬 수 없다. 반면에 기업이 재고로 보관하는 재화가 지나치게 많으면 관련 비용으로 인한 손실이 커질 수 있다. 따라서 기업은 자신의 목적에 따라 필요한 양의 재고만을 보유하여 이익을 최대화하고자 한다.

재고의 보유에 관련된 비용은 기업의 생산 비용에서 큰 비중을 차지한다. 미국에서 완성품 및 원재료의 모든 재고의 가치는 약 1조 달러에 이를 것으로 추정된다. 또한 재고에 투입되는 비용은 회사 전체에 투자된 자본의 약 50%에 이른다고 한다(Heizer and Render, 2011). 따라서 기업의 경쟁력 강화를 위해서는 재고관리 비용을 줄이려는 노력이 필요하다.

13.2 재고의 종류

재고는 기업의 생산 및 판매 단계 전반에 걸쳐서 다음과 같이 다양한 형태로 존재한다.

(1) 원재료

원재료(raw material)는 가공되지 않은 생산 활동의 기본 재료를 의미한다. 예를 들어, 오렌지 주스에는 오렌지, 플라스틱 병 등의 원재료가 필요하다. 제품의 생산에 필요한 원재료는 원활한 생산을 위해 생산 공장의 창고에 재고로 보관된다. 일반적으로 완성품에 비하여 단위당 가격이 저렴하고 다양한 종류의 최종 생산품에 공통적으로 사용되므로 여러 생산 라인에 적용될 수 있어 활용 자유도가 높은 편이다.

(2) 중간품

중간품(work-in-process)은 제품 생산 활동 중에 발생하는 것으로 생산 활동의 과정에서 일부 가공되었으나 아직은 완제품의 형태를 갖추지 않은 상태의 제품을 의미한다. 생산 활동 각 단계별로 이러한 중간 제품은 여러 형태를 갖추고 있다. 예를 들어 오렌지 주스는 오렌지의 껍질을 벗긴 제품, 오렌지를 갈아서 과립의 형태를 갖춘 제품 등의 중간품이 공장의 창고에 보관된다. 중간품의 단위당 가격 및 활용 자유도는 원재료와 완성품의 중간에 해당한다.

(3) 완성품

완성품(finished goods)은 최종 소비자에게 전달되는 제품의 형태를 의미한다. 예를 들어, 오렌지 주스의 경우는 페트병에 담겨 포장이 완료된 최종 제품이 완성품 재고가 된다. 완성품 재고는 고객의 수요에 맞추기 위해 각 상점의 진열대 및 창고에 재고 형태로 존재하게 된다. 완성품은 일반적으로 원재료 및 중간품이 더 가공된 형태이기 때문에 단가가 가장 비싸다. 또한 완성품은 최종 고객 수요에 따라 그 형태가 세분된 상태이기 때문에 오직 해당 제품의 수요만 만족시킬 수 있으며, 재고로서의 활용 자유도는 가장 떨어진다고 할 수 있다. 이상과 같은 관계를 [그림 13-1]에 요약하였다.

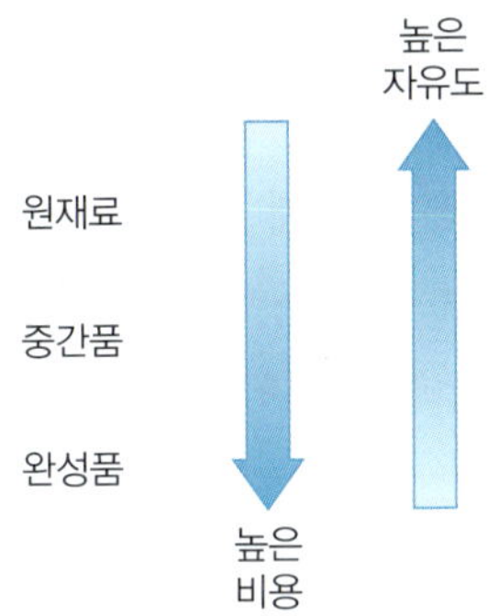

[그림 13-1] 재고의 종류 및 특성

13.3 재고의 보유 이유

앞에서 우리는 재고에 소요되는 비용이 기업 활동에서 매우 큰 비중을 차지하며, 다양한 형태로 존재하고 있음을 알아보았다. 그렇다면 기업은 왜 막대한 비용을 들여가며 재고를 보유하는 것일까? 이 장에서는 기업이 재고를 보유하는 이유를 크게 세 가지로 정리하였다.

(1) 수량 할인

대량으로 제품을 구매할 경우 구매 가격이 할인이 되는 경우가 많다. 일례로 애플은 아이패드를 생산하면서 대량 주문을 통해 부품 공급업체에 큰 폭의 수량 할인을 받는 것으로 알려져 있다. 이처럼 수량 할인을 통해 많은 수의 부품을 구매한 후 창고에 재고로 보관하여 생산에 필요할 때마다 사용하면 부품의 개당 구매 가격을 낮출 수 있고, 이윤도 높일 수 있다.

(2) 주문비용의 분산

재고의 보유를 통해 기업은 고정적인 주문 비용을 분산시켜 평균 생산 비용을 감소시킬 수 있다. 예를 들어, 슈퍼마켓에 가서 라면을 구매하는 경우를 생각해보자. 사흘에 라면 1개씩을 먹는다고 한다면 필요할 때마다 1개의 라면을 구매할 경우 한 달에 열 번씩 슈퍼마켓을 방문해야 된다. 그러나 한 달에 열 번을 라면 구매만을 위해서 슈퍼마켓을 방문하는 것은 여간 귀찮고 불편한 일이 아니다. 더구나, 도시가 아니라 차를 이용해 한참 이동하여야 구매가 가능하다면 매번 유류비와 많은 시간이 소요될 수 있다. 이처럼 제품을 구매할 때는 보통 고정적으로 소요되는 비용이 있다. 만약, 라면 구매 시 고정적으로 소요되는 비용(예: 교통비, 유류비 등)이 2,000원이라면 1,000원짜리 라면을 1개 구매했을 경우에는 전체 구매비가 3,000원(=2,000원+1,000원)이지만, 10개를 구매할 경우 전체 비용은 12,000원이 되고, 단위당 구매 비용은 1,200원(=2,000원/10 + 1,000원)으로 절감된다.

(3) 수요와 공급의 불확실성 대비

재고는 또한 생산과정에서 발생하는 불확실성에 대비할 수 있는 수단이기도 하다. 기업의 제품을 생산하기 위해서는 다양한 원자재 및 중간재들이 필요하다. 이들의 생산/공급이 원활하지 못하면 고객의 수요를 충족시킬 수 없으며, 이는 기업 이윤의 감소로 이어진다. 홍수나 쓰나미와 같은 자연재해나 운송 수단의 사고와 고장 또한 기업의 생산 및 공급의 불확실성에 영향을 준다. 이러한 불확실성에 대비하기 위해 기업은 생산 과정 중의 사고나 지연 중에도 고객의 수요를 충족시킬 수 있도록 재고를 보유하기도 한다. 고객의 수요 변동성에 대비하기 위해서도 추가적인 재고가 필요한데, 이와 관련하여 13.6.3절에서 안전재고라는 개념을 학습한다.

13.4 재고비용의 종류

이번 절에서는 재고를 유지하기 위해 소요되는 비용의 종류를 알아본다. 재고의 유지에 소요되는 비용은 크게 주문비용, 재고유지비용, 재고품절비용 등으로 나눌 수 있다.

(1) 주문비용

주문비용은 제품의 주문에 소요되는 비용으로 주문량에 관계없이 발생한다. 예를 들어, 슈퍼마켓에 가서 물건 1개를 사오거나 물건 10개를 사올 경우 드는 교통비용은 동일하다.

(2) 재고유지비용

재고유지비용은 제품을 보유하면서 수반되는 비용들을 의미한다. 제품을 보유하기 위해서는 우선 창고와 같은 보관 공간이 필요하다. 보관 장소는 생산 장소에 가까워야하므로 아무데나 지을 수 없으며, 보유해야 하는 양이 증가하면 증가할수록 필요한 공간도 늘어나게 된다. 따라서 창고를 짓고 부지를 확보하는 비용뿐 아니라 창고에 제품을 보유하는 인건비 및 시스템의 운영비용도 무시할 수 없다. 일반적인 소매 환경의 경우, 연간 제품 원가의 40~60%가 재고 비용으로 발생하고 있다. 재고유지비용은 보통 보유하는 제품의 가격에 비례하게 된다. 고가의 제품은 운송창고의 보안 및 상품의 상태 유지를 위해 더 많은 비용이 들어가기 마련이다.

재고의 보유를 위해서는 재고유지비용뿐만 아니라 제품을 구매하는 비용도 필요하다. 재고의 보유를 위해 기업은 마케팅이나 영업, 또는 다른 제품의 생산 등에 쓰일 수 있는 자금을 지출해야 한다. 이처럼 제품의 구매에 소요되는 비용을 조달하는 이자나 기회비용도 모두 재고 유지비용에 포함된다.

(3) 재고품절비용

기업이 재고를 보유한다고 하더라도 고객 수요의 불확실성 때문에 모든 고객의 수요를 충족시킬 수 있는 것은 아니다. 이렇게 재고의 부족으로 인해 발생한 판매 기회의 손실을 재고품절비용(stockout cost)이라 부른다. 재고품절비용은 실제로 발생하는 비용은 아니지만, 만약 재고가 있었다면 제품을 판매할 수 있었을 것이므로 재고의 부족으로 인한 판매기회의 손실과 그에 따른 이익 감소로도 해석할 수 있다. 또한 정량화시키기는 어렵지만 제품을 구매하러 왔던 고객의 불만 등을 비용으로 환산하여 포함시키기도 한다. 재고품절비용은 보통 제품의 가격에 비례하여 증가하는 경향을 보인다.

〈표 13-1〉 재고 비용의 종류

종류		내용
주문비용		제품의 주문에 소요되는 비용
재고유지 비용	창고 보관비	창고에 제품을 보관하는 데 소요되는 제 비용(보험, 세금 포함)
	이자비용	제품 구매 및 보유에 소요되는 비용을 조달하기 위한 이자 비용
재고품절비용		제품의 재고 부족으로 판매하지 못할 때 발생하는 기회비용 및 고객 신용의 감소로 인한 비용

13.5 확정적 재고 모형

재고관리는 수요가 확정적으로 주어졌는지 아니면 확률적 분포를 따르는지에 따라 확정적 재고 모형과 확률적 재고 모형으로 나뉜다. 각각 다양한 재고 모형들이 존재하지만 이 책에서는 대표적인 모형들을 위주로 공부하기로 한다.

13.5.1 경제적 주문량(EOQ) 모형

재고가 그 역할과 필요성이 있는 것은 사실이나, 기업의 경영 전략 및 목표에 따라 필요 이상의 재고를 보유하는 것은 과다한 비용의 지출을 초래하게 되어 기업의 경쟁력을 약화시키게 된다. 그러므로 적절한 양의 재고를 결정하는 것은 중요한 문제이다. 이번 절에서는 재고 주문비용 및 재고 유지비용의 합인 전체 구매비용을 최소화하기 위한 경제적 주문량(Economic Order Quantity: EOQ) 모형을 학습한다.

(1) 경제적 주문량 모형의 가정

EOQ 모형은 주문시마다 발생하는 고정 주문비용과 매 기간마다 창고에 보관하고 있는 재고의 수량별로 발생하는 재고유지비용을 고려하여, 최소의 비용을 지출할 수 있는 주문 정책을 찾는데 사용된다. EOQ 모형의 기본 가정은 아래와 같다.

- 고정적이며 확정적인 수요: 고객의 수요는 단위 시간당 비율로 표현되며, 이 비율은 변하지 않고 고정되어 있으며, 알려진 것으로 가정한다.
- 즉시도착: 제품은 주문과 동시에 도착하는 것으로 가정한다.

– 고정비율 재고유지비용: 재고유지비용은 재고량에 비례하여 고정된 비율로 발생하는 것으로 가정한다.
– 고정 주문비용: 제품의 주문시 운송료나 기타 서비스 비용이 발생하며, 이 비용은 주문량에 상관없이 일정하게 발생하는 것으로 가정한다.

만약, EOQ 모형에서 고정 주문비용이 존재하지 않는다면 우리는 한 번에 몇 개의 제품을 주문해야 하는지 고민할 필요가 없다. 필요할 때마다 제품을 주문하면 주문과 동시에 제품이 도착하여 사용할 수 있고 제품을 보유할 필요도 없어 재고유지비용도 발생하지 않는다. 주문을 할 때마다 고정비용이 부과된다면 한 번에 많은 양을 주문하면 주문비용을 줄일 수 있다. 하지만 필요할 때마다 주문할 때와 달리 재고유지비용이 발생할 수 있다. 결국 평균 주문비용 및 재고유지비용 간에는 **상충관계**(trade-off)가 존재하게 되는데, 이 관계를 그래프로 표현하면 [그림 13-2]와 같다.

상충관계(trade-off)

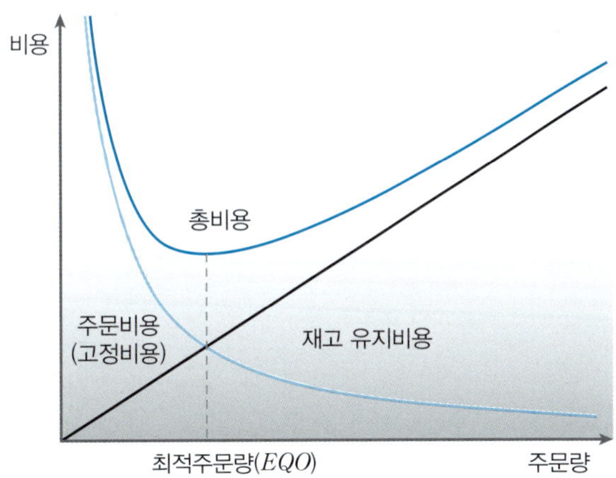

[그림 13-2] EOQ 모형의 총비용 및 최적주문량 결정

(2) EOQ 최적 주문량의 도출

[그림 13-2]는 주문량이 증가함에 따라 단위당 주문비용은 감소하고 단위당 재고유지비용이 증가하는 관계를 보여준다. EOQ 모형의 최적 주문량은 주문비용과 재고유지비용을 합친 총 비용이 최소화되는 주문량을 의미한다. 단위당 주문비용과 운송비를 모두 고려한 총 주문비용을 계산하면 [그림 13-2]와 같은 총 비용함수

를 얻을 수 있으며, 총 비용을 최소화하는 주문량은 단위당 주문비용과 단위당 재고유지비용이 같은 점, 즉 두 선이 만나는 점에서 결정된다.

EOQ의 최적 주문량을 결정한 뒤에는 실제로 언제 주문을 해야 하는가를 결정해야 한다. EOQ 모형에서는 주문을 하는 즉시 제품이 도착한다고 가정하고 있으므로 만약 창고에 제품이 남아 있는 상태로 주문을 한다면 창고에 있는 제품을 다 쓰기도 전에 새로운 제품이 도착하여 불필요한 재고유지비용이 발생한다. 그러나 제품이 모두 사용된 뒤에도 주문이 도착하지 않으면 더 이상 제품 소비가 불가능하다. 따라서 창고에 있는 제품이 모두 사용되는 순간에 주문한 제품이 들어온다면 수요를 만족시키면서도 재고가 최소가 되어 재고유지비용을 최소화할 수 있다.

EOQ 모형에서는 제품의 소비가 시간에 따라 항상 일정하다고 가정하므로, 창고가 비는 순간마다 일정한 EOQ 주문량을 주문하게 된다면 항상 같은 양의 제품이 창고가 비어 있을 때마다 도착하게 된다. 따라서 시간에 따라 창고에 남아 있는 제품, 즉 재고를 추적하면 [그림 13-3]과 같이 나타난다. 그림에서 볼 수 있듯이, 항상 주문한 제품이 도착한 시점(그래프에서 창고에 보유된 제품 수가 급격히 증가한 시점)에서부터 제품이 다 소비되어 남아있는 제품이 모두 소진되는 시점까지 재고의 변화 패턴이 반복됨을 관찰할 수 있다. 이처럼 하나의 주문 시점부터 다음 주문 시점까지의 시간을 주문 주기로 정의하며, EOQ 주문량에 따른 주문 주기는 EOQ 최적 주문주기라고 부른다.

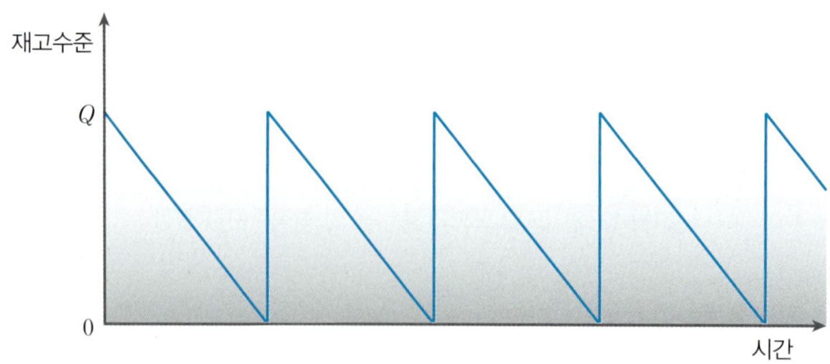

[그림 13-3] EOQ 주문시 시간에 따른 재고 수준의 변화

예제 13-1 EOQ 모형의 최적 주문량 계산

바나나를 수입하는 A사의 경우 연평균 10만 박스의 바나나를 판매하고 있다. 이 때 바나나 1박스당 구매단가는 5천 원이다. 바나나의 경우 보관 시 쉽게 상하지 않도록 주의를 기울여야 하므로 연간 바나나박스의 재고유지비용은 연간 구매단가의 16%로 예상되고 있다. 또한 1회 주문할 때마다 선박을 이용해야 하므로 기본 운송료는 1,000만 원이 소요된다. 이 때, EOQ 최적 주문량은 얼마나 되는가?

풀이 평균 수요를 D, 고정 주문비용을 K 그리고 연간 재고유지비용을 h라고 하자. 위의 예제에서는 D=100,000개/년, K=10,000,000원, h=0.16 × 5,000원=800원이 된다. 이때 창고가 빌 때마다 Q씩을 주문하는 경우 연간 총 비용을 TC(Q)로 정의한다. 주문량이 Q가 될 때 평균 수요가 D이므로 Q가 소모될 때까지 걸리는 시간은 T=Q/D이다. 평균 비용은 평균 주문비용과 평균 재고유지비용으로 나누어 생각할 수 있다. 주문비용은 한 번 주문할 때마다 소요되므로, 주문한 Q제품이 다 소요될 때까지 걸리는 시간이 T일 때 단위 시간당 주문 비용은 K/T이며 이는 KD/Q로 다시 쓸 수 있다. [그림 13-3]에서 보듯이 창고에 보유하는 제품의 수는 Q에서 0까지 일정하게 감소하는 경향을 보이므로 단위 시간당 평균 재고유지량은 Q/2이다. 따라서 평균 재고유지비용은 평균 재고유지량에 h를 곱하여 (Q/2)h가 된다. 이에 따라 Q 주문시 평균 주문 비용은 (식 13-1)과 같다.

$$TC(Q)=K\frac{D}{Q}+\frac{Q}{2}h \qquad \text{(식 13-1)}$$

이 같은 상황에서 EOQ 주문량을 찾기 위해 여러 주문량에 따라 총 비용을 계산하면 아래 〈표 13-2〉와 같다. 연간 총 비용은 Q=50,000일 때 최소가 된다.

〈표 13-2〉 EOQ 모형에서 주문량에 따른 연간 총 비용

Q	44,000	46,000	48,000	50,000	52,000	54,000	56,000
TC(Q)	40,327,273	40,139,130	40,033,333	40,000,000	40,030,769	40,118,519	40,257,143

EOQ 주문량은 (식 13-1)의 TC(Q)를 최소화하는 값이 된다. [그림 13-2]에서 보듯이 총 주문비용 TC(Q)는 볼록(convex) 함수이며, 미분을 통해 최솟값을 구할 수 있다. 즉,

$$\frac{TC(Q)}{dQ} = -\frac{KD}{Q^2} + \frac{h}{2} \quad \text{(식 13-2)}$$

이며, (식 13-2)를 0으로 만드는 Q값이 TC(Q)를 최소로 하므로 (식 13-3)을 얻는다. EOQ 주문량에 대한 연간 총 비용은 (식 13-4)와 같이 계산된다.

$$EOQ = \sqrt{\frac{2KD}{h}} \quad \text{(식 13-3)}$$

$$TC(EOQ) = \sqrt{2KDh} = hEOQ \quad \text{(식 13-4)}$$

〈표 13-2〉에서 보듯이 전체 비용을 최소화하는 주문량은 50,000개이며, (식 13-4)를 통해서 구한 주문량과 일치함을 알 수 있다.

(3) EOQ 주문량의 민감도

EOQ 주문량은 (식 13-3)에서 보듯이 연평균 수요, 주문비용 및 재고유지 비율(D, K, h)을 파악하면 쉽게 계산할 수 있다. 하지만 현실에서 이러한 값들이 항상 정확히 파악될 수 있는 것은 아니다. 해당 비용들의 결정을 위한 가격 자료가 정확히 구비되지 않을 수도 있으며, 필요한 비용들이 변화할 수도 있다. 총 비용이 EOQ 모형의 최적주문량을 결정하는 비용요소들의 변화에 얼마나 민감한가를 조사해보자.

주문량 Q의 변화에 따른 총 비용의 변화를 구해보면 (식 13-1)과 (식 13-3)을 이용하여 (식 13-5)를 얻는다.

$$\frac{TC(Q)}{TC(EOQ)} = \frac{1}{2}\left(\frac{Q}{EOQ} + \frac{EOQ}{Q}\right) \quad \text{(식 13-5)}$$

〈표 13-3〉은 EOQ 주문량 대비 주문량에 따른 총 비용의 변화 비율을 계산한 것이다. 〈표 13-3〉에서 관찰할 수 있듯이 주문량의 변화에 따른 총 비용 변화는 상대적으로 적음을 알 수 있다. 예를 들어, EOQ 주문량에서 20% 벗어난 60,000개를 주문하더라도 총 비용의 변화는 약 1.6% 정도밖에 되지 않는다. 따라서 EOQ 주문량을 결정하는 각종 변수들의 값이 비교적 정확하지 않은 상황에서도 계산된 주문량이 총 비용의 최솟값과 크게 차이가 나지 않음을 알 수 있다.

〈표 13-3〉 주문량 변화에 따른 총 비용 변화

$\frac{주문량}{EOQ}$ 비율	0.5	0.8	0.9	1.0	1.1	1.2	1.5	2
총비용변화	25%	2.5%	0.5%	0	0.4%	1.6%	8.9%	25%

13.5.2 EOQ - 재주문점모형

EOQ 모형은 주문시 제품이 즉시 도착한다고 가정하고 있다. 만약 주문 후 제품이 도착하는 데 일정 시간이 걸리는 경우 EOQ 모형의 주문에 어떤 변화가 있는지 생각해보자. EOQ 모형에서 주문 시점은 창고에서 제품이 비는 순간이었다. 마찬가지로 주문 후 주문 인도기간(lead time)이 있는 경우에도 주문한 제품이 도착할 때까지 창고에 제품이 모두 소진되도록 하면 비용을 최소화할 수 있다. 즉, 주문 인도기간을 안다면 그동안의 예상 수요만큼 창고에 제품이 있을 때 주문을 하여 EOQ 모형처럼 창고가 비는 시점에 제품이 도착하도록 할 수 있다. 예를 들어, 제품을 주문한 후 도착까지 걸리는 시간이 1주일이고, 1주일간의 평균 수요가 100이라면, 창고에 100개의 제품이 남는 순간이 EOQ 주문 시점이 된다.

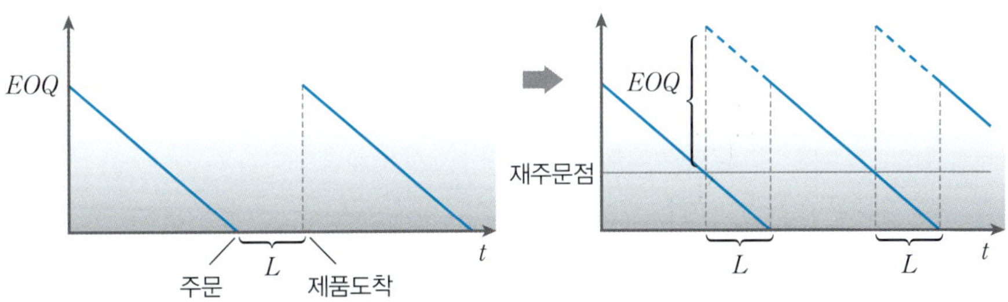

[그림 13-4] 주문 후 인도기간(L)이 있을 때의 EOQ 모형

주문인도기간을 L이라고 할 때, 재주문 시점(reorder point: ROP)의 결정은 [그림 13-4]에서 볼 수 있다. 주문 후 제품이 도착할 때까지 L이라는 시간이 걸리는 상황에서도 제품이 즉시 도착하는 EOQ 모형의 주문시점을 그래도 유지하게 되면 [그림 13-4]의 왼쪽처럼 L시간 동안 고객의 수요를 만족시켜 줄 수 없다. 하지만 오른쪽 같이 평소보다 L시간 이르게 주문을 하면 고객의 수요를 계속 만족시켜 줄 수 있다. 이를 창고의 제품량 기준으로 보면, 보유 중인 재고수준이 L시간 동안의 수요량만큼 남는 시점에 주문을 시행하는 셈이다. 이렇게 L시간 동안의 고객 수요

에 해당하는 창고의 제품 수량을 재주문점(reorder point)이라고 부른다.

13.5.3 EOQ – 가격할인 모형

EOQ 모형에서는 주문량에 상관없이 제품의 단위당 비용은 항상 같다고 가정한다. 하지만 구매 수량에 따라 구매 가격의 할인이 이루어지는 것을 흔히 볼 수 있다. 이 장에서는 가격할인을 고려한 EOQ 모형을 고려해 본다.

예제 13-2 — 가격할인 모형의 최적 주문량 계산

바나나를 수입하는 A사의 경우 연평균 10만 박스의 바나나를 판매하고 있다. 이 때 바나나 1박스당 수입 원가는 5천 원이다. 바나나의 경우 보관 시 쉽게 상하지 않도록 주의를 기울여야 하므로 연간 바나나박스의 재고유지비용은 연간 구매단가의 16%로 예상되고 있다. 또한 1회 주문할 때마다 선박을 이용해야 하므로 기본 운송료는 1,000만 원이 소요된다. 더불어 A사는 5만 박스 이상의 주문을 할 경우 4%의 할인을 적용하여 박스당 4,800원을, 10만 박스 이상의 주문을 할 경우 박스당 6%의 할인을 적용하여 4,700원을 지불하는 대량구매 할인계약을 체결하였다. 이 때, 최적 주문량은 얼마나 되는가?

〈표 13-4〉 가격 할인 정책의 예

할인구간 번호	할인 적용 수량	할인(%)	개당 가격
1	0~49,999	할인 없음	5,000
2	50,000~99,999	4	4,800
3	100,000~	6	4,700

이상과 같은 할인 정책을 모형화하기 위해서는 할인 적용 수량 및 각 할인 구간별 개당 가격 정보가 필요하다. 위와 같이 총 3구간의 할인 구간이 있는 경우 각 구간의 시작점 및 끝점은 0, 50,000, 100,000 이렇게 세 개가 존재하며 이를 $\beta_1, \beta_2, \beta_3$로 정의해보자. 각 구간에서의 가격은 $c_1=5,000$, $c_2=4,800$, $c_3=4,700$으로 정의할 수 있다. 가격 할인 하에서 전체 비용은 EOQ 모형과 같이 재고 유지비용과 구매비용으로 구성이 된다. 다만, 기존의 재고 모형에서는 재고 유지비용이 구매 개수에 관계없이 항상 h를 곱해서 구할 수 있다면, 수량

할인에서는 구매 개수에 따라 총 구매 비용을 구한 후 일정 비율 t를 곱하여 구해진다. 즉, Q를 주문할 때 총 비용은 Q가 할인구간 i에 속할 때 (식 13-6)과 같으며, EOQ 주문량을 계산하면 (식 13-7)과 같다.

$$TC_j(Q)=K\frac{D}{Q}+\frac{tc_j}{2}Q \qquad \text{(식 13-6)}$$

$$Q_j^*=\sqrt{\frac{2KD}{tc_j}} \qquad \text{(식 13-7)}$$

하지만 이러한 EOQ 주문량이 해당 할인 구간에 속하지 않는다면 이를 사용할 수 없다. 수량할인 EOQ 모형에서의 최적 주문량은 다음과 같이 계산할 수 있다.

가격할인 모형에서의 최적주문량 계산 알고리즘

(Step 1) 할인이 가장 많이 된 상태에서 EOQ 값을 계산하여 최적 주문량 Q_1를 산출, Q_1을 Step 2에 입력

(Step 2) 입력된 Q_i가 속한 구간이 해당 할인구간이면 Step 4로 이동, 아니면 Step 3으로 이동

(Step 3) Q_i를 해당 할인 구간의 주문량 중 최솟값으로 갱신, Q_i보다 한 단계 낮은 할인구간에서 EOQ 값을 계산하여 Q_{i+1} 산출 및 Step 2에 입력

(Step 4) 각 Q_i에 대해 총 주문 비용과 구매 비용의 합을 계산하여 최솟값을 선택

풀이

(Step 1) 가장 많이 할인이 된 경우의 구간은 100,000박스 이상을 주문하는 구간이다. 6%의 할인이 일어나는 것을 고려하여 EOQ 값을 구하면 Q_1=51,571

(Step 2) Q_1은 100,000박스 이상의 구간에 속하지 않으므로 Q_1을 100,000으로 갱신한다. 두 번째 할인 구간인 50,000박스 이상~ 100,000박스 미만 구간에서 4%의 할인을 고려하여 EOQ 값을 계산하면 Q_2=51,031

(Step 3) Q_2는 두 번째 할인 구간인 5만 박스 이상, 100,000박스 미만 구간 안에 있으므로 다른 구간의 할인에 대해서는 더 이상 고려하지 않고 Q_1과 Q_2만 비교한다.

(Step 4) Q_1과 Q_2의 비교

가격할인이 들어가면 구매비용 또한 변동하므로, 구매비용을 고려해야 한다.

Q_1 (=100,000)박스 주문

$$4{,}700\times 100{,}000+\frac{10{,}000{,}000\times 10{,}000{,}000}{100{,}000}+\frac{100{,}000\times 0.16\times 4{,}700}{2}=5\text{억 }1760\text{만 원}$$

Q_2 (=51,031)박스 주문

$$4{,}800\times 100{,}000+\frac{10{,}000{,}000\times 10{,}000{,}000}{51{,}031}+\frac{51{,}031\times 0.16\times 4{,}800}{2}=5\text{억 }1920\text{만 원}$$

따라서 100,000박스를 주문하는 것이 최적임을 알 수 있다.

13.5.4 계획적 부재고

(EOQB) **모형***

지금까지 EOQ 모형에서 우리는 고객의 수요를 항상 만족시키는 경우만을 고려했다. 창고의 제품이 부족하여 고객이 원하는 시점에 바로 제품을 전달하지 못하고, 고객이 일정 시간을 기다린 후 주문한 제품이 도착하는 경우는 고려하지 않았다. 하지만 고객은 제품이 도착할 때까지 기다리는 경우가 있으며, 고객의 충성도가 높은 브랜드의 제품에서 이러한 현상이 빈번히 관찰된다. 일례로, 애플 사의 아이폰은 출시될 때마다 공급되는 제품의 물량이 고객의 수요를 만족시키지 못하여 출시 초기에는 고객들이 제품을 예약하고 길게는 한 달 이상을 기다리는 경우가 많다.

EOQ 모형에서 고객의 수요를 즉시 만족시키지 않고 부재고(backorder)를 허용하는 모형을 계획적 부재고(EOQ-Planned Backorder; EOQB) 모형으로 부른다. 이번 절에서는 고객의 대기 수요를 허용하는 EOQ 모형, 즉 EOQB 모형에 대해 학습하고, 고객의 대기 수요를 허용하는 것이 허용하지 않는 것보다 유리한지 분석해본다.

EOQB 모형을 분석하기 위하여 부재고가 허용되는 상황에서의 비용을 계산해보자. 분석을 간단히 하기 위하여 고객이 대기하는 경우 단위 시간 및 단위 제품당 p의 부재고 비용이 발생한다고 가정한다. EOQ와 같이 EOQB 모형에서도 주문량을 Q로 정의한다. 하지만 계획적 부재고에서는 Q주문량 중 비율 $1-x$만을 당기에 만족시키고 x는 부재고로 처리해 다음 기에 주문한 제품이 도착하였을 때 만족시킨다. [그림 13-5]는 EOQB 모형에서의 재고량을 나타나고 있다. EOQ 모형과는 달리 주문량 Q의 $(1-x)$부분만 당기 주문으로 만족되므로 재고량은 항상 $Q(1-x)$까지만 올라가게 되며, 고객의 주문 중 xQ만큼은 다음 기의 주문을 통해 만족되므로 다음 기의 주문이 도착하기 직전에 재고량은 $-Qx$까지 감소함을 볼 수 있다. 하지만 EOQ 모형과 마찬가지로 고객의 수요는 시간당 D로 동일하기 때문에 EOQ 모형과 같이 주문주기는 Q/D가 된다.

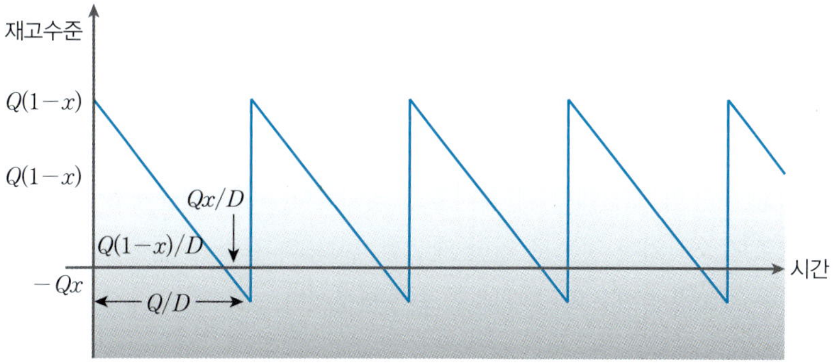

[그림 13-5] 부재고가 포함된 EOQB 모형에서 시간에 따른 재고수준

이와 같이 정의된 부재고 비율 x와 주문량 Q를 이용하면 EOQB 모형에서 평균 재고유지비용과 재고품절비용을 계산할 수 있다. 먼저 재고유지비용은 Q의 주문 중 $(1-x)$ 만큼만 보유하고, 전체 기간 중 $(1-x)$ 비율의 기간만 재고를 보유하고 있으므로 (식 13-8)과 같이 계산되며, 재고품절비용은 Qx 만큼의 주문량에 대해 발생하고 전체 기간 중 x 비율의 기간 동안 발생하므로 (식 13-9)와 같이 계산된다. 평균 주문비용을 EOQ 모형과 똑같이 KD/Q로 계산하면 EOQB 모형의 전제 평균비용은 (식 13-10)과 같다.

$$\frac{Q(1-x)^2}{2}h \qquad \text{(식 13-8)}$$

$$\frac{Qx^2}{2}p \qquad \text{(식 13-9)}$$

$$TC(Q, x) = \frac{Q(1-x)^2}{2}h + \frac{Qx^2}{2}p + \frac{KD}{Q} \qquad \text{(식 13-10)}$$

EOQ 모형과는 달리 이제 평균비용은 주문량 Q뿐만이 아니라 부재고로 만족시키는 주문량의 비율 x에 따라 변하게 된다. 먼저 최적의 부재고비율을 결정하기 위해 x로 총 비용함수 TC(Q,x)를 편미분한 값을 0으로 만드는 식을 구해보면 아래와 같다.

$$\frac{\partial g(Q,x)}{\partial x} = -Q(1-x)h + Qxp = 0$$
$$\Leftrightarrow x^* = \frac{h}{h+p} \quad \text{(식 13-11)}$$

따라서 Q의 값에 상관없이 최적의 부재고비율은 항상 $x^* = \frac{h}{h+p}$가 됨을 알 수 있다. 이렇게 EOQB 모형에서 얻어진 x^*는 항상 일정 비율의 제품을 부재고를 통해 만족시키는 것이 EOQ와 같이 모든 수요를 당기의 주문으로 만족시키는 것보다 평균 비용의 측면에서 더 유리함을 의미한다. 이는 평균재고량을 $Q/2$에서 $Q(1-x)/2$로 감소시키는 것으로 인한 재고유지비용의 감소가 상대적으로 Qx로 인해 발생하는 재고품절비용의 증가보다 크기 때문이다.

위에서 정의된 최적의 부재고비율을, $TC(Q,x)$에 다시 넣으면 EOQB 모형에서 최적의 주문량을 계산할 수 있다. 이와 같이, $TC(Q, x)$를 Q로 미분하여 최적 주문량을 계산하면 다음과 같은 EOQB 주문량을 얻을 수 있다.

$$EOQB = \sqrt{\frac{2KD(h+p)}{hp}} \quad \text{(식 13-12)}$$

EOQ 모형은 EOQB 모형에서 부재고비율 x=0으로 정했을 때의 최적 주문량과 같다. 따라서 x=0 이외의 부재고비율도 허용하는 EOQB 모형은 EOQ 모형을 포함하여 확장하는 모형이므로 최소화된 전체 비용은 EOQ 모형보다 항상 같거나 더 작다. 이는 부재고를 허용하는 것이 허용하지 않는 것보다 재고 비용 측면에서 더 유리할 수 있음을 의미한다.

13.5.5. 와그너-휘틴(Wagner-Whitin) 모형

와그너-휘틴 모형은 EOQ 모형과 같이 고정적인 고객의 수요와 주문비용 하에서 재고유지비용을 고려할 때 최적의 주문량을 결정하는 모형이다. 다만, EOQ 모형과는 달리 와그너-휘틴 모형은 고객의 수요가 단위시간당 일정한 것이 아니라, 각 단위 기간 당 관찰된다. 예를 들어, 매일매일 창고를 점검하여 소비된 제품의 수를 조사한다면 하루간의 고객 수요를 파악할 수 있다. 와그너-휘틴 모형은 이처럼 정기적인 시점마다 조사된 수요를 기반으로 재고 비용을 최소화하는 주문량을 결정한다. 또한 와그너-휘틴 모형에서는 고객의 수요가 일정하지 않고 조사 시점마다 변할 수 있다고 가정한다.

와그너-휘틴 모형은 정기적인 기간을 기반으로 하고 있으므로 이 기간들을 편의상 1,2,3, …과 같이 번호를 붙여 보자. 또한 EOQ 모형과는 다르게 와그너-휘틴 모형에서는 재고의 주문과 고객의 수요가 끝나는 시점인 T를 고려한다. 따라서 와그너-휘틴 모형은 시작시간 0에서부터 1,2,3, …, T까지의 분할된 시점들을 대상으로 한다. 각 시점마다 확인된 수요를 $d_1, d_2, d_3, \cdots, d_T$로 정의하자. 시점 0에서의 초기 재고를 0으로 놓고, 각 시점마다 아래의 순서로 고객의 수요와 재고유지비용을 계산해보자.

1. 해당 시점의 주문량을 결정하면 주문 즉시 도착한다.
2. 도착한 주문량과 기존에 보유한 재고에서 해당 시점의 고객 수요를 만족시킨다.
3. 남아있는 재고에 대해 재고유지비용을 단위당 h의 비율로 계산한다.

와그너-휘틴 모형도 EOQ 모형과 마찬가지로 보유한 재고가 모두 소진된 순간 주문을 할 때 전체 비용을 최소화할 수 있다(연습문제 4 참고). 와그너-휘틴 모형도 고객의 수요를 항상 즉시 만족시켜야 하므로 재고가 모두 소진되었을 때 주문을 미룰 수는 없다. 따라서 와그너-휘틴 모형의 주문량은 해당 시점 이후 고객 수요의 합과 일치한다. 즉, t시점의 주문량은 d_t, d_t+d_{t+1}, $d_t+d_{t+1}+d_{t+2}, \cdots$와 같이 표현할 수 있다. 만약 t시점에서 미래 $s(s>t)$ 시점까지의 수요량 총합과 같은 양을 주문한다면 t시점의 주문량을 $\sum_{i=0}^{s-t} d_{t+i}$와 같이 표현할 수 있다.

그렇다면 t시점에서 미래 어느 시점까지의 수요량 총합을 주문해야 전체 비용을 최소화할 수 있을까? 이를 결정하기 위해서 먼저 t시점에서 T시점까지 최적 주문량에 따라 도출될 최소 비용의 합을 θ_t로 정의하자. 그럼 최초 시점 0부터 마지막 T시점까지의 총 비용은 θ_0로 나타낼 수 있다. T시점에서는 더 이상 주문이 이루어지지 않으므로 $\theta_{T+1}=0$으로 정의한다. 이때 t시점 이후 처음으로 주문을 하는 시점을 s라고 하면 t에서 T까지의 최소 비용 θ_t는 다음과 같이 나타낼 수 있다.

$$\theta_t = \min_{t<s\leqq T+1}\left\{K + h\sum_{i=t}^{s-1}(i-t)d_i + \theta_s\right\}$$ (식 13-13)

(식 13-13)을 풀기 위해서는 $\theta_T := 0$으로 정의한 것을 이용하여 T시점에서부터 t까지 시점을 하나씩 뒤로 돌려가면서 0시점이 될 때까지 풀어나간다. 즉, 다음과 같은 알고리즘을 따르면 처음 시점 0부터 마지막 T시점까지의 최적 주문량 및 주문 시점들을 계산할 수 있다.

와그너-휘틴 알고리즘

(Step 1) $\theta_{T+1}=0, t=T$으로 대입한다.

(Step 2) (식 13-13)을 이용하여 대괄호 안의 식을 최소화하는 s를 $s(t)$로 설정하고, 해당 s(t)를 대입한 θ_t를 구한다.

(Step 3) $t=t-1$로 놓고 $t=0$이 될 때까지 2번 과정을 반복한다.

위 과정을 통해 각 시점의 최적 주문량을 도출할 수 있으나, T가 늘어나면 T^2에 비례하여 계산해야 하는 항목이 급격히 늘어나는 단점이 있다. 따라서 정확한 최적해는 아니지만 다음과 같은 휴리스틱(heuristic) 알고리즘을 이용하면 최적 주문량에 가까운 주문량을 와그너-휘틴 알고리즘보다 빠르게 계산할 수 있다.

실버-밀(Silver-Meal) **휴리스틱**

만약 t시점에서 $t+j$시점까지의 총 수요에 해당하는 주문량을 결정한다고 가정하자. t시점부터 시작하여 $t+j$시점까지의 수요를 $n_1, n_2, \cdots, n_j$로 정의한다. 이때 총 주문비용은 K가 한 번 소요되며, 총 유지비용은 해당 주문량들이 각 시점마다 순차적으로 감소하는 것을 고려하여 아래와 같이 계산할 수 있다.

$$C(j) = \frac{K + \sum_{i=0}^{j-1} ihn_{i+1}}{j}$$ (식 13-14)

실버-밀 알고리즘은 아래와 같다.

(Step 1) $j=1$로 설정한다.

(Step 2) (식 13-14)를 통해 $C(j)$와 $C(j+1)$을 계산한다.

(Step 3) 만약 $C(j)>C(j-1)$이 되면 중지하고 t에서 $t+j$까지의 총 수요를 주문량으로 결정한다. 만약 $C(j)<C(j-1)$이라면 $j=j+1$로 1 증가시키고 2단계를 반복한다.

실버-밀 휴리스틱은 최적해를 보장하지는 않지만, 와그너-휘틴 알고리즘과는 달리 시점 0에서부터 T의 방향으로 진행하여, t가 증가하더라도 와그너-휘틴 알고리즘보다 빠르게 최적 주문량에 근사한 주문량들을 찾을 수 있다는 장점이 있다.

예제 13-3 실버-밀 휴리스틱을 사용한 주문량 계산

독일에 있는 석판 인쇄소는 캐나다에 위치한 자회사에 25×30cm 규격의 석판인 쇄필름인 PSF-007 제품을 공급하고 있다. PSF-007은 계절성을 띠고 있으며, 박스 단위(한 박스에는 PSF-007 50장이 들어있다)로 공급이 이루어진다. 자회사는 다음 해 상반기에 필요한 제품의 수량을 다음과 같이 예상하였다. 고정 주문비용은 $54, 재고유지비용은 $0.4/박스/월로 가정한다.

〈표 13-5〉 월별 PSF-007 필요수량

월	1	2	3	4	5	6	총합
수요	10	62	12	130	154	52	420

실버-밀 휴리스틱을 이용하면 1월부터 6월까지 필요한 주문량은 몇 박스가 되는가?

풀이

고정 주문비용과 재고유지비용이 각각 K=$54, h=$0.4/박스/월로 주어졌으므로 다음과 같은 계산이 가능하다.

〈표 13-6〉 시점별 비용 계산(iteration 1)

T	수요	재고유지기간	재고유지비용	주문비용	총비용	월별 평균비용
1	10	0	$0.00	$54.00	$54.00	$54.00
2	62	1	$24.80	$54.00	$78.80	$39.40
3	12	2	$34.40	$54.00	$88.40	$29.47
4	130	3	$190.40	$54.00	$244.40	$61.10

$\$24.80 = d_2h = 62(0.4)$

$\$34.40 = d_2h + 2d_3h = 62(0.4) + 2(12)(0.4)$

월별 평균비용 계산을 통해서 감소하다가 증가하는 시점이 4이기 때문에 T=3까지 첫 번째 주문에 포함시켜야 되고, 1월 초에는 재고가 없다는 가정 하에 1월의 주문량은 3월 수요까지 한꺼번에 주문하는 84박스가 된다.

$$Q=\sum_{j=1}^{T} d_j=\sum_{j=1}^{3} d_j=d_1+d_2+d_3=10+62+12=84\text{박스}$$

3월까지 수요를 만족시켰으므로, 그 다음 4월이 다시 T=1이 되어 두 번째 계산을 수행한다.

〈표 13-7〉 시점별 비용 계산(iteration 2)

T	수요	재고유지기간	재고유지비용	주문비용	총비용	월별 평균비용
1(4월)	130	0	$0.00	$54.00	$54.00	$54.00
2(5월)	154	1	$61.60	$54.00	$115.860	$57.80

월별 평균비용 계산을 통해서 감소하다가 증가하는 시점이 2이기 때문에 T=1까지 두 번째 주문에 포함시켜야 되고, 4월의 주문량은 4월 수요만 만족시키는 130박스가 된다. 이런 방식으로 알고리즘을 수행하면 다음 표와 같은 주문량을 구할 수 있다.

〈표 13-8〉 실버-밀 휴리스틱을 사용한 주문시점 및 주문량

주문시점	1월	4월	5월
주문량	84	130	206

13.6 확률적 재고 모형

재고관리에서 확정적 재고 모형의 가장 기본적이고 대표적인 모형이 경제적 주문량 모형이라고 하면, 확률적 재고 모형의 가장 기본적이고 대표적인 모형은 신문팔이 소년 모형(newsboy model)으로 잘 알려진 **신문 판매원 모형(newsvendor model)**이다. 신문 판매원 모형은 매우 단순한 모형이지만 실제 응용 사례가 많은 모형이며, 경영과학 과목에서도 다루는 모형이다. 재고관리의 목적은 최소의 재고비용으로 수요와 공급을 부합시키는 것이다. 만일 수요가 확률적(불확실)이면 수요가 발생하기 전에 미리 발주해야 하는 경우는 13.5절에서 다룬 확정적 상황보다 훨씬 복잡하다. 수요보다 많이 주문하게 되면 **과잉재고(overstock)**가 발생하며, 수요보다 적게 주문하게 되면 **부족재고(understock)**가 발생하게 된다. 따라서 과잉재고의 위험과 부족재고의 위험 간의 상충이 발생하며, 이 위험들을 절충할 수 있는 최적 **주문량(order quantity)**을 결정하는 것을 이 장에서 공부하기로 한다. 13.6.1절에서는 신문 판매원 모형의 최적 주문량을 한계분석법과 이익함수 최적화 수리모형을 통한 두 가지 방법으로 유도한다. 신문 판매원 모형의 기대 이익을 구하는 과정을 기대 품절량, **기대 판매량(expected sales)** 등의 관련 통계량을 유도하면서 설명한다. 확률적 재고 모형은 수요의 분포를 알고 있다고 가정한다. 하지만 수요의 분포에 대한 추정에는 많은 데이터와 노력이 요구된다. 과거 수요에 대한 데이터만 주어진 상태에서 손쉽게 의사결정을 하려면, 분포 자유 접근방법(distribution free approach)을 사용할 수 있다. 13.6.2절에서는 수요의 분포에 대한 정보가 없고, 단순히 평균과 분산의 정보만 추정할 수 있는 경우에 사용 가능한 분포 자유 접근방법을 소개하고, 이를 활용한 분포 자유 신문 판매원 모형에 대해서도 공부한다. 13.6.3절에서는 확률적 모형의 또 다른 대표적 모형인 연속조사(continous review) 재주문점(reorder point) 모형에 대해서 살펴본다. 먼저 주문량이 주어졌다고 가정하는 단순한 모형부터 공부한다. 이 모형에서는 주어진 수준의 서비스 수준을 만족시키는 재주문점을 유도하는 방법을 다룬다. 이후 연속조사 재주문점 모형에 대해서 최적의 주문량과 재주문점을 동시에 찾는 반복적인 방법을 유도한다.

신문 판매원 모형 (newsvendor model)
과잉재고(overstock)
부족재고(understock)
주문량(order quantity)
기대 판매량(expected sales)
연속조사(continous review)
재주문점(reorder point)

13.6.1 신문 판매원 모형

신문 판매원 모형 혹은 단일 기간 재고 모형은 현실에서 자주 만날 수 있는 문제를 다룬다. 매일 새벽 신문 판매원은 그 날 판매할 각 신문들의 주문량을 결정하여 신문 보급소에 통보한다. 신문 판매원은 과거 판매해 오던 판매 자료나 경험을 가지고 주문량을 결정하지만 신문의 수요를 정확히 예측하기란 불가능한 일이다. 예를 들어, 그 전날 스포츠 경기의 결과에 따라 스포츠 신문 판매 부수는 변동할 것이며, 그 전날 발생한 국내외 주요 사건에 따라 일반 신문 판매 부수도 상당히 달라질 것이다. 성공 사례에서 예를 들었던 미국 Hallmark 사의 예도 신문 판매원 모형의 대표적인 적용을 보여준다. 경제 상황 등에 따라서 크리스마스카드 구매량은 변동하게 되며, 수요가 늘어난다고 해도 크리스마스카드의 판매 시즌이 매우 짧아서 재생산하여 공급하기는 쉽지 않다. 또 다른 예는 결혼식 피로연의 음식주문이다. 혼주는 미리 피로연 참가 하객 수를 예측하지만 하객들이 여러 가지 이유로 피로연에 참석 못하는 경우도 많다. 너무 많은 음식을 주문하면 참가 하객 수가 적어서 경비를 과다하게 지출할 수도 있고, 너무 적은 음식을 주문하면 하객들을 제대로 접대하지 못하는 곤란한 상황이 발생한다.

앞에서 설명한 다양한 현실 문제들을 보면 알 수 있듯이, 신문 판매원 모형은 다음과 같은 특징들을 가지고 있다.

- 판매 기간이 짧은 편이며 판매 시작 시점과 종료 시점이 비교적 명확하다. 신문의 경우는 하루, 피로연 음식의 경우는 두 시간 남짓, 크리스마스카드의 경우 2주 남짓 등에 불과하다. 판매 종료 시점은 신문의 경우 그날 판매 마감 시간이 되며, 크리스마스카드의 경우도 성탄절 당일이 판매 종료시점이 됨은 자명한 사실이다.
- 판매 시작 전에 사전 주문을 해야 한다. 결혼식 피로연의 음식 주문의 예를 보듯이, 음식 준비 시간이 필요하기 때문에 미리 몇 인분의 음식을 주문해야 결혼식 피로연에 맞추어서 음식이 도착할 수 있게 된다.
- 사전에 주문 정정 또는 추가 주문의 기회가 있을 수 있다. 상황에 따라서 최초 주문을 정정하거나 추가로 주문량을 늘일 수 있는 기회가 있는 경우가 있다. 예를 들어, 판매 기간이 2주 정도 되는 경우, 초기 수요를 보고 예상보다 높다고 판단하여 급하게 주문을 하여 주문량을 늘리는 효과를 볼 수도 있다. 이런 경우 제조업체에서 생산을 하여 공급하는 기간이 매우 짧은 경우만 가능하기 때문에 실제 이런 상황은 드물다고 할 수 있다.
- 남은 재고에 대한 잔존가치가 없거나 매우 작다. 신문 판매원 모형이나 결혼

식 피로연의 경우처럼 남은 재고(기간이 지난 신문 혹은 남은 음식)에 대해서는 잔존가치가 0인 경우가 대부분이다. 크리스마스카드의 경우처럼 판매 기간이 종료된 후 할인 판매를 하는 경우도 자주 있으며, 이 경우는 본래 판매가격보다는 상당히 할인된 잔존가치를 갖는다.

(1) 한계 분석을 통한 수리 모형

신문 판매원 모형을 수립하기 위하여 다음과 같은 기호의 정의가 필요하다.

p = 판매가격/단위($)
c = 구매가격/단위($)
v = 잔존가치/단위($)
X = 수요(확률변수)
μ = 수요 X의 평균
σ = 수요 X의 표준편차
$F(X)$ = 수요 X의 확률분포함수

신문 판매원 모형에서 의사결정변수는 주문량(order quantity) Q이다.

주문량(order quantity)

신문 판매원 문제는 앞에서 설명했듯이 너무 많이 주문하는 위험과 너무 적게 주문하는 위험이 상충된다. 이러한 위험들의 균형을 찾기 위하여, 이를 비용으로 나타낼 수 있다. 기대 이익을 최대로 하는 것은 기대 비용을 최소로 하는 것과 동일하기 때문에 기대 비용을 최소로 하는 주문량을 찾도록 한다. C_o를 한 개 추가 주문했는데 팔리지 않아서 발생하는 손실(=과잉재고비용(overstock cost))이라고 하면, 과잉재고비용은 구매가격과 잔존가치(salvage value)의 차이, 즉 $C_o = c - v$가 된다. 잔존가치는 보통 양수이지만, 만일 팔리지 않은 물건을 비용을 들여 폐기해야 하는 경우가 있다면 잔존가치가 음수가 될 수 있다는 점도 유념할 필요가 있다. 반면에 C_u를 한 개 추가 주문하였으면 팔 수 있었는데 주문하지 않음으로 판매 기회를 놓쳐서 발생하는 손실(=부족재고비용(understock cost))이라고 하면, $C_u = p - c$가 된다. 여기서 중요한 사실은 수요가 불확실하기 때문에 판매기간 종료 후 잔여량 혹은 부족량을 알 수 없지만, 한 단위 과잉재고비용과 부족재고비용은 알 수 있다는 것이다.

과잉재고비용(overstock cost)
부족재고비용(understock cost)

이제 기대 이익을 최대로 하기 위해서 한 단위 과잉재고비용과 부족재고비용의 균형을 취하는 최적 주문량을 찾는다. 한 단위 추가 주문하는 기대 손실이 기

재고보유 확률(in-stock probability)

품절 확률(stockout probability)

대 이익과 같아질 때까지 한 단위씩 늘리면서 주문해야 한다. 한 단위 추가 주문에 따른 기대 손실은 Q개째 주문량이 재고로 남을 확률은 **재고보유 확률(in-stock probability)**인 $P(X \leq Q) = F(Q)$과 과잉재고비용의 곱이므로 기대 손실은 $C_o \times F(Q)$가 된다. 한 단위 추가 주문에 따른 기대 이익은 그 단위가 판매될 확률을 그 단위가 판매됨에 따라 얻을 수 있는 추가 이익(즉 부족재고비용)에 곱하면 된다. 따라서 기대 이익은 $C_u \times [1 - F(Q)]$가 된다. 여기서 $1 - F(Q)$는 **품절 확률(stockout probability)**이다. (식 13-15)를 변형하여 (식 13-16)을 얻을 수 있으며, (식 13-17)과 같이 표준정규분포로 변환시킬 수 있다. 따라서 최적 주문량을 Q^*라고 하면 한 단위 추가 주문하는 기대 손실이 기대 이익과 같아지는 다음 식을 만족하는 Q가 된다.

$$C_o \times F(Q) = C_u \times 1[1 - F(Q)] \quad \text{(식 13-15)}$$

$$F(Q) = \frac{C_u}{C_o + C_u} \quad \text{(식 13-16)}$$

$$P(X \leq Q) = P\left[\frac{X-\mu}{\sigma} \leq \frac{Q-\mu}{\sigma}\right] = \frac{C_u}{C_o + C_u} \quad \text{(식 13-17)}$$

위 식을 만족시키는 표준정규분포 확률변수 값을 z라고 하면 정규분포의 표준화 공식에 따라 $z = \frac{(Q-\mu)}{\sigma}$이 되므로 최적 주문량 Q^*는 다음과 같이 나타낼 수 있다.

$$Q^* = \mu + z \times \sigma \quad \text{(식 13-18)}$$

예제 13-4 — **신문 판매원 모형의 최적 주문량 결정**

ABC 수영복 판매점은 여름철 피서철을 맞아 고급 수영복을 미리 주문하고자 한다. 고급 수영복의 피서철 동안의 수요는 평균이 500벌, 표준편차가 100벌인 정규분포를 따른다고 예년의 수요 데이터를 바탕으로 추정되었다. 수영복 한 벌의 구매가격은 \$100, 판매가격은 \$180이며, 피서철 종료 후 파격가 할인을 통해 \$80에 모두 판매될 것으로 예상하고 있다. ABC 수영복 판매점은 몇 벌을 주문해야 하는가?

풀이

$C_o=\$100-\$80=\$20$, $C_u=\$180-\$100=\$80$ 이 된다.

$F(Q)=\dfrac{C_u}{C_o+C_u}=0.80$ 이며, 부록 1에 있는 표준정규분포 표에서 근사적으로 $z=0.84$ 가 된다. 따라서

$Q^*=\mu+z\times\sigma=500+0.84\times100=584$ 벌이 된다.

(2) 이익 함수 최적화 수리 모형

한계 분석을 통해 신문 판매원 모형의 최적 주문량을 결정하는 방법에 이어 신문 판매원 모형의 이익 함수를 유도하고 이 함수를 최대화하는 주문량을 유도해 보기로 한다.

$X^+=\max(X,0)$ 이라고 하자. Q만큼 주문하면 $\min(Q,X)$ 만큼 팔리고, $(Q-X)^+$ 만큼 과잉재고로 남아 잔존가치 v로 처분되기 때문에, 기대수익은 다음 식과 같이 나타낼 수 있다.

$$\pi^F(Q)=pE[\min(Q,X)]+vE(Q-X)^+-cQ \qquad \text{(식 13-19)}$$

그런데 $\min(Q,X)=X-(X-Q)^+$ 와 $(Q-X)^+=(Q-X)+(X-Q)^+$ 임을 쉽게 증명할 수 있다. 위 관계들을 이용하여 기대수익 함수 (식 13-19)를 다음과 같이 변환시킬 수 있다.

$$\begin{aligned}\pi^F(Q)&=p\mu-pE[(X-Q)^+]+vQ-v\mu+vE[(E-Q)^+]-cQ \\ &=(p-v)\mu-(c-v)Q-(p-v)E[(X-Q)^+]\end{aligned} \qquad \text{(식 13-20)}$$

적분식을 미분하는 Leibniz's rule을 이용하면 (식 13-21)을 유도할 수 있다.

$$\begin{aligned}\frac{d\pi^F(Q)}{dQ}&=-(c-v)-(p-v)[-P(X>Q)] \\ &=-(c-v)-(p-v)[P(X\leq Q)-1]=0 \\ P(X\leq Q^*)&=F(Q^*)=\frac{p-c}{p-v}\end{aligned} \qquad \text{(식 13-21)}$$

(식 13-21)은 한계 분석을 통해서 유도한 최적 주문량을 구하는 (식 13-16)과 동일함을 알 수 있다.

(3) 이산분포 신문 판매원 모형

이번 절에서는 수요가 이산 분포를 따르는 경우에 최적 주문량을 구하는 방법을 공부하기로 한다. (식 13-20)에 의해

$$\begin{aligned}\pi(Q) &= \text{매출액} - E[\text{과잉재고비용}] + E[\text{과소재고비용}] + \text{구매비용} \\ &= (p-v)\mu - (c-v)Q - (p-v)E[(X-Q)^{+}]\end{aligned}$$

이산분포 신문 판매원 모형에서, 최적 주문량 계산을 위한 필요조건은 다음과 같다.

$$\pi(Q) \geq \pi(Q-1) \text{ and } \pi(Q) \geq \pi(Q+1)$$

위의 부등식의 우항을 정리해보면,

$$\begin{aligned}\pi(Q-1) &= (p-v)\mu - (c-v)(Q-1) - (p-v)E[(X-Q+1)^{+}] \\ &= (p-v)\mu - (c-v)Q + (c-v) - (p-v)\left[\sum_{X=Q}^{\infty}(X-Q+1)f(X)\right] \\ &= (p-v)\mu - (c-v)Q + (c-v) - (p-v)\left[\sum_{X=Q+1}^{\infty}(X-Q)f(X) + \sum_{X=Q}^{\infty}f(X)\right]\end{aligned}$$

$\pi(Q-1)$을 좌변으로 이항하여 위 부등식의 조건을 구해보면,

$$\begin{aligned}&\pi(Q) - \pi(Q-1) = -(c-v) + (p-v)P(X \geq Q) \geq 0 \\ &P(X \geq Q) = 1 - P(X-Q-1) \geq \frac{c-v}{p-v} \\ &p(X \leq Q-1) \leq \frac{p-c}{p-v}\end{aligned}$$

이와 같은 방법으로 $\pi(Q) \geq \pi(Q+1)$에 대해서 수식을 전개하면

$$\frac{p-c}{p-v} \leq P(X \leq Q)$$

그러므로 이산분포 신문 판매원 모형에서 최적 주문량 Q^{*}는 다음을 반드시 만족해야 한다.

$$P(X \leq Q^{*}-1) \leq \frac{p-c}{p-v} \leq P(X \leq Q^{*}) \qquad \text{(식 13-22)}$$

예제 13-5 이산분포 신문 판매원 모형의 최적 주문량 결정

똑똑한 신문배달원이 New York Times지를 한 부당 \$0.25에 구매해서 \$0.45에 팔았다. 그가 만약 신문을 모두 팔지 못하면, 신문 한 부당 쓰레기를 수거하는 사람에게 \$0.05를 지불하고 처리해야 한다. 그의 경험에 의하면, 하루에 팔리는 신문의 양은 아래 표의 이산분포를 따른다고 추정되었다. 그가 가장 많은 이익을 낼 수 있는 최적의 주문량을 구하여라.

〈표 13-9〉

D	0	10	20	30	40	50
$f(D)$	0.1	0.1	0.15	0.3	0.15	0.2

풀이 최적해를 구하기 위하여 〈표 13-10〉을 다음과 같이 나타낼 수 있다.

〈표 13-10〉

Q	0	10	20	30	40	50
$P[X \leq Q]$	0.1	0.2	0.35	0.65	0.8	1

$\frac{p-c}{p-v} = \frac{0.45-0.25}{0.45-(-0.05)} = 0.4$ 이고, $P(Q \leq 20) = 0.35 < 0.4 < 0.65 = P(Q \leq 30)$ 이므로, 최적 주문량은 $Q^{*} = 30$ 이 된다.

(4) 신문 판매원 모형의 기대 이익

기대 품절량(Expected Lost Sales: ELS)

신문 판매원 모형의 기대 이익을 유도하기 위해서는 몇 단계를 거쳐야 한다. 여기서, 수요는 정규분포로 주어진다고 하자. 먼저 **기대 품절량(Expected Lost Sales: ELS)**을 구해야 한다. 기대 품절량 ELS는 다음 관계식을 통해 구할 수 있다.

$$ELS = \sigma \times L(z) \qquad \text{(식 13-23)}$$

여기서 σ는 수요의 표준편차이며, $L(z)$는 표준 정규분포로 변환시킨 z값에 대

한 손실 함수(loss function)이다. 이 손실 함수는 부록 2에서 구할 수 있다.

기대 판매량(Expected Sales: ES)

이제 **기대 판매량(Expected Sales: ES)**을 구해보자. 수요가 발생하면 판매가 되거나 아니면 품절이 발생하는 상황밖에 발생하지 않기 때문에 다음 식이 성립함을 알 수 있다.

$$\text{기대 수요} = \text{수요의 평균} = \text{기대 판매량(ES)} + \text{기대 품절량(ELS)}$$

$$\text{기대 판매량(ES)} = \mu - \text{기대 품절량(ELS)} \qquad \text{(식 13–24)}$$

이제 기대 잔존 재고량(Expected Leftover Inventory: ELI)을 구해보자. 기대 잔존 재고량은 주문량과 기대 판매량의 차이이므로 다음과 같이 나타낼 수 있다.

$$\text{기대 잔존 재고량(ELI)} = Q - \text{기대 판매량(ES)} \qquad \text{(식 13–25)}$$

예제 13-6 신문 판매원 모형의 관련 통계량 계산

예제 13-4에서 다룬 ABC 수영복 판매점을 고려하자. 기대 품절량, 기대 판매량 및 기대 잔존 재고량을 구하라.

풀이 예제 13-4에서 $z=0.84$를 구하였다. 표준편차는 100벌이므로 부록 2에서 기대 품절량 $ELS=\sigma\times L(z)=100\times L(0.84)=11.2$가 된다. 따라서 기대 판매량 $ES=500-11.2=488.8$이 된다. 만일 예제 13-4에서처럼 584벌을 주문했다고 하면 기대 잔존 재고량$=584-488.8=95.2$가 된다.
이제 기대 이익을 구해보도록 하자. 한 단위 판매로 얻는 이익은 $p-c$가 된다. 반면 한 단위 잔존 재고로 발생하는 비용은 $c-v$가 된다. 따라서 기대 이익은 다음과 같이 구할 수 있다.

$$\text{기대 이익}=(p-c)\times \text{기대 판매량}(ES)-(c-v)\times \text{기대 잔존 재고량}(ELI) \qquad \text{(식 13–26)}$$

13.6.2 분포 자유 신문 판매원 모형

확률적 재고 모형들은 수요의 분포를 알고 있다고 가정한다. 하지만 수요의 분포에 대한 추정은 많은 데이터와 함께 추정의 노력이 필요하다. 만일 과거 수요에 대한 데이터만 주어진 상태에서 빠르고 손쉽게 의사결정하려면, 분포 자유 접근방법(distribution free approach)을 사용할 수 있다. 이 절에서는 수요의 분포에 대한 정보가 없고, 단순히 평균과 분산의 정보만 추정할 수 있는 경우에 사용할 수 있는 분포 자유 신문 판매원 모형에 대해서 공부한다.

(식 13-20)에서 이익함수는 $\pi^F(Q)=(p-v)\mu-(c-v)Q-(p-v)E[(X-Q)^+]$ 이므로, 비용함수는 다음과 같이 나타낼 수 있다.

$$C^F(Q)=-(p-v)\mu+(c-v)Q+(p-v)E[(X-Q)^+] \qquad \text{(식 13-27)}$$

분포 자유 접근방법은 최악의 분포가 발생한다는 상황에서 최적의 의사결정을 내리는 전략인데, 다소 보수적인 전략이라고 할 수 있다. 경제성공학의 의사결정에서는 Minmax 의사결정법으로 잘 알려져 있다. 분포 자유 접근방법을 신문 판매원 모형에 적용하면 다음과 같은 식으로 나타낼 수 있다.

$$\min_{Q\geq 0}[\max_{f\in F} C^F(Q)] \qquad \text{(식 13-28)}$$

이 문제를 풀기 위하여 Scarf(1958)가 제안하고 Gallego and Moon(1993)이 확장하여 발표한 정리를 사용할 수 있다.

정리 1

$$\max_{f\in F} E(X-Q)^+ \leq \frac{\sqrt{\sigma^2+(Q-\mu)^2}-(Q-\mu)}{2}$$

정리 1을 사용하면, (식 13-28)은 다음과 같이 정리될 수 있다.

$$\min_{Q\geq 0} C^W(Q)=-(p-v)\mu+(c-v)Q+(p-v)\left[\frac{\sqrt{\sigma^2+(Q-\mu)^2}-(Q-\mu)}{2}\right]$$

$$\frac{dC^W(Q)}{dQ}=(c-v)+\frac{p-v}{2}\left[\frac{Q-\mu}{\sqrt{\sigma^2+(Q-\mu)^2}}-1\right]=0$$

위의 식들을 통해서 분포 자유 접근방법을 사용한 최적의 주문량 Q^*를 다음과 같이 유도할 수 있다.

$$Q^* = \mu + \frac{\sigma}{2}\left(\sqrt{\frac{p-c}{c-v}} - \sqrt{\frac{c-v}{p-c}}\right) \quad \text{(식 13-29)}$$

예제 13-7 분포 자유 신문 판매원 모형의 분포 정보의 가치

이 예제는 Silver and Peterson(1998)에서 가져왔다. 구매가격이 \$35.10, 판매가격이 \$50.30, 그리고 잔존가치가 \$25.00이다. 수요의 평균과 표준편차는 각각 900과 122이다. 우리는 이 예제에서 수요의 분포가 최악의 경우일 때와 정규분포일 때의 결과를 비교하려고 한다. 정규분포의 최적주문량을 $Q^N(N \in F)$ 이라고 하자. Q^N 을 계산하면 약 931이 나온다. 그러므로 최대 기대 이익은 다음과 같다.

$$\pi^N(Q^N) = \$12,488.15$$

또한 분포 자유 모형에서의 최적주문량 $Q^W \simeq 925$ 이고, 이 경우의 최대 기대 이익은 \$12,168.38이다. 실제 분포가 정규분포를 따른다고 하면, 분포 자유 접근 방법의 주문량에 따라서 불이익을 다음과 같이 계산할 수 있다.

$$\pi^N(Q^N) - \pi^N(Q^W) = \$12,488.15 - \$12,486.70 = \$1.45$$

이 \$1.45라는 값이 우리가 수요의 분포(예제에서는 정규분포)와 관련된 지식을 알기 위해서 기꺼이 지불할 수 있는 최대 크기이다. 즉, 이 값은 분포 정보의 가치(expected value of distributional information)라고 생각할 수 있다.

13.6.3 품절과 서비스 수준

확률적 재고모형에서는 수요가 확률적(불확실)하기 때문에 주문량에 따라 과잉재고(overstock)가 발생할 수도 있고, 부족재고(understock)가 발생할 수도 있다. 부족재고의 경우 품절(stockout)이라고 표현하기도 한다. 품절이 발생할 때, 고객은 크게 두 가지의 행동을 보일 수 있다. 첫 번째로는 품절에 대해 고객이 취소하지 않고 기다렸다가 추후에 충족시키는 것으로, 이를 부재고(backorder or backlog)라고 한다. 두 번째로는 품절에 대해 고객이 구매를 포기하는 것으로, 이는 판매 손실(lost sales)이라고 한다. 품절발생확률에 대해 얼마만큼 허용이 되는지에 대한 척도로써, 서비스 수준(service level)이 사용된다. 즉, 서비스 수준은 해당 재고 정책이 고객의 수요를 얼마만큼 충족시키는지 나타내기 위해 사용되는 척도이다. 서비스 수준에 관한 정의는 다양하게 존재하지만, 대표적인 두 가지는 다음과 같다.

- Type 1 서비스 수준: 주문 주기 중 품절이 발생하지 않은 기간의 비율로 이를 주기 서비스 수준(cycle service level)이라고 불림.
- Type 2 서비스 수준: 총 주문 주기 동안 충족된 고객 수요의 비율로 충족률(fill rate)이라고 불림.

다음과 같은 예시를 통해 두 가지 종류의 서비스 수준을 확인해 볼 수 있다.

주문 주기	기초 재고	수요량	기말 재고
1	400	400	0
2	500	300	200
3	300	250	50
4	200	500	-300
5	600	550	50

- Type 1 서비스 수준: 다섯 번의 주문 주기 중 한 번의 주기에서 품절이 발생하였기에 (5-1)/5 = 0.8이므로 80%의 주기 서비스 수준을 보임.
- Type 2 서비스 수준: 총 2000(=400+300+250+500+550)의 고객 수요 중 1700(=400+300+250+200+5500)을 충족시켰기에 1700/2000 = 0.85이므로 85%의 충족률(fill rate)을 보임.

13.6.4 연속조사 재주문점 모형

연속조사 재주문점(continuous review reorder point) 모형은 여러 가지 확률적 재고모형의 가장 대표적인 모형이다. 이 모형은 재고 수준을 계속 모니터링하고 있다가 재주문점에 도달하면 일정 주문량을 발주하는 모형이다([그림 13-6]). 현실에서는 재고 수준을 계속 사람이 수작업으로 모니터링하는 경우는 많지 않고, 판매 계산대에 연결된 컴퓨터를 통해 재고 수준이 조사되는 판매시점관리(point-of-sales) 방식을 통해 재고 수준이 모니터링되는 경우가 대부분이다. 이 모형에서는 주문 인

연속조사 재주문점 (continuous review reorder point)

주문 인도기간(lead time)
안전재고(safety stock)

도기간(lead time) 동안 품절이 발생할 수 있다. 주문 인도기간 동안의 수요의 불확실성 때문에 주문 인도기간 동안의 평균수요에 해당하는 재고수준을 재주문점으로 설정하게 되면, 수요가 정규분포를 따르는 경우 50%나 품절이 발생하게 된다. 따라서 수요의 평균에 더해서 일정량의 추가 재고량을 보유하게 되는데 이와 같이 수요의 불확실성에 대비해서 보유하는 추가 재고량을 안전재고(safety stock)라고 한다. 재주문점과 안전재고는 다음과 같은 관계를 갖게 되며, 정규분포의 경우 [그림 13-7]과 같이 나타낼 수 있다.

재주문점(ROP) = 주문 인도기간 동안의 평균 수요(μ_L) + 안전재고(SS) (식 13-30)

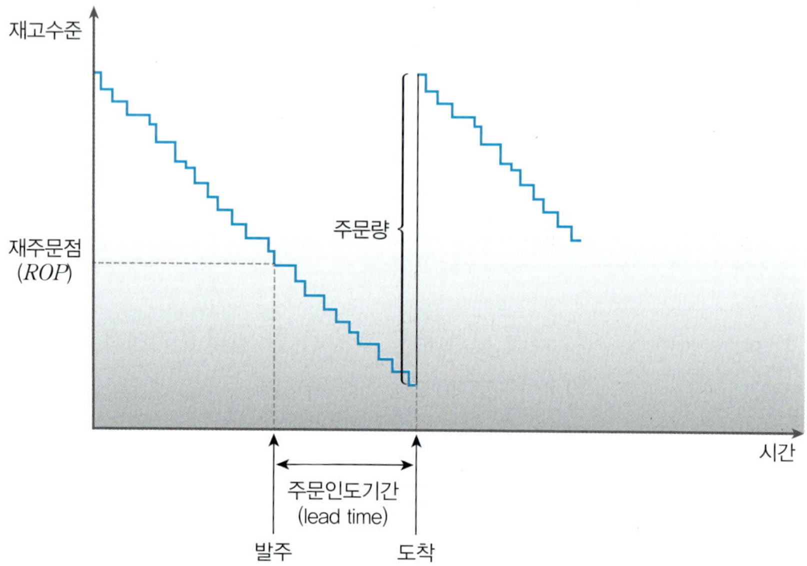

[그림 13-6] 연속조사 재주문점 모형

제품 가용도(product availability)

서비스 수준은 고객의 수요를 만족시키는 제품 가용도(product availability)를 측정하는 가장 대표적인 척도이며, 고객의 수요를 만족시킬 확률로 정의된다. 이 확률은 주문 인도기간 동안의 수요가 재주문점보다 같거나 작을 확률이다. 주문 인도기간 동안의 수요가 정규분포를 따른다고 가정하면 다음과 같은 확률로 정의된다.

$$P(X_L \leq ROP) \qquad \text{(식 13-31)}$$

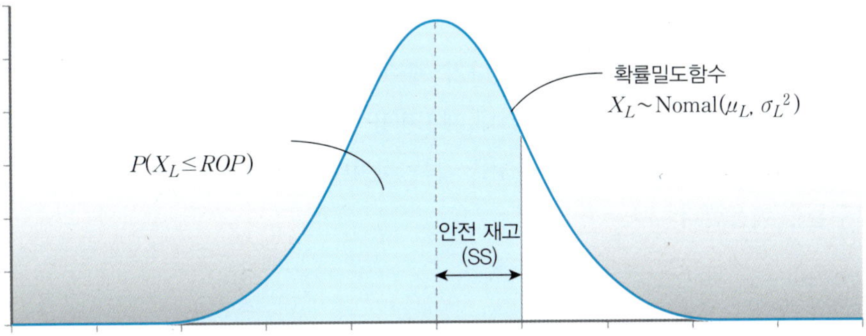

[그림 13-7] 재주문점과 안전재고의 관계

예제 13-8 연속조사 재주문점 모형의 안전재고 계산

ABC대리점에서 판매하는 어떤 제품의 일주일의 수요는 평균이 500개, 표준편차가 100개인 정규분포를 따른다고 추정되었다. 주문 인도기간은 3주가 소요되며, 서비스 수준은 90%를 유지하기를 원한다. ABC대리점은 연속조사 재주문점 모형을 사용하고 있으며, 주문량은 과거 경험에 의해서 3000개를 주문하고 있다. 안전재고 SS는 몇 개를 가지고 있어야 하는가? 재주문점 ROP는 몇 개가 되는가?

풀이 주문 인도기간이 3주이기 때문에 주문 인도기간 동안의 수요 X_L는 평균이 1500개, 분산이 3×100^2, 즉 표준편차가 $100\sqrt{3}$인 정규분포를 따르게 된다.
서비스 수준을 90%로 유지하기 위한 안전재고는 다음과 같은 식을 만족해야 한다.

$$P(X_L \le ROP) = P\left[\frac{X_L - \mu_L}{\sigma_L} \le \frac{ROP - \mu_L}{\sigma_L}\right] = P\left[z_L \le \frac{SS}{\sigma_L}\right] = 0.90$$

부록 1에 있는 표준정규분포 표에서 $z_L = 1.28$을 찾을 수 있다.
따라서 $\frac{SS}{\sigma_L} = 1.28$이므로 안전재고$= 1.28 \times 100\sqrt{3} = 221.7$이 된다.
재주문점 ROP는 $\mu_L + SS = 1500 + 222 = 1722$개가 된다.

13.6.5* 연속조사 재주문점 최적화 모형

재고 수준을 계속 모니터링하고 있다가 재주문점 r에 도달하면 Q만큼의 주문량을 발주한다. 목표는 단위시간당 기대 재고비용 총합(total expected inventory cost per unit time)을 최소화하는 Q와 r을 찾는 것이다. 모델을 수립하기 위하여 다음 모수들을 이용한다.

D = 평균 수요율/년
h = 재고비용/단위/년
π = 품절비용/단위
A = 주문비용
x = 주문 인도기간 동안의 수요(확률변수)
$g(x, t)$ = 주문 인도기간 t 동안의 수요 x의 조건부 확률밀도함수
$l(t)$ = 주문 인도기간 t의 확률밀도함수
$f(x)$ = 주문 인도기간 동안의 수요 x의 확률밀도함수
$S(x)$ = 품절량/주문주기
$E[S(x)]$ = 기대 품절량/주문주기
N = 주문 수/년

이 때, 다음이 성립한다.

$$f(x) = \int_0^{\infty} g(x, t)l(t)dt \qquad \text{(식 13-32)}$$

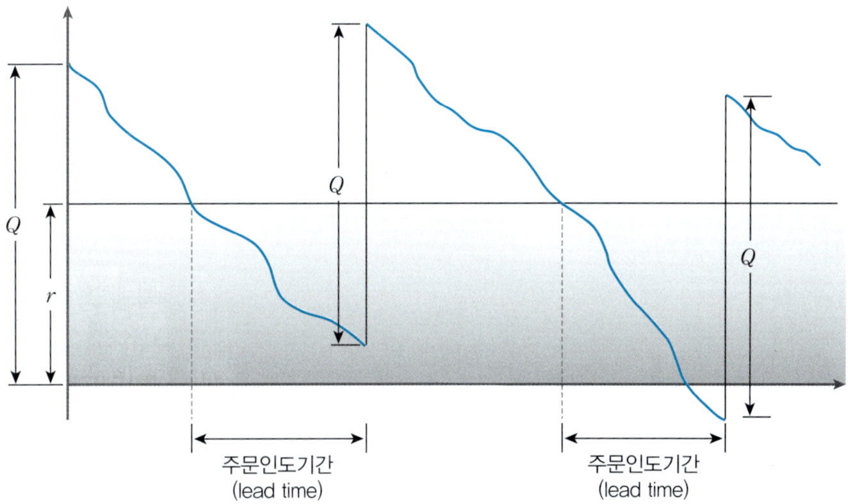

[그림 13-8] 연속조사 재주문점 최적화 모형

연간 총비용 $K(Q,r)$는 평균 주문비용, 기대 재고유지비용, 기대 품절비용을 포함한다. 재고부족분의 경우 부재고(backorder) 처리하는 것으로 간주하였다. 주문주기 시작점에서의 기대 재고 수준은 다음과 같다.

$$Q+E[r-x] \qquad \text{(식 13-33)}$$

이 때 $E[r-x]$는 주문주기 끝 지점에서의 기대 재고 수준이다. 따라서 주기 당 평균 재고는 다음과 같다([그림 13-8] 참조).

$$I=\frac{1}{2}\{(Q+E[r-x])+E[r-x]\}\frac{Q}{D}=\left(\frac{Q}{2}+r-E[x]\right)\frac{Q}{D} \qquad \text{(식 13-34)}$$

이는 다음이 성립하기 때문이다.

$$E[r-x]=\int_0^{\infty}(r-x)f(x)dx=r-E[x] \qquad \text{(식 13-35)}$$

주문주기 당 품절량은 다음과 같다.

$$S(x)=\begin{cases}0 & x\leq r\\ x-r & x>r\end{cases}$$

그리고 주문주기당 기대 품절량 $E[S(x)]$은 다음과 같다.

$$E[S(x)] = \int_0^\infty S(x)f(x)dx = \int_r^\infty (x-r)f(x)dx \quad \text{(식 13-36)}$$

연간 기대 품절량은 앞의 보충주기 당 품절량에 연간 주문 횟수 $E[N] = \frac{D}{Q}$를 곱하여 계산할 수 있다.

$$E[S(x)]\frac{D}{Q}$$

연간 평균 주문비용은 다음과 같다.

$$\frac{AD}{Q}$$

따라서 연간 총비용은 다음과 같이 나타난다.

$$K(Q, r) = \frac{AD}{Q} + h\left(\frac{Q}{2} + r - E[x]\right) + \pi E[S(x)]\frac{D}{Q} \quad \text{(식 13-37)}$$

최적의 Q와 r의 값은 연간 총비용 함수를 최소로 하는 1차 편미분 방법을 통해 계산된다.

$$\frac{\partial K(Q, r)}{\partial Q} = -\frac{AD}{Q^2} + \frac{h}{2} - \frac{\pi DE[S(x)]}{Q^2} = 0$$

$$\frac{\partial K(Q, r)}{\partial r} = h - \frac{\pi D}{Q}\int_r^\infty f(x)dx = 0$$

따라서

$$Q^* = \sqrt{\frac{2d(A + \pi E[S(x)])}{h}} \quad \text{(식 13-38)}$$

$$\int_{r^*}^\infty f(x)dx = \frac{hQ^*}{\pi D} \text{ d이다.} \quad \text{(식 13-39)}$$

Q^*와 r^*에 대한 닫힌 형태(closed-form)의 해는 존재하지 않고 다음에서 설명하는 반복적인 방법으로 해를 구할 수 있다. 이 반복적인 알고리즘은 유한 번 반복

횟수 안에 수렴하는 것이 증명되어 있다(Hadley and Whitin, 1963).

최적의 Q^*와 r^*을 찾는 반복적 알고리즘

(Step 1) $E[S(x)]=0$으로 가정하고 $Q^*=Q_1=\sqrt{\frac{2AD}{h}}$로 계산한다. Q의 첨자는 반복 횟수를 뜻한다.

(Step 2) (식 13-39)를 이용하여, Q_i에 대응하는 r_i를 계산한다.

(Step 3) Step 2에서 얻은 r_i을 이용하여 $E[S(x)]$를 다시 계산한다. (식 13-35)를 이용하여 새 Q_i를 계산한다.

(Step 4) Step 3에서 얻은 Q_i을 이용하여 r_i를 계산한다.

(Step 5) r과 Q가 일정하게 유지될 때까지 Step 3과 Step 4를 반복한다.

13.7 ABC 재고관리

이탈리아의 경제학자 빌프레도 파레토(Vilfredo Pareto)의 ABC 이론을 재고관리 기법에 활용한 방법론으로 기업이 여러 종류의 제품을 중요도에 따라 분류하여 관리하는 방법이다. 중요도를 결정하는 방법에는 다양한 방법이 존재하지만 대표적으로 쓰이는 방법은 연간판매금액이다. 연매판매금액을 기준으로 전체 품목을 A, B, 그리고 C 그룹으로 나누어 각각 다른 재고관리 방법론을 적용함으로써 효율적인 재고관리를 도모한다. 경우에 따라 그룹의 비율 및 재고관리 기법은 달라질 수 있으나 한 가지 대표적인 예시는 다음과 같다.

- A 그룹: 20%의 품목이 연간판매금액의 80%를 차지함. 품목의 수는 적으며 재고 보유량과 재고 회전수가 높음. 정기발주시스템이 주로 쓰임
- B 그룹: 30%의 품목이 연간판매금액의 15%를 차지함. 품목의 수, 재고 보유량, 재고 회전수 모두 중간 정도. 정량발주시스템이 주로 쓰임
- C 그룹: 50%의 품목이 연간판매금액의 5%를 차지함. 품목의 수가 많으며 재고 보유량과 재고 회전수는 작음. Two-bin system 또는 JIT system이 주로 쓰임

13.8 요약

이 장에서는 재고를 보유하는 의미와 이유를 먼저 공부하고, 재고의 종류 및 재고를 유지하는 데 필요한 비용의 종류를 정리하였다. 이를 바탕으로 고객의 수요가 확정적이며 고정적인 주문비가 발생하는 경우의 최적 주문량 결정 모형인 EOQ를 도출하였다. 이후, EOQ 모형을 확장하여 주문 인도기간을 고려한 모형을 공부하였으며, EOQ에서 고객의 수요를 해당 기간에 바로 만족시키지 않고, 고객을 대기시키는 경우의 최적 주문 정책인 EOQB를 학습하였다. 마지막으로 주기적으로 수요를 조사하는 경우 최적 주문량을 결정하는 와그너-휘틴 모형을 학습하고 최적 주문량을 찾기 위한 와그너-휘틴 알고리즘과 실버-밀 휴리스틱을 공부하였다. 확률적 재고모형들 중에는 가장 대표적인 두 가지 모형들을 공부하였다. 신문 판매원 모형은 단순하지만 현실 적용성이 높아서 다양한 확장 모형들이 지금도 개발되고 있다. 수요 분포에 대한 가정 없이 평균과 분산 정보만 알고 있으면 닫힌 형태(closed-form) 해를 얻을 수 있는 분포 자유 신문 판매원 모형에 대해서도 설명하였다. 실제 이 모형의 강건성(robustness)에 대해 많은 연구 논문들에서 입증되었기 때문에 현실에서 활용할 수 있다. 확률적 재고모형에서 가장 중요한 개념인 안전재고를 구하는 방법을 공부하였으며, 안전재고와 서비스 수준 간의 관계도 설명하였다. 주문량이 주어졌다고 가정하는 연속조사 재주문점 모형과 더불어 최적의 주문량과 재주문점을 동시에 찾는 연속조사 재주문점 최적화 모형도 설명하였으나 학부과정에서는 난이도가 높으므로 대학원 과정에서 다루는 것을 권장한다.

● 참고문헌

- Clark A. J., and H. Scarf, Optimal policies for a multi-echelon inventory problem, Management Science, vol. 6, pp. 475-490(1960).
- Simchi-Levi, D. Kaminsky, P., Simchi-Levi, E. *Designing & Managing the Supply Chain : Concepts, Strategies & Case Studies*, 2nd ed., McGraw-Hill(2003).
- Gallego, G. and Moon, I.K., The distribution free newsboy problem: review and extensions, *Journal of the Operational Research Society*, Vol. 44, pp. 825-834(1993).
- Hadley, G. and Whitin, T.M., *Analysis of Inventory Systems*, Prentice-Hall, New Jersey(1963).
- Jay Heizer and Barry Render, *Principles of Operations Management*, Pearson(2011).
- Lawrence V. Snyder, Zuo-jun Max Shen, *Fundamentals of Supply Chain Theory*, Wiley(2011).
- Lee J. Krajewski, Larry P. Ritzman, and Manoj. K. Malhotra, *Operations Management*, Pearson(2010).
- Scarf, H., A min max solution of an inventory problem, In : Studies in the Mathematical Theory of Inventory and Production, pp. 201-209, Stanford, CA: Stanford University Press(1958).
- Silver, E.A., Changing the givens in modelling inventory problems: the example of just-in-time systems, *International Journal of Production Economics*, Vol. 26, pp. 347-351(1992).
- Silver, E., Pyke, D., and Peterson, R., Inventory management and production planning and scheduling(3rd ed.), John Wiley & Sons, New York(1998).

신문가판원 모형 -- 30 Days

INPUT DATA	
구매 가격 c =	$100.00
판매가격 p =	$180.00
잔존가치 v =	$80.00
수요 평균 μ =	500.00
수요 표준편차 σ =	100.00

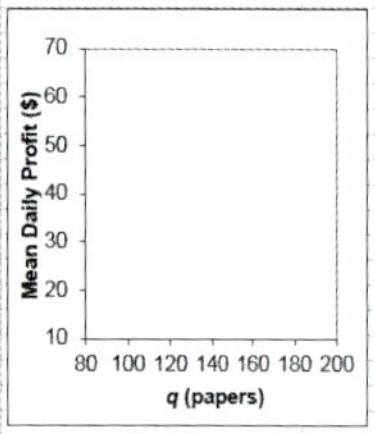

		q = 580			q = 584			q = 588			q = 592			q = 596		
Day	수요	판매량	재고량	이익	판매량	재고량	이익	판매량	재고량	이익	판매량	재고량	이익	판매량	재고량	이익
1	459	459	121	34300	459	125	34220	459	129	34140	459	133	34060	459	137	33980
2	387	387	193	27100	387	197	27020	387	201	26940	387	205	26860	387	209	26780
3	424	424	156	30800	424	160	30720	424	164	30640	424	168	30560	424	172	30480
4	649	580	0	46400	584	0	46720	588	0	47040	592	0	47360	596	0	47680
5	336	336	244	22000	336	248	21920	336	252	21840	336	256	21760	336	260	21680
6	816	580	0	46400	584	0	46720	588	0	47040	592	0	47360	596	0	47680
7	430	430	150	31400	430	154	31320	430	158	31240	430	162	31160	430	166	31080
8	573	573	7	45700	573	11	45620	573	15	45540	573	19	45460	573	23	45380
9	453	453	127	33700	453	131	33620	453	135	33540	453	139	33460	453	143	33380
10	670	580	0	46400	584	0	46720	588	0	47040	592	0	47360	596	0	47680
11	523	523	57	40700	523	61	40620	523	65	40540	523	69	40460	523	73	40380
12	423	423	157	30700	423	161	30620	423	165	30540	423	169	30460	423	173	30380
13	442	442	138	32600	442	142	32520	442	146	32440	442	150	32360	442	154	32280
14	635	580	0	46400	584	0	46720	588	0	47040	592	0	47360	596	0	47680
15	514	514	66	39800	514	70	39720	514	74	39640	514	78	39560	514	82	39480
16	448	448	132	33200	448	136	33120	448	140	33040	448	144	32960	448	148	32880
17	443	443	137	32700	443	141	32620	443	145	32540	443	149	32460	443	153	32380
18	459	459	121	34300	459	125	34220	459	129	34140	459	133	34060	459	137	33980
19	624	580	0	46400	584	0	46720	588	0	47040	592	0	47360	596	0	47680
20	446	446	134	33000	446	138	32920	446	142	32840	446	146	32760	446	150	32680
21	318	318	262	20200	318	266	20120	318	270	20040	318	274	19960	318	278	19880
22	417	417	163	30100	417	167	30020	417	171	29940	417	175	29860	417	179	29780
23	480	480	100	36400	480	104	36320	480	108	36240	480	112	36160	480	116	36080
24	574	574	6	45800	574	10	45720	574	14	45640	574	18	45560	574	22	45480
25	540	540	40	42400	540	44	42320	540	48	42240	540	52	42160	540	56	42080
26	537	537	43	42100	537	47	42020	537	51	41940	537	55	41860	537	59	41780
27	461	461	119	34500	461	123	34420	461	127	34340	461	131	34260	461	135	34180
28	648	580	0	46400	584	0	46720	588	0	47040	592	0	47360	596	0	47680
29	646	580	0	46400	584	0	46720	588	0	47040	592	0	47360	596	0	47680
30	743	580	0	46400	584	0	46720	588	0	47040	592	0	47360	596	0	47680
		E(Profit/Day)		37,490.00	E(Profit/Day)		37,516.67	E(Profit/Day)		37,543.33	E(Profit/Day)		37,570.00	E(Profit/Day)		37,596.67
			±	2,935.15		±	2,982.23		±	3,030.08		±	3,078.64		±	3,127.90
		Prob(Loss)		0.00	Prob(Loss)		0.00	Prob(Loss)		0.00	Prob(Loss)		0.00	Prob(Loss)		0.00

실습 문제 연습문제 9를 위의 엑셀 시뮬레이션을 사용하여 최적 주문량을 추정해 보라.

연·습·문·제

1. J전자에서는 올해 주력 상품인 스마트워치 A의 주문량을 결정하고자 한다. 스마트워치 A는 단위 시간당 약 180대가 판매될 것으로 예상하고 있으며, 이 매장은 스마트워치를 1대당 약 6만 원에 공급받고 있다. 스마트워치의 공급 금액에 더하여, 이 매장은 스마트워치를 주문하기 위해서는 한 번에 15만 원의 부대비용을 지불하여야 한다. 스마트워치는 주문 후 바로 도착한다고 가정하자. 이 매장에서는 제품의 유지비용을 1대당 1년에 스마트워치당 공급 가격(6만 원)의 약 20%로 계산하고 있다. 이때 아래의 비용 및 의사결정을 도출하라.

   (1) 이 매장의 최적 주문량은 몇 개인가?
   (2) 최적 주문 주기를 계산하여 답하라.
   (3) 이 매장이 매년 지불하는 평균총구매비는 얼마인가?

2. 연습문제 1번에서 J전자 매장은 주문 후 스마트워치가 도착할 때까지 약 2주가 소요될 것으로 예상하고 있다. 이때, 해당 매장의 주문 시기와 주문량은 어떻게 변해야 하는지 계산하라.

3. 연습문제 1번에서 J전자 매장은 스마트워치 제조업체로부터 아래와 같은 수량할인 계약이 적용된다는 통보를 받았다. 이때, J전자의 주문 시기와 주문량은 어떻게 변해야 하는지 계산하라.

〈표 13-11〉 J전자의 수량할인 계약

주문량	금액
1~50	60,000
51~75	57,000
76~100	55,000
100~	52,000

4. 와그너－휘틴 모형에서 초기 재고가 0이라면 다음 주문은 반드시 보유한 재고가 모두 소진된 순간 이루어지는 것이 총 비용을 최소화함을 증명하라(Hint. 재고가 모두 소진되지 않을 때 주문이 이루어지면 비용이 최소화되지 않음을 보여준다).

5. 연습문제 1번에서 이어 J전자에서는 현재로부터 총 4주간에 대한 주문량을 결정하고자 한다. 각 주의 수요량은 120, 180, 90, 70이 될 것으로 예상하고 있다. 와그너-휘틴 알고리즘을 이용하여 각 주별 주문량(주문을 한다면) 및 총 재고비용을 계산하라.

6. 경제적주문량 모형에서 EOQ 주문량 대신 특정 주문량 Q_B의 정수배를 주문량으로 선택하는 배치주문모형을 생각해보자. 즉, 주문량은 반드시 Q_B, $2Q_B$, $3Q_B$ 등으로 결정된다. 이는 주문량을 단순히 하기 위해 널리 사용되는 주문 방식이다. 이러한 배치주문 방식에서 최적 주문량 $Q^*=nQ_B$라고 할 때, 다음을 유도하라.

$$\sqrt{\frac{n-1}{n}} \leq \frac{Q_E}{Q^*} \leq \sqrt{\frac{n+1}{n}}$$

7. ABC 잡화점은 여름 장마철을 맞아 장화를 미리 주문하고자 한다. 장화의 장마철 동안의 수요는 매우 불확실하지만 최소 100켤레, 최대 200켤레인 일양분포를 따른다고 예년의 수요 데이터를 바탕으로 추정되었다. 장화 한 켤레의 구매 가격은 \$70, 판매가격은 \$150이며, 장마철 종료 후 파격가 할인을 통해 모두 \$50에 판매될 것으로 예상하고 있다. 산업공학을 전공한 잡화점 사장은 파격가 할인을 통해 판매되는 장화에 대해서는 판매 시즌 동안 자본이 묶여 있었기 때문에 \$1당 \$0.15의 기회비용 손실을 반영해야 한다고 생각한다. ABC 잡화점은 몇 켤레의 장화를 주문해야 하는가?

8. 다음과 같은 이산형 신문 판매원 문제를 생각해보자. 신문은 10부 단위로 주문 가능하며, 신문 한 부당 구매가격은 \$0.5, 판매가격은 \$1이며, 판매되지 않은 신문은 폐지업체에 한 부당 \$0.1를 받고 넘길 수 있다. 최적의 신문 주문량을 구하라.

D	0	10	20	30	40	50
$f(D)$	0.1	0.1	0.15	0.3	0.15	0.2

9. 의류기업 Z사는 여름 시즌을 대비하여 기능성 의류를 미리 주문하고자 한다. 여름 시즌 동안의 수요는 평균이 500벌, 표준편차가 100벌인 정규분포를 따른다고 예년의 수요 데이터를 바탕으로 추정되었다. 기능성 의류 한 벌의 구매가격은 \$10, 판매가격은 \$20이며, 여름 시즌 종료 후 파격가 할인을 통해 \$5에 모두 판매될 것으로 예상하고 있다. 주문은 여름 시즌 판매가 시작되기 전 한 번만 가능하다고 할 때, 아

래 물음에 답하여라.

(1) 기대 이익 최대화를 위해 Z사는 기능성 의류 몇 벌을 주문해야 하는가?
(2) 위 (1)에서 답한 최적 주문량을 주문하는 경우 기대 품절량 및 기대 판매량은 몇 벌인가?

10. 연습문제 9번을 다시 고려하자. 데이터 분석 팀에서 수요가 정규분포를 따른 다는 것이 매우 불확실하며, 평균이 500벌, 표준편차가 100벌이라는 것만 추정된다고 보고하였다. 분포 자유 접근방법을 사용한다고 할 때, Z사는 기능성 의류 몇 벌을 주문해야 하는가? 이 주문량을 사용했을 때 실제 수요 분포가 정규분포라면 얼마의 기대 이익을 얻을 수 있는가? 만일 누군가가 분포에 대한 정보를 제공할 수 있다면 이 정보에 지불할 수 있는 최댓값, 즉 분포 정보의 가치는 얼마인가?

11. Y 기업에서 생산하는 자동차의 일주일 수요는 평균이 300개, 표준편차가 80개인 정규분포를 따른다고 추정되었다. Y 기업은 다양한 재고모형 중 연속조사 재주문점 모형을 채택하여 사용하고 있다. 해당 자동차의 주문 인도기간은 3주이며, 재주문점에서의 주문량은 Y 기업의 과거 경험에 의해 2,000개를 주문하고 있다. 재주문점 ROP는 1,500개라고 할 때, 아래 물음에 답하여라.

(1) 현재 Y 기업의 서비스 수준은 얼마이며, 안전재고를 얼마만큼 가져가고 있는가?
(2) 서비스 수준을 99%로 증가시키기 위해서는 안전재고를 얼마나 더 많이 가져가야 하는가?
(3) 다른 조건은 모두 동일한 상황에서 수요의 표준편차만 증가한다면, 안전재고는 어떻게 변화하는가?

12. 어떤 제품의 초기 재고가 0인 상태에서 아래와 같이 기간별 주문량과 수요량이 발생하였다. 고객은 품절이 발생했을 때 구매를 취소하지 않고 기다린 후 추후에 제품을 구매한다고 한다(마지막 기간에 품절이 발생할 경우 고객은 구매를 포기한다). 기간말 재고는 다음 기간에도 판매될 수 있다고 할 때, 총 5 기간 동안의 Type 1 및 2 서비스 수준을 구하여라.

기간	주문량	수요량
1	400	300
2	200	500
3	500	100
4	0	300
5	400	300

13. 어떤 공장은 수리 부품을 매년 100개 정도 사용하고 있다. 각 부품의 가격은 $500이고 주문을 할 때마다 $200이 소요된다. 단위당 연간 재고비용은 구매가격의 20%가 소요된다. 수리 부품의 부족이 발생하면 공장의 가동이 일시 중지되며, 품절비용은 단위당 $50이 소요된다. 주문 인도기간 동안의 수요는 10에서 20 사이의 일양분포를 따른다고 가정하자. 최적의 주문량과 재주문점은 얼마인가?

생산 및 운영관리

PART V 전사적 운영 혁신: 혁신을 위한 경영 기법

14

CHAPTER

품질경영

학습 목표

- 품질경영의 의미와 품질경영의 중요성에 대해 이해할 수 있다.
- 품질관리, 경영의 의미의 변천사를 이해하며 각 방법의 장단점을 이해할 수 있다.
- 전사적 품질경영을 이해하고 수행하기 위해 필요한 방법론을 현실에 적용하여 해결책을 작성할 수 있다.
- 품질 측정 도구의 종류 및 각각의 역할을 작성할 수 있다.
- 통계적 품질 관리 기법의 대표적 방법론인 관리도를 작성할 수 있다.
- 품질 공정 능력을 분석 및 계산할 수 있다.

사례

1. AtlantiCare 의료 서비스 제공 업체의 성공 전략

미국의 AtlantiCare사는 뉴저지에 본사를 둔 의료 서비스 제공업체로 암 연구, 심장 연구 및 신생아 집중 치료 등과 관련된 서비스를 제공하는 업체이다. 70개 이상의 지점에서 5000명 이상의 직원과 600명 이상의 의료진들을 고용하고 있으며 20여 년간 꾸준하게 성장해 온 기업이다.

해당 업체를 방문하는 환자들에게 의료 서비스 측면에서 높은 품질의 만족도를 제공하기 위해 기존에 직원들 간에 이루어졌던 내부 소통 방식을 변화하기로 하였다. 기존의 위에서 아래로 흐르던 정보를 직원들 간의 소통을 통해 수평적으로 흐르도록 변경하였다. 또한 직원들이 자신의 업무와 관련되었을 경우 해당 업무에 대해 피드백을 제공할 수 있도록 하였다. 이를 해결하기 위해 관리자는 내부 통신을 개선하였다.

AtlantiCare사는 임상 커뮤니케이션 증대, 서비스 기회 식별 및 우선순위 지정 등 모든 수준에서 달성 목표를 설정하였고, 직원들은 바뀐 품질 관리 방식을 통해 해당하는 목표를 달성하였다. 이후 그 회사의 고객 수는 세 배로 증가했고, 시장 점유율은 6년 만에 최고치를 기록했다. A사의 수익은 품질 개선 전략을 시행한 후 2억 8천만 달러에서 6억 5천만 달러로 급증하였다.

AtlantiCare사의 대표적인 서비스 품질유지 방식은 다음과 같다.

1. Evidence Based Practice(EBP)

Evidence Based Practice(EBP)는 필요한 정보들을 수집하여 각 자료의 질과 관련성을 평가하고 이를 자신의 임상 행위에 통합하는 방식이다. 임상 질문 - 정보 검색 - 검증 - 통합 - 평가 단계를 통해 관련된 정보를 수집하고 분석하여 추후 더 나은 적용을 위한 방법을 모색한다.

The more you hardwire a company on total quality management, the more it is going to hurt breakthrough innovation(기업이 전사적 품질경영을 고정화하는 만큼 혁신의 돌파구를 찾는 역량은 저하될 것이다).

– 비제이 고빈다라잔 (Vijay Govinranajan)

2. Nurses Consultants System

간호사가 의미 있는 데이터를 활용하여 환자 치료 과정에 의견을 제공하고, 해당 의견을 반영하여 치료 과정의 변화를 주도할 수 있는 문화를 조성한다. 매년 연간 계획을 통해 간호사들 중 컨설턴트를 설정하며, 컨설턴트를 중심으로 간호사들의 의견을 반영하여 환자 집단, 관련 부서를 위한 계획을 수립하고 전략을 세워 미래에 발생할 문제에 유연하게 대처한다.

3. 특별 교육

직원들은 회사의 성능 우수 프레임워크에 대한 특별 교육을 받게 된다. 품질, 고객 서비스, 직원 및 직장, 성장 및 재무성과 등 5가지 핵심 영역으로 구성되는 기업의 프로세스를 하는 관리 시스템에 대한 특별 교육을 받게 된다. 직원들이 승진함에 따라, 이러한 개선에 대한 강조가 뒤따르기 때문에 관리자들은 회사의 엄격한 프로세스 관리 방식 내에서 업무를 수행할 수 있다.

새로운 생산과 노동방식의 4가지 컨셉

1. 서비스 주기(계획-실행-점검-조치)를 채택
2. 서로 간의 소통을 통한 피드백 제공
3. 관리 시스템에 대한 특별 교육
4. 엄격한 프로세스 관리

◆ AtlantiCare사의 핵심역량

AtlantiCare사가 가지고 있는 경쟁력의 핵심은 인력이다. AtlantiCare사는 '계획-실행-점검-조치'를 하나의 서비스 주기로 채택하였고, 직원들 간의 소통을 통해 서비스 제공 과정에서 생길 수 있는 문제에 대비하였다. 이 과정에서 관리자는 내부 통신 과정의 측면적인 방법을 모색했다. 이를 통해 직원들 간의 정보가 쌍방향으로 전달되며, 회사의 모든 직원들이 각 단계별로 중요한 피드백을 제공할 수 있는 권한이 주어졌다. 서로 간의 피드백을 통해 환자의 대기 시간을 줄이고 불만 사항을 감소시켰다. AtlantiCare사의 성공 전략의 핵심은 핵심 인력들의 꾸준한 훈련과 관리 시스템에 대한 교육, 소통 등이라고 할 수 있다.

출처 : https://www.europeanceo.com/business-and-management/total-quality-management-three-case-studies-from-around-the-world/

2. Tesla의 품질경영 전략 사례

Tesla는 지속 가능한 혁신과 품질 경영을 통해 전기차 시장에서 글로벌 리더로 자리매김하고 있다. Tesla의 품질경영 전략은 고품질의 제품을 제공하고, 고객 만족도를 극대화하며, 지속 가능한 경영을 실현하는 데 중점을 두고 있다.

Tesla의 주요 품질경영 전략 중 하나는 OTA(Over-The-Air) 업데이트 시스템이다. 이 시스템을 통해 Tesla는 차량의 소프트웨어를 원격으로 업데이트할 수 있어, 고객이 서비스 센터를 방문하지 않고도 최신 소프트웨어를 사용할 수 있다. 이로 인해 소프트웨어 관련 문제를 신속하게 해결하고, 지속적인 성능 개선을 가능하게 한다. OTA 업데이트는 Tesla가 고객에게 최고의 제품 경험을 제공하고, 소프트웨어 문제로 인한 품질 문제를 최소화하는 데 중요한 역할을 한다.

또한, Tesla는 지속 가능한 공급망 관리를 통해 품질 관리를 강화하고 있다. Tesla는 배터리 제조 과정에서 발생하는 환경 영향을 최소화하기 위해 배터리 재활용 시스템을 도입하고, 공급망 전반에서 탄소 배출을 줄이기 위한 다양한 노력을 기울이고 있다. 이러한 전략은 Tesla가 지속 가능한 경영을 실천하는 동시에, 고품질의 전기차를 생산하는 데 기여하고 있다.

Tesla의 품질경영 전략은 단순히 제품 품질을 유지하는 것을 넘어서, 지속 가능한 경영을 통해 장기적인 성공을 추구하는 데 중점을 두고 있다. 이와 같은 전략은 Tesla가 전기차 시장에서의 리더십을 강화하고, 글로벌 고객들에게 신뢰받는 브랜드로 자리 잡게 하는 중요한 요소이다.

출처: Tesla Impact Report, https://www.tesla.com/impact

3. Santa Cruz Guitar Co. 악기 제조사의 성공 사례

캘리포니아에 있는 Santa Cruz Guitar Co.은 작은 악기 제조사이다. 그러나 최근 품질경영 방식을 새롭게 변경하였고 이를 통해 최근 몇 년이 본격적인 사업으로 성장하였다.

1976년에 설립된 Santa Cruz 악기 제조사는 고급 어쿠스틱 기타를 만드는 회사이다. 동일한 규격을 설정한 후 틀에 맞게 기타를 생성해 내는 조립 라인 방식이 아닌 기타 하나하나마다 장인들의 손을 거치는 수제 제작 방식에 오랫동안 이어져 온 유서 깊은 기타 제작 기술인 luthier 기술을 적용하여 기타를 생산한다. 이를 위해 Santa Cruz 악기 제조사는

14명의 전문 장인을 고용하여 매년 800개 이상의 맞춤형 기타를 제작한다.

제작된 악기들이 지속적으로 품질이 보장되기 위해서 품질과 관련된 작업 환경과 방식을 조성했다. 작업을 효율적으로 진행하고 악기의 품질을 유지하기 위해 작업장에서 기타가 부분적으로 조립된 후, 다음 스테이션으로 이동하는 방식을 채택하였다. 작업장은 크게 6개의 워크스테이션으로 나뉘어 있으며, 각각의 세부 스테이션은 수석 장인이 관리한다. 관리자는 제작되는 과정에서 악기 및 부품의 품질을 지속적으로 확인하며, 100% 만족하기 전까지는 어떤 악기 혹은 부품이라도 통과시키지 않는다. 이 제품 제작의 방식은 전통적인 조립 라인과 유사하다고 볼 수 있지만, 전통적인 제작 공장과는 달리 제작 장인들이 악기 제작의 모든 단계에 밀접하게 관여하고 있다.

또한 각 스테이션을 지키는 장인들은 자신의 밑에서 일하는 근로자들에게 기술을 알려주며, 품질을 유지할 수 있도록 관리한다. 세부 스테이션에서 만들어지는 부품들은 장인들의 승인 없이는 다음 스테이션으로 이동하지 못하지만, 해당 과정에서 근로자들이 장인과의 토론을 통해 스스로 품질 관리 결정을 내릴 수 있다. 이 방식을 통해 근로자와 장인들의 생산성과 효율성을 증가시키고 제조 공정 과정에서 품질을 향상시킬 수 있었다.

4. 반도체 산업의 통계적 공정 관리(Statistical Process Control, SPC) 사례

반도체 산업은 고도의 정밀성과 품질 관리가 요구되는 분야이다. 최근 이 산업에서는 통계적 공정 관리(SPC)를 기반으로 한 예측적 유지보수(Predictive Maintenance)가 품질경영의 새로운 패러다임으로 주목받고 있다.

반도체 제조 장비의 가치는 약 150만 달러(OSAT 와이어본드 설비)에서 150억 달러(300mm 웨이퍼용 5nm 공정 설비)에 이른다. 장비의 성능 이상은 제품 수율과 품질, 그리고 공장 전체의 성능에 막대한 영향을 미친다. 따라서 통계적 방법을 활용한 장비 유지보수는 품질경영의 핵심 요소이다.

전통적으로 반도체 업계는 사후 대응적 유지보수에서 예방적 유지보수로, 그리고 이제는 예측적 유지보수로 진화하고 있다. 예측적 유지보수는 SPC 기법을 활용하여 장비 데이터를 분석하고, 이를 바탕으로 부품 교체 시기를 예측한다.

Lam Research의 사례를 보면, 2,000개 이상의 센서를 통해 수집된 데이터를 활용한다. 이 데이터는 고객의 SPC 시스템이나 결함 검출 및 분류(FDC) 시스템에 전송되어 분석된다. 이를 통해 비계획 유지보수를 계획된 유지보수로 전환하고, 장비 가동 중단 시간을 최소화하고 있다.

최근에는 단순한 SPC 차트를 넘어 다변량 통계 분석 기법이 도입되고 있다. DR YIELD의 사례에서, 다변량 모니터링을 통해 개별 파라미터가 관리 한계 내에 있음에도 불구하고 부품 고장을 수주 전에 예측할 수 있었다.

SPC를 통한 예측적 유지보수의 경제적 효과도 주목할 만하다. 미국 에너지부의 보고서에 따르면, 이러한 접근 방식은 운영 비용 30~40% 절감, 생산량 20~25% 증가, 투자 회수 기간 10개월이라는 효과를 가져온다.

예측적 유지보수를 통한 SPC는 반도체 산업에서 품질, 수율, 사이클 타임, 장비 활용도 등 모든 핵심 성과 지표를 개선하는 데 기여하고 있다. 그러나 이러한 접근 방식의 채택에는 다변량 분석을 위한 투자 증가와 불완전한 모델 사용에 따른 위험 등의 과제가 있다. 이러한 도전에도 불구하고, SPC를 활용한 예측적 유지보수는 반도체 산업의 품질경영에 있어 중요한 발전으로 자리 잡고 있다.

출처: https://semiengineering.com/getting-smarter-about-tool-maintenance/

14.1 서론

품질(quality)

재화나 서비스가 고객의 욕구나 기대치를 지속적으로 충족시키거나 초과하는 능력을 품질(quality)이라고 한다. 요구는 고객에 따라 모두 달라지기 때문에 품질의 정의는 실무, 업종, 고객마다 그 의미가 달라질 수 있다.

일본이 1970~1980년대 북미 시장에서 경쟁력을 나타내기 전에는 미국 경영조직들에 있어서 가장 중요한 요소에 품질이 포함되지는 않았다. 경영조직들은 품질보다는 생산성과 비용을 중요시하였지만, 이것은 기업에 품질이 중요하지 않다는 것이 아니라 단지 매우 중요한 것은 아니었다는 것을 뜻한다.

이러한 생각 때문에 많은 일본 회사들을 포함한 외국 회사들이 미국 시장의 상당 부분을 점유하게 되었다. 자동차 분야에서는 일본의 선두 업체였던 혼다, 토요타, 닛산이 미국 자동차 판매 시장의 주요 주자들이 되었으며, 그중에 혼다와 토요타는 자동차의 품질과 신뢰성에 대한 명성을 쌓을 수 있었다.

그 후 많은 미국 기업들이 품질에 대한 관점을 바꾸게 되었으며, 결국에는 품질관리에 대한 철저한 변화를 불러오게 되었다. 또한 그들은 컨설턴트를 고용하고 최고 간부를 포함한 직원들을 세미나에 보냈으며 광범위한 품질 개선 프로그램을 선도하기 시작했다. 회사들은 품질의 중요성을 확실히 인식하고, 품질은 어떠한 특성으로 고정된 것이 아니고 제품이나 서비스 전체인 것으로 인식하기 시작하며 품질경영은 경쟁의 중요한 요소가 되었다.

14.2 품질경영의 중요성

14.2.1 품질경영의 발전과정

산업혁명은 분업을 초래하였다. 때문에 각각의 작업자는 제품의 일부분만을 담당하게 되어서 더 이상 작업자들이 최종 제품을 쉽게 확인할 수 없게 되었다. 따라서 산업혁명 이전 작업자들이 가지던 솜씨에 대한 자부심은 의미가 없게 되었고, 품질에 대한 책임은 작업 조장이 지게 되었다. 그러나 작업 조장은 검사를 수행하지 않거나, 무계획적으로 품질 검사를 행하기도 하였다.

그러던 중 제조관리 목록에 Taylor가 제품검사와 측정을 포함하면서 품질의 중요성이 부각되었고, Radford는 Taylor의 방법을 개선하여 품질을 제품설계 단계부터 고려하고 좋은 품질일수록 생산성이 높아지고 비용이 줄어들게 되는 방법을 고안하였다.

[그림 14-1] 에드워즈 데밍(W. Edwards Deming)

출처 : www.forbes.com

2차 세계대전은 품질관리의 중요성을 더더욱 증대시켰다. 미군은 많은 공급업체들로부터 군수물자를 납품받을 때 샘플링 검사법을 적용하였다. 1940년대 말까지 미 육군, 벨연구소 및 주요 대학들이 산업의 다른 기술자들에게 통계적 샘플링 검사법을 전수하였고, 동시에 품질관리 전문조직이 미국 전역에 등장하기 시작했다.

품질보증에 대한 인식은 1950년대에 들어서 높아졌다. 1950년대 중반 종합 품질관리 노력은 품질관리의 영역을 제조 과정에서 제품설계 및 원자재 입고 과정까지 확대했다. 이러한 과정에서 품질에 보다 상위층의 관리자들이 더 많이 참여하게 되었다.

무결점 운동은 1960년대에 등장했다. 이것은 모든 작업자들로 하여금 완전무결을 추구하게 해서 작업자의 동기부여에 초점을 맞춘 접근법이었다. 무결점 운동은 미 육군의 미사일을 제작하였던 록히드 마틴 사의 성공에서 기인하였다.

1970년대에는 품질에 세계적인 영향을 미친 일들이 발생했다. OPEC에 의해 단행된 원유 수출 금지는 에너지 가격의 급등을 유발해 자동차 구매자들로 하여금 연료 효율성이 높은 저가형 자동차에 관심을 갖게 하였다. 제품개선 작업을 수시로 행해오고 있었던 일본의 자동차 기업들은 이런 변화를 받아들여 자동차 시장의 시장 점유율을 증가시켰다. 일제 자동차 품질은 기타 일본 제조업체들의 명성까지 제고시켰으며, 결국 이것은 일본산 제품들의 미국시장 진출에 큰 기여를 하게 되었다.

1970년대 후반의 품질보증으로부터 품질에 대한 전략적 접근 변화가 품질경영의 발전을 이루었다. 그때까지는 고객에게 제품이 전달되기 전에 불량품의 발견과 수정만을 중시한 방법을 사용하였는데 이는 반응적 접근법이라고 한다. 반면 전략적 접근법은 발생할 수 있는 실수를 방지하는 데 중점을 두는 예방적 기법이다. 불량 발생 후 발견과 수정보다는 불량에 대비한 제품설계를 수행하는 이러한 접근법은 오늘날 공정과 서비스에도 확장 적용되고 있다. 이익과 품질은 보다 밀접하게 연계되었고, 고객 만족을 중시하고 품질 향상을 얻기 위해 작업자들뿐만 아니라 모든 계층의 경영자들이 지속적인 노력을 수행하게 되었다.

14.2.2 Taylor의 품질 원칙

Taylor는 과거 생산성이 낮은 작업자들의 생산 환경을 개선하기 위해 표준작업량을 설정하고, 작업 조건을 표준화하여 작업자의 작업시간을 측정하였다. 그리고 과업에 따른 임금제도를 합리화시켰다. Taylor가 주장한 원칙은 다음과 같다.

1. 무분별하고 불합리한 생산 방법을 타파하고 과학을 수립하여야 한다.
2. 종업원 혹은 생산 노동자 선발은 체계적이어야 하며 훈련을 시켜야 한다.
3. 작업자와 경영자의 업무를 명확하게 구분하고 확실하게 업무 수행을 해야 한다.
4. 작업자와 경영자는 친밀한 관계를 유지해야 한다.

이렇듯 Taylor는 품질에 대한 직접적인 정의보다는 품질 높은 제품 생산을 위해 관리의 필요성을 강조하였다.

14.2.3 Shewhart의 품질 이론

Shewhart는 제품 생산단계에서 생길 수 있는 다양한 변동 사항들을 통계적 수단을 적용하여 이해할 수 있다고 주장하였고 이를 통해 생산단계를 조절함으로써 품질을 개선할 수 있다고 하였다. 특히 시간에 따른 변동 사항을 추적하기 위해 품질관리에서 가장 많이 사용되는 '관리도(control chart)'를 개발한 공로가 있다.

14.2.4 Deming의 14가지 품질 이론

1940년대 뉴욕대학의 통계학 교수였던 데밍(Deming)은 2차 세계대전 이후 품질개선과 생산성 향상을 돕기 위하여 일본으로 갔다. 일본인들은 데밍을 외경했다. 반면 그는 미국의 주요 사업가들에게는 알려지지 않았다. 실제로 미국에서 알려지기 전에 그는 거의 30년 동안 일본인들과 함께 일했으며 1993년 그가 사망하기 전에서야 미국 회사들은 데밍에게 관심을 갖고 그의 철학을 받아들이고 품질개선 프로그램을 수립하기 위하여 그의 도움을 요청하였다.

데밍은 품질을 달성하기 위하여 조직 내에서 요구되는 사항을 14가지로 정리했다. 그의 주장은 불량과 비효율의 원인은 사람이 아니라 시스템이라는 것이었다. 바라는 결과를 이루기 위하여 시스템을 수정하는 것이 경영자의 책임이라고 생각했다. 14가지 사항에 추가하여, 그는 이상변동과 우연변동을 구별함으로써 표준치로부터 벗어나는 산출물의 변동을 감소시키는 것을 강조했다.

1. 경쟁력을 가지고 사업을 할 목적으로 재화나 서비스의 개선에 대한 목적의 일관성을 만들라. 최고 경영자가 책임자를 결정하라.

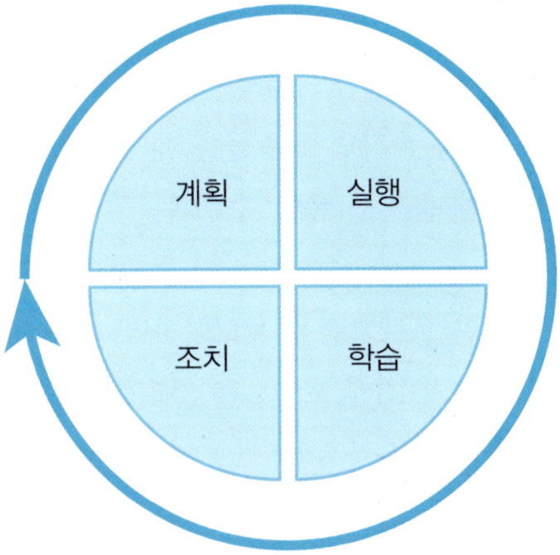

[그림 14-2] 데밍의 품질 사이클

2. 새로운 철학을 선택하라. 우리는 새로운 경제시대에 살고 있다. 우리는 더 이상 일반적으로 받아들일 수 있는 수준의 지연, 실수, 불량한 자재, 불완전한 작업능력을 가지고는 살아남을 수 없다.
3. 대량 조사에 대한 의존을 중단하라. 대신에 품질이 만들어진 통계적인 증거를 요구하라. 불량을 검출하기보다는 불량을 예방하라.
4. 가격 태그로 기업을 평가하지 마라. 대신에 가격과 함께 품질에 대한 의미 있는 측정치에 의존하라. 품질에 대한 통계적 근거를 제시할 수 없는 공급업체와의 거래를 중단하라.
5. 문제를 찾아라. 계속해서 시스템과 함께 작업하는 것이 관리자의 업무이다.
6. 업무에서 현대적인 훈련 방법들을 제도화하라.
7. 감독자의 책임은 절대적인 수에서 품질로 변화되어야 한다. 경영자는 고유 불량, 유지되지 않던 기계들, 부족한 도구들, 불명확한 운영상의 정의들과 같은 장벽에 관한 감독자로부터의 보고서들에 대해 즉각적인 조치를 준비해야 한다.
8. 공포로부터 벗어나라. 그래야 모든 사람들이 회사를 위해 효과적으로 일할 것이다.
9. 부서 간 장벽을 없애라. 연구, 설계, 판매, 생산 부서의 사람들이 다양한 자재 및 사양들과 관련된 생산문제들을 예측하기 위해서는 하나의 팀으로 일을 해야 한다.

10. 작업장에서 수치적인 목표, 포스터, 슬로건들을 제거하라. 방법을 제공하지 않고 새로운 수준의 생산성을 요구하라.
11. 수치상의 할당을 명령하는 작업 표준들을 제거하라.
12. 시간급 작업자와 작업 솜씨를 뽐낼 수 있는 권리 간에 존재하는 장벽을 없애라.
13. 활기찬 교육 및 재훈련 프로그램을 제도화하라.
14. 최고 경영층에 매일 위의 13개 포인트를 알려줄 수 있는 구조를 만들라.

목적의 일관성, 지속적 개선, 심오한 지식이 데밍의 14가지 요점의 주요 포인트가 된다. 심오한 지식은 시스템 접근법, 변동이론, 지식이론, 심리학으로 이루어져 있다. 일본을 세계 경제 대국으로 만드는 지침이 되었던 가치와 신념들을 통합한 것이 데밍의 심오한 지식이다.

출발점은 시스템 접근법이다. 시스템 접근법은 최적화를 달성하기 위하여 일하는 조직 구성원들 모두에 관한 것이기도 하다. 데밍은 경영층이 내부 경쟁을 제거해야만 최종 목표를 이룰 수 있다고 주장하였다. 품질개선에 있어서 변동을 감소시키는 것도 매우 중요하다. 이때 우연변동과 이상변동은 구별되어야 하며, 초점은 이상변동의 감소에 두어야 한다. 데밍은 이론으로부터 나오는 것이 지식이라 믿고 지식이론 없이 조직 내에서 학습이 이루어질 수 없다고 생각했다. 그는 심오한 지식의 가장 위력적인 요소로 심리학을 꼽았다. 종업원들은 창조하고 배우고 싶어 하지만 경영층이 의도적이지 않게 내부적 동기부여를 가로막는 평가시스템으로 일을 처리한다고 그는 믿었다. 데밍은 종업원들로 하여금 공통 목표의 달성을 위한 노력을 결집하게 하는 것이야말로 경영자가 품질을 달성하기 위해 해야 할 가장 큰 일이라고 생각했다. 마지막으로 데밍은 심오한 지식의 개념으로부터 이익을 얻기 위해서는 그 개념을 전체적으로 받아들이는 것이 필수적이라고 생각했다.

14.2.5 Juran의 품질 이론

Juran은 품질의 문제는 생산 공정에서 효과적이지 못한 품질 계획이 초래한다고 주장하였다. 품질 문제를 해결하기 위해서는 프로젝트별 기준을 정하고 각각의 업무를 충실히 이행해야 조직적으로 높은 품질을 제공할 수 있다고 주장하였다. 또한 품질 관리 향상을 위한 필수 프로세스를 세 가지로 나누었으며 이는 계획, 향상, 관리의 단계가 하나로 맞물려서 시행되어야 한다고 하였다. Juran은 품질 분석을 위해 Pareto 분석 방법론을 개발하여 품질 저하에 영향을 미치는 요소를 파악할 수 있게 되었다.

14.2.6 품질 정의

제화와 서비스의 성능이 고객의 기대를 충족시키거나 초과하는 정도를 품질이라고 한다. 중요한 관심사는 고객의 기대와 성능 간의 차이이다. 만약 두 값이 같을 경우 차이는 0이 되고 기대가 충족되지만, 차이가 음일 경우 기대는 충족되지 못하고, 차이가 양일 경우에는 성능이 고객 기대를 초과하게 된다.

고객의 기대는 고객이 제품이나 서비스의 품질 판단에 사용하는 여러 가지 영역 또는 차원들로 세분화 될 수 있다. 이들을 이해하는 것으로 조직이 고객의 기대를 어느 정도 충족시키거나 초과하는지 알 수 있다. 제품 품질차원은 서비스 품질차원과는 조금 다르다.

제품품질(product quality)

제품품질(product quality)은 8가지 품질차원에 의거하여 판단된다. 또한, 제품에 대해 언급할 때 고객들은 제품의 사용적합성에 의해 첫 4개의 차원들을 판단한다. 가격은 품질차원이 아닌 것에 주의해야 한다.

[그림 14-3] 품질 차원

1. 성능 – 제품이나 서비스의 주요 특성
2. 심미성 – 외관, 느낌, 냄새, 맛
3. 특징 – 추가된 여분의 특성
4. 적합성 – 제품이나 서비스가 설계 사양에 부합되는 정도
5. 신뢰성 – 성능의 지속도
6. 내구성 – 제품이나 서비스의 수명

7. 품질 – 품질에 대한 간접적 평가
8. 서비스 – 불만이나 수리의 처리

서비스 품질(service quality)

하지만 위의 제품품질 차원만으로는 서비스 품질(service quality)을 나타낼 수 없다. 따라서 서비스 품질은 다음과 같은 차원들로 설명된다.

1. 편의성 – 서비스의 이용 가능성과 접근성
2. 신뢰성 – 서비스가 확실하게 지속적으로 정확하게 전달되는 정도
3. 반응성 – 서비스 제공자의 문제해결 능력 및 예외적인 상황에 처한 고객을 자진해서 돕는 태도
4. 시간 – 서비스 제공 속도
5. 보장성 – 고객 접촉자의 지식수준 및 신뢰와 자신감 전달 능력
6. 예의 – 종업원들이 고객을 대하는 태도
7. 유형성 – 시설, 장비, 직원 및 의사소통 도구들의 외관

제품과 서비스 품질차원은 품질에 대한 사고의 개념적 틀을 구축하지만 서비스와 품질 설계 또는 제품생산 및 서비스 전달에 적용하기에는 너무 추상적이다. 따라서 그것들은 특성의 측정 가능한 척도로 기술되어야만 한다. 예를 들어, 자동차 구입 시 고객들은 자연적으로 자동차의 성능에 관심을 갖게 된다. 그러나 성능이 의미하는 것은 무엇인가?

[그림 14-4] 자동차연비 등급라벨

출처: 에너지관리공단 수송에너지

보다 특수한 용어로 자동차의 연비나 시속 100킬로미터까지의 가속에 소요되는 시간, 시속 100킬로미터로 운행하는 자동차의 정지거리 등으로 나타낼 수 있을 것이다. 이러한 것들은 측정 가능한 용어로 기술될 수 있다(예: 연비의 경우 시내 = 10킬로미터, 고속도로 = 15킬로미터). 다른 서비스 차원과 제품차원들을 위해 이와 유사한 척도들을 사용할 수 있으며 고품질 제품과 서비스를 설계하고 생산하려면 이러한 정보들이 필수적이다.

서비스 품질을 설계하고 관리하는 것이 어려운 이유는 서비스에서 고객들이 원하는 바에 대한 정보를 정확히 알아내기가 어렵기 때문이다. 예를 들면 고객들은 서비스 제공자로부터 기대하는 바를 나타내기 위하여 다정하고 사려 깊으며 전문적인 용어를 사용하는데, 이러한 용어들을 서비스 지침으로 정확하게 나타내는 것은 매우 어렵다. 또한 고객의 불평은 기분, 건강 상태 또는 기후 등과 같이 관련성이 전혀 없는 요소들에 기인하는 경우도 있다.

서비스 품질의 또 다른 어려움은 시간과 대상에 따라 변하는 고객 기대의 특성을 반영하는 것이다. 구체적으로 한 고객이 좋은 서비스 품질로 여기는 것을 다른 고객은 전혀 만족하지 않을 수 있다. 그리하여 고객과의 매 접촉은 서비스 품질이 판단되는 진실의 순간이라 할 수 있으며, 지속적으로 높은 서비스 품질을 유지하는 것은 매우 어렵다.

만약 셀프서비스와 같이 고객들이 서비스 시스템에 참여하는 경우, 품질에 대해서 부정적으로 인식할 가능성이 커진다. 고객들을 훈련시킬 수는 없기 때문에 고객 행동을 단순화하고 안전하게 하는데 관심을 가져야 한다. 이러한 방법으로 시스템은 실수를 방지할 수 있을 것이다.

고객의 우선순위를 알아내는 것이 매우 중요한 이유는 대부분의 경우 제품이나 서비스의 특정 품질차원들은 다른 것들보다 훨씬 중요하기 때문이다. 따라서 설계와 생산에 있어서 여러 가지 측면에서 상충관계를 고려한 의사결정이 행해져야 할 것이다.

14.2.7 서비스 품질 평가 및 품질의 결정요인

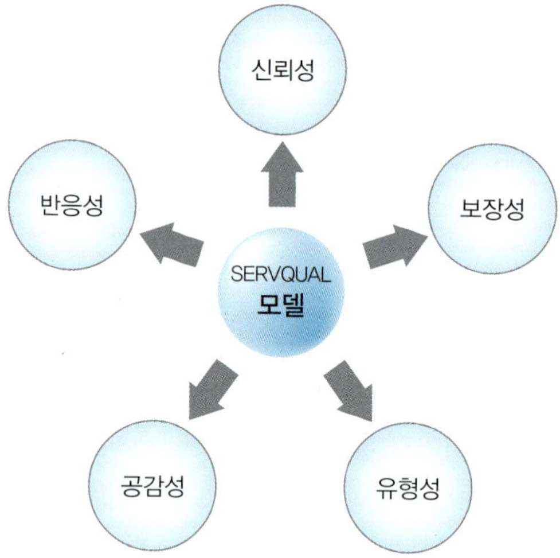

[그림 14-5] 서비스 차원

SERVQUAL은 서비스 품질평가에 널리 사용되는 도구이다. SERVQUAL은 고객에게 서비스 품질을 전달하는 조직의 능력에 대해 피드백을 할 수 있도록 고안되었으며 서비스 품질이 고객의 인식에 영향을 미치는 5가지 서비스 차원(유형성, 신뢰성, 반응성, 보장성, 공감성)에 초점을 두고 있다. 이 기법의 결과는 경영자가 서비스의 강점과 약점을 파악하는 데 도움이 된다. 따라서 서비스 품질의 차이 또는 불일치에 대해 특별한 관심을 두게 되며 불일치의 유형은 다음과 같다.

1. 고객의 실제 기대와 그러한 기대에 대한 경영자 인식의 불일치
2. 고객기대에 대한 경영자의 인식과 서비스 품질 규격의 불일치
3. 설계 서비스 품질과 실제 전달되는 서비스의 불일치
4. 실제 전달되는 서비스와 고객에 전달된 서비스에 대한 설명의 불일치
5. 서비스 제공자에 대한 고객들의 기대와 인식의 불일치

발견된 차이가 있으면 그러한 불일치를 나타내는 서비스 품질 차원으로 연결할 수도 있다. 제품이나 서비스가 의도하는 목적을 성공적으로 만족시키는 정도는 다음의 4가지 주요 결정요인에 의거한다.

1. 설계
2. 설계 적합성
3. 사용 편의성
4. 애프터서비스

설계단계는 달성 품질수준을 결정하는 시발점이다. 설계에는 크기, 모양, 위치와 같은 제품이나 서비스의 특성에 대한 의사결정이 수반되며 설계품질은 제품이나 서비스가 지녀야 할 특성에 대한 설계자의 의도를 담고 있다. 예를 들어, 여러 가지 자동차 모델들이 시중에 나와 있는데 그들은 크기, 외관, 승차감, 연비, 안락감, 사용자재 등 여러 측면에서 다르며 이러한 차이들은 설계품질을 결정하는 설계자들에 의해 결정된 것이다. 설계 의사결정은 고객요구, 생산 및 서비스 능력, 생산 과정 및 배송 후의 안전과 책임, 비용 그리고 기타 사항들을 고려해야 한다.

설계자들은 고객 조사나 기타 시장 조사 및 마케팅 부서에서 제공되는 정보를 이용하여 고객이 원하는 바를 결정할 수 있게 도와준다. 마케팅에서는 제품이나 서비스에 대한 고객들의 견해를 알아내기 위해 고객들로 이루어진 포커스 그룹을 활용하기도 하는데, 이를 통해 고객들이 좋아하는 것과 싫어하는 것 그리고 그들이 원하는 것을 파악할 수 있다. 또한 설계자들은 설계대로 생산될 수 있도록 생산 부문과 밀접하게 협조할 필요가 있다. 생산 부문이나 서비스 부문은 특정 설계를 생산하거나 제공하기 위한 장비, 능력, 기술을 갖고 있기 때문이다.

불량설계는 생산이나 서비스에 어려움을 초래하게 된다. 예를 들어, 확보하기 어려운 자재, 충족시키기 어려운 규격, 수행하기 어려운 절차 등이 서비스에 어려움을 초래한다. 더욱이 설계가 상황에 부적합할 경우 세계에서 가장 우수한 작업자일지라도 원하는 품질을 달성할 수 없을 것이다. 또한 주어진 도구나 절차가 부적절할 경우 작업자가 좋은 결과를 달성하는 것을 기대할 수 없게 된다. 마찬가지로 우수한 설계가 항상 불량 기능을 상쇄할 수는 없다.

제품과 서비스가 설계자의 의도에 일치하는 정도를 일컫는 것을 적합품질이라고 한다. 이것은 사용 설비 능력, 작업자의 기능과 훈련 및 동기부여, 설계 시 생산 고려 정도, 적합평가 통제공정, 필요시 수정 조치 등에 의해 영향을 받는다. 품질에 매우 중요한 요소 중 하나는 공정산출물의 변동감소로, 각 제품이나 서비스별로 품질이 변하는 정도를 감소시키는 것이다.

그런데 제품과 서비스가 팔리거나 한 번 제공되었다고 하여 품질이 결정되는 것은 아니며 사용 편이성과 사용 지시서 역시 중요한 품질 결정요인이다. 사용지시서는 제품들이 의도한 용도대로 사용될 수 있는 가능성을 증대시킨다. 하지만 그것을 보장하지는 못하며, 때문에 제품책임 규제와 직면했을 때 기업들은 종종 사용자가 제품을 잘못된 방법으로 사용했기 때문이라고 항변한다. 동일한 이유가 서비스에도 적용될 수 있다. 고객, 환자, 손님 또는 기타 사용자들은 그들이 해야 할 것과 하지 말아야 할 것에 대하여 확실하게 알고 있어야만 한다. 그렇지 않을 경우 그들이 품질에 역작용을 일으키는 행동을 취할 위험이 있다.

고객 교육은 지시서나 라벨 등을 통해 이루어지고 있다. 따라서 제품의 포장을 풀고 조립하고 사용하고 조정하는 것에 관한 지시서가 명확하고 이해하기 쉬워야만 하며 잘못되었을 경우 취할 조치 등이 명시되어 있어야만 할 것이다.

여러 가지 이유들로 인해 제품이 항상 기대대로 작동하지는 않으며, 서비스가 항상 원하는 결과를 제공하는 것은 아니다. 어떤 이유에서든지 제품의 리콜 및 수리, 조정, 교체, 재구입 또는 서비스의 재평가 등을 통하여 이러한 상황에 대해 적절히 조치하는 것이 매우 중요하다. 그리고 제품과 서비스의 품질을 기준까지 향상시키기 위하여 필요한 모든 것들을 수행해야 할 것이다.

14.2.8 불량품질의 결과

회사 제품이나 서비스의 품질이 여러 가지 측면에서 조직에 영향을 미칠 수 있음을 경영층이 인식하는 것도 중요하다. 또한 경영층이 이러한 점들을 품질보증 프로그램의 개발 및 유지에 고려하는 것이 매우 중요하다. 품질에 의해 영향 받는 주요 영역들은 다음과 같다.

1. 사업 손실
2. 제품책임
3. 생산성
4. 비용

불량 설계, 불량품, 불량 서비스와 같은 문제는 사업 손실을 초래한다. 적절한 품질을 확보하는 데 실패하면 이윤을 추구하는 조직의 명성에 큰 피해를 입히게 되고, 시장점유율이 저하되거나, 정부 당국 또는 비영리 조직들의 비판 및 통제를 증가시킬 수 있다.

불량 문제가 발생한 경우, 문제가 있는 제품이나 서비스를 받은 고객의 반응이 잠재적으로는 가장 중요한 결과가 된다. 최근의 연구에 따르면, 서비스에 만족한 고객이 자신의 경험을 다른 사람에게 말하는 경우는 거의 없지만 불만족한 고객의 경우는 평균 9명의 사람들에게 자신의 경험을 말한다는 것이 알려져 있다.

불행하게도 회사는 고객의 불만족을 거의 알 수 없다. 사람들이 불량품이나 불만족스러운 서비스를 제공한 사람들에게 직접적으로 불평하는 경우는 드물기 때문이다. 연구에 따르면 사람들은 가장 빨리 접촉할 수 있는 사람들에게 자신의 불만사항을 말한다고 하며, 결과적으로 주로 판매사원이나 서비스 매니저에게 불만사항을 말하게 된다. 그리고 이런 불만사항은 거의 전달이 되지 않는다. 더 일반적인 반응은 단순히 경쟁사나 경쟁사의 물건을 이용하는 것이며 일반적으로 전체 불만 고객 중 5% 이내의 고객으로부터 공식적인 불만이 접수된다.

조직은 잘못된 설계나 작업자들이 기술 미비로 인해 고객들이 입는 피해와 그로 인해 발생할 수 있는 제품책임에 대비해야 한다. 이것은 제품과 서비스 둘 다 해당된다. 만약 자동차의 운전대축이 잘못 설계된 경우 운전자가 자동차의 통제를 제대로 할 수 없게 되지만 운전대축의 부적절한 조립도 역시 같은 결과를 초래한다. 마찬가지로 가지 접붙이기는 나뭇가지를 묶는 작업이 필요한데 만약 나중에 가지가 떨어져서 이웃집 자동차에 피해를 입힐 경우, 그 사고는 묶는 작업의 잘못된 설계나 작업자의 기술 미비 등에 기인한 것일 수 있다. 제품 책임은 법으로 규제되고 있다. 특히 조직의 제품책임비용이 매우 커지게 되는 경우로는 자동차 산업에서와 같이 많은 품목들이 해당될 경우나 핵발전소 사고와 같이 매우 광범위한 피해나 손상이 예상되는 상황이다. 직접 및 간접적인 유형의 보증을 통해 제품이 의도된 용도로 사용될 때 안전하다는 것을 보증해야 한다. 제품의 용도가 제조업자가 의도한 것이 아니더라도 법정은 제품의 용도를 예측 가능한 범위로 확장시키는 경향이 있기 때문이다. 따라서 건강관련 부문의 경우, 의료 부작용 소송 및 보험료가 급증하고 있으며 주요 이슈가 되고 있다.

생산성과 품질은 밀접한 연관이 있으며 만약 부품이 불량이어서 재작업을 해야 하거나 조립자가 적절한 부품을 찾기 위하여 많은 부품들을 시도해야 하는 경우 불량품질은 제조 작업에서 생산성에 좋지 않은 영향을 미칠 것이다. 또한 도구나 설비가 불량일 경우 불량 산출물을 만들 수도 있기 때문에 재작업을 하거나 폐기 처분하여야 할 것이며, 주어진 투입물로 얻을 수 있는 사용 가능한 산출물의 양은 자연히 감소될 것이다. 마찬가지로 서비스 불량은 재서비스를 초래하여 서비스 생산성을 저하시킨다.

문제해결 비용은 품질경영에서 주요 고려 사항 중 하나이다. 전자의 문제들은 공정에서 발견되며 해결 비용이 싸다. 하지만 고객에게 전달된 불량을 해결하는 비용은 설계나 생산 단계에서 발생하는 문제해결 비용의 5배 정도 소요된다.

14.2.9 윤리와 품질경영

조직의 모든 구성원은 윤리적인 방법으로 일을 처리할 의무가 있다. 품질을 포함한 많은 상황에서 윤리적 행위는 중요한 역할을 하게 되는데, 불량 제품과 표준 이하의 서비스, 부실한 설계, 싸구려 작품, 표준 이하의 부품과 원자재와 같은 표준 이하의 작업에서 윤리적 행위가 특히 더 중요한 역할을 하게 된다. 표준 이하의 작업이 발생한다는 것을 알고 있으면서도 제때 수정하거나 보고하지 않는 것은 비윤리적이며 수많은 부정적인 결과를 초래할 수 있다. 때문에 이러한 행위는 생산성 감소 측면에서 조직에 비용을 증가시키며, 종업원의 사고발생률을 증가시키며, 고객의 불편과 손해를 증가시키며, 책임비용을 증가시킨다.

이미 서비스 중인 제품의 품질문제에 대한 정보 처리에 대한 조직의 선택은 이러한 것들과 관련된 문제들이다. 예를 들어, 자동차 회사와 타이어 업체가 최근에 실제 혹은 잠재적인 품질 문제에 대한 정보를 제시하지 않은 경우가 있었다. 결국, 이것에 대해 소송이 발생하였는데 회사들은 제품리콜을 발표하거나 해당 정보를 공표하는 대신 개인 단위로 발생한 항의만을 처리하는 방법을 선택하였다.

14.3 전사적 품질경영(TQM)

전사적 품질경영(Total Quality Management: TQM)이란 기업 내 조직원 전체가 제품과 서비스를 사용하는 소비자의 만족을 위하여 장기적인 품질 목표를 세우고 품질관리 방법론을 활용하는 경영시스템을 말하는 것으로, 전사적 품질경영에는 세 개의 원칙이 존재한다.

전사적 품질경영(Total Quality Management: TQM)

1. 구성원들에 대한 지속적인 교육과 훈련
2. 품질 목표를 달성하기 위한 합리적인 관리 방식
3. 품질 문제에 대한 신속한 대응을 위한 해결책 제시

과거 산업 시대에 품질관리를 통해 대량 생산 공정을 관리하였다면, 현대에는 기존의 품질관리를 넘어 품질경영이라는 새로운 개념이 탄생했다. 그리고 기업 내 모든 경영인 및 부서와 종업원들이 품질경영에 참가하는 것이 필수가 되었다. 특히 최고경영자와 기업 내 리더들의 적극적인 참여와 방안 제시 그리고 품질경영 지식이 필요하게 되었다.

전사적 품질경영은 1960년대 일본에서 시작되었다. 기본 철학은 제품과 서비스에 대한 소비자의 기대를 충족시키고 소비자들의 만족도, 감동과 같이 충족을 넘어선 품질 만족을 제공하기 위한 기업의 경영활동이다.

현대에 들어서 서비스와 제품을 사용하는 소비자의 수요 요건이 품질 관리에 있어 가장 중요하게 여겨지게 되었다. 빠른 시간 내에 소비자의 요구를 파악하고 기업의 상대 소비자가 누구이며, 경쟁 상대가 누구인지 빨리 인지하는 것이 중요해졌다.

기존의 제품과 서비스 생산 관리가 주로 제조나 생산 공정상에서 생기는 불량품들을 줄이는 것이었다면, 전사적 품질경영은 모든 공정에 소비자의 만족도, 불만, 문제점, 안전 등 피드백을 통해 공정을 수정 및 보완해 나가는 것이다.

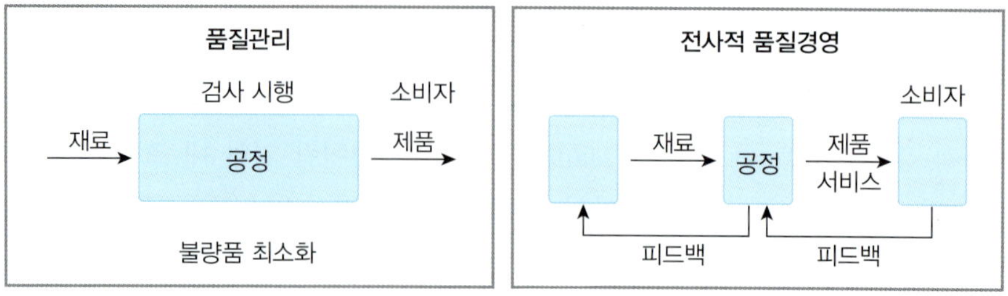

[그림 14-6] 품질관리와 전사적 품질경영

14.3.1 전사적 품질경영의 접근법

전사적 품질경영이라는 용어는 조직 내 품질에 대한 추구를 나타내며 해당 접근법에는 세 가지 주요 철학이 있다.

1. 개선을 위한 끝없는 노력은 지속적인 개선이라고 부른다.
2. 조직 내 모든 사람의 참여이다.
3. 고객 만족이라는 목적은 고객의 기대를 만족하거나 초과하는 것을 의미한다.

최종 제품이나 서비스의 품질만을 관찰하는 전통적인 품질개념을 확장한 TQM은 제품이나 서비스를 생산하는 모든 프로세스 측면에 대한 품질을 관찰하였다. 불량 품질이 발생하지 않도록 막기 위한 것이 전사적 품질경영 시스템이며 접근법을 다음과 같이 나타낼 수 있다.

1. 고객이 원하는 것을 찾아라. 이것은 설문조사, 포커스 그룹, 인터뷰 혹은 의사결정 과정에서 고객의 목소리를 담을 수 있는 기법들의 사용을 포함할 수 있을 것이다. 반드시 외부고객뿐만 아니라 내부고객을 포함하라.
2. 고객이 원하는 것을 만족 또는 초과하는 제품이나 서비스를 설계하라. 사용하기 쉽고 생산하기 쉽게 만들어라.
3. 처음부터 일을 똑바로 할 수 있도록 프로세스를 설계하라. 실수가 발행할 수 있는 곳을 파악해서 발생하지 않도록 노력하라. 실수가 일어났을 때 원인을 찾고 재발할 가능성이 없도록 하라. 프로세스 자체가 실수 방지가 되도록 노력하라. 고장 발생을 방지하는 요소들이 제품이나 서비스 설계에 포함되어 종업원이 어떤 일을 잘못하는 것이 사실상 불가능하도록 만들어라. 예를 들어, 한쪽에서만 들어맞도록 되어 있는 부품들과 벽에 있는 콘센트에 정확하게 꽂았을 때 들어갈 수 있도록 되어 있는 전기 기구 플러그가 있다. 자주 사용되는

다른 용어로 위험방지도 있으나 이 용어의 사용은 종업원이 현명한 선택을 하지 않고 멍청하다는 의미를 함축할 수 있다.

4. 결과를 추적하라. 그리고 추적한 결과를 사용해서 시스템 내의 개선을 유도하라. 결코 개선하려는 노력을 멈추지 마라.
5. 이러한 개념들을 공급자와 유통업자들에게 확장하라.

많은 기업들은 성공적으로 전사적 품질경영 프로그램을 구현하였다. 조직 내 모든 사람의 헌신과 조화된 노력을 통해야만 성공적인 전사적 품질경영 프로그램이 이루어질 수 있다. 최고 경영자는 몰입해서 참여해야 하고, 만일 그렇지 않을 경우 전사적 품질경영은 빠르게 없어질 일시적인 유행에 지나지 않을 것이다.

14.3.2 전사적 품질경영의 요소

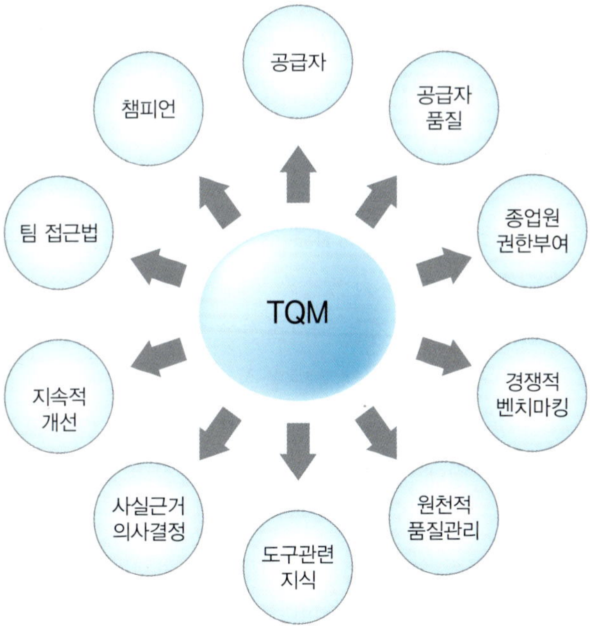

[그림 14-7] 전사적 품질경영 요소

다음에 기술할 내용들은 전사적 품질경영이 무엇인가를 알려준다. 그러나 전사적 품질경영에서는 결정적인 다른 요인들도 존재하기 때문에 다음에 기술된 내용이 전사적 품질경영의 전부는 아니다.

1. 지속적 개선 – 투입물을 산출물로 전환하는 프로세스와 관련된 모든 요소들을 계속해서 개선하려고 노력하는 철학을 지속적 개선이라고 부른다. 이는 장비, 방법, 자재 그리고 사람을 포함한다. 지속적인 개선의 개념은 새로운 것이 아니지만 한동안 미국에서 많은 관심을 받지는 못하였다. 그러나 많은 일본 기업이 수년간 지속적인 개선의 개념을 이용해 왔으며, 지속적 개선은 이제 생산에 있어서 일본식 접근법의 토대가 되었다. 일본 기업의 성공으로 인해 다른 나라의 기업들은 자신들의 접근법을 재조사하게 되었다. 그 결과 지속적인 개선 접근법에 대한 상당한 관심이 일어났다.
2. 경쟁적 벤치마킹 – 특정 분야에 최고의 조직을 알아내어 그들이 어떻게 자신의 운영을 개선하였는지에 대해 알아내기 위해, 최고 조직의 운영 방식을 연구하는 것이다. 그 기업이 반드시 동일 계열의 사업체일 필요는 없다. 예를 들어 제록스는 메일 주문 기업인 L.L. Bean의 주문 처리를 벤치마킹하였다.
3. 종업원 권한부여 – 종업원에게 개선에 대한 책임과 개선에 필요한 권한을 주는 것은 종업원들에게 강한 동기부여가 된다. 이는 업무에 가장 가까운 사람에게 의사결정 권한을 부여함으로써 문제와 해결책에 대한 상당한 통찰력을 부여한다.
4. 팀 접근법 – 문제 해결을 위해 팀을 활용하고 의견 일치를 이루는 것은 그룹 시너지효과를 얻을 수 있으며 사람을 참여하게 하여 종업원 간의 협력과 가치 공유의 정신을 촉진한다.
5. 사실 근거 의사결정 – 경영자는 의사결정을 위해 데이터를 모으고 분석한다.
6. 도구 관련 지식 – 종업원과 경영자는 품질 도구의 사용에 대해 훈련을 받는다.
7. 공급자 품질 – 공급자들은 품질 보증 및 품질 개선 노력에 포함되어야 하며, 공급자들이 개선 노력에 포함됨에 따라 좋은 품질의 부품과 자재를 전달할 수 있는 능력을 가지게 된다.
8. 챔피언 – 전사적 품질경영 챔피언의 업무는 기업 전반에 전사적 품질경영 원칙의 가치와 중요성을 알리는 것이다.
9. 원천적 품질관리 – 원천적 품질관리는 각 작업자가 작업 품질에 대해 책임을 지도록 하는 철학이다. 이러한 철학으로부터 작업자들이 사양을 만족하는 제품이나 서비스를 제공하고, 중간에 발생한 오류를 찾아서 스스로 수정할 것을 기대할 수 있다. 결과적으로 각 작업자들은 자신의 업무에 대한 품질 조사자

가 된다. 작업이 프로세스의 다음 단계로 통과할 때 혹은 해당 단계가 프로세스의 마지막 단계일 경우에는 고객에게, 작업자는 그 작업이 품질 표준을 만족시킨다는 것을 인증한다. 이를 통해 작업에 직접적으로 영향을 미치는 사람에게 품질에 대한 직접적인 책임을 주며, 품질통제 조사관과 생산 작업자 간에 자주 나타나는 적대관계를 없애주며, 작업자들에게 자부심과 작업에 대한 통제권을 줌으로써 동기부여를 할 수 있다.

10. 공급자 – 공급자들은 프로세스에서의 파트너들이며 장기적인 관계가 선호된다. 이러한 공급자는 좋은 품질의 제품과 서비스를 제공하는 데 적극적으로 참여하게 한다. 또한 공급자들은 원천에서 품질경영을 제공할 것으로 기대되며 따라서 공급자들로부터 전달된 물건을 조사할 필요를 감소시키거나 제거한다.

전사적 품질경영을 단순한 기술 집합으로 생각하는 것은 잘못된 것이다. 전사적 품질경영은 오히려 품질에 대한 태도를 새롭게 반영하는 것이다. 이는 조직의 문화에 대한 것으로 진심으로 전사적 품질경영의 이익을 얻고 싶다면 조직은 문화를 변화해야만 한다.

14.3.3 6시그마

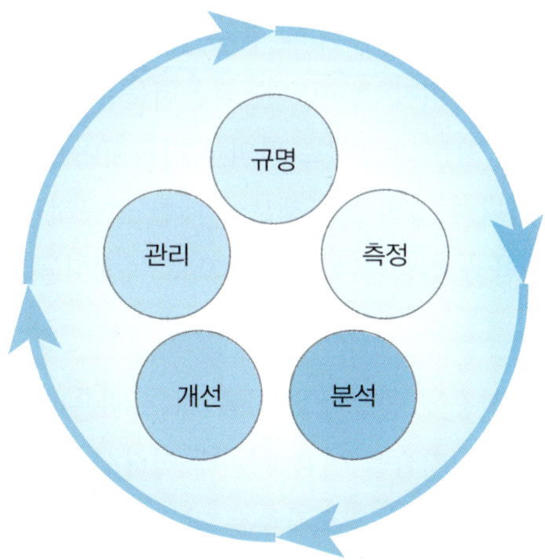

[그림 14-8] 6시그마의 구성

6시그마(6 sigma)

6시그마는 여러 가지 의미를 가지는데 통계적으로 6시그마(6 sigma)는 특정 프로세스, 제품, 서비스에서 100만 개의 기회 중 3.4개 이하의 불량을 가지는 것을 의미한다. 개념적으로 보자면 6시그마는 보다 광범위하며, 낮은 비용과 고객 만족 개선을 위하여 불량 발생을 감소시키기 위해 설계된 프로그램이며, 전략적 사업 결과를 달성하기 위해 특정 툴이나 기술들을 특정 프로젝트에 이용하는 것을 바탕으로 한다. 6시그마 프로그램은 사업의 세계에서 품질개선, 시간절약, 비용 절감의 주요 방법이 되었으며 설계, 생산, 서비스, 재고관리, 운송에서 이용될 수 있다.

6시그마 프로그램에는 경영 및 기술적인 구성요소들이 존재한다. 경영 구성요소는 강한 리더십의 제공, 성과 매트릭스의 정의, 사업 결과를 달성할 수 있는 프로젝트의 선택, 적절한 인력 선택 및 훈련을 포함하며 기술적 구성요소는 프로세스 성과 개선, 변동 감소, 통계적 방법들의 이용, 구조화된 개선 전략의 설계를 포함한다. 이는 정의, 측정, 분석, 개선, 그리고 통제를 포함한다.

검은띠(black belt)

6시그마가 특정 조직에서 성공하기 위해서는 최고층의 참여가 필수적이다. 기업의 전체 목적을 공식화하고 의사소통을 해야 하는 최고 경영자가 성공적인 도입을 위해 프로그램을 이끌어야 하기 때문이다. 또 다른 주요 참가자는 프로그램 챔피언으로 최상위 검은띠, 검은띠(black belt), 그리고 녹색띠가 있다. 챔피언들은 잠재적 프로젝트들을 파악하여 우선순위를 정하고, 프로젝트를 수행할 대상을 선택하고 평가하는 데 도움을 주며, 프로그램 자원들을 관리하고, 프로그램을 위한 조력자로 활동한다. 최상위 검은띠는 통계 및 품질 도구의 사용에 광범위한 훈련을 한다. 이들은 검은띠들의 멘토이자 스승이다. 검은띠들은 프로세스 개선 프로젝트들을 구현하는 것에 책임을 지는 프로젝트 팀의 리더들이며 통상 4주의 6시그마 훈련을 완료하고, 시험과 하나 이상의 프로젝트에 대한 성공적인 완료를 통해 해당 주제에 대해 숙련되어 있음을 입증한다. 마지막으로 녹색띠들은 프로젝트 팀들의 구성원들이다.

6시그마 프로그램의 성공에 중요한 역할을 하는 검은띠들은 변화를 일으키고, 팀워크를 촉진하며, 도구와 기술을 이용하는 데 리더십을 제공하며, 녹색띠들에게 지식과 기술을 전달한다. 검은띠 후보자들은 강점이 있음을 증명해야 하는데, 일반적으로 공학이나 경영 분야와 같은 기술 분야에서 증명한다. 후보자들은 강한 대인기술을 가져야 하며 변화를 불러일으킬 수 있어야 한다. 그리고 이들은 지속적인 개선과 통계적 도구 및 방법 이용에 능숙해야 한다. 검은띠는 시간, 돈, 품질개선과 같은 기대되는 사업 결과뿐 아니라 프로세스 개선의 기술 부분을 이해해야 한다.

6시그마 개선 프로젝트는 전통적으로 불량 감소, 비용 절감, 제품 및 프로세스 변화 감소, 배송 시간 감소, 생산성 개선, 고객 만족 증가와 같은 하나 이상의 목적을 가진다. 프로세스는 정의, 측정, 분석, 개선 및 통제이다. 프로젝트는 통계적 도구들뿐만 아니라 경영과학 도구들의 사용을 포함한다.

14.3.4 전사적 품질경영 구현의 성공 요인

Kelada는 전사적 품질경영을 성공적으로 수행하기 위해 다섯 가지 조건을 정의하였다.

1. 변화에 두려워하지 않고 적절하게 대처할 수 있는 최고 경영진
2. 품질과 전사적 품질경영의 관계와 분명한 정의
3. 전사적 품질경영 도입 방법을 확실하게 인식
4. 전사적 품질경영을 달성하는 방안을 수립
5. 전사적 품질경영을 유지하는 방안을 수립

Crosby는 성공적인 전사적 품질경영의 세 가지 조건을 정의하였다.

1. 종업원들로 하여금 성공하게 만든다.
2. 생산자로 하여금 성공하게 만든다.
3. 소비자로 하여금 성공하게 만든다.

Feigenbaum은 성공적인 전사적 품질경영을 위한 열 가지 지침을 주장하였다.

1. 품질이란 전시적인 활동이다.
2. 품질은 곧 소비자를 말한다.
3. 품질과 비용은 하나이다.
4. 품질 향상을 위해서는 구성원 개개인의 열정과 팀워크가 필요하다.
5. 품질은 관리하여야 하는 것이다.
6. 품질과 혁신은 상호보완적이다.
7. 품질은 보편적인 윤리이다.
8. 품질은 지속적으로 계산되어야 한다.

9. 품질은 비용 절감과 생산성 향상을 위한 가장 빠른 길이다.
10. 품질은 소비자와 제품과 서비스 생산자를 연계해 주는 시스템이다.

14.3.5 전사적 품질경영 구현의 방해 요인

다양한 기업들이 전사적 품질경영을 구현하는 데 성공하였다. 하지만 일부 기업들은 전사적 품질경영 구현에 어려움을 겪고 있다. 이러한 어려움은 원론적인 문제보다는 전사적 품질경영을 구현하는 프로세스에 있을 수 있으며 요인들은 아래와 같다.

1. 품질에 대한 기업 전반의 정의 부족 – 협력이 이루어지지 않았거나 사람들은 상충되는 목표로 작업하고, 다른 문제를 해결하며, 성공에 대한 다른 측정치들을 사용한다.
2. 변화를 위한 전략적 계획의 부족 – 그러한 계획을 수반하지 않는다면 성공의 기회는 감소되며 변화에 대한 전략적 적용을 해결할 필요가 무시된다.
3. 고객 중심의 부족 – 고객 중심이 되지 않는다면 고객 불만의 위험이 있다.
4. 빈약한 조직 간 커뮤니케이션 – 왼손이 오른손이 하는 것을 모른다면 실패, 낭비 그리고 혼란이 잇따라 일어난다.
5. 종업원 권한 부여의 부족 – 종업원에게 권한을 부여하지 않는 것은 문제를 해결하는 데 종업원들을 신뢰하지 못한다는 느낌을 주며, 관료주의가 추가되고 해결을 지연하게 된다.
6. 품질을 빠른 수리로 보는 시각 – 품질은 장기적이고 지속적인 노력이어야 한다.
7. 단기적 재무성과에 대한 강조 – 배관용 테이프 식의 해결책이 증상을 치료하게 된다. 지금은 작지만 후일에 많은 비용을 발생시킨다.
8. 내부 정책과 자기만의 문제의 무질서한 존재 – 이는 조직의 에너지를 약화시키며 최적의 아이디어들을 무위로 만든다.
9. 강한 동기부여의 부족 – 경영자들은 종업원들이 동기가 부여되었는지 확인할 필요가 있다.
10. 품질제안에 헌신할 시간의 부족 – 추가적인 자원을 할당하지 않고 더 많은 일을 할 수는 없다.
11. 리더십의 부족 – 경영자들은 리더가 될 필요가 있다.

14.4 품질측정도구

14.4.1 순서도

순서도(flow chart)는 프로세스를 시각적으로 제시한 것이다. 문제해결 도구로서 순서도는 조사자들이 프로세스 내에 문제 발생이 가능한 부분들을 확인하는데 도움을 줄 수 있다. 순서도의 다이아몬드 모양은 프로세스의 의사결정 포인트를 나타내며 사각형 모양은 프로시저를 나타내고 화살표 모양은 프로세스 단계 흐름의 방향을 나타낸다. 단순한 순서도를 만들기 위해 프로세스 내의 단계를 나열하는 것으로 시작하며 각 단계를 절차나 의사결정 포인트로 분류한다. 순서도를 너무 세부적으로 만들지 않기 위해 조심해야 하지만, 그러한 노력이 과도해서 특정 단계를 제거하지 않도록 주의해야 한다.

순서도(flow chart)

〈표 14-1〉 순서도 기호

기호	명칭	의미
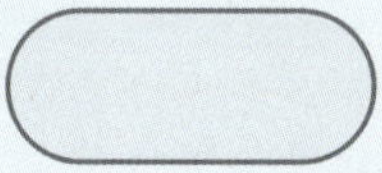	단말(terminal)	순서도의 처음과 끝을 표시
	처리(process)	모든 처리 기능을 표시
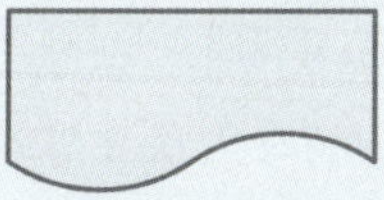	서류(document)	인쇄되는 각종 서류를 표시
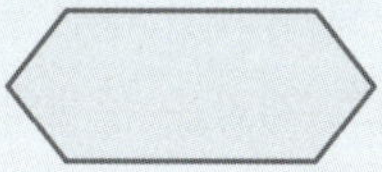	준비(preparation)	초기값 설정 등의 준비 단계를 표시
	입출력(input/output)	일반적인 입출력 기능 표시
	흐름선(flow line)	처리의 흐름을 표시
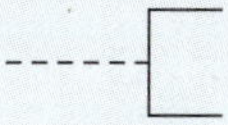	주석(comment)	설명이나 주석을 표시
	연결자(connector)	흐름의 연결을 표시

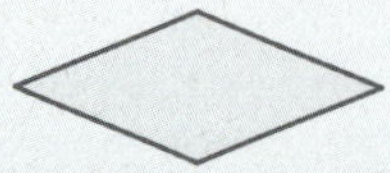	판단(decision)	비교, 판단 기능을 표시
	미리 정의된 처리 (predefined process)	미리 정의된 처리로 옮길 때 사용
	수작업 입력 (manual input)	키보드를 통한 입력 표시

출처: http://hb.hengki.net/30

14.4.2 체크 시트

체크 시트(check sheet)

체크 시트(check sheet)는 문제 규명을 위해 흔히 사용되는 간단한 도구로 사용자들이 자료의 수집과 분석이 용이하도록 자료를 기록, 정리하는 데 사용된다. 이것은 간단한 체크부호를 사용한다. 체크 시트는 사용자들이 자료를 수집하는 것으로 얻고자 하는 바에 기본을 두고 설계가 되며 체크 시트에는 여러 가지 형식이 사용될 수 있다. 흔히 사용되는 체크 시트의 한 형식은 불량 유형을 다루는 것이며 다른 것으로는 불량 위치를 다루는 체크 시트가 있다.

14.4.3 파레토 분석

파레토 분석(pareto analysis)

파레토 분석(pareto analysis)은 가장 중요한 문제 영역에 주목하기 위한 기법이다. 19세기 이탈리아 경제학자인 파레토의 이름을 붙인 것으로 상대적으로 작은 요인들이 전체의 대부분을 차지한다는 개념에 기인한다. 이러한 생각은 중요성의 정도에 따라 케이스를 분류하고 가장 중요한 부분을 해결하고, 덜 중요한 부분을 남겨두는 것을 가능하게 한다. 80-20 규칙으로 언급되는 파레토 개념은 문제의 약 80%가 20%의 항목으로부터 나온다는 것을 언급한 것이다. 예를 들어 기계 고장의 80%는 20%의 기계에서 나오는 것이며 제품 불량의 80%는 20%의 불량 원인으로부터 나온다는 것이다. 항목별로 발생 수를 나타내며 빈도순으로 정리된 차트를 준비하는 것이 유용하다.

14.4.4 산포도

산포도(degree of scattering)

산포도(degree of scattering)는 문제의 원인에 집중할 수 있는 두 변수 값 간의 상관관계가 있는지를 결정하는 데 유용할 수 있는 도구다. 두 변수 간의 상관관계가 높을수록 점들 간의 산포정도는 낮으며 점들은 선을 따라 상승하는 경향이 있을 수 있다. 역으로 두 변수 간에 상관관계가 낮거나 없을 경우 점은 완전하게 산포하는 경향이 있을 수 있다.

14.4.5 관리도

관리도(control chart)는 프로세스 결과가 무작위 여부를 보기 위해 프로세스를 관리하는 것에 사용될 수 있다. 이것은 고칠 수 있는 변동 원인의 존재를 검출하는 데 도움이 될 수 있으며 문제가 발생할 때를 보여 주며 문제의 원인이 무엇인가에 대한 통찰력을 제시하기도 한다.

관리도(control chart)

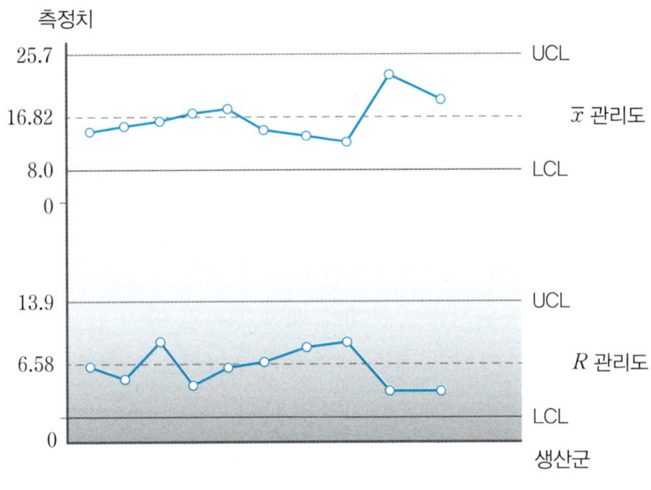

[그림 14-9] 관리도

14.4.6 특성요인도

특성요인도(cause and effect diagram)는 문제의 가능한 원인들을 찾기 위한 체계적인 접근법을 제공한다. 모양 때문에 어골도라는 이름이 붙기도 하였으며, 작업자들이 문제를 해결할 때 수많은 문제의 가능한 원인의 수에 당황한 작업자들을 돕기 위해 접근법을 개발한 일본인 교수의 이름을 붙여 이시카와도라고 불리기도 한다. 이 도구는 문제의 원인이 될 수 있는 요인들의 항목을 알아내 문제해결 노력을 체계화하는 것에 도움을 준다. 종종 특성요인도는 브레인스토밍 이후 만들어진 아이디어를 정리하는 데 사용된다.

특성요인도(cause and effect diagram)

14.4.7 런차트

런차트(run chart)

런차트(run chart)는 시간에 따라 변숫값을 추적하는 데 사용될 수 있으며 이는 추세를 파악하거나 발생할 수 있는 다른 패턴을 파악하는 데 도움이 될 수 있다. 런차트의 중요한 장점은 만들기 쉽고 해석하기 쉽다는 것이다.

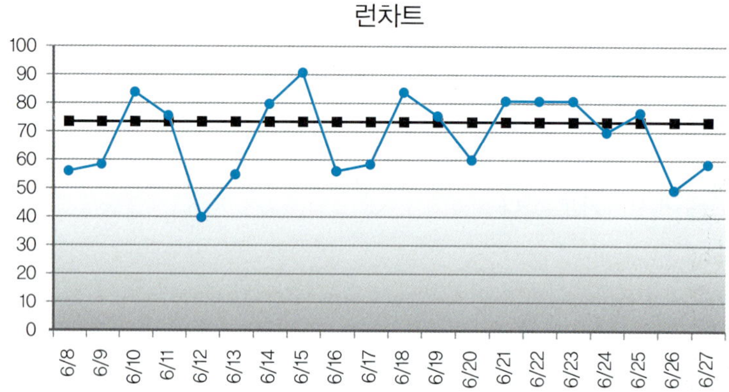

[그림 14-10] 런차트

14.4.8 브레인스토밍

브레인스토밍 (brainstorming)

브레인스토밍(brainstorming)은 제약되지 않은 집합적 사고를 활성화하기 위해 많은 사람들이 자유로운 분위기에서 문제에 대한 생각과 아이디어를 공유하는 기술이다. 문제를 파악하고, 원인과 해결책 그리고 해결책을 구현하는 방법을 찾는데 자유로운 흐름의 아이디어들을 만드는 것을 목적으로 한다. 성공적인 브레인스토밍에서는 비판이 없고, 어떠한 구성원도 특정 섹션을 장악하도록 허용되지 않으며, 모든 아이디어는 환영된다. 구조화된 브레인스토밍은 거의 모든 사람들의 참여를 보장하는 접근법이다.

14.4.9 유사도

유사도(similarity)

유사도(similarity)는 특정 참여 집단에 의해 개발된 아이디어나 이슈 및 문제들과 같은 자료들을 미래의 분석을 위해 논리적인 항목으로 구성하기 위해 널리 사용되는 도구이다. 대량의 반응들을 만들어서 반응들로부터 의미 있는 아이디어 그룹들의 개발을 촉진한다. 구조화된 참여는 소유와 달성을 가능하게 한다.

참여자들은 노트에 아이디어를 쓰고 노트를 특정 공간으로 가져간다. 그리고 참여자들이 항목별로 그룹화한다. 이러한 접근법은 브레인스토밍과 유사하지만, 이후 자연적인 그룹화로 생성되는 아이디어들을 구성하며 참여자들이 생각하고 보완할 시간을 허용한다. 이러한 도구는 참여자들이 뇌의 양 측면을 사용하기 때문에 인기가 있다. 우뇌는 수많은 아이디어를 만들고 좌뇌는 분석하고 구성하기 시작하기 때문이다.

14.4.10 품질 분임조

기업이 품질개선에 관한 아이디어를 종업원에게 전달하는 한 가지 방법은 품질 분임조(quality cycle)를 통해서이다. 분임조는 여러 명의 작업자들로 구성되며 주기적으로 제품이나 공정을 개선하는 방법들을 함께 토론하게 된다. 품질 분임조는 종업원 투입이라는 값진 자원일 뿐 아니라, 만일 적절하게 다루어져서 경영자가 종업원의 아이디어들에 관심이 있다는 것을 보여 주게 되면 종업원들에게 동기를 부여할 수 있다는 장점도 있다. 품질 분임조는 일반적으로 지속적 개선에 참여하는 팀들보다 덜 구조적이면서 조금 더 비공식적이다. 그러나 일부 조직에 있어서 품질 분임조는 지속적인 품질 개선 팀으로 발전한다. 품질 분임조와 지속적 개선 팀 간의 주요 차이점은 팀에 주어진 권한의 양에 있으며, 전형적으로 품질 분임조는 주요 변화를 제외하고 매우 작은 권한을 가지지만 지속적 개선 팀은 때때로 엄청난 권한을 가지게 된다.

품질 분임조(quality cycle)

1. 리스트 감소는 가능한 문제들이나 해결책의 목록에 이용된다. 목적이 항목을 명확히 하는 것이고 프로세스에서 각 항목에 대한 문제를 해결에 따른 타산성, 타당성 그리고 가능성에 대한 의문을 가함으로써 항목의 리스트를 감소한다.
2. 밸런스 시트 접근법은 각 항목의 찬반을 나열하고 중요한 이슈들에 대한 토론에 중점을 둔다.
3. 쌍 비교는 리스트의 각 항목이 모든 다른 항목과 비교되는 프로세스이다. 각 쌍에 대해 팀원들은 선호되는 항목을 찾는다. 이러한 접근법은 항목들 간의 선택을 강요한다. 항목의 리스트들이 작을 때 가장 잘 작동한다.

14.4.11 인터뷰

인터뷰(interview)

기업이 문제를 인식하거나 문제에 대한 정보를 수집하는 데 사용할 수 있는 또 다른 기법이 인터뷰(interview)이다. 내부 문제는 종업원에 대한 인터뷰를 필요로 하며 외부 문제들은 외부 고객들에 대한 인터뷰를 필요로 한다. 연구와 개발, 고객, 경쟁업체 그리고 종업원과 같은 수많은 원천들로부터 개선에 대한 아이디어가 나올 수 있다. 고객만족은 개선 활동의 궁극적인 목적이며 고객들은 제품 및 서비스 프로세스에 대한 많은 값진 제안들을 할 수 있지만, 그들이 프로세스에 대해서 제안을 할 가능성은 많지 않다.

14.4.12 벤치마킹

벤치마킹(benchmarking)

벤치마킹(benchmarking)은 개선 노력에 새로운 에너지를 불어넣을 수 있는 접근방법이다. 목적은 성과를 판단할 수 있는 표준을 설정하고, 개선방법을 배우기 위한 모형을 확인하는 것이다. 벤치마크 평가 기준은 다른 조직의 고객들이 만족하는 정도를 보여 준다. 벤치마킹할 대상이 확정되면 목적은 적절한 프로세스 개선을 통해 그 표준을 만족시키거나 넘어서는 것이며 일반적으로 아래와 같은 단계들을 포함한다.

1. 개선을 필요로 하는 주요 프로세스를 인식한다.
2. 개선이 필요한 프로세스에서 뛰어난 성과를 가진 조직을 인식한다. 이때는 업계 최고가 선호된다.
3. 벤치마크 조직과 접촉해서 방문하고 벤치마크 활동을 연구한다.
4. 데이터를 분석한다.
5. 조직에 주요 프로세스를 개선한다.

경쟁자들이 무엇을 하고 있는가에 대한 통찰력은 산업 리더를 선택하는 것으로 얻을 수 있지만 경쟁자들은 이러한 정보를 공유하는 것을 피한다. 일부 조직들은 벤치마킹 연구를 수행하는 것으로 이러한 어려움을 극복하고 다른 조직에 데이터의 원천을 폭로하지 않으면서 해당 정보를 제공한다.

14.5 통계적 공정관리

14.5.1 공정통제

통계적 공정통제의 중요한 수단은 관리도이다. 관리도는 작업 중인 공정으로부터 추출된 표본 평균과 같은 표본통계량을 시간순으로 표시한 차트이다. 관리도에는 관리한계라고 하는 상한과 하한이 있는데 이는 표본통계량에 대해 받아들일 수 있는 변동의 범위(우연변동)를 나타낸다. 관리도의 목적은 공정의 산출물이 우연에 의한 변동인지를 점검하는 것이다. 차트상의 모든 점들이 관리의 상한과 하한 사이에 위치해야 공정이 관리상태 혹은 안정적인 것으로 받아들여질 수 있다. 반대로 관리한계 바깥에 위치하는 점은 이상변동에 기인하며 공정산출물이 비정상적이고 공정이 관리 상태에 있지 않다는 증거가 될 수도 있다. 만일 이러한 경우가 발생한다면 이상변동의 원인을 찾아서 바로잡기 위해 공정이 중단될 수 있다. 통계적 공정통제의 본질은 공정의 결과물이 우연변동에 의한 것이며 따라서 미래의 결과물도 우연변동만이 발생할 것이라는 것을 보증하는 것이다.

14.5.2 관리 프로세스

표본추출 및 개선조치는 관리 프로세스의 일부분이다. 효과적인 관리는 다음 단계들을 필요로 한다.

1. 정의 – 첫 번째 단계에서는 무엇이 통제되어야 하는가에 대해 세부적으로 정의해야 한다. 예를 들어, 단순히 페인트칠 된 표면을 언급하는 것은 충분하지 못하다. 페인트는 농도, 강도, 퇴색, 마모 저항력 같은 중요한 특성을 가지고 있다. 특성 차이에 따라 관리 목적의 접근법이 달라질 필요가 있을 수 있다.
2. 측정 – 셀 수 있거나 측정할 수 있는 특성만이 통제의 대상이 된다. 따라서 어떻게 측정이 이루어질 것인가를 고려하는 것은 중요하다.
3. 비교 – 측정치를 평가하는 데 사용될 수 있는 비교 기준이 있어야 한다. 비교 기준은 기업이 추구하는 품질 수준과 연계될 것이다.
4. 평가 – 경영자는 이상 상태를 명확하게 정의해야 한다. 심지어 잘 작동하고 있는 공정도 표준과 정확히 일치하는 결과물을 산출할 수 없다. 모든 공정에는 우연변동이 존재한다. 특정 정도의 변동은 필수불가결하다.

5. 개선 – 공정이 이상상태로 판단될 경우 개선 조치가 이루어져야 한다. 이러한 활동은 낡은 설비, 잘못된 방법, 특정 후속공정의 실패 등 이상변동의 원인을 찾아내고 개선하는 것을 포함한다.
6. 감시 결과 – 개선 조치가 효과적인가를 확인하기 위해 문제가 제거되었음을 입증하기 위해서는 충분한 시간 동안 공정산출물이 감시되어야 한다.

14.5.3 변동과 관리

서비스 및 제품을 생산하는 공정에서는 결과에 어느 정도의 고유적인 변동이 생기게 된다. 변동은 많은 사소한 요인들의 복합적인 영향으로 발생한다. 결과적으로 변동은 공정에서 고유한 것이며 이것을 우연변동이라고 한다. 우연변동의 양은 공정마다 다르다.

이상변동은 우연변동과 달리 주요 요인이 확인되고 제거되어야 한다. 조정설비, 재료결함, 소음, 산만 등과 같은 작업자 요인, 장치 측정의 문제는 전형적인 이상변동의 원인이다.

공정산출물 가운데 표본이 추출되고 표본 평균, 범위와 같은 표준 통계량이 계산될 때 유사한 유형의 변동성을 나타낸다. 표본 통계량의 변동성은 표본분포로 나타낼 수 있으며 표본 통계량의 우연 변동성을 나타내는 이론적인 분포이다.

공정의 실행이 적절한지는 정규분포로 판단할 수 있다. 만약 결과물이 단지 우연변동을 보인다면 공정이 안정적이라고 할 수 있겠지만 이상변동의 증거가 있다면 공정이 안정적이지 못한 상태로 결론지을 수 있다. 정규분포곡선의 약 95.5%는 분산평균의 2 표준편차 이래에 수치들이 있으며, 표본평균의 약 99.7%는 분산평균의 3 표준편차 이내에 수치들이 있다. 이러한 값들은 관리한계에서 대표적으로 사용되는 값들이다.

14.5.4 관리도

관리도는 표본 통계치를 시간 순으로 나타낸 그림이다. 이는 우연 변동과 이상 변동을 구별하기 위해 사용된다. 관리도의 기본은 표본분포로 필수적으로 우연 변동을 설명한다. 그러나 표본 정규 분포의 사용과 관련된 어려움이 다소 있다. 이론적 분포는 양 방향의 끝이 무한대이다. 따라서 어떠한 값도 이론적으로 가능하다. 그러나 실무적인 용도로 분포 평균의 3 표준편차 이내에 99.73%가 존재한다는 것을 기억해야 한다. 그렇기 때문에 평균으로부터 3 표준편차를 나타내는 점을 한계로 결정할 수 있으며, 한계로부터 벗어난 모든 값들은 이상 변동이라고 말할 수 있다. 이 한계를 이상변동과 우연변동을 구분하는 관리한계라고 한다.

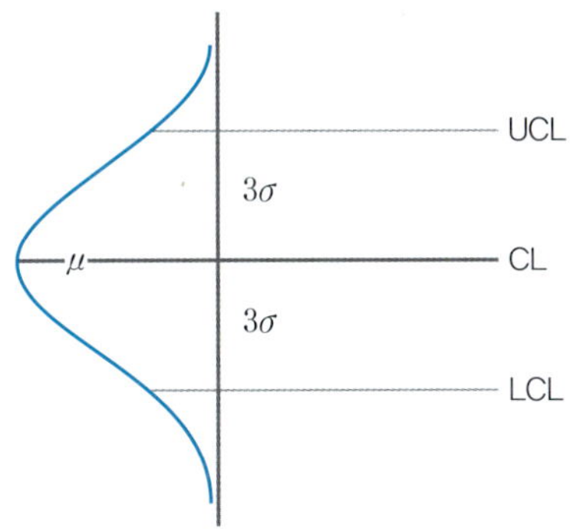

[그림 14-11] 관리도 개념

출처: www.fpo.go.th

우연변동과 이상변동을 구분하는 두 가지 한계를 관리도는 갖고 있다. 큰 값이 **관리 상한(Upper Control Limit: UCL)**이며 작은 값이 **관리 하한(Lower Control Limit: LCL)**이다. 이 두 한계 사이에 나타나는 표본 통계량은 우연변동인 반면, 이 두 한계 상이나 밖에 나타나는 값은 이상변동이다.

관리 상한(Upper Control Limit: UCL)

관리 하한(Lower Control Limit: LCL)

하지만 한계도 분포의 꼬리 부분에는 작은 공간이 생기기 때문에 우연변동만 있을 때에도 값이 한계밖에 존재할 가능성이 없지 않다는 것을 알아두어야 한다. 예를 들어, 만약 2 표준편차 한계가 적용될 경우, 한계 내에 값이 있을 확률은 95.5%이지만, 결과적으로 15.5%는 한계 내에 포함되지 않는다. 이 확률은 제1종 과오(type I error)로 일컬어진다. 이러한 오류는 실제로는 우연변동만이 존재함에도 불구하고 이상변동이 존재한다고 결론짓는 것이다.

더 넓은 한계를 사용하면 꼬리 부분의 확률이 줄어들어 제1종 과오가 발생할 확률이 줄어든다. 하지만 더 넓은 한계는 존재할지도 모르는 이상변동을 탐지하기 더 힘들게 된다. 예를 들어 이상변동으로 공정평균이 2 표준편차 한계에 의해 충분히 이상변동이 들어날 수 있지만 3 표준편차 한계에서는 쉽게 드러나지 않을 수도 있다. 이것은 제2종 과오라고 하며 공정이 정상상태가 아님에도 불구하고 정상이라고 판단하는 것을 말한다.

관리도는 네 가지 종류가 주로 사용된다. 두 가지는 변량 관리도이며, 나머지 두 가지는 속성 관리도이다. 변량 자료는 일을 끝내는 데 소요되는 시간이나 부품의 길이처럼 연속적인 척도에 의해 측정될 수 있으며, 속성 자료는 표본에 존재하는 불량품의 개수, 하루에 걸려 오는 전화 통화 수처럼 셀 수 있다.

14.5.5 변량관리도 – 평균관리도

평균관리도는 정규분포에 근거하고 있으며 두 가지 방법 중 한 가지 방법에 의해 구성된다. 선택은 어떤 정보가 주어져 있느냐에 따라 달라진다. 비록 공정의 표준편차를 모른다고 해도 합리적인 추정이 가능하다면 다음 공식을 이용하여 관리한계를 계산할 수 있다.

$$UCL = X + (Z * S_x)$$
$$LCL = X - (Z * S_x)$$

여기에서 X는 표본 평균의 평균을, Z는 표준 정규분포 값을, S_x는 표본평균의 표준편차를 나타내며, S_x는 공정의 표준편차를 표본 크기의 제곱근으로 나누어 구할 수 있다.

공정 변동성 측정을 하는 두 번째 방법은 범위를 사용한다. 관리한계를 계산하는 공식은 다음과 같다.

$$UCL = X + (A2 * R)$$
$$LCL = X - (A2 * R)$$

여기에서 R은 표본범위의 평균을 나타내며 $A2$의 값은 아래와 같다.

표본의 관측치 수(n)	관리도 계수($A2$)
2	1.88
3	1.02
4	0.73
5	0.58

6	0.48
7	0.42
8	0.37
9	0.34
10	0.31
11	0.29
12	0.27
13	0.25
14	0.24
15	0.22
16	0.21
17	0.20
18	0.19
19	0.19
20	0.18

14.5.6 변량관리도 – 범위관리도

공정산포의 변화에 민감한 범위관리도는 공정 산포를 감시하기 위하여 사용된다. 비록 기초 표본분포는 정규분포가 아니지만 범위관리도 사용 개념은 평균관리도와 거의 같기 때문에 큰 문제가 없다. 범위관리도의 관리한계는 평균 표본범위를 사용하여 다음 공식을 통해 구할 수 있다.

$$UCL = D4 * R$$
$$LCL = D3 * R$$

여기에서 $D3$과 $D4$의 값은 아래와 같다.

표본의 관측치 수(n)	관리하한($D3$)	관리상한($D4$)
2	0	3.27
3	0	2.57
4	0	2.28

5	0	2.11
6	0	2.00
7	0.08	1.92
8	0.14	1.86
9	0.18	1.82
10	0.22	1.78
11	0.26	1.74
12	0.28	1.72
13	0.31	1.69
14	0.33	1.67
15	0.35	1.65
16	0.36	1.64
17	0.38	1.62
18	0.39	1.61
19	0.40	1.60
20	0.41	1.59

품질개선은 생산성 희생 하에 이루어지기도 하고 우연적으로 발생하기도 한다. 따라서 범위관리도에서 관리상한을 벗어나는 점들뿐만 아니라 관리 하한을 벗어나는 점들도 조사하는 것이 바람직하다.

14.5.7 변량관리도의 이용

평균관리도와 범위관리도는 공정에 대한 상이한 관점을 제시해 준다. 평균관리도는 공정 평균의 이동에 민감한 반면, 범위관리도는 공정 산포의 변화에 민감하다. 이러한 차이 때문에 동일한 공정을 감시하기 위해 두 관리도가 사용된다. 예를 들어 공정이 산포의 변화보다 공정평균의 변화가 있을 가능성이 있는 경우 산포를 감시할 필요는 없다. 하지만 관리도를 작성하고, 필요한 정보를 수집하고, 그 결과를 평가하는데 소요되는 시간과 비용 때문에 문제를 일으키는 경향이 있는 공정에 대해서는 감시해야 한다.

공정관리도가 설정되면 이는 공정을 중단하고 변동의 이상 원인을 탐색할 시점을 결정하는 기초가 된다. 최초의 관리한계를 결정하기 위하여 다음과 같은 절차를 사용할 수 있다.

1. 20~25개의 표본을 추출한다. 각 표본의 적절한 표본 통계량을 산출한다.
2. 공식을 이용하여 예비 관리 한계를 설정한다.
3. 관리한계 밖에 나타나는 점들이 있는지를 확인한다.
4. 만약 이상 상태의 신호를 발견하면 공정이 관리 상태에 있지 않다고 가정한다. 이 경우, 변동의 이상 원인을 조사하고 수정한다. 그리고 생산을 재개하고 또 다른 관측치를 수집하여 관리한계를 산출한다.
5. 관리도 상에 자료를 나타내고 이상 상태의 신호가 있는지를 확인한다.

14.5.8 속성관리도 - 불량률 관리도

불량률은 공정에 의해 생성되는 불량품의 비율을 감시하기 위해 사용된다. 불량률 관리도의 기초는 이항 분포이다. 표본의 크기가 커지면 이항 분포는 정규 분포에 가까워진다. 불량률 관리도는 평균 관리도와 같은 방법으로 구한다. 불량률 관리도의 중심선은 모집단의 평균 불량률 p이며 표본분포의 표준편차는 다음과 같다.

$$S_p = \sqrt{\frac{p*(1-p)}{n}}$$

그리고 다음 공식을 사용하여 관리 한계를 구할 수 있다.

$$UCL = p+(Z*S_p)$$
$$LCL = p-(Z*S_p)$$

14.5.9 속성관리도 - 결점 수 관리도

단위 당 결점 수를 관리하고 싶을 때 결점 수 관리도를 사용한다. 기초가 되는 표본분포는 포아송 분포이다. 포아송 분포는 결점이 연속된 범위에서 나타나고, 특정 위치에 둘 이상의 결점이 발생할 확률은 거의 없다는 것을 가정하고 있다. 단위 당 결점 수의 평균은 c이며, 표준편차는 c의 제곱근이다. 관리한계는 다음과 같다.

$$UCL = c+(Z*\sqrt{c})$$
$$LCL = c-(Z*\sqrt{c})$$

관리하한이 음일 경우 실제 관리하한은 0이 된다. 포아송 분포의 근삿값을 구하기 위해 정규분포를 사용하기 때문에 음의 하한이 나올 수 있기 때문이다. 정규분포는 대칭인 반면 포아송 분포는 c가 0에 가까워질 때 비대칭이 된다.

만약 관측치가 불량률 관리도나 결점 수 관리도에서 관리 하한 아래에 위치할 때, 비록 이 경우에는 공정이 기대 품질보다 공정이 우량함을 의미하지만 평균관리도나 범위관리도에서와 마찬가지로 그 이유를 조사해야만 한다.

14.5.10 관리도에 관한 경영적 고려사항

관리도의 사용은 산출을 확보하는데 필요한 시간과 비용을 증대시킨다. 공정이 매우 좋다면 어떤 관리도도 사용하지 않고 높은 수준의 품질을 얻을 수 있고, 최고의 기업들은 이 수준에 이르기 위해 노력한다. 하지만 아직 많은 기업들이 그 수준에 이르지 못했기 때문에 그들은 공정의 다양한 위치에서 관리도를 이용한다. 관리도 사용에 있어서는 다음과 같은 중요한 결정을 하여야 한다.

1. 공정의 어느 위치에서 관리도를 사용할 것인가?
2. 표본의 크기를 얼마로 할 것인가?
3. 어떤 종류의 관리도를 사용할 것인가?

관리도 사용 위치에 관한 의사 결정은 주안점을 관리 상태를 벗어날 경향이 있는 공정 및 제품이나 서비스의 성공적인 운용에 필수적인 공정에 두어야 한다.

비용과 시간은 표본의 크기에 대한 함수이고, 표본의 크기가 클수록 검사비용이 증가하고 검사 시간이 길어지기 때문에, 그리고 표본의 크기가 작을수록 큰 표본보다 공정의 변화를 쉽게 알 수 있기 때문에 중요하다.

제공되는 정보와 표본 선정에 필요한 시간과 비용을 관리자가 비교 검토하여야 한다. 이는 측정하는 것이 합격 여부를 관측하는 것보다 더 많은 비용이 들고 단위당 시간도 더 많이 소요되지만 측정하는 것은 단지 양품이나 불량품을 헤아리는 것보다 더 많이 정보를 제공해 주기 때문에 p 관리도 보다 평균관리도의 표본 크기가 더 작아지는 것을 예로 들 수 있다.

14.5.11 Excel 실습예제

관리도의 가장 기본적인 평균관리도를 엑셀을 활용하여 그려보자. 우선 관리도로 나타내고자 하는 데이터를 B4부터 B63까지 입력하자(빨간색 상자). 입력이 완료되면 C1부터 C3까지의 UCL, CL, LCL과 E3의 표준편차가 자동으로 계산되어 나올 것이다(파란색 상자).

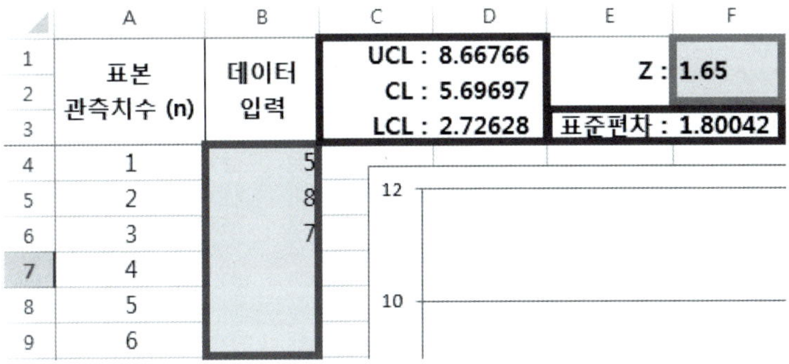

이제 원하는 UCL과 LCL을 그리기 위하여 적절한 Z 값을 Standard Normal Probabilities Table에서 찾아야 한다. 자주 쓰이는 값은 아래 표에서 확인할 수 있다.

Z 값	포함 확률
1.65	90%
1.96	95%
2.58	99%

Standard Normal Probabilities

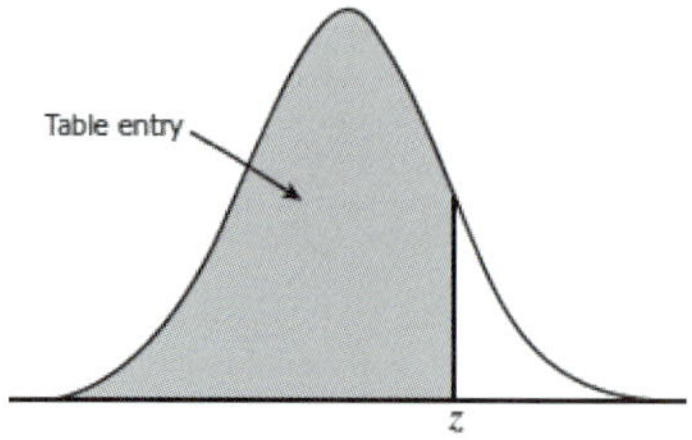

Table entry for z is the area under the standard normal curve to the left of z.

z	.00	.01	.02	.03	.04	.05	.06	.07	.08	.09
0.0	.5000	.5040	.5080	.5120	.5160	.5199	.5239	.5279	.5319	.5359
0.1	.5398	.5438	.5478	.5517	.5557	.5596	.5636	.5675	.5714	.5753
0.2	.5793	.5832	.5871	.5910	.5948	.5987	.6026	.6064	.6103	.6141
0.3	.6179	.6217	.6255	.6293	.6331	.6368	.6406	.6443	.6480	.6517
0.4	.6554	.6591	.6628	.6664	.6700	.6736	.6772	.6808	.6844	.6879
0.5	.6915	.6950	.6985	.7019	.7054	.7088	.7123	.7157	.7190	.7224
0.6	.7257	.7291	.7324	.7357	.7389	.7422	.7454	.7486	.7517	.7549
0.7	.7580	.7611	.7642	.7673	.7704	.7734	.7764	.7794	.7823	.7852
0.8	.7881	.7910	.7939	.7967	.7995	.8023	.8051	.8078	.8106	.8133
0.9	.8159	.8186	.8212	.8238	.8264	.8289	.8315	.8340	.8365	.8389
1.0	.8413	.8438	.8461	.8485	.8508	.8531	.8554	.8577	.8599	.8621
1.1	.8643	.8665	.8686	.8708	.8729	.8749	.8770	.8790	.8810	.8830
1.2	.8849	.8869	.8888	.8907	.8925	.8944	.8962	.8980	.8997	.9015
1.3	.9032	.9049	.9066	.9082	.9099	.9115	.9131	.9147	.9162	.9177
1.4	.9192	.9207	.9222	.9236	.9251	.9265	.9279	.9292	.9306	.9319
1.5	.9332	.9345	.9357	.9370	.9382	.9394	.9406	.9418	.9429	.9441
1.6	.9452	.9463	.9474	.9484	.9495	.9505	.9515	.9525	.9535	.9545
1.7	.9554	.9564	.9573	.9582	.9591	.9599	.9608	.9616	.9625	.9633
1.8	.9641	.9649	.9656	.9664	.9671	.9678	.9686	.9693	.9699	.9706
1.9	.9713	.9719	.9726	.9732	.9738	.9744	.9750	.9756	.9761	.9767
2.0	.9772	.9778	.9783	.9788	.9793	.9798	.9803	.9808	.9812	.9817
2.1	.9821	.9826	.9830	.9834	.9838	.9842	.9846	.9850	.9854	.9857
2.2	.9861	.9864	.9868	.9871	.9875	.9878	.9881	.9884	.9887	.9890
2.3	.9893	.9896	.9898	.9901	.9904	.9906	.9909	.9911	.9913	.9916
2.4	.9918	.9920	.9922	.9925	.9927	.9929	.9931	.9932	.9934	.9936
2.5	.9938	.9940	.9941	.9943	.9945	.9946	.9948	.9949	.9951	.9952
2.6	.9953	.9955	.9956	.9957	.9959	.9960	.9961	.9962	.9963	.9964
2.7	.9965	.9966	.9967	.9968	.9969	.9970	.9971	.9972	.9973	.9974
2.8	.9974	.9975	.9976	.9977	.9977	.9978	.9979	.9979	.9980	.9981
2.9	.9981	.9982	.9982	.9983	.9984	.9984	.9985	.9985	.9986	.9986
3.0	.9987	.9987	.9987	.9988	.9988	.9989	.9989	.9989	.9990	.9990
3.1	.9990	.9991	.9991	.9991	.9992	.9992	.9992	.9992	.9993	.9993
3.2	.9993	.9993	.9994	.9994	.9994	.9994	.9994	.9995	.9995	.9995
3.3	.9995	.9995	.9995	.9996	.9996	.9996	.9996	.9996	.9996	.9997
3.4	.9997	.9997	.9997	.9997	.9997	.9997	.9997	.9997	.9997	.9998

[그림 14-12] Standard Normal Probabilities Table

출처: www.stat.ufl.edu

예를 들어서, 상위 5%와 하위 5%를 각각 UCL과 LCL로 설정하려면 0.95에 해당하는 Z 값을 Standard Normal Probabilities Table에서 찾아야 한다. 이 경우 Z 값은 1.65에 해당하며, 해당 값을 F1의 Z 값에 입력한다(초록색 상자). 아래는 완성된 관리도이다.

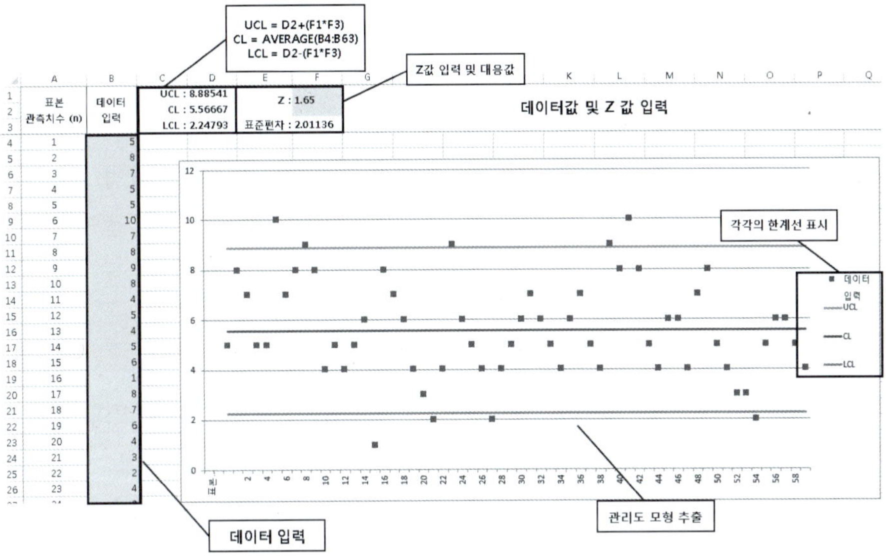

완성된 관리도를 통해 입력된 데이터들 중에서 UCL, LCL안에 들어있는 데이터들과 그 밖에 관리한계선을 넘어간 데이터들을 쉽게 확인할 수 있으며 관리도를 통해 현재 공정 상태를 진단할 수 있다.

14.6 공정능력

14.6.1 공정능력 분석

공정능력 분석(process capacity analysis)은 공정 산출물의 고유 변동이 설계 규격이 허용하는 변동범위 내에 있는지 여부에 대한 것이다. 만약 규격 내에 있다면 그 공정은 능력이 있다고 이야기할 수 있지만, 그렇지 않다면 관리자는 그 상황을 수정하는 방법을 결정해야 한다.

공정능력 분석(process capacity analysis)

거의 모든 공정 산출물이 규격을 충족시킬 것으로 기대되는 상황은 공정능력과 산출물 규격이 일치하는 상황이다. 공정변동이 요구되는 것보다 훨씬 작으면 산출물의 100%가 허용오차 이내에 들어올 것이다. 공정능력보다 규격이 엄격하다면 공정이 정상적으로 작동하더라도 산출물의 일정량은 규격을 충족시킬 수 없다. 공정변동이 규격을 초과하는 경우 관리자는 다음과 같은 해법들을 생각할 수 있다.

1. 바라는 산출물을 얻을 수 있도록 공정을 재설계하는 방법
2. 바라는 산출물을 얻을 수 있는 다른 공정을 사용하는 방법
3. 현 공정을 유지하고 100% 전수검사를 통해 불량품을 제거하는 방법
4. 규격이 필수적인지를 검사하거나 고객 만족에 악영향을 미치지 않으면서 규격을 완화하는 방법

어떤 공정이 능력이 있을 경우, 해당 공정능력의 비율은 최소한 1.0이 되어야 한다. 그러나 1.0의 비율은 충분한 것이 아니며 오늘날의 추세는 공정능력의 비율 목표를 최소한 1.33으로 하고 있다. 이는 1.33의 공정능력 비율이 여유를 가지고 있기 때문이다. 예를 들어, 공정능력 비율 1.0은 1,000,000개 중 2,700개의 불량을 허용하는 반면, 1.33은 1,000,000개 중 30개의 불량만을 허용한다. 공정능력이 커질수록 공정 산출물이 설계 규격을 충족시킬 확률이 커진다.

14.6.2 공정능력의 개선

공정기준치의 또는 공정의 고유한 공정변동 둘 중 하나 이상의 변화가 있어야 공정능력이 개선될 수 있다. 이를 위해서는 단순화, 표준화, 자가오류진단 공정, 설비 개선, 자동화 등이 필요하다. 공정능력이 개선되면 검사 감소, 보증비용의 감소, 서비스에 대한 불만 감소 및 생산성 증가가 이루어진다.

14.6.3 공정능력지수의 한계

공정능력지수의 사용에는 몇 가지 위험이 따르며 다음과 같다.

1. 공정이 안정적이지 않을 수 있으며 이 경우 공정능력지수는 무의미하다.
2. 공정 산출물이 정규분포를 이루지 않을 수 있으며 불량 산출물에 대한 추정이 부정확하게 될 것이다.
3. 기준치와 공정평균이 일치하지 않을 경우 잘못된 결과를 초래할 수 있다.

품질은 모든 고객들에게 실질적으로 매우 중요한 고려사항이기 때문에 품질 기준을 확보하고 유지하는 것은 모든 기업 조직에 전략적으로 매우 중요하다. 공정에 있어서 두 가지의 중요한 연결고리는 품질 보증과 제품 및 서비스 설계다. 기업은 그들이 사용하는 공정능력을 증대시키기 위해 지속적으로 노력하며, 따라서 품질 검사나 관리도의 광범위한 사용으로부터 출발하여 향후에는 품질 보증에 별도의 노력이 소요되지 않도록 제품과 공정 품질을 지니도록 하여야 한다.

14.7 요약

품질경영이란, 제품을 대량 생산하고 불량률을 줄이기 위한 과거 방식의 품질 관리를 벗어나 제품과 서비스를 사용하는 소비자를 고려한 품질 관리 및 개선 방법을 말한다. 이 장에서는 품질경영이라는 개념이 어떻게 탄생하였으며, 품질관리와 연계하여 어떻게 수행되는지에 대해 학습하였다. 품질에 대한 정의와 품질관리, 경영의 변천사를 품질 대가들의 원칙과 이론을 통해 학습하였다. 또한, 전사적 품질경영(TQM)에 대해 학습하였으며 품질경영을 수행하기 위한 방법론, 품질 측정 도구에 대해 살펴보았다. 마지막으로 품질경영을 위해 가장 많이 사용되는 품질 관리도 작성을 심화 학습하고 품질 관리 수행을 위한 공정 능력 분석에 대해 학습하였다.

연·습·문·제

1. 시대별(1950~1990년대) 품질관리에 대한 정의와 활동의 변화를 작성하라.

2. Taylor가 주장한 품질 원칙 4가지는 무엇인가?

3. 품질의 정의에서 확인해야 할 8가지 요소는 무엇인가?

4. 품질관리와 전사적 품질경영의 차이점을 작성하라.

5. 기업이 성공적으로 6시그마를 적용하기 위해 필요한 인력 양성, 배치에 대한 계획을 작성하라.

6. 품질 관리자가 5개의 표본을 구했다. 각 표본은 자동차가 정지 상태에 이르는 데 필요한 거리를 관측한 4개의 관측치로 구성되어 있다. 분석자가 각 표본의 평균을 계산하고 총 평균을 계산하였다. 측정 단위는 미터이다. 이 정보를 이용하여 평균 거리의 3시그마 관리 한계를 구하라. 이전의 경험으로부터 표준편차는 0.02미터로 알려져 있다.

	1	2	3	4	5
1	40.11	40.15	40.09	40.12	40.09
2	40.10	40.12	40.09	40.10	40.14
3	40.11	40.10	40.11	40.08	40.13
4	40.08	40.11	40.15	40.10	40.12
평균	40.10	40.12	40.11	40.10	40.12

7. 품질 관리자는 매달 장난감 회사 부품의 불량 수를 조사하기 위해 20개의 표본을 추출한다. 다음 정보를 활용하여 공정이 관리 상태에 있을 때 공정에서 우연변동이 일어날 확률이 99.74%가 되는 관리도를 작성하고 공정 상태를 분석하라. 각 표본에는 100개의 장난감 부품이 포함되어 있다.

표본	불량 수
1	16
2	4
3	8
4	10
5	10
6	12
7	10
8	12
9	13
10	9
11	12
12	3
13	10
14	22
15	8
16	9
17	21
18	10
19	11
20	10
Total	220

8. 품질 관리자는 제조 공정의 품질을 관리하기 위해 매일 5개의 샘플을 추출하여 각 샘플의 평균과 범위를 기록한다. 7일 동안 추출된 샘플의 평균과 범위는 다음과 같다. 주어진 데이터를 활용하여 평균 관리도의 관리 상한선(UCL)과 관리 하한선(LCL)을 계산하시오(관리도 계수 A2 = 0.58을 사용).

일자	평균(x)	범위(R)
1일	25.3	0.6
2일	25.1	0.7
3일	25.2	0.5

4일	25.4	0.6
5일	25.3	0.7
6일	25.5	0.6
7일	25.2	0.5

9. 평균관리도, 범위관리도, 불량률 관리도, 결점 수 관리도의 작성 방법과 차이점을 설명하라.

10. B사는 스마트폰 판매 및 소비자 만족을 측정하기 위해 품질 측정 도구를 활용하고자 한다. 3개의 품질 측정 도구를 선정하여 어떠한 특성을 측정하며, 품질 관리를 위해 어떻게 활용할 것인지 방안을 작성하라.

11. 성공적인 품질경영 구현을 위한 고려 요인들을 작성하라.

12. B사는 스마트폰 판매 및 소비자 만족을 측정하기 위해 품질 측정 도구를 활용하고자 한다. 3개의 품질 측정 도구를 선정하여 어떠한 특성을 측정하며, 품질 관리를 위해 어떻게 활용할 것인지 방안을 작성하라.

13. 성공적인 품질경영 구현을 위한 고려 요인들을 작성하라.

Memo

15

CHAPTER

토요타 생산 시스템

학습 목표

- 토요타 생산 시스템의 목표와 기본 개념을 이해할 수 있다.
- 준비작업시간 단축의 중요성과 응용 사례들을 공부할 수 있다.
- 칸반 시스템의 원리와 운영 방식을 이해할 수 있다.
- 다기능공의 양성, 자동화(Jidoka), 생산 평활화 개념을 이해하고, 응용 사례들을 공부할 수 있다.

사례

1. JIT와 Industry 4.0: 현대 제조업의 미래

적시생산(Just-in-Time, JIT) 모델은 원래 토요타 생산 시스템(TPS)의 일환으로 토요타에 의해 완성되었다고 알려져 있다. 토요타가 그 공로를 인정받아야 할지는 모르겠으나, 이 시스템을 성공적으로 적용한 것은 분명하다. 지난 반세기 동안 자동차 제조업체의 급격한 성공을 고려할 때, 적시생산이 매우 효과적인 시스템일 수 있다는 것은 부정할 수 없다.

그러나 시간이 지남에 따라, 가까운 공급업체로부터 "적시에" 부품을 공급받는다는 개념은 다소 구식이 되어버렸다. 제조업이 세계화됨에 따라, JIT 방법론도 함께 세계화되었고, 이제는 해외에서 대량으로 부품을 주문한 후, 필요할 때 사용할 수 있도록 창고에 보관하는 것이 일반적이다. 표면적으로는 이러한 움직임이 스마트한 전략으로 보일 수 있다. 일부 해외 국가에서의 부품 단가를 이기기는 어려운 일이기 때문이다. 그러나 실제로는, 전 세계적으로 자재를 관리하고 이동시키기 위해 전체 공급망 조직이 필요하므로 숨겨진 비용이 늘어나는 문제를 초래한다.

대양을 가로지르는 작업은 매우 느린 과정이다. 부품을 생산하고 최종 제품에 포함하기 위해 운송하는 데 시간이 걸리며, 국제 배송 및 통관 지연이 발생할 경우 그 시간이 더욱 길어진다. 또한 팬데믹, 지정학적 긴장, 심지어 국제 해운 경로를 차단하는 선박과 같은 문제에도 영향을 받을 수 있다. 이러한 일회성 사건들이 더 자주 발생하고 있으며, 불안정성이 계속될 것이라는 전망이 나오고 있다. 이러한 위험을 줄이기 위해 무엇을 할 수 있을까? Industry 4.0 원칙과 결합된 적시생산으로의 복귀가 그 해답이 될 수 있다.

최근의 공급망 혼란에 대응하여, 공급망 리더들은 전략을 변화시키고 있다. 최근 글로벌 컨설팅 회사인 맥킨지 조사에 따르면, 응답자의 44%가 지난 해에 지역 소싱으로 전환했으며, 절반 이상이

Good thinking, good product(좋은 제품은 좋은 생각에서 나온다)!

–에이지 토요타(Eiji Toyota)

이 추세가 계속될 것으로 예상하고 있다. 오래된 적시생산 철학의 부활은 지역 공급망의 많은 이점이 4차 산업혁명이 가능하게 한 기술과 결합하여, 효율성과 민첩성이 풍부한 소싱 전략을 창출할 수 있는 시점에 이루어지고 있다.

Industry 4.0과 함께, 우리는 적시 제조의 기초 요소 중 하나인 주문형 제조를 고려한다. 이는 과도한 부품 재고를 쌓는 대신, 특정 기간 동안 필요한 만큼만 주문하는 것을 의미한다. 초기에는 정보에 기반한 시행착오 과정이지만, 궁극적으로는 창고를 가득 채울 필요가 없으며, 관련 저장 비용도 감수하지 않아도 된다. 또한, 제품을 변경해야 할 때 낭비를 줄일 수 있다. 기존 부품 디자인을 약간 수정하거나, 새로운 디자인을 반복적으로 생성할 수 있으며, 기존 부품의 재고를 먼저 줄여야 한다는 걱정 없이, 또는 최악의 경우 그냥 버려야 한다는 걱정 없이 이를 수행할 수 있다. 이는 또 다른 4차 산업혁명 원칙인 지속 가능성과 환경 민감성에 부합한다.

디지털 제조업체들은 지역 시설을 글로벌 전략과 결합하여 고객에게 최고의 것을 제공할 수 있다는 이점을 발견했다. 일부는 한 단계 더 나아가 승인된 제조업체 네트워크와 협력하여 지역적 적시생산 모델의 장점을 유지하면서, 높은 수준의 속도, 신뢰성, 품질을 유지하는 포괄적인 국제 감각을 제공한다. 이는 미래의 물결이 될 수 있으며, 지금 바로 그 정점에 서 있다.

출처: Bernadine Henderson, JIT and Industry 4.0: The Future of Modern Manufacturing, 『Supplychainbrain』, 2023년 1월 20일.

https://www.supplychainbrain.com/blogs/1-think-tank/post/36382-jit-and-industry-40-the-future-of-modern-manufacturing

2. 토요타 생산 차질(malfunction): 공급망 업그레이드를 위한 적기

2023년 8월, 토요타의 14개 조립 공장에서 생산이 갑작스럽게 중단되었다. 부품 주문 관리 시스템의 결함으로 인해 더 이상 생산이 이루어질 수 없었기 때문이다. 이는 토요타가 자랑하는 "적시" 원칙에 비추어 볼 때 매우 놀라운 일이었다.

오늘날의 글로벌 공급망은 적시 원칙에 크게 의존하고 있다. 이 시스템은 생산과 운송 계획을 철저히 동기화하여, 제조에 필요한 자재를 정확히 필요한 시점에 주문하고, 완성된 제품을 신속히 배송하여 고객 수요를 충족시키고, 저장 비용을 효과적으로 줄이는 것을 목표로 한다.

그러나 이 적시생산의 성공은 모든 자재와 부품의 적시 납품에 달려 있는데, 팬데믹 이후로는 이 부분이 제대로 이루어지지 않았으며, 글로벌 공급망이 불일치하면서 큰 혼란이 발생했다. 이러한 경험과 토요타에서 발생한 최근의 사건이나 파나마 운하의 가뭄으로 인한 물 부족과 같은 반복되는 공급 부족은 많은 기업들이 오랫동안 유지해온 적시생산 모델을 다시 생각해 보게 만들고 있으며, 특히 공급 부족 문제로 인해 더 큰 안전성을 추구하는 방향으로 재검토하고 있다.

공급 병목 현상이 발생할 경우 빠르게 대응할 수 있도록 많은 기업은 이제 더 큰 안전 재고를 구축하고 있으며, "혹시나"를 대비한 생산 방식을 재도입하고 있다. 특히 필수 자재가 중국과 같은 단일 공급처에서 비롯될 경우, 더 많은 안전 재고를 유지하는 것이 필요하다.

또한, 기업들은 공급망 기반을 다양화하여 단일 공급업체에 대한 의존도를 줄이고, 배송 문제 발생 시 대체 파트너로 신속히 전환할 수 있는 능력을 키우고 있다. 글로벌 위기는 가까운 파트너와의 협력이 주는 이점을 부각시켰으며, 시간대 공유, 물리적 근접성, 문화적 일치로 인해 협업이 더욱 원활해지고, 여행 거리를 줄임으로써 지속 가능성이 촉진되었다.

공급망 회복력을 강화하기 위해서는 투명성이 필수적이다. 이는 파트너와 수요 변동, 용량 제한, 그리고 지속 가능성 데이터(예: 배출량, 폐기물, 직원 복지 등)에 대한 정보를 공유하는 것을 의미한다. 잘 확립된 적시생산 모델은 기업과 공급자 간의 관계를 강화하여 공급망 혼란에 신속히 대응할 수 있게 해준다. 이를 통해 위험을 최소화하고, 지속 가능한 공급망을 구축하기 위해 함께 노력할 수 있다.

팬데믹 이전과 같은 낮은 재고 수준의 적시생산 모델로의 단순한 복귀는 당분간 이루어지지 않을 것이다. 기업이 적시생산 모델의 이점을 활용하면서도 잘 설계된 회복력 있는 공급망을 구축할 수 있다면, 미래의 혼란에 잘 대비할 수 있을 것이다.

출처: Sin To, Toyota Production Malfunction: Just-In-Time For Supply Chain Upgrade, 『Forbes』, 2023년 9월 18일.

https://www.forbes.com/sites/sap/2023/09/18/toyota-production-malfunction-just-in-time-for-supply-chain-upgrade/

3. John Deere의 애자일 전환: Lean 및 애자일 실천 사례 연구

비즈니스에서 민첩성과 유연성이 중요한 시대에, 제조업과 같은 전통 산업에서도 혁신과 적응을 모색하는 기업들이 늘어나고 있다. 중장비 산업의 선두주자인 존 디어(John Deere)는 이러한 변화의 대표적인 사례이다. 농업, 건설, 임업 분야에서 사용되는 강력한 중장비 생산 기업으로 잘 알려진 존 디어는 소프트웨어 개발 과정에 린(Lean)과 애자일(Agile) 실천 방식을 통합하는 혁신적인 여정을 시작했다. 180년이 넘는 역사를 가진 기업이 어떻게 애자일 방법론을 성공적으로 수용했는지, 그리고 유사한 변화를 모색하는 다른 기업들에게 어떤 교훈을 제공할 수 있는지 탐구한다.

존 디어가 애자일 방법론을 도입하기로 결정한 것은 단순히 최신 트렌드를 따르기 위한 것이 아니었다. 이는 중장비 산업의 변화하는 복잡성에 대한 전략적 대응이었다. 기술이 다양한 산업에 영향을 미치면서, 존 디어는 변화하는 시장 수요와 고객 기대에 부응하기 위해 더 빠르게 혁신할 필요성을 인식하게 되었다.

존 디어의 애자일 여정은 파일럿 프로그램으로 시작되었다. 주요 목표는 소프트웨어 출시까지의 시간을 단축하고, 품질을 개선하며, 팀 내 및 팀 간의 협력을 증진하는 것이었다. 이를 달성하기 위해 존 디어는 다음과 같은 애자일 및 린 방법론의 핵심 요소를 채택했다:

- 스크럼 프레임워크: 크로스 기능 팀으로 구성된 작은 팀이 형성되었다. 이 팀들은 짧고 반복적인 주기인 스프린트를 통해 신속한 개발과 피드백을 가능하게 했다.
- 린 원칙: 프로세스의 효율화를 중점으로 하여 낭비를 줄이고, 가치 중심의 활동에 집중했다.
- 지속적 통합 및 배포: 소프트웨어 업데이트를 더 빠르고 신뢰성 있게 제공하여, 새로운 기능과 수정 사항이 신속하고 효율적으로 배포될 수 있도록 했다.

이 전환에서 가장 큰 도전 과제 중 하나는 애자일 실천 방식 자체의 구현이 아니라, 필요한 문화적 변화였다. 존 디어는 애자일이 단순한 실천 방식의 집합이 아니라, 사고방식으로 받아들여져야 한다는 점을 인식했다. 이를 위해 존 디어는 직원들을 위한 광범위한 교육과 코칭에 투자했다. 애자일 원칙과 실천 방식에 대해 팀을 교육하기 위한 워크숍과 세미나가 열렸다. 또한, 경영진은 애자일 프로세스를 적극적으로 촉진하고 참여함으로써 조직의 나머지 구성원들에게 모범을 보이는 중요한 역할을 했다.

이 애자일 전환의 결과는 다방면에서 중요한 성과를 거두었다:

- 시장 출시 시간 단축: 애자일 실천 방식을 채택함으로써 존 디어는 소프트웨어 개발 주기를 대폭 단축하여, 고객의 요구와 시장 변화에 더 신속하게 대응할 수 있게 되었다.
- 품질 개선: 애자일의 반복적인 접근 방식 덕분에 문제와 버그를 개발 과정에서 더 일찍 식별하고 해결할 수 있어, 더 높은 품질의 소프트웨어를 제공할 수 있었다.
- 협업 강화: 애자일 전환은 조직 내에서의 정보차단을 허물고, 다른 팀 및 부서 간의 협업

과 소통을 개선했다.

- 직원 만족도 증가: 애자일로의 전환은 직원들의 참여도와 만족도를 높이는 데도 기여했다. 팀은 더 큰 자율성을 가지고 명확한 목적 의식을 가지며, 지속적으로 학습하고 성장할 기회를 얻었다.

존 디어가 소프트웨어 개발 과정에 린과 애자일 실천 방식을 성공적으로 도입한 것은 이 역사적인 기업의 적응력과 회복력을 보여주는 증거이다. 이러한 현대적 방법론을 수용함으로써, 존 디어는 소프트웨어 개발 역량을 강화했을 뿐만 아니라, 중장비 산업에서 혁신적인 리더로서의 입지를 더욱 공고히 했다. 이 사례 연구는 산업이나 규모에 관계없이, 애자일 여정을 시작하려는 다른 기업들에게 영감을 주는 예시로 작용할 것이다.

출처: David McCreery, Agile Transformation at John Deere: A Case Study in Lean and Agile Practices, 『LinkedIn』, 2024년 1월 23일.

https://www.linkedin.com/pulse/agile-transformation-john-deere-case-study-lean-david-mccreery-8vppe/

15.1 토요타 자동차회사의 역사, 발전 과정 및 위기

사키치 토요타(Sakichi Toyota)가 섬유기계를 만드는 회사를 설립한 후, Sakichi Toyota의 아들인 키이치로 토요타(Kiichiro Toyota)가 1937년 토요타 자동차 회사를 설립하였다. 2차 세계대전에서 일본이 패전한 이후, 궁핍한 자원 하에서 낭비를 제거하기 위한 피나는 노력 끝에 타이치 오노(Taiichi Ohno)를 중심으로 개발된 것이 토요타 생산 시스템이다. 토요타 자동차회사는 총 생산량 규모에서 2010년 초반 세계 1위를 차지하였으나, 〈표 15-1〉에서 볼 수 있듯이 2016년부터는 폭스바겐과 비등한 결과를 보인다. 2019년도에는 매출 30조 2,256억 엔, 영업이익 2조 7,505억 엔을 달성해 세계 자동차 시장에서 주도적인 영향력을 미치고 있다. 하지만 세계 최고의 품질을 자랑하며 세계 시장 1~2위를 다투는 토요타 자동차회사에도 큰 위기가 있었다. 2007년 오클라호마 주에서 캠리 승용차의 급발진으로 사망사고가 발생하고, 2009년 캘리포니아 주에서 렉서스 자동차의 급발진으로 일가족 사망사고가 발생하면서 토요타 자동차의 결함문제가 제기되었고 북미지역에서만 400여 건의 급발진 소송을 치르게 되었다. 토요타 자동차의 급발진 원인으로는 가속 페달의 불량, 운전석 바닥 매트의 결함, 엔진을 제어하는 컴퓨터인 ECU 내 메모리 영역에서의 소프트웨어 오류 등이 추정되고 있다. 토요타 자동차회사는 급발진 문제 은폐와 관련해 2014년 3월 미국 법무부에 벌금 12억 달러를 내고 기소유예를 받았으며, 지금까지 1천 200만 대를 리콜하였다. 리콜과 소송 합의금, 벌금 등으로 지급한 금액은 총 40억 달러에 이르는 것으로 추정된다. 급발진 사고 후 미국 의회 청문회까지 가서 진술을 하게 된 아키오 토요타(Akio Toyota) 회장은 생산량의 증대보다 지금의 토요타 자동차회사를 있게 만든 품질 최우선의 정책으로 다시 돌아가게 된다. 이후 2011년 동일본 대지진으로 또 한 번 맞은 위기를 세계 10여 곳의 글로벌 공장들과 품질 최우선 정책으로 되찾은 소비자의 믿음으로 훌륭하게 극복하였다.

출처: https://global.toyota/pages/global_toyota/ir/library/annual/2019_001_annual_en.pdf

〈표 15-1〉 글로벌 자동차 상위 5개 사 연간 판매실적(2016~2019년)

제작사	2016년	2017년	2018년	2019년
폭스바겐	1,031만 대	1,074만 대	1,086만 대	1,097만 대
토요타	1,017만 대	1,038만 대	1,063만 대	1,074만 대
GM	996만 대	960만 대	838만 대	771만 대
르노-닛산	996만 대	1,060만 대	947만 대	892만 대
현대-기아	788만 대	725만 대	739만 대	719만 대

출처: http://www.nicecars.site/global-car-maker-profits-dipped-11-in-2019, https://happist.com/561631/%EC%B0%A8%ED%8A%B8%EB%A1%9C-%EC%9D%BD%EB%8A%94-%ED%8A%B8%EB%A0%8C%EB%93%9C-2017%EB%85%84-%EC%9E%90%EB%8F%99%EC%B0%A8-%EB%A9%94%EC%9D%B4%EC%BB%A4%EB%B3%84-%EB%B8%8C%EB%9E%9C%EB%93%9C%EB%B3%84, https://www.hankyung.com/car/article/2018021116441

15.2 토요타 생산 시스템의 목표와 기본 개념

패전 이후의 궁핍한 생산 환경에서, 토요타 생산 시스템은 공장 내에 잠재해 있는 많은 낭비 요소를 개선해왔다. 이 개선 활동은 1973년 오일 쇼크 후에 일본의 다른 회사들 및 외국 회사들에 전파되면서 하나의 체계적 관리 이론으로 자리 잡게 되었다. 토요타 생산 시스템은 Taylor의 과학적 관리법과 Ford의 대량 생산 시스템에 이은 생산관리 시스템의 혁명이라고 말해도 과언이 아니다. 이번 절에서는 토요타 생산 시스템의 목표와 기본 개념에 대해 공부하기로 한다.

토요타 생산 시스템의 기본은 일본어로는 **무다(無駄, muda)**라고 불리는 [그림 15-1]에 나타낸 7가지 낭비를 제거하는 것이다. 이들은 자원의 낭비와 시간의 낭비로 분류된다. 자원의 낭비에는 과잉 생산, 불필요한 수송, 불필요한 공정, 불필요한 모션 및 재작업이 있으며, 시간의 낭비에는 과잉재고와 대기시간이 있다. 최근에는 인력의 잠재 능력을 제대로 활용하지 못하는 인력 잠재력의 미활용을 8번째 무다라고 분류하기도 한다.

무다(無駄, muda)

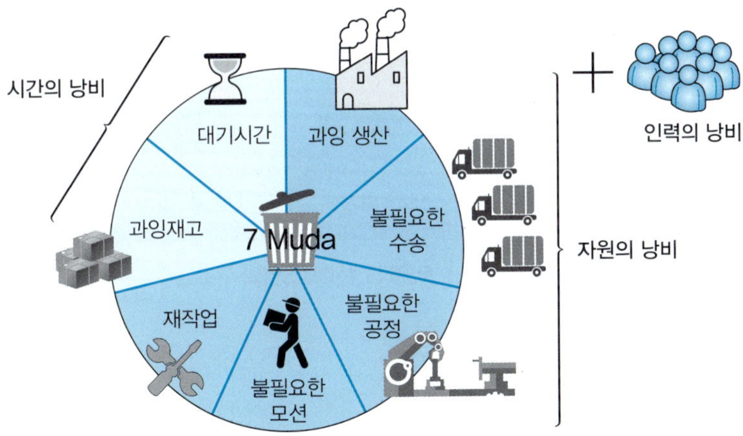

[그림 15-1] 토요타 생산 시스템에서 고려되는 7가지 낭비 요소

토요타 생산 시스템의 구조는 [그림 15-2]에 묘사한 토요타 하우스를 보면 쉽게 이해할 수 있다. 먼저 최고의 품질, 비용의 최소화 및 짧은 리드타임이 토요타 생산 시스템의 목표다. 이를 달성하기 위하여 세 개의 기둥들이 필요한데 **적시생산(Just-In-Time)**, **동기 부여 작업자** 및 **자동화(jidoka, 自働化)**가 이에 해당된다. 적

적시생산(Just-In-Time)
동기 부여 작업자
자동화(jidoka, 自働化)

칸반(kanban, 看板) 시스템
다기능공(multi-craft worker)
풀 프루프(fool proof, 포카요케)

시생산을 구현하기 위해서는 여러 가지 방법들을 사용해야 한다. 가장 대표적인 것으로 준비작업시간의 단축, 칸반(kanban, 看板) 시스템 등이 있다. 동기 부여 작업자들을 확보하기 위해서는 지속적인 개선 활동, 작업자 참여, 다기능공(multi-craft worker)의 양성 등이 필요하다. 자동화를 구현하기 위해서는 먼저 풀 프루프(fool proof, 포카요케)라고 불리는, 불량이 발생했을 때 기계 스스로 감지하여 다음 공정으로 흘러가지 못하게 멈추는 방법의 개발이 필요하다. 안돈 시스템과 같은 불량 발생 시 전체 공장을 멈추게 하는 방법도 이에 포함되며, 작업자가 하는 일과 기계가 하는 일을 분리해야 한다. 작업 표준화, 생산 평활화(heijunka), 시각적 관리 등이 세 기둥을 지탱하는 주춧돌의 역할을 수행한다. 토요타 하우스를 구성하는 주요 기둥과 주춧돌이 모여서 토요타 생산 시스템이 완성되었으며 이에 대한 내용을 다음 절에서 설명하기로 한다.

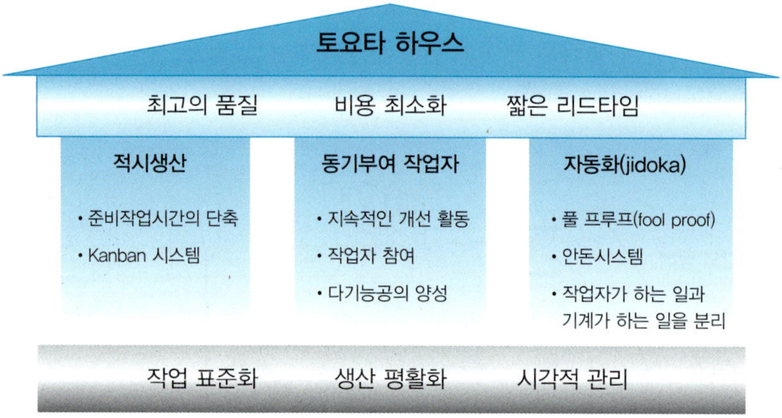

[그림 15-2] 토요타 생산 시스템의 구조

15.3 준비작업시간의 단축

준비작업시간(setup time)
외부 준비작업(external setup)
내부 준비작업(internal setup)

토요타 생산 시스템의 성공적인 발전에 가장 큰 역할을 한 것은 지속적인 개선 활동으로 인한 준비작업시간(setup time)의 단축이다. 15.2절에서 설명한 7가지 낭비 요소의 대부분이 준비작업시간의 단축으로 상당한 부분을 줄일 수 있다. 준비작업은 외부 준비작업(external setup)과 내부 준비작업(internal setup)으로 분류된다.

SMED(Single-Minute Exchange of Die) 시스템

외부 준비작업은 기계가 작업 중에 미리 지그나 도구 또는 다음 금형(die)을 준비해 놓는 작업을 의미하며, 내부 준비작업은 기계가 작업 중에는 불가능한 금형의 교체 등의 작업을 의미한다. 토요타 자동차회사의 경우 1950년대 초반까지 기계 가공부서의 800톤 프레스 준비작업시간은 2~3시간이 소요되었으나, 1960년대 초반에는 이 시간을 25분까지 단축시켰으며, 1970년대 이후에는 3분까지 단축시켰다. 10분 미만의 준비작업시간이 소요되는 것을 단 단위 준비작업(single-digit setup)이라고 부르며, 이는 산업공학 분야에서 토요타 자동차회사 컨설턴트 Shingo에 의해 개발된 혁신적인 관리 기법으로 현재는 산업공학 분야에 널리 퍼진 혁신 기법으로 자리 잡았다. Shingo는 대부분의 생산 공정의 준비작업시간이 10분 미만으로 소요되는 **SMED(Single-Minute Exchange of Die) 시스템**의 개발이 제조의 혁명이라고 주장하였으며, 실제로 기계 생산성의 향상보다 더 효율적이라는 것이 많은 사례에서 입증되었다. Shingo는 토요타 자동차회사를 포함한 여러 일본 회사의 준비작업시간을 단축시킨 사례를 모아서 [그림 15-3]에 나타낸 책을 저술하였으며, 미국 Utah주립대학교는 Shingo Institute를 개설하여, 매년 국제학술대회를 개최하고 Shingo Prize를 수여하고 있다.

[그림 15-3] 신고(Shingo)의 저서와 Shingo Prize

출처: http://shingo.org/challengefortheprize.html

준비작업시간 단축을 위한 4가지 개념들은 다음과 같다.

개념 1. 내부 준비작업과 외부 준비작업의 분리

앞에서 설명했듯이 작업자는 기계가 가동 중에 미리 외부 준비작업을 수행해야 하며, 작업자는 기계가 멈춘 후에 외부 준비작업을 수행하기 위하여 기계를 떠나는 일은 없어야 한다.

개념 2. 내부준비 작업을 외부준비 작업으로 최대한 변환

단 단위 준비작업을 구현하기 위하여 본 개념이 가장 중요하다. 다음과 같은 개선 활동을 예로 들 수 있는데, 다이캐스팅(die-casting) 기계를 폐열을 사용하여 미리 가열시켜 놓음으로써, 금속 몰드를 워밍업시키는 공정을 제거할 수 있다.

개념 3. 조정 작업의 제거

전체 내부 준비작업에서 조정 작업이 차지하는 비율은 50~70% 정도로 알려져 있다. 이때 미리 맞춤형 세팅을 해 놓음으로써 불필요한 조정 작업을 제거할 수 있다. 예를 들어, 각 공장의 금형 높이를 표준화하면 펀치 프레스의 스트로크 조정을 제거할 수 있다.

개념 4. 준비작업 자체가 불필요한 개선 아이디어 도출

예를 들어, 펀치 프레스의 한 금형에 두 가지 다른 부품을 한 세트로 만들어 놓은 후, 펀칭한 후 두 부품들을 분리시키면 두 부품 생산 간의 추가적인 준비작업이 필요하지 않다.

준비작업시간 단축을 위한 6가지 기법은 Monden(2012)나 Shingo(1985) 참고문헌을 참조하기 바란다. 준비작업시간 단축을 수행한 한 가지 사례는 다음과 같다. 답압기계(stamping machine)에는 고중량의 금형을 교체하는 준비작업이 필요하다. 금형을 교체하는 작업은 기계의 가동을 멈추고 수행해야 하는 내부 준비작업에 해당하므로 가능한 신속히 이루어져야 한다. 이 작업을 위해서 고안된 장치가 [그림 15-4]에 나타나 있는 회전 테이블 카이다. 이 테이블 카를 사용하여 준비작업시간을 단축하는 방법은 다음과 같다. 먼저 제 1 금형을 기계로부터 분리시킨다. 그 다음 테이블 카를 답압기계에 붙인 후 지지대를 사용하여 고정시킨다. 제 1 금형을 테이블 카로 밀어서 옮긴다. 금형을 옮긴 후, 테이블 카의 상판을 회전시켜서 제 2 금형을 볼스터 쪽으로 향하게 만들고 기계를 향해 밀어 넣은 후 답압기계를 작동시킨다. 마지막으로 테이블 카의 지지대를 풀고, 테이블 카를 이동시켜 사용된 금형을 보관하고 다음 금형을 준비한다. 이러한 장치의 고안으로 내부 준비작업 시간을 최소한으로 단축시킴으로써 기계 효율의 향상을 꾀하는 것이 SMED 시스템의 핵심이다.

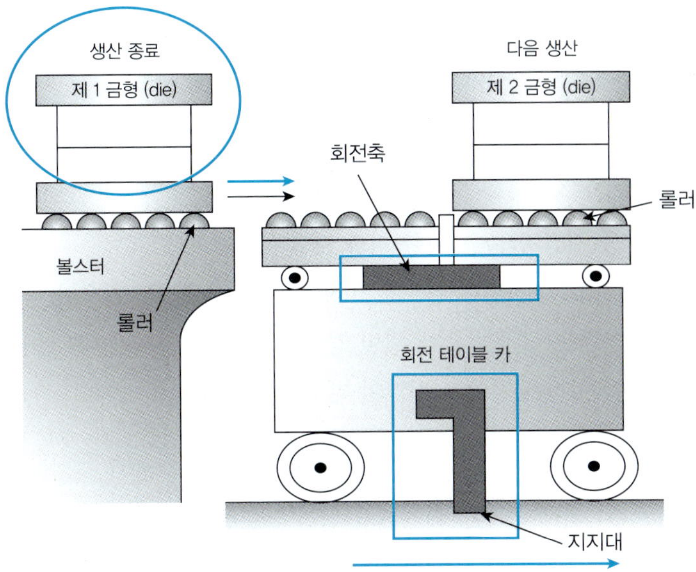

[그림 15-4] 회전 테이블 카를 사용한 준비작업시간 단축 사례

출처: Shingo(1985)

15.4 생산리드타임의 단축

변동적인 시장 수요의 유연성과 생산 평활화에 대한 안전성을 가지기 위해서는 토요타 생산 시스템에서는 생산리드타임(production lead time)의 단축이 필요하다. 생산리드타임은 전 프로세스로부터 주문이 도착한 뒤 다음 프로세스의 주문 시간까지의 기간으로, 구체적으로는 [그림 15-3]에 제시되어 있다. 토요타는 각 요소에 요구되는 소요시간의 단축과 이상적인 공장 자동화를 위한 다섯 가지의 주요 원칙을 다음과 제시한다.

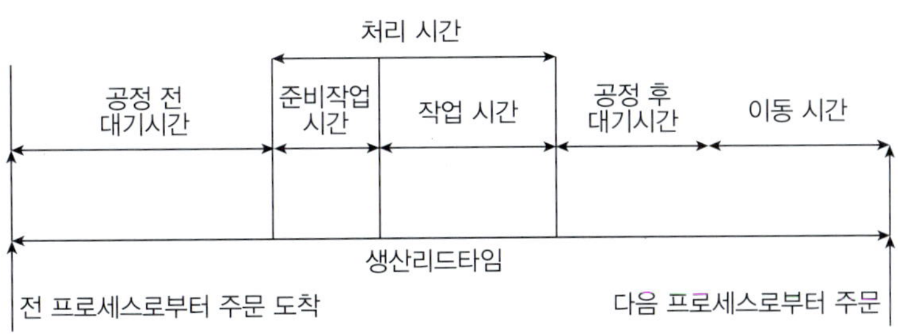

[그림 15-5] 생산리드타임의 구성요소

원칙 1. 소규모 로트 생산이 가능한 소형 설비 다수 설치

대규모 로트 생산은 다음 공정에서 처리되기 전에 부품의 대기 시간이 증가해 공정 간에 큰 재고를 생성할 수 있다. 또한, 대규모 로트 생산 처리를 완료하는 데 있어 시간이 많이 소요되므로, 완제품의 재고도 증가한다.

원칙 2. 화학 반응 시간 단축을 위한 기술 개발

생산과정에서 느린 화학 반응 시간으로 인해 지연이 발생하는 경우가 있다. 완제품 검사를 위한 화학 반응 시간이 오래 걸릴 경우, 공정이 끝날 때 병목 현상이 발생하여 공장 내의 모든 이전 공정에서 지연이 발생한다.

원칙 3. 지나치게 빠른 설비 제거

소요시간을 줄이기 위해 각 프로세스에서 처리 속도를 높이는 것이 중요하다. 하지만, 시장 수요에 의해 결정된 사이클 시간 내에 공정 처리를 다룰 수 있다면, 더 빠른 처리 속도를 위한 개선을 할 필요는 없다.

원칙 4. 공정 사이 제품의 빠른 흐름을 위한 기계 연결

기계 혹은 프로세스는 job-shop이나 functional 레이아웃이 아닌 컨베이어형 시스템이나 cellular 레이아웃으로 결합할 경우 더 빠른 흐름이 가능하다. 다양한 기계들로 구성된 전송 라인을 구축함으로써 수행된다. 전송 라인 내 기계들 사이에는 버퍼가 포함되어 있어야 하는데, 이는 한 기계의 고장으로 인한 전송 라인의 중단에 대응하는 데 필요하다.

원칙 5. 미래를 위한 유연한 제조 시스템 계획

유연한 제조 시스템 계획을 통해 도구의 변경 자동화 및 공정 중 재고 관리를 용이하게 한다.

다섯 가지 원칙을 통한 생산리드타임의 단축은 다음과 같이 네 가지 목표를 달성할 수 있다.

- 목표 1. 작업 주문 지향 생산을 통해 짧은 기간 내 특정 차를 고객에게 인도 가능
- 목표 2. 매월 중순의 수요 변화가 발생할 경우, 변화에 신속하게 적응해 완제

품의 재고를 최소화 가능

- 목표 3. 공정 간의 불균형 생산 시기를 최소화하고 로트 크기를 줄여 공정 중 재고 감소 가능
- 목표 4. 모델 변경 시, 팔리지 못해 남은 재고의 양을 최소화 가능

15.5 칸반(Kanban) 시스템

적시생산을 구현하기 위해서 토요타 자동차회사가 고안한 시스템이 칸반시스템(kanban system)인데, 이 시스템은 공장의 모든 공정에서 필요한 제품을 필요한 시간에 필요한 양만큼만 생산할 수 있도록 조화적으로 통제하기 위한 정보 시스템이다. 많은 사람들이 칸반시스템을 토요타 생산 시스템과 혼용해서 사용하고 있지만, 토요타 자동차회사에서는 칸반시스템을 전체 토요타 생산 시스템의 부분 시스템으로 여기고 있다.

칸반시스템을 설명하기 전에 먼저 Pull 시스템과 Push 시스템의 차이점에 대한 설명이 필요하다. Push 시스템은 [그림 15-6(a)]에 나타낸 것처럼, 선행공정이 후속공정에 재고가 쌓이는 것과 상관없이, 자기 공정에 주어진 생산계획 또는 생산목표에 따라 부품을 생산하여 후속공정으로 넘기는 시스템이다. Push 시스템을 사용하면 정확하게 정해진 수량을 빠르게 생산하는 것에는 유리하지만 수요의 변동에 민첩하게 대응하기가 어렵게 된다. 반면 Pull 시스템은 [그림 15-6(b)]에 나타낸 것처럼, 모든 선행공정이 자신의 후속공정의 요청에 따라 요청받은 양만큼의 제품을 생산하여 후속공정으로 넘기는 시스템이다. 부품들의 필요시기 및 필요량은 최종 조립라인에서만 정확하게 알 수 있기 때문에 최종 조립라인에서 선행공정에 생산을 요청하게 되고, 그 공정은 또 자기의 선행공정에 요청하는 식으로 운영된다. 이러한 생산 시스템 하에서 변경된 생산 계획은 최종 조립라인에만 전달되고, 선행공정은 부품 공급을 요청 받았을 때 생산에 착수하면 된다. 따라서 Pull 시스템을 사용하게 되면 수요의 변동에 신속히 대처할 수 있는 장점이 있으며, 이 장점이 토요타 자동차회사에서 Pull 시스템을 효과적으로 구현하기 위하여 칸반시스템을 개발한 이유이다.

Pull 시스템
Push 시스템

[그림 15-6(a)] Push 시스템

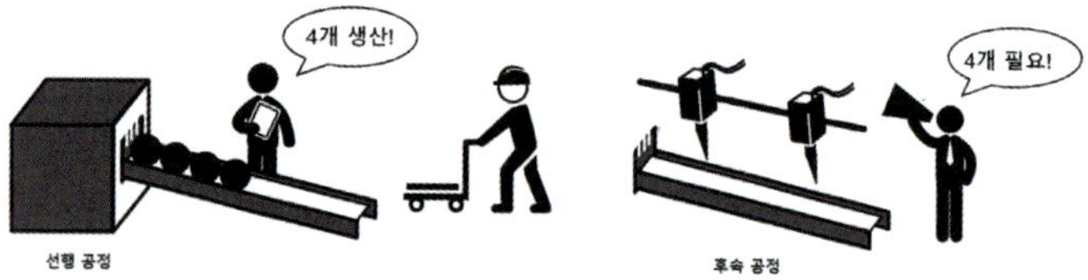

[그림 15-6(b)] Pull 시스템

부품인출 칸반(withdrawl kanban)

생산지시 칸반(production-ordering kanban)

협력업체 칸반(supplier kanban)

후속공정과 선행공정의 정보 전달 수단으로 사용되는 것이 칸반이다. 칸반은 보통 비닐 커버에 들어 있는 사각형 카드 형태로 되어 있다. 칸반은 보통 **부품인출 칸반**(withdrawl kanban)과 **생산지시 칸반**(production-ordering kanban)으로 나눌 수 있다. 부품인출 칸반은 선행공정으로부터 가지고 와야 할 부품의 종류 및 수량 등을 지정한다. 반면 생산지시 칸반은 선행공정이 생산해야 하는 부품의 종류 및 수량 등을 지정하며, 종종 생산 칸반으로 불리기도 한다. 부품인출 칸반 및 생산지시 칸반에 포함되는 다양한 종류의 칸반들이 사용되고 있다. 협력업체로부터 부품을 인출하기 위하여 사용되는 칸반은 **협력업체 칸반**(supplier kanban)이다. [그림 15-7]에 협력업체 칸반의 한 예를 나타내었다. "Delivery Cycle"란에 적혀 있는 1-6-2는 협력업체에서 토요타 자동차회사에 부품을 일일 6회 납품한다는 것을 의미하며, 협력업체에 칸반이 접수된 두 사이클 후 납품해야 된다는 것을 나타낸다. 예를 들어, 토요타 자동차회사가 협력업체에 칸반을 오전 11시에 보냈다면, 두 사이클 후인 오후 3시에 협력업체에서 토요타 자동차회사로 칸반에 명시된 해당 부품들을 납품해야한다.

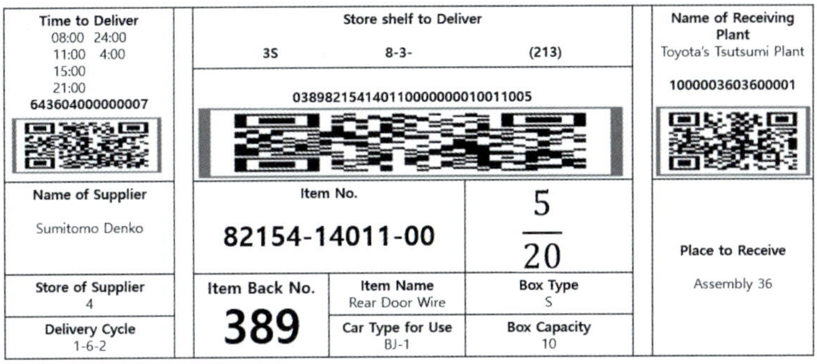

[그림 15-7] 협력업체 칸반

출처: Monden(2012)

부품인출 칸반과 생산지시 칸반을 사용한 선행공정과 후속공정의 정보 전달은 [그림 15-8]에 나타낸 것과 같은 단계들로 이루어진다. 후속공정의 생산 작업자가 부품 상자를 열어 첫 번째 부품을 사용하면 부품인출 칸반을 박스에서 떼어낸다. 운반 작업자가 떼어낸 부품인출 칸반을 선행공정과 후속공정 사이에 있는 부품 보관소로 가져간다. 운반 작업자는 부품 상자에 부착된 생산지시 칸반을 떼어내 칸반 보관함에 넣고, 가져간 부품인출 칸반을 부품 상자에 부착한 후 후속공정으로 다시 가져온다. 선행 공정의 운반 작업자는 정기적으로 칸반 보관함으로 가서 보관함에 있는 생산지시 칸반을 수거해서 선행공정으로 가져온다. 생산지시 칸반에 지정된 수량만큼 선행공정에서 부품을 생산한 후, 새로 생산된 부품 상자에 생산지시 칸반을 부착하여 선행공정과 후속공정 사이에 있는 부품 보관소에 가져다둔다. 이러한 단계들을 거치면서 두 가지 종류의 칸반을 활용하여 선행공정과 후속공정이 Pull 시스템을 실현하게 된다.

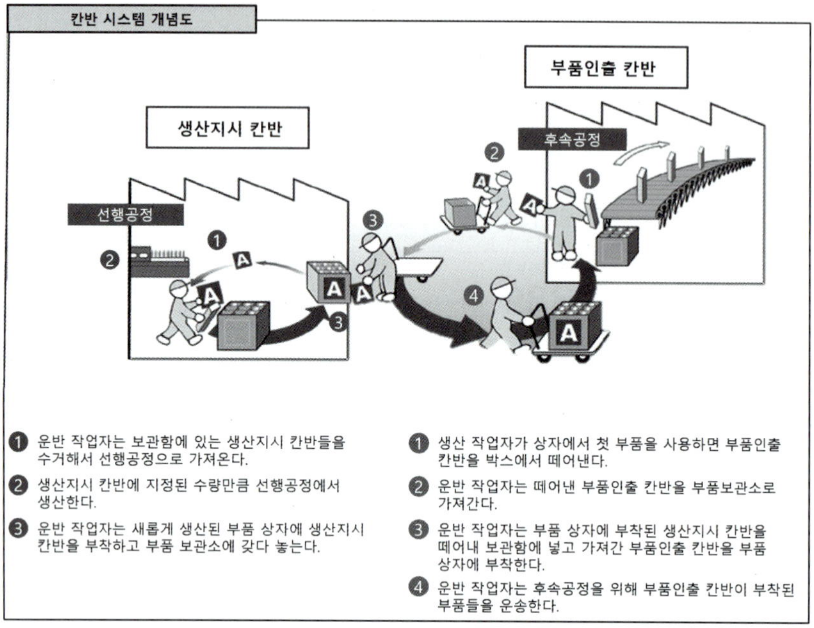

[그림 15-8] 칸반 시스템 개념도

15.6 다기능공의 양성

다기능공(multi-craft worker 또는 multi-functional worker)

토요타 생산 시스템의 큰 특징 중의 하나는 유연한 작업장의 운영이다. 유연한 작업장은 수요의 변동에 따라 생산량을 유연하게 변경할 수 있는 작업장을 의미하며 (즉 사이클 타임(cycle time)을 수요에 맞추어 쉽게 변경할 수 있는 작업장), 이를 실현하기 위해서는 한 작업자에게 할당되는 작업들을 쉽게 변경할 수 있어야 한다. Cachon and Terwiesch(2013)에서도 알 수 있듯이, 생산관리에서 가장 중요한 이슈는 공급을 수요에 맞추는 것이며, 토요타 자동차회사에서도 변동하는 수요에 대비하여 공급을 맞추기 위해 오랫동안 노력해 오고 있다. 한 작업자에게 할당되는 작업들을 쉽게 변경할 수 있기 위해서는 다기능공(multi-craft worker 또는 multi-functional worker)의 양성이 필수적이다. 아래의 예를 가지고 이 개념을 설명하기로 한다. [그림 15-9(a)]는 자동차 판매 성수기의 경우를 보여주고 있다. 사이클 타임이 1분당 1대라는 것은 1일 480분 작업을 하면 1일 480대를 생산할 수 있다는 것을 의미한다. 이 예시의 경우 총 8명의 작업자를 활용한 작업장 배치를 보여주고 있다. [그림 15-9(b)]는 자동차 판매 비수기의 경우를 보여준다. 사이클 타임이 1.2분당 1대라는 것은 1일 480분 작업을 하면 1일 400대를 생산할 수 있다는 것을 의미한다. 이 경우는 작업자 2명을 다른 곳으로 재배치시키고 총 6명의 작업자를 활용한 작업장 배치를 보여주고 있다. 한 작업자의 경우 성수기에는 좀 더 많은 양의 작업들이 할당되고, 비수기에는 더 적은 양의 작업들이 할당된다. 즉, 한 작업자가 동일한 작업들만 반복하는 것이 아니라 수요에 따라 담당하는 작업들이 수시로 변

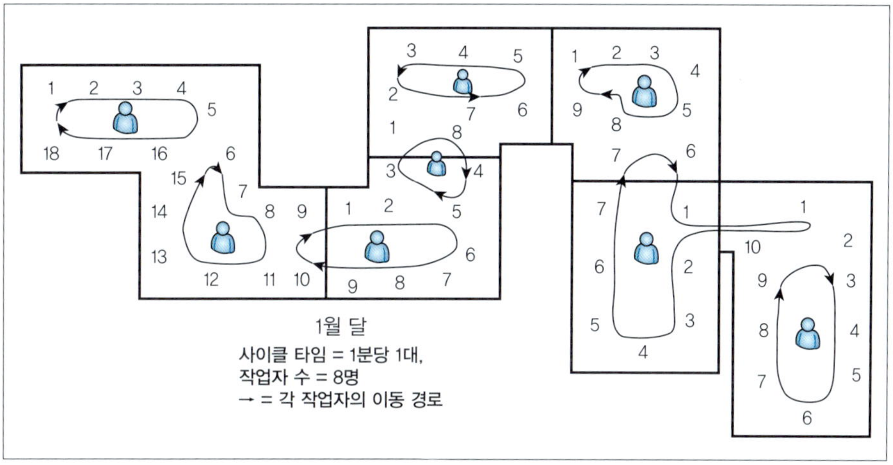

[그림 15-9(a)]

출처: Monden(2012)

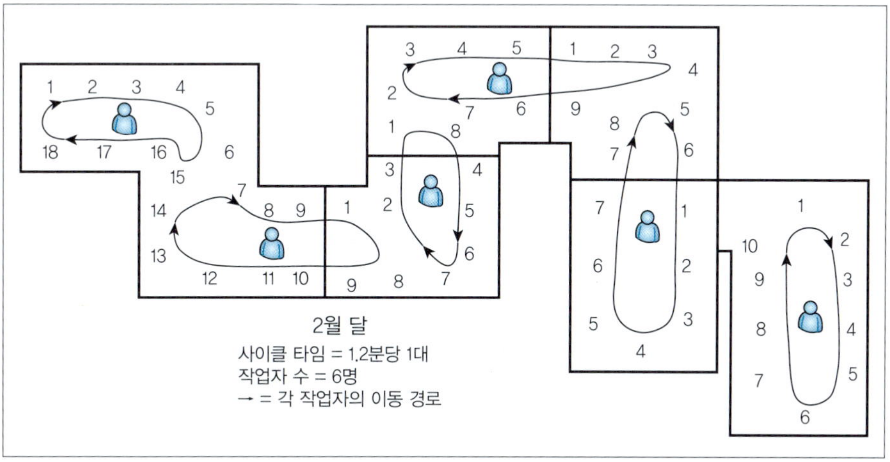

[그림 15-9(b)]

출처: Monden(2012)

경된다. 이러한 시스템을 구현하기 위해 다기능공의 양성이 기반이 되어야 하며, 토요타 자동차회사는 오랜 기간 우수한 다기능공들을 양성해왔다.

15.7 자동화(jidoka) 시스템

자동화(Jidoka, 自働化) 시스템

토요타 생산 시스템의 중요한 특징 중 하나는 자동화(jidoka, 自働化) 시스템의 도입이다. 여기서 말하는 자동화는 공장 자동화와 같은 automation의 개념이 아닌 autonomation이며 automation with a human touch로 해석될 수 있다. 공장의 어느 한 곳에서 이상 상황이 발생하면 어떤 작업자든 전체 공장의 생산을 중단시킬 수 있도록 만든 시스템이다. 토요타자동차회사는 왜 이러한 시스템을 개발했을까? 이에 대한 해답은 [그림 15-10]을 사용하여 설명할 수 있다. 이 그림에서 바닷물의 양은 재고량을 의미하고, 바다 속에 있는 암초들은 불량품을 의미한다. 배가 잘 항해하는 것은 생산 계획 대비 생산이 제대로 진행되고 있는 것을 의미한다. 대부분의 회사들이 불량품이 발생함에도 불구하고 원활한 생산을 위해서 재고량을 증가시켜 불량품 발생의 피해를 피해가려는 시도를 하고 있는 반면, 토요타자동차회사는 바닷물의 양을 줄여, 즉 재고를 줄여서 불량품 발생이 바로 노출될 수 있도록 하는 시도를 하고 있다. 불량품이 어느 공정에서 발생하면 그 불량품이 다음 공정으로 넘어갈 수 없도록, 전체 공장의 모든 공정들을 정지시켜서 문제를 해결하고 다시 공장을 가동시키는 방식으로 운영하고 있다. 이러한 개념이 jidoka라 불리는 자동화시스템이다.

[그림 15-10] 재고의 역할

[그림 15-11]은 불량품을 탐지할 수 있는 자동화된 검사 장치들을 개발하고, 불량품이 어느 공정에서 발생하면 그 불량품이 다음 공정으로 넘어갈 수 없도록 그 공정을 정지시킨다는 개념을 나타내고 있다.

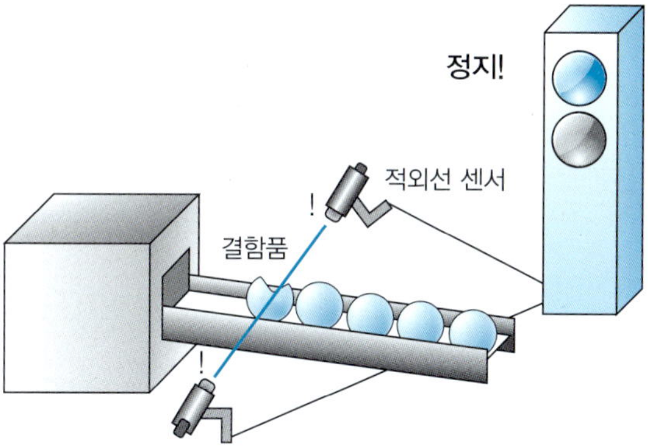

[그림 15-11] 자동화 시스템 개념

출처: Monden(2012)

15.8 생산 평활화

생산 평활화(production smoothing)

앞 절에서 설명했듯이, 토요타 생산 시스템은 다양한 종류의 낭비를 최소화시켜서 수익을 증가시키는 목적을 가지고 있다. 여러 가지 낭비들을 줄이는 데 크게 기여하는 것이 적시생산이며, 판매될 양만 생산하는 것이다. 적시생산을 구현하기 위해서는 수요의 변화에 신속하게 대응하여 생산량을 변경시킬 수 있는 시스템이 구축되어야 한다. 토요타 자동차회사는 생산 평활화(production smoothing)를 사용하여 변동하는 수요에 신속하게 생산량을 대응시키는 적시생산 시스템을 구현하고 있다. 생산 라인의 입장에서 보면 생산량의 급격한 변동은 또 다른 낭비와 비용 발생 요인이 되기 때문에 가급적 생산량의 변동을 최소로 하는 것이 필요하며 이것이 생산 평활화의 정의가 된다.

로트 생산(lot production)

혼류 생산(mixed-model production)

토요타 생산 시스템에서 생산 평활화를 구현하기 위해 사용하는 중요한 도구 중의 하나는 가급적 로트 생산(lot production)을 피하고 여러 모델을 섞어서 생산하는 혼류 생산(mixed-model production)을 장려하는 것이다. 프레스 공정 등에서 어쩔 수 없이 로트 생산을 해야 하는 경우를 제외하고는, 특히 도장라인이나 조립라인에서는 혼류 생산을 하고 있다. 먼저 로트 생산과 혼류 생산을 비교해 보자. 어떤 자동차가 기본(B), SUV(S) 및 웨건(W)의 세 모델로 구성되어 있다고 하자. 각 모델별 월별 생산계획, 1교대당 생산계획(월 50회 교대) 및 사이클 타임(1교대당 500분 작업)은 〈표 15-2〉와 같이 주어져 있다고 가정하자.

〈표 15-2〉 각 모델별 생산계획 및 사이클 타임

	월 생산계획	1교대당 생산계획	사이클 타임
기본(B)	10,000대	200대	2.5분(500분/200대)
SUV(S)	5,000대	100대	5분(500분/100대)
웨건(W)	2,500대	50대	10분(500분/50대)
	17,500대/월	350대/1교대	500분/350대

이런 경우 로트 생산을 하게 되면, 기본 200대를 생산한 후, SUV 100대를 생산하고, 그 다음 웨건 50대를 생산하는 식으로 진행된다. 하지만 토요타자동차회사는 로트 생산 방식을 취하지 않고, 세 가지 모델을 기본 2대, SUV 1대, 기본 2대, SUV 1대, 웨건 1대처럼 섞어서 생산하는 혼류 생산 방식을 택함으로써 재고를 줄이고 수요에 바로 대응할 수 있도록 한다([그림 15-12 및 15-13] 참조).

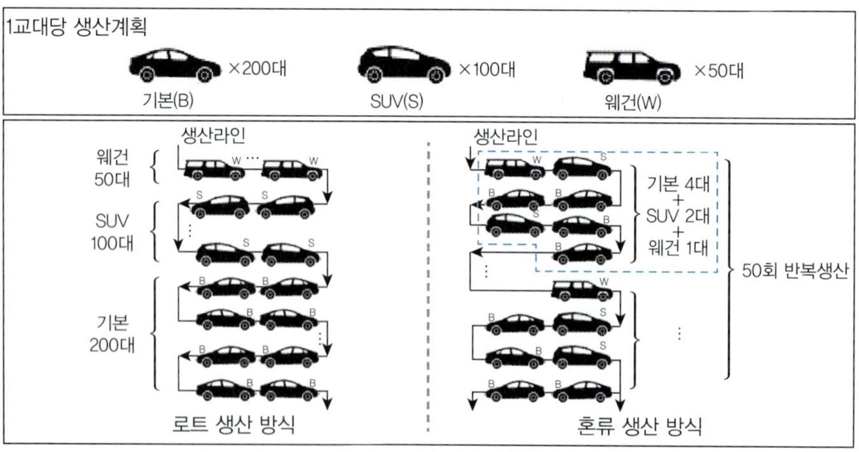

[그림 15-12] 로트 생산 방식과 혼류 생산 방식의 비교

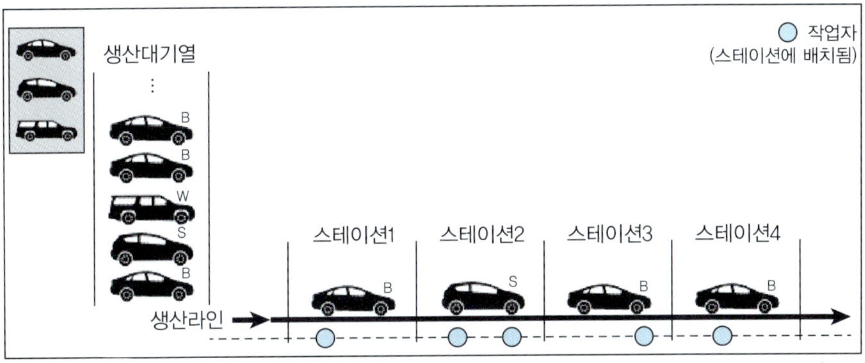

[그림 15-13] 혼류 생산 방식

15.9* 생산 평활화를 위한 수리 모형

부품 사용 간소화를 위한 부품 순서 모형

토요타 칸반 시스템은 Pull 시스템으로서 다양한 부품이나 재료를 라인에 공급하는 선행공정이 중요하며, 생산량이나 이동시간 변동을 최소화하여야 한다. 또한 각각의 WIP(Work In Process, 공정재고)도 최소화하여야 한다. 이를 위해서, 사용되는 각각의 부품들의 시간당 사용되는 양(사용하는 속도)은 최대한 일정하게 유지하여야 한다.

WIP(Work In Process, 공정재고)

매개변수

Q 모든 제품들의 총 생산량 = $\sum_{i=1}^{a} Q_i$

a 제품 종류의 개수

β 부품 종류의 개수

N_j Q를 생산하기 위한 부품 j의 필요량

$X_{j,k}$ k번째의 작업순서에서의 부품 j의 필요량

N_j / Q 한 제품을 생산하기 위한 평균 부품 j의 필요량

부품 j를 사용하는 속도를 일정하게 유지하기 위해 $X_{j,k}$값을 kN_j / Q 값과 최대한 가깝게 만들어야 한다. $k = 1, 2, \cdots, Q$.

* 이번 절은 난이도가 있어 학부 과목에서는 생략 가능

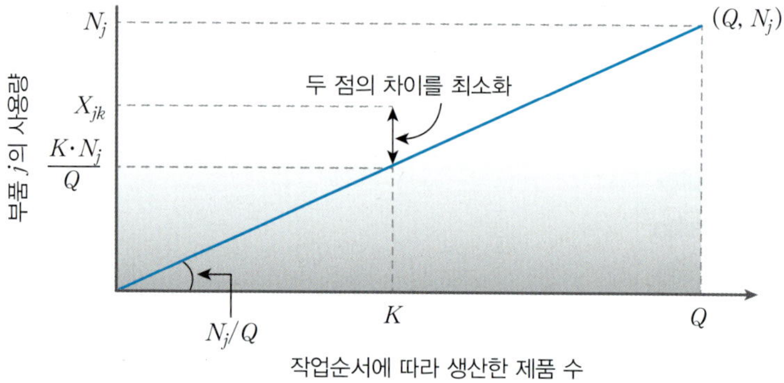

[그림 15-14] $X_{j,k}$와 kN_j/Q 의 관계

좀 더 자세히 정의하면

$$\text{A point } G_k = (kN_1/Q, kN_2/Q, \cdots, kN_\beta/Q)$$
$$\text{A point } P_k = (X_{1,k}, X_{2,k}, \cdots, X_{\beta,k})$$

만약 작업순서 스케줄이 각각의 부품을 일정한 속도로 소비할 수 있다면 point P_k는 point G_k와 최대한 비슷해야 한다.

거리 D_k를 다음과 같이 정의하면

$$\min D_k = \|G_k - P_k\| = \sqrt{\sum_{j=1}^{\beta}\left(\frac{kN_j}{Q} - X_{j,k}\right)^2}$$

이때 거리 D_k를 최소화시켜야 한다. 이를 위해 다음과 같은 목표 지향 방법(goal-chasing method)을 사용할 수 있다.

표기

b_{ij} 제품 i를 생산하기 위한 부품 j 필요량

$i = 1, 2, \cdots, a;\ \ j = 1, 2, \cdots, \beta$

알고리즘

1단계: $k=1,\ X_{j,0}=0,\ S_0=\{1, 2, \cdots, a\}$로 설정

2단계: 제품 i* 을 순서 스케줄상에서 k번째 제품으로 설정한 후, D_k를 최소화

$$D_{ki}=\sqrt{\sum_{j=1}^{\beta}\left(\frac{kN_j}{Q}-X_{j,k}\right)^2}=\sqrt{\sum_{j=1}^{\beta}\left(\frac{kN_j}{Q}-X_{j,k-1}-b_{ij}\right)^2}$$

3단계: 만약 모든 제품 i*개수 순서에 포함되면, $S_k=S_{k-1}-\{i^*\}$로 설정. 아닌 경우, $S_k=S_{k-1}$로 설정

4단계: 만약 $S_k=\Phi$, 중지

만약 $S_k=\Phi$, $X_{i^*,k}=X_{i^*,k-1}+b_{i^*j}$, $j=1, 2, \cdots, \beta$으로 설정

$k=k+1$으로 설정

2단계에서 다시 시작

예제 15-1

각 제품 A_1, A_2, A_3에 대한 생산량이 $Q_i(i=1, 2, 3)$이고 각 부품 a_1, a_2, a_3, a_4에 대한 요구량이 $b_{ij}(i=1, 2, 3;\ j=1, 2, 3, 4)$이며 이를 생산하기 위한 생산 조건은 〈표 15-3〉에 표기되어 있다.

〈표 15-3〉 생산량 Q_i와 생산 조건 b_{ij}

	제품 A_i		
	A_1	A_2	A_3
계획된 생산량 Q_i	2	3	5

	부품 a_j			
제품 A_i	a_1	a_2	a_3	a_4
A_1	1	0	1	1
A_2	1	1	0	1
A_3	0	1	1	0

제품 $A_i(i=1, 2, 3)$을 생산하기 위한 부품 $a_j(j=1, 2, 3, 4)$에 대한 총 필요량(N_j)은 다음과 같이 계산된다.

$$\begin{aligned}[N_j]&=[Q_i][b_{ij}]\\&=[2, 3, 5]\begin{bmatrix}1&0&1&1\\1&1&0&1\\0&1&1&0\end{bmatrix}=[5, 8, 7, 5]\end{aligned}$$

제품 $A_i(i=1, 2, 3)$에 대한 총 생산량은

$$\sum_{i=1}^{3} Q_i = 2+3+5=10$$

그러므로

$$[N_j/Q] = \left[\frac{5}{10}, \frac{8}{10}, \frac{7}{10}, \frac{5}{10}\right] \quad j=1, 2, 3, 4$$

$[N_j/Q]$와 $[b_{ij}]$값을 2단계 공식에 대입하고 $k=1$일 때, D_{ki}를 계산할 수 있다.

$$D_{1,1} = \sqrt{\left(\frac{1\times5}{10}-0-1\right)^2+\left(\frac{1\times8}{10}-0-0\right)^2+\left(\frac{1\times7}{10}-0-1\right)^2+\left(\frac{1\times5}{10}-0-1\right)^2}$$
$$=1.11$$
$$D_{1,2}=1.01$$
$$D_{1,3}=0.79$$
$$D_{1,i^*}=\min\{1.11, 1.01, 0.79\}=0.79$$
$$i^*=3$$

그러므로 첫 주문 순서는 제품 3이 된다.

$$X_{j,k} = X_{j,k-1} + b_{3j}$$

$$X_{1,1}=0+0=0 \qquad X_{2,1}=0+1=1$$
$$X_{3,1}=0+1=1 \qquad X_{4,1}=0+0=0$$

k = 2일 때,

$$D_{2,1} = \sqrt{\left(\frac{2\times5}{10}-0-1\right)^2+\left(\frac{2\times8}{10}-1-0\right)^2+\left(\frac{2\times7}{10}-1-1\right)^2+\left(\frac{2\times5}{10}-0-1\right)^2}$$
$$=0.85$$
$$D_{2,2}=0.57$$
$$D_{2,3}=1.59$$
$$D_{2,i^*}=\min\{0.85, 0.57, 1.59\}=0.57$$
$$i^*=2$$

그러므로 두 번째 주문은 제품 2가 된다.
위 단계들을 반복하면, 〈표 15-4〉와 같은 해를 얻는다.

〈표 15-4〉 작업순서 스케줄(*는 거리 D_{kj}가 가장 작은 값)

K	D_{k1}	D_{k2}	D_{k3}	Sequence Schedule	X_{1k}	X_{2k}	X_{3k}	X_{4k}
1	1.11	1.01	0.79	A_3	0	1	1	0
2	0.85	0.57*	1.59	A_3A_2	1	2	1	1
3	0.82*	1.44	0.93	$A_3A_2A_1$	2	2	2	2
4	1.87	1.64	0.28*	$A_3A_2A_1A_3$	2	3	3	2
5	1.32	0.87*	0.87	$A_3A_2A_1A_3A_2$	3	4	3	3
6	1.64	1.87	0.28*	$A_3A_2A_1A_3A_2A_3$	3	5	4	3
7	0.93	1.21	0.82*	$A_3A_2A_1A_3A_2A_3A_3$	3	6	5	3
8	0.57*	0.85	1.59	$A_3A_2A_1A_3A_2A_3A_3A_1$	4	6	6	4
9	1.56	0.77*	1.01	$A_3A_2A_1A_3A_2A_3A_3A_1A_2$	5	7	6	5
10	-	-	0*	$A_3A_2A_1A_3A_2A_3A_3A_1A_2A_3$	5	8	7	5

15.10 요약

토요타 생산 시스템은 일본의 세계 2차 대전 패전 이후의 궁핍한 생산 환경에서 공장 내에 잠재해 있는 많은 낭비 요소를 지속적으로 개선해 오면서 하나의 체계적 관리 이론으로 자리 잡게 되었다. 토요타 생산 시스템은 Taylor의 과학적 관리법과 Ford의 대량 생산 시스템에 이은 생산관리 시스템의 마일스톤으로 자리 잡았다. 이번 장에서는 토요타 생산 시스템을 구성하는 여러 중요 요소 시스템들과 개념들에 대해서 공부하였다. 준비작업시간 단축의 중요성과 SMED시스템에 대해서 공부하였다. Pull 시스템과 Push 시스템과의 차이를 먼저 설명한 후 칸반 시스템의 원리와 운영 방식에 대해서 공부하였다. 다기능공의 양성, 자동화(jidoka), 생산 평활화 개념 등은 토요타 생산 시스템의 핵심 요소들이며, 실제 적용 예제들을 이 개념들과 연관시켜 설명하였다. 15.9절에서 다룬 수리 모형은 학부과정에서는 난이도가 다소 높으므로 학부 고학년 과정이나 대학원 과정에서 다루는 것을 권장한다.

● 참고문헌

- Cachon and Terwiesch, *Matching Supply with Demand: An Introduction to Operations Management*, 3rd edition, McGraw–Hill(2013).
- Monden, Y. *Toyota Production System*, 4th ed., IIE(2012).
- Shigeo Shingo, *A Revolution in Manufacturing: The SMED System*, Productivity Press(1985).
- Silver, E., Pyke, D., and Peterson, R., *Inventory Management and Production Planning and Scheduling*(3rd ed.), John Wiley & Sons, New York(1998).

연·습·문·제

1. 토요타는 토요타생산시스템(TPS)를 통해 지속적으로 비용 절감과 생산성 향상을 이루어왔다. 하지만 글로벌화와 외부 환경 변화로 인해 TPS에도 다양한 도전 과제가 발생하고 있다. 토요타가 TPS를 지속적으로 개선하기 위해 직면한 주요 도전 과제는 무엇이며, 이를 극복하기 위해 어떤 전략을 취했는지 설명하라.

2. 토요타는 수십 년간 매일 또는 지속적으로 작업자의 낭비(Muda)를 제거하는 카이젠(Kaizen－개선, 改善)을 실행했다. 그렇다면 이러한 활동이 기업에 미치는 긍정적인 영향을 사례를 통해 설명하고, 토요타 생산 시스템에서 제거해야 하는 7가지 낭비를 모두 나열하고 2가지 관점에서 분류하라.

3. 적시(Just－In－Time, JIT) 생산 시스템은 재고를 최소화하는 것을 목표로 한다. 재고를 최소화함으로써 발생할 수 있는 위험과 그에 대한 관리 방안을 서술하라.

4. 토요타의 SMED(Single－Minute Exchange of Dies) 방법론은 준비작업시간 단축의 핵심 요소이다. 준비작업시간의 단축에 있어 핵심적인 부분은 내부 준비작업과 외부 준비작업을 분리하고 내부 준비작업을 외부 준비작업으로 최대한 변환시키는 과정이다. 토요타 이외의 기업에서 SMED를 적용하여 준비작업시간을 단축시킨 사례를 조사하여 서술하고 구체적으로 어떠한 내부 준비작업이 외부 준비작업으로 변환되어 준비작업시간이 단축되었는지 설명하라.

5. 토요타의 Pull 생산 방식은 고객 수요에 대응하는 능력을 높이는 중요한 전략이다. Push 방식과의 차이를 중심으로, Pull 시스템이 어떻게 더 유연하게 고객의 요구를 충족시키는지 설명하라.

6. 칸반을 크게 두 가지로 분류할 수 있다. 각각의 이름을 정의하고 세부적인 예시를 통해 각각의 특징을 설명하라.

7. 작업장의 유연한 운용은 토요타 생산 시스템의 특징 중 하나이다. 이를 위해서 토요타에서는 오랜 기간 동안 우수한 다기능공을 양성해왔다. 다기능공이 TPS에서 중요한 이유를 설명하고, 다기능공을 효과적으로 양성하기 위한 토요타의 훈련 방법에 대해 서술하라.

16 CHAPTER 공급망관리

학습 목표

- 공급망관리의 개념을 이해할 수 있다.
- 공급망관리의 주요 문제를 이해할 수 있다.
- 공급망의 전체최적화를 위한 기법을 이해할 수 있다.

사례

1. HP 데스크젯의 공급망 혁신

HP의 데스크젯(Deskjet) 프린터는 1988년에 처음 소개되었고 HP의 가장 성공적인 제품 중의 하나가 되었다. 매출은 점차 증가하여 1990년에는 60만 대를 넘어섰으며 매출액은 4억 달러를 넘었다. 하지만 매출이 늘어나면서 재고도 함께 늘어났다. HP의 유통센터는 데스크젯 프린터의 재고로 가득 채워졌으나 유럽에 있는 HP의 조직들은 고객 서비스 수준 유지를 위해서 보다 많은 재고가 필요하며 재고수준을 더 높여야 한다고 주장하고 있었다.

재고를 줄이면서 고객수요를 만족시키고 부서 간의 합의를 통해 적정한 재고수준을 결정하기 위해서는 적절한 공급망의 재설계와 더불어 부서 간의 조정과 협력 및 정보의 공유가 요구되었다. 북미, 유럽 및 아시아의 생산, 자재, 유통 조직의 대표들은 이 문제를 해결하기 위해 집중적인 토의를 하였으나 해당 부서들은 서로 다른 목표와 입장을 가지고 있어 합의에 이를 수 없었다. 생산부서는 이를 자재부서의 문제로 파악하고 모델이나 옵션을 계속 늘릴 것을 주장하는 한편, 유통조직의 관리자들은 수요예측의 개선을 주장하는 식이었다.

세상의 모든 것은 연결되어 있다 … 사람은 거미줄의 한 가닥에 불과하다. 사람이 거미줄에 무엇을 하든, 그것은 그 자신에게 하는 것이다.

– 세알트(Sealth), 스쾨미시족 추장

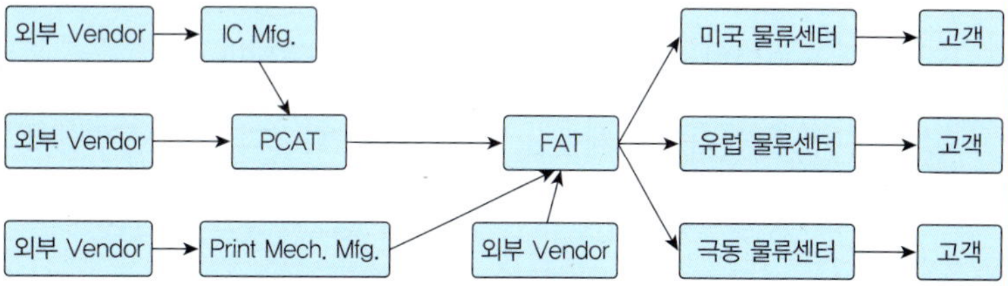

- IC Mfg. = IC 제조
- PCAT = 회로기판(PCB) 조립과 검사
- FAT = 최종 조립과 검사
- Print Mech. Mfg.= 인쇄관련 기계부품 제조

데스크젯 프린터의 공급망

출처: Kopczak과 Lee, 1994

데스크젯 프린터의 공급망은 그림에서와 같이 외부 공급업자, 생산자, 유통센터, 딜러 및 고객으로 구성되어 있다. 생산은 밴쿠버에 위치한 공장에서 담당하였다. 생산 프로세스에서 핵심적인 두 가지 단계가 있는데, 첫 번째는 인쇄회로기판 제작 및 테스트(PCAT)이며 두 번째는 최종 조립과 테스트(FAT)이다. PCAT와 FAT를 위한 부품들은 다른 HP지사 또는 전 세계의 다양한 공급자들로부터 조달된다.

밴쿠버의 공장은 JIT방식으로 일컬어지는 무재고 경영을 하고 있었으며 이에 따라 프린터 제품의 재고는 유통센터에서 주로 보유하였다. 밴쿠버 공장에서 유럽이나 아시아 지역으로의 수송에는 약 4~5주가 소요되었다. 특히 HP는 유럽시장에서 일어나는 높은 재고수준과 재고 불균형에 관심을 가지고 있었다. 유럽에서 데스크젯 프린터를 판매하기 위해서는 해당국가의 언어와 전압에 맞추는 현지화의 과정이 필수적으로 요구된다. 이는 현지 시장을 위한 고객화 과정으로서 현지언어로 만든 매뉴얼과 라벨링 추가 그리고 전압과 플러그의 형태를 현지에 적합하게 장착하는 과정을 포함하고 있다. 고객화는 제품이 유럽에 도착하기 전인 밴쿠버공장에서 이루어지며 이렇게 공장에서 완성된 제품은 북미, 유럽 그리고 아태지역의 유통센터로 배송되어 각 국가로 판매된다. 게다가 일단 프린터가 유럽에 도착하면 일부 시장에서는 많은 재고가 있는 반면 일부시장에서는 재고가 고갈되는 현상이 발생되었다. 문제를 요약하면 다음과 같다.

- 정확한 재고수준의 설정방법이 불확실하다.
- 현지화의 경우가 많다.
- 현지 창고로의 도착에 긴 리드타임이 소요되어 수요예측과 안전재고 유지의 어려움이 유발된다.
- 현지 시장에서의 수요 불확실성이 높아 수요예측이 어렵다.
- 다양한 부서 사이에서의 협력이 요구된다.

또한 이러한 문제들을 다루기 위해 다음과 같은 솔루션이 고려되었다.

- 공장으로부터의 프린터운송을 항공운송으로 전환
- 유럽 현지 공장 설치
- 유럽 유통센터에서 더 많은 재고를 보유
- 수요예측 방법의 향상

그러나 불행히도 이러한 솔루션에는 많은 문제점이 있다. 프린터 시장의 경우 경쟁이 치열하고 마진이 적어 항공운송의 비용을 감당하면서 경제성을 유지할 수 없었다. 유럽 현지의 수요량은 현지의 공장을 설립할 만큼 충분하지 않았다. 재고는 지금도 많은 상태이며 수요 예측을 향상할 수 있는 특별한 방법을 찾기가 어려웠다.

따라서 HP는 차별화 지연이라는 또 다른 옵션을 고려하였다. 즉 밴쿠버 공장에서는 국가별 현지화와 무관한 공통 프린터본체만 생산하였으며 각 국가별 현지화는 해당지역의 유통센터에서 직접 수행하도록 하였다. 이를 위해 프린터를 모듈화하여 공통 프린터 본체 모듈과 표준 전원 모듈 등으로 프린터의 설계는 변경되었다. 또한 각 지역 유통센터로 배송되는 것은 프린터 공통모듈로서 완제품이 아닌 상태이므로, 운송 중 보험비용 및 화물취급 관련비용이 감소하였으며, 관세 상의 이점도 얻을 수 있었다. 현지 유통센터에서는 공통본체모듈에 현지화된 매뉴얼과 전원 모듈을 장착하고 라벨링 및 포장 작업을 수행함으로써 국가별 특화제품의 생산을 위한 리드타임을 크게 감소시킬 수 있었으며, 공통제품의 재고 보유를 통하여 지역별 수요의 불균형에 대해서도 유연하게 대처할 수 있게 되었다. 또한 일부 현지화 관련 부품이 현지에서 직접 조달되어 비용의 감소와 함께 및 현지요구에 대한 보다 신속한 대응이 가능해졌다. 이러한 결과를 얻기 위하여 프린터는 재설계 되었으며 유통센터의 역할과 책임은 증가하였다.

이러한 전략은 큰 성과를 가져왔다. 운송 제품의 공통화로 인하여 리스크 풀링의 효과가 발생하여, 재고가 감소하면서 고객서비스 수준은 향상되었으며, 이는 큰 폭의 이익 증가로 이어지게 되었다.

16.1 서론

비즈니스는 복잡한 네트워크이다. 비즈니스는 단독으로 존재하지 않는다. [그림 16-1]에 나타난 것처럼, 대부분의 비즈니스는 공급자, 공급자의 공급자, 제조업체, 유통업체, 최종고객에 이르기까지 수많은 기업이 상호관계를 맺으며 운영되고 있다.

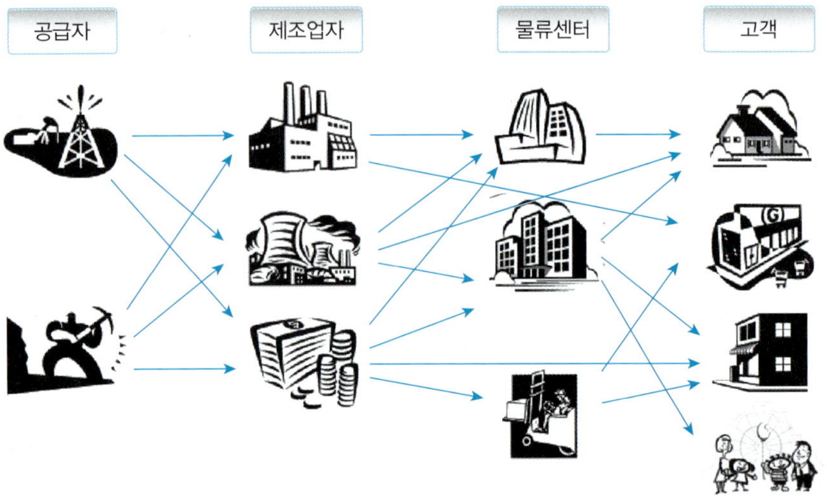

[그림 16-1] 비즈니스의 복잡한 네트워크

비즈니스가 이렇게 복잡한 네트워크를 이루면서 존재한다는 사실은 기업의 운영에 있어서 중요한 문제를 제기한다. 한 기업의 운영은 다른 기업의 운영으로부터 독립적이지 않다. 예를 들어 [그림 16-2]에서 공급자 A가 자연재해 등으로 갑작스런 운영중단사태를 맞았다고 가정하여 보자. 그러면, 이 공급자로부터 공급받는 제조업체 B는 곧 제조에 필요한 자재의 고갈을 겪게 되고, 이로 인해 제조에 차질을 야기하게 될 것이다. 제조업체의 제조 차질은 유통업체 C의 영업에 차질을 일으켜 최종고객에 대한 해당 제품공급이 중단되기도 하며, 한편으로는 제조 중단에 따라 전반적인 자재 발주가 중단됨에 따라 다른 공급자 D의 운영에 차질을 야기할 수도 있다. 상황의 심각성에 따라서는, 공급자 A의 운영 중단과 공급자 D의 운영 차질에 의해 공급자 A에 대한 공급자나 공급자 D에 대한 공급자의 운영도 영향을 받을 수 있다.

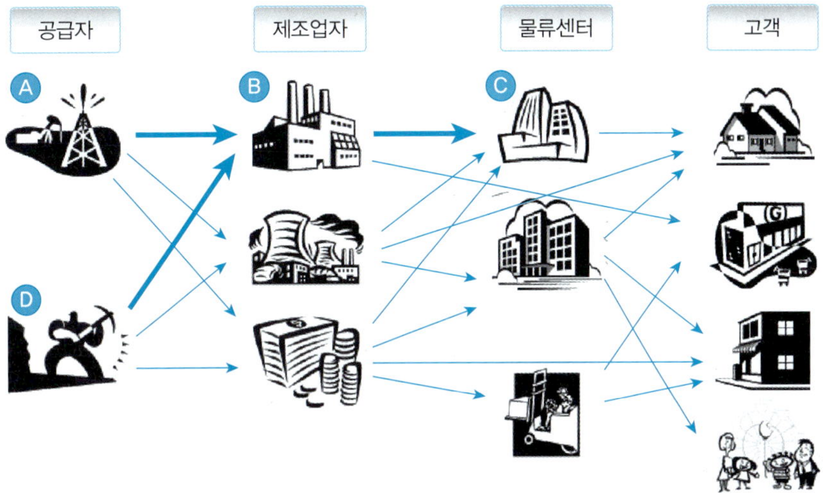

[그림 16-2] 기업 간 네트워크에서의 영향의 전파

기업들이 네트워크로 연관되어 있음에 따라, 한 기업에서 발생한 사건은 직간접적으로 거래관계를 맺고 있는 다른 기업들에도 영향을 미치게 되어, 네트워크에 참여하고 있는 기업들의 운영은 서로 영향을 주고받는 관계에 있게 된다. 따라서 기업은 자사의 운영뿐 아니라 자사와 직·간접적으로 영향을 맺고 있는 다른 기업의 운영과의 연관관계를 고려하지 않을 수 없다. 여기에서 기업의 운영을 단일 기업 단위가 아닌, 기업 간의 네트워크인 공급망(supply chain)에 대해 고려해야 하는 필요성이 대두된다. 공급망은 공급망이라고도 하며, 원자재를 최종 고객에게 완제품으로 전달하는 과정에서 거래관계로 연관되어 있는 기업의 네트워크와 여기에 포함되어 있는 자재, 인적자원, 정보, 프로세스 등을 포괄하는 개념으로 정의할 수 있다.

16.2 공급망관리의 개념

공급망에 속해 있는 기업의 운영이 상호 영향을 주고받는다는 점은, 기업의 운영을 공급망의 틀에서 이해해야 한다는 과제를 시사한다. 이를 위해서는 공급망의 일반적 구조를 이해할 필요가 있다. [그림 16-3]은 "나"를 중심으로 한 공급망의 형태를 단순화하여 도식화하고 있다. "나"는 공급자들에게 공급받은 원자재 및 부품을 이용해 제품을 생산하여 이를 유통망을 통해 고객에게 전달한다. "나"의 시선의 방향이 고객을 향하고 있다는 관점에서, 내가 생산한 제품을 받아서 다른 제품의 생산에 활용하거나 유통시키는 쪽을 공급망의 "전방(front-end)", 나에게 원자재나 부품 등을 공급하는 쪽을 공급망의 "후방(back-end)"이라고 한다.

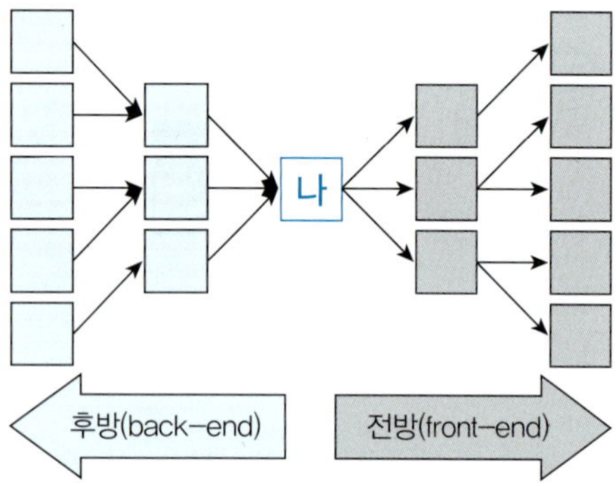

[그림 16-3] 공급망의 일반적 구조

공급망의 전방/후방의 구분과 더불어 자주 사용되는 것이 공급망의 상류와 하류의 개념이다. [그림 16-4]는 오렌지 주스의 공급망을 단순화한 예를 보여주고 있다. 오렌지 주스의 생산과정을 원재료인 오렌지로부터 중간제품, 완제품 제조를 거쳐 유통을 통해 최종고객에게 전달되는 일련의 흐름으로 볼 때, 이 공급망 전체는 자재가 상류에서 하류로 흘러가는 강으로 이해할 수 있다. 이러한 관점에서, "나"를 중심으로 볼 때 나에게 원자재 및 제품을 공급하는 쪽을 공급망의 "상류(upstream)", 나에게 완제품을 공급받아 최종고객으로 전달하는 쪽을 공급망의 "하류(downstream)"로 지칭한다.

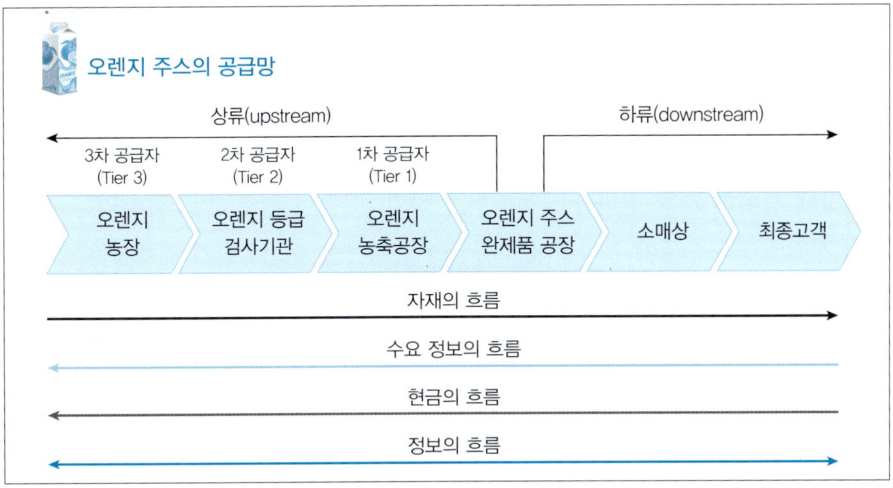

[그림 16-4] 공급망의 상류와 하류

[그림 16-4]에는 몇 가지 주목할 점이 있다. 공급망이라는 '강'을 따라 자재는 상류에서 하류로 이동하는 한편으로, 현금의 흐름(cash flow)은 최종고객에서 발생하여 유통망, 제조업체를 거쳐 공급자들을 향해 공급망을 거슬러 올라간다. 또한 고객에서 발생하는 최종수요정보는 현금의 흐름과 함께 공급망의 하류로부터 상류로 전달되며, 이 과정에서 공급망 통합을 위한 정보는 공급망의 상하류를 총괄하여 공유된다.

그러면 공급망관리란 무엇인가? Simchi-Levi 등(2009)은 공급망관리를 다음과 같이 정의하고 있다.

공급망관리는 고객 서비스수준을 만족시키면서 시스템의 전반적인 비용을 최소화할 수 있도록 제품이 정확한 수량으로, 정확한 장소에, 정확한 시간에 생산과 유통이 가능하게 하기 위하여 공급자, 제조업자, 창고 · 보관업자, 소매상들을 효율적으로 통합하는 데 이용되는 일련의 접근법이다.

위의 공급망관리에 대한 정의를 바탕으로, 공급망관리에 대해 다음과 같은 시사점들을 생각해 볼 수 있다.

(1) 공급망 총비용과 관련된 모든 설비가 고려되어야 한다.

공급망에서 최종 고객에게 제품(또는 서비스)을 전달하는 과정에 발생하는 비용은 특정 업체에 국한되지 않고 공급망 전체의 모든 곳에서 발생한다. 공급망관리는 이와 같이 공급자와 공급자의 공급자, 고객사와 고객사의 고객 등을 포괄하므로, 공급망에 참여하는 모든 설비에서 발생하는 비용을 고려해야 한다.

(2) 공급망 시스템 전체 관점에서의 통합적 최적화가 필요하다.

시스템 접근법(systems approach)

공급망에 참여한 모든 설비가 고려되어야 하고, 이들이 서로 연관되어 있는 만큼, 고객 서비스 요구수준에 부합하면서 공급망 총비용을 최소화하기 위해서는 공급망 시스템 전체 관점에서의 최적화가 필요하다. 즉, 공급망관리는 필연적으로 시스템 접근법(systems approach)을 요구한다.

(3) 기업 활동의 여러 수준이 관련되어야 한다.

기업의 활동을 크게 나누어 [그림 16-5]와 같이 전략적 수준(strategic level), 전술적 수준(tactical level) 및 운영적 수준(operational level)으로 구분해 볼 수 있다. 전략적 수준은 최고경영자 및 임원급, 전술적 수준은 중간관리자급, 운영적 수준은 실무자 수준에서의 의사결정 및 활동을 의미한다. 공급망관리는 고객 서비스 요구수준에 부합하면서 공급망 시스템 총비용의 최소화를 위한 공급망의 통합을 고려하므로, 기업의 모든 수준에서의 의사결정과 수행 활동이 함께 고려되어야 한다.

[그림 16-5] 공급망관리에 관련된 기업 활동의 수준

[그림 16-6]에서 나타난 공급망 활동의 수준을 각각 살펴보면 다음과 같다.

(1) 전략적 수준: 공급망 전략과 설계(supply chain strategy & design)

공급망 전략과 설계(supply chain strategy & design)

이 수준에서는 공급망 구축을 위한 전략과 공급망의 설계에 관련된 의사결정과 활동을 다룬다. 여기서는 기업의 경쟁우선 역량을 고려한 공급망의 전략적 방향성 – 예를 들어 공급망을 대응성에 초점을 둘 것인지 효율성에 초점을 둘 것인지 – 과, 이에 맞추어 공급망의 설비의 수나 위치선정, 공급망을 고려한 제품 설계 등 공급망의 설계에 대한 의사결정과 활동이 연관된다. 이러한 의사결정은 대부분 최소 수년~수십 년의 장기간 동안 영향을 미치게 되며, 관련 의사결정이 기업의 최고경영자 및 임원수준에서 수행되는 경우가 일반적이다.

(2) 전술적 수준: 공급망 계획(Supply Chain Planning: SCP)

공급망 계획(Supply Chain Planning: SCP)

이 수준에서는 공급망의 생산, 재고, 운송 등의 통합적 계획을 고려한다. 대개 중간관리자급의 의사결정으로서, 의사결정의 영향범위는 수주, 수개월에서 수년 이내의 수준인 것이 일반적이다. 공급망 총비용의 최적화를 위해 설비별 생산계획 및 재고배치계획, 운송계획 등을 고려한다. 정보시스템 관점에서는 공급망의 전술적 수준에서의 통합계획을 지원하기 위한 의사결정지원시스템(Decision Support System: DSS)들이 개발되어 있으며, 통칭 SCM 시스템이라고 일컬어지는 IT시스템들은 대부분 이러한 전술적 수준의 공급망 계획(SCP)인 경우가 많다.

(3) 운영적 수준: 공급망 운영(Supply Chain Operation: SCO)

공급망 운영(Supply Chain Operation: SCO)

공급망 실행(Supply Chain Execution: SCE)

공급망 실행(Supply Chain Execution: SCE)이라고도 하는 이 수준에서는, 공급망 계획을 실제로 실행하기 위한 운영적 수준의 의사결정과 활동들이 이루어진다. 실행인력의 배정이나 일일생산량, 재고수준의 설정, 배차계획 등, 수일~수주 정도의 범위에서 실무자들에 이루어지는 의사결정이 일반적이다. 정보시스템의 측면에서는, 이러한 공급망 운영의 지원은 보통 ERP(Enterprise Resource Planning) 시스템에 의해 수행된다.

16.3 공급망의 역동성: 채찍효과(bullwhip effect)

채찍효과(bullwhip effect)

역동성(dynamics)

공급망에서는 단일 기업의 운영을 고려할 때와는 전혀 다른 현상과 문제들이 제기된다. 공급망에 고유한 현상의 하나로서 채찍효과(bullwhip effect)가 있다. 채찍효과는 공급망의 역동성(dynamics)을 보여주는 대표적인 현상으로서, 공급망의 운영에 있어서 중요한 시사점을 제공한다.

기업의 운영은 다양한 불확실성(uncertainty)에 노출되어 있다. 대표적인 불확실성의 예로는 수요의 불확실성과 원자재 납기의 불확실성 등을 들 수 있을 것이다. 이러한 불확실성에 대처하고 외부 환경 요소의 변동성에 대한 완충장치(buffer)를 제공하는 유력한 수단으로서 기업은 재고(inventory)를 보유한다.

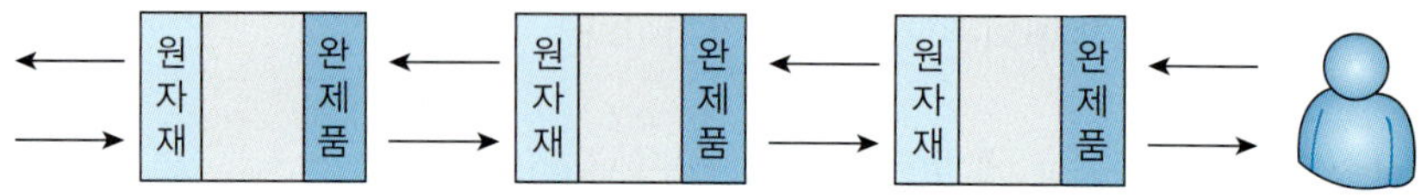

[그림 16-6] 공급망에서 완충장치로서의 재고

재고에 관한 이전 장의 논의에서 살펴본 바와 같이, 완충장치로서의 작용은 재고의 기본적 존재 이유 중 하나이다. 이러한 이유로 [그림 16-6]에서 보는 바와 같이 수요와 납기 등의 불확실성에 대비하기 위하여 각 기업은 완제품과 원자재의 재고를 보유하고 있게 된다. 해당기업에 대한 공급사 역시 자체적인 원자재와 완제품의 재고를 보유할 것이다. 한 기업의 원자재는 해당기업에 대한 공급사의 완제품이므로 동일한 제품에 대한 재고가 고객사와 공급사의 양측에 쌓여 있게 되고 이와 같이 중복적으로 재고가 유지됨으로 인하여 공급망 전반에 걸쳐서는 많은 비용을 야기하게 된다.

그러면 이렇게 보유된 공급망의 재고는 불확실성에 대한 완충장치로서의 기능을 성공적으로 수행하는가? 단순히 생각하면 공급망의 각 주체가 보유하고 있는 재고의 완충작용으로 인하여 최종 수요의 변동성은 재고에 흡수되고 공급망의 상위로 갈수록 변동성은 약화될 것으로 생각될 수 있을 것이다. 즉 최종수요가 큰 변동을 보이더라도 기업이 발주하는 원자재의 주문의 변동폭은 다소 줄어들 수 있을 것으로 생각된다. 그러나 현실은 이와 정반대의 경향을 나타낸다.

P&G는 소매점에서의 Pampers 유아용 기저귀에 대한 최종수요의 변동폭이 그다지 크지 않음을 발견하였다. 유아용 기저귀와 같은 생필품의 수요는 비교적 안정적인 형태를 보이는 것이 일반적이다. 그러나 소매점이 P&G에 주문하는 기저귀 주문량의 변동 폭은 최종수요의 변동 폭에 비하여 훨씬 크게 나타나고 있음을 발견하였다. HP의 경우에도 판매점(reseller)에서 판매되는 데스크젯 프린터의 최종수요 변동폭에 비해 판매점이 HP의 프린터사업부에 주문하는 프린터 수량의 변동폭

이 훨씬 크게 나타났으며, 다시 HP의 프린터사업부가 IC사업부에 주문하는 프린터 제조용 IC 칩의 주문량의 변동폭은 더욱 크게 나타나는 것으로 판명되었다(Lee 등, 1997).

앞의 예는, 기저귀의 소매점이나 프린터의 판매점이 불확실성에 대비하기 위한 재고를 보유하고 있음에도 불구하고, 최종수요의 변동폭은 재고에 의해 흡수되기는커녕 오히려 증폭되어 전달되는 현상을 보여주고 있다. 이와 같이, **공급망의 상류로 올라갈수록 수요의 변동폭이 증폭되어 나타나는 현상을 채찍효과**라고 한다. 이는 채찍을 휘두르는 움직임에 의하여 채찍의 끝은 큰 폭으로 움직이게 되는 것에 비유하여 붙여진 이름이다.

채찍효과는 공급망 내에 존재하는 재고의 완충작용의 실패를 보여주고 있다. [그림 16-7]은 채찍효과에 의한 수요변동폭 증가를 나타내고 있다. [그림 16-7]은 최종소매점에서의 수요변동폭에 비해 소매점이 도매점에 대해 주문하는 양의 변동폭이 더 크게 나타나고 있는 채찍효과가 존재하고 있음을 나타내고 있다.

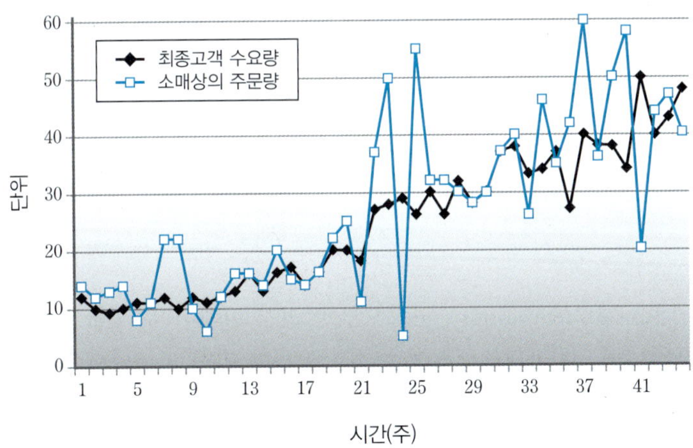

[그림 16-7] 채찍효과에 의한 수요변동폭의 증가

출처: Lee 등, 1997

채찍효과는 왜 나타나는가? 이에 대해서는 크게 두 가지의 관점이 있다. Sterman(1987)은 채찍효과가 공급망 내의 의사결정자들의 비합리적인 행동이나 재고와 수요변동에 대한 이해부족으로부터 비롯되었다고 보는 관점을 제시하였다. 따라서 Sterman은 공급망의 의사결정자들에 대한 교육을 통해서 채찍효과를 제거할 수 있을 것이라고 주장하였다. 그러나 보다 이후에 이루어진 Lee 등(1997)의 연구에서는 수학적 모형을 활용하여 공급망 내의 의사결정자들이 합리적인 의사결정을 수행하는 경우에도 채찍효과는 여전히 나타나게 됨을 입증하였다. 따라서 채찍효과는 의사결정자의 비합리성이나 이해부족으로 인한 것이 아니라 공급망의 기반구조(infrastructure)의 특성, 특히 공급망의 정보처리(information processing) 과정의 문제에서 기인하는 것으로 파악하였다.

Lee 등(1997)은 채찍효과의 원인을 크게 다음과 같은 네 가지로 구분하여 제시하였다.

수요정보처리과정의 정보 왜곡

첫 번째는 수요정보의 처리과정에서의 왜곡현상이다. 관리자는 보통 차기의 수요를 예측하여 해당하는 양을 주문하게 된다. 그런데 수요예측기법의 특성상 금번 기에 수요가 줄었다면 차기의 수요예측치는 하향조정하게 될 것이며, 반대로 금번 기에 수요가 늘었다면 차기의 수요예측치는 상향조정하게 될 것이다. 주문량은 수요예측치에 의거하여 결정되므로, 주문량은 최종수요에 비해 과장된 형태로 공급자에게 전달된다. 따라서 공급자가 관측하는 수요의 변동성은 최종수요의 변동성에 비해 증폭되어 나타나게 될 것이다. 상위 공급자로 단계를 거듭할수록 최종고객의 수요정보의 왜곡은 심화되며 수요의 변동성 역시 점진적으로 증폭되어 나타나게 된다.

배급 게임

배급 게임(rationing game)

두 번째는 **배급 게임(rationing game)**으로 알려진 현상이다. 일반적으로 공급물량이 부족하면 주문량에 비례하여 공급물량을 할당하게 되는 경우가 많다. 이러한 할당정책을 예상하여, 공급망의 관리자들은 수요가 증가하는 것을 관찰하면 향후 공급물량 부족에 대비하여 필요한 것보다 주문량을 늘리게 된다. 이에 따라 공급자에게 전달되는 수요량은 과장되어 상위단계로 갈수록 수요량 변동의 증폭을 가중시키게 된다.

일괄주문의 영향

일괄주문(batch order)

세 번째는 **일괄주문(batch order)**에 의한 효과이다. 매번 주문할 때마다 운송비용 등 주문처리에 따른 비용이 발생하므로 고객수요가 발생할 때마다 주문하는 것은 비경제적이다. 따라서 주문처리비용의 절감을 위하여 소매점은 몇 개의 고객수요를 묶어서 한 번에 많은 양을 주문하는 일괄주문의 형태를 선택하게 될 것이다. 복수의 소매점을 고려하자. 만약 소매점들의 주문시점이 서로 완전히 독립적이라고 가정할 경우, 어떤 날에는 소매점으로부터의 주문이 전혀 없는가 하면 어떤 날에는 여러 개의 소매점의 주문이 겹치는 일이 불가피하게 일어난다. 설상가상으로 소매점들의 주문시점이 양의 상관관계를 가진다면, 다시 말해 한 소매점이 주문하는 시점에 다른 소매점도 주문하려는 경향을 보인다면, 공급자가 관찰하는 소매점의 주문량이 몰리게 되는 현상은 더 심하게 나타나게 될 것이다. 불행히도 현실상황에서는 소매점 간의 주문시점이 양의 상관관계를 가지게 되는 경우가 많은데, 이는 매주 매월 또는 매분기의 시작점 등 주문시점을 결정하는 외부환경이 소매점마다 동일하게 나타나기 때문이다. 따라서 이러한 일괄주문의 집중으로 인하여 공급자가 관찰하는 수요의 변동성은 최종수요에 비해 더욱 크게 나타나게 된다.

가격변동의 영향

네 번째는 가격변동에 의한 것이다. 공급자는 원가변동이나 판촉 등의 이유로 가격을 올리거나 내리는 경우가 있다. 소매상은 가격이 낮을 때 제품을 축적하고, 가격이 높을 때는 주문하지 않으려는 경향을 보이게 되며, 심지어 가격하락을 기대하고 계속 주문을 연기하다 가격하락 시 일시에 주문이 폭주하게 되는 경우도 있는데, 이는 백화점의 세일 등에서 흔히 관찰할 수 있다. 이러한 이유로 가격의 변동은 수요변동폭의 증폭을 야기하게 된다.

16.4 공급망관리의 주요 문제

공급망관리가 중요하고 기업의 경쟁력 강화에 필수적이지만, 공급망관리의 수행에는 많은 어려움이 따른다. 앞의 절에서 설명한 공급망 고유의 역동성인 채찍효과도 공급망관리를 어렵게 만드는 요인 중의 하나라고 할 수 있다. 보다 일반적으로, 공급망관리를 어렵게 만드는 대표적인 원인으로서 다음과 같은 점들을 생각해볼 수 있다.

* 공급망관리는 기업의 다른 부문과 통합적으로 고려되어야만 한다.
* 시스템 관점에서의 전체최적화를 고려해야 한다.
* 위험(risk)과 불확실성(uncertainty)이 존재한다.

이어지는 절에서 각각의 요인에 대하여 살펴본다.

16.4.1 공급망관리와 기업 부문 간 통합

기업의 공급망관리 활동은 단독으로 존재할 수 없다. 공급망 전략은 마케팅, 재무, 인사관리활동과 마찬가지로 기업 전략으로부터 도출되어야 한다. 그뿐 아니라, 공급망활동 자체도 기업의 다른 부문의 활동과 연계되어 있어, 공급망과 관련된 다른 부문에서의 프로세스는 통합적으로 설계되고 수행되어야 한다.

예를 들어, 공급망 프로세스와 제품설계 사이의 연관관계를 고려해 보자. 이 장의 서두에서 제시한 HP 데스크젯의 사례를 다시 살펴보자.

사례

HP가 새롭게 성장하고 있던 잉크젯 프린터 시장에 진출한 초기인 1990년대 초반, HP는 심각한 과다재고와 낮은 서비스 수준의 문제로 어려움을 겪고 있었다. HP의 잉크젯 프린터인 데스크젯은 유럽 여러 국가에 제품을 출시하면서 각국의 언어 및 전압, 전원플러그의 형태에 따른 다양한 세부모델이 존재하였으며, 세부모델별 생산량과 실제 수요 사이의 편차로 인해 특정 세부모델에 따라서는 수요를 충족하지 못하는 반면 다른 세부모델에서는 과다한 재고가 발생하는 식의 문제가 반복되었고, 이는 심각한 수익성 저하로 이어졌다.

출처: Kopczak과 Lee, 1994

이와 같이 낮은 서비스수준과 과다한 재고가 동시에 발생하는 문제는 HP 데스크젯의 경우뿐 아니라, 많은 기업 운영에서 흔히 관찰되는 현상이다. 흔히 수요예측의 정확성을 높이거나 재고량을 더 높이는 방식으로 해결하고자 하지만, 수요예측의 정확성에는 한계가 있고 재고량은 이미 과다한 경우가 많다.

HP는 이 문제를 제품의 재설계로 해결하였다. 각 국가별 세부모델을 밴쿠버 본사에서 완제품 형태로 생산하여 운송하는 대신, 본체에서 전원 모듈을 분리하고,

전원 어댑터와 전원 케이블도 별도의 모듈로 분리하였다. 이에 따라 본사에서는 공통의 본체만을 생산하여 유럽으로 운송하고, 각국 언어로 된 매뉴얼 및 소프트웨어를 유럽시장 현지의 물류센터에서 통합하여 패키지로 포장함으로써 각 국가별 세부모델의 수요와 재고 사이의 불균형을 해소하였으며, 이는 수익성과 시장점유율의 극적인 향상으로 이어졌다.

이 사례는 공급망의 문제의 해결을 위해 제품이 재설계되어야만 했던 전형적인 경우를 보여준다. 이와 같이 많은 경우에 있어서 공급망관리 활동은 제품개발 프로세스와 연계되어 수행되어야 한다. [그림 16-8]은 공급망 프로세스와 제품개발 프로세스 사이의 연계관계를 도식화하여 나타내고 있다.

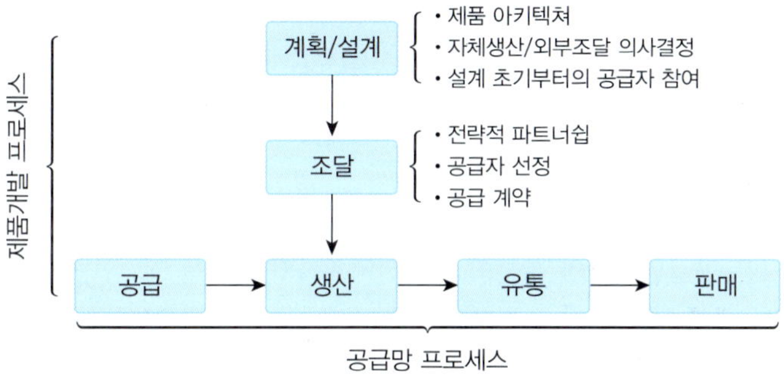

[그림 16-8] 공급망 프로세스와 제품개발 프로세스의 연계

출처: Simchi-Levi 등, 2009

이러한 이유로, 공급망관리 활동은 특정 부서 단독으로 수행될 수 없으며, 부서 간의 협력과 최고경영자 수준에서의 조정이 요구된다. 이는 종종 기업의 기능 부서 간의 의사결정 조정과 역할 재조정 등 구조적인 변화를 수반하며, 공급망관리의 구현에 중요한 도전 과제로 제기된다.

16.4.2 시스템 관점에서의 전체최적화

부분최적(local optimum)

공급망관리의 정의에서 나타난 바와 같이, 공급망관리를 위해서는 시스템 관점의 전체최적화가 필요하다. 전체최적(global optimum)은 부분최적(local optimum)과 대비되는 개념이다. 각각의 개념에 대해 다음의 예제를 통해 살펴보자.

예제 16-1 공급망에서의 부분최적과 전체최적의 비교

A사는 여름 시즌에 수영복을 판매한다. A사는 시즌동안 판매할 수영복을 여름 시즌이 시작되기 전에 B사에 주문하여 제작하며, B사는 A사에서 받은 주문량만큼 생산하여 납품한다. A사는 수영복은 여름 시즌동안 개당 12만 원에 판매하며, 시즌이 종료된 이후에는 아웃렛에 개당 2만 원의 가격으로 전량 넘겨주게 된다. A사는 B사로부터 개당 8만 원에 수영복을 공급받으며, B사는 개당 3만 원의 원가로 수영복을 제조한다. 여름 시즌동안의 수영복 수요는 최소 10,000개에서 최대 20,000개 사이의 균일분포(uniform distribution)로 알려져 있다. 여기서,

(1) A사가 이익을 최대화하기 위해서는 몇 개의 수영복을 주문해야 하는가? 이 때 A사와 B사 각각의 이익은 얼마이며, A사와 B사의 합한 공급망 총이익은 얼마인가?

(2) 만약 공급망 총이익을 최대화하려면 A사는 B사에 몇 개의 수영복을 주문해야 하는가? 이 때 A사와 B사의 각각의 이익은 얼마가 되는가?

풀이 16.6절 참조

예제 16-1은 공급망에서의 부분최적과 전체최적의 차이를 잘 나타내고 있다. [그림 16-9]는 예제 16-1에서 주문량에 따른 A사의 이익과 공급망 전체의 이익을 비교하여 나타내고 있다.

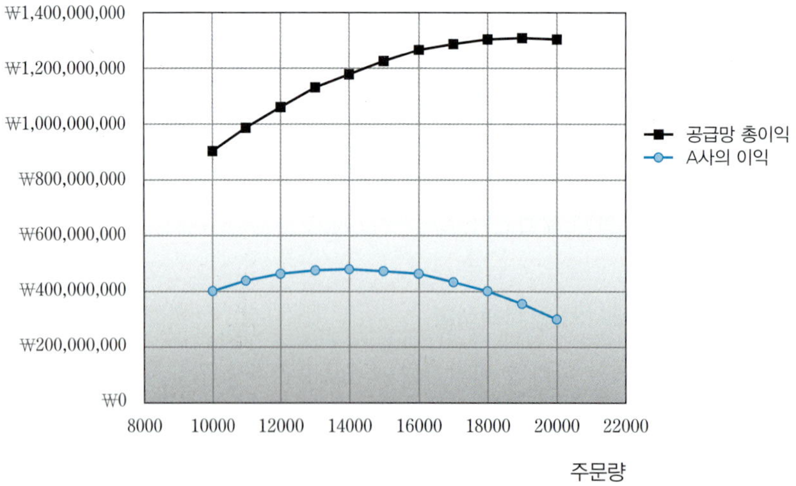

[그림 16-9] 예제 16-1에서 주문량에 따른 A사의 이익과 공급망 총이익의 비교

예제 16-1의 첫 번째 경우에서 A사는 자사의 이익을 최대화하기 위한 의사결정을 수행한다. [그림 16-9]에 나타난 바와 같이, A사의 기대이익은 주문량 14,000개에서 최대가 되며, 이 때 A사는 4.8억 원의 기대이익을 얻게 된다. A사가 14,000개를 주문하면 공급사인 B사는 (80,000원 - 30,000원)×14,000개 = 7억 원의 이익을 얻게 된다.

공급망 전체의 관점을 취하지 않는다면, 위와 같은 의사결정에는 아무 문제가 없어 보인다. A사와 B사가 공급망 관점에서의 의사결정을 요구받지 않는다면 이와 같이 운영되는 것이 당연하다. 그러나 공급망 전체의 이익을 고려하게 되면, 실제로는 A사와 B사는 추가적인 이익을 창출할 수 있는 기회를 놓치고 있다.

예제 16-1의 첫 번째 경우에서 공급망 전체는 11.8억 원(= 4.8억 원+7억 원)의 이익을 창출하고 있다. 이제, 예제 16-1의 두 번째 경우를 보자. [그림 16-9]에서 나타난 바와 같이, 공급망 전체의 이익은 주문량 19,000개에서 최대화되며, 이 때 공급망 전체에서는 13억 원이 넘는 이익을 얻을 수 있다. 따라서 공급망 전체의 이익을 고려한다면 A사가 B사에 19,000개의 수영복을 주문하는 것이 최적임을 알 수 있다.

그러나 각 사의 이익을 고려하면 문제는 단순하지 않다. 예제 16-1의 첫 번째 경우에 비해, 예제 16-1의 두 번째 경우에서는 A사의 이익은 4.8억 원에서 3.55억 원으로 오히려 감소하고 있다. A사는 자사의 이익 감소를 감수하면서까지 공급망 이익 최대화를 추구하게 될까? 아마 그렇지 않을 것이다.

부분최적화(local optimization)
전체최적화(global optimization)
전체최적(global optimum)

예제 16-1의 첫 번째 경우에서와 같이, 자사 혹은 공급망의 특정 부분에서만의 최적화를 고려한 의사결정을 **부분최적화(local optimization)**라고 하며, 이 때 얻어진 의사결정의 결과를 부분최적(local optimum)이라고 한다. 한편, 예제 16-1의 두 번째 경우에서와 같이 공급망 전체의 최적화를 고려한 의사결정을 **전체최적화(global optimization)**라고 하며, 이 의사결정의 결과를 **전체최적(global optimum)**이라고 한다.

이러한 경우는 공급망의 운영에서 매우 일반적으로 발생한다. 공급망은 여러 기업이 참여하여 상호작용하는 복잡한 네트워크이다. 공급망에 참여한 기업들은 서로 거래관계로 연관되어 있으나, 사실상 독립적인 의사결정 주체로서 각자가 추구하는 목표는 상이한, 이른바 동상이몽(同床異夢)의 양상을 나타내는 경우가 흔하다. 예를 들면, 공급자-제조업체-유통업체-운송업체로 구성된 공급망에서, 공급자는 제조업체에 안정적인 대량 구매를 요구하고 싶을 것이다. 반면 제조업체는 재고 감축을 위해 필요할 때 필요한 만큼 공급받을 수 있는 유연성을 요구하는 한편으로, 가능하면 대량생산을 선호할 것이다. 유통업체의 입장에서는 재고의 부담을 줄이기 위해 제조업체에 소량생산을 요구할 것이며, 수송업체는 소량 운송이 자주 발생하면 수송비용이 증가하므로 한 번에 대량을 일괄적으로 운송하기를 원할 것이다. 이와 같이, 공급망에 참여한 의사결정주체 간의 목표는 서로 상충되며, 한 부분에서의 성과를 높이기 위해서는 다른 부분에서의 성과가 낮아지는 상충관계(trade-off)가 항상 존재한다. 그러면 어떻게 해야 하는가?

조정(coordination)
계약(contract)
전략적 제휴(strategic alliance)

다시 예제 16-1로 돌아가서, 예제 16-1에서 A사에 주문량의 의사결정이 맡겨진다면 A사는 당연히 자사의 이익을 최대화하는 부분최적화를 수행하게 될 것이고, A사가 주문량을 더 늘리거나 줄이면 자사의 이익이 감소하게 되므로 특별한 조치를 취하지 않는 한 공급망은 부분최적에서 벗어나지 못한다. 그러나 공급망 대 공급망의 경쟁이 격화되면서 공급망 전체의 이익을 더 높이는 방법을 취하지 않으면 공급망 전체의 생존이 위태로워지는 것이 현실이다. 이를 감안하면, A사와 B사의 공급망에서 전체최적의 의사결정인 19,000개의 주문량이 이루어질 수 있도록 하고, A사와 B사가 이렇게 하여 추가로 창출된 공급망 이익을 적절히 분배하여 가져갈 수 있도록 하는 방법이 필요하다. 이를 공급망의 조정(coordination)이라고 하며, 이를 달성하기 위해 공급망의 조정이 이루어지도록 공급망 참여자 간의 계약(contract)을 적절히 설계하는 등 참여자 간의 전략적 제휴(strategic alliance)가 중요한 과제로 요구된다.

16.4.3 공급망의 위험(risk)과 불확실성(uncertainty)

공급망의 운영은 항상 불확실성에 노출되어 있다. 대표적으로 수요는 불확실하며, 공급자로부터의 납기가 준수되지 않을 수도 있다. 이외에도, 공급자의 부도나 파업 등의 가능성도 배제할 수 없으며, 공급망의 규모가 커지고 지리적 범위가 전 세계적 규모로 확장됨에 따라 최근에는 대규모 자연재해나 대형 사고, 팬데믹(전염병), 국지전 등의 지정학적 위기 등의 영향으로 공급망 전체의 운영이 마비되는 경우도 종종 발생하고 있다. 다음의 사례는 지정학적 위기에 의한 공급망 중단 위험과 그 대응방안에 대해 논의하고 있다.

사례

수에즈 운하와 파나마 운하는 세계에서 가장 중요한 해상 무역로 중 하나이다.

2022년 한 해에만 23,900척에 가까운 선박이 약 14억 톤의 화물을 193킬로미터에 달하는 수에즈 운하를 통해 운송했다. 그러나 이 중요한 운하는 다시 한 번 해상 화물 운송의 병목 현상이 되고 있다.

최근 보고서에 따르면, 중동의 지정학적 위기로 인한 컨테이너 선박 공격이 증가함에 따라 최근 몇 주 동안 점점 더 많은 선사들이 수에즈 운하를 피하고 있다. 그 대신, 이들은 6,000킬로미터 더 멀리 떨어진 남아프리카의 희망봉을 우회하여 화물을 운송하고 있으며, 이는 최대 10일의 운송 시간 지연과 더 높은 비용을 초래한다.

만약 수에즈 운하의 상황이 더 오래 지속된다면, 2021년 수에즈 운하에 좌초된 컨테이너선 "Ever Green" 사건 때처럼 병목 현상이 다시 발생할 수 있다. 수에즈 운하가 단 몇일 동안 폐쇄되었을 때, 화물 공간과 컨테이너 부족이 발생하여 해상 운송 가격이 일시적으로 급등하고 글로벌 무역에 영향을 미친 바 있다.

유럽 산업에 있어 현재 상황은 아시아의 주요 원자재뿐만 아니라 극동에서 수입되는 섬유, 의약품 및 식품에서도 병목 현상이 발생할 수 있음을 의미한다.

테슬라는 이미 독일 그륀하이데(Gruenheide) 공장에서 생산 중단을 초래한 공급 병목 현상을 최초로 보고한 기업이다.

공급망에 대한 압박은 그 어느 때보다 높아지고 있다. 최근 몇 년간의 모든 불확실성을 감안할 때, 기존 프로세스를 검토하고 어떤 교훈을 얻을 수 있는지 확인하는 것이 현명할 것이다.

더 나은 예측과 전방위적 공급망 가시성

과거의 위기를 고려할 때, 예상치 못한 사건에 대한 정확한 예측은 매우 중요하다. 특히 글로벌 공급망의 회복력 측면에서, 예상치 못한 사건이 발생할 때 신속하고 유연하게 대응하는 것이 최우선 과제이다.

전방위적인 투명성은 선제적인 조치를 취하는 데 핵심적인 역할을 한다. 다음과 같은 사항들을 알아야 한다:

- 어떤 자재와 상품이 영향을 받는가?
- 어떤 배송이 영향을 받는가?

- 내 재고는 어디에 위치해 있는가?
- 필수 자원의 대체 공급원이 있는가?
- 사용할 수 있는 대체 운송 수단과 경로는 무엇인가?
- 이러한 사건이 계획된 생산, 고객 주문 및 진행 중인 캠페인에 어떤 영향을 미칠 것인가?

최근 몇 년 동안, 기업들이 공급망을 더 유연하게 만들고 예상치 못한 변화에 대응하기 위해 디지털 도구가 필수적이라는 점이 분명해졌다. 인공지능, 머신러닝, IoT 추적 및 클라우드 서비스와 같은 기술의 지속적인 발전은 기업들이 경쟁사에 비해 명확한 경쟁 우위를 확보할 수 있도록 한다.

다변화와 탄탄한 관계망을 통한 리스크 최소화

2021년 수에즈 운하 봉쇄는 리스크 최소화 전략의 중요성을 강조했다. 또한 예기치 않은 상황에서 효과적인 리스크 관리, 정확한 예측 및 탄탄한 관계망의 필요성을 보여준다.

리스크를 인식하는 것은 최선의 행동 방침을 평가하고 가능한 한 짧은 시간 내에 조치를 취할 수 있는 첫 번째 단계이다. 다음 질문들이 도움이 될 수 있다:

- 짧은 시간 내에, 그리고 운송 중에 화물을 우회할 수 있는가?
- 식별 가능한 대체 공급원이 있으며, 신속한 변경이 가능한가?
- 대체 물류 유형과 경로가 있는가?
- 사용할 수 없는 자재에 대응하기 위해 생산을 조정할 수 있는가?

여기서 탄탄한 비즈니스 네트워크를 과소평가해서는 안 된다. 공급망 전반에서, 특히 공급업체와 서비스 제공업체와의 관계는 어떤 모습이어야 하는가?

탄탄한 네트워크를 갖추면, 기업들은 발생할 수 있는 문제에 대해 더 빠르게 함께 해결책을 찾을 수 있다.

리스크 저항력을 갖춘 공급망 구축

미래에도 대응 능력을 유지하려면, 공급망을 설계할 때 중단에 견딜 수 있도록 해야 한다. 이를 위해 다음과 같은 프로세스와 계획이 필요하다:

- 리스크 관리 및 비즈니스 연속성 전략의 실행
- 특정 국가 또는 지역의 공급업체로부터 발생할 수 있는 리스크를 줄이기 위한 공급망의 지리적 다변화

- 주요 원자재나 전략적 부품의 다중 소싱을 통해 단일 공급업체에 대한 의존도 최소화
- 중단 시 대체 운송 옵션 식별
- 중단을 완화하기 위한 전체 기업 네트워크에 걸친 재고 최적화 전략 도입
- 생산에서 offshoring(해외 생산), nearshoring(근접 국가 생산) 및 onshoring(국내 생산) 전략의 균형 잡기

팬데믹, 기후 또는 지정학적 요인으로 인한 예기치 못한 중단은 앞으로도 계속 발생할 것이다.

이 전 세계적으로 연결된 세상에서, 공급망이 현재 상황에서 생존하기 위해서는 회복력과 유연성을 갖추는 것이 중요하다. 동시에 새로운 환경에서 번창하기 위해서는 예측 능력, 지능, 투명성을 갖추어야 한다.

출처: Sin To, "Suez Canal Crisis: Lessons Learned And How Tech Can Help", Forbes, 2020.3.9., https://www.forbes.com/sites/sap/2024/01/22/suez-canal-crisis-lessons-learned-and-how-tech-can-help/

미래에 일어날 수 있는 결정되지 않는 상황을 위험(risk)과 불확실성(uncertainty)으로 구분하기도 한다. **위험(risk)**은 미래에 변동이 일어날 수 있으나 그 변동에 대한 확률분포를 알 수 있는 경우를 일컫는 반면, **불확실성(uncertainty)**은 발생 확률조차 알 수 없는 경우를 나타낸다. 그러나 두 용어가 혼용되어 사용되는 경우도 많다.

위험(risk)
불확실성(uncertainty)

공급망은 본질적으로 역동적인(dynamic) 시스템이며, 수요, 공급상황, 공급망의 거래관계와 **시장지배력(market power)**의 양상도 끊임없이 변화한다. 이러한 변화를 **예측(forecasting)**만으로 해결하는 것에는 한계가 있다. 더욱이 공급망의 지리적 범위가 확대됨에 따라 공급망이 직면하게 되는 위험과 불확실성의 수준은 크게 증가한다. 앞의 사례에서처럼 자연재해의 영향뿐 아니라, 환율변동, 국지전 등 정치경제적 위험요인에도 노출되며, 이들 중 상당부분은 예측조차 불가능한 불확실성(uncertainty)의 범주에 속한다.

시장지배력(market power)
예측(forecasting)

공급망은 이러한 위험과 불확실성을 고려하여 설계되어야 한다. 위험과 불확실성에 대비한 **완충재고(buffer stock)**나 여유용량을 확보하거나, 복수의 공급자로부

완충재고(buffer stock)

다중 조달(multiple sourcing)
강건성(robustness)

터의 다중 조달(multiple sourcing)을 활용하는 등의 전략이 필요하다. 불확실성의 증가에 따라 이러한 노력을 통해 공급망 운영의 강건성(robustness)을 확보하는 것이 최근 특히 중요한 과제로 대두되고 있다.

16.5 공급망관리의 주요 기법

앞서의 절에서 공급망에서 제기되는 주요 문제들에 대해 설명하였다. 여기서는 이러한 공급망의 문제를 해결하고 최적화하기 위해 어떠한 방법들이 적용될 수 있는지를 살펴보도록 한다. 공급망의 최적화를 위한 방법에는 크게 공급망의 재설계, 조정과 협력강화 및 정보의 공유 등이 있으며, 각각에 대해 설명한다.

(1) 공급망의 재설계

공급망의 최적화를 위해, 공급망 자체를 재설계할 수 있다. 공급망의 재설계는 관련 공정과 물류네트워크의 재설계 등을 포함한다. 여기서는 공정의 재설계방안에 대해 살펴본다.

리스크 풀링(risk pooling)

생산 공정은 일반적으로 공통제품이나 일반적인 부품을 만드는 것으로 시작하여 나중에 특정부품이나 제품이 만들어지면서 차별화가 이루어지는 순서로 진행된다. 그런데 특화된 각 제품의 수요변동성에 비해 이들 제품수요의 합의 변동성은 적게 나타나게 되므로, 특화된 제품이 되기 전의 공통부품의 수요 변동성은 특화된 각 제품별의 수요변동성보다 작게 된다. 이러한 특성을 리스크 풀링(risk pooling)이라고 한다.

예를 들어 보자. 여러 사람이 초대된 만찬이 있다. 손님들에게 요리를 제공하는 방법으로서, 네 명씩의 손님을 한 테이블에 앉게 하여 각 테이블마다 요리를 적당량씩 접시에 담아 제공할 수 있을 것이다. 이때는, 식사가 진행되는 과정에서 어떤 테이블에는 요리가 남는 반면, 어떤 테이블에는 부족한 일이 발생할 수 있을 것이다. 두 번째의 경우에서는 각 테이블별로 요리를 나누어 공급하는 대신 뷔페식으로 가운데 큰 테이블에 요리를 두고 손님들이 필요한 만큼씩 덜어가도록 하였다고 하자. 그러면 각 손님별의 식사량의 변동이 상쇄되어 결과적으로는 각 테이블별로 요리를 나누어 둔 경우보다 전체 소요된 요리의 양은 줄어들면서도 요리가 모자라는 손님이 발생할 가능성은 줄어들 것이다.

이와 같은 원리에 의하여, 특화된 개별 부품에 대한 수요예측과 재고관리는 어렵더라도, 제품이 공통화될 수 있다면 이러한 공통제품에 대한 수요예측은 보다 정확해질 것이며, 재고관리도 보다 효율적으로 이루어질 수 있을 것이라고 생각할 수 있다. 리스크 풀링의 개념에 입각하여, 공통부품에서 각 제품별 특화된 부품으로의 차별화시점을 가능한 한 연기함으로써 공정 중 부품의 재고보유 필요량을 줄이고자 하는 것이 공급망의 중요한 공정재설계 방안인 **차별화 지연**(delayed differentiation)이다. 즉, 가능한 한 공통부품의 상태를 오래 유지하고 특정 제품별로의 특화시점을 최대한 연기함으로써 리스크 풀링의 효과를 최대로 얻고자 하는 것이다. 이 장의 도입부에서 설명된 HP 데스크젯의 사례에서, 전원부를 모듈화하고 각국 언어별 매뉴얼과 소프트웨어를 현지 유통센터에서 통합 패키지화하도록 함으로써 프린터 본체라는 공통부품상태를 최대한 유지하도록 한 것은 차별화 지연의 좋은 예이다.

차별화 지연(delayed differentiation)

(2) 조정과 협력

공급망의 최적화를 위해 가장 중요한 개념 중의 하나가 **조정**(coordination)과 **협력**(cooperation)이다. 이는 다음에서 설명할 정보의 공유와 더불어 공급망의 전체최적화를 달성하기 위한 중요한 수단이 된다. 조정과 협력은 여러 가지 형태로 나타날 수 있으며 여기서는 세 가지의 예를 소개한다.

조정(coordination)
협력(cooperation)

첫 번째는 **협력적 수요예측 시스템**(Collaborative Planning, Forecasting & Replenishment: CPFR)이다. 다음의 사례를 보자.

협력적 수요예측 시스템(Collaborative Planning, Forecasting & Replenishment: CPFR)

> **사례**
>
> 월마트는 세계 최대의 할인유통회사로서 점포가 위치한 해당지역 고객의 통계에 대한 많은 정보를 가지고 있다. 그런데 어느 해 여름 미국의 혹서로 인한 모기의 급격한 증식으로 월마트는 바르는 모기약의 심각한 재고부족을 겪게 되었다. 월마트는 급히 이 모기약의 공급사인 워너램버트(Warner Lambert)사에 해당 약품의 여분의 재고가 있는지를 문의하였으며 놀랍게도 이 회사는 모기약의 충분한 재고를 보유하고 있었다. 워너램버트사의 여분의 재고로 인하여 심각한 재고부족 현상은 해결할 수 있었으나 월마트는 자사의 수요예측 시스템에 대한 문제점을 느끼게 되었다.
>
> 출처: Lee, 2002

월마트는 고객에 대한 많은 정보를 가지고 있으나 월마트가 취급하는 수많은 제품 각각의 특성에 따른 수요결정요인을 모두 다 파악하고 있을 수는 없었다. 반면, 워너램버트사는 장기 일기예보로부터 그 해의 여름에 혹서가 찾아올 것을 예상하고 있었으며 또한 혹서는 모기의 증식을 가속화시켜 자사의 모기약 수요가 급증할 것임을 예상하고 있었다. 즉 월마트는 고객정보에 강점을, 워너램버트는 자사의 제품정보에 강점을 가지고 있었던 것이다.

이러한 경험을 바탕으로 월마트는 협력적 수요예측 시스템(CPFR)으로 알려진 새로운 프로그램을 도입하였다. 이것은 어떤 제품에 대해 월마트의 수요예측치와 해당제품의 공급사의 수요예측치를 공유하여 두 예측치가 현격한 차이를 보이는 경우 양사의 수요예측 담당자들이 서로의 수요예측에 고려한 정보들을 상호 공유함으로써 수요예측을 개선하는 것이다. 이러한 방법으로 월마트의 수요예측의 정확성은 크게 향상되었다. 국내에서도 이마트와 삼성전자 사이에서 CPFR 협업이 이루어지고 있다(동아비즈니스리뷰, 2008. 5.).

공급자 재고관리(Vender Managed Inventory: VMI)

두 번째 예로서는 **공급자 재고관리(Vender Managed Inventory: VMI)**를 들 수 있다. [그림 16-6]에서 본 바와 같이 특정 회사의 원자재는 공급사의 완제품에 해당하므로 공급망 내에는 기업의 경계의 양쪽에 중복적인 재고가 많이 쌓여 있게 된다. 이러한 문제점의 개선을 위하여 양사 간의 전략적 제휴에 기반하여 공급자 재고관리라는 방식이 도입되어 사용되고 있다. 공급자 재고관리는 공급사와 수요사가 각각 원자재와 완제품의 재고를 중복적으로 보유하는 대신, 수요사의 원자재 재고를 공급사가 직접 관리하는 방식이다. 구체적인 구현에는 여러 가지 방식이 있으나, 일반적인 방식은 수요사의 원자재 재고를 공급자의 소유로 두고 공급자가 직접 관리하는 대신, 수요사는 공급자에게 수요정보를 제공하고 양자 간에 서비스 수준에 대한 계약을 체결하는 형태이다. 이 경우 수요사에서 공급자로 재고부담이 이전되어 공급자의 재고부담이 늘어나지만, 공급자 입장에서는 수요사의 불확실한 주문량 - 채찍효과에 의해 변동성이 증폭된 - 에 대응하기 위한 재고를 부담하는 것보다는 보다 안정적인 최종수요정보에 대응하여 선제적으로 재고관리를 수행하는 것이 유리한 측면이 있다. VMI는 재고 감축과 서비스수준 향상에 성과를 나타내고 있으며, 이에 따라 P&G, Wal-Mart 등의 많은 기업에서 VMI를 도입하여 운영하고 있다(Lee 등, 1997).

세 번째로는 조정을 위한 계약의 설계를 들 수 있다. 앞의 절에서 예제 16-1을 통해 공급망 의사결정의 전체최적화의 중요성을 살펴보고, 이를 위한 공급망 조정 계약의 필요성을 인식하였다. 공급망 의사결정의 전체최적화를 위한 조정 계약의 예로서 다음의 예제 16-2를 살펴보자.

예제 16-2 공급망 조정을 위한 계약의 예

예제 1의 상황을 고려하자. B사는 추가의 수익 창출을 위하여 새로운 계약방식을 도입하였다. 이것의 내용은, A사가 여름 시즌이 끝난 후 남은 수영복을 개당 2만 원에 아웃렛으로 넘기는 대신, 남은 재고를 전량 B사가 개당 7만 원에 되사주는 것으로서, 이른바 환불 정책(buyback policy)이다. 이렇게 인수한 잔존 재고를 B사는 개당 2만 원에 아웃렛으로 처분하게 된다. 이 때,

(1) A사의 기대이익을 최대화하기 위한 주문량은 얼마인가?

(2) 이 때 A사와 B사 각각의 이익과 공급망 총이익은 얼마가 되는가?

풀이 16.6절 참조

예제 16-2는 환불 정책(buyback policy)으로 알려진 공급망 계약의 한 방식을 보여주고 있다. A사가 판매하고 남은 재고를 B사가 개당 7만 원으로 환불해 준다면 A사의 입장에서는 보다 안심하고 주문량을 늘릴 수 있다. [그림 16-10]은 판매 후 남은 재고에 대해 개당 7만 원씩으로 환불해주는 경우의 A사의 이익과 공급망 전체의 이익을 보여주고 있다.

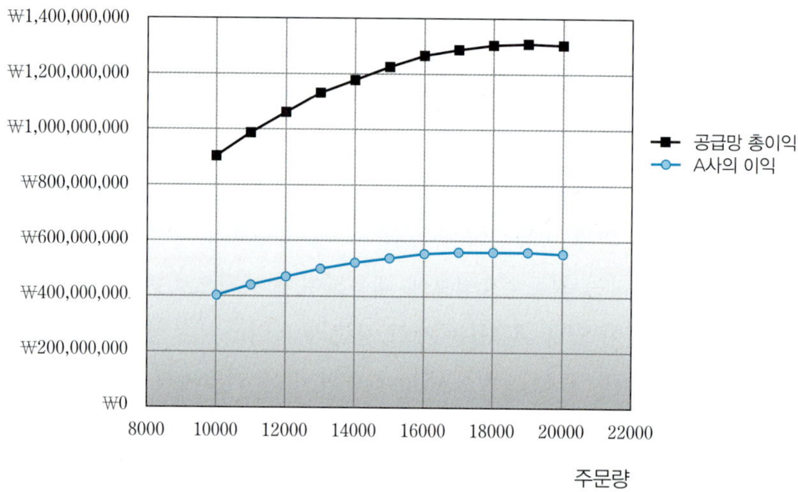

[그림 16-10] 예제 2에서 주문량에 따른 A사의 이익과 공급망 총이익의 비교

[그림 16-10]에서 보는 바와 같이, 환불 정책이 도입됨에 따라 A사의 입장에서는 18,000개를 주문할 때 최대기대이익인 5.6억 원을 얻을 수 있게 되며, 이 때 B사의 기대이익은 7.4억 원, 공급망 총이익은 13억 원이 된다. 이를 환불 정책 도입 이전과 비교해보자. 공급망 총이익은 환불 정책의 도입 이전의 11.8억 원에 비해 13억 원으로 증가하였으며, A사와 B사의 기대이익 역시 4.8억 원에서 5.6억 원, 7억 원에서 7.4억 원으로 각각 증가한 것을 볼 수 있다. 즉, 환불 정책의 도입을 통해 A사와 B사 각각의 이익 증가는 물론, 공급망 전체의 이익 증가도 실현할 수 있음을 확인할 수 있다. 이는 적절한 공급망 계약의 도입을 통해 공급망 참여자들이 서로 이익이 되는 윈-윈(win-win)의 실현 및 공급망의 전체최적화 관점에서의 조정을 구현할 수 있음을 시사하는 예이다.

(3) 정보의 공유

공급망에서의 조정과 협력을 가능하게 하는 원동력은 정보의 공유이다. 공급망의 기업 간의 정보를 공유함으로써 해당 기업들은 불확실성을 해소하고 보다 효과적인 생산 및 재고관리를 수행할 수 있게 된다.

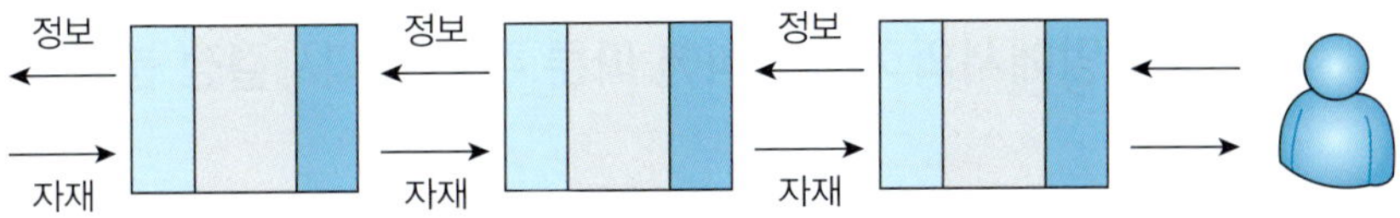

[그림 16-11] 전통적인 수요정보의 흐름

[그림 16-11]은 전통적인 수요정보의 흐름을 나타낸다. 최종수요가 발생하였을 때, 이 수요발생정보는 해당 소매점이 일괄주문을 도매점에 낼 때까지는 도매점에 전달되지 않는다. 소매점이 여러 개의 수요를 묶어 배치주문을 도매점에 낼 때에서야 비로소 최종수요의 발생정보는 도매점에 전달되는 것이다. 이 과정에서 최종수요발생의 정보가 도매점에 전달될 때까지 상당한 정보의 지연시간이 발생한다. 이러한 현상은 공급망의 상위로 전달되는 과정에서 계속 발생하여 결국은 최종 수요의 발생으로부터 공급망의 상위로 정보가 전달되는 속도를 크게 저하시키게 되고 이에 따라 공급망의 상위에 위치한 기업들이 최종 수요의 변동에 대해 대처할 수 있는 시간을 잃게 되는 결과로 나타난다.

정보기술을 통하여 이러한 정보의 지연시간을 제거할 수 있다. 즉 소매점에 POS(Point-Of-Sales) 단말기를 설치하여, 고객 수요 발생시 이를 제품 바코드(barcode)의 스캔을 통해 POS 단말기에 입력하도록 하고 이 정보를 공급망의 상위 구성원들이 실시간에 공유하도록 함으로써 공급망 상위의 기업들은 정보의 지연시간 없이 최종수요 정보를 파악할 수 있으며, 이에 따라 보다 앞서서 수요에 대비할 수 있다. 이는 공급망 운영의 효율성을 제고하여 전체비용의 감소로 이어질 수 있다. [그림 16-12]는 이와 같이 개선된 형태의 정보 흐름을 나타내고 있다.

POS(Point-Of-Sales)

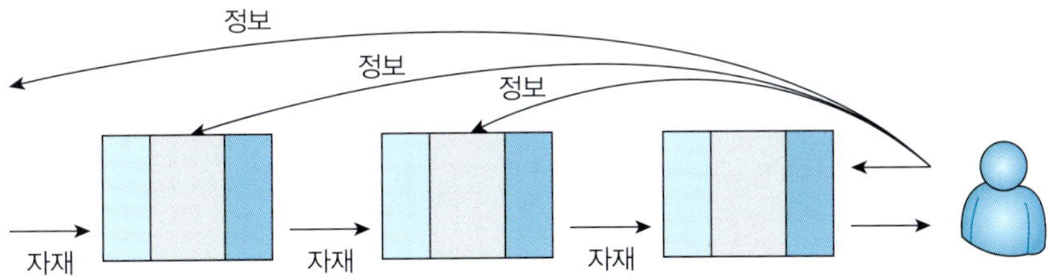

[그림 16-12] 개선된 수요정보의 흐름

16.6* 공급망에서의 계약방식에 따른 주문량 의사결정 분석

신문판매원 문제 (newsvendor problem)

예제 16-1과 예제 16-2는 공급자와 소매상으로 구성된 단순한 2계층 공급망에서 주문량 의사결정과 이로 인해 발생하는 부분최적 및 공급망 조정 계약의 효과를 보여주고 있다. 두 예제에서, A사의 주문량 결정 문제는 일반적인 신문판매원 문제(newsvendor problem)이다. 먼저 예제 16-1을 살펴본다.

예제 16-1의 풀이

예제 16-1의 첫 번째 경우인 A사의 이익 최대화를 위한 주문량 의사결정을 분석해 보자. 시즌 중의 정상판매가를 p=120,000으로, 시즌 이후의 잔존가를 s=20,000으로 두고, 구입가를 c=80,000으로 두면, 신문판매원 문제에서의 최적 주문량 결정 방식에 따라 A사에 최대 이익을 가져다주는 주문량 Q는

$$\begin{aligned} Q &= F^{-1}\left(\frac{p-c}{p-s}\right) = F^{-1}\left(\frac{120,000-80,000}{120,000-20,000}\right) \\ &= F^{-1}(0.4) \\ &= 14,000 \end{aligned}$$

이 되어, A사는 14,000개를 주문하는 것이 최적이다. 한편, 이 때 A사와 B사의 각각의 기대이익을 Π_A, Π_B 라고 하면,

$$\begin{aligned} \Pi_A &= -80,000 \cdot 14,000 + \int_{10,000}^{14,000} \{120,000x + 20,000(14,000-x)\} \frac{1}{10,000} dx \\ &\quad + \int_{14,000}^{20,000} \{120,000 \cdot 14,000\} \frac{1}{10,000} dx \\ &= 180,000,000 \\ \Pi_B &= 14,000(80,000-30,000) = 700,000,000 \end{aligned}$$

이 되고, 이 때 A사와 B사의 이익을 합한 공급망 총이익은

$$\Pi_S = \Pi_A + \Pi_B = 480,000,000 + 700,000,000 = 1,180,000,000$$

로 계산된다.

예제 16-2의 풀이

예제 16-1의 두 번째 경우에서처럼 공급망 전체의 이익을 고려해 보자. A사가 B사로 주문하는 양이 Q일 때의 공급망 총이익은

$$
\begin{aligned}
\Pi_S(Q) &= \Pi_A(Q) + \Pi_B(Q) \\
&= \Big[-600,000Q + \int_{10,000}^{Q} \{120,000x + 20,000(Q-x)\} \frac{1}{10,000} dx + \\
&\quad \int_{Q}^{20,000} \{120,000 \cdot Q\} \frac{1}{10,000} dx\Big] \\
&\quad + [(60,000 - 300,000)Q] \\
&= -5Q^2 + 190,000Q - 500,000,000
\end{aligned}
$$

으로 계산된다. 이 값을 최대로 하는 Q는

$$\frac{d}{dQ}\Pi_S(Q) = -10Q + 190,000 = 0$$

으로부터

$$Q^* = 19,000$$

으로 나타나, A사가 19,000개를 B사에 주문할 때 공급망 총이익은 최대화되며, 이 때의 공급망 총이익은

$$
\begin{aligned}
\Pi_S(19,000) &= -5 \cdot 19,000^2 + 190,000 \cdot 19,000 - 500,000,000 \\
&= 1,305,000,000
\end{aligned}
$$

이 된다. 한편, 이 때 A사와 B사 각각의 이익은 각각

$$
\begin{aligned}
\Pi_A &= -80,000 \cdot 19,000 + \int_{10,000}^{19,000} \{120,000x + 200,000(19,000 - x)\} \frac{1}{10,000} dx \\
&\quad + \int_{19,000}^{20,000} \{120,000 \cdot 19,000\} \frac{1}{10,000} dx \\
&= 355,000,000 \\
\Pi_B &= 19,000(80,000 - 30,000) = 950,000,000
\end{aligned}
$$

으로 나타나게 된다.

예제 16-2는 공급망 의사결정의 조정을 위해 환불정책을 도입한 경우의 의사결정을 보여주고 있다. 앞의 절에서 나타난 것처럼, 환불정책의 도입을 통해 공급자와 소매상이 모두 이익이 되는 윈-윈의 의사결정을 유도할 수 있다.

예제 16-2-(1)의 풀이

판매 후 남은 재고에 대한 환불가가 70,000원으로 책정되면, A사의 입장에서는 정상판매가 p=120,000원, 구매가 c=80,000원, 잔존가 s=70,000원 신문판매원 문제가 된다. 따라서 신문판매원 문제에서의 최적 주문량 결정 방식에 따라 A사에 최대 이익을 가져다주는 주문량 Q는

$$
\begin{aligned}
Q &= F^{-1}\left(\frac{p-c}{p-s}\right) = F^{-1}\left(\frac{120,000-80,000}{120,000-70,000}\right) \\
&= F^{-1}(0.8) \\
&= 18,000
\end{aligned}
$$

이 되어, A사는 18,000개를 주문하는 것이 최적이다.

예제 16-2-(2)의 풀이

A사가 18,000개를 주문할 때의 A사와 B사의 각각의 기대이익을 Π_A, Π_B 라고 하면,

$$
\begin{aligned}
\Pi_A = & -80,000 \cdot 18,000 + \int_{10,000}^{18,000} \{120,000x + 20,000(18,000-x)\} \frac{1}{10,000} dx \\
& + \int_{18,000}^{20,000} \{120,000 \cdot 18,000\} \frac{1}{10,000} dx \\
= & \, 560,000,000
\end{aligned}
$$

이 된다. 한편, B사는 환불가만큼의 수익 감소와 잔존량의 아웃렛 처분에 따른 수익 증가분을 고려해야 한다. A사로부터 시즌 종료 후 넘어오게 되는 반품량의 기댓값은 $\int_{10,000}^{18,000} (18000-x) \frac{1}{10,000} dx$ 이므로,

$$
\begin{aligned}
\Pi_B = & \, 18,000(80,000-30,000) - 70,000 \int_{10,000}^{18,000} (18000-x) \frac{1}{10,000} dx \\
& + 20,000 \int_{10,000}^{18,000} (18000-x) \frac{1}{10,000} dx \\
= & \, 740,000,000
\end{aligned}
$$

이 된다. 따라서 이 때의 공급망 총이익은

$$\Pi_S = \Pi_A + \Pi_B = 560,000,000 + 740,000,000$$
$$= 1,300,000,000$$

으로 나타난다.

16.7* 수량 할인 계약에 의한 공급량 의사결정 조정의 예

예제 16-1과 16-2에서 살펴본 바와 같이, 공급망에서의 전체최적을 위해서는 계약방식의 개선을 통한 의사결정의 조정이 중요한 역할을 수행한다. 여기서는 수량할인계약을 통한 공급망의 의사결정 조정의 예를 살펴본다[1].

예제 16-3 수량할인계약을 통한 공급망의 의사결정 조정

C사는 티셔츠를 제조하여 소매상에 판매한다. 소매상은 하나만 있는 것으로 가정하자. 즉, 이 공급망은 하나의 공급자와 하나의 소매상으로 구성된 단순한 2계층 시스템이다.

소매상은 C사에서 개당 5,000원에 제품을 구매하며, 연간 수요량은 50,000개이다. 소매상에서의 연간 재고유지비용은 제품 원가의 40%로 나타나며, 매번 주문할 때마다 인건비와 운송비 등으로 고정적으로 60,000원이 소요된다.

한편, 공급자인 B사는 개당 제조원가가 3,000원이며, C사에서의 연간 재고유지비용은 제조원가의 30%로 추산된다. B사에서는 매번 주문을 받을 때마다 주문량만큼을 생산하여 납품하며, 이 때 가동준비비용으로서 고정적으로 200,000원이 소요된다.

이 때,

1) 수량할인계약에 대한 상세한 내용은 13장을 참고한다.

(1) 소매상의 경제적 주문량은 얼마인가?[2)]

(2) 소매상이 경제적 주문량을 따를 때, 공급망 전체의 총 재고비용은 얼마가 되는가?

(3) 공급망 전체의 총 재고비용을 최소화하기 위해서는 소매상의 일회주문량이 얼마가 되어야 하는가? 또 이때의 공급망 총 재고비용은 얼마가 되는가?

(4) 소매상이 (1)의 경제적 주문량을 일회주문량으로 사용할 때에 비교하여 (3)의 일회주문량을 따르게 되면 소매상의 재고비용은 얼마나 증가(또는 감소)하게 되는가?

(5) 소매상이 (3)의 일회주문량을 주문하도록 하기 위해서 B사는 어떤 형태의 수량할인계약을 제시해야 하는가?

풀이 예제에서 나타난 주요 값들을 다음의 기호로 정의한다.

연간수요량 $D=50,000$

소매상의 고정주문비 $K_R=60,000$

소매상의 단위당 구매비 $C_R=5,000$

소매상의 단위당 재고유지비 $h_R=0.4\times 5,000=2,000$

공급자의 가동준비비 $L_M=200,000$

공급자의 제조원가 $C_M=3,000$

공급자의 단위당 재고유지비 $h_M=0.3\times 3,000=900$

(1) 소매상의 경제적 주문량을 Q_R^*라고 하면, 이는 다음의 식으로 계산된다(13장 참조).

$$Q_R^*=\sqrt{\frac{2K_RD}{h_R}}=\sqrt{\frac{2\times 60,000\times 50,000}{2000}}=1,732$$

즉, 소매상은 한 번에 1,732개씩 주문하는 것이 가장 경제적이다.

(2) 공급망 전체의 재고비용은 소매상의 재고비용과 공급자의 재고비용의 합으로 나타난다. 소매상의 재고비용을 TC_R, 공급자의 재고비용을 TC_M으로 나타내면 소매상의 일회주문량이 Q_R^*일 때,

2) 경제적 주문량에 대한 내용은 13장에서 설명되어 있다.

$$TC_R = \frac{D}{Q_R^*}K_R + \frac{Q_R^*}{2}h_R = 3,464,102$$

$$TC_M = \frac{D}{Q_R^*}K_M + \frac{Q_R^*}{2}h_M = 6,553,072$$

가 되며, 공급망 전체의 총 재고비용 TC_{SC}는

$$TC_{SC} = TC_R + TC_M = 10,017,174$$

가 된다.

(3) 소매상의 일회주문량이 Q일 때 공급망 전체의 총 재고비용 TC_{SC}를 식으로 나타내면,

$$\begin{aligned} TC_{SC} &= TC_R + TC_M \\ &= \frac{D}{Q}K_R + \frac{Q}{2}h_R + \frac{D}{Q}K_M + \frac{Q}{2}h_M \end{aligned}$$

가 된다. TC_{SC}는 볼록(convex) 함수이므로 TC_{SC}를 최소화하는 Q의 값을 찾기 위해서는 TC_{SC}의 Q에 대한 일차미분식이 0이 되도록 하는 Q의 값을 찾으면 된다. 즉,

$$\frac{dTC_{SC}}{dQ} = -\frac{D}{Q^2}K_R + \frac{1}{2}h_R - \frac{D}{Q^2}K_M + \frac{1}{2}h_M = 0$$

로부터,

$$Q = \sqrt{\frac{2(K_R + K_M)D}{(h_R + h_M)}} = 2,994$$

가 된다. 편의상 이 값을 Q_{SC}^*로 나타내기로 하자. 이때의 공급망 전체의 총 재고비용 TC_{SC}는

$$TC_{SC} = \frac{D}{Q_{SC}^*}K_R + \frac{Q_{SC}^*}{2}h_R + \frac{D}{Q_{SC}^*}K_M + \frac{Q_{SC}^*}{2}h_M = 8,683,317$$

가 된다. 따라서 공급망의 전체최적화를 위한 소매상의 일회주문량은 2,994개이며, 이때의 공급망 총 재고비용은 8,683,317원이 된다. 이는 앞서 (2)에서 계산한

10,017,174원에 비해 약 13.3% 감소한 비용이다.

(4) 소매상이 (1)에서 계산한 경제적 주문량 1,732개를 일회주문량으로 사용하게 되면, 소매상의 재고비용은 다음과 같이 계산된다.

$$TC_R(Q_R^*) = \frac{D}{Q_R^*}K_R + \frac{Q_{SC}^*}{2}h_R = 3,464,102$$

한편, (3)에서 계산한 공급망 전체최적을 위한 주문량 2,994개를 일회주문량으로 사용하는 경우의 소매상의 재고비용은 다음과 같다.

$$TC_R(Q_{SC}^*) = \frac{D}{Q_{SC}^*}K_R + \frac{Q_{SC}^*}{2}h_R = 3,996,004$$

따라서 소매상이 일회주문량을 1,732개로 하는 경우에 비해 2,994개를 사용하게 되면, 소매상의 총비용은 연간 531,902원씩 증가하게 된다. 소매상은 당연히 비용이 더 절감되는 $Q_R^* = 1,732$ 개를 일회주문량으로 선택하고자 할 것이다.

(5) 소매상은 Q_R^* 에 비해 Q_{SC}^* 를 선택하면 연간 531,902원씩 비용이 증가한다. 만약 소매상에게 Q_R^* 대신 Q_{SC}^* 를 선택하게 하려면 해당 비용만큼을 보상해 주어야 할 것이다. 이 때 수량할인계약은 보상의 한 방법이 될 수 있다.

먼저, 공급자의 비용을 살펴보자. 소매상이 매번 $Q_R^* = 1,732$ 개씩 주문하면 공급자의 총 재고비용은

$$TC_{SC}(Q_R^*) = \frac{D}{Q_R^*}K_M + \frac{Q_R^*}{2}h_M = 6,553,072$$

이 되고, 소매상의 일회주문량이 $Q_{SC}^* = 2,994$ 개라면

$$TC_{SC}(Q_{SC}^*) = \frac{D}{Q_{SC}^*}K_M + \frac{Q_{SC}^*}{2}h_M = 4,687,313$$

이 되어, 공급자는 일회주문량이 Q_R^* 대신 Q_{SC}^* 으로 되면 연간 1,865,759원씩의 비용 절감을 얻을 수 있게 된다. 따라서 소매상에게 연간 531,902원씩의 비용을 보상해 주기 위한 여력은 충분하다고 할 수 있다.

수량할인계약을 통해 소매상에게 이 비용만큼을 보상해 주려면 제품 개당 얼마씩을 할인해 주어야 하는지를 살펴보자. 소매상은 연간 수요량만큼 공급자에게 구매할

것이고, 연간 수요량 $D=50,000$ 개이므로, 소매상이 주문량을 증가시키게 됨에 따른 연간 손실금액 531,902원을 보상해 주기 위해서는 제품 개당 531,902/50,000 = 10.638원씩을 할인해주면 된다. 정상 구매가가 개당 5,000원이므로 할인된 구매가는 개당 5000 – 10,638 = 4,989,362원이 된다.
즉, 소매상의 일회주문량을 2,994개로 유도하기 위해서는 일회 주문량이 2,994개 이상이 되면 공급가격을 4,989,362원 이하로 할인해주는 수량할인계약을 도입하면 된다.

앞의 예제는 수량할인계약을 통한 공급망의 의사결정 조정 – 이 경우는 일회주문량의 의사결정 조정 – 방안을 예제로 보여주고 있다. 소매상이 자신의 재고비용을 최소화하는 부분최적의 일회주문량은 1,732개인데 비해, 공급망 전체의 총 재고비용을 최소화하는 전체최적의 일회주문량은 2,994개이다. 전체최적의 일회주문량을 선택하면 공급망 총 재고비용은 13.3% 절감될 수 있지만, 소매상 입장에서는 자신의 최적 일회주문량인 1,732개를 사용하는 경우에 비해 연간 비용이 증가하는 문제가 있다.

예제 16–3의 (5)에서는 수량할인계약을 적절히 설계함으로써 이와 같은 소매상의 부분최적의 의사결정을 전체최적의 방향으로 유도할 수 있음을 보여주고 있다. 소매상이 전체최적의 일회주문량 2,994개를 선택하지 못하는 이유는 연간 재고비용의 증가로 인한 비용 손실 때문이므로, 일회주문량 2,994개를 선택할 때 손실금액만큼을 제품 가격의 할인을 보상해줌으로써 소매상의 의사결정을 전체최적으로 유도할 수 있다. 예제에서는 이 할인금액이 개당 10.638원으로 산출된다. 즉, B사가 소매상에게 한 번에 2,994개 이상 주문하게 되면 개당 10.638원을 할인해 주는 계약을 제시하면 소매상 입장에서는 경제적 주문량인 1,732개를 주문하는 경우와 할인이 적용되는 2,994개를 주문하는 경우의 연간 총비용이 같아지게 된다. 따라서 B사는 소매상에게 한 번에 2,994개 이상 주문하면 개당 10,638원 이상을 할인해 주는 수량할인계약을 제시함으로써 공급망의 총 재고비용을 최소화할 수 있게 되며, (5)에서 계산한 바와 같이 이것이 B사의 관점에서도 이익이 되어, 윈–윈(win–win)을 실현할 수 있게 된다.

윈–윈(win–win)

16.8 요약

기업은 복잡한 거래관계의 네트워크인 공급망에 참여하고 있다. 이에 따라 기업의 운영은 직 · 간접적인 거래관계에 있는 다른 기업의 운영에 의해 영향을 받게 되며, 공급망 고유의 역동성인 채찍효과로 인해 수요의 변동성도 증폭된다. 이에 따라 공급망 전체의 관점에서 운영활동을 최적화하기 위한 공급망관리의 필요성이 제기된다. 공급망관리는 기업의 다른 활동과 유기적으로 통합되어야 하고 시스템 관점에서 전체최적화를 추구해야 하며 항상 위험과 불확실성에 노출되어 있어 쉽지 않은 활동이다. 공급망관리를 위해서는 공급망의 재설계 및 의사결정의 조정과 협력이 필요하며, 이를 위해 차별화 지연, CPFR, VMI, 공급망 조정 계약의 설계 등 여러 가지 기법이 활용된다. 또한 공급망 정보 공유를 통해 채찍효과를 경감하고 정보의 지연시간을 최소화하여 의사결정의 속도를 향상시켜야 한다.

● 참고문헌

- Lee, H. L., "Challenges and critical success factors in collaborative commerce", Entrue C-Commerce World, Entrue Consulting(2002).
- Lee, H. L., Padmanabhan, V., & Whang, S. Information distortion in a supply chain: The bullwhip effect. Management Science 43(4), 546-558(1997).
- Levi, D. S., Kaminsky, P., & Levi, E. S., *Designing and Managing the Supply Chain: Concepts, Strategies, and Case Studies*, 3ed., International Edition, McGraw-Hill(2009).
- Kopczak, L., & Lee, H. L., Hewlett-packard Company DeskJet printer supply chain(A). Stanford Graduate School of Business(2004).
- Sterman, J. D., Modeling managerial behavior: Misperceptions of feedback in a dynamic decision making experiment. Management science, 321-339(1989).
- 차완용 기자, "코로나19에 무너지는 글로벌 공급망… 대기업부터 중소기업까지 '흔들'", 한국경제, 2020.03.09., https://magazine.hankyung.com/business/article/202003090126700071
- 동아비즈니스리뷰, "공급자와 구매자 사이는 팔 하나 거리, 2008.5, Issue 2, https://dbr.donga.com/article/view/1202/article_no/528/ac/a_view

연·습·문·제

1. 공급망의 상류와 하류의 개념을 설명하고, 공급망에서 자재, 수요정보, 현금 및 정보가 각각 어느 방향으로 흘러가는지를 설명하라.

2. 공급망관리 활동의 수준을 전략적, 전술적, 운영적 수준으로 나누어 설명하고, 각각의 수준에서의 대표적 활동의 예를 들어보라.

3. 채찍효과의 원인을 4가지로 구분하여 설명하라.

4. CPFR이 어떻게 수요예측의 정확성을 개선할 수 있는지를 설명하라.

5. VMI란 무엇이며, 공급자와 수요사 각각이 VMI를 통해 얻을 수 있는 이점은 무엇인가?

6. 공급자－제조업체－유통업체－운송업체로 구성된 공급망에서, 각 기업 간의 관계에서 의사결정의 상충관계를 예를 들어 설명하라.

7. 공급망의 위험과 불확실성의 개념을 비교 설명하고, 위험과 불확실성이 발생하는 원인을 3가지 이상 제시하라.

8. HP의 데스크젯 사례에서 다음의 물음에 답하라.
   (1) 차별화 지연 도입 이전과 이후에서 차별화의 시점은 어떻게 바뀌었는가?
   (2) 리스크 풀링의 효과는 어떤 모듈에서 발생하였는가?
   (3) 차별화 지연의 도입을 통해 어떤 비용은 증가하고 어떤 비용은 감소하였는가?

9. 스키복을 판매하는 S사는 겨울시즌 중에 판매할 스키복을 C사로부터 미리 주문하고자 한다. S사는 C사로부터 개당 10만 원에 스키복을 구매하며 시즌 중에는 20만 원에 판매하고 시즌이 종료된 후에는 전량 폐기처분한다. C사가 해당 스키복을 제조하는 데는 개당 3만 원의 비용이 소요된다. 이러한 상황에서 S사 관점에서의 부분최적과 공

급망 관점에서의 전체최적에 의한 주문량 의사결정을 비교하여 설명하라.

10. 공급망 의사결정 조정을 위한 환불정책의 개념을 설명하고, 이것이 어떻게 공급자와 소매상 모두에게 윈-윈을 가져다 줄 수 있는지를 설명하라.

부록

부록 1. 표준정규분포표, $\Phi(z)$

z	−0.09	−0.08	−0.07	−0.06	−0.05	−0.04	−0.03	−0.02	−0.01	0.00
−4.0	0.0000	0.0000	0.0000	0.0000	0.0000	0.0000	0.0000	0.0000	0.0000	0.0000
−3.9	0.0000	0.0000	0.0000	0.0000	0.0000	0.0000	0.0000	0.0000	0.0000	0.0000
−3.8	0.0001	0.0001	0.0001	0.0001	0.0001	0.0001	0.0001	0.0001	0.0001	0.0001
−3.7	0.0001	0.0001	0.0001	0.0001	0.0001	0.0001	0.0001	0.0001	0.0001	0.0001
−3.6	0.0001	0.0001	0.0001	0.0001	0.0001	0.0001	0.0001	0.0001	0.0002	0.0002
−3.5	0.0002	0.0002	0.0002	0.0002	0.0002	0.0002	0.0002	0.0002	0.0002	0.0002
−3.4	0.0002	0.0003	0.0003	0.0003	0.0003	0.0003	0.0003	0.0003	0.0003	0.0003
−3.3	0.0003	0.0004	0.0004	0.0004	0.0004	0.0004	0.0004	0.0005	0.0005	0.0005
−3.2	0.0005	0.0005	0.0005	0.0006	0.0006	0.0006	0.0006	0.0006	0.0007	0.0007
−3.1	0.0007	0.0007	0.0008	0.0008	0.0008	0.0008	0.0009	0.0009	0.0009	0.0010
−3.0	0.0010	0.0010	0.0011	0.0011	0.0011	0.0012	0.0012	0.0013	0.0013	0.0013
−2.9	0.0014	0.0014	0.0015	0.0015	0.0016	0.0016	0.0017	0.0018	0.0018	0.0019
−2.8	0.0019	0.0020	0.0021	0.0021	0.0022	0.0023	0.0023	0.0024	0.0025	0.0026
−2.7	0.0026	0.0027	0.0028	0.0029	0.0030	0.0031	0.0032	0.0033	0.0034	0.0035
−2.6	0.0036	0.0037	0.0038	0.0039	0.0040	0.0041	0.0043	0.0044	0.0045	0.0047
−2.5	0.0048	0.0049	0.0051	0.0052	0.0054	0.0055	0.0057	0.0059	0.0060	0.0062
−2.4	0.0064	0.0066	0.0068	0.0069	0.0071	0.0073	0.0075	0.0078	0.0080	0.0082
−2.3	0.0084	0.0087	0.0089	0.0091	0.0094	0.0096	0.0099	0.0102	0.0104	0.0107
−2.2	0.0110	0.0113	0.0116	0.0119	0.0122	0.0125	0.0129	0.0132	0.0136	0.0139
−2.1	0.0143	0.0146	0.0150	0.0154	0.0158	0.0162	0.0166	0.0170	0.0174	0.0179
−2.0	0.0183	0.0188	0.0192	0.0197	0.0202	0.0207	0.0212	0.0217	0.0222	0.0228
−1.9	0.0233	0.0239	0.0244	0.0250	0.0256	0.0262	0.0268	0.0274	0.0281	0.0287
−1.8	0.0294	0.0301	0.0307	0.0314	0.0322	0.0329	0.0336	0.0344	0.0351	0.0359
−1.7	0.0367	0.0375	0.0384	0.0392	0.0401	0.0409	0.0418	0.0427	0.0436	0.0446
−1.6	0.0455	0.0465	0.0475	0.0485	0.0495	0.0505	0.0516	0.0526	0.0537	0.0548
−1.5	0.0559	0.0571	0.0582	0.0594	0.0606	0.0618	0.0630	0.0643	0.0655	0.0668
−1.4	0.0681	0.0694	0.0708	0.0721	0.0735	0.0749	0.0764	0.0778	0.0793	0.0808
−1.3	0.0823	0.0838	0.0853	0.0869	0.0885	0.0901	0.0918	0.0934	0.0951	0.0968
−1.2	0.0985	0.1003	0.1020	0.1038	0.1056	0.1075	0.1093	0.1112	0.1131	0.1151
−1.1	0.1170	0.1190	0.1210	0.1230	0.1251	0.1271	0.1292	0.1314	0.1335	0.1357
−1.0	0.1379	0.1401	0.1423	0.1446	0.1469	0.1492	0.1515	0.1539	0.1562	0.1587
−0.9	0.1611	0.1635	0.1660	0.1685	0.1711	0.1736	0.1762	0.1788	0.1814	0.1841
−0.8	0.1867	0.1894	0.1922	0.1949	0.1977	0.2005	0.2033	0.2061	0.2090	0.2119
−0.7	0.2148	0.2177	0.2206	0.2236	0.2266	0.2296	0.2327	0.2358	0.2389	0.2420
−0.6	0.2451	0.2483	0.2514	0.2546	0.2578	0.2611	0.2643	0.2676	0.2709	0.2743
−0.5	0.2776	0.2810	0.2843	0.2877	0.2912	0.2946	0.2981	0.3015	0.3050	0.3085
−0.4	0.3121	0.3156	0.3192	0.3228	0.3264	0.3300	0.3336	0.3372	0.3409	0.3446
−0.3	0.3483	0.3520	0.3557	0.3594	0.3632	0.3669	0.3707	0.3745	0.3783	0.3821
−0.2	0.3859	0.3897	0.3936	0.3974	0.4013	0.4052	0.4090	0.4129	0.4168	0.4207
−0.1	0.4247	0.4286	0.4325	0.4364	0.4404	0.4443	0.4483	0.4522	0.4562	0.4602
0.0	0.4641	0.4681	0.4721	0.4761	0.4801	0.4840	0.4880	0.4920	0.4960	0.5000

부록 1. 표준정규분포, $\Phi(z)$

z	0.00	0.01	0.02	0.03	0.04	0.05	0.06	0.07	0.08	0.09
0.0	0.5000	0.5040	0.5080	0.5120	0.5160	0.5199	0.5239	0.5279	0.5319	0.5359
0.1	0.5398	0.5438	0.5478	0.5517	0.5557	0.5596	0.5636	0.5675	0.5714	0.5753
0.2	0.5793	0.5832	0.5871	0.5910	0.5948	0.5987	0.6026	0.6064	0.6103	0.6141
0.3	0.6179	0.6217	0.6255	0.6293	0.6331	0.6368	0.6406	0.6443	0.6480	0.6517
0.4	0.6554	0.6591	0.6628	0.6664	0.6700	0.6736	0.6772	0.6808	0.6844	0.6879
0.5	0.6915	0.6950	0.6985	0.7019	0.7054	0.7088	0.7123	0.7157	0.7190	0.7224
0.6	0.7257	0.7291	0.7324	0.7357	0.7389	0.7422	0.7454	0.7486	0.7517	0.7549
0.7	0.7580	0.7611	0.7642	0.7673	0.7704	0.7734	0.7764	0.7794	0.7823	0.7852
0.8	0.7881	0.7910	0.7939	0.7967	0.7995	0.8023	0.8051	0.8078	0.8106	0.8133
0.9	0.8159	0.8186	0.8212	0.8238	0.8264	0.8289	0.8315	0.8340	0.8365	0.8389
1.0	0.8413	0.8438	0.8461	0.8485	0.8508	0.8531	0.8554	0.8577	0.8599	0.8621
1.1	0.8643	0.8665	0.8686	0.8708	0.8729	0.8749	0.8770	0.8790	0.8810	0.8830
1.2	0.8849	0.8869	0.8888	0.8907	0.8925	0.8944	0.8962	0.8980	0.8997	0.9015
1.3	0.9032	0.9049	0.9066	0.9082	0.9099	0.9115	0.9131	0.9147	0.9162	0.9177
1.4	0.9192	0.9207	0.9222	0.9236	0.9251	0.9265	0.9279	0.9292	0.9306	0.9319
1.5	0.9332	0.9345	0.9357	0.9370	0.9382	0.9394	0.9406	0.9418	0.9429	0.9441
1.6	0.9452	0.9463	0.9474	0.9484	0.9495	0.9505	0.9515	0.9525	0.9535	0.9545
1.7	0.9554	0.9564	0.9573	0.9582	0.9591	0.9599	0.9608	0.9616	0.9625	0.9633
1.8	0.9641	0.9649	0.9656	0.9664	0.9671	0.9678	0.9686	0.9693	0.9699	0.9706
1.9	0.9713	0.9719	0.9726	0.9732	0.9738	0.9744	0.9750	0.9756	0.9761	0.9767
2.0	0.9772	0.9778	0.9783	0.9788	0.9793	0.9798	0.9803	0.9808	0.9812	0.9817
2.1	0.9821	0.9826	0.9830	0.9834	0.9838	0.9842	0.9846	0.9850	0.9854	0.9857
2.2	0.9861	0.9864	0.9868	0.9871	0.9875	0.9878	0.9881	0.9884	0.9887	0.9890
2.3	0.9893	0.9896	0.9898	0.9901	0.9904	0.9906	0.9909	0.9911	0.9913	0.9916
2.4	0.9918	0.9920	0.9922	0.9925	0.9927	0.9929	0.9931	0.9932	0.9934	0.9936
2.5	0.9938	0.9940	0.9941	0.9943	0.9945	0.9946	0.9948	0.9949	0.9951	0.9952
2.6	0.9953	0.9955	0.9956	0.9957	0.9959	0.9960	0.9961	0.9962	0.9963	0.9964
2.7	0.9965	0.9966	0.9967	0.9968	0.9969	0.9970	0.9971	0.9972	0.9973	0.9974
2.8	0.9974	0.9975	0.9976	0.9977	0.9977	0.9978	0.9979	0.9979	0.9980	0.9981
2.9	0.9981	0.9982	0.9982	0.9983	0.9984	0.9984	0.9985	0.9985	0.9986	0.9986
3.0	0.9987	0.9987	0.9987	0.9988	0.9988	0.9989	0.9989	0.9989	0.9990	0.9990
3.1	0.9990	0.9991	0.9991	0.9991	0.9992	0.9992	0.9992	0.9992	0.9993	0.9993
3.2	0.9993	0.9993	0.9994	0.9994	0.9994	0.9994	0.9994	0.9995	0.9995	0.9995
3.3	0.9995	0.9995	0.9995	0.9996	0.9996	0.9996	0.9996	0.9996	0.9996	0.9997
3.4	0.9997	0.9997	0.9997	0.9997	0.9997	0.9997	0.9997	0.9997	0.9997	0.9998
3.5	0.9998	0.9998	0.9998	0.9998	0.9998	0.9998	0.9998	0.9998	0.9998	0.9998
3.6	0.9998	0.9998	0.9999	0.9999	0.9999	0.9999	0.9999	0.9999	0.9999	0.9999
3.7	0.9999	0.9999	0.9999	0.9999	0.9999	0.9999	0.9999	0.9999	0.9999	0.9999
3.8	0.9999	0.9999	0.9999	0.9999	0.9999	0.9999	0.9999	0.9999	0.9999	0.9999
3.9	1.0000	1.0000	1.0000	1.0000	1.0000	1.0000	1.0000	1.0000	1.0000	1.0000
4.0	1.0000	1.0000	1.0000	1.0000	1.0000	1.0000	1.0000	1.0000	1.0000	1.0000

부록 2. 표준정규분포의 손실 함수, $L(z)$

z	−0.09	−0.08	−0.07	−0.06	−0.05	−0.04	−0.03	−0.02	−0.01	0.00
-4.0	4.0900	4.0800	4.0700	4.0600	4.0500	4.0400	4.0300	4.0200	4.0100	4.0000
-3.9	3.9900	3.9800	3.9700	3.9600	3.9500	3.9400	3.9300	3.9200	3.9100	3.9000
-3.8	3.8900	3.8800	3.8700	3.8600	3.8500	3.8400	3.8300	3.8200	3.8100	3.8000
-3.7	3.7900	3.7800	3.7700	3.7600	3.7500	3.7400	3.7300	3.7200	3.7100	3.7000
-3.6	3.6900	3.6800	3.6700	3.6600	3.6500	3.6400	3.6300	3.6200	3.6100	3.6000
-3.5	3.5900	3.5800	3.5700	3.5600	3.5500	3.5400	3.5301	3.5201	3.5101	3.5001
-3.4	3.4901	3.4801	3.4701	3.4601	3.4501	3.4401	3.4301	3.4201	3.4101	3.4001
-3.3	3.3901	3.3801	3.3701	3.3601	3.3501	3.3401	3.3301	3.3201	3.3101	3.3001
-3.2	3.2901	3.2801	3.2701	3.2601	3.2502	3.2402	3.2302	3.2202	3.2102	3.2002
-3.1	3.1902	3.1802	3.1702	3.1602	3.1502	3.1402	3.1302	3.1202	3.1103	3.1003
-3.0	3.0903	3.0803	3.0703	3.0603	3.0503	3.0403	3.0303	3.0204	3.0104	3.0004
-2.9	2.9904	2.9804	2.9704	2.9604	2.9505	2.9405	2.9305	2.9205	2.9105	2.9005
-2.8	2.8906	2.8806	2.8706	2.8606	2.8506	2.8407	2.8307	2.8207	2.8107	2.8008
-2.7	2.7908	2.7808	2.7708	2.7609	2.7509	2.7409	2.7310	2.7210	2.7110	2.7011
-2.6	2.6911	2.6811	2.6712	2.6612	2.6512	2.6413	2.6313	2.6214	2.6114	2.6015
-2.5	2.5915	2.5816	2.5716	2.5617	2.5517	2.5418	2.5318	2.5219	2.5119	2.5020
-2.4	2.4921	2.4821	2.4722	2.4623	2.4523	2.4424	2.4325	2.4226	2.4126	2.4027
-2.3	2.3928	2.3829	2.3730	2.3631	2.3532	2.3433	2.3334	2.3235	2.3136	2.3037
-2.2	2.2938	2.2839	2.2740	2.2641	2.2542	2.2444	2.2345	2.2246	2.2147	2.2049
-2.1	2.1950	2.1852	2.1753	2.1655	2.1556	2.1458	2.1360	2.1261	2.1163	2.1065
-2.0	2.0966	2.0868	2.0770	2.0672	2.0574	2.0476	2.0378	2.0280	2.0183	2.0085
-1.9	1.9987	1.9890	1.9792	1.9694	1.9597	1.9500	1.9402	1.9305	1.9208	1.9111
-1.8	1.9013	1.8916	1.8819	1.8723	1.8626	1.8529	1.8432	1.8336	1.8239	1.8143
-1.7	1.8046	1.7950	1.7854	1.7758	1.7662	1.7566	1.7470	1.7374	1.7278	1.7183
-1.6	1.7087	1.6992	1.6897	1.6801	1.6706	1.6611	1.6516	1.6422	1.6327	1.6232
-1.5	1.6138	1.6044	1.5949	1.5855	1.5761	1.5667	1.5574	1.5480	1.5386	1.5293
-1.4	1.5200	1.5107	1.5014	1.4921	1.4828	1.4736	1.4643	1.4551	1.4459	1.4367
-1.3	1.4275	1.4183	1.4092	1.4000	1.3909	1.3818	1.3727	1.3636	1.3546	1.3455
-1.2	1.3365	1.3275	1.3185	1.3095	1.3006	1.2917	1.2827	1.2738	1.2650	1.2561
-1.1	1.2473	1.2384	1.2296	1.2209	1.2121	1.2034	1.1946	1.1859	1.1773	1.1686
-1.0	1.1600	1.1514	1.1428	1.1342	1.1257	1.1172	1.1087	1.1002	1.0917	1.0833
-0.9	1.0749	1.0665	1.0582	1.0499	1.0416	1.0333	1.0250	1.0168	1.0086	1.0004
-0.8	0.9923	0.9842	0.9761	0.9680	0.9600	0.9520	0.9440	0.9360	0.9281	0.9202
-0.7	0.9123	0.9045	0.8967	0.8889	0.8812	0.8734	0.8658	0.8581	0.8505	0.8429
-0.6	0.8353	0.8278	0.8203	0.8128	0.8054	0.7980	0.7906	0.7833	0.7759	0.7687
-0.5	0.7614	0.7542	0.7471	0.7399	0.7328	0.7257	0.7187	0.7117	0.7047	0.6978
-0.4	0.6909	0.6840	0.6772	0.6704	0.6637	0.6569	0.6503	0.6436	0.6370	0.6304
-0.3	0.6239	0.6174	0.6109	0.6045	0.5981	0.5918	0.5855	0.5792	0.5730	0.5668
-0.2	0.5606	0.5545	0.5484	0.5424	0.5363	0.5304	0.5244	0.5186	0.5127	0.5069
-0.1	0.5011	0.4954	0.4897	0.4840	0.4784	0.4728	0.4673	0.4618	0.4564	0.4509
0.0	0.4456	0.4402	0.4349	0.4297	0.4244	0.4193	0.4141	0.4090	0.4040	0.3989

부록 2. 표준정규분포의 손실 함수, $L(z)$

z	0.00	0.01	0.02	0.03	0.04	0.05	0.06	0.07	0.08	0.09
0.0	0.3989	0.3940	0.3890	0.3841	0.3793	0.3744	0.3697	0.3649	0.3602	0.3556
0.1	0.3509	0.3464	0.3418	0.3373	0.3328	0.3284	0.3240	0.3197	0.3154	0.3111
0.2	0.3069	0.3027	0.2986	0.2944	0.2904	0.2863	0.2824	0.2784	0.2745	0.2706
0.3	0.2668	0.2630	0.2592	0.2555	0.2518	0.2481	0.2445	0.2409	0.2374	0.2339
0.4	0.2304	0.2270	0.2236	0.2203	0.2169	0.2137	0.2104	0.2072	0.2040	0.2009
0.5	0.1978	0.1947	0.1917	0.1887	0.1857	0.1828	0.1799	0.1771	0.1742	0.1714
0.6	0.1687	0.1659	0.1633	0.1606	0.1580	0.1554	0.1528	0.1503	0.1478	0.1453
0.7	0.1429	0.1405	0.1381	0.1358	0.1334	0.1312	0.1289	0.1267	0.1245	0.1223
0.8	0.1202	0.1181	0.1160	0.1140	0.1120	0.1100	0.1080	0.1061	0.1042	0.1023
0.9	0.1004	0.0986	0.0968	0.0950	0.0933	0.0916	0.0899	0.0882	0.0865	0.0849
1.0	0.0833	0.0817	0.0802	0.0787	0.0772	0.0757	0.0742	0.0728	0.0714	0.0700
1.1	0.0686	0.0673	0.0659	0.0646	0.0634	0.0621	0.0609	0.0596	0.0584	0.0573
1.2	0.0561	0.0550	0.0538	0.0527	0.0517	0.0506	0.0495	0.0485	0.0475	0.0465
1.3	0.0455	0.0446	0.0436	0.0427	0.0418	0.0409	0.0400	0.0392	0.0383	0.0375
1.4	0.0367	0.0359	0.0351	0.0343	0.0336	0.0328	0.0321	0.0314	0.0307	0.0300
1.5	0.0293	0.0286	0.0280	0.0274	0.0267	0.0261	0.0255	0.0249	0.0244	0.0238
1.6	0.0232	0.0227	0.0222	0.0216	0.0211	0.0206	0.0201	0.0197	0.0192	0.0187
1.7	0.0183	0.0178	0.0174	0.0170	0.0166	0.0162	0.0158	0.0154	0.0150	0.0146
1.8	0.0143	0.0139	0.0136	0.0132	0.0129	0.0126	0.0123	0.0119	0.0116	0.0113
1.9	0.0111	0.0108	0.0105	0.0102	0.0100	0.0097	0.0094	0.0092	0.0090	0.0087
2.0	0.0085	0.0083	0.0080	0.0078	0.0076	0.0074	0.0072	0.0070	0.0068	0.0066
2.1	0.0065	0.0063	0.0061	0.0060	0.0058	0.0056	0.0055	0.0053	0.0052	0.0050
2.2	0.0049	0.0047	0.0046	0.0045	0.0044	0.0042	0.0041	0.0040	0.0039	0.0038
2.3	0.0037	0.0036	0.0035	0.0034	0.0033	0.0032	0.0031	0.0030	0.0029	0.0028
2.4	0.0027	0.0026	0.0026	0.0025	0.0024	0.0023	0.0023	0.0022	0.0021	0.0021
2.5	0.0020	0.0019	0.0019	0.0018	0.0018	0.0017	0.0017	0.0016	0.0016	0.0015
2.6	0.0015	0.0014	0.0014	0.0013	0.0013	0.0012	0.0012	0.0012	0.0011	0.0011
2.7	0.0011	0.0010	0.0010	0.0010	0.0009	0.0009	0.0009	0.0008	0.0008	0.0008
2.8	0.0008	0.0007	0.0007	0.0007	0.0007	0.0006	0.0006	0.0006	0.0006	0.0006
2.9	0.0005	0.0005	0.0005	0.0005	0.0005	0.0005	0.0004	0.0004	0.0004	0.0004
3.0	0.0004	0.0004	0.0004	0.0003	0.0003	0.0003	0.0003	0.0003	0.0003	0.0003
3.1	0.0003	0.0003	0.0002	0.0002	0.0002	0.0002	0.0002	0.0002	0.0002	0.0002
3.2	0.0002	0.0002	0.0002	0.0002	0.0002	0.0002	0.0001	0.0001	0.0001	0.0001
3.3	0.0001	0.0001	0.0001	0.0001	0.0001	0.0001	0.0001	0.0001	0.0001	0.0001
3.4	0.0001	0.0001	0.0001	0.0001	0.0001	0.0001	0.0001	0.0001	0.0001	0.0001
3.5	0.0001	0.0001	0.0001	0.0001	0.0000	0.0000	0.0000	0.0000	0.0000	0.0000
3.6	0.0000	0.0000	0.0000	0.0000	0.0000	0.0000	0.0000	0.0000	0.0000	0.0000
3.7	0.0000	0.0000	0.0000	0.0000	0.0000	0.0000	0.0000	0.0000	0.0000	0.0000
3.8	0.0000	0.0000	0.0000	0.0000	0.0000	0.0000	0.0000	0.0000	0.0000	0.0000
3.9	0.0000	0.0000	0.0000	0.0000	0.0000	0.0000	0.0000	0.0000	0.0000	0.0000
4.0	0.0000	0.0000	0.0000	0.0000	0.0000	0.0000	0.0000	0.0000	0.0000	0.0000

찾·아·보·기

ㅊ

ㅋ

ㅌ

ㅍ

ㅎ

A

B

C

D

저자 소개

문일경

서울대학교 산업공학과를 졸업하고, 서울대학교 산업공학과에서 석사학위를, 미국 Columbia University 산업공학과에서 박사학위를 받았다. 싱가포르국립대학교 경영대학 조교수, 대한산업공학회 편집위원장, 부회장 및 회장을 역임하였으며, 현재 서울대학교 산업공학과 교수로 재직 중이다. 2024년도에 한국과학기술한림원 정회원으로 선출되었다.

김병수

부경대학교 산업공학과를 졸업하고, 미국 Auburn University 산업공학과에서 석사 및 박사학위를 받았다. 현재 인천대학교 산업경영공학과 교수로 재직 중이다.

김훈태

서울대학교 산업공학과를 졸업하고, 서울대학교 산업공학과에서 석사학위와 박사학위를 받았다. 대한산업공학회 총무이사와 한국전자거래학회 회장을 역임하였으며, 현재 대진대학교 산업경영공학과 교수로 재직 중이다.

서용원

서울대학교 산업공학과를 졸업하고. 서울대학교 산업공학과에서 석사 및 박사학위를 받았다. 한국지능정보사회진흥원(NIA)에서 근무하였으며, 한국생산관리학회지 편집위원장, 한국생산관리학회 회장, 중앙대학교 경영전문대학원 부원장을 역임하였다. 현재 중앙대학교 경영경제대학 경영학부 교수로 재직 중이다.

이철웅

서울대학교 산업공학과를 졸업하고, 서울대학교 산업공학과에서 석사학위를, 미국 Pennsylvania State Univeristy에서 박사학위를 받았다. 싱가포르국립대학교 산업 및 시스템공학과에서 조교수로 재직하였으며, 현재고려대학교 산업경영공학부 교수로 재직 중이다.

정병도

연세대학교 산업시스템공학과를 졸업하고, 연세대학교 산업시스템공학과에서 석사학위를, 미국 Pennsylvania State University 산업공학과에서 박사학위를 받았다. 성균관대학교 시스템경영공학과에서 조교수로 근무하였으며, 현재 연세대학교 산업공학과 교수로 재직 중이다.